법정책의 이론과 실제

홍 준 형 저

法 文 社

머 리 말

'법과 공공정책', '법정책', 그리고 '법정책학'이라는 용어들이 출현하는 빈도가 점점 더 잦아지는 것을 보면서, 우리나라에서도 이제 '법을 통한 사회공학'(social engineering through law)의 요구를 외면할 수 없는 상황이 되었음을 실감한다. 이제 사회 전 부문에서 대두되는 문제들을 해결하기 위해서는 의당 법을 만들고 고치고 또 동원하고 의존하는 것이 불가피해졌다. 그러나 과연 법을 왜, 무엇을 위하여, 어떻게 만들고 고치고 집행해 나갈 것인가 하는 물음에 대한 답을 찾으려고 하면 막연하기 짝이 없는 실정인 것도 부인할 수 없다. 무엇이든 그 답을 찾기 위한 가시적인 거점을 만들어 작업을 시작해야 한다는 다소 급작스런 절박함이 이 보잘 것 없는 시도의 배경이 되었다.

우리는 이 작업을 앞으로도 계속될 법정책학 연구의 첫 걸음으로 규정하고자 한다. 이 책에서는 법과 공공정책의 일반이론으로서 공공정책에 대한 법정책학적 접근: 방법과 목표, 법정책과 법제도 환경으로서 법치주의와 제도화된 행정국가를 다루고, 입법과 정책, 사법과 정책을 논의한 후, 분야별로 몇 가지 법정책사례들을 소개하기로 하였다. 이 책의 내용은 상당부분 이미 출간된 논문과 보고서들을 토대로 작성된 것이다. 그런 연유로 다소 편집상 일관성을 기할 수 없는 부분들이 나타나게 된 점, 독자들의 혜량을 구하고 싶다. 분야별 법정책사례들은 물론이고, 이론이나 실제 모든 면에서

듬성듬성 빠진 곳이 한두 군데가 아니지만, 후일을 기약하기로 하며, 다만, 이 책이 향후 우리나라 법정책학 연구의 도약 아니 본격적 출발을 위한 작은 디딤판으로 쓰인다면 더 바랄 나위가 없다.

작은 책이지만 그 출판작업이 수월치는 않았다. 그 과정에서 과정에서 박사논문 준비로 빠듯한 시간을 할애해 도움을 준 김난영조교와 출판을 맡아주신 법문사, 그리고 법문사의 김영훈차장께 깊이 감사드린다.

2008년 새해 벽두

홍준형

차 례

제 1 부 법과 공공정책의 일반이론

제 1 장 공공정책에 대한 법정책학적 접근

제 2 장 법정책과 법제도 환경 Ⅰ: 법치주의

제 2 장　입법평가

제 3 장 입법역량의 관리

제 3 부 사법과 공공정책

제 1 장 사법의 정책과정에 대한 영향

제 4 부 분야별 법정책

제 2 장 행정입법에 대한 국회의 통제

제 3 장 공정거래법상 동의명령 도입방안

제 1 부

법과 공공정책의 일반이론

제1장 공공정책에 대한 법정책학적 접근

〈차 례〉

I 법정책학의 의의와 필요성

1. 법정책학의 의의

1.1. 용어와 개념

'法政策學'(policy science of law: Rechtspolitologie)이란 말은 아직 우리 나라에서 정착된 용어는 아니다.[1] 다소 생소하게 들릴지도 모르는 이 용어를 사용하는데 따르는 오해와 혼란을 회피하기 위하여 그 개념을 미리 정리해 둘 필요가 있다. '법정책학'이란 법학과 정책학의 합성어로서 실은 '법과 정책'(law and policy) 또는 '법과 공공정책'(law and public policy)이란 일종의 학제적 연구경향을 하나의 학문분과로 인식하여 만들어진 개념인 동시에, 법정책에 대한 과학적 접근을 총칭하는 개념이기도 하다. 이러한 의미에서 법정책학이 법학의 다른 분야, 즉, 법해석론, 법사회학, 법경제학, 법사학 등과 맺고 있는 관계는 정책학이 경제학, 정치학, 행정학, 법학 등 다른 사회과학과 맺고 있는 관계에 비유될 수도 있을 것이다.

히라이 요시오(平井宜雄, 1995: 1-3)는 정책이란 말을 사용하여 학문분야의 명칭으로 한 경우를 크게 두 가지의 계통으로 분류하고 있다. 그

1) 平井宜雄(1995: 1)에 따르면 일본에서는 法政策學이란 용어가 20여년전부터 사용되어 왔으며, '政策'이란 용어를 앞세운 학문분야 및 이를 대상으로 하는 학부·전공명이 유행하여 왔다고 한다. 가령 학문분야로서 '總合政策學' 또는 '公共政策學' 등이 제창되고 있고, 慶大·中央大의 總合政策學部, 神戶大學 대학원의 法政策課程, 立命館大學의 政策科學部 등이 설치되어 있다.

하나는 독일에 있어 'Politik'의 개념에서 유래하는 정책학의 계보로서, 가령 사회정책(Sozialpolitik), 경제정책(Wirtschaftspolitk), 형사정책(Kriminal-politik) 등이 이에 속하는데, 국가가 달성해야 할 이념과 역할을 제시하고 이를 달성하는 수단을 밝힌다는 실용적·윤리적 측면을 강조하고 학문으로서의 통일적인 정책(Politik)의 개념에 흥미를 두기보다는 개별 특수분야에 관심을 기울인다는 데 공통적인 특색을 보인다고 한다. 다른 하나는 제2차대전 이후 미국에서 창시된 '정책과학'(policy sciences)[2]의 계보에 속하는 학문조류로서, ⓐ 경제학·관리과학·조직이론의 계보에 연계하여 공공정책의 결정자에 대하여 목표와 의거해야 할 가치를 규명하고 일련의 대체안을 제한하며 정책결정을 해야 할 방향을 조언한다는 실용적인 분야, ⓑ 정치학의 계보에 속하면서 정부의 공공정책의 형성과정 또는 유효성을 연구하는데 주된 관심을 기울이는 실증적인 분야들이 이러한 학문경향의 주종을 이루고 있는데, 실제로 연구의 경향은 개별분야에 관한 것이 많지만, 정책학을 통일적인 과학으로서 발전시키려는 경향이 강하게 나타나고 있다는 점에서(Dror, 1971) 위의 독일에서의 경향과 대조적이라고 한다. 법정책학은, 平井에 따르면, 엄밀히 볼 때 이 두 가지 유파중 어느 것에도 속하지는 않지만, 후자의 ⓐ유형에 이론적 시사를 받은 한도내에서는 후자에 속하는 것으로 볼 수 있다고 한다. 한편 李相泳의 연구(法社會學的 立法硏究, 1993: 42이하)는 Peter Noll(1973)에 의해 체계화된 입법학의 발전과정에서 나타난 가장 뚜렷한 경향으로서 법정책학적 입장을 지목하고 입법학을 법정책학적으로 접근하는 것이 1970년대 중반이후의 지배적인 경향이라고 지적하고 있다. 유럽에서 나온 대부분의 입법학저술들은 법정책학으로서의 입법학의 위상정립을 위한 이론적 작업과 각 개별입법에 대한 법정책학적 연구들을 포함하고 있다고 한다.[3] 이러한 사실을 고려할 때 법정책학의 계보에 대한 平井의

2) 정책학자들은 모든 시대의 문명에서 나타났지만 정책학이란 용어가 나온 것은 2차 세계대전 직후로 알려져 있다(Lerner & Lasswell, 1951; Lasswell, 1974, 182).

3) 그 대표적인 문헌으로는 Jürgen Rödig/Eberhard Baden/Harald Kindermann (Hrsg.), Vorstudien zu einer Theorie der Gesetzgebung, Bonn, 1975; Heinz

분류는 유럽에 있어 법정책학적 연구의 동향을 충분히 파악하지 못했다는 점에서 한계를 지닌다고 보아야 할 것이다.

Voigt(1989: 11, 19)는 법정책학(Rechtspolitologie)를 단순히 법정책(Rechtspolitik)에 대한 연구가 아니라 '법의 정책적 측면'에 관한 학문으로 파악하면서, 20세기초 라반트(Paul Laband)가 편찬한 정치학사전(Handbuch der Politik: 1914)에 실린 프릿츠 폰 칼커(Fritz von Calker)의 법정책학에 대한 정의를 원용하고 있다.

> "법정책학은 제1차적으로 입법권자에 관한 학문이다. 그것은 입법권자에 대하여 무엇보다도 규율되어야 할 문제를 실질적으로 평가하기 위하여 필요하고 유용한 자료의 제출을 요구한다. 특히 현행법상태에서 어떠한 바람직한, 그리고 바람직하지 않은 효과가 발생했으며, 따라서 종전의 법규정들을 어떠한 방향으로 유지 또는 변화시키는 것이 적절한지에 관한 물음이 그러한 요구에 해당한다."[4]

한편 히라이 요시오(平井宜雄, 1995: 5)는, (일본에 있어) 법정책학을 "의사결정이론을 「법」적으로 재구성하여(재구성된 의사결정을 법적 의사결정 또는 법적 정책결정이라고 부른다) 이를 현재의 우리나라의 실

Schäffer/Otto Triffterer(Hrsg.), Rationalisierung der Gesetzgebung, Nomos, Baden-Baden, 1982; Dieter Grimm und Werner Maihofer(Hrsg.), Gesetzgebungstheo- rie und Rechtspolitik, 1988; Heinz Schäffer, Gesetzgebung und Rechtskultur – Internationales Symposion Salzburg 1986, Manzsche Verlags- und Universitätsbuchhandlung, Wien, 1987; Werner Hugger, Gesetz – Ihre Vorbereitung, Abfassung und Prüfung, Nomos, Baden-Baden, 1983; Peter Koller, Theoretische Grundlagen der Rechtspolitik, ARSP 1990, Steiner, Stuttgart 등이 제시되고 있다(李相泳, 1993: 43-44 각주 102).

4) Calker, Fritz von, Rechtspolitik, in: Paul Laband(Hrsg.), Handbuch der Politik, 2.Aufl., Berlin/Leipzig, 1914, Bd.1, S.11ff. Voigt는 여기서 Calker의 정의를 원용하면서 두 가지 점을 유보하고 있는데, 그것은 첫째, Calker는 법정책학(Rechtspolitologie)와 법정책(Rechtspolitik)을 구별하지 않았고, 둘째, 그가 말하는 입법권자는 제정시대의 현실적 배경하에서 이해되어야 한다는 것이다(Voigt, 18).

정법체계와 결부시키고 법제도 또는 규칙(rule: 실정법과 같은 공식적 성격을 갖지 않지만 다소간에 법적 성격을 지닌 私的인 規則의 종류를 일괄하여 이렇게 부른다)의 체계를 설계하여 현재 일본사회가 직면하고 있는 공공적 내지 사회적 문제를 컨트롤하거나 해결하기 위한 제 방책에 관하여 법적 의사결정자에게 조언하거나 또는 그것을 제공하는 일반적인 이론틀 및 기법"이라고 정의한다. 이러한 개념정의들은 물론 우리의 경우에도 대체로 채용될 수 있을 것이다. 그러나 전후 사회과학의 각 영역에서 풍미해온 정책학적 연구성과가 축적되고[5] 이를 바탕으로 독자적인 학문분과로서 정책학의 실재가 시인되고 있는 것[6]과는 달리, 법정책학은 아직까지도 그 성격이나 윤곽이 분명히 드러나지 않고 있다.[7] 특히 우리나라에서는 법정책학이라 부를 수 있는 독자적인 학문분야가 성립되었다고 말하기 어려운 것이 사실이다.[8] 물론 법학분야에서의 방법론적 자기성찰이 이루어짐에

5) Doron and Mintz, 1991은 이를 '정책학은 성장산업이 되었다'고 표현할 정도이다.

6) 정책학의 발전과정과 학문적 독자성에 관하여는 Doron, Gideon, Policy Science: The State of the Discipline, in: Policy Studies Review, Autumn/Winter 1992, 11:3/4, 303-307을 참조. 국내에서 이미 적지 않은 수의 정책학에 관한 개설서가 나와 있다는 사실도 정책학의 학문적 독자성을 간접적으로 뒷받침해 주는 예라 할 수 있다. 물론 정책학의 실용적 성격을 근거로 그 학문적 독자성에 관한 논란이 제기될 여지도 없지 않고 또 정책학이란 일반이론의 차원에서 보다는 개별구체적인 연구성과를 통해 형성되는 것이라는 주장도 있을 수 있으나, 정책학의 학문적 독자성 자체는 일반적으로 시인되고 있는 것으로 보아야 할 것이다.

7) Axel Görlitz, Rechtspolitik als Forschungsgegenstand(Legal Policy as a Field of Reserch), in: Rechtspolitolgie und Rechtspolitik, Centaurus-Verlagsgesellschaft, Pfaffenweiler 1989, 22-30.

8) 우리나라의 경우 입법학에 있어서는 입법실무계와 일부 학자들에 의한 연구와 문헌들이 축적되어 왔으나, 하나의 독자적인 학문분과로서 법정책학을 구축하려는 시도는 거의 찾아보기 어렵다. 물론 산발적으로 그때그때의 정책이슈와 관련한 개별적 논의들이 전개되어 왔으나 이론적인 관점에서 법과 정책의 관계를 고찰한 연구는 거의 없었다고 해도 과언이 아니다. 다만, 徐元宇, "現代行政法과 公共性問題", 月刊考試, 1985/8, 12-23"과 오늘날의 법규범의 기능변화에 적극적으로 대처하고 법치주의의 실현과 유지를 도모하기 위하여 정책 자체의 관점을 법

따라 이미 여러 분야에서 다양한 법정책에 관한 연구성과들이 나오고 있고 전통적인 법학의 영역에서도 법정책적 사고가 현안의 해결과 관련하여 확산되고 있는 것도 결코 부인할 수 없는 사실이다. 따라서 이러한 학문적 연구경향의 공분모를 식별·추출하여 이를 독자적인 학문분야로서 구축하려는 시도가 이루어지고 있는 것은 지극히 당연한 소치라 할 수 있다. 이러한 의미에서 법정책학은 아직은 '工事中'(under construction)에 있는 학문분야로서 그 개념도 이미 주어진 것이라고 하기보다는 장차 공사의 진전에 따라 충전되어야 할 것으로 보아야 할 것이다. 법정책학에 대한 논의가 수행되어야 하는 이유도 바로 여기에 있다: 보다 튼튼한 기초 위에서 그 工事가 진행되도록 하기 위하여, 그리고 진척된 工事의 내용을 고려하면서 工事의 성질과 테두리를 분명히 하기 위하여 '법정책학'에 대한 논의가 시작되어야 한다.

1.2. 법정책학의 두 가지 노선

법정책학은 법학과 정책학 두 가지 방향에서 추구될 수 있다. 첫째, 법학의 진영에서 법의 정책적 측면에 촛점을 둘 경우 법정책학은 넓은 의미에서의 법학의 한 분야로서 법 또는 법현상의 정책적 배경과 원인, 결과 등을 인식하고 설명하는 학문적 접근으로 귀결된다(정책학적 법학: policy-oriented approach to legal study). 이것은 법사회

해석론의 입장에서 이해하고, 또한 정책에 대하여 법적 측면에서의 格律을 부여할 필요성'을 주장한 崔松和, "法과 政策에 관한 硏究 — 試論的 고찰 —", 『法學』(서울대) 제26권 4호, 1985은 가히 우리나라에서 법정책학적 논의의 출발점을 보여주는 예로 주목할만 하다. 입법학에 관한 대표적인 문헌으로는 李相泳의 연구(法社會學的 立法硏究, 1993), 金承煥(입법학에 관한 연구 — 입법의 주체·원칙·기술을 중심으로, 고려대 박사학위논문, 1987)과 기타 입법실무계에서 나온 논의들(이에 관하여는 李相泳의 논문의 참고문헌을 참조)이 있다.

학이 법의 사회적 측면에 관심을 기울이는 '사회학적 법학'(sociological jurisprudence: soziologische Rechtswissenschaft)[9)]일 수 있는 것과 마찬가지이다. 정책론적 관점을 법해석에 도입하려는 시도[10)]도 이러한 범주에 속한다. 여기서 정책 자체의 문제는 주된 관심사가 아니며, 법적 판단이 갖는 정책적 의미, 결과가 중요한 분석의 대상이 된다. 둘째, 정책학에서 법현상에 대한 관심을 기울일 경우, 법정책학은 정책의 考案 또는 설계(policy design), 정책의 형성, 정책결정, 정책집행 등 정책과정에 있어 법이 수행하는/수행할 수 있는 역할을 사회과학적 방법에 의해 인식하고, 이를 토대로 정책과제에 대한 법적 처방을 모색·제시하려는 학문적 접근(법의 정책학: legal perspective approach to policy or policy science of law)이 된다. 이러한 의미의 법정책학은 법의 정책학적 의미, 역할과 기능, 효과 등에 관심을 기울이는 '법적 정책학'(legal "policy-science")으로서 기본적으로는 정책학의 일반적인 발현형태에 불과하다. 정책학이 정책과정의 정치적·경제적·법적·사회문화적 측면 등을 모두 고려하는 다중학문적(multidisciplinary) 성격을 지니고 있는 이상[11)] 정책과정을 법적 측면에서 접근하는 것은 정책학의 일반적 틀을 벗어나지 않는 일상적 작업에 지나지

9) 사회학적 법학의 창시자인 Roscoe Pound는 법사회학과 사회학적 법학을 구분하여 前者를 이론적 문제에 관한 것이라면, 後者는 실제적 문제를 다루는 것이라고 한다(崔大權, 『法社會學』, 1983, 38; 梁建, 『法社會學』, 1986, 82). 이것은 법운용의 특징과 양식을 중심으로 분석하는 것으로서 사회학을 이용하여 결국 잘 다져진 법학의 길로 되돌아가고만 일종의 법학이라고 지적된다(Hunt, A., The Sociological Movement in Law, Macmillan Press, 1978, 11-36).

10) 가령 崔松和, 1985: 85-91.

11) 정책학은 방법면에서는 다중학문적(multidisciplinary)이며, 성질상 문제중심적(problem-oriented)이고 종합적(contextual)이며, 목표면에서는 규범적(normative)인 학문이다(Lasswell, 1951; deLeon, 1988). Lasswell(1971)은 정책학이 추구해야 할 속성으로 의사결정이 보다 큰 사회적 과정의 부분에 해당한다는 의미에서 전체맥락성(contextuality), 문제지향성(problem orientation), 이용되는 방법의 다양성(diversity)을 들고 있다.

않는다고도 할 수 있다. 이를테면 정책학이 정책결정과정을 중심으로 각종 실체적인 내용을 가진 정책현상을 설명·평가하고 바람직한 정책대안을 모색하는 처방적 학문이라면 법정책학은 정책과 법의 관계, 정책의 법적 측면에 관심을 집중하는 '메타정책과학'(legal perspective meta-science of policy)의 일종이다. 또 정책학이 라스웰의 제안대로 정책과정(policy process)에 대한 경험적 지식과 정책에 필요한 정보(intelligence needs of policy)를 제공하는 것이라면,[12] 법정책학은 법정책과정(legal policy process)에 대한 경험적 지식과 법정책에 필요한 정보(intelligence needs of legal policy)를 제공하는 것이라고 할 수 있다. 그러나 법정책학은 정책학 일반과 마찬가지로 법을 정책과제의 실현수단으로 파악함으로써 바람직한 법적 정책결정을 추구하기는 하지만, 이 경우에도 다른 법외적(extra-legal) 수단과 구별되는 법적 수단, 법적 문제 그리고 법현상의 특수성을 이해하고, 법적 의사결정에 관심을 기울이며, 법사회학이나 법경제학 등 법에 관한 사회과학적 접근방법들을 원용하여 정책과정에 있어 법의 위상을 과학적으로 규명하고자 한다는 점에서 그 인식론 및 대상 면에서 상대적인 독자성을 지닌다고 볼 수 있다.

그러나 법정책학은 이와 같은 두 가지 방향 중 어느 한쪽에서만 수행되어야 하는 것은 아니다. 법정책학에 이르는 두 가지 길 사이의 관계는 택일적이라기보다는 상호보완적·순환적이며, 법정책학의 영역은 위에서 살펴본 두 가지 방향과 그것이 만나는 지점에 의해 설정된다고 볼 수 있다. 가령 정책학적 법학이 법의 해석·적용에 변화를 초래하게 되면 법적 정책학은 이를 법현실적 여건으로 수용

12) Lasswell, "Policy Orientation". D. Lerner and H. Lasswell(eds.). Policy Sciences(Stanford: Stanford University Press, 1951), 3-15.

하거나 비판함으로써 그 결과를 정책과제에 대한 법적 처방 또는 법정책에 반영한다. 여기서 법적 정책학은 그것이 추구하는 법정책적 처방과 관련하여 법학의 논의와 성과에 의존한다. 우리가 바람직한 법(*lex ferenda*)에 대해 말할 수 있으려면 현존하는 법(lex lata)을 잘 알고 있어야 한다(Adomeit).[13] 반면 법적 정책학이 특정 법제도의 사회적 효과에 대한 분석을 바탕으로 그에 대한 개선방안을 강구하고 이를 관철시키면, 정책학적 법학은 개선된 법제도를 그 정책취지를 고려하여 적용하게 된다. 이와 같은 양자의 상호작용을 통한 순환계를 통하여 법정책학은 현실사회의 문제해결에 기여하게 되는 것이다.

2. 법정책학의 필요성

법정책학의 필요성은 전통적 법학과 정책학 양 진영에서 법정책에 대한 과학적 탐구를 방치하거나 소홀히 취급해 왔다는 사실에 의해 뒷받침된다. 물론 법학과 정책학의 양대진영으로부터 법정책학을 구축하려는 시도가 전혀 없었던 것은 아니다. 사실 형이상학적 관념론으로부터 해방된 경험적인 법이론을 구축함으로써 법정책학(policy-science of the law)을 발전시키려는 시도는 이미 라스웰(Harold D. Lasswell)과 맥두갈(Myres S. McDougal)에 의해 이루어졌다. 이들은 법에 대한 접근은 단순한 사회적 사실의 기술이 아니라 가치의 이론이므로 주요한 법적 관념들을 민주적 생활의 목표와 핵심적 문제들과 관련 지워 해석해야 한다고 주장했다(Lasswell and McDougal, 1943: 216).

---

13) Adomeit, 1981, 124f.

따라서 전통적 법학이 고수해 왔던 법에 대한 기술적-법리적 접근방법(technical-doctrinal approach to law)은, 이를 완전히 폐기할 수는 없을지라도 대부분 '정책'적 접근방법에 의해 대체되어야 한다는 것이다. 이들은 전통적 법학의 개념정의에 대한 강조와 법규지향적 사고는 '목표중심적 사고'(goal thinking)와 대안적 해결책이 전체 공동체의 행위양식에 대해 미치는 효과에 대한 기능적 고려에 의해 대체되어야 하며(McDougal, 1956: 65), 법학이 견지해온 법리들(Legal doctrines)은 그들의 사용자들의 전체 정책에 봉사하는 기능을 지닌 '상징'(symbol)의 역할을 수행하는 것이라고 역설하면서, 법과 정책, 현행법의 해석론과 입법론의 준별 역시 회피되어야 한다고 주장했다. 맥더갈(1953: 155, 144)은 구체적인 사안에 대한 모든 법규의 적용은, 그것이 관습적 성질을 갖든지 또는 파생적 성질을 갖는지를 불문하고 정책선택의 결정을 필요로 한다고 주장했다. 예컨대 분쟁의 심판기관은 과거의 사법적 경험으로부터 지침을 찾을 수 있는 반면, 언제나 그들이 내릴 결정이 공동체의 장래에 미칠 개연적인 영향에 관심을 집중한다는 것이다. 라스웰과 맥두갈의 관점에서는 이와 같은 의사결정과정에 대한 미래지향적 접근이야말로 전통적 법학의 기계적 조작보다 훨씬 우월한 가치를 갖는 것으로 이해되었다(Bodenheimer, E., 1981: 151).

그러나 이러한 초창기의 인식은 그 이후 정책학에 의해 충분한 진전을 보지 못했다. 정책학은 정책 자체와 씨름하면서 그 결과를 어떻게 법과정에 반영할 것인가에 관해서는, 마치 법학자들의 기여를 기대한 듯, 그다지 관심을 기울이지 않았다. 각종 정책토론이나 심의회에 참여한 법학자들의 역할기대는 종종 주로 입법기술적 측면에 국한되는 경우가 많았고, 그 결과 가령 환경정책, 토지정책, 경제정책 등은 있지만 환경법정책, 토지법정책, 경제법정책은 없는 상태가 지속될 수밖에 없었던 것이다. 이러한 견지에서 볼 때 법정책학의 존재이유는 무엇보다도, 그것이 어떤 방향에서 이루어지든 간에, 기존의 법학과 정책학 사이에 상존하고 있는 학문적 공백을 메워줄 수 있다는데 있다. 법정책학은 법학과 정책학 간에 오랜 근육운동으로 닳아버린 연골을 복원하기 위한 작업인 것이다.

2.1. 전통적 법학과 정책

전통적 법학은 법의 정책적 측면을 충분히 고려하지 않았을 뿐만 아니라, 의식적으로 현행법해석론(*de lege lata*)과 입법론(*de lege ferenda*) 또는 해석론과 정책론의 준별을 강조하고 법학이 정책적 사고의 늪에 빠져서는 아니 된다는 엄격주의를 표방해왔다. 입법론이란 용어 또는 '입법론에 돌린다'는 표현은 법학에서 실정법'해석론' 못지않게 빈번히 나타난다. 전통적 법학은 이렇듯 '입법론에 맡긴다'는 표현을 통하여 정작 문제를 직면하기보다는 정책학이나 기타의 사회과학에 맡기려는 태도를 보였고, 반면 다른 사회과학들이 입법론에 대해 관심을 기울이지도 않았다. 물론 전통적 법학이 견지해온 이러한 입장도 법규범해석에 있어 당위와 존재, 규범과 현실을 혼동해서는 안 된다는 점에서 결코 일리가 없지는 않다. 그러나 전통적 법학이 고수해온 방법론적 결벽성은 결국 법학진영에서의 정책연구를 방치함으로써 법학의 자기영역축소라는 결과를 초래했다는 점에서 근본적으로 반성되지 않으면 안 된다. 무엇보다도 전통적 법학이 인식과 해석의 대상으로 삼아 온 법규범은 실은 다양한 정책적 의도와 고려를 바탕으로 하여 형성된 것이다. 이러한 입법정책 또는 법형성의 배경을 무시하고 법규범 자체(Rechtsnorm an sich)만을 고립시켜 인식 또는 해석하는 것은 잘못된 일이다. 더욱이 고도로 복잡다양화된 사회현실에 대처하기 위하여 뚜렷한 정책목적을 지닌 법령들이 급증하고 있는 상황에서 법규의 입법취지나 목적을 도외시하고 법조항의 진정한 의미내용을 파악한다는 것이 가능할 것인가. 법규범의 해석·적용이 사회에 어떠한 임팩트를 미칠 것인가에 관한 충분한 지식이 없이는 법학이 추구해온 형평 또는 구체적 타당성의 이념도 실현될 수 없는 것은 아닐까? 물론 법학 역시 이러한 측면을 전혀 도외시하고 있는 것은 아니다. 가령 법해석론에서도 역사적 해석방법의 유용성이 인정되고 있으며, 오늘날 목적론적 해석방법이 광범위하게 채용되고 있는 현상이 이를 말해준다. 또 법학에서 입법론적 논의의 빈도가 늘고 있는 것으로 관측되고 있기도 하다. 그러나 문제는 전통적 법학이 법해석의 사회적·정책적 의미와 결과를 충분히 고려하고 있지 못할 뿐만 아니라 입법론적 논의에 있어서도 법적 해결을 요하는 문제의 정책적 의미, 정책실현수단으로서 법의 현실적 기능과 한계, 법과 정책의 상호관계에 대한 사회과학적 지식을 활용하지 못하고 있다는 데 있다. 그 동안 전통적 법학은 법사회학이나 비판법학, 법경제학 등 다양한 각도에서 도전을 받고 시련을 겪어 왔으나 그럼에도 불구하고 여전히 광범위한 영역에서 정책의 주문에 따라 단순생산방식을 통해 산출된 법규범의 의미내용을 개념적으로 인식하는데 몰두하고 있다. 학문으로서의 법학이 이러한 해석적 탐닉만을 일삼고 있는 동안 사회는 더욱 더 복잡해지고 경쟁도 격화되어 법학자는 물론 이들에게서 법해석의 기술을 전수받은 법조인 역시 시대에 뒤쳐진 인식과 방법을 가지고 미로 찾기를 거듭하고 있는 것이다. 전통적 법학은 무엇이 문제인지를 인식하거나 제기하지 않으며, 모든 문제를 이미 주어진, 따라서 범접할 수 없는 존재의지의 산물로 간주하고 그 뜻을 간파하는 일을 자신의 소명으로 받아들일 뿐이다.

> "… 법과 정책의 융합, 법의 정책화현상의 진행이라고 하는 현대국가에서의 불가항력적인 사태에 대응하여 언제까지나 구태의연하게 주어진 기존법령의 논리적 해석에 시종하는 기계적이며 가치중립적인 법실증주의에서 벗어나지 못하는 한, 우리의 행정법학은 그 동안 우리가 몸소 체험해온 바와 같이 자꾸만 실천적 수요에 적응되지 못하고 소외되며 외면된 채, 오히려 결과적으로는 특정정책 내지는 그 구체화수단인 행정 및 법의 시녀화(侍女化) 내지 수족화(手足化)를 자초하는 것이 되어 버리고 마는 것이다."[14]

정책학적 법학은 전통적 법학처럼 가치중립적임을 표방하는 것이 아니라 적극적으로 가치전제를 인식하고 가치와 이념의 문제와 대결함으로써 전통적 법학의 방법론적 자가당착을 극복할 수 있게 해주고 학문적 현실성과 설득력을 확보해 줄 수 있다. 물론 전통적 법학에 정책학적 고려를 반영할 필요성이 인정된다고 해도 구체적인 법규범을 해석・적용함에 있어 어느 정도까지, 어떠한 기준에 따라 정책학적 고려를 반영할 것인지에 관한 어려운 문제가 남아 있는 것은 사실이다. 또 법규범의 해석에 있어 그 규범적 현존을 무시하고 정책적 고려를 남용하는 것은 법학의 학문적 존재 자체를 위협하는 요인이 될 수 있을 뿐만 아니라 법질서의 불가결한 요구의 하나인 법적 안정성과 예측가능성을 침해함으로써 사회적으로 부당한 결과를 낳을 수도 있다. 전통적 법학의 인식론적 전제로서 법규범의 객관적 존재와 그에 따른 해석론적 제약과 한계는 기본적으로 준수되어야 한다. 어디까지나 문제는 법규범의 해석을 통해 해결되

14) 徐元宇, "現代行政法과 公共性問題", 月刊考試, 1985/8, 12-23, 19.

어야 할 법적 문제에 대하여 전통적 법학의 개념법학적 접근만으로는 사회적 타당성을 지닌 처방을 내릴 수 없으므로, 그 한도 내에서 정책학적 문제이해의 도움을 받아야 한다는 데 있는 것이지 법학의 규범학적 한계를 무시하는 데 있는 것이 아니기 때문이다. 사실 전통적 법학이 추구하는 법규범의 해석과 정책학적 법학이 요구하는 정책적 고려 사이에 존재할 것으로 예상되는 경계선은 매우 불확실하고 유동적이며 이를 보편타당성을 지닌 일반적 기준에 의해 설정하는 것은 불가능하다. 그러나 정책학적 고려의 개입범위와 기준은 실은 문제중심적으로 추구되어야 할 성질의 것이다. 그것은 법적 문제해결을 필요로 하는 개개의 문제(subject matter)의 본질과 특성에 따라 상대적·사례별로 판단되어야 할 문제인 것이다. 반면 정책학적 법학은 사회학적 법학이 그러했던 것처럼 결국 방법론적 기초와 현실적 설득력을 보충한 발전된 법학으로 함몰될 수도 있다. 그 결과 정책학적 법학은 결국 '정책학적 관점이 부가된 법학 또는 법해석'(Rechtswissenschaft oder Rechtsauslegung mit rechtspolitischem Zuschlag)에 되돌아가게 될지도 모른다. 물론 그와 같은 법해석의 결과 또한 법정책학적 관점에서는 '사실로서의 규범'으로 간주되거나 법현실의 인식을 위한 이론적 틀로 고려될 수도 있다.

2.2. 정책학과 법

정책학에 있어 법에 관한 논의는 일상적인 현상이라 해도 과언은 아니다. 어떤 정책학자도 결정된 정책이 통상 법을 통하여 규범화·제도화되고 실행된다는 사실을 부인하지 않는다. 그러나 이처럼 정책학에 있어 법에 관한 논의가 일상화되었음에도 불구하고 그 이면에는 법과 법현상에 대한 무관심 또는 방관적 태도가 드물지 않게 관측되고 있다. 물론 정책학은 그 발전과정에서 정치학, 경제학, 사회학의 배경을 가진 학자들 못지 않게 법학적 배경을 가진 학자들에 의해 추구되어 온 것이 사실이다. 그러나 법학교육 배경을 지닌 정책학자들은 정책학적 연구를 통하여 법현상의 독특성을 인식하고 이를 구명하기보다는 오히려 일반적인 정책학의 논의수준에서 법을 고려하는데 그쳤다. 이 점은 우리나라에 대해서도 마찬가지로 타당하다. 그것은 우리나라에 주로 미국의 정책학이 도입되는 과정에서 국내에서 법과대학을 졸업한 인사들이 이를테면 '전공을 바꿔' 당시 법에 대한 관심이 성숙되지 않았던 시기의 미국의 정책학을 주로 배워온 데 연유하는 것이라고 볼 수도 있을 것이다. 이들은 정책학에 있어 법학의 지분을 확보하거나 법학적 역할을 통하여 정책학에 기여하기보다는 오히려 정책학에서 요구되는 법적 논의를 전통적 법학에 일임하려는 듯한 경향을 보여왔다. 그러나 정작 법학의 진영에서는 그러한 수요를 충족시킬 준비나 의욕을 갖추지 못하고 있었고 결국 이 부분이 널리 방치되고 무관심의 늪에 빠지는 결과가 되었다.

그러나 정책학에 있어 법의 위상이 제대로 인식되지 못했던 것이 이러한 학자들의 태도나 관심방향에만 기인하는 것은 아니다. 도론(Doron, 1992: 303)은 정책학과 다른 사회과학간의 관계를 '장님 코끼리 만지기'의 우화에 비유하여 각종의 개별사회과학분야가 코끼리를 만질 때 정책학은 관찰자를 그 우화의 내레이터의 위치에 서게 한다고 지적한 바 있다. 그는 코끼리 전체의 모습을 볼 수 있고 동시에 장님들이 모두 같은 코끼리를 만지고 있다는 사실을 아는 유일한 자라는 것이다. 이러한 비유는 법정책학과 그밖에 다른 법에 대한 사회과학적 접근방법들 간의 관계에 응용될 수 있다. 가령 법사회학은 법의 사회현상으로서의 측면을, 법사학은 법의 역사적 측면을, 법심리학은 법의 심리현상으로서의 측면을, 그리고 법경제학은 법의 경제학적 측면을 이해하려고 하지만, 법정책학은 이들의 시도를 내레이터의 지위에서 통찰하고 이들이 추구하고 있는 것이 법현상임을 아는 유일한 자라 할 수 있다. 정책학이 다른 사회과학 분야과 맺고 있는 관계처럼 법정책학이 정책의 법적 측면에 관심을 집중하는 메타정책과학이라면 바로 이러한 측면이 정책학에서 충분히 고려되지 못하고 있는 것이다. 구미에서 공공정책과 법에 관한 학제적 연구교육프로그램들이 실시되는 경우가 늘고 있다면, 이는 법정책학이 진군 중에 있음을 말해주는 동시에 정책학에 있어 법이 상대적으로 주변현상에 불과한 것으로 취급되어 왔음을 시사해 주는 것이기도 하다.

정책학에 있어 법에 대한 소홀한 관심을 초래한 또 하나의 원인은 주로 미국행정학의 초창기를 지배했던 행정에 대한 이데올로기에서 찾을 수 있다. 행정과 정치의 단절, 관리 또는 경영으로서의 행정과 법의 단절, 과학으로서의 행정관으로 이루어진 이러한 행정학의 인식대상에서 법을 배제하는 결과를 낳았고, 행정학과 태생적 관계에서 형성된 정책학에 그대로 반영되었다.

Leonard White는 미국 최초의 행정학 교과서인 "Introduction to the Study of Public Administration"(1926)의 서문에서 "행정의 연구는 법의 기초가 아닌 경영의 기초 위에 시작되어야 하고 따라서 법원의 판결보다는 미국경영인연합회(American Management Association)의 업무에 더욱 관심을 기울여야 한다"고 하였다. 후에 Luther Gulick은 능률을 행정의 "第1의 公理"(1937; 192)라고 선언했다. 이러한 행정학의 관점은 곧 행정을 '과학'으로 이해할 것을 주장한 Wilson에 의해 한층 더 강화되었다. 윌슨은 "정부의 행로를 바로잡고 그 업무수행을 경영답게 만들고 조직을 강화·순화하며, 그 임무에 책임감을 불어넣기 위한 행정에 관한 과학이 필요하다"고 역설하였다(1887; 485).[15]

1940년대 후반까지 미국행정학의 공식이데올로기(orthodox ideology)로 통용되었던 이러한 고전적 행정관은 이후 정치-행정 이원론의 오류나 과학으로서의 부적격성 등을 이유로 한 다양한 비판에도 불구하고 1970년대 중반까지도 살아남아 백악관에 건재하고 있었으며,[16] 그 법에 대한 역시 기본적으로 유지되었던 것이다.

이러한 배경에서 형성된 정책학에 있어 '법에 대한 관심의 빈곤'은, 그 법경제학적 연계를 제외한다면, 오늘날까지도 기본적으로 유지되고 있다고 해도 과언이 아니다. 정책과 법을 동일한 현상의 상이한 측면으로 보건 또는 법을 정책의 실행수단이자 산물로 보건, 정책학은 법이라는 현상에 대한 사회과학적 접근을 법사회학이나 전통적 법학에 의존해서는 정책학 본연의 학문적 임무를 제대로 수행할 수 없다. 이렇게 볼 때 법정책학은 정책학이 드러내온 '법에 대한 관심의 빈곤'을 보완하기 위한 학문적 지원수단이 될 수 있으며, 정책학은 이러한 학문적 지원을 정책학의 본령 속에 적극적으로 수용해야 한다는 결론에 이르게 된다.

---

15) Wilson은 이러한 응용과학은 유럽의 경험으로부터 받아들일 수 있다고 생각했으나, Rosenbloom에 따르면, 1900년대초 대두된 과학적관리기법이 보급됨에 따라 행정은 공학과 같은 설계과학(design science)의 방향으로 변화했다고 한다. 1923년의 연방직위분류법(Federal Position Classification Act)가 그 단적인 예였고, 1920년대 시라큐스대학 맥스웰스쿨과 같은 초창기의 행정학석사과정들은 교육과정에 사회공학(civil engineering)을 포함시키고 있었다(Rosenbloom, 1994: 7).

16) Beam, David (1978). Public Administration Is Alive and Well-and Living in the White House. Public Administration Review, 38: 72-77. 이에 관하여는 Rosenbloom, 1994: 7을 참조.

Ⅱ 법정책학의 대상과 인식관심

1. 법정책학의 대상

법정책학의 대상을 인식하기 위하여 정책, 법정책, 법과 정책 등과 같은 개념을 파악해 볼 필요가 있다.

'政策'이란 다의적인 개념이다. 정책의 辭典的·日常的 意味는 "정부나 정당 또는 개인이 채택한 일련의 행위"(a course of action adopted by a government or party or person: Oxford Reference Dictionary)로 이해되고 있으나, 그 개념이 사용되는 문맥에 따라 그리고 정책결정자나 정책을 집행하는 기관의 목적에 따라 얼마든지 다양한 의미와 내용을 지닐 수 있기 때문이다. 한편 정책학에서는 '정책'을 '정부가 달성해야 할 목적과 이를 달성하기 위한 수단의 선택에 관한 상호 관련된 의사결정'으로 파악한다. 가령 노화준(2007: 3-7, 7)에 따르면 '어떤 한 사회분야에서 사회적 시스템·구조·문화·가치·규범·행태·물리적 환경 등을 어떻게 바꾸며, 또 어떠한 방법으로 바꾸고자 하는가 하는 정부개입의 수단들을 결정해 놓은 것'을 말하며, '어떤 특정한 상황 하에서 어떠한 사회를 어떻게 만들어 가겠다고 하는 정부개입의 행동들(actions)에 대한, 상호 관련된 일련의 의사결정'이라는 것이다.[17)]

정책학은 의사결정 또는 선택의 과정을 연구하고 구체적인 문제

17) 이상 노화준, 『정책학원론』: 2007, 박영사, 7을 참조.

의 해결을 위해 사용가능한 지식의 상관성을 평가한다. 정책학자들이 정부, 법 그리고 정치적 동원에 관한 연구에 있어 초점을 맞추는 것은 개개의 결정들이다. 물론 정책학은 비정부기구(NGO)와 개인들의 선택과정을 연구의 대상으로 삼아 당해 과제에 대한 지식의 蓄積量(current stock of knowledge)이 가지는 중요성을 고려하기도 한다. 이처럼 정책학의 대상이, 공적 결정이든 개인적 선택이든, 어디까지나 문제해결적 활동(problem-solving activity)인 이상 다음의 다섯 가지 지적 과제들이 다양한 통찰과 이해의 수준에서 수행될 수 있다: 목표의 규명, 경향의 기술, 조건의 분석, 향후 전개상황의 예측, 그리고 대안의 안출, 평가 및 선택. 정책학은 철학, 역사, 과학, 예언 및 신념을 통합시킨다(Lasswell, 1974:181-182).

정책학에 있어 법은 주로 정책을 실행하기 위한 수단이나 정책결정의 산물로서 고려된다. 이에 비하여 법정책학은 법을 사회과학적 인식의 대상으로 삼아 정책의 제도적 여건, 정책결정이 이루어지는 과정인 동시에 정책과정의 산물로서 인식한다. 법은 정책을 실행하기 위한 단순한 수단이나 도구가 아니라 경우에 따라서는 정책결정시 고려해야 할 기존의 제도적 틀이나 여건을 구성하는 요인이 될 수 있다. 이것은 가령 과잉규제나 부적절한 규제를 내용으로 한 법적 규율이 법규로서 지속성을 갖는 경우 그 법규가 합리적이고 타당성 있는 정책결정의 장애요인으로 작용하게 될 수 있다는 사실에서 드러난다. 한편 법적 과정(legal process)은 특히 입법과정의 측면에서는 그 자체가 하나의 정책결정과정이며, 이를 통해 상충하는 이해관계나 집단의 요구가 조정되고 또 수용되는 복합적인 경로(channel)가 된다. 법은 통상 일반추상적 형태를 띰으로써 중립성과 법적 평등을 표방하지만 실은 한 사회의 소유권질서를 유산자의 이익으로 부과하거나 재산권의 내용이나 행사를 소수자를 포함한 사회적 약자의 이익으로 형성하고 또는 상충되는 이해관계를 조정하여 이를 고착시키는 과정이기도 하기 때문이다. 법은 나아가 결정된 정책을 제도화하여 지속적으로 일정한 결과를 산출하는 기능을 수행하며 결국 정책과제에 대한 전사회적 결정의 결과로서 존속하게 된다. 가령 부동산투기억제를 위한 토지거래허가제도가 일반적인 토지거래의 조건으로 정착되거나 보통계약약관이 계약관계의 내용을 지속적으로 제약하는 틀이 되는 경우 또는 직업면허제를 통해 진입제한을 제도화하는 경우가 그 예라 할 수 있다.

이렇게 볼 때 법정책학은 일면 정책학의 한 분과라는 측면을 지니지만, 타면 그 인식대상과 인식관심의 특수성이라는 측면에서는 일반적인 정책학과는 구별되는 독자성을 가진다고 할 수 있다.

법정책은 가장 주된 법정책학의 연구대상이다. 그러나 政策이 다의적 개념이듯이 법정책 역시 다의적이고 불확정적인 개념이다.[18] 법정책이란 특수한 법영역에서 논의되는 개별적 법정책(specific legal policies), 가령 경제법정책, 노동법정책, 환경법정책 등으로 구체화될 수 있으며, 반면, 권력분립의 원리에 따라 입법・사법・행정에 대한 정책으로서 立法政策(legislative policy), 司法政策(judicial policy),[19] 行政政策(administrative policy) 등으로 나타날 수도 있다. 그러나 법정책학이 법정책을 연구의 대상으로 삼는다고 할 경우 '법정책'이란 이러한 개별분야별 법정책과 국가작용별 정책만을 의미하는 것은 아니며, 법과 정책의 관계, 전체로서의 법의 정책적 효과, 사회적 법형성

18) Dieter Strempel, Zum Begriff "Rechtspolitik". Entstehung, Bedeutung und Definition, in: Recht und Politik, 1987.

19) 이러한 의미에서 司法政策은 司法行政政策(judicial administration policy)을 포함한다.

의 이론적 구명 등 훨씬 다양한 과제들이 법정책학의 대상으로 다루어질 수 있다. 이러한 의미에서 법정책학은 단순히 법정책에 대한 연구만을 의미하는 것은 아니며 오히려 '전체로서 법의 정책적 기능을 구명하기 위한 학문'(Voigt, 1989: 11)이라고 보아야 할 것이다.

이와 같이 법정책학은 법과 정책, 법정책에 관련된 문제해결을 위한 처방적 학문으로서 넓은 의미의 법학의 다른 분야와 구별되는 독자성을 가진다. 독자적 학문으로서 법정책학의 특징은 첫째, 문제중심적 사고, 둘째, 방법론적 다원주의, 그리고 셋째, 법에 대한 통합과학적 · 제도론적 접근으로 요약될 수 있다.

2. 법정책학의 인식관심

법정책학은 입법정책, 사법정책 및 행정법정책이나 각종 개별분야별 법정책 뿐만 아니라 법과 정책의 관계, 전체로서의 법의 정책적 효과, 사회적 법형성의 이론적 구명 등 훨씬 다양한 인식관심을 가지고 있다. 먼저 법정책학은 이론적인 측면에서 정책의 산물로서의 법과 정책의 실행수단으로서의 법의 역할과 기능을 설명하고자 한다. 여기서는 법과 정책의 혼화, 상호작용, 권리부여규범과 자원배분규범으로서 법규범의 기능변화, 기본법, 계획법 등의 형태로 대두되고 있는 정책법규범의 사회적 기능 등이 문제된다. 둘째, 법정책학은 정책과정으로서의 법, 즉 입법과정, 입법적 의사결정, 입법정책, 입법취지 등에 관한 경험적 · 실증적 연구를 시도한다. 여기서는 비단 공식적 입법 및 법과정뿐만 아니라 관습법, 법관법(Richterrecht), 그리고 사법정책, 법정책과정으로서 법관의 법발견 문제, 위임입법 및 행정의 규칙제정 등과 같은 문제에 대한 설명이 이루어질 수 있다. 끝으로 법정책학은 처방적 측면에서 입법론 또는 입법정책의 수립을 위한 실천적 작업에 종사한다. 입법론은 실정법에 대한 법정책학적·사후심사적 고려가 구체화된 것이라고 할 수 있으며, 정책학에서의 정책평가에 상응하는 실정법평가를 바탕으로 하여 법해석론과 법정책학적 요구를 함께 고려하여 대안을 제시하고 경우에 따라서는 법개혁을 위한 방안을 모색한다. 가령 경험적·실증적 연구를 통하여 위임입법의 실태가 확인되고 법해석론의 도움을 얻어 그러한 위임입법의 실제에서 문제점들이 확인된다면, 법정책학은 위헌적인 위임입법의 방지를 위한 처방을 제시해야 한다는 과제에 직면하게 된다.

일례로 1996년에 나온 국회사무처 법제예산실의 보고("「행정입법」의 분석·검토", 『法制懸案』, 1996.10.29. 통권 제45호)는 1995년 정기국회 통과법률 168건을 분석한 결과 총 조문수 10,228개중 위임조문수가 2,976개로 약 29%에 달하며, 그 중 '상위법의 위임근거 없이 국민의 권리를 제한하거나 의무를 부과한 경우', '상위법의 위임의 범위를 벗어나 권리의 제한 또는 의무를 부과한 경우', '상위법 규정의 취지를 일탈한 경우', '법률의 위임에도 불구하고 해당 시행령이 마련되지 않은 경우', '포괄적으로 재위임한 경우', '시행일이 도래하였음에도 불구하고 시행령 또는 당해 조항이 제(개)정되지 않은 경우', '기타 법체계에 문제가 있는 경우' 등 헌법이나 수권법률의 요구에 어긋난 행정입법이 적지 않다는 사실을 지적하고 있다. 여기서 위임입법의 실태에 대한 경험적·실증적 분석이 선행되고 동시에 법해석론적 관점에서 헌법적 조건을 준수하지 않은 위임입법의 문제점들이 검토되었다면, 법정책학적 관점에서 위임입법의 문제점을 해결할 수 있는 방안이 법해석론과 입법론의 차원에서 모색되어야 할 것이다. 이러한 문제해결절차를 취해야 하는 것은 위임입법이라는 문제 자체가 지닌 양면적 특성 때문이다. 즉 위임입법의 한계기준이 주로 수권법률에 관한 위임입법의 과정통제라면 위임입법의 통제수단들은 수권법률에 의하여 또는 그 밖의 방법에 의하여 행해진 행정입법에 대한 결과통제라 할 수 있는데, 이들 두 가지 중 어느 한쪽만으로는 위임입법의 문제를 제대로 해결할 수 없고, 양 측면에서의 대안이 긴밀히 상호 보완될 때에만 비로소 위임입법에 대한 법정책적 과제가 달성될 수 있는 것이다. 법정책학은 여기서 우리나라의 경우 국회차원에서 위임입법이 남발되고 있고 또 헌법의 요구가 제대로 준수되지 않는 경우도 적지 않다는 현실을 고려하여 위임입법에 대한 적절하고 실효적인 통제수단을 강구해야 한다는 결론을 내릴 수도 있다. 가령 우리나라의 위임입법의 통제제도가 안고 있는 문제점들을 경험적·실증적으로 분석·검토한 후, 국회에 의한 통제제도를 새로이 도입하는 방안, 의회유보를 강화하는 판례·이론을 정립하는 방안, 각 통제간의 연관성을 확보하여 위임명령통제의 유효성과 효율성을 강화하는 방안, 이익단체나 전문가단체의 입법에의 참여를 제도화하는 방안, 위임명령의 법적 근거를 명시하도록 하고 추상적 규범통제를 도입하는 방안, 프랑스에서의 행정입법에 대한 사법적 통제를 참고하는 방안 등 다양한 처방을 제시할 수 있는 것이다.

법정책학은 법정책학적 의제를 설정하고, 제기된 목표에 적합하게 효과적이고 성공적인 법정책적 방안을 강구하며, 채택된 법정책적 대안이 제대로 실행되고 있는지를 경험적·실증적으로 검토하고, 거기서 드러난 문제점들을 해결하기 위한 법정책적 처방을 제시하려는 현실지향적 인식관심을 특징으로 한다. 가령 페터 스칠라기(Peter Szilagyi, 1992: 108)가 제시한 입법에 대한 법정책학적 문제들은 그러한 법정책학의 인식관심을 단적으로 보여주는 예라 할 수 있다.

1. 입법을 통하여 관련된 사회문제를 해결할 수 있는가, 사회구성원들의 행위방식에 변화를 가져올 가능성이 있는가.

2. 입법을 통하여 정립된 특정 법규범으로써 사회구성원의 행동에 성

공적으로 영향을 줄 수 있는가.

3. 입법을 통하여 정립된 특정 법규범으로 행위를 규제하게 되면 바람직하지 않은 결과가 더 이상 초래되지 않는가.

4. 그러한 행위는 다른 법규범에 의해 더 성공적으로 변화될 수 있지 않은가.

5. 특정 법규범을 통하여 이루어진 효과적인 규제가 크게 보아 법해석학적으로 그리고 법기술적으로 실현될 수 있는가.[20)]

Ⅲ 법정책학의 학문적 위상

법정책학은 가장 넓은 의미의 정책학의 한 분과라 할 수 있으나, 그 학문적 인식의 대상이 법과 정책이라는 점에서 특징을 가진다. 법정책학의 학문적 위상은 이를 인접학문과 비교함으로써 주어질 수 있다.

1. 법정책학과 전통적 법학

전통적 법학의 중심적 과제는 법규범의 해석·적용을 통해 법제도를 운용하고 법질서를 유지해 나가는데 있다. 여기서 법제도의 존재 자체는 이미 주어진 여건, 즉 所與(Gegebenheit)로 간주될 뿐이다. 법학 일반에 범용되고 있는 법률학적 삼단논법(juristischer Syllogismus)은 법제도 또는 법질서에 대한 전통적 법학의 접근방법을 가장 잘 보여주는 예이다. 법률학적 삼단논법의 가장 단순한 적용례는 다음

20) Szilagyi, Peter, 1992, 108.

과 같이 표현된다:

- 모든 살인자는 처벌을 받아야 한다(대전제)
- T는 살인자다(소전제)
- T는 처벌을 받아야 한다(결론)

여기서 '모든 살인자는 처벌을 받아야 한다'는 대전제는 이미 주어진 것으로 간주된다. 법학은 이것을 색출적으로 인식할 뿐이다. 그것이 옳은 것인지 또는 잘못된 것인지는 법철학의 차원에서라면 몰라도 적어도 법해석의 차원에서는 문제되지 아니한다. 법해석을 본령으로 삼는 전통적 법학, 즉 'Rechtsdogmatik'에서는 그러한 법명제가 현존하며 유효한 이상 이를 주어진 것으로 간주하고 일정한 해석기법을 사용하여 그 의미내용을 밝히는데 주력할 뿐이다.

전통적인 법학에서는 소여 또는 여건인 법제도를 어떻게 설계하여야 할 것인가라는 발상은 해석론의 범위 내에서 행해지는 경우도 있을 수 있으나 원칙적으로는 생기지 않는다(平井宜雄, 1995: 9). 법제도 자체를 수정하거나 변경하는 것은 입법의 문제이므로 전통적인 법학의 작업범위를 벗어난 것으로 간주되는 것이다.

반면 법정책학은 법에 관한 사회과학적 접근뿐만 아니라 전통적인 법학의 연구방법론과 성과들을 법사실로서 고려한다. 법정책학은 가령 부동산투기억제를 위한 규제법규의 해석·적용의 결과가 규제법규의 제정을 통하여 추구되었던 목적, 즉 정책적 기대에 얼마나 근접한 것인지를 분석하고 평가한다. 만일 그 규제법규의 집행결과가 규제의 목적을 달성하지 못하거나 본래의 규제목적과는 다른 의외의 부수효과를 발생시킨 것으로 판명되면, 법정책학은 그 원인을 규명하여 그에 대한 대책을 찾아 나서는데, 이 경우 규제의 실패 또는 집행상의 결함이 드러나면 규제집행의 효과를 제고할 수 있는 방안을 모색하여야 할 것이고, 규제자체의 타당성이 의문시되는 때에는 규제목적의 합리성·타당성을 재심사하여 그 수정여부를 검토하고 법개정이나 폐지 등의 입법적 대안을 모색하여야 할 것이다. 규제의 실패나 집행결함(Vollzugsdefizit), 또는 규제성과의 미달현상은 다양한 요인에 기인하는 것이지만, 규제법규의 해석·적용의 불가피한 결과일 수도 있다. 이 경우 법정책학은 사전에 제정되는 규제법규의 해석·적용가능성을 심사하고 그에 따른 사회적 결과를 예측하며, 사후에 그러한 예측과 기대가 맞아떨어졌는지를 검사하게 된다. 따라서 전통적 법학의 연구방법론과 연구결과를 고려하지 않을 수 없다.

2. 법정책학과 법사실연구·법사회학·법경제학

법정책학은 그 방법론을 넓은 의미의 법사실연구(Rechtstatsachenforschung)에 의존한다. 그것은 법사회학이나 법경제학 등과 같은 법현상에 대한 사회과학적 연구방법을 통하여 법의 사회적 기능과 정책과정에서의 역할을 탐구한다. 그런 의미에서 법정책학은 법에 관한 통합적 사회과학이라 할 수 있다. 정책학이 다른 사회과학분야와 맺고 있는 관계는 법정책학과 그 밖의 법에 대한 사회과학적 접근들과의 관계와 유사하다. 즉, 법정책학은 정책의 법적 측면에 관심을 집중하는 메타정책과학이라 할 수 있다.

2.1. 법사실연구

법사실연구(Rechtstatsachenforschung)는 법학이 사회적, 경제적, 기술적 현실이 법에 대하여 갖는 의미를 탐구해야 한다는 근 한 세기 전부터 제기된 주장을 포함하고 있다(Hartwieg, 1975: 11). 누스바움(Nußbaum, 1968: 67)에 따르면 법사실연구란 "개개의 법적 규율들이 발생하는 사회적, 정치적 그리고 그 밖의 사실적 조건을 체계적으로 연구하고 그 규범들이 가지는 사회적, 정치적 그리고 그 밖의 효과를 구명하는 것"을 말한다: "우선 연구되어야 할 것은 법률이 실제로 어떠한 형태로 적용되고 있는가, 특히 어떤 방식으로 법률이 법원과 대중에 의해 사실상 적용되고 있는가 이며, 나아가 그 규범들을 통하여 어떠한 목적이 추구되고 있으며, 그들은 어떠한 효과를 발생시키고 있는가 하는 문제들이다." 법학은 법규범의 내용뿐만 아니라 그 목적, 적용형식 및 효과를 탐구해야 하며 그 경우 비록 법률이나 법원의 판결에 의해 확정적인 형태를 띠지는 않을지라도 법공동체(Rechtsgemeinschaft)에서 사실상 준수되고 있는 규범이 존재한다는 사실을 고려해야 한다. 이와 같은 법과 사회적 생활의 상호의존성(Interdependenz)의 구명은 법과 사회에 대한 보다 심화된 인식을 위한 필수불가결한 전제조건을 이룬다. 누스바움(1968: 48)에게 있어 문제는 법이란 법학의 학설이 가르치는 것처럼 현실적인 법과 결코 일치하지 않는다는 사실을 인식하는데 있다. 그러므로 법사실연구에서는 법공동체의 구성원들의 행위를 법적으로 구속하는 일반적 규범, 다시 말해 법률적 규범뿐만 아니라 법률외적 규범(außergesetzliche Normen)을 포함하는 확장된 규범개념을 사용하게 된다. 법사실연구에서 요구되는 것은 자유로운 규범형성에 대한 체계적인 조사와 법률의 사실상의 효력에 대한 연구이고, 이와 같이 사실상 효력을 발휘하는 법규범이 발견되면 그 발생과정과 효과를 탐구하는 과제가 제기되며 이 경우 경험적·법사회학적 측면이 부각된다. 법에 관한 사회학적 이론이나 가설을 검증하기 위해서는 관련된 사회적 사실의 확인이 필요하기 때문이다.

보이텔(Beutel)의 '실험적 법학'(experimental jurisprudence)은 자연과학적 방법을 가지고 법질서의 變改와 發生을 설명하려고 한다. 우선 법이 규율해야 할 사회현상이 조사되어야 하고, 관련된 사회문제를 해결해야 할 규범이 연구의 대상이 되며, 이어서 이 규범이 사회적 생활에 어떠한 영향을 미치는지가 확인되어야 한다. 이러한 단계적인 과정을 바탕으로 문제된 법이 사회생활에서 초래하게 된 일정한 반작용의 원인을 설명하는 하나의 가설이 만들어진다. 이러한 과정이 유사한 문제에 확장되면 그 가설은 법현상에 대한 법칙성에 대한 보다 발전된 가설로 심화된다. 문제의 규범이 전부 또는 부분적으로 실효성을 상실하면 새로운 법률이 시행되어야 하며 그 과정이 다시 반복된다는 것이다.

법사실연구도 그 동기에 있어 문제가 없지는 않다. 학문과 정치의 관계는 그처럼 전자는 사실의 탐구, 후자는 있어야 할 무엇에 대한 결정으로서 순수하게 구별될 수 있는 것은 아니기 때문이다. 절대적인 의미에서 '사실 자체'(Tatsache an sich)란 존재하지 않으며, 그때 그때 우리가 묻고 관찰하고 또 측정할 수 있는 사실만이 존재할 뿐이기 때문이다. 존재와 당위 사이에는 일종의 변증법적 관계(eine dialektische Beziehung)가 존재하는 것이다.

오늘날 법사실연구는 절차지향적(가령 사법연구) 또는 대상지향적(내용적 법사실연구)인 연구로 이해되고 있다. 후자는 특히 상업거래나 경제에 있어 조직형태, 대량적 거래의 계약 및 청산형태 그리고 개인에 관련된 법형성에 관심을 기울이고 있다. 하르트비히(Hartwieg, 1975: 57ff.)는 법사실연구의 발전방향을 다음 세 가지 측면에서 제시

한 바 있다:

－현실관계의 개선을 위한 법사실연구
－법과 사회의 상호작용에 관한 법사실연구
－비교법의 보충으로서 법사실연구

이렇게 볼 때 법정책학은 법사실연구에 그 연구결과나 함축을 의존하면서도 객관적인 사실의 규명에 머물지 않고 그로부터 제기된 문제와 과제를 실천적으로 해결할 수 있는 방법을 모색하려는 처방적 학문이라는 점에서 구별된다고 할 수 있다.

2.2. 법사회학

법사회학은 법학과 사회학 사이에 위치하는 학문분야이다. 법사회학 역시 그것이 지니는 학문간 분야로서의 성격 때문에 학문적 정체인식 및 영역설정, 방법론 등에 관한 한 다양한 지향과 성격을 띨 수 있다. 그러나 법사회학이 어떠한 방향을 가지든지, 분명한 것은 그것이 법사실 또는 법현상의 법칙성(Gesetzlichkeit)과 경험적 진실을 규명함으로써 법정책학에 대하여 중요한 이론적 자원과 경험적 자료를 공급해 줄 수 있다는 점이다(Voigt, 1989: 11). 그러나 법정책학은 법사회학이 종종 부수적으로 다루어온 법정책적 처방을 추구한다는 점에서 법사회학의 영역을 뛰어넘는다. 물론 법사회학의 경우 그 영역이나 인식관심을 법정책적 처방의 제시를 포함하여 넓게 파악하는 경향이 있는 것도 사실이다. 그러나 법사회학은 종종 법정책학과는 달리 전통적 법학의 법해석론적 차원에 관심을 소홀히 해왔던 것이 사실이다. 법사회학은 법을 법정책적 선택(입력)의 대상이 되는 사회변동의 能動的 動因으로 파악하기보다는 사회적 조건에 따라 변동하는 수동적 요인으로 간주하는 경향을 보인다. 뿐만 아니라 법사회학은 지나친 법실무적 관심을 의식적으로 경계해 온 측면도 있다(Gessener, 1984: 480ff.; Rasehorn, 1982, 141ff.). 반면 법정책학은 법사회학의 경우처럼 법사실적 연구와 진정한 법사회학적 연구 간의 이율배반적인 긴장을 겪을 필요가 없다. 왜냐하면 법정책학은 이미 실천적 처방에 지향된 인식관심을 본질로 하기 때문이다(Voigt, 1989: 19). 요컨대 법정책학은 법사회학으로부터 획득된 경험을 바탕으로 제기된 법정책적 과제들을 해결하려는 시도로서 법사회학보다는 한 차원 더 현실에 근접한 학문적 접근이라고 할 수 있다.

2.3. 법경제학

법학과 경제학이 상호 접목되어 하나의 학문분과를 형성하게 된 '법경제학'(law and economics)[21] 역시 법정책학이 의존하고 또 지원을 받아야 하는 가장 중요한 학문영역이라 할 수 있다. 특히 미국에서 발전된 법경제학의 연구성과들이 가지는 법정책적 함축과 시사점들은 법정책학의 풍부한 이론적 보고라 할 수 있다. 그러나 법정책학은 법에 대한 경제학적 접근, 법현상의 경제학적 설명에만 의존하지는 않으며, 전통적 법학, 법사회학, 법심리학, 입법학 등 다학문적 접근을 필요로 한다. 그 점에서 법정책학은 법경제학과는 구별되며, 법경제학으로부터 방법론이나 연구성과 면에서의 지원을 받으면서도 그 영역을 넘어서는 차원을 가진다고 볼 수 있다.

---

21) 법경제학의 형성과 발전과정에 관하여는 朴世逸, 『法經濟學』, 2000, 博英社; 김일중, 『규제와 재산권』, 1995, 한국경제연구원, 256이하를 참조.

코즈(Ronald H. Coase)와 법경제학의 출발: 코즈의 정리(Coase Theorem)

코즈 정리는 1960년 "The Problem of Social Cost"라는 기념비적 논문22)을 통해 발표된 이래, 주류경제학이 외생 변수로 취급한 법과 제도의 문제를 경제 분석의 틀 속에 끌어들임으로써 법경제학의 발전에 획기적 전기를 마련한 이론적 성과이다.23) 코즈 정리는 다음 두 개의 정리로 구성된다.

제1정리: 재산권이 확립된 경우 재산권이 누구에게 귀착되는지와 관계없이 가장 효율적인 방법으로 배분된다. 즉 협상을 통해 파레토효율적 배분24)을 달성할 수 있다.

제2정리: 재산권이 누구에게 주어지던 시장의 자원배분의 내용은 동일하다. 코즈의 제2정리가 성립하기 위해서는 소득효과가 0이라는 가정이 필요하다.

코즈는 위 논문에서 '재산권이 확립되어 있고 가격기구가 비용 없이 작동한다면, 법적 구조와 상관없이, 생산 가치를 극대화하는 방향으로 항

---

22) Journal of Law & Economics Vol.3 No.1(1960), 1-44.

23) 이에 관하여 상세한 것은 박세일 (1986). "코-스정리(Coase Theorem)의 법정책학적 의의,"『서울대학교 법학』 제27권 2-3호; 송상현 · 정상조(역). (1984).「법경제학입문」. 경문사(A. Mitchell Polinsky. An Introduction to Law and Economics) 등을 참조.

24) 파레토 최적(Pareto Optimal) 또는 파레토 효율 (Pareto efficient)이란 자원배분이 가장 효율적으로 이루어진 상태를 말한다. 파레토최적이 이루어지려면 생산의 효율과 교환의 효율에 대해서 다음의 조건이 충족되어야 한다. 생산의 효율에 있어서는 어떤 한 재화의 생산량을 증가시키기 위해서는 다른 재화의 생산량을 감소시키지 않으면 안 된다는 조건, 그리고 교환의 효율에 있어서는 한 소비자의 효용을 증가시키려면 다른 소비자의 효용을 감소시키지 않으면 안 된다는 조건이 그것이다. 파레토최적 상태란 위의 두 가지 조건이 동시에 충족되는 상태를 말한다. 파레토 최적은 자원의 합리적인 배분, 즉 유한한 자원이 그 효용면에서 최적으로 배분된 상태라 할 수 있다. 파레토(Vilfredo Pareto)는 손해를 보는 사람은 하나도 없고 이익을 보는 사람만 있는 경우를 '사회적 개선'이라고 인정했다. 이러한 개선을 '파레토 개선'이라고 하는데, 이 '파레토 개선'이 불가능할 정도로 개선된 상태를 '파레토 최적'이라고 부른다. 모든 사람이 타인의 불만을 사는 일 없이는 자기 만족을 더 이상 증가시킬 수 없는 상태가 '파레토 최적'인 셈이다. '파레토 최적' 상태에서는 어떤 사람이 이익을 보기 위해서는 반드시 다른 어떤 사람이 손해를 보게 된다.

상 자원의 이용이 이루어진다.'고 주장하였다. 즉, 외부효과가 있더라도 당사자의 자발적 협상을 통해 자원배분의 효율성이 항상 달성된다는 것이다. 코즈의 주장은 개인간 거래비용(Transaction Cost)[25]이 무시할 정도로 작고 협상으로 인한 소득재분배가 외부성에 관한 각 개인의 한계효용에 영향을 미치지 않는다면, 소유권이 어느 경제주체에게 귀속되는가에 상관없이 당사자간의 자발적 타협에 의한 자원배분은 동일하며 효율적이라는 것으로 집약된다. 가령, 환경문제에 있어 만일 잘 정의된 소유권이 있고 거래비용이 없으며 부(wealth)로 인한 효과를 무시할 수 있다면 이익집단들 사이의 협상이 그들의 권리 배분 상태 여하에 상관없이 파레토 최적에 도달할 것이라고 한다. 따라서 코즈는 만일 거래비용이 없다면, 정부는 경제주체들 중 누구에게라도 재산권만 확립시켜 주면 된다고 한다. 왜냐하면 그들 사이에 자발적인 조정에 의하여 그 자원을 가장 필요로 하는 쪽으로 재산권의 교환이 일어날 것이고, 따라서 사회 전체의 후생이 증가할 것이기 때문이다.

코즈 정리는 그 중요성에 비추어 그 타당성을 둘러싸고 이론과 실증 양면에서 끊임없는 논쟁의 대상이 되어 왔다. 물론, 코즈 정리에 대한 비판은 대부분 불완전 재산권과 비대칭정보 또는 불완전 정보구조에 기인한 이른바 "정의 거래비용"에 근거한 것이 대부분인데, 이는 엄밀히 말하면 제로 거래비용하의 코즈 정리 자체를 손상시키는 것이라고는 보기 어렵다.[26] 히라이 요시오(平井宜雄, 1995: 91-93)에 따르면, 이같은 후생경제학의 효율성 이론은 법정책학적 관점에서는 한계가 있다고 한다. 즉, 시장은 비용없이 주어지는 것이 아니며, 거래비용이 투입되어야 비로소 일정한 조건하에서 Pareto최적을 달성할 수 있는데, 일단 거래비용을 포함한 이상 모든 시장에 있어 Pareto기준은 해답을 줄 수 없다는 것이다. 시장은 비용없이 주어지는 것이라고 생각하는 것이 신고전학파 경제학의 기본적 전제이었기 때문인데, 적어도 시장적 결정과 함께 권위적 결정을

25) 거래비용이란 거래의 상대방을 찾고, 거래조건에 관한 합의를 도출하고, 합의된 내용이 지켜지도록 만드는 데에 들어가는 비용을 말한다.

26) 이에 관해서 상세한 것은 이재우. "코즈 정리의 법경제학적 쟁점 연구". 『경제연구』 제21권 제2호, 한국경제통상학회 2003. 6, 35-64를 참조.

규정하는 법정책학 이론에 있어서는, 이 전제 자체를 의심할 필요가 있으며, 따라서 Pareto 기준은 효율성 기준에 있어서는 의미를 가질 수 없다고 한다.

3. 법정책학과 입법학

입법학이 법학과 정치학의 중간에 위치한다면, 정책학은 입법학과 정치학 사이에 존재한다고 볼 수 있다. 정치학이 정치권력과 정치제도 등을 대상으로 하고 경험적·실증적 접근방법을 사용하는데 비하여 정책학은 경험적·실증적이면서 동시에 처방적 의도를 가지고 문제에 접근한다는 점에 양자의 차이가 있다.[27] 이렇게 본다면 법정책학은 다시 입법학과 정책학, 법학과 정책학 사이의 어딘가에 위치하는 것이라고 말할 수 있다. 사실 입법학과 법정책학을 엄밀히 구분하기는 쉽지 않다. 일면 법정책학이 입법정책에 관한 연구성과를 통해 입법학에 봉사하는 측면이 있는가 하면, 법정책학에서는 입법을 법정책의 실현수단의 하나로 탐구하는 측면[28]도 있기 때문이다. 실제로 법정책학(Rechtspolitik)은 현대입법학의 중요한 분야중의 하나라고 지적되고 있고[29] '법정책학적 입법이론'이란 용어에서 나타나는 바와 같이 입법학의 방법론적 차원에서 법정책학이 고려되는 경우[30]도 있으며, 반면 법정책학 또는 정책학에서 정책결정과정으로서 입법과정과 정책집행의 수단이자 정책결정의 산물로서 입법을

27) 鄭正佶, 『政策決定論』, 1988, 대명출판사, 37.

28) 마이호퍼(Maihofer, 1988, 415)가 법정책학적 입법학의 창시자로 지목한 뢰디히(Jürgen Rödig)가 입법을 규율도구(Regelungsinstrument)로 간주한 것에서도 그 점을 엿볼 수 있다.

29) 가령 李相泳, 法社會學的 立法研究, 서울대학교박사학위논문, 1993, 22.

30) 李相泳, 1993, 42이하를 참조.

다루고 있기도 하기 때문이다. 법정책학이 입법정책을 연구의 대상으로 삼을 경우 그 대상과 인식관심 면에서 입법학과 중첩되는 양상을 띤다. 입법학분야에서 학제적 연구의 필요성이 인식됨에 따라[31] 법정책학(Rechtspolitik)적 입법학이 발전되어 온 것도 바로 그러한 배경아래서 이해될 수 있다.[32]

李相泳(1993: 22)은 입법학분야에서 발전된 법정책학적 방법론의 출발점을 입법을 연구함에 있어서 규범적 판단에서 벗어나 경험적이고(empirische) 실증적인(positive) 사실에 기초한다는 점에서 찾고 있다. 이에 따르면 입법목표의 설정, 입법방법의 선택, 입법기술의 합리성 고려 등에 있어 '당위적으로 존재하는 규범의 틀에서 현실을 해석하는 것'이

31) 이에 관하여는 Jurgen Sauer, Die Verfassungsbindung des Gesetzgebers(Peter Lang, 1991); Christoph Gusy, Parlamentarischer Gesetzgeber und Bundes-verfassugsgericht, Schriften zum Öffentlchen Recht Band 482(Duncker & Humblot/ erlin, 1985); Helmuth Schulze-Fielitz, Theorie und Praxis parlamentarischer Gesetzgebung, Schriften zum Öffentlichen Recht Band 528(Duncker & Humblot/Berlin, 1986); Andrea Lamprecht, Die parlamentarische Initiative im Band(Helbing & Lichtenhahn, 1989); Rudolf Wendt, Eigentum und Gesetzgebung, Schriften zum Wirtschaftsverfassungs- und Wirtschaftsverwaltungsrecht Band 24(Joachim Heitmann Verlag/Hamburg, 1985); Okko Behrends und Wolfram Henckel, Gesetzgebung und Dogmatik(Vandenhocker & Ruprecht in Göttingen, 1989); Hans-Detlef Horn, Experimentelle Gesetzgebung unter dem Grundgesetz, Schriften zum ̈offentlichen Recht Band 567(Duncker & Humblot/Berlin, 1989) 등을 참조.

32) 입법학을 법정책학적으로 접근하는 경향은 1970년대 중반이후 지배적이라고 한다(李相泳, 법사회학적 입법연구, 1993). 유럽의 대부분의 입법학문헌들은 법정책학으로서 입법학의 위상을 구축하기 위한 이론적 작업과 각 개별입법에 대한 법정책학적 연구들을 포함하고 있다. 그 대표적인 연구성과로는 Jurgen Rödig/ Eberhard Baden/Harald Kindermann(Hrsg.)의 책과 Heinz Schäffer/Otto Triffterer-(Hrsg.), Rationalisierung der Gesetzgebung (Nomos Verlagsgesellschaft/ Baden-Baden, 1982); Dieter Grimm und Werner Maihofer(Hrsg.), 앞의 책; Heinz Schäffer(Hrsg.), Gesetzgebung und Rechtskultur — Internationales Symposion Salzburg 1986(Manzsche Verlags- und Universitätsbuchhandlung/Wien, 1987); Werner Hugger, Gesetz — Ihre Vorbereitung, Abfassung und Prüfung(Nomos Verlagsgesellschaft/ Baden-Baden, 1983); Peter Koller, Theoretische Grundlagen der Rechtspolitik, ARSP 1990(Steiner/Stuttgart, 1992) 등을 들 수 있다.

아니라 '있는 현실을 인식하고 그 개선방향을 정립하는 것'하는 것이라고 한다.

그러나 양자는, 물론 교집합적 부분을 있는 것은 사실이지만, 입법과 법정책(또는 법과 정책)이라는 각기 상이한 대상을 가지고 있다는 점에서 서로 구별되어야 하며, 따라서 법정책학을 입법학의 하위분과나 방법론으로서 파악하는 것은 적절치 않다고 본다. 오히려 입법학과 법정책학은 입법과정이나 구체적인 실체적 법정책의 측면에서 방법론적 상호의존관계를 맺고 있다. 법정책학은 그 인식관심면에서는 입법학과 공통부분을 가지고 있지만, 입법정책 뿐만 아니라 그 밖의 사법적, 행정적 법정책을 대상으로 삼는다는 점, 그리고 법과 정책의 관계, 전체로서의 법의 정책적 효과, 사회적 법형성의 이론적 구명 등 훨씬 다양한 과제들을 인식과 처방의 대상으로 한다는 점에서 입법학의 方法論的 支部에 그치는 것은 아니며, 또 거꾸로 입법학으로부터 입법방법론이나 입법기술론에 관한 지식을 지원받아야 하는 입장에 있다고 보는 것이 타당할 것이다. 반면 법정책학이 단순한 입법기술론(Drafting of Law)과 구별된다는 것은 별도의 설명이 필요하지 않을 것이다.

입법학의 발전과 입법평가의 제도화

오늘날, 입법은 이제 더 이상 비용을 수반하지 않는 탁상작업이 아니다. 오히려 입법권자는 정책토론이나 입법변론을 통하여 자신이 추진하는 입법의 소요비용과 기대효과, 성과의 측정 및 평가방법을 국민에게 제시, 약속하고 결과에 책임을 져야 한다. 그런 맥락에서 구미 선진국들을 중심으로 비교적 일찍부터 입법평가가 법제화되기 시작했고, 그와 함께 입법학 분야에서의 관심과 연구성과도 계속 축적되어 왔다.[33]

---

33) 우리나라에서 시행되는 각종 평가제도 즉, 규제영향평가, 성별영향평가, 부

입법평가의 개념은 보는 관점이나 기준에 따라 다양하게 정의될 수 있으나, 일반적으로 입법(법령 또는 법규)의 필요성, 효과 또는 성과 등을 복합적·다차원적으로 파악하여 분석·평가하는 활동을 총칭하는 것으로 통용되고 있다. 입법평가의 유형은 아래 표에서 보는 바와 같이, 평가의 단계(시기)를 기준으로 사전평가, 병행평가 및 사후평가로 구분되는데, 사전평가는 입법의 착수단계에서 입법의 필요성, 예상되는 영향 등을 평가하는 것을 말하며, 우리나라에서 이미 시행되고 있는 각종 영향평가 제도들(규제영향평가, 부패영향평가 등)이 이에 해당한다고 볼 수 있다. 또한 국회법에 도입된 법률안비용추계(Cost Estimates on the Bills) 제도[34]는 그 평가대상이 법률안비용으로 제한된 일종의 사전평가에 해당하는 것으로 볼 수 있을 것이다.[35] 병행평가는 법령안 입안 후 법령으로서 효력을 갖기 전의 시점에서 이루어지는 평가를 의미하는데, 법제처의 법령심사가 일종의 병행평가와 유사하며, 사후평가는 법령이 공포되고 시행되는 단계에서 이루어지는 평가를 말하는데, 우리나라의 경우 법제처의 법제정비, 법령해석이 일종의 사후평가와 유사한 기능을 수행한다.

패영향평가, 법안비용추계제도 등과 입법평가제도와의 관련성을 검토하고 우리 고유의 입법평가제도의 수립과 정착을 위한 제도적 방향성을 제시한 연구로는 박영도. 2007. "입법평가의 이론과 실제", 「현안분석 2007」(한국법제연구원 2007.9)을 참조.

34) 국회법은 다음과 같은 조항을 두어 법률안비용추계를 법제화하였다.

국회법 제79조의2 (의안에 대한 비용추계 자료 등의 제출) ① 의원 또는 위원회가 예산 또는 기금상의 조치를 수반하는 의안을 발의 또는 제안하는 경우에는 그 의안의 시행에 수반될 것으로 예상되는 비용에 대한 추계서를 아울러 제출하여야 한다.

② 정부가 예산 또는 기금상의 조치를 수반하는 의안을 제출하는 경우에는 그 의안의 시행에 수반될 것으로 예상되는 비용에 대한 추계서와 이에 상응하는 재원조달방안에 관한 자료를 의안에 첨부하여야 한다.

③ 제1항 또는 제2항의 규정에 의한 비용추계 및 재원조달방안에 대한 자료의 작성 및 제출절차 등에 관하여 필요한 사항은 국회규칙으로 정한다.

[본조신설 2005.7.28]

국회법 제58조 제7항

⑦ 위원회는 안건이 예산상의 조치를 수반하는 경우에는 정부의 의견을 들어야 한다.

35) 이에 관하여 상세한 것은 국회예산정책처 예산분석실 법안비용추계팀[편]. (2006).「법안비용추계 :원리와 방법」을 참조.

〈표 1-1〉 입법평가의 유형

평가유형	대 상	입법과정에서의 중점단계	사용용어
사전평가	○ 규율필요성 분석 및 규율대안모델에 대한 심사분석	○ 사전적 평가 ○ 구상단계(규율의도, 규율안의 제안)	○ prospective Gesetzesevaluation ○ prospective Gesetzfolgenabschätzung(GFA) ○ prospective Rechtswirkungsforschung(RWF) ○ Wirkungsprognose
병행평가	○ 효력최적화, 비용편익관계, 지속성, 이해가능성, 집행유용성, 시민에 대한 친숙성 등의 관점에서의 초안심사	○ 사전적 평가 ○ 초안단계(행정부안의 제출, 의회제안)	○ begleitende Gesetzesevaluation ○ begleitende Gesetzfolgenabschätzung(GFA) ○ begleitende Rechtswirkungsforschung(RWF) ○ Wirkungsprognose ○ Entwurfdprüfung
사후평가	○ 법령의 목표달성 실증, 무수정·수정·폐지 또는 신규 제정의 추론	○ 사후적 평가 ○ 적용단계	○ retrospektive Gesetzesevaluation ○ retrospektive Gesetzfolgenabschätzung(GFA) ○ retrospektive Rechtswirkungsforschung(RWF) ○ Wirkungskontrolle

4. 법정책학과 비교법학

비교법학(comparative law)은 크게 역사적·통시적 비교법학, 공간적·공시적 비교법학, 비교법사회학(comparative sociology of law)으로 이루어진 학문이자 접근방법으로 이해될 수 있다. 이렇게 본다면 비교법학은 법사학(history of law), 비교법제도론, 법사회학을 포괄하는 학문영역이라 할 수 있다. 이러한 의미에서의 비교법학은 법정책학의 이론·경험 모든 측면에서 불가결한 자산이 된다. 가령 19세기 유럽에 있어 헌법발전이 비교헌법론의 결과라는 사실을 상기한다면 양자의 상호관련성이 쉽사리 이해될 수 있을 것이다. 법정책학이 비교법학이 제공하는 자양분을 섭취하여 비교법정책학으로 전개될 수 있다는 것도 분명한 사실이다.

Ⅳ 맺는 말

법과 정책의 관계에 관한 전통적 이해에 따르면 법은 종종 정책의 수단으로서의 의미를 지니는데 불과한 것으로 간주되었다. '법은 정치의 시녀'라는 부정적 금언이 여전히 인용되고 있으며, 법조인집단을 마치 법무참모 정도로 취급했던 군사정권시대의 법정책관이 완전히 불식되지 못하고 있는 것이 사실이다. 개발연대에 있어 법에 대한 정책의 우위가 보편화되었으며, 법을 개발정책의 경제적·행정적 효율성에 대한 제약으로 간주하는 경향이 지배적이었던 것도 주지의 사실이다. 전통적 법학 역시 법과 정책의 준별론에 입각하여 법의 고유한 자기논리, 법의 독자성(Autonomy of Law)을 고수하면서도 법이 정책의 시녀가 되는 현실은 외면하거나 방치해 왔던 것이 사실이다.

최근 우리 사회에는 정책의 춘추전국시대라 해도 과언이 아닐 정도로 다양한 내용의 정책들이 폭주하고 있다. 과거의 권위주의시대에서는 정책이 주로 중앙정부에 의해 독점되었으나, 오늘날에는 지방자치단체는 물론, 비정부부문 즉, 사회단체나 개인 등 다양한 심급에 의해서도 각양각색의 정책이 개발되고 또 추구되고 있다. 이러한 현상은 60년대 이후 급속한 경제성장과정에서 누적된 각종 사회적 모순과 문제점들의 實在를 반영하는 동시에 현대사회에서의 생활이 그만큼 경제적, 기술적, 사회적으로 복잡해졌고 또 정책과정에 대한 접근의 범위가 확대되었다는 사실에 기인하는 것이기도 하다. 이 같은 정책의 홍수 또는 과잉현상은 우리 사회의 정책역량이 그만큼 증대되었음을 보여주는 긍정적인 측면과 상당부분 정책의 실패나 시행착오, 정책의 잦은 변경에 따른 일관성상실 등으로 말미암아 정책의 난맥상이 초래되었음을 시사해주는 부정적인 측면을 함께 지니는 것이 사실이다. 그러나 이러한 정책대안 일반에 대한 관심과는 달리 법정책(Rechtspolitik)에 대한 관심, 특히 법과 정책을 학문적으로 인식하고 그 기능과 효과를 과학적으로 분석하려는 노력은, 미국이나 독일, 일본 등과는 달리 우리나라에서는 극히 저조한 수준에 머물고 있다.

이러한 배경에서 이 글은 우리나라에서 법정책학을 구축하기 위한 시도로 작성되었다. 법정책학이 제대로 구축되고 수행된다면 법정책학이 담당해야 할 과제는 실로 다양하고 방대하다. 아무리 훌륭한 정책이라 하더라도 그것을 실행하고 그 효과를 유지할 법정책이 수반되지 않는다면 무의미하다. 아무리 유능한 정책전문가라 할지라도 함께 의논할 법정책학의 전문가가 없다면 또는 법정책학적 측면에 대한 지원이 따르지 않는다면 갑 속에 든 칼과 다름이 없다. 도처에 법정책학적 검토와 처방을 필요로 하는 문제군들이 널려 있다. 또 법을 무시하거나 도구화함으로써 어려움 없이 정책을 수행할 수 있었던 권위주의적 환경은 이제 서서히 사라지고 있고, 정책이 그 법적 측면에서의 문제점 때문에 좌절되거나 부작용을 초래하는 현상이 빈발하고 있다. 대법원의 판결이나 헌법재판소의 결정 때문에 중요한 사회정책이 수포로 돌아가거나 혼미를 겪는 것은 이미 어제 오늘의 일이 아니다. 정책의 법적 측면은 이제 정부 어느 부서에서든 세심하고 신중한 접근이 요구되는 예민한 문제가 되고 있는 것이다. 그 어느 때 보다도 법정책학의 기여가 절실히 요구되는 때이다. 앞으로 이러한 방향에서 정책학과 법학의 연계를 위한 새로운 지평이 열리기를 기대한다.

참고문헌

[국내문헌]

국회사무처 법제예산실.(1996). “「행정입법」의 분석・검토”, 『法制懸案』, 통권45호.

국회예산정책처 예산분석실 법안비용추계팀[편].(2006). 「법안비용추계 :원리와 방법」.

김덕준.(2001). “정책결정으로서의 사법판결: 분석모형의 논리 및 현실설명력에 관한 검증을 중심으로”, 『한국정치학회보』 34집 4호(2001.2) 199-218.

김덕준.(2007). “대법원판결에 대한 정책학적 분석” 『정책분석평가학회보』 제17권 제3호(2007.9), 275~299.

김일중.(1995).『규제와 재산권』. 한국경제연구원.

김항규.(1997). “행정학과 행정법학과의 대화 — 법정책학적 관점을 중심으로 — ”, 『한국행정학보』 제31권 제4호(1997년 겨울).

김해룡.(2007). “법치주의에 대한 신공공관리체제(New Public Management) 발전의 영향”. 『외법논집』 제25집(2007. 2), 303-321.

남복현.(2001). “우리 헌법재판제도의 구조와 법정책적인 기능”, 『법과 정책연구』 제1집(창간호 한국법정책학회 2001. 12. 30), 113-143.

노화준.(2007). 『정책학원론』 박영사.

문상덕.(2002). "행정법학에 있어서의 법과 정책 — 그 상관관계와 연구방법론을 중심으로 —". 『현대공법학의 과제』 청담최송화교수화갑기념논문집, 995-1018.

박 민.(2005). "민사재판의 공공정책결정기능에 관한 비교법적 연구" 『공법연구』 제34집 제2호(한국공법학회), 235-256.

박세일.(1986). "코-스정리(Coase Theorem)의 법정책학적 의의," 『서울대학교 법학』 제27권 2-3호.

박세일.(1994).『법경제학』. 박영사.

박세일.(1998). "법적 정의와 경제적 효율", 『法學』(서울대) 제39권 1호.

박세일.(2000) 『법경제학』, 개정판, 박영사.

박영도.(2000). "새로운 학문유형으로서의 입법학의 필요성과 성립가능성", 『입법학연구』 창간호, 한국입법학회.

박영도.(2002). "입법평가제도에 관한 연구", 『입법학연구』(한국입법학회) 제2집.

박영도.(2003). "실험법률에 관한 고찰" 『법제』 2003.6. 47-63.

박찬호.(2006). 「비교법 연구방법론에 관한 고찰」(현안분석 2006 비교법제연구 2006-05). 한국법제연구원.

서원우.(1985). "현대행정법과 공공성문제", 월간고시, 1985/8, 12-23.

서원우.(1997). 「轉換期의 行政法理論」. 박영사.

송상현 · 정상조(역).(1984). 「법경제학입문」. 경문사(A. Mitchell Polinsky. An Introduction to Law and Economics).

신상환.(2002). "독일의 입법과정상 입법평가적용의 구체적 사례분석 및 조망을 통하여 본 한국입법평가의 발전과제", 『법제』 제540호(2002.12), 46-55.

신상환.(2003). "한국입법개혁의 방향정립을 위한 사례로서 최근 유럽입법개혁의 경과와 보고", 『법제』 2003.2., 67-77.

양건.(1996). 『법사회학』, 민음사, 1996.

양건.(2005). "법준수의 요인에 관한 규범적 관점", 『한국공법이론의 새로운 전개』, 牧村金道昶博士八旬紀念論文集, 삼지원, 293-305.

오석홍.(2006). 『행정학』, 제2판, 박영사.

이상영.(2006). "한국 입법연구의 현황과 전망", 『입법학연구』 제3집, 1~13.

이상영.(2001). "입법의 원칙에서 본 한국의 입법자와 입법과정 분석", 『입법학연구』 제1집, 185-244.

이상영.(1993). 법사회학적 입법연구, 서울대학교박사학위논문, 1993.

이상돈/홍성수.(2000). 『법사회학: M. Weber, J. Habermas, N. Luhmann의 사회학이론과 법패러다임』, 박영사.

이재우.(2003). "코즈 정리의 법경제학적 쟁점 연구". 『경제연구』 제21권 제2호, 한국경제통상학회 2003. 6, 35-64.

임종훈.(2006). "미국의 입법학 연구의 동향", 『입법학연구』제3집, 15~32.

정정길.(1988). 『정책결정론』, 대명출판사.

최대권.(1989, 1990). "입법학연구-입법변론을 중심으로", 『法學』(서울대) 제31권 1.2호.

최대권.(1983). 법사회학적 법학방법론: 법발견에 있어서의 법사회학적 접근, 『法學』(서울대) 제24권 1호(53).

최대권.(1983) 『법사회학』, 서울대 출판부.

최송화.(1985). "법과 정책에 관한 연구 — 시론적 고찰 — ", 『法學』(서울대) 제26권 4호.

최윤철.(2003). "입법자의 법률상 하자제거의무", 법조 (2003.6).

최윤철.(2006). "독일 입법학 연구의 현황과 전망", 『입법학연구』 제3집, 33~52.

한상희.(2001). "입법학: 우리의 과제와 방향",『입법학연구』 제1집, 17-45.

홍완식.(2002). "입법자의 법률개선의무에 관한 연구", 『공법연구』 제31집 제2호.

[외국문헌]

阿部泰隆.(1996). 政策法學の基本指針, 行政法研究双書11, 弘文堂.

平井宜雄.(1976). "法政策學序說". ジュリスト 613-622號.

平井宜雄.(1995). 『法政策學』. 有斐閣.

Adomeit, Klaus.(1981). Rechtstheorie für Studenten. Normlehre-Methodenlehre-Rechts- politologie, 2.Aufl., Heidelberg/Hamburg.

Beam, David.(1978). Public Administration Is Alive and Well-and Living in the White House. Public Administration Review, 38: 72-77.

Behrens, O./Henckel, W.(1989). Gesetzgebung und Dogmatik, Göttingen.

Beutel. F. K.(1971). Die experimentelle Rechtswissenschaft. Möglichkeiten eines neuen Zweiges der Sozialwissenschaft.

Bodenheimer, E.(1981). Jurisprudenc, The Philosophy and Method of the Law, Harvard University Press.

Böhret, Carl/Kanzendorf, Götz.(1998). Rechtsoptimierung mittels Gesetzesfolgen-abschätzung: Waldgesetz Rheinland Pfalz, Speyerer Forschungsberichte 192.

Calker, Fritz von.(1914). Rechtspolitik, in: Paul Laband(Hrsg.), Handbuch der Politik, 2.Aufl., Berlin/Leipzig, Bd.1, S.11ff..

Canon, Bradley C./Johnson, Charles A. (1999). Judicial Policies, Implementation and Impact, 2d. ed. CQ Press.

Cappelletti, Mauro.(1971). Judicial Review in the Contemporary world. Indianapolis. The Bobbs-Merrill Company, Inc.

Choi, Yooncheol.(2002). Die Pflicht des Gesetzgebers zur Beseitigung von Gesetzesmangeln, Hamburg.

Dallas, Lynne L.(2005). Law and Public Policy: a socioeconomic approach, Carolina Academic Press.

deLeon. P.(1988). Politics, economics and welfare. New York: Harper and Brothers.

Doron, Gideon.(1992). Policy Science: The State of the Discipline, in: Policy Studies Review, Autumn/Winter 1992, 11:3/4, 303-309.

Doron, G. & Mintz, A.(Eds.).(1991). Policy Science: The state of the discipline, Urbana, IL: Policy Studies Organization.

Dror, Y.(1971). Ventures in Policy Science, American Elsvier.

Epstein, Lee/Knight, Jack.(1998). The Choices Justices Make, CQ Press.

Farber, Daniel A./Frickey, Philip P.(1991). LAW AND PUBLIC CHOICE — A Critical Introduction. The University of Chicago Press/Chicago and London.

Farhang, Sean.(2007). Public Regulation and Private Lawsuits in the American Separation of Powers System(This paper is posted at the eScholarship Repository, University of California. http://repositories.cdlib.org/csls/fwp/54).

Gessener, Volkmar.(1984). Rechtssoziologie und Rechtspraxis. Zur Rezeption empirischer Rechtsforschung, in: Soziale Welt, 488ff.

Gibson, James L.(1983). From Simplicity to Complexity: The Development of Theory in the Study of Judicial Behavior. Political Behavior, Vol. 5, No. 1, Judicial Behavior: Theory and Methodology. pp. 7−49: http://links.jstor.org/sici?sici=0190-9320%281983%295%3A1%3C7%3 AFSTCTD%3E2.0.CO%3B2-W: accessed on Jan. 16, 2008).

Görlitz, Axel.(1989). Rechtspolitik als Forschungsgegenstand(Legal Policy as a Field of Reserch), in: Rechtspolitolgie und Rechtspolitik, CentaurusVerlagsgesellschaft, Pfaffenweiler, 22-30.

Görlitz/Voigt. (Hrsg)(1989). Rechtspolitolgie und Rechtspolitik, Jahresschrift für Rechtspolitologie 3, Centaurus-Verlagsgesellschaft, Pfaffenweiler.

Gulick, Luther.(1937). Notes on the Theory of Organization. In Jay Shafritz and Albert Hyde, eds., Classics of Public Administration, 38-47. Moore Publishing, Oak Park III. [1978]

Grimm, D./Maihofer, W.(1988). Gesetzgebungstheorie und Rechtspolitik, Jahrbuch für Rechtssoziologie und Rechtstheorie Bd.XIII, Westdeutscher Verlag.

Hartwieg, Oskar.(1975). Rechtstatsachenforschung im Übergang.

Kaufmann, A. & Hassemer, W. (Hrsg).(1989). Einführung in Rechtsphilosophie und Rechtstheorie der Gegenwart, 5.Auf.

Karpen, U.(1989). Gesetzgebungs-, Verwaltungs-, und Rechtsprechungslehre.

Koller, Peter.(1992). (Hrsg.) Theoretische Grundlagen der Rechtspolitik, Archiv für Rechts- und Sozialphilosophie: Beiheft 54, Stuttgart, Steiner.

Lerner, Daniel & Lasswell, Harold D.(ed.)(1951). The Policy Sciences: Recent Developments in Scope and Method, Stanford(Calif.) Univ.Press.

Lasswell, Harold D.(1971). Pre-view of Policy Sciences(N.Y.: American Elsvier Pub. Co.).

Lasswell, Harold D.(1974). Policy Sciences, in: International Encyclopedia of the Social Sciences, Macmillan & Free Press, pp.181-189.

Lasswell and McDougal.(1943). Legal Education and Public Policy, 52 Yale L.J.

Dallas, Lynne L.(2005). Law and Public Policy — A Socioeconomic Approach. Carolina Academic Press.

McDougal, S. Myres.(1953). International Law, Power, and Policy, in: 82 Recueil des Cours 137(Hague Academy of International Law).

McDougal, S. Myres.(1956). Law as a Process of Decision: A Policy-Oriented Approach to Legal Study, 1 Nat.L.For. 53.

Noll, Peter.(1973). Gesetzgebung, rororo Studium Nr.37.

Nußbaum, Arthur.(1968). Rechtstatsachenforschung, Ruprecht & Vandenhoeck, Göttingen.

Rasehorn, Theo.(1982). Zur Zusammenarbeit von Rechtssoziologie und Justizpraktikern, In Errinergung an Wolfgang Kaupen, in: Zeitschift für Rechtssoziologie, 141ff.

Rosenbloom, D.H./Schwartz, R.D. (eds.)(1994). Handbook of Regulation and Administrative Law, Marcel Dekker.

Rottleuthner, Hubert.(1975). Probleme der marxistischen Rechtstheorie.

Rottleuthner, Hubert.(1987). Einführung in die Rechtssoziologie, Düsseldorf.

Strempel, Dieter.(1987). Zum Begriff "Rechtspolitik". Entstehung, Bedeutung und Definition, in: Recht und Politik.

Szilagyi, Peter.(1992). "Zur theoretischen Grundlegung der Rechtspolitik der Gesetzgebung", in: Peter Koller(Hrsg), Theoretische Grundlagen der Rechtspolitik, Archiv für Rechts- und Sozialphilosophie: Beiheft 54, Stuttgart, Steiner, 108ff.

Voigt, Rüdiger.(1989). Rechtspolitik als Gegenstand der Rechtspolitologie(Legal Politics as a Subject of Legal Politology), in: Rechtspolitolgie und Rechtspolitik, Centaurus-Verlagsgesellschaft, Pfaffenweiler, 11-21.

Voigt, Rüdiger. (Hrsg)(1983). Gegenstand zur Verrechtlichung, Opladen.

Voigt, Rüdiger. (Hrsg)(1986). Recht als Instrumen der Rechtspolitik, Opladen.

White, Leonard.(1926). Introduction to the Study of Public Administration. Macmillan, New York.

Willson, Woodrow.(1887). The Study of Public Administration. Political Science Quarterly, 56: 481-506(1941 republication)

제 2 장 법정책과 법제도 환경 I: 법치주의

〈차 례〉

I 서 론

법치주의 또는 '법의 지배'(Rule of Law: Herrschaft des Rechts)는 법정책학이 다루어야 할 가장 중요한 거시적 문제영역에 속한다. '국가권력은 사전에 공포된 법에 따라 행사되어야 한다'는 이 원리는 과거에는 영국이나 독일, 미국 등 서구사회 법질서에 특유한 공유자산이었지만, 이미 오래전부터 서구 근대사회의 법적 패러다임 또는 근대성의 징표로 일반화되어 이해되고 있다.[1] 즉, Barry M. Hager가 정리한 바와 같이,[2] 그 핵심적 구성요소에 있어 고도의 보편성을 가지는 가치이자 원리로 인식되고 있는 것이다.[3] 물론 법치주의는 민주주의와 필연적으로 일치하는 것은 아니지만, 법에 의한 정부권력의 기속과 국민의 권리보호를 구성요소로 한다는 점에서 민주주의의 필수적 전제조건이라 할 수 있다(Konrad Adenauer Foundation, 2006, 9). 따라서 법치주의는 글로벌 환경에서 한 나라의 법질서를 그 지속가능성 측면에서 종합적 · 체계적으로 진단 · 평가할 수 있도록 해주는 공시적 · 거시적 평가지표가 될 뿐만 아니라, 법치주의의 구성요소들을 통해 구체적인 법정책과제를 인식하고 또 그 법정책 대안을 모색할 수 있게 해주는 '테스트베드'(test bed)가 된다. 나아가 법치주의는 우리나라의 정치사회적 발전과 법질서의 역사적 변화를 평가할 수 있도록 해주는 척도이자 준거틀로서 의미를 가진다.

Ⅱ 법치주의의 논리와 함의

1. 규범론리로서 법치주의

법치주의는 일반적으로 '사람의 지배'가 아닌 '법의 지배', 즉 비

1) Weber 1967, 329ff.; Unger 1976, 134ff. 등.

2) Barry M. Hager, The Rule of Law, A Lexicon for Policy Maker, 1999, The Manesfield Center for Pacific Affairs.

3) Joon-Hyung Hong, The Rule of Law and Its Acceptance in Asia: A View from Korea, Asia Perspectives, December 1999, pp.11-13.

인격적이고 중립적인(impersonal and neutral) 질서의 지배를 말한다. 법의 지배는 국가권력의 구조에 대한 기술(記述)인 동시에 하나의 이상(理想)이기도 한다. 이 이상은 ① 제계급 및 이익집단들로부터 국가의 중립성이 확보되어야 한다; ② 법은 누가 정치적 권력을 가져야 하고 어떻게 그 권력이 행사되어야 하는가를 결정함에 있어 최고성을 가진다; ③ 법은 이용가능하고 쉽게 이해될 수 있으며 또 그 명확한 의미에 따라 집행된다는 도덕적 판단을 내포하고 있다(Collins, 1982: 161). 법의 지배는 이와 같이 자의적 권력으로부터 시민을 보호하고 평등을 확보하며, 절차적 공정성과 독립된 재판소를 통한 공평무사한 법집행, 민주적 입법과정을 보장하고 시민생활에 대한 국가개입의 한계를 설정하는 동시에 국가기관의 권력을 제한하는 법원리와 제도들을 요구한다. 이들 요소들은 법의 자율성(Autonomy of Law)을 확보해 주고 그것을 정치적・사회적 압력으로부터 보호해 주는 동시에 국가에 대한 법의 우월성을 선언한다(Ghai, 1986: 182-3).

법치주의의 파라다임은 근대법의 지배이데올로기로서 서구의 자유주의적 법질서를 정당화하는데 기여했다. 그러나 20세기 후반 이래 진행된 역사적 발전과 사회변동에 따라 심각한 내용변질과 정당성의 손상을 입을 수밖에 없었다. 법치주의의 변질과 퇴조를 가져온 요인은 크게 두 가지로 집약될 수 있다. 그것은 첫째 20세기초부터 시작된 복지국가・행정국가적 경향의 대두이며, 둘째, 제3세계에서 나타난 법치주의의 실패 현상이었다. 제3세계에 있어 법의 지배는 광범위한 실패를 겪었고, 서구에서처럼 지배질서를 정당화하는 기능을 수행하지도 못했다. 반면 서구사회에 있어 그것은 복지국가・행정국가의 대두에 따른 국가개입의 확대, 재량권, 개괄조항 및 불확정 개념, 처분법률 등의 빈번한 사용으로 그 이념적 전제였던 법의 비인격성과 일반추상성이 동요됨에 따라 변질되었다.

그러나 법치주의는 그 동안 다양한 사회적 실천을 통하여 그 존재이유를 고수했을 뿐만 아니라 그 보편적 범주로서의 존재근거를 더욱 널리 확산시킬 수 있었다. 점점 더 많은 나라들이 법의 지배에 입각한 국가, 즉 법치주의를 지향하고 있다. 이것은 법의 지배가 오늘날에 오히려 더 유효하게 법적 가치질서를 향도하는 구조원리로 진군하고 있음을 보여준다. 만일 법이 지배계급 또는 지배세력들의 도구로 봉사하며 또 그것이 구체적인 현실을 통하여 적나라하게 노출되었다면 그 같은 법치주의의 확산은 이루어질 수 없었을 것이다. 여기서 결정적인 문제는 누가, 어떤 세력이 법을 만드느냐 하는 것이 아니라 어떤 내용과 성격의 법을 어떻게 만들며 그로 인한 사회적 산출이 법질서가 입각하고 있는 기본가치에 비추어 정당한 것이냐 하는데 있었기 때문이다.

법치주의는 여전히 하나의 실천적 목표이다. 법치주의는 사실 그 정당성을 전적으로 부정하거나 긍정할 수 있는 문제는 아니었다. 법치주의가 그 원리적 규정에 상응하는 어느정도의 법적 실천이 수반되었기 때문에 그 이데올로기적 보편성을 계속 확보할 수 있었다. 또한 경제나 행정부문에서 관측되는 법의 일반성 상실이 정치적 권리와 자유에 대한 일반성과 평등의 중요성을 결코 감소시키지 않았다는 점도 고려되어야 한다 (Ghai, 1986: 184). 사실 법치주의는 비단 제3세계에서 뿐만 아니라 서구에서도 하나의 이상이었을 뿐 완전히 실현된 현실은 아니었다(홍준형, 1995). 그것은 또한 완전히 실현될 수도 없는 규범적 원리였다(Selznick, 1995 : 82). 한때 비판법이론이나 마르크스주의 법이론에 의해 자유주의적 법이데올로기라고 비판되었던 법의 지배는 그것을 지탱해왔던 실체적 요인들, 즉 권력의 제한 및 자유의 보장과 법의 계급적·사회적 중립성에 있어서는 여전히 인류사회가 추구해야 할 하나의 법적 이상으로 남아있다. 법의 지배를 전제로 하지 않은 복지국가원칙의 강조는 결국 경찰국가(Polizeistaat)의 제3세계적 재현을 가져올 수 있기 때문이다(홍준형, 1987: 126). 이미 톰슨이 지적한 것처럼 자의적인 권력과 법의 지배는 결코 동일시될 수 없다(Thompson, 1975: 266). 법치주의는 적어도 그 법원리적 차원에서는 심지어 사회주의체제조차 희구해 마지않는 하나의 문명의 징표를 의미한다(Hunt, 1992: 105-119, 112; 1993: 91ff.).

2. 법치주의의 현대적 함의 : 지구표준

법치주의는 오늘날 그러한 근대적 존재구속성을 넘어서 현대 세계의 법적 가치질서를 향도하는 보편적 구조원리로 발전하고 있다. 법치주의는 세계화(Globalization)란 이름으로 진행되는 국경없는 무한경쟁 속에서 점점 더 위력을 더해가는 태풍처럼 승승장구해왔다. 세계화라는 새로운 세계질서로부터 아직도 충격을 벗어나지 못하고 있는 우리에게 법치주의는 또 하나의 거센 시련을 예비하고 있다. 국제투명성기구(Transparency International)는 매년 각국의 부패도를 측정하여 공표하면서 이른바 부패라운드(corruption round)의 대두를 예고하고 있고, 최근 들어 부쩍 더 행정의 정규성(regularity), 투명성(transparency), 예측가능성(predictability)을 요구하는 압력이 전 방위로부터 가중되고 있다. 세계질서는 머지않아 '법치 라운드'('Rule of Law' round)라는 전에 듣지 못했던 또 하나의 물결로 넘실거릴지도 모른다.

이와 같이 법치주의는 20세기의 위기를 이겨냈을 뿐만 아니라 진군을 거듭하여 오늘날 세계화시대의 보편적 법원리로 확산되고 있다. 이제 그것은 지구표준(global standard)의 하나이다. 종래 법치주의가 전제로 삼았던 주권이나 국가법 등의 영역가정은 점점 더 광범위한 분야에서 국가간 구별이나 경계가 완화됨에 따라 설득력을 침식당하고 있다. 지역이나 민족, 국가의 특수성에 대한 주장이 힘을 상실한 분야들을 필두로 초국가적 보통법(supra national common law)이 지역적 보통법들과 함께 확산되기 시작했다. 세계화의 물결 속에서 법치주의는 그 논리적 보편성을 거점으로 하여 이제 국경을 넘어 세계 공통의 질서를 형성하는 요인으로서 영향력을 확대해 나가고 있다. 이러한 상황에서 법치주의는 법과정에 입법자나 법집행자는 물론 수범자와 법대중의 참여를 허용하는 보다 실질적이고 광범위한 합의와 지지를 동원할 수 있는 개방적 체계를 지향하지 않을 수 없게 되었다. 물론 이러한 법적 패러다임의 전환이 가져올 리스크도 상존한다. 정보화·세계화의 거대한 물결은 많은 나라와 지역에서 정보격차와 정보낙오현상을 초래함으로써 기존의 사회경제적 불평등과 정치적 왜곡을 극단적으로 확대·심화시킬 수도 있고, 또 정보제국주의나 정보권력의 집중을 통한 약육강식의 법문화가 확산될지도 모른다. 정보화·세계화가 가져올지도 모르는 암울한 미래를 저지하는 일 또한 지구표준으로서 법치주의가 해결해야 할 절박한 과제가 되고 있다.

Ⅲ 우리나라 법치주의의 역사적 전개

1. 개 관

우리나라에서 법치주의의 역사는 대부분이 실패와 좌절의 역사

였다. 정부수립이후 60년간 법치주의의 전개과정을 도식화해 보면 다음의 표와 같다.[1)]

먼저 구한말 개혁기에는 법치주의의 맹아가 싹트려다 일제의 지배하에 말살되었고, 미군정기와 정부수립을 거쳐 김영삼문민정부에 이르기까지 무수한 시련을 겪었다. 법치주의의 시련은 해방 이후 미군정기에서 정부수립에 이르는 기간 동안에는 주로 제도적 기반을 구축하는 과정에서 나타났다. 정부수립 이후 제2공화국이 출범하기까지 법치주의는 사실상 실패했고, 4월혁명에 의해 성립한 제2공화국에서 5·16 군사정권이 출범하기 전까지는 일시적 회복의 기회를 가졌으나, 곧이어 대두된 군사정권에 의해 상실되고 말았다. 이후 법치주의는 30여년간 지속된 군사정권의 개발독재기(박정희·전두환정권·노태우정권)를 거치면서 훼손 또는 정지되었다가 노태우정권하에 재발견·회복을 위한 과도기를 맞았고, 김영삼정부 들어 본격적인 회복·실천의 계기를 맞이하는 듯 보였다. 그러나 김영삼정부가 거둔 법치주의를 향한 개혁의 성과들은 임기말 밀어닥친 IMF외환위기로 크게 빛이 바랠 수밖에 없었다. 외환위기를 계기로 집권에 성공한 김대중정부가 봉착했던 미증유의 위기는 법치주의의 질적 업

1) 필자는 한국행정법의 역사를 구한말 개혁기로부터 일제식민지체제를 거쳐 미군정기에 이르는 동안을 前史(prehistory), 1948년 정부수립이후 1960년대까지 행정법의 근간이 마련되었던 기간을 초창기, 이후 1980년대 중반까지 군사정권의 개발독재하에서 행정법이 발전주의이데올로기에 지배되었던 기간을 위축소강기, 1987년의 헌법성립이후 1992년의 김영삼문민정부 직전까지의 과도기, 이후 오늘날까지의 발전기로 설정하여 행정법 50년의 변천과정을 법치주의라는 범주를 통해 개관한 바 있다. 이에 관하여는 졸고, "行政法制의 變遷 — 그 評價와 展望 —" (「政府樹立 50週年紀念 — 한국법제의 평가와 전망(I)」), 『法制研究』 제14호, 1998, 130-157; "行政法 50년과 行政救濟法", 「憲政 50년과 2000년의 課題"(아세아·태평양 공법학회 1998년 학술대회: 1998.7.14.), 자료집, 44-68; "강인제·이달곤외 공저, 『한국행정론』, 1998, 대영문화사, 103-146; 金鐵容, "行政法學 50년의 回顧와 發展", 考試界 1998/10, 22-30 등을 참조.

그레이드를 위한 개혁의 호기였다. 그러나 김대중정부는 임기 5년간 위기를 진정시키고 어느 정도 법치주의를 향한 개혁의 성과를 달성했을지라도, 구시대 '관치'의 굴레를 완전히 떨쳐 버리지 못했다. 또 미완의 개혁으로 끝난 김영삼 정부의 전철을 되풀이함으로써 진정한 의미의 법치주의를 개화시키는 데까지 이르지는 못했고, 그런 뜻에서 또 하나의 '미완의 개혁'으로 남고 말았다.

참여민주주의와 개혁을 표방한 노무현정부는 오히려 더 저조한 법치 성적표를 받아들 수밖에 없었다. 노무현정부 법치주의 이력은 '위헌의 시리즈'라 할 정도로 치열하고 또 참담한 것이었다. 역대 어느 정권보다 헌법문제를 더 많이 일으켰고, 그로 인한 국론분열이나 국정혼란 등 막대한 정치적 비용을 치러야 했기 때문이다.2) 결국 노무현정부는 임기 내내 헌법적 곤경에 시달려야 했고, 그 결과 법치주의는 법도구주의와 헌법적 모험주의에 의한 끊임없는 도전에 시달리다 새로운 도약보다는 정체·퇴행의 늪에 빠지고 말았다.

이렇게 볼 때, 법치주의의 개화를 운위하기는 아직 이르며 그런 뜻에서 한국 법치주의는 여전히 진군중이라고 할 수밖에 없다.

---

2) 민주주의의 신장과 함께, 의회에서의 입법절차와 그 내용은 점차 개선되는 방향에 있으며, 법치행정의 원리에 대해서도 긍정적 평가를 내릴 수 있다는 목소리도 있다. 예를 들어, 송기춘(2007, 311-318)은 노무현정부에서 법치주의가 상당한 정도로 신장되었다고 보았다. 국회에서 의원의 법안발의가 활발해지고 있는 반면, 법안의 중복발의 또는 부실한 법률안발의가 아울러 나타나고 있고, 한미 FTA나 미군기지재배치사업과 관련하여 적절한 통제주의의 진전을 상징하는 사건이라고 한다.를 하지 못하고 있다는 문제점이 있다고 한다. 반면, 대통령탄핵심판사건은 법치

〈표 2-1〉 근대행정 100년사에 있어 법치주의의 변천

시대구분	전사	해방이후 정부수립–노무현정부 법치주의의 회복·시련기							
	구한말-일제강점기-미군정	해방-정부수립	정부수립-제2공화국	제2공-군사정권	군사정권 개발독재	노태우 정권	김영삼 문민정부	김대중 국민정부	노무현 참여정부
법치주의 변천	구한말: 법치맹아 일제: 법치 말살 미군정: 초기학습	법치주의 규범·제도 재건	자유당 독재 법치주의 사실상 실패	4월혁명·법치주의 일시회복	법치주의 노골적 훼손·정지	회복과도기	법치주의 회복·시행착오	법치주의 시련·정체	법치주의 시련·정체

일제의 식민지행정과 법은 전통사회의 유교적·덕치주의적 질서를 파괴 또는 기형화시키면서 법적·행정적 문화의 단절과 왜곡을 동시에 초래하였다. 그러나 해방이후에도 이와 같은 식민지행정과 법의 기본토양이 근본적으로 불식되지는 못했다. 식민통치의 목적에 기능적으로 부합되는 경제질서의 편성, 자본주의화를 강요하면서 동시에 前資本主義的 生産樣式을 온존시켜야 한다는 모순적인 요구를 실행하기 위하여 또한 식민체제에 도전하는 저항세력을 봉쇄하고 노동과 사회의 통제를 달성하기 위하여 준비되었던 많은 수의 법령과 강력한 행정조직들은 해방초기 모호한 이념적 조정을 거쳐 대부분 계승되었고 제도화된 정치적 억압의 관행 역시 30여년간 지속된 군사정권에 의하여 그대로 전수되었다. 여기에 정당국가의 진전과 이에 따른 입법기능의 변질, 행정국가의 대두에 따른 행정권의 비대화와 재량권 팽창, '법인플레이션' 현상과 입법 및 권력에 대한 통제

기능의 후퇴, 법의 조작적 기능강화를 통한 행정편의주의 등 현대산업사회의 법의 위기징후들이 더욱 심각한 형태로 한국의 현실에 반영되었다. 해방이후 근대화과정, 특히 개발독재의 지배이데올로기로 봉사했던 발전주의와 안보주의는 그러한 모순을 당연시하게 만드는 이념적 거점으로 작용했다.

2. 법치주의의 장애요인

법치주의의 실현에 장애가 되었던 요인들은 무엇인가? 이를 법제도와 법현실 양면에서 검토해 보면 무엇보다도 헌법의 실패와 국회와 행정부, 법과 행정의 관계 왜곡 등으로 집약된다.

(1) 憲法의 失敗

무엇보다도 한국에 있어 법치주의의 실현을 가로막았던 가장 결정적인 요인은 헌법규범이 정치와 행정을 실효적으로 규율하지 못했다는데 있었다. 법치주의의 노골적 훼손이 이루어졌던 박정희 군사정권하에서의 경험이 그 단적인 예였다.

박정희정권 이래 행정부우위의 국정운용체제하에서 '법률에 의한 행정'이 아니라 '명령·통첩·행정규칙에 의한 행정'이 고착됨에 따라 행정법 역시 그 핵심적인 부분에서 실패하고 있었다. 관료적 권위주의의 지배구조하에서 행정권의 확대에 대한 요구는 무리없이 수용되었으나 권력의 자기제한과 국민의 자유를 강조하는 자유주의적 법치주의의 요청은 제대로 수용될 수 없었다. 1971년의 국가배상법 제2조 제1항 단서에 대한 위헌판결이 반법치적 현실에 대한 대법원의 최소한의 저항이었다면, 이후 행정부가 보인 반법치적 행태는 당시 관료적 권위주의를 기반으로 한 행정국가의 무력시위였다.

1967년 3월 3일의 국가배상법개정법률(법률 1899호)은 제2조 제1항 단서를 추가하여 軍人등에 대한 국가배상청구권을 배제하였다.[3] 1950년대 이후 대두되기 시작한 전쟁피해의 보상문제는 특히 국군의 월남파병이 단행된 1960년대에 이르러 월남전에서 대량의 전사상자가 발생함에 따라 국가배상소송의 폭주를 초래하게 되었다.[4] 이에 정부는 국가배상으로 인한 과중한 재정적 부담을 해소하기 위하여 국가배상법의 개정을 단행하였다. 그러나 학계와 실무계에서 이 조항에 대한 違憲是非가 일고 급기야 이 조항은 대법원에 의해 위헌판결을 받았다. 대법원은 1971년 6월 22일 "군인 또는 군속이 공무원의 직무상 불법행위의 피해자인 경우에 그 군인 또는 군속에게 이로 인한 손해배상청구권을 제한 또는 부인하는 국가배상법 2조 1항 단행은 헌법 26조에서 보장된 국민의 기본권인 손해배상청구권을 헌법 32조 2항의 질서유지 또는 공공복리를 위하여 제한할 필요성이 없이 제한한 것이고 또 헌법 9조의 평등의 원칙에 반하여 군인 또는 군속인 피해자에 대하여서만 그 권리를 부인함으로써 그 권리 자체의 본질적 내용을 침해하였으며, 기본권제한의 범주를 넘어 권리 자체를 박탈하는 규정이므로 이는 헌법 26조, 같은법 8조, 같은법 9조 및 같은법 32조 2항에 위반한다"는 판결(70다1010)을 선고했다.[5]

1971년 6월 22일의 대법원판결은 당시 박정희 군사정권에 대한 중대한 도전으로 받아들여졌고,[6] 박정희정권은 그후 헌법에 제26조

3) 대법원은 그 이전에는 군인사망급여의 지급과 국가배상책임의 경합을 인정하였다(대법원 1962.2.28 선고 4294민상531판결). 그러나 1967년 7월 11일의 판결(대법원 67다1030판결)에서는 국가배상액에서 유족보상금을 공제한 조치는 정당하다는 태도를 보였다가 다시 이를 번복하여(이 사건판결을 폐기하여) 공무원연금법상의 유족급여액은 慰藉料산정에 있어서 하나의 참작사유는 될 수 있으나 손해배상액에서 공제하여서는 안 된다고 판시한 바 있다.

4) 1966년에는 1959년에 비하여 무려 10배가 넘는 소송건수의 증가를 보였고 국가배상을 위하여 지출된 국고금도 10억원을 초과하게 되었다고 한다.

5) 이 문제를 둘러싼 전후경과에 관해서는 허영민, 한국행정법 II — 현대행정에의 대응과 과제 —(1961-1988), 공법연구 제17집(1989), 172이하를 참조.

제2항이라는 명문의 조항을 신설함으로써 그 위헌시비를 원천적으로 봉쇄했다.[7] 이것은 대법원의 위헌판결을 계기로 건국이후 처음으로 발아하기 시작한 法治主義의 萌芽를 뿌리째 뽑아내는 결과를 가져왔다. 이처럼 세계헌법사상 유례없는 헌법의 자가당착은 당시 위헌의견을 냈던 9명의 대법원판사전원을 재임명에서 탈락시킴으로써 이후 총원의 36퍼센트에 달하는 151명의 판사들이 사법권독립을 외치면서 사표를 제출했던 우리나라 사법사상 유례없는 사법파동(司法波動)의 간접적인 원인이 되었다.[8] 이것은 전도된 법치주의의 위상을 적나라하게 보여준 역사적 현실이었다. 일국의 최고법원에 의해 위헌으로 판정된 법률조항이 얼마 지나지도 않아서 헌법개정을 통해 헌법의 자리를 찬탈하고 들어앉음으로써 오늘날 법치주의의 가장 핵심적인 요소로 간주되는 법률의 헌법적합성의 원칙이 치명적으로 유린되는 결과가 되었다. 이 사건을 통해 드러난 적나라한 법현실은 이후 제4공화국에서도 간단없이 계속되었고 박정희정권의 말기에 다다를수록 더 심화되었다. 그러한 법현실은 이후의 전두환정권이나 노태우정권하에서도 연장선을 그었다.

법치주의의 핵심요소인 사법부의 독립 또한 근 20년간 지속된 관료적 권위주의 정권하에서 심각한 훼손을 감수해야 했다. 건국초

---

6) 대법원은 위헌판결을 내리기 위하여 위헌판결의 정족수를 가중한 법원조직법 제59조제1항 단서도 위헌이라고 판시함으로써 박정권을 더욱 자극했던 것으로 알려지고 있다.

7) 실제로 대법원은 1977년 6월 7일의 판결(全合 72다1359판결)에서 「국가배상법 제2조 제1항 단서의 규정이 구 헌법 제26조 기타의 헌법규정에 저촉되어 그 효력이 없다고 볼 수 없다」고 판시한 바 있다.

8) 이에 관해 상세한 것은 이헌환, 한국사법사에 비추어본 1971년의 사법파동, 『법과 사회』 제15호, 1997 하반기, 127-140; Dae-Kyu Yoon, Law and Political Authority in South Korea, 1990, Westview Press & Kyungnam Univ. Press, p.143이하를 참조.

기에는 김병로 대법원장을 중심으로 사법부의 독립이 비교적 잘 유지되었으나, 이후 제3공화국까지 사법권을 정치적 도구로 활용하려는 정치권력의 압력으로 많은 도전과 수난을 겪었다. 특히 사법권의 독립에 근본적인 의문이 제기되기 시작한 때가 제4공화국이었다. 사법부 역시 긴급조치라는 초헌법적 불법조치에 의한 정치적 억압을 충실히 실행하는데 '정치권력의 시녀'로 봉사했던 검찰과 함께 소극적이나마 기여했기 때문이다. 그 대표적인 예가 제4공화국말까지 휴면상태에 빠져있었던 위헌법률심사제도였다. 법률이나 법률하위의 명령, 행정규칙, 지시 등에 의하여 헌법의 규범적 효력이 위협받는 상황에서도 이를 통제할 수 있는 장치는 작동하지 않았다. 이처럼 적어도 헌법재판소가 활동을 개시할 수 있었던 1988년 9월 19일 이전까지 행정법의 근본규범인 법치행정의 원칙은 사실상 공허화되고 있었다.

결국 개발독재에 의해 법치주의가 훼손·정지되었던 군사정권 기간동안 법치주의의 실현장치들은 매우 낮은 효용을 지니고 있었다. 현대 법치주의의 기본적 요구인 헌법과 법에 의한 행정의 구속·규율이 실효적으로 관철되지 못했다. 제3공화국에서 제4공화국, 그리고 제5공화국에 이르기까지 누적되어 온 반법치적 행정의 관행은 결국 행정의 법에 대한 우위, 법의 도구화, 처벌·통제 중심의 법사용으로 인한 법질서 전반에 대한 불신을 확산·고착시키는 결과를 가져왔을 뿐이다. 이후 노태우정권하에서 통제가 이완되면서 행정과 법이 공동실패를 겪는 현상이 나타나게 된 것도 바로 그러한 누적적 인과연쇄의 결과였다.

(2) 法과 行政의 關係 歪曲

법치주의 실현에 장애가 되었던 또 하나의 요인은 법과 행정의 관계가 관념과 현실 양면에서 왜곡되었다는데 있었다. 법과 행정의 관계는 적어도 1980년대 말까지 당시의 지배이데올로기였던 발전주의(경제성장제일주의)에 의해 설정되었고 그러한 경향은 오늘날까지도 불식되지 못하고 있다. 무엇보다도 행정의 법으로부터의 일탈과 법에 대한 우위의 확보 현상이 행정의 효율성이란 기치 하에 정당화되기 일쑤였다. 그 결정적인 계기는 박정희정권에 의하여 주어졌다. 군부쿠데타로 집권한 박정희정권은 의문시된 정치적 정당성을 보완하고 정치적 지배를 확립하기 위하여 강력한 정부주도에 의한 근대화-경제성장정책을 추진했다. 이러한 목표를 달성하기 위하여 박정희정권이 동원한 수단은 양면적이었다. 한편에서는 관료조직을 제도화함으로써 경제성장드라이브를 실행할 행정기구를 강화하고, 다른 한편으로는 정치적 안정을 도모하기 위하여 사회통제를 강화시켰다. 정부의 권력구조, 정당제도 등 모든 정치-행정체제가 국정능률의 극대화를 보장할 수 있는 방향으로 설계되고 운영되었으며, 그 결과 기술관료들에 의한 관료적 통치체제가 고착되기 시작했다.[9] 관료조직의 제도화를 이끈 이념중의 하나는 행정의 효율성이었다. 발전주의 이데올로기의 핵심요소로서 행정의 능률과 목적달성을 저해하는 모든 행태는, 그것이 설령 헌법상의 기본권이나 법적 근거에 의거한 것이라 할지라도, 국익에 반하는 것으로 배척되었고 법적 제재를 받았다. 국회가 행정부에 의해, 법이 행정에 의해 압도되기 시작했다. 바로 그러한 맥락에서 국회와 정당, 행정부의 왜곡된 관계가 형성되

9) 제3공화국의 관료적 통치체제는 이후 한국관료제의 제도적 원형을 이루게 되었다고 보는 것이 정설이다. 이종수, 앞의 글, 15.

기 시작한 것이다.

3. 법치주의의 재발견

그렇다면 법치주의는 언제부터 다시 싹을 튼 것일까? 우리는 그 시기를 김영삼 문민정부의 출범에서 찾는다. 이 시기에는 비록 정권 말기에 이르러 '換亂'이라 지칭되는 전대미문의 국가위기가 초래되었지만, 이전 시기에 비해 확연히 구별되는 법치주의를 향한 변화의 조짐이 나타나기 시작했다. 施行錯誤를 겪으면서도 법치주의의 기반이 본격적으로 형성되기 시작한 것이다. 이 시기부터 노태우정권하에서 이루어진 민주화를 토대로 성립한 1987년 헌법에 의하여 법치주의의 제도적 기반이 구축되기 시작했다. 그 序幕을 연 것은 국제그룹해체에 대한 헌법재판소의 위헌결정이었다. 이 사건에서 청구인은 국제그룹해체가 공권력에 의하여 결정된 것이고 그 공권력의 행사로 인하여 헌법상 기본권을 침해받았다고 주장하면서 1989년 2월 27일 그 공권력의 행사의 취소를 구하는 헌법소원심판을 청구했고, 헌법재판소는 1993년 7월 29일(89헌마31: 헌재공보 93, 265) 국제그룹해체를 위한 공권력행사를 위헌으로 판시했다.[10] 국가배상법 제2조 제1항 단서의 위헌판결이 있은지 22년만에 나온 헌법재판소의 이 사건결정은 그것이 문민정부의 출범직후에 나온 것이라는 時宜性을 감안해야 하겠지만, 그동안 개발독재와 권위주의적 법질서에 의해 지지되었던 경제간섭주의 즉 경제에 대한 국가개입의 한계를 분명히 했다는 점에서 중요한 의의를 지닌 것이었다. 물론 그 이전에도

10) 이 사건 결정에 대한 평석으로는 이상규, 법치행정의 원칙과 헌법소원의 요건, 판례연구 제8집, 7(서울지방변호사회, 1995); 허영, 공권력에 의한 국제그룹해체의 위법성, 판례월보 280호(94, 1), 16 이하를 참조.

헌법의 최고성과 법치주의의 원칙을 확인하는 적지 않은 결정례들이 축적되고 있었다. 그러나 헌법재판소가 이처럼 법의 지배를 대통령을 위시한 모든 국가권력을 구속하는 헌법원칙으로 확립한 것은 획기적인 일이었다. 대법원 역시 생수시판금지위헌판결[11] 등을 통해 헌법 및 기본권의 보장자로서 자기위상을 확보하려는 사법적극주의적 태도를 천명했다. 이로써 일단 현대 법치주의의 근본요구인 헌법의 지배를 향한 중요한 한 걸음을 내딛게 되었다.

그러나 이러한 발전적인 흐름은 이후 그리 뚜렷하게 지속되지 못했다. 김영삼정부 말기에 발발한 외환위기는 그나마 임기동안 성취한 법치주의적 개혁의 성과들을 무색하게 만들었다. 김대중정부 역시 법치주의를 크게 신장시키지는 못했고, 노무현정부는 임기 내내 법치주의 문제가 가장 심각한 논란의 불씨가 되고 사회 전체에 혼란과 불확실성을 가져오는 악순환을 목도해야 했으며, 그 결과 대통령의 헌법준수 시비나 법질서 위기 논란은 법치주의 문제를 차기정부의 가장 긴급한 과제의 하나로 이월시키는 계기가 되었다.

Ⅲ 법치주의의 핵심가치들과 선진법치주의에의 길

1. 법치주의의 핵심가치들

법치주의가 지향해야 할 핵심가치는 무엇인가? 이미 앞서 살펴본 문제점들은 차기정부가 지향해야 할 법치주의의 모습을 시사해주

11) 대법원 1994.3.8 선고 92누1728판결.

는 일종의 반사경이다. 그로부터 우리는 무엇을 하지 말아야 하는지, 무엇을 극복하고 해소해야 하는지 알 수 있기 때문이다. 그렇지만 그와 같은 회고적인 반사작업만으로는 법치주의의 미래상을 온전히 그려낼 수 없다. 말하자면, 법치주의도 다른 국가전략처럼 미래비전이 필요한 것이다. 그것은 이를테면 '선진법치주의'라는 개념으로 구현될 수 있을 것이다. 선진법치주의는 단순한 국가권력의 제한과 국민의 권리보호를 핵심요소로 하는 재래식 법치주의로부터 한 단계 더 업그레이드 된, 성숙한 거버넌스를 토대로 한 차세대 법치주의를 의미한다. 그 요소 또는 과제는 다음과 같이 집약될 수 있다.

글로벌 스탠더드로서 법치주의의 핵심가치들을 재확인하는데서 출발하여야 한다. 물론 법치주의의 핵심가치들이 무엇인지 보편적인 합의는 존재하지 않는다. 그것은 Collins가 말하는 이상일 수도 있고 (Collins, 1982; 161), 앞서 본 Hager가 제시한 집약한 요소들, 콘라드 아데나워 재단에서 집약한 7대 지표들 또는 Tamanaha(2006)가 추출한 미국에 있어 법의 지배의 핵심가치들일 수도 있다. 그러나 오늘날 현존하는 법치주의의 이념과 그 구현을 토대로, 그 최소한의 공통적 핵심가치들을 꼽아 볼 수는 있을 것이다. 그 경우, 적어도 사람의 지배가 아닌 법의 지배, 입헌주의, 인권 보호, 특히 소수자 인권의 보호, 사법권 독립을 축으로 하는 권력의 분립, 특히 권력의 견제와 균형 등을 빼놓을 수 없을 것이다.

이러한 의미의 법치주의는 9.11 테러 이후 미국에서 대두된 이른바 '일원적 행정권 이론'(the theory of a unitary executive branch)과는 근본적으로 다른 것이다.[12] 이 이론은 대통령제를 택하고 있을지라도,

12) 이것은 미연방헌법 제2조의 해석에서 비롯된 것인데(Calabresi & Rhodes, 1992; Yoo & Calabresi, 1997; 2003; Yoo, Calabresi & Nee, 2004; 2005), 연방헌법 제2조 제1항은 "미연방의 행정권은 미합중국의 대통령에 속한다.(The executive

미국과는 그 구조가 다른 우리나라 헌법에서는 성립할 여지가 없을 뿐만 아니라, 미국에서조차도 근본적인 반론에 직면하고 있다.

2007년 법의 날(5월 1일)을 맞아 George W. Bush 대통령은 "미연방은 법의 지배에 공고히 기초하고 있다"고 선언했다. 그러나 바로 같은 날 워싱턴포스트는 "대통령에게 있어 법의 날"이라는 제목의 사설을 통해 "Bush는 대통령의 권한 위에 무엇을 더 가지려 하는가?"라는 질문을 제기했다.[13] Bush 대통령은 대통령의 권한을 광의로 이해하는 것이 곧 입헌주의적 정부를 강화시킨다고 주장해 왔다. 그러나 '일원적 행정부(unitary executive branch) 내지 대통령 일원적 행정권' 주장은 미국의 법의 지배를 위협해 왔다는 비판을 받았다. 2006년 미국변호사협회(ABA)는 Bush대통령이 취해 온 사상적 기조와 입장은 "법의 지배와 미국헌법상의 권력분립에 반하는 것"이라고 이례적으로 강한 어조로 비판하였다.[14] 같은 맥락에서 로젠블룸은 첫째, 대통령이 법률의 확정에 요구되는 서명을 함에 있어 서명과 동시에 발하는 '대통령의 입법성명(signing statement)'의

Power shall be vested in a President of the United States of America)"고 규정하고 있고, 같은 조 제3항은 미연방대통령에게 "법이 충실하게 집행되도록 할(take Care that the Laws be faithfully executed)" 의무를 부과하고 있다. 이 이론은 그러한 조항들에 따라 미연방대통령은 민·군을 총괄하여 연방정부의 행정권 행사에서 배타적이고 전속적인 권한을 가진다고 한다. 즉, 대통령에의 "행정권"의 부여를 '모든' 행정권이 유일하게 대통령에게만 귀속된다는 의미로 해석하므로, 그런 입장에서 보면 미연방의회는 행정각부의 장 또는 기타 행정부 공무원에게 독립적인 행정권한을 부여할 수 없게 된다. 마찬가지로, 이 이론에 따르면, 대통령의 충실한 법집행의무 조항을 연방의 민·군 행정에 있어 입법부와 사법부의 역할을 심대하게 제한하는 것으로 보게 된다. 단, 이 이론에 따르더라도 대통령이 모든 행정권을 단독으로 행사할 것이 요구되는 것은 아니며, 따라서 대통령이 자신보다 하위직에 있는 행정공무원에게 권한을 위임하는 것은 허용될 수 있다. 이러한 대통령 일원적 행정부 또는 대통령 일원적 행정권 이론은 역사 및 전통적인 공공행정이론에서 그 근거를 찾고 있다. 이에 관하여 상세한 것은 Rosenbloom 2007(이우영 번역)을 참조.

13) Marcus, Ruth. 2007. "A Law Day Unto Himself." Washington Post, May 1, p. A17.

14) Savage, Charlie. 2006. "American Bar Association Urges Halt to 'Signing Statements.'" Boston Globe, August 9. www.commondrcams.org/headlines/06/ 0809-08.htm (accessed May 7, 2007).

사용, 둘째, 적군(enemy combatants)으로 분류된 개인에 대한 처우, 셋째, 초법적 감청(wiretaps)의 승인, 넷째, 대통령 직무수행 관련기록의 공개여부 및 절차를 규정하는 법률인 Presidential Records Act를 행정명령을 통해 개정하려는 시도 등 네 가지 측면에서 Bush행정부의 대통령 일원적 행정권 이론이 법의 지배에 위험을 초래하였다고 비판하였다(Rosenbloom, 2007).

특히 강조되어야 할 점은 법치주의를 국가공동체가 토대로 삼는 공통의 가치질서를 구성하는 헌법의 지배로 받아들이는 자세를 가다듬어야 한다는 것이다. 헌법이 규정하는 바에 따라 헌법을 개정할 수는 있으나 누구도 헌법 위에 있을 수는 없다는 것이 입헌주의의 불변의 요구이다. 헌법 개정이 필요한 사항에 관해서는 그러한 헌법 개정이 이루어질 때까지는 현행 헌법에 따라야 하며, 헌법을 개정하는 경우에도 헌법이 예정한 요건과 절차에 따라, 그리고 충분한 공론화를 거쳐 최대한 국민의 의견을 수렴하여 질서있는 방식으로 개정해야지 정치적 목적에 사로잡혀 행동을 앞세우며 개헌의 문제제기를 하는 태도는 더 이상 용납되어서는 안 된다. 그리고 이러한 핵심가치들을 구현하고 보장하는데 대통령을 위시하여 행정, 입법과 사법 등 모든 국가권력의 담지자들이 서로 협력하여야 한다.

한국에 있어 법치주의의 역사적 교훈은 행정의 법으로부터의 일탈과 국회에 대한 행정부의 사실상 우위가 반드시 행정효율성을 증대시키는 방향으로 작용하지는 않았다는 점이다. 일상화된 법의 도구화현상과 처벌·통제 중심의 법사용 결과, 법에 대한 불신이 확산·고착됨으로써 행정이 법적 수단을 사용하거나 적법한 범위 내에서 법적 조치를 취할지라도 필요한 국민의 신뢰와 순응을 획득하지 못해 결국 정부의 정당성위기를 초래할 수 있다는 것은 1960년

대부터 30여년간 지속된 군사정권의 경험을 통해 충분히 증명되었다. 이러한 관점에서 법치주의에 대한 근본적 반성이 필요하다. 법치주의는 '법률에 의한 행정'을 통한 행정의 정당화로 끝나는 것이 아니라 '법률에 의한 행정권력의 제한'을 요구하며, 이 두 가지 요소가 균형 있게 실현될 때에 비로소 행정의 목표도 효과적으로 달성될 수 있다. 차기정부는 이러한 법치주의의 권력제한적 측면을 올바르게 인식하고 권력분립의 게임에 참가하려는 의지를 가져야 할 것이다. 특히, 법치주의의 전제조건인 권력분립의 원리에 따라 국민을 대신하여 국가권력을 나누어 담당하고 있는 입법, 행정, 사법은 다음과 같은 핵심가치를 실현시켜 나갈 책무를 진다.

첫째, 입법은 당파적 이해관계보다는 국가·사회 전체의 관점에서 공동선 또는 공공이익을 증진하고 또 그에 부합하는 입법을 지향하여야 한다. 이는 비단 의회입법권자만의 책임은 아니다. 정부 역시 헌법상 국회의원과 더불어 입법과정의 주역이며 법률안을 발의하거나 대통령의 손을 빌어 거부하거나 공포하는 권한을 행사하기 때문에 그에 상응하는 입법적 책무를 져야 마땅하다.

둘째, 정부 공직자들은 그들의 직무를 수행함에 있어 법준수를 신성한 의무로 삼아야 하며, 자신의 목표달성을 위하여 법과 법적 절차를 조작해서는 안 된다. 그리고 그와 같은 사리추구행위에 대해서는 효과적인 법적 통제 및 제재메커니즘이 작동하도록 해야 한다.

셋째, 법관들은 재판에 있어 가장 설득력있고 정확한 법적 해결책을 찾는데 헌신하되, 그 재판권을 남용하여 법에 내재하는 불확정성을 토대로 자신들이 바라는 결과를 얻으려는 유혹으로부터 벗어나야 한다. 특히, 판례법을 통해 법형성에 참여하고 있다는 사실을 직시함으로써 판결의 법리적 타당성뿐만 아니라, 그것이 가지는 사회적 효과와 영향에 대해서도 진지한 관심을 기울여야 한다.

2. 선진법치주의에의 길

2.1. 인식의 전환

과거의 법치주의는 국가권력의 제한과 국민의 권리보호를 핵심으로 하는 법질서의 정당화 원리로 인식되어 왔지만, 오늘날 법치주의는 그와 같은 차원을 넘어 일종의 국가거버넌스를 최적화하는 전략적 의미를 가지는 규범질서로 진화하고 있다. 이제 법치주의는 과거와 같이 국내적 차원에서 국가권력과 시민 간의 관계를 규율하는 데에만 머물지 않고, 국가정책 전과정에서 헌법과 법이 작동하도록 함과 아울러, 국가와 시민사회, 시민들이 쌍방향(interactive)으로 교섭하도록 함으로써 세계화에 따른 무한경쟁 환경에서 한 국가공동체의 운용을 최적화하는 게임의 규칙이 되고 있다. 이러한 맥락에서, 선진법치주의는 적어도 다음과 같은 추가적인 요소들을 포함하여야 한다.

- 법과 입법의 공익성 보장
- 사법의 공정성 확립
- 정부 책임성의 강화
- 새로운 거버넌스의 구현 – 분권화 · 자치 · 참여
- 법도구주의의 극복, 그리고 법체계의 정합성 및 집행의 일관성 확보
- 법과 법질서의 자기교정 및 적응
- 사법통치를 넘어서

2.2. 선진법치주의의 과제

(1) 법과 입법의 공익성 보장

민주적 법치국가에서 입법은 국민대표성의 본산인 입법부의 전담 책무이지만, 행정부도 위임입법등의 방식으로, 또 사법부도 판례법형성을 통해 입법에 관여한다. 특히 입법부는 법치주의의 원천을 만드는 임무를 띠고 있어, 입법이 공익을 지향하도록 하는데 결정적인 역할을 수행한다. 반면 입법은 이를 정치적 목적 또는 경제적 이해관계를 위하여 도구화할 유혹을 가장 많이 받는 국가작용의 영역이기도 하다. 무엇이 공익인지, 특정 입법이 공익에 부합하는지 등을 판단하는 것은 입법이 헌법 등 상위법에 저촉되지 아니 하는 한, 입법부의 입법재량, 즉 입법형성의 자유에 속한다. 그럼에도 불구하고, 헌법재판이나 행정소송을 통해 제한적이나마 입법재량의 통제가 이루어질 수 있다. 행정부 역시 위임입법의 제약을 받지만 그 한도 내에서 하위법령의 내용을 공익을 지향하도록 할 책무를 진다. 결국, 입법의 공익성을 위해서는 의회입법의 정상화・활성화가 선행되어야 하며, 구체적인 수단으로는 입법실명제, 입법평가제 등을 도입하는 방안(최윤철, 2005)을 생각해 볼 수 있다. 차기정부 역시 이러한 정책과제에 배전의 관심을 기울여야 할 것이다.

(2) 사법의 공정성 확립

아무리 훌륭한 정책이라도 현대 법치국가에서 요구되는 합법성을 결여해서는 존속할 수도 성공할 수도 없다. 민주주의를 공고화하는 과정에서 뼈저리게 배울 수 있었던 가장 중요한 교훈은, 합법성의 문제는 단순한 정책의 외양이 아니라 정책 자체의 성패를 좌우하는 실질적 요인이라는 것이었다. 민주적 법치국가에서 정부 행위의 합법성을 통제할 책무는, 법원으로 대표되는 사법부, 특히 헌법재판소와 대법원을 정점으로 하는 법원에 있다.

앞서 본 바와 같이, 정치의 사법화가 진전될수록 사법의 공정성과 그에 대한 신뢰가 그만큼 중요해진다. 가령 법 적용에 대한 도구주의적 태도가 만연됨에 따라 사법의 공정성이 의문시될 경우 법치주의의 근간이 위험에 처하게 된다(Tamanaha, 2006; 250). 그런 배경에서 사법의 공정성을 확보하는 일이 무엇보다도 절실한 과제로 대두된다. 특히, 법조의 폐쇄적 충원구조나 연줄주의에 의한 사법부 내부의 결속 등을 해소하기 위한 법정책적 장치를 마련하는 일이 급선무이다. 차기정부에서도 이와 같은 방향으로 사법개혁을 지속적으로 추진해 나가야 할 것이다.

(3) 정부 책임성의 강화

정부의 책임성은 고전적 법치주의의 요소지만, 여기서는 대표되어지는 자(국민)와 대표(국가권력) 간의 이해갈등 및 정보비대칭성 등으로 인한 대의민주제의 끊어진 고리(missing link)를 이어주기 위한 법제도적인 처방을 요구하는 의미로 확장된다. 처방의 출발점은 주인과 대리인의 관계에서는 이해갈등과 정보비대칭성(information asymmetries)으로 인한 역선택(adverse selection)과 도덕적 해이(moral hazard)가 발생한다는 대리인이론(Agency Theory)에 의하여 설명될 수 있다. 물론 주인-대리인(Principal-Agent) 문제[15]를 완전히 해결하는 것은 불

15) 대리인문제(agency problem)는 주인과 대리인의 목표가 일치하지 않고 주인이 대리인이 무엇을 하는지 아는 것이 어렵거나 비용이 많이 들게 되는 목표불일치와 정보·비대칭성 문제와 주인과 대리인의 위험에 대한 태도가 달라 생기는 위험분담(risk sharing)의 문제를 말한다.

가능하다. 다만, 그와 같은 문제를 완화시키거나 최소화하고 또 통제가능한 범위 내에 유지시키기 위한 노력이 필요하다.

공공부문에서 권력의 담지자들이 그들에게 국가권력을 위임한 주권자인 국민의 뜻을 어기고 공익에 반하는 결정을 내리거나 권력집중을 통해 독재화할 가능성 때문에 국가권력간에 견제와 균형을 이루도록 하고, 사람의 지배가 아니라 객관적인 법의 지배를 통해 권력의 남용을 방지하며 나아가 정기적으로 민주적 선거를 통해 정치적 심판을 받도록 한다는 것이 법치주의의 기본설계이기 때문이다. 그렇다면 그와 같은 대의민주제의 끊어진 고리를 잇기 위한 법제도적인 처방은 무엇일까? 사실 법치주의를 구현 또는 보장하기 위한 제도적 메커니즘의 대부분이 그러한 문제점을 통제 또는 방지하기 위한 것이라 해도 과언은 아니다. 그러나 여기서 말하는 선진법치주의라는 관점에서 보면 특히 다음과 같은 요소가 강조되어야 한다.

- 성과주의의 강화(정부업무평가제도의 강화, 공무원인사제도의 개선 등)
- 공직윤리제도의 강화(공직자재산등록제 확충, 윤리규제의 강화 등)와 부패방지제도 보강(국가청렴위의 조사권 부여 등)
- 법치국가적 제재의 강화(국가배상법상 공무원책임 강화, 징계제도 개선 등)
- 행정통제의 강화 및 실효성 제고(행정쟁송제도 확충・개선, 소환(recall), 주민소송제개선 등)

(4) 새로운 거버넌스의 구현 – 분권화・자치・참여

거버넌스, 즉 협치의 요소로서 분권화・자치・참여는 선진법치주의가 수용하고 또 구현해야 할 또 하나의 핵심가치이다(강재규, 2007; 홍준형, 2007). 여기서 말하는 거버넌스란, 그 번역어인 '협치'란 용어가 시사하듯, 과거의 국가・정부 중심의 중앙집권적 통치방식이나 위계질서와는 달리 네트워크, 상호의존성, 파트너십, 합의된 규칙과 신뢰, 자율성과 독립성 등을 핵심요소로 하는 협치 및 패러다임 또는 다양한 정치・경제・사회 영역에서 나타나는 자율적・탈규제적 사회운영방식이나 사회지배원리를 말한다.[16] 거버넌스의 관점에서는 중앙집권보다는 분권과 자치, 명령・통제보다는 참여와 협력이 더욱 중요한 의미를 가지게 되는데, 선진 법치주의는 바로 이러한 요소들을 핵심가치로 받아들이고 또 실현시켜야 한다.

권력분립의 원리는 비단 중앙정부 수준에서의 입법, 행정, 사법 등 국가권력 간에 분리와 견제・균형(수평적 권력분립)을 이루는데 그치는 것이 아니라, 중앙과 지방간의 관계를 통해서도 관철되어야 한다(수직적 권력분립). 그런 의미에서 분권화와 자치가 선진법치주의가 지향해야할 또 하나의 권력분립의 조건이 되는 것은 극히 당연한 일이다. 그러나 새로운 거버넌스의 관점에서는 분권화와 자치를 중앙정부 수준에서의 수평적 권력분립을 보완하는 부차적인 의미를 가지는 요구로서가 아니라 중앙의 국가권력들에 대해서도, 특히 시민사회와 시민에 대한 관계에서 실현되어야 할 새로운 권력분립의 중추적 구성요건으로 부각시키며, 나아가 참여의 계기를 통해 과거 정부・국가권력과 국민간의 단절된 관계를 다시 소통시킬 것을 요구한다. 선진법치주의는 이러한 의미의 참여 확대 및 충실화, 분권과 자치의 확대를 핵심가치로 삼아야 하며, 또 이를 달성하기 위하여 자치분권형 국가를 지향한 헌법개정이라든가 지방자치단체의 국정참여 확대를 위한 헌법, 지방자치법 및 국회법의 재구조화 등이

16) 거버넌스의 개념에 관해서는 이명석(2002, 322-328; 강재규, 2007; 우천식 외, 2007; 465) 등을 참조.

옵션을 진지하게 고려하여야 한다.

새로운 거버넌스의 구현을 위한 실천전략은 첫째, 법형성과정에 대한 참여의 계기를 증진시키고, 둘째, 법과정에 대한 '아래로부터의 압력'(pressure from below)을 제도적으로 흡수하는데 충분한 쟁송수단과 쟁송범위를 확대하는 데 있다. 첫째 전략은 주로 입법과정에 대한 비정부단체(NGO) 또는 시민단체(CSO)의 참여를 확대하는 데 초점을 맞추는 것이지만, 배심재판제 또는 참심제(Laienrichter or Schöffen), 집단소송(class action or Verbandsklage)처럼 사법과정에 대한 참여의 기회를 부여하는 제도의 도입이나 입법형성적 효력을 가지는 헌법소원의 제기, 또는 시민단체에 의한 사법감시 등 환류과정(feedback)을 통해 법형성에 영향을 미치는 방식으로도 구체화될 수 있다. 한국에서 입법과정에 대한 시민참여는 정보공개법이나 행정절차법, 공공기관개인정보보호법, 정보통신망이용에 있어 개인정보보호법,[17] 혐오시설 또는 환경관련시설의 입지선정 및 설치에 대한 주민들의 의견수렴 및 지원을 위한 각종 법률의 제정 등 주로 행정의 투명성, 행정에 대한 시민들의 접근성을 제고하기 위한 개혁적 입법을 통해 가장 두드러지게 나타나고 있다. 두 번째 전략은 주로 행정에 대한 쟁송(suing government)을 통해 경직화될 우려가 있는 제도화된 행정국가의 대민접점을 법치주의로 통제함으로써 그 반응성(responsiveness)을 제고하는 방안이다. 사법과정이 법치주의가 구체적으로 실현되는 미시적 메커니즘이라면, 행정소송이나 행정심판을 통해 위법한 행정결정을 취소시키거나 그로 인한 배상책임을 관철시키는 것이야말로 법이 행정을 규율하도록(Law governs the Government) 만드는 가장 효과적인 방법이라 할 수 있다.

---

17) 최근 정보통신망이용촉진등에관한법률개정법률안이 국회에 상정되었다.

(5) 법도구주의의 극복, 그리고 법체계의 정합성 및 집행의 일관성 확보

앞에서 본 바와 같이, 법도구주의는 법과 법질서에 대한 신뢰를 저하시킴으로써 법치주의에 대한 가장 중대한 도전이자 위협 요인으로 작용한다. 선진법치주의 역시 이러한 법도구주의 문제에 직면하게 될 것이다. 그러나 이미 지적한 바와 같이, 법도구주의 자체를 죄악시하는 것은, 정책수단으로서 법의 용도를 완전히 폐기할 수 없는 이상, 결코 올바른 태도라고 보기 어렵다. 그런 뜻에서, 선진법치주의의 전략은 법도구주의를 타파하기보다는 발전적으로 지양하는 데 초점을 맞춰야 한다.

법에 대한 또는 법을 통한 집단갈등은, 타마나하(2006, 248)에 따르면, 시대적으로 바뀌기는 했지만, 특히 오늘날 다시금 정점으로 치닫고 있는 미국 법문화의 상소(constant)였다고 한다. 집단들과 법조 공직자들은 오랫동안 법, 특히 입법을 그들의 목표 달성을 위한 도구로 인식해 왔고 또 그렇게 활용해 왔기 때문에 법도구주의란 별반 새로운 얘기가 아니지만, 그럼에도 불구하고 가장 우려할만한 변화는 미국 사회와 법문화에 존재해 왔던 기본적인 가치와 이상에 대한 최소한의 합의들이 붕괴되고 변질되거나 위협을 받고 있다는 현실이며, 그 과정에서 법도구주의가 결정적인 영향을 미쳤다는 것이다. 그 기본적인 가치와 이상은 첫째, 법은 원칙있는 정의의 수호자이며(principled preserver of justice), 둘째, 법은 공공의 이익을 위해 봉사하며, 셋째, 법적 규범들은 (대중뿐만 아니라) 정부관리들을 구속하며, 넷째, 법관들은 법에 입각한 객관적인 방식으로 판결을 내려야 한다는 것이다. 법도구주의도 이러한 네 가지 이상들에 대한 강력한 서약(commitment)을 통한 더 넓은 체계 속에 통합된다면 하나의 긍정적 요소가 될 수도 있겠지만, 그러한 이상들의 비옥한 토양없이 법을 하나의 도구로만 본다면 법이 결국 순전한 사리추구를 위한 편의주의(expediency)로 전락하는 것을 막을 길이 없다고 한다. 타마나하는(2006, 2498), 법이 원칙있는 핵심(principled core)을 가지고 있다는 명제는 다른 네 가지 이상들 대부분을 손상시켰고, 근대 상대주의에 의해 침식을 당했으며, 공익에 관한 이상 역시 같은 이유에서, 특히 정부관리들에 대한 그리고 정부관리들 사이에 널리 퍼져 있는 냉소주의(cynicism)로 인하여 쇠락을 겪었으며, 셋째와 넷째 이상은 아직 죽지는 않았지만 특히 사법부의 정치화(politicization of the judiciary)로 인하여 강력한 압박을 받고 있다고 한다. 그는 이들 네 가지 이상들은 모두가 법이 누구나 탈 수 있는 빈 배(empty vessel)이며 법규범들은 목적 달성을 위해 조작할 수 있는 도구라는 메시지가 법학교육이나 법조실무를 통해 전파됨으로써 계속 침식되고 있다고 지적한다. 법률가들은 법에 대한 이러한 생각을 완전히 내면화하고 있는데 그들이야말로 사회, 기업, 정치, 정부 그리고 법에 있어 지도적 역할을 수행하는 사람들이라는 것이다.

법도구주의는 타파할 대상이 아니라 앞서 본 선진법치주의의 최소공통적인 핵심가치들에 종속·통합시키는 것이 현명하다. 그 중에서 특히 강조해야 할 것은 소수자 인권을 포함하는 인권의 보호와 법과 입법의 공익성이다. 또한 법도구주의의 과잉을 억제함에 있어 중추적인 지위(pivotal position)를 가지는 것은 사법부이므로(Tamanaha, 2006, 249),[18] 사법의 독립과 실질적인 공정성의 조건을 확보하는 것이 그 무엇보다도 긴요하다.

아울러 법체계의 정합성을 기하고 그 집행의 일관성을 유지하는 일은 법도구주의의 극복 못지 않게 중요한 법치주의의 과제이다. 우

---

18) 미국의 경우 과거에는 법관들이 사적 이익을 위한 입법과 정부권력의 도구적 사용을 견제하는 역할을 수행하였지만 그와 같은 역할은 20세기초에 이르러 불신을 받았고 또 앞으로도 되살리기 어려울 것으로 평가되고 있다고 한다. 그럼에도 불구하고 제도 설계상 사법부는 여전히 다른 정부권력들이 법준수를 확보하기 위한 최종적인 견제장치로 남아 있으며, 시민이나 단체, 집단들 사이의 분쟁해결을 위한 최종 단계의 기관이라고 한다(Tamanaha 2006, 249).

선 법체계 전체가 상호 모순이 없고 법전문가나 관료뿐만 아니라 보통 시민도 쉽사리 알 수 있을 정도로 잘 짜여 있어야 하며, 그에 대한 자유로운 접근이 허용될 수 있어야 한다. 법체계의 정합성을 위협하는 요인으로는 특별법의 남발 경향을 들 수 있다. 물론 특별법이란 특별한 목적을 달성하기 위하여 일반법으로는 고려할 수 없는 특수한 대상이나 사실관계, 규율방식이 필요한 경우 채택되는 불가피한 입법방식이지만, 남발하면 효과가 반감될 뿐만 아니라 법체계의 혼란을 초래할 수 있다는 점에서 신중을 기할 필요가 있다. 그러나 노무현정부는 균형발전 등을 표방한 각양각색의 특별법들을 남발함으로써 법체계를 혼란에 빠뜨렸다는 비판을 면하기 어렵게 되었다.

"노무현 정부 들어 특별법이 홍수를 이루고 있다. 과거 정부에서 10~13건에 불과했던 특별법 제정은 현 정부 들어 6월까지 46건에 달했다. 현재 국회에 계류 중인 특별법도 69건에 이른다. 올해 국회 통과가 유력시되는 법도 5~6개에 달해 현 정부가 만든 특별법은 50개를 훌쩍 넘길 전망이다. 대한민국 전역이 특별법으로 중무장한 셈이다. 특별법 남발은 국가 균형발전 정책에서 비롯됐다. 노무현 정부는 출범하자마자 균형발전을 내걸고 지역특구, 기업도시, 혁신도시, 행정중심복합도시, 경제자유구역 특별법을 잇달아 쏟아냈다. 정치권과 지방자치단체도 합세해 지역개발 특별법을 경쟁적으로 만들었다. 결과는 전국의 투기장화였다. 특별법이 적용된 곳의 땅값은 예외없이 폭등했다. 현 정부 하에서 이미 풀렸고, 풀릴 보상금만 110조원에 달한다. 앞으로 지역개발 특별법이 본격 시행되면 이보다 훨씬 많은 보상금이 또 풀린다. 이는 그대로 국민 부담으로 전가될 수밖에 없다.

각종 인허가를 면제해 주는 특별법이 남발되면서 법체계도 뒤죽박죽이 됐다. 국토개발의 기본법인 국토의 이용 및 계획법과 수도권 정비법은 이미 온갖 특별법의 예외규정 때문에 누더기 상태다. 예컨대 기업도시개발특별법은 인허가 사항에 대해 일반법 적용을 배제(의제처리)한 조항이 40건, 각종 조세 감면 등 특례를 규정한 조항은 46건에 이른다. 80여건의 일반법이 특별법에 의해 무력화한 것이다."[19]

그때그때 목적달성을 위해 양산된 특별법들은 기존 법령체계를 뒤죽박죽으로 만들어 버렸고, 그 결과 법치주의에 있어 법에 대한 인지적 접근성과 신뢰를 크게 저하시키고 말았다. 따라서 차기정부에서는 노무현정부에서 균형발전 등을 이유로 남발된 특별법들의 난맥상을 해소하고 그 입법수요를 가능한 한 기존의 일반법령체계 속에서 소화시킨다는 원칙하에 체계적인 법령정비작업을 추진해 나갈 필요가 있다.

나아가 법 집행에 있어 이른바 포퓰리즘(Populism) 또는 인기영합을 위한 기회주의적 태도에 빠지지 않고 집행의 일관성을 유지하는 것이 법질서에 대한 신뢰를 제고하고 그 안정성을 확보하는데 매우 중요하다는 점을 인식할 필요가 있다.

그동안 포퓰리즘으로 인한 법집행의 무력화나 일관성 결여는 김대중정부 이래 노무현정부에 이르기까지 점증적으로 제기되어 온 가장 두드러진 문제점들 중 하나였다. 실례로 우리나라의 법치는 지금 네 가지 중병을 앓고 있는데, 첫째, 법 자체가 바로 서 있지 않고, 둘째, 힘없는 국민이 억울함을 풀 길이 없으며, 셋째, 법 집행이 너무 무르고, 넷째, 국민의 준법의식도 약하다는 이야기가 나오고

19) 중앙일보 2007년 7월 17일자 기사(http://article.joins.com/article/article.asp?ctg =10&total_id= 2795099 2007년 12월 4일 접속).

있다(김해룡, 2006). 특히 그 중 첫째와 셋째, 넷째의 문제점들은 노무현정부의 법치주의 공격에 빠짐없이 등장하는 근거였다. 실제로 조직폭력이나 불법시위 등에 대해 공권력이 너무 무력하며, 공권력의 허약성이 다시 일탈행위를 조장하는 악순환을 낳는다는 비판이 제기된다. 또 공권력의 약화가 정치권력의 포퓰리즘적 고려에 기인한 것이 아닌가 혐의를 두기도 한다(김해룡, 2007). 그러나 국민의 준법의식이나 정부의 법집행이 너무 무르다는 지적에는 법치주의를 법질서 유지라는 관점에서 접근함으로써 자칫 문제의 기원을 국민에게 돌려 국가권력의 타율적 억제와 진압, 제재 또는 교육, 홍보 등을 통한 법질서에의 복종과 순응을 강요하는데 빌미를 제공할 위험이 따른다. "실질적 법치국가론의 차원에서 언급되는 전투적 민주주의의 이름으로 시민들에게 헌법충성이 요구될 경우 개인의 사적 영역이 상대적 자율성을 누리는 고전적 법치국가이기를 그만두고 준법의 논리가 압도적 우위를 차지하는 사이비법치주의, 즉 가장 타락한 형태의 준법국가로 전락하게 된다"(국순옥, 2000; 111)고 하거나, 국민의 준법의무 또는 준법의식을 강조하는 것은 대체로 권력자 중심의 관점이라는 비판(송기춘, 2007; 300-301)이 제기되고 있는 것도 바로 그와 같은 맥락에서이다.

> "일상생활에서 법치주의는 국가기관의 권한행사와 관련해서만 아니라 일반국민의 법의식 또는 준법의식 고양을 위해서 매우 광범위하게 사용되는 경우도 있다. '법의 날(4월 25일)'을 맞아 발표하는 담화에 법치주의의 정착을 위하여 국민의 준법의식 강화를 당부하는 구절이 들어 있는 것이나 법을 존중하지 않거나 준법의식이 약한 것을 법치주의의 문제로 파악하거나,[20] 법치주의를 "우리나라 사회의 공동체로서의 생존・번영을

---

20) 송기춘(2007, 300)은 2001년 대한변호사협회장(정재헌)이 법의 날 기념사에

위한 절실한 필요성 때문에 선"으로서 '선한 사회'의 조건으로 파악[21]하는 입장은 이러한 확대된 개념의 한 예라고 생각된다."(송기춘, 2007; 300).

법치주의는 본래 인치(人治), 즉 사람의 지배가 아닌 객관적인 법의 지배를 의미하는 것이므로 국민뿐만 아니라 지배자(정부 또는 국가권력)까지도 법에 기속되어야 한다는 법이데올로기로 발전되어 온 것이다. 따라서 앞선 비판들은 기본적으로 타당하다고 볼 수 있다. 그렇지만 법치주의의 정착과 개화를 위해서는 책임있는 민주시민의 준법의식과 법준수 역시 불가결한 전제조건을 이룬다는 점은 쉽사리 부인할 수 없다. 법치주의는 권력과 자유의 기술일 뿐만 아니라 현장에서의 법의 지배(street level rule of law)를 통해 완전해질 수 있기 때문이다. 그럼에도 불구하고, 시민들의 준법의식과 법준수 또는 순응은 상당 부분 학교 및 학교외 교육에서 습득되는 것일 뿐만 아니라 법집행당국의 일관성 있는 법집행을 통한 일종의 학습을 통해서 형성되는 것이라는 사실을 직시할 필요가 있다. 따라서 빈번하게 주장되어 온 바와 같이 '법 집행을 엄정하고 강력하게 하는 것'보다는 '법집행을 엄정하게 하되 그 상대방이나 일반 대중이 수긍할 수 있는 방식으로 일관성 있게 하는 것'이 상대적으로 더 우월한 전략이라고 볼 수 있다. 법질서라는 관점보다는 협치에 입각한 설득과 일관성있는 법집행을 통한 학습에 초점을 맞추는 것이 법준수 확보를 위한 성공전략이 된다. 그런 의미에서, 그때그때 상황에 따라 법을 탄력적으로 집행함으로써 법집행의 일관성을 기하지 못하다가

서 당시 대우자동차 노조원에 대한 경찰의 과잉진압사건을 예로 들고 있다.

21) 최대권, 「선한 사회의 조건: 법치주의를 위한 담론」, 『서울대학교 법학』 제40권 제3호, 1999, 71 이하.

여론이 악화되면 갑자기 과도한 엄벌주의에 의존하기보다는 공격을 받을지라도 법집행의 기준과 요건을 명확히 전파하면서 일관성있게 집행해 나가는 의지와 자세를 견지하는 것이 훨씬 더 효과적이다.

(6) 법과 법질서의 자기교정 및 적응

법과 법질서 역시 환경변화에 적응하지 않으면 안된다. 그러나 법은 시간의 경과와 그에 따른 상황변화에 매우 둔감하다. 가령, 헌법은 그 제정 당시의 현실과 현실인식을 토대로 제정된다. 그러나 경성헌법은 일반 법률에 비해 개정이 곤란하게 되어 있어 오랜 기간이 지나도 그대로 유지되는 경우가 많은데, 그러한 경우 동일하거나 대동소이한 내용의 헌법이 수십년이 지난 후에도 그대로 적용될 수 있는지 의문의 여지가 있다. 이론상 헌법개정이나 헌법변천을 통해 오래된 헌법이 변화된 환경에 적응해 나갈 가능성도 없지는 않지만, 헌법과 그것에 입각한 국법질서의 안정성을 저해하지 않는 범위내에서 환경변화에 적기에 적응할 수 있도록 헌법을 개정해 나가는 헌법정책적 의지가 무엇보다도 필요하다. 이와 같이 법과 법질서를 변화하는 상황에 맞게 적응시키는 것은 법치주의의 적실성을 확보하는데 매우 중요한 의미를 가진다. 이를 위해서는 법과 법제도가 당초 약속했던 사회적 성과를 가져왔는지, 향후에도 그와 같은 결과를 예상할 수 있는지 등을 객관적으로 측정하고 평가하여 입법과정에 환류시키는 일종의 입법평가메커니즘을 제도화할 필요가 있다.

마찬가지 이유에서, 사법과 사법제도 역시 시대상황의 변화에 적기에 적응할 수 있도록 하는 혁신이 필요할 것이다. 선진 각국에서 국정혁신 프로그램의 일환으로 법제도의 구조개혁을 추진하면서 사법개혁을 빼놓지 않는 까닭도 그와 같은 맥락에서 이해될 수 있다.

사법적 결정은 국정의 최고책임자인 대통령의 파면여부에서 세세한 영업규제 등 정책 전반에 걸쳐 전방위적 영향을 미치고 있다. 그럼에도 불구하고, 많은 사례들이 정책결정자 등 정책담당자들이 사법적 결정과 그 임팩트에 대해 제대로 준비되어 있지 않았다는 것을 보여준다. 헌법재판소나 법원 등 사법적 기능을 수행하는 기관이나 사법적 결정이 정책에 중대한 영향을 미칠 수 있고 또 미쳐왔다면, 그로부터 도출되는 함의 또한 분명하다. 무엇보다도 정책담당자들은 사법적 결정에 의한 정책의 좌절, 변질 또는 왜곡, 부작용의 가능성에 대비해야 한다. 정책이 의제설정부터 집행 및 환류에 이르는 전 과정에서 사법적 심급에 의해 영향을 받을 가능성이 있고, 역사적으로도 그 가능성이 그 어느 때보다 더 높고 현실적인 상황에서 정책의 법적 오류나 결함을 방지·회피하고 그로 인한 손실과 비용을 감소·최소화하는 대안을 강구해야 할 것이다. 아울러, 정책에 대한 사법적 결정의 결과를 우연의 소치로 돌리지 않고 다시 정책적 check list에 넣어 최대한 반영함으로써 그러한 사법적 결정에 따른 정책 좌절의 결과가 반복되지 않도록 대비해 나갈 필요가 있다.

(7) 사법통치를 넘어서

앞에서 살펴 본 바와 같은 정치의 사법화현상은 자칫 사법의 과잉, 다시 말해 과도한 영향력 증대로 이어질 수 있으며, 그에 따른 병폐도 확대재생산될 우려가 크다. 물론, 사법부의 영향력 증대 자체는 법치주의의 진전에 따른 불가피한 현상일 수도 있다. 법치주의가 강조되면 될수록 법의 해석과 적용을 담당하는 법원과 헌법재판소 등 사법부의 권한과 비중은 더욱 강화되기 마련이기 때문이다(송기춘, 2007; 331). 또한 오늘날 사법부는 행정부나 입법부 못지않게 국정에 지대한 영향을 미치고 있다. 몽테스키외의 권력분립 원리에 따라 다른 두 개의 권력으로부터 상대적으로 고립되고 절연된 사법부의 모습은 이미 오래전부터, 특히 민주주의와 법치주의의 선진국들에서는, 더 이상 현실이 아니다. 심지어 '사법통치'(Juristocracy)의 시대라는 말까지 거론되는 상황이다.[22)]

오늘날 거의 모든 정책문제들이, 심사의 범위나 대상, 심도는 다를지라도, 사법심사를 받는다 해도 과언이 아니다. 국민생활에 파급효과가 큰 정책들이 사법적 심급에서 통제 또는 제재를 받거나 확인되는 광경을 보는 것은 결코 드문 일이 아니다. 대법원의 새만금사건 판결, 천성산 도롱뇽사건 판결 등 많은 사례들이 그 점을 잘 보여준다. 나아가 사법부, 즉 법원이 그 재판기능을 통해 정책과정에 심대한 영향을 미칠 수 있고 또 현실적으로 미치고 있다는 사실은 누구도 부정하지 않는다. 환경소송이나 소비자소송, 집단소송, 기타 공익소송 등 공공소송이 허용되는 경우 사법부가 정책이나 정책과정에 영향을 미칠 여지도 그만큼 커지게 된다.[23)] 한편, 사법적극주의란 행정부나 입법부의 의사나 정책 결정에 대해 적극적인 견제기능을 수행하려는 사법부의 성향이나 철학 또는 입장을 뜻하는 개념인데, 사법적극주의가 지배하거나 우세한 상황에서는 그 만큼 사법의 정책적 영향도 강화된다.[24)] 사법부가 정책과정에 영향을 미치

22) 이에 관해서는 양건, 헌법재판소의 정치적 역할 : '제한적 적극주의'를 넘어서, 제51회 헌법실무연구회 발표문(2004. 12. 3.)을 참조. 양건교수는 여기서 Leslie Friedman Goldstein, " From Democracy to Juristocracy ", 38 Law and Society Review 3 (September 2004), 611-629를 인용하면서, '사법의 정치화'는 오늘날 한국만의 특수 현상이 아니라 범세계적인 현상이라고 지적하고 있다.

23) 공공소송에 관해서는 徐元宇, "公共訴訟에 관한 硏究(I)(II)", 서울대「법학」 제26권 제1·2·3호(통권 61 · 62 · 63호 1985. 4. 10)을 참조.

24) 사법적극주의와 사법소극주의의 개념에 대해서는 임지봉, "사법적극주의와 사법소극주의", 고시계 46권 7호(533호), (2001. 7.), 4이하를 참조. 그는 사법소극주의와 사법적극주의의 개념을 기존의 방식처럼, 사법부가 이전의 선례에 어느 정도 따르는지 여부나, 창조적인 헌법·법률의 해석에 의하여 정책형성에 개입하는지 여부에 따라 정의하지 아니하고, 권력분립의 원리에 착안하여 다음과 같이 정의한다. 즉, 사법적극주의는 "권력분립의 원리가 기초하고 있는 '견제와 균형'의 이

게 되는 경우는 매우 다양하지만, 대체로 몇 가지 유형으로 나뉜다. 첫째, 정책의제의 설정이나 정책결정과정에 관여하거나 영향을 미치는 경우로서, 사법적 결정을 통해 정책의제가 새로이 설정되거나, 사법적 심급에서 최초로 정책이 결정 또는 형성되거나 또는 기존의 정책이 취소·번복 또는 변경되기도 한다. 이는 주로 헌법재판소의 위헌법률심사나 헌법소원 또는 법원의 위헌·위법명령규칙심사나 행정소송 등을 통해 일어난다. 둘째, 사법이 정책의 집행과정에 영향을 미치는 경우로서, 주로 행정소송법에 의한 행정소송이나 제한적으로 헌법소원에 의한 검찰의 불기소처분 통제 같은 방식으로 이루어진다. 정책집행에 대한 사법심사의 결과 환류가 이루어져 새로운 정책변경이 이루어질 수도 있다. 정책평가나 환류과정에 대해서도 사법적 결정이 영향을 미칠 수 있음은 물론이다. 실효성이 상실된 법령이나 관습법에 대한 사법적 해석이나 결정을 통해 정책에 대한 환류가 촉발될 수 있고, 사법적 결정들이 축적되어 정책평가에 영향을 미치는 경우도 있다. 이처럼 정책과정에 사법이 영향을 미칠 수 있게 되는 이유는 의도적으로 또는 의사와 무관하게 정책 결정 책임이 사법부에 전가되기 때문인데, 그런 경우는 가령 정책결정 또는 정책변경에 관한 결정권을 지닌 기관에서 그 결정권의 행사를 회피하거나 방

상을 실현하기 위해 행정부나 입법부의 의사나 결정에 곧잘 반대를 제기하여 두 府에 의한 권력의 남용을 적극적으로 견제하는 사법부의 태도나 철학"이고, 반대로 사법소극주의는 "판결을 통해 다른 두 府의 의사나 결정에 개입하고 반대하기보다는 자주 '사법부 자제'의 미명하에 심리 자체를 회피하거나 두 府의 의사나 결정을 존중하고 이에 동조하는 판결을 내리는 사법부의 태도나 철학이라고 한다(같은 글, 7). 상세한 것은 Jibong Lim, A Comparative Study on the Judicial Activism Under the Separation of Powers Doctrine, J.S.D. Dissertation, Boalt Hall School of Law of the U.C. Berkeley 중 IV. Conclusion 부분을 참조.

한편, Sujit Choudhry and Claire E. Hunter, Measuring Judicial Activism on the Supreme Court of Canada: A Comment on Newfoundland (Treasury Board) v. NAPE(2003) 48 McGill L.J. 525 처럼 'judicial activism'은 사람에 따라 또는 사용맥락에 따라 확립된 선례로부터의 이탈, 법원의 선호(judicial preferences)에 의거한 심판, 법원과 그 밖의 국가권력간의 제도적 역할의 사법적 재배분(judicial reallocation of institutional roles between the courts and other branches of government) 등 다양한 의미를 가지는, 불분명하기로 악명 높은 용어(a notoriously slippery term)라고 하면서 그 개념을 계량화하는 견해도 있다(a quantitative definition of judicial activism).

치하는 경우, 정치적 의도에서나, 당파적 갈등으로 인해, 또는 이해관계집단간 대립 격화로 인해 정책에 관한 결정을 내릴 수 없는 경우에 발생한다. 경우에 따라서는 사법적 심급에서 처음으로 정책의 결정이나 변경, 또는 그에 대한 환류가 이루어지기도 한다. 사법이 정책에 영향을 미치게 되는 계기는 대개는 입법실패나 행정실패로 주어진다. 실패의 원인은 정보와 유인 두 가지 측면으로 나누어 볼 수 있는데, 입법부의 경우 정보 측면에서는 국민의 대표자인 입법부 구성원이 국민의 선호를 왜곡하거나 잘못 반영하는 경우가 생길 수 있다. 유인 측면에서도 입법부가 국민의 합리적 무지(rational ignorance)를 부추기거나 조직화된 집단이 입법결정에 영향을 미치는 경우가 생길 수 있다. 행정실패의 경우, 정보 측면에서는 정책담당자가 이해관계자에 포획되는 경우나 입법실패가 행정과정에까지 연장되는 경우를 생각해 볼 수 있다. 유인 측면에서 각 부처의 목표를 최우선시함으로써 갈등을 유발하는 부처이기주의나 관리적 차원에서 자발적 개선 노력이 미비한 경우에 행정실패가 일어날 수 있다(기형진, 2006).

그러나 '사법통치'가 아무리 전 세계적인 경향이라 할지라도 이를 당연시할 수는 없을 것이다. 또한 사법통치로 인한 폐단과 부작용에 대해서도 관심을 기울일 필요가 있다. 특히 법의 지배'(rule of law)가 '법률가의 지배(rule of lawyers)'로 변질되는 경향[25]에 대해서는 경계를 늦추지 말고 더욱 더 강화시켜 나가야 할 것이다. 사법권력을 법조집단이 독점하여 사유화하는 문제는 이제 법치주의의 위험의 차원에서 다뤄져야 할 문제이다(송기춘, 2007; 332).

---

1. 25) 'Rule of Lawyers'란 미국에서 만들어진 개념이다. 가령, Olson(2003)은 미국에서 이러한 현상이 일어난 과정을 담배소송, 가슴성형소송, 석면소송 등을 통해 분석함으로써 새로운 소송엘리트(new litigation elite)들이 어떻게 미국과 법의 지배를 위협하기에 이르렀는지 서술하였고, Crier (2002)는 법조인들이 정치인, 관료들과 함께 법을 폭정의 도구(Instrument of Tyranny)로 전락시켜 버렸다고 비판한 바 있다.

참고문헌

[국내문헌]

강재규.(2007). "New governance 구현 과제와 전망 — 지방정부 차원에서의 문제점과 과제를 중심으로 — ", 「선진한국을 위한 국가 및 지방자치단체 관계의 정립」(2007. 11. 3 한국공법학회 제140회 학술대회 발제문).

구병삭 외.(1991). 『한국법학의 회고와 전망』, 법문사.

국순옥.(2000). "법치국가의 신화와 현실", 『민주법학』 제18호.

기형진.(2006). "정책과정에서 사법부의 역할 검토", 서울대학교 대학원 석사학위논문.

김남진.(1998). "법치국가의 현실과 당면과제", 『공법연구』 제26집 제2호, 한국공법학회, 59-62.

김창록.(1996). "한국법의 역사적 형성", 서원우편, 『한국법의 이해』, 두성사, 3-21.

______.(1995)."식민지 피지배기 법제의 기초", 『법제연구』(1995, 제8호), 49-77.

김중권.(2007). "참여정부에서의 법치주의의 발전: 평가와 전망",『공법연구』 제35집 제4권, 한국공법학회, 337-376.

김해룡.(1998). "한국에서의 법치국가의 위기와 그 극복방안", 『공법연구』 제26집 제2호, 한국공법학회, 97-117.

김형성.(2007). "참여정부의 법치주의" 「한국 법치주의의 전개와 차기정부의 과제」(2007. 6. 29 한국공법학회 제138회 국제학술대회 발제문).

박병호.(1991). "법치주의 실현에의 역사적 교훈", 『법제연구』 창간호, 12-31.

송기춘.(2007). "참여정부에서의 법치주의의 발전: 평가와 전망", 『공법연구』 제35집 제4권, 297-336.

______.(2002). "헌법상 사면권의 본질과 한계", 『공법연구』 제30권 제2호.

우천식 · 정재호 · 김주훈 · 김태종 · 박정수 · 박진 · 서종해 · 임영재 · 조병구 · 최경수 외.(2007). 「선진한국을 위한 정책방향과 과제 : 6대 전략분야을 중심으로」, KDI.

유진오.(1975). "한국의 법제와 법학", 『헌법과 현대법학의 제문제』(현민유진오박사고희기념론문집), 일조각, 493-502.

이상규.(1991). "행정구제법의 회고와 전망", 『한국법학의 회고와 전망』, 법문사, 147-194.

이명석.(2002). "거버넌스의 개념화 : 사회적 조정으로서의 거버넌스", 『한국행정학보』제36권 제4호(2002 겨울) : 321-338.

최대권.(1997). 『사례중심 헌법학』, 박영사.

최대권.(1999). 「선한 사회의 조건 : 법치주의를 위한 담론」, 『서울대학교 법학』 제40권 제3호.

최윤철.(2005). "입법평가의 제도화에 관한 연구", 『토지공법연구』(한국토지공법학회) 제28집 2005년 10월, 324-352.

리차드 A. 포스너. (김소연 역).(2006). 『대재앙』, 말글빛냄 (Richard A. Posner. (2006). Catastrophe: Risk and Response, Oxford University Press).

홍기태.(2006). "사법개혁의 현황과 전망", 서울대학교 제282회 정책&지식포럼 발제문(2006. 6. 19).

홍준형.(1993). "법치주의의 좌절과 법적 허무주의의 극복 — 한국행정법학의 반성과 과제 —", 『법과 사회』 제7호, 97-132.

______.(1998a). "한국행정법에 있어 법치주의의 시련과 과제", 1998 한국법학자대회 발표논문

______.(1998b). 행정과 법, 강인제 · 이달곤 외 공저, 『한국행정론』, 대영문화사, 103-146.

______.(1999). "신공공관리론의 공법적 문제 — 공무원인사제도개혁을 중심으로 — " (1999) 『행정논총』, 37(1), 서울대학교 행정대학원.

______.(2000). "제도화된 행정국가와 법치주의",『행정논총』 38(2), 서울대학교 행정대학원.

사법개혁위원회(2004), 『사법개혁위원회 자료집(Ⅲ)』, pp. 9-14.

[외국문헌]

Aubert, W.(1983). In Search of Law: Sociological Approaches to Law, Martin Robertson.

Calabresi, Stephen and Kevin Rhodes. 1992. "The Structural Constitution: Unitary Executive, Plural Judiciary." Harvard Law Review, 105: 1153-1216.

Cass R. Sunstein, David Schkade, Lisa M. Ellman, Andres Sawicki.(2006). Are Judges Political?, An Empirical Analysis of the Federal Judiciary, Brooking Institution Press.

Collins, H.(1982). Marxism and Law, Clarendon Press.

Cotterell, Roger.(2006). Law, Culture and Society, Legal Ideas in the Mirror of Social Theory, ASHGATE.

Crier, Catherine.(2002). The Case Against Lawyers. Broadway Books.

Dam, Kenneth.(2006). The Law-Growth Nexus — The Rule of Law and Economic Development, Brookings.

Ely, John Hart.(1980). Democracy and Distrust — A Theory of Judicial Review, Harvard University Press.

Ghai, Y.(1986). "The Rule of Law, Legitimacy and Governance", in: International Journal of Sociology of Law(Vol.14), Academic Press.

Hong, Joon Hyung. (1995). Rule of Law and Law Reform in Korea, Paper presented at Annual Meeting of Research Committee on Sociology of Law, International Sociological Association(August 1-4, 1995 Univ. of Tokyo).

______.(1999). The Rule of Law and Its Acceptance in Asia: A View From Korea, Asia Perspectives, December, pp.11-18.

______.(2000). Administrative Law in the Institutionalized Administrative State, Recent Transformations of Korean Law and Society, Seoul National University Press.

______.(2005). Law, Policy and Institutions for Alternative Dispute Resolution in Korea (2005) 『Comparative Studies in Public Conflict Resolution』

(KDI School of Public Policy and Management).

Hunt, Allan. (1978). The Socilolgical Movement in Law, Macmillan.

______.(1985). "The Ideology of Law: Advances and Problems in Recent Applications of the Concept of Ideology to the Analysis of Law", Law and Society Review Vol.19, No.1.

______.(1992). "A Socialist Interest in Law", New Left Review, Vol.192, March/April, 111-112.

______.(1993). Explorations in Law and Society, Toward a Constitutive Theory of Law, Routledge.

Jakob/Blankenburg/Kritzer/Provine/Sanders.(1996). Courts, Law & Politics in Comparative Perspective, Yale University Press.

Konrad Adenauer Foundation (ed.).(2006). Rule of Law — The KAF Democracy Report 2006, Bouvier.

MacCormick, D.N.(1984). Der Rechtsstaat und die rule of law, Juristenzeitung 1984, 65ff..

Olson, Walter K.(2003). The Rule of Lawyers, Truman Talley Book — St. Martin Press.

Rosenbloom, David H.(1994). Evolution of Administrative State, Trans-formations of Administrative Law, in: Handbook of Regulation and Administrative Law, Marcel Dekker.

Rosenbloom, David H./O'Leary, Rosemary.(1997). Public Administration and Law, 2nd ed., Marcel Dekker, Inc.

Rosenbloom, David H.(2007). President George W. Bush's Theory of a Unitary Executive Branch and the Rule of Law in the United States「한국 법치주의의 전개와 차기정부의 과제」(2007. 6. 29 한국공법학회 제138회 국제학술대회 발제문).

Selznick, Philip/Nonet, Philip.(1978). Law and Society in Transition: Toward Responsive Law, Harper & Row.

Tamanaha, Brian Z.(2004). On the Rule of Law: History, Politics, Theory,

Cambridge University Press.

______.(2005). "The Tension Between Legal Instrumentalism and the Rule of Law," 33 Syracuse J. of Int. L. & Commerce 131 (2005).

______.(2006). Law as a Means to an End — Threats to the Rule of Law, §Law in Context, Cambridge University Press.

______.(2006)."The Tensions Between Legal Instrumentalism and the Rule of Law" (April 17, 2006). Center for the Study of Law and Society Jurisprudence and Social Policy Program. Papers Presented in the Center for the Study of Law and Society Bag Lunch Speaker Series. Paper 33. (http://repositories.cdlib.org/csls/lss/33)

Thompson, E.P.(1975). Whigs and Hunters: the Origin of the Black Act, Pantheon Books.

Trägårdh, Lars and Carpini, Michael X. Delli (2005). The Juridification of Politics in the United States and Europe: Historical Roots, Contemporary Debates and Future Prospects(http://www.law.fsu.edu/faculty/2005workshops/tragardh.pdf).

Trubek, David M. / Santos, Alvaro.(2006). The New Law and Economic Development, A Critical Appraisal, Cambridge.

Unger, R.M.(1976). Law in Modern Society: Toward a Criticism of Social Theory, Free Press.

Wade, E.C.S./Bradley, A.W.(1985). Constitutional and Administrative Law (10th. ed.), Longman.

Weber, Max.(1967). Rechtssoziologie, Luchterhand.

Yoo, Christopher and Stephen Calabresi. 1997. "The Unitary Executive during the First Half-Century". Case Western Reserve Law Review 47: 1451-1561.

______.2003. "The Unitary Executive during the Second Half-Century". Harvard Journal of Law & Public Policy 26: 667-801.

Yoo, Christopher, Stephen Calabresi, and Laurence Nee 2004. "The Unitary Executive During the Third Half-Century, 1889-1945." Notre Dame Law

Review 80 (November). http://ssrn.com/abstract=559581 (accessed May 13, 2007).

______.2005. "The Unitary Executive in the Modern Era, 1945-2004." Iowa Law Review 90 (2): 601. http://ssrn.com/abstract=690822 (accessed May 13, 2007).

제 3 장 법정책과 법제도 환경 Ⅱ: 제도화된 행정국가

〈차 례〉

Ⅰ 문제의 제기

법의 지배 또는 법치주의(이하 '법치주의'로 약칭한다)의 현실상황을 진단하고 발전방향을 모색하기 위한 논의에 있어 그 법제도적 환경을 이해하는 것은 필수적인 전제조건이라 할 수 있다. 물론 법치주의는 그 추상화의 정도에 따라서는 그 핵심적 구성요소에 있어서는 고도의 보편성을 가지는 가치이자 원리일 수 있다.[1] 그러나 개별구체적 특수성으로부터 일반추상적 보편성을 도출해 내는 것이 가능하듯이 그 역도 가능하다. 특히 법치주의에 관한 논의에 있어 중요한 것은 법치주의가 각국의 특수한 역사적 배경에서 유래하는 현실적·법제도적 제약하에 놓여 있다는 사실을 이해하는 일이다. 이러한 견지에서 '제도화된 행정국가' (*Institutionalized Administrative State*) 라는 개념은 한국에 있어 법치주의의 현실적·법제도적 환경을 설명해주는 준거라고 할 수 있다.[2] '제도화된 행정국가'란 행정국가(administrative state)라는 현대국가의 보편적 경향을 표상해 주는 현상이 한국, 특히 그 헌정사에 있어 상소(constant)로 존속해왔던 사실을 인지하고 그 원인을 헌법적 제도화의 계기를 통해 설명하고자 하는 시도를 집약해준다.

1) Joon-Hyung Hong, The Rule of Law and Its Acceptance in Asia: A View from Korea, Asia Perspectives, December 1999, pp.11-13.

2) Joon-Hyung Hong, Administrative Law in the Institutionalized Administrative State, Recent Transformations of Korean Law and Society, Seoul National University Press, 2000.

II 한국에 있어 제도화된 행정국가의 역사적 전개

1. 제도화된 행정국가의 형성

국가형성(nation-building) 과정에서 요구된 행정국가의 요구를 뒷받침해주기 위해 한국헌법은 출범당시부터 대통령과 행정부의 우위를 제도화시켰다. 헌법은 대통령과 행정부에게 다른 권력에 비해 현저히 우월한 권한들을 보장해 줌으로써 강력한 대통령제를 구현하는데 성공하였다.[1] 헌법은 실제로 건국초부터 줄곧 대통령에게 법률안거부권을 주었을 뿐만 아니라 대통령제에서는 이례적으로 정부에게 법률안제안권을 부여했고, 위임입법의 가능성과 범위를 헌법상 명시적으로 보장함으로써 이를 통해 위임입법의 범람현상을 초래하였다. 대통령은 종종 소수당난립으로 인한 정치불안을 방지한다는 취지하에 마련된 헌법적 다수확보장치들을 통해 또는 행정부의 선거개입이나 집권당 프리미엄의 극대화를 통해 총선에서 의회다수파를 장악하고 공천권과 당내기율을 통해 정당을 통제함으로써 입법과정마저 법률상·사실상 지배할 수 있었다. 이러한 입법지배가 여의치 않았던, 매우 드문 경우에도 예산편성권이나 검찰권 등 합법적으로 부여된 권한들을 통해 입법에 대해 영향력을 행사할 수 있었고 임명,

1) Jung, Yong-duck, Administrative Reorganization in the Strong State: The Case of the Kim Young Sam Regime, Paper Presented at the Joint Symposium of ASPA and KAPA (Government Reform in Korea and the United States), San Francisco, February 21-22, 1997, p.6ff.

추천 등의 권한을 통해 국회의장, 대법원장, 헌법재판소장 또는 대법관이나 헌법재판관 등의 임명과정에 지배적인 영향을 미칠 수 있었다. 이와 같은 행정국가의 헌법제도화현상은 1960년 5월 16일 군사쿠데타를 통해 집권한 박정희장군이 주도한 제3공화국헌법을 계기로 본격화되기 시작하여 대통령에 대한 노골적인 권력집중을 기도한 1972년의 유신헌법에서 절정을 맞았고, 암살로 끝난 박정희 군사정권을 계승한 전두환장군에 의해 주도된 1980년의 제5공화국헌법에서 헌법적으로 일상화되었다.

2. 제도화된 행정국가의 정기능과 역기능

2.1. 제도화된 행정국가의 정기능

이처럼 건국 당시부터 헌법이 행정국가를 제도화했고 이를 계속 유지시켜 왔다는 것은 건국이후 한국헌정사 50년의 역사의 반 이상을 지배해왔던 군사정권에 의한 관료적 권위주의의 정치적 지형 위에서 법치주의의 정착과 실현을 제약하는 가장 근본적인 요인이 되었다. 그러나 역설적으로 이 제도화된 행정국가는 국정의 능률화라는 당시 개발독재의 요청을 충실히 충족시킴으로써 정부주도형 외형적 경제성장전략의 실행에 유리한 환경이 되었을 뿐만 아니라 '지연된 혁명'(delayed revolution)의 형태였기는 했지만 한국사회가 군사독재로부터 문민통제(civilian control)로 이행하는 과정에서 우려의 대상이 되었던 정치적 불안과 혼란의 리스크를 완충시키는 역할을 수행함으로써 역설적으로 민주주의로의 이행에 기여했다. 제도화된 행정국가는 특히 제3세계에서 대통령제를 실시하는 과정에서 노정된 '약한 대통령'과 그로 인한 정치적 혼란에 대한 우려를 불식시키는데 유리한 법제도적 환경을 제공했을 뿐 아니라, 심지어는 문민통제가 실현된 이후에서 민주적 선거를 통해 집권한 정치세력들이 안정적인 국정을 수행할 수 있도록 해주는 매우 우호적인 여건으로 작용했다. 가령 김영삼정권이 한 때 민주화의 비토(veto) 세력으로 남아 있었던 군부를 개편할 수 있었던 사실이나 김대중대통령이 야당시절 자신을 정치적으로 박해하는데 선봉이 되었던 국가정보원, 검찰과 경찰 등과 같은 권력기구들을 순조롭게 통제할 수 있었던 사실, 민주투사출신 대통령들이 사안에 따라서는 정치적 위협요인이 될 수 있는 노동계나 학생세력의 반발을 억지할 수 있는 각종 사회통제 메카니즘을 별다른 어려움없이 용이하게 이용할 수 있었다는 사실 등은 모두 이 제도화된 행정국가 체제의 가치중립적 효용성을 보여주는 사례들이라 할 수 있었다.

2.2. 제도화된 행정국가의 역기능

제도화된 행정국가는 민주주의로의 이행이 진전됨에 따라 전술한 바와 같은 역설적 정기능보다는 그 역기능이 더 확대되는 경향을 보여 왔다. 제도화된 행정국가의 역기능은 무엇보다도 행정부로 하여금 경제성장과 복지국가, 사회정의 등의 목표를 표방하며 사실상 헌법과 법의 제약으로부터 벗어나 시민사회나 경제에 무소부지로 개입·간섭하고 정경유착이라는 고질적 폐단을 일상화하도록 하는 제도적 기반이 되었다는데 있었다. 국제그룹을 아무런 법적 근거도 없이 강압적으로 해체시킨 전두환정부의 조치는 그 점을 단적으로 보여준 사례였다.[2] 이처럼 정부가 정치적 이해관계가 엇갈리는

2) 이에 관하여는 洪準亨, 判例行政法, 1999, 斗聖社, 3-31을 참조.

기업에 대하여 무소불위의 권력을 휘두를 수 있었던 것은 군사정권의 강압통치하에서 불가피한 측면도 없지 않았지만, 당시에도 엄연히 헌법에 의해 설정되어 있었던 권력간의 견제와 균형을 위한 헌법적 장치들이 제대로 작동되지 못했기 때문이기도 했다. 이 점은 1997년말 외환위기로 IMF의 구제금융을 받을 수밖에 없는 국난에 봉착했던 한국의 경험에 비추어 볼 때 더할 나위 없이 귀중한 교훈이다. 요컨대, 제도화된 행정국가에서는 행정부, 입법부 및 사법부의 역할과 상호관계가 헌법에 의하여 국정의 준칙으로 처방된 입헌민주주의와 법치주의의 요구를 왜곡시킬 가능성이 크다. 이러한 문제점은, 설사 제도화된 행정국가가 과거의 민주적 이행과정에서 일정한 정기능을 수행했고 또 21세기의 무한경쟁환경에서 요구되는 국정관리(governance)의 범위내에서 어느 정도 수용될 수 있는 여지가 있다는 점을 인정한다 할지라도, 국가권력간의 관계를 불균형하게 강화된 대통령과 비대화된 관료기구에 의한 새로운 형태의 권력집중의 그것으로 고착·화석화시키고 그 결과 새로운 경쟁환경에서 요구되는 국가법제도적 유연성과 적응능력을 손상시키며, 나아가 헌법적 권리의 보장을 위태롭게 만든다는 점에서, 더 이상 방치될 수 없다.

행정의 법으로부터의 일탈과 사실상 우위의 확보가 반드시 행정효율성을 증대시키는 것은 아니다. 일상화된 법의 도구화현상과 함께 처벌·통제 중심의 법사용의 결과 법에 대한 불신이 확산·고착될 경우 행정이 법적 수단을 사용하거나 적법한 범위내에서 법적 조치를 취하는 경우에도 필요한 국민의 신뢰와 순응을 획득하지 못해 결국 행정과 법이 함께 실패하고 마는 정당성위기가 초래될 수 있다. 이러한 현상은 1960년대이래 30여년간 지속된 군사정권하에서의 경험을 통해 분명히 나타났다. 또한 합법성의 요구는 규범적 차원에서뿐만 아니라 사실적 차원에서도 행정의 능률에 영향을 주는 보이지 않는 요인으로 작용할 수 있다: 합법성은 효율성의 내생적 요인(endogenous factor)으로 영향을 미친다. 가령 행정의 법적 책임을 초래하는 행정비리와 불량행정은 합법성의 요구를 충족시킬 경우 초래되었을 행정능률의 저해보다 훨씬 더 심각한 결과를 가져올 수 있고, 행정의 전체적·장기적인 효율성을 손상시킬 수 있기 때문이다. 합법성의 요구를 무시한 능률성 위주의 행정은 국가배상책임 등 각종 국가책임을 통해 발생되는 불필요한 행정비용(Unkosten)의 증가와 이에 따른 국고의 손실을 초래하고 행정에 대한 국민의 신뢰를 손상시키며, 그 결과 행정의 효율을 저해하고 행정의 실패를 야기하는 요인이 되기도 한다.3)

2.3. 제도화된 행정국가의 병리와 치유방안

건국초기에 주조되어 군사정권에 의해 강화되어 온 제도화된 행정국가의 권력구조는 21세기를 눈앞에 둔 시점에서 더 이상 통용될 수 없을 것이다. 그러한 관점에서 법치주의는 이제 민주주의의 공고화과정에서 오히려 제약요인으로 작용하고 있는 제도화된 행정국가의 폐단을 치유할 수 있는 하나의, 가장 유력한 대안이다. 법치주의를 제도화된 행정국가의 폐단을 치유하는 대안이라고 하는 것은 실은 지나친 추상화일수도 있다. 제도화된 행정국가라는 환경 아래서 법치주의가 요구하는 국회·행정부·사법부의 관계가 헌법의 기대와는 달리 언제라도 파행화될 수 있고 또 그러한 모습을 보여왔다는 점에서 후자가 전자의 문제점에 대한 대안이라기보다는 전자가 후자의 실현을 방해 또는 제약하는 요인이 된다고 볼 수도 있기 때문이다. 그러나 여기서 중요한 것은 어떤 절대적 존재로서 법치주의

3) 洪準亨, 행정과 법, 『한국행정론』, 1998, 대영문화사, 103-146, 114-118.

자체의 실현이 아니라 헌법적으로 제도화된 행정국가의 환경에서 법치주의가 어떠한 역할을 어떻게 수행할 수 있으며 또 수행하여야 하느냐 하는 것이다. 제도화된 행정국가의 환경에서 한국 법치주의가 수행해야 할 역할과 과제를 모색함에 있어 만병통치적 처방(*panacea*)은 발견되지 않는다. 그러나 한가지 분명한 사실은 입법, 행정, 사법간의 관계가 헌법상 법치주의와 그 조직·작동원리인 권력분립의 요구에 맞게 견제와 균형의 미학에 의해 형성되도록 해야 한다는 것이다.

Ⅲ 제도화된 행정국가에 있어 법치주의의 실현을 위한 법적 실천

1. 입법부와 행정부에 대한 역할기대

1.1. 국 회

국회는 행정부에 대하여 보다 적극적이고 주도적인 견제와 균형을 추구할 필요가 있다. 물론 제도화된 행정국가라는 헌법적 환경하에서 국회가 처한 상황은 그리 유리하지 못하다. 자칫, 이제까지 대부분 그러했듯이, 국회가 국정의 의사결정권을 행사하지 못하고 정부가 결정한 것을 사후적으로 追認하는 통법부로 전락할 우려마저 없지 않다. 이는 법치주의와 권력분립에 대한 헌법적 요구에 비추어 볼 때 매우 바람직하지 못한 일이다.

국회는 무엇보다도 입법에 있어 그 본연의 수비범위를 확보해 나가는데 배전의 노력을 기울여야 할 것이다. 이를 위해서는 의회입법권자의 본래기능을 회복시키기 위한 법적 토대를 구축하는 것이 급선무이다. 오늘의 국법현실에서 입법에 있어서의 정부주도경향을 완전히 불식시키는 것은 불가능하다 할지라도, 적어도 의회입법권자의 소임을 다할 수 있도록 하기 위한 법정책적 실천은 가능하고 또 필수적이다. 국회의 입법보좌기능을 살리고 입법을 위한 정책학 및 법학적 지식과 방법론을 공급하며 의회행정을 규율하는 의회행정법은 법치주의의 실현을 향한 출발점이 된다. 의회행정에 대한 법적 규율에 있어서는 입법도 생산이라는 인식을 정립할 필요가 있다. 자본이나 원자재가 충분히 공급되지 않는한 제대로 된 입법생산은 기대될 수 없으며, 원가개념이 없는 입법은 무책임한 입법이다. 의회입법권자가 소임을 다하도록 실질적인 감시와 진지한 비판이 이루어지도록 하기 위한 행정법제를 구축하는 일도 빼놓을 수 없는 과제이다. 최근 시민단체들에 의해 수행되고 있는 입법감시활동은 그런 관점에서 대단히 소망스러운 일이지만, 이를 입법의 공동생산에 대한 참여(participation in legislative coproduction process)라는 관점에서 보다 효과적으로 지원할 수 있는 법적 기제를 갖추어 나가야 할 것이다.

위임입법의 통제를 위한 법정책적 실천 역시 법치주의의 실현에 장애가 되는 권력의 불균형을 시정하기 위한 필수적 과제이다. 이를 위해서는 위임입법의 한계와 그것을 보장하기 위한 법해석론의 공조가 절대적으로 요구되지만, 우선 입법 차원에서 위임입법의 범위와 기준, 한계를 분명히 하여 위헌적인 위임－법률(*Ermächtigungs-Gesetz*)이 양산되지 않도록 해야 하며, 위임입법의 사후통제를 위한 효과적인 법적 메카니즘을 개발하는데 관심을 기울여야 한다.

1996년 12월 개정된 국회법은 제98조의2를 신설하여 “중앙행정기관의 장은 법률에서 위임한 사항을 규정하거나 법률의 시행을 위하여 필요한 사항을 규정한 대통령령·총리령·부령 및 훈령·예규·고시등 행정규칙이 제정 또는 개정된 때에는 7일이내에 이를 국회에 송부하여야 한다”고 규정함으로써 국회에게 ‘행정입법’에 대한 최소한의 통제수단을 부여하였으나 단순히 국회송부만을 의무화했을 뿐 그 이상의 법적 효과는 결부시키지 않았다. 따라서 이들 법률하위명령이나 행정규칙에 대한 통제는 결국 국회의 정치적 통제 또는 법률개정을 통한 위임의 철회에 의해서만 이루어질 수 있다는 점에서 근본적인 제도개선이 이루어진 것이라고는 보기 어렵다.

법치주의의 실현을 위한 또 하나의 법정책적 실천전략은 행정쟁송제도를 개혁하기 위한 입법적 노력을 경주하는 데 있다. 여기서는 행정쟁송이라는 권리보호의 수단(Vehikel)이 실체법의 발전을 촉발시켜 법치주의를 충전시키는 계기가 될 수 있다는 사실이 고려되어야 한다. 무엇보다도 위법·부당한 행정조치에 대하여 효과적이고 공백없는 권리구제(*lückenloser Rechtsschutz*)를 가능케 할 행정심판법 및 행정소송법의 개혁이 급선무이다. 특히 의무이행소송, 가처분제도 등 행정의 부작위·태만을 시정할 수 있는 적극적인 쟁송수단을 도입하여야 한다. 의무이행소송의 準代替財로 도입된 부작위위법확인소송은, 판례와 다수설에 따를 때, 「행정의 의무이행을 관철시키기 위한 소송방법」이라고 하기에는 많은 문제점과 한계를 지니고 있다.[4] 거부처분에 대한 취소소송 역시 승소판결을 얻어도 행정청이 당초와

---

4) 한편 대법원은 「행정소송법 제3조와 제4조가 행정청의 부작위가 위법하다는 것을 확인하는 소송을 규정하고 있을 뿐 행정청의 부작위에 대하여 일정한 처분을 하도록 하는 의무이행소송에 관하여는 규정하고 있지 아니하여, 행정청의 위법 또는 부당한 부작위에 대하여 일정한 처분을 하도록 청구하는 소송을 허용하지 아니한 것이, 국민의 재산권을 보장한 헌법 제23조에 위배된다고 볼 수 없다」고 판시한 바 있다(대법원 1992. 12. 22. 선고 92누13929판결).

다른 이유를 들어 재차 거부처분을 할 수 있는 가능성을 배제하지는 못한다. 일본과 달리 우리 나라는 가히 '소송국가'(*Prozeßstaat*)라고 해도 무방할 만큼 권리구제의 수요가 폭주하는 나라가 되었는데, 일본이 20여년전에 도입한 부작위위법확인소송을 답습한 뒤 14년이 흐른 뒤에도 한 걸음도 나아가지 못했다는 사실을 반성할 필요가 있다. 아울러 1951년 제정이래 근 반세기 동안 일본 국가배상법을 거의 그대로 답습하고 있는 현행 국가배상법의 개혁과 손실보상에 관한 법제정비를 위한 논의가 이루어져야 할 것이다.[5)]

둘째, 국회의 국정통제기능은 그 입법권약화 경향에 비추어 국회가 가장 역점을 두고 확충해 나가야 할 전략적 부문이다. 이를 위해서는 무엇보다도 주요 국가기관구성원에 대한 인사청문회를 제도화하는 방안, 국정감사 및 조사기능을 강화·합리화는 방안 등 보다 근본적인 국회법과 제도개혁을 단행할 필요가 있다.

이 모든 문제는 그 동안 제도화된 행정국가의 틀 속에서 유지되어온 권력구조의 왜곡을 시정하여 국회의 위상을 재정립하는 문제와 직결되어 있다. 국회가 그 입법 및 국정통제기관으로서의 지위와 권한을 회복할 때 비로소 정당과 행정부에 대한 관계도 제대로 정립될 수 있을 것이기 때문이다. 국회는 이러한 목표를 다름아닌 그 헌법상 권한을 행사함으로써 달성할 수 있다.

1.2. 행 정 부

법치주의의 실현을 위한 법정책적 전략은 무엇보다도 법과 행정

5) 이상 행정구제법의 과제에 관하여는 拙稿, "行政法 50년과 行政救濟法", 「憲政」 50년과 2000년의 課題"(아세아·태평양 공법학회 1998년 학술대회: 1998.7.14.), 자료집, 63-67을 참조.

의 관계에 대한 인식의 전환으로부터 출발한다. 한국법치주의의 역사적 교훈은 행정의 법으로부터의 일탈과 국회에 대한 행정부의 사실상 우위가 반드시 행정효율성을 증대시키는 것은 아니라는 사실이다. 그 동안 일상화된 법의 도구화현상과 처벌·통제 중심의 법사용의 결과 법에 대한 불신이 확산·고착됨으로써 행정이 법적 수단을 사용하거나 적법한 범위 내에서 법적 조치를 취할지라도 필요한 국민의 신뢰와 순응을 획득하지 못해 결국 정부의 정당성위기를 초래할 수 있다는 사실은 1960년대부터 30여년간 지속된 군사정권의 경험을 통해 충분히 증명되었다.

이러한 관점에서 행정부가 그 동안 국회에 대해 견지해왔던 자세에 대한 근본적인 반성이 필요하다. 법치주의는 '법률에 의한 행정'을 통한 행정의 정당화로 끝나는 것이 아니라 '법률에 의한 행정권력의 제한'을 요구하며, 이 두 가지 요소가 균형있게 실현될 때에 비로소 행정의 목표도 효과적으로 달성될 수 있다. 행정부는 이러한 법치주의의 권력제한적 측면을 정정당당하게 인식하고 권력분립의 게임에 참가하려는 의지를 가져야 할 것이다.

2. 행정법적 차원에서 법치주의의 실현을 위한 법적 실천

2.1. 법현실적 환경의 변화

(1) 國民의 權利意識 强化: 行政爭訟의 持續的 增加

우리 나라는 일본처럼 소송회피적 법문화(*Streitvermeidungskultur*)[6]가 아니라 오히려 쟁송불사적 법문화(*Streitsbereitschaftskultur*)에 해당한다. 특

1) Tokiyasu Fujita, Streitvermeidung und Streiterledigung durch informelles Verwaltungshandeln in Japan, NVwZ 1994, 133ff.

히 정부나 지방자치단체, 행정기관 등 공공기관에 대한 쟁송이 지속적으로 증가하는 경향을 보여왔다.

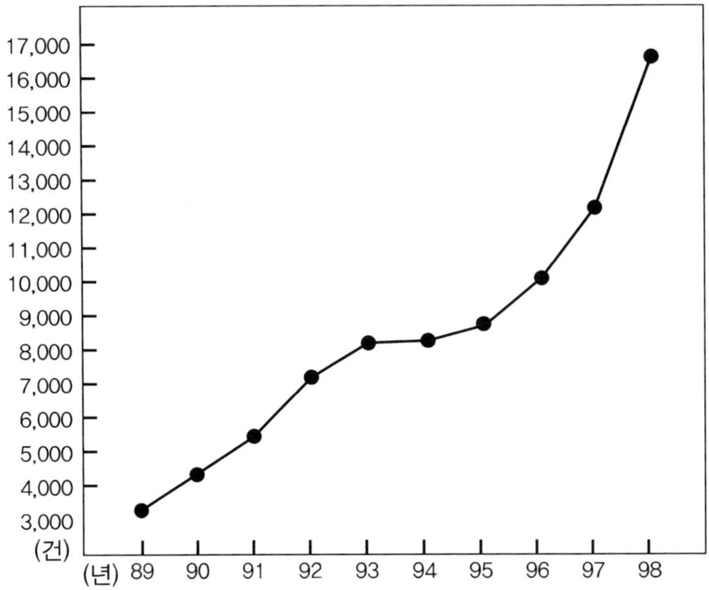

행정소송(본안)사건의 추이 – 접수

(http://www.scourt.go.kr/99statistic/images/t99-d22.gif)

〈 the number of roslutions processed by the Administrative Appeals Commision Commission under the Prime Minister 〉

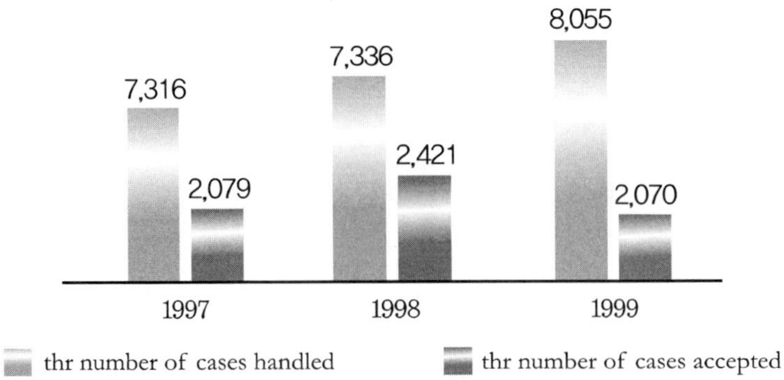

민주화가 진전됨에 따라 실력적 강제, 검찰·경찰 등을 통한 권력적 개입 등 권위주의적 사회통제수단들이 퇴조하고 있다. 또한 비정부 시민단체들(NGO, NPO, CSO, CBO)의 활동이 활발해지고 있는 가운데, 이들 시민단체들 일부를 중심으로 공익변호사활동, 공익소송이 활성화되는 경향이 나타나고 있다. 아울러 이들 비정부 시민단체들의 활동은 2000년 4월 13일 총선을 둘러싸고 전개되었던 낙천·낙선운동에서 나타난 바와 같이 비교적 폭넓은 언론 등 사회여론의 지지를 받을 수 있었다.

(2) **행정과 시민 관계의 변화**

일반주민들이 자발적으로 행정계획이나 결정에 반대하는 운동을 전개하는 경향이 확대되고 있다. 가령 일산, 부천, 분당, 서울 등지에서의 러브호텔 반대운동이나, 주로 법적 대항능력을 갖춘 대기업들을 중심으로 정부의 구조조정, 비법적 간섭 및 규제 관행 등에 대한 법적 저항이 일어나고 있는 것이 그러한 예이다.

2.2. 행정법적 실천전략

행정법적 차원에서 이러한 권력분립의 미학을 실현하기 위한 두 가지 핵심전략은 첫째, 법형성과정에 대한 참여의 계기를 증진시키고, 둘째, 법과정에 대한 '아래로부터의 압력'(pressure from below)을 제도적으로 흡수하는데 충분한 쟁송수단과 쟁송범위를 확대하는 데 있다. 첫째 전략은 주로 입법과정에 대한 비정부단체(NGO) 또는 시민단체(CSO)의 참여를 확대하는 데 초점을 맞추는 것이지만, 참심제(*Laienrichter or Schöffen*)나 집단소송(class action or *Verbandsklage*)처럼 사법과정에 대한 참여의 기회를 부여하는 제도의 도입이나 입법형성적 효력을 가지는 헌법소원등의 제기, 또는 시민단체에 의한 사법감시 등 환류과정(feedback)을 통해 법형성에 영향을 미치는 방식으로도 구체화될 수 있다.[7] 한국에 있어 입법과정에 대한 시민참여는 정보공개법이나 행정절차법, 개인정보보호법, 정보통신망이용에 있어 개인정보보호법, 혐오시설 또는 환경관련시설의 입지선정 및 설치에 대한 주민들의 의견수렴 및 지원을 위한 각종 법률의 제정 등 주로 행정의 투명성, 행정에 대한 시민들의 접근성을 제고하기 위한 개혁적 입법을 통해 가장 두드러지게 나타나고 있다. 두 번째 전략은 주로 행정에 대한 쟁송(*suing government*)을 통해 경직화될 우려가 있는 제도화된 행정국가의 대민접점을 법치주의로 통제함으로써 그 반응성(responsiveness)을 제고하는 방안이다. 사법과정이 법치주의가 구체적으로 실현되는 미시적 메커니즘이라면 행정소송이나 행정심판을 통해 위법한 행정결정을 취소시키거나 그로 인한 배상책임을 관철시키는 것이야말로 법이 행정을 규율하도록(*Law governs the Government*) 만드는 가장 효과적인 방법이라 할 수 있다. 이러한 관점에서 볼 때 한국 법치주의의 현실은 입법과 사법 양면에 걸쳐 현저한 발전을 이룬 것으로 평가된다. 특히 1990년대초부터 위로부터의 개혁과 아래로부터의 압력이라는 양방향적 벡터(vector)에 힘입어 다수의 행정

---

7) 2007년 6월 1일「국민의 형사재판 참여에 관한 법률」이 제정되어 2008년 1월 1일부터 사상 최초로 국민참여재판제도가 시행되기 시작했다. 사법제도개혁추진위원회에서는 국민이 배심원으로서 형사재판에 참여하는 국민참여재판의 도입을 골자로 한 "국민의 형사재판참여에 관한 법률안"을 마련하였고, 위 법률안은 2005. 11. 29. 국무회의에서 의결되어 2005. 12. 6. 국회에 제출되었으나, 통과되지 못하다가, 국회 심의과정에서 상당수의 조항이 삭제되고, 피고인이 국민참여재판을 원하는지 여부를 확인하는 절차가 변경되는 등 일부 조항 수정을 거쳐 2007. 4. 30. 60개조로 구성된 법률안 국회 본회의를 통과하여 2007년 6월 1일 공포되었다. 이에 관해서는 http://file.scourt.go.kr//AttachDownload?file= 1198825106771_155826.PDF&path= 001&downFile=국민참여이해.PDF를 참조.

개혁입법이 관철되었을 뿐만 아니라 시민들의 법이용 및 사법적 법형성 면에서 역동적인 발전이 이루어지기 시작했기 때문이다. 그러나 이 같은 긍정적인 변화에도 불구하고 아직도 많은 과제들이 남아 있다. 그 중 가장 중요한 것을 세 가지만 든다면, 첫째, 주요한 행정개혁입법들이 그 실효성면에서 아직 기대에 걸맞는 법적 실천의 변화를 가져오지 못하고 있다. 그 대표적인 예가 행정절차법이다. 행정과 시민 관계를 법적으로 재규범화하는 법제도들의 실효성을 제고하기 위한 행정적·입법적 노력과 이를 위한 시민사회의 관심과 실천이 필요하다. 행정절차법은 행정과 시민간의 관계를 원활하게 만들고, 행정과정을 정규화함으로써(regularize), 행정분쟁을 예방 또는 감소시키고, 신뢰행정과 행정의 안정성을 실현시키는 동시에, 행정-시민 관계를 민주주의의 요청에 맞게 재구축할 수 있는 유용한 제도적 수단이다. 그러나 일선행정공무원들의 행정절차법에 대한 인식은 그 동안 간헐적으로 법제처 등을 중심으로 한 중앙행정기관 차원의 교육이 실시되었음에도 불구하고 여전히 낮은 수준에 머물러 있다는 것이 지배적인 의견이다.[8)]

특히 일선 공무원들의 의식은 행정절차법상 요구되는 행정절차를 행정의 능률을 저해하거나 불필요한 격식 정도로 생각하는 경향이 강하다. 행정절차를 통해 기대되는 장기적인 효과보다는 그로 인한 단기적인 불편을 더 많이 느끼고 있는 것이다. 행정절차법의 시행으로 별반 달라진 것이 없다는 평가가 비단 국민뿐만 아니라 일선 공무원의 입을 통해서도 토로되고 있는 소이도 바로 거기에 있다. 이처럼 행정절차법에 대한 저조한 인식수준은 법의 실효성을 담보할 장치가 결여되어 있다는 점, 기

8) 행정절차법의 시행실태에 관한 체계적이고 본격적인 조사연구는 아직 찾아보기 어렵다. 비교적 최근의 조사결과로는 박경귀, 행정절차제도의 운영실태 분석과 개선방안, 「한국행정학보」 제33권 제3호, 1999 가을, 129-143을 참조.

왕에 시행되던 제도들을 별반 바꾸지 않은 채 다시 법제화한 데 불과한 부분이 적지 않다는 점, 반면 행정절차법의 제정으로 종래 개별법 차원에서 실시하도록 되어 있었던 행정절차의 내용이 바뀌었음에도 불구하고 실무상의 편의나 그 밖의 이런 저런 사유를 들어 기존의 관행을 그대로 고수하려는 경향이 있다는 점 등 다양한 요인들에서 비롯된 것이라고 할 수 있다. 그러나 무엇보다 중요한 원인은 행정절차법의 제정 전이나 그 시행을 위한 준비기간 동안 예상되는 문제점이나 애로에 대한 충분한 검토가 이루어지지 못했고 또 일선행정의 상황을 고려한 실질적인 시행준비작업과 이를 위한 교육이 제대로 실시되지 못했다는 데 있다. 이 점은 정부가 행정절차법의 시행을 위한 준비작업에 얼마나 예산을 배정했는지를 살펴보면 분명히 드러날 것이다. 법제처의 경우 행정절차법 시행을 위한 지침서를 만들어 보급하고 지방자치단체에게 행정절차법에 대한 교육을 실시하는 등 노력한 흔적이 있지만, 그 밖의 중앙행정기관 차원에서의 정책적 배려는 거의 이루어지지 않았다고 해도 과언이 아니다. 일반 국민의 행정절차법에 대한 인식수준은 일선 행정공무원들의 그것보다도 훨씬 낮은 수준에 머물러 있다. 도대체 행정절차법이 제정되어 시행되고 있다는 사실조차 알지 못하는 사람도 적지 않을 뿐 아니라 어느 정도 법적 지식을 가지고 있는 사람들도 행정절차법이 과연 행정과 국민간에 현실적으로 어떠한 의미를 지니고 있으며 또 어떠한 변화를 가져왔는지를 잘 알지 못하고 있다.[9]

그러나 서서히 행정절차법 시행의 법적 효과가 나타나기 시작했다. 대한생명에 대한 금감위의 부실금융기관지정 및 자본금감소처분에 대한 서울행정법원의 취소판결[10]이나 사전통지 및 의견제출 절차를 거치지 않은 불이익처분을 취소한 대법원 2000. 11. 14. 선고

---

9) 洪準亨, 행정환경의 변화와 행정절차법의 과제, 행정자치부, 「행정절차제도」 운영워크샵(2000. 9. 26. — 9.27.), 자료집, 21-37.

10) 서울행정법원 1999년 8월 31일 선고 99구23709, 99구23938(병합), 99구24160(병합) 판결(부실금융기관결정등처분취소).

99두5870판결 등을 필두로 사법부는 행정절차법의 집행에 대한 강력한 감시자로 등장하게 된 것이다. 반면, 행정적 차원에서는 여전히 행정조직 및 공무원들의 준비 및 대응이 충분하지 못한 상태에 머무르고 있다. 특히 행정절차법에 대한 인식의 전환과 적극적・능동적 시행의지를 엿보기 어렵다. 이러한 문제점을 시정하기 위해서는 행정조직 내부역량을 강화하고 조직문화를 혁신하며, 특히 기관장 및 중간관리층의 역할을 제고하는 것이 중요하다. 아울러 행정절차의 제도시행 경험을 축적함으로써 이를 통한 행정과정의 합리화・개선을 모색해 나가려는 진취적인 자세가 요구된다.

둘째, 현행 행정쟁송제도에 남아 있는 권리구제의 애로 요인들을 전향적으로 해소해 나가는 입법적 실천이 필요하다. 행정상 의무이행소송의 도입, 원고적격(standing to sue), 처분성 등 행정소송의 이용조건을 확대한다든가,[11] 행정소송상 집단소송제도, 대체적 행정분쟁해결(ADR) 등 효과적인 분쟁해결수단의 도입 등과 같은 제도개선이 그 예이다. 이들 제도의 개선 또는 도입은 주로 입법적 차원에서 이루어져야 할 것이지만, 사안에 따라서는 판례변경 등을 통한 사법적 해법이 가능하고 또 합리적인 경우도 있을 수 있을 것이다. 끝으로, 법치주의를 위한 행정조직의 재편성 또는 재구조화가 필요하다. 이것은 종래 단기적・계량적인 능률성 중심으로 구성되었던 행정조직을 합법성과 장기적・가치론적 능률성의 요소에 의하여 확장된 새로운 행정이념, 즉 '합리화된 법치주의'(rationalized Rule of Law)에 의거하여 재구성하는 방법이다. 이를 위하여 오늘도 3분의 1이상의 시간을 다양한 형태의 법령과 씨름하고 있으면서도 그러한 업무수행

11) 2002년 대법원에 이어 법무부가 2006. 4. 26. 행정소송법개정 특별분과위원회를 구성하여 의무이행소송 도입, 가구제강화 등을 내용으로 하는 행정소송법 개정작업을 추진했으나 아직 성사되지 못하고 있다.

을 위한 별도의 훈련조차 제대로 받지 못하고 있는 공무원들의 교육, 법무담당관직의 내실화, 변호사자격소지자들의 공직참여의 확대, 법령이나 정책의 법적 영향분석(legal impact analysis)의 제도화, 행정과정의 정규화 등 많은 과제들이 제기되고 있다.

Ⅳ 맺는 말

법치주의는 우리가 추구해야 할 법적 가치질서(*Wertordnung*)의 목표이자 21세기에 살아남기 위한 관건이다. 우리보다 남이 오히려 우리의 사정을 더 소상히 알고 있는 상황에서 법치주의는 더 이상 다른 나라의 간섭이 배제되고 고작해야 개별 국가의 정치적·법적 문명수준을 가늠해주는 '內政의 公序'(*ordre public*)만은 아니다. 그것은 글로발 공간에서 탈경계·실시간으로 이루어지는 국가, 기업, 개인간의 전방위적 교섭과 거래를 위한 교역조건의 일부가 되고 있다. 지구표준으로서 보편적 범주를 획득하기 시작한 법치주의는 이제 더 이상 '아시아적 가치'(Asian Values)니 '한국적 특수성'이니 하는 논리로 외면할 수 없는 실천이성이 되었다. 물론 법치주의는 지구표준(global standard)이지만 각국의 정치사회적 환경을 무시하고 무차별적으로 강요되는 획일적인 규격은 아니다. 그것은 한국적 변용이 가능한, 문자 그대로 표준이다. 그러나 정작 중요한 것은 싫든 좋든 법치주의의 보편적 요구를 실현시킬 국법질서를 구축하는 일이 21세기 지구촌에 살아남기 위한 실존의 시련이 되었다는 사실이다. 법치주의의 토대가 되는 권력분립의 동학, 즉 헌법적 틀 안에서의 권력간의 상호견제와 균형은 단지 정치적 민주주의의 요청만은 아니다. 그것은 이미 21세기의 격랑을 헤쳐나가는데 필요한 국가경쟁력의 요인이 되어 있다. 21세기의 새로운 환경에서 요구되는 국회와 행정부간의 관계는 권력간의 분리와 절연이라는 정학(statics)이 아니라 권력간의 적극적인 견제와 균형이라는 동학(dynamics)에 의해 형성되어야 한다. 국회에 대한 행정부의 견제는 물론 행정부에 대한 국회의 견제, 행정과정에 대한 사법적 통제의 효율화, 헌법재판기능의 활성화 등을 통해 비로소 적극적이고 역동적인 실천적 균형이 이루어질 수 있어야 국가의 대내외적 적응력이 극대화될 수 있기 때문이다. 이러한 권력분립의 미학을 실현시켜 나가기 위해서는 집행권우위의 권력분립 메카니즘을 대체할 새로운 질서형성요인으로서 법의 역할을 재발견할 필요가 있다. 물론 제도화된 행정국가는 헌법에 의해 주어진 조건이므로 이를 교정하기 위해서는 헌법개정이 필요할 것이다. 그러나 그 보다 우선적으로 요구되는 당면과제는 국회와 행정부, 사법부간의 관계를 역동적인 견제와 균형의 그것으로 재구축하는 일이다. 제도화된 행정국가에서 이들간에 '조용하고 일사분란한 명령계통'을 강조하는 것은 한 때 국정의 능률화를 위해 기여했을지 모르지만, 개방성과 투명성이 강요되는 새로운 질서하에서는 오히려 정치적 형성의 장애요인이 된다는 것을 인식할 필요가 있다. 이러한 장애를 '역동적인 권력간의 견제와 균형'으로 풀어야 할 때가 되었다.

참고문헌

[국내문헌]

丘秉朔외.(1991). 『한국법학의 회고와 전망』, 법문사.

권영성.(1994). 『헌법학원론』, 법문사.

김철수.(1995). 『헌법학개론』 第7全訂新版, 박영사.

김철수.(1998). 『헌법학개론』 第10全訂新版, 박영사.

박찬욱.(1995). "한국의회정치의 특성", 『의정연구』, 한국의회발전연구회, 14-38.

朴秉濠.(1991). "法治主義 實現에의 歷史的 教訓", 『法制研究』 創刊號, 12-31.

俞鎭午.(1975). "한국의 법제와 법학", 『헌법과 현대법학의 제문제』(玄民俞鎭午博士古稀紀念論文集), 一潮閣, 493-502.

崔大權.(1997). 『사례중심 헌법학』, 박영사.

허 영.(1988). 『헌법이론과 헌법』(下), 박영사.

______.(1998). 『한국헌법론』, 박영사.

홍준형.(1987). "법의 지배와 마르크스주의 법이론에 관한 연구", 『亞州社會科學論叢』, 93-135.

______.(1993). "법치주의의 좌절과 법적 허무주의의 극복 — 한국행정법학의 반성과 과제—", 『법과 사회』 제7호, 97-132.

______.(1996). "정치개혁과 개혁입법 — 14대 국회의 평가", 『의정연구』(한국의회발전연구회, 통권 제2호), 136-176.

______.(1998). "韓國行政法에 있어 法治主義의 試鍊과 課題"(제1회 한국법학자대회 제1분과 발표논문).

______.(1998). "行政法制의 變遷 — 그 評價와 展望 —"(「政府樹立 50週年紀念 — 한국법제의 평가와 전망(I)」), 『法制研究』 제14호, 1998, 130-157.

______.(1998). "行政法 50년과 行政救濟法", 「憲政 50년과 2000년의 課題

"(아 · 태공법학회 학술대회자료집, 44-68).

______.(1998). 행정과 법, 강인제 · 이달곤외 공저, 『한국행정론』, 1998, 대영문화사, 103-146

[외국문헌]

Ahn, M.S.(1997). The Korean Way of Administrative Reform: The Case of the Kim Young Sam Administration. In eds. Cho, Y. and G. Frederickson. The White House and The Blue House, Lanham: University Press of America.

Choi, Byung-Sun.(1994.) Recent Administrative Reform in Korea: A Preliminary Assessment , Korean Journal of Policy Studies, vol.8, Graduate School of Public Administration, Seoul National University.

______.(1995.) From Euphoria to Atrophy: The Politics of Recent Economic Reform in Korea, Korean Journal of Policy Studies, vol.10, pp.21-48, Graduate School of Public Administration, Seoul National University.

Clifford, Mark. 1994. Troubled Tiger: Businessmen, Bureaucrats and Generals in South Korea(Armonk, N.Y.: M.E. Sharpe, Inc.).

Ghai, Y.(1986). "The Rule of Law, Legitimacy and Governance", in: International Journal of Sociology of Law(Vol.14), Academic Press.

Ginsburg, Tom.(1999). Dismantling The Developmental State? Administrative Procedure Reforms in Japan and Korea, paper presented at the Conference on Legal Reform and Socio-Legal Change in Japan, at Boalt School of Law, November 4-5, 1999.

Hager, Barry M.(1999). The Rule of Law, A Lexicon for Policy Maker, The Manesfield Center for Pacific Affairs.

Hahm, Sung Deuk/Kim, Kwang Woong. 1999. Institutional Reforms and Democratization in Korea: The Case of Kim Young Sam Administration, 1993-1998, Governance 12(4).

Hahm, S.D./Plein, C.(1995). Institutions and Technological Development in

Korea: The Role of the Presidency. Comparative Politics 27: 55−76.

Hong, J. H. 1995. Rule of Law and Law Reform in Korea, Paper presented at Annual Meeting of Research Committee on Sociology of Law, International Sociological Association(August 1−4, 1995 Univ. of Tokyo).

______.(1999). "The Rule of Law and Its Acceptance in Asia: A View from Korea", Asia Perspectives, December 1999, pp.11−18.

______.(1999). Casebook Administrative Law, Doosung-Sa.

______.(1995). Rule of Law and Law Reform in Korea , Korean Journal of Policy Studies, vol.10, pp.49−79, Graduate School of Public Adm-inistration, Seoul National University.

______.(1998a). Ordeals and Tasks of the Rule of Law in Korean Administrative Law, Presentation for the Session 1. at the 1st Korean Conference of Legal Scholars.

______.(1998b). The Relationship between National Assembly and Judiciary in Korea, Korean Journal of Legislative Studies, No.2 Winter 1998: 30-53.

______. 2000. Administrative Law in the Institutionalized Administrative State, Recent Transformations of Korean Law and Society, Seoul National University Press.

Hunt, A. 1978. The Sociololgical Movement in Law, Macmillan.

______.(1993). Explorations in Law and Society, Toward a Constitutive Theory of Law, Routledge.

Jung, Yong-duck(1997). Administrative Reorganization in the Strong State: The Case of the Kim Young Sam Regime, Paper Presented at the Joint Symposium of ASPA and KAPA (Government Reform in Korea and the United States), San Francisco, February 21-22, (1997). in shortened form, in Y. Cho and G. Frederickson (eds.), The White House and the Blue House: Government Reform in the United States and Korea. Lanham, Maryland: Univ. Press of America, 1997: 89−110.

______.(1999). Globalization, Domestic Political Economy, and the

Institutional Persistence of the Developmental State in Korea, paper presented at the IPSA Structure and Organization of Government Conference (the impact of globalization on governance), University of Wisconsin, Madison, April 22-24, 1999.

______.(1999). Administrative Reform in Korea: A Historical-Institutional Perspective, Korea Journal. 39(2): 1999: 5-22.

Kang, S.T. 1995. Characteristics of the Civilian Government Administrative Reform (in Korean), Korean Journal of Public Administration 33(2): 39-57.

MacCormick,D.N.(1984). Der Rechtsstaat und die rule of law, Juristenzeitung 1984, 65ff.

Moon,M.J./P.Ingraham.(1998). Shaping Administrative Reform and Governance: An Examination of the Political Nexus Triads in Three Asian Countries. Governance II (1): 77-100.

Presidential Commission on Administrative Reform.(1995). Administrative Reform in Korea: In Search of New Paradigm. Seoul.

Przeworski, A.(1991). Democracy and Market, New York: Cambridge University Press.

Rosenbloom,D.H.(1994). Evolution of Administrative State, Transformations of Administrative Law, in: Handbook of Regulation and Administrative Law, Marcel Dekker.

Rosenbloom, D.H./O'Leary, R.(1997). Public Administration and Law, 2nd ed., Marcel Dekker, Inc.

Selznick, Philip/Nonet, Philip.(1978), Law and Society in Transition: Toward Responsive Law, Harper & Row.

Thompson, E.P.(1975). Whigs and Hunters: the Origin of the Black Act, Pantheon Books.

Yoon, D.K.(1990). Law and Political Authority in South Korea, Westview Press & Kyungnam University Press.

제 2 부

입법과 공공정책

제1장 입법부와 행정부

〈차 례〉

Ⅰ 머 리 말

국회, 정당 및 행정부의 상호관계를 법적 측면에서 파악해야 하는 이유는 그것이 바로 헌법에 의해 설정된 권력분립의 구조 문제이기 때문이다. 한 나라의 권력구조의 특징은 입법과 행정, 행정과 사법, 그리고 입법과 사법의 관계에 의하여 파악될 수 있다. 특히 국회와 행정부의 관계는 입헌주의적 권력분립의 구조를 특징지워주는 핵심적 요인이 된다. 국회는 입법권과 국정통제권을 행사함으로써 행정부와 사법부의 권한과 기능에 직접적인 영향을 미치며 행정은 예산, 집행 등 일반적 행정권, 법률안제안권 및 위임입법권 등을 행사함으로써 입법부와 사법부에 대하여 실질적인 영향을 미친다. 사법부(법원과 헌법재판소) 역시 대통령과 행정부, 국회 등의 헌법상 권한의 범위와 한계에 대한 법적 판단을 내림으로써(Fisher & Devins, 1992: 2), 의회정치와 입법에 중요한 영향을 미치고 있다. 이와 같이 우리는 입법과 행정, 사법의 관계를 통하여 헌법상 권력분립이 어떻게 현실에 구체화되고 있으며 어떠한 양상으로 정치적 일상에 영향을 미쳐왔는지를 엿볼 수 있다.

법치주의는 국회・정당・행정부간의 관계를 설정해주는 법규범적 단면이다. 법치주의란 '국가권력은 헌법과 사전에 공포된 법에 따라 행사되어야 한다'는 원리를 말한다. 그것은 국회와 정당, 그리고 행정부에 대하여 헌법과 법을 게임의 규칙으로 삼아 상호작용할 것을 요구한다. 권력의 분립, 즉 권력의 분리와 권력간의 상호 견제와 균형은 바로 이 법치주의의 조직원리이자 작동원리라 할 수 있다. 그러나 법치주의의 규범논리는 어디까지나 각국의 역사적・제도적 특수성에 따라 제약을 받을 수밖에 없다. 특히 우리 나라의 경우 그것은 행정국가의 대두현상과 정당국가의 헌법적 보장을 통해 변용되어 왔다. 우리 나라의 경우 행정국가의 대두 및 정당국가화경향을 가져온 원인은 비단 행정권의 팽창현상이나 정당제도의 발전이라는 현실적 요인뿐만 아니라 건국초기부터 헌법과 법에 의해 행정국가가 제도화되었다는데 있었다.

이러한 관점에서 제도화된 행정국가라는 환경속에서 법치주의의 규범적 요구가 어떻게 굴절・구현되었는지를 분석함으로써 국회・

정당 · 행정부간의 상호관계가 지닌 법적 측면을 파악해 볼 필요가 있다.

II 제도화된 행정국가에 있어 국회·행정부의 상호관계

1. 제도화된 행정국가의 형성

앞에서도 지적했듯이 우리 나라 역사에 있어 법치주의의 실현을 제약해왔던 가장 중요한 요인은 건국 당초부터 행정국가가 헌법적으로 제도화되어 있었다는데 있었다. 우리 나라 헌법은 대통령 및 행정부에 권력의 중심을 둔 '제도화된 행정국가'(홍준형, 1998)의 틀 속에서 국회와 행정부의 관계를 '불균형 권력분립'의 구조로 설정해 왔기 때문이다.

한국헌정사에 있어 제도화된 행정국가의 특징을 이루는 요소는 크게 두가지로 나타났다.[1] 그 하나는 정부가 강력한 입법관여권을 보유함으로써 국회의 본래적 권한인 입법권을 사실상 지배하거나 적어도 공동행사하는 현상이 제도화되었다는 것이다. 또 다른 하나는 헌법이 정당국가적 경향을 견지해옴으로써 국회의 기능이 약화되고 대통령이 정당을 통하여 국회를 과두제적으로 지배하는 현상이 고착되어 왔다는 것이다.

1) 물론 행정국가의 제도화를 뒷받침해주는 헌법상의 조건들은 정부의 법률안 발안권 외에도 적지 않았다. 여기서 일일이 거론할 수는 없으나 대통령의 국회의 원일부 선출권, 긴급조치권, 국회해산권 등 이른바 유신헌법의 제도들이나 제5공화국의 헌법제도들이 그러한 예였다.

1.1. 정부의 입법지배

건국헌법 이래 정부는 줄곧 법률안의 발안권과 거부권이라는 강력한 입법관여권을 보유하고 있었다. 건국헌법 이래 단 한번도 정부가 법률안발안권을 가지지 않은 적이 없었다. 대통령중심제하에서 정부가 법률안발안권을 보유한다는 사실은 그리 심각하게 느껴지지 못했고 오히려 당연한 것으로 여겨지는 경향 마저 있었다. 그러나 이것이 의미하는 바는 심각하다. 미국식 대통령제에서는 이례적인 이 사실은 우리 나라의 헌법이 처음부터 헌법적 차원에서 행정국가를 제도화하고 있었다는 것을 의미한다. 대통령제에서 나타날 수 있는 '분리정부'(divided government)로 인한 폐단을 시정할 하나의 안전판으로서 대통령에게 법률안거부권(presidential veto)을 주는데 그치지 않고 법률안발안권까지 부여한 것은, 의회다수당과 정치노선을 같이 하는 대통령으로 하여금 의회의 입법과정을 실효적으로 지배할 수 있는 권력을 확보해주는 효과가 있다. 따라서 대통령이나 정부는 '법률에 의한 행정'에 대한 법치주의의 요구에 그다지 큰 부담을 느끼지 않고 법률을 정치와 행정을 합리화하는 수단으로 간주할 가능성이 크다. 1961년의 군사쿠데타 이후 독일 나치스의 수권법(Ermächtigungsgesetz)을 모방하여 제정된 국가재건비상조치법은 당시 집권세력의 사고를 보여주는 단적인 예였다.

정부의 법률안발안권과 함께 때로는 불가피하게, 때로는 의회입법권자의 무책임성 탓으로 양산되어 온 위임입법 역시 제도화된 행정국가를 뒷받침해주는 기반이 되었다. 위임입법의 지속적 확대현상은 입법의 중심을 의회로부터 정부로 이동시켰고, 의회의 통제를 벗어난 위헌·위법의 법규명령이 양산되는 부수적 결과를 초래하였다.

국회사무처 법제예산실은 "「행정입법」의 분석·검토"(『法制懸案』, 1996.10.29. 통권 제45호)에서 1995년 정기국회 통과법률 168건을 분석한 결과, 총조문수 10,228개중 위임조문수가 2,976개로 약 29%에 달하며, 그 중 '상위법의 위임근거 없이 국민의 권리를 제한하거나 의무를 부과한 경우', '상위법의 위임의 범위를 벗어나 권리의 제한 또는 의무를 부과한 경우', '상위법 규정의 취지를 일탈한 경우', '법률의 위임에도 불구하고 해당 시행령이 마련되지 않은 경우', '포괄적으로 재위임한 경우', '시행일이 도래하였음에도 불구하고 시행령 또는 당해 조항이 제(개)정되지 않은 경우', '기타 법체계에 문제가 있는 경우' 등 헌법이나 수권법률의 요구에 어긋난 행정입법이 적지 않다는 사실을 지적한 바 있다. 이후 법제예산실은 1997년의 보고서 "행정입법분석사례"(『法制懸案』, 1997.11.15. 제97-16호(통권 제69호))에서도 '상위법의 위임근거 없이 국민의 권리를 제한하거나 의무를 부과한 경우', '상위법의 취지 및 위임범위를 일탈한 경우', '상위법령과 모순·저촉되는 경우', '하위법령에 포괄적으로 재위임한 경우', '시행령등 하위법령이 미비된 경우', '행정편의주의적 입법행태', '기타(체계상의 문제·인용오류·용어의 명료성등)' 등 7개 심사기준에 따라 분석한 결과, 아직까지 국민의 권리제한, 의무부과등 법률로 규정해야 할 사항들이 상당수 시행령등에 규정되어 있거나, 상위법의 취지나 위임범위를 일탈한 경우, 하위법령에 포괄적으로 재위임한 경우등이 있었고, 사실상 국민의 권리·의무에 영향을 미치고 있는 행정규칙들이 법률의 내용과 취지에 반하여 제정됨으로써 현실생활에서 국민의 권리를 제한하는 사례들이 있다는 사실을 밝히면서, 이와같은 문제점들이 국민의 법령에 대한 신뢰성을 실추시킬 우려가 있다고 지적한 바 있다.

1.2. 정당국가적 경향과 국회기능의 약화

한국 헌법은 이른바 제3공화국 이래로 정당국가적 경향을 견지해왔다.[2] 이러한 정당국가적 경향이 심화되면 될수록 의원들에 대한

2) 건국헌법은 정당에 대해 묵시적인 태도를 취했고 제2공화국헌법에서 비로소 제13조 제2항에 정당의 보호 조항을 두었으나, 정당국가적 경향이 뚜렷이 나타난

정당기속(Parteidisziplin)이 강화되어, 의원들의 자유위임적 의회활동이 제약을 받을 뿐만 아니라 의회의 정책결정권이 실질적으로 정당 수뇌부 내지 간부회의로 넘어가고 의회는 단지 형식적인 정책결정기관 또는 정책결정의 추인기관으로 전락하게 되는 결과가 된다(허영, 1998, 830이하). 이러한 정당국가경향에 따른 의회기능의 약화 · 형해화현상은 우리 나라 헌정사를 통해 지속되었을 뿐만 아니라 오늘날까지도 계속되고 있다.

여기서 주목해야 할 것은 우리 나라의 경우 정당국가적 경향이 헌법적으로 뒷받침되었지만, 정당이 정치적 형성의 중심축을 이룬 것은 아니라는 사실이다. 이것은 정당국가적 경향이 의회기능의 약화를 가져오는 인과관계에 관한 일반적 · 이론적 설명이 한국 현실에 그래도 적용되기 어렵다는 점을 말해준다. 한국의 정당국가에서는 정당이 의회를 지배한 것이 아니라 정당의 지배구조의 특성 때문에 대통령의 정당을 통한 의회지배가 이루어졌다고 보아야 하기 때문이다. 정당이 정치적 형성의 중심이 되어 국회의 기능을 약화시켰다기 보다는 오히려 의회 바깥에서 이루어지는 보스중심의 정당정치를 통해 원내정당의 역할이 제약되고 그 결과 의회정치가 좌우되는 방식으로 의회기능이 약화되었다는 것이 한국헌정사의 특수성이다. 정당국가적 헌법구조하에서 진행된, 이와 같은 보스중심의 정당정치는 결국 정당마저도 집권을 위한 수단으로 전락시키는 결과를 가져왔다. 집권자들은, 일단 집권에 성공한 후에는, 공천권과 인

것은 제3공화국헌법부터이다(金哲洙, 1998, 153). 이후 제4공화국헌법은 정당국가적 경향을 다소 약화시켰으나, 제5공화국헌법은 정당조항을 추가하여 정당의 지위를 대폭 강화하였고, 1987년의 헌법은 다시 정당의 조직과 활동 외에 그 목적도 민주적이어야 한다는 구절을 추가했고 헌법재판소를 신설하여 위헌정당해산을 심판하도록 하였다.

사권 등을 통해 정당을 정치적 둘러리로 만들고, 필요에 따라서는 합당 등을 통해 정당의 이념적 正體性을 교란시키거나 파괴할 수 있었다. 한국헌정사에서 이념정당이 나올 수 없었던 것은 이처럼 정당이 정치의 중심이 되지 못하고 집권자의 수족으로 전락했기 때문이다.

아무튼 우리 나라 헌법이 견지해왔던 정당국가적 경향은 정치적 심급으로서 국회의 위치를 약화시키는 법제도적 환경을 제공하는 원인이 되었다. 한국정치의 이념적 혼란은 바로 이러한 대통령-집권당-국회로 이루어진 일사분란한 명령통제적 지배구조하에서 정당과 의회가 그 본연의 정치적 역할을 수행할 수 없었다는 데서 비롯된 것이었고, 이는 입헌민주주의적 정치에 대한 경기법칙으로서 법치주의가 제대로 실현되지 못하게 하는 원인이 되었다.

2. 제도화된 행정국가에 있어 국회와 행정부의 관계

국가원수이자 행정부의 수반인 대통령이 입법을 사실상 지배할 수 있는 권한을 보유하고 있는 '제도화된 행정국가'에 있어 국회와 행정부의 관계는 원천적으로 행정부우월적인 권력구조로 나타난다. 국회와 행정부간의 견제와 균형을 위한 규범적 장치들은 대통령의 의회지배에 의해 순화되거나 제한된 범위내에서만 작동할 뿐이다. 대통령은 그 헌법상의 권한과 집권당 총재로서의 지도권을 통해 사실상 국회를 지배할 수 있었다. 대통령제하에서 나타날 수 있는 '분리정부'는, 한국정치사에서 의석분포의 '與小野大'는 매우 드문 현상이었을지라도, 대통령과 집권당으로서는 '참을 수 없는' 난국으로 받아들여졌다. 그렇기에 합당이나 의원영입, 정계개편의 시도 등 정치적 무리수를 통해서라도 극복해야 할 정치적 현안으로 간주되었고, 또 사실 단기간에 해소될 수 있었다. 이와 같이 대통령에 의한 의회 지배라는 상황하에서 국회의 입법권이나 국정통제권은 대통령과 그 수하조직인 정당의 처방없이는 제대로 수행될 수 없었다.

3. 제도화된 행정국가의 문제점

물론 행정국가 자체가 반드시 법치주의의 반대명제라고는 볼 수 없다. 그러나 문제는 이처럼 제도화된 행정국가라는 환경에서 법치주의가 요구하는 국회·정당, 행정부의 관계가 헌법의 기대와는 달리 파행화될 수 있고 또 앞에서 살펴 본 바와 같이 실제로도 그러한 모습을 보여왔다는 데 있다. 그 결과 제도화된 행정국가의 폐단이 그 불가피한 현실적 필요성을 넘어서서 행정부로 하여금 경제성장과 복지국가, 사회정의 등의 목표를 표방하며 사실상 헌법과 법의 제약으로부터 벗어나 시민사회나 경제에 무소부지로 개입·간섭하고 정경유착이라는 고질적 폐단을 일상화하도록 하는 제도적 기반이 되었다는데 있었다. 국제그룹을 아무런 법적 근거도 없이 강압적으로 해체시킨 전두환정부의 조치는 그 점을 단적으로 보여준 사례였다. 이처럼 정부가 정치적 이해관계가 엇갈리는 기업에 대하여 무소불위의 권력을 휘두를 수 있었던 것은 군사정권의 강압통치하에서 불가피한 측면도 없지 않았으나, 당시에도 엄연히 헌법에 의해 제공되어 있었던 권력간의 견제와 균형을 위한 헌법적 장치들이 제대로 작동되지 못했기 때문이기도 했다. 이 점은 1997년말 외환위기에 봉착해 IMF의 구제금융을 받기에 이른 우리나라 경제의 현상황에 비추어 볼 때 더할 나위없이 귀중한 교훈으로 받아들여야 할 것이다. 요컨대, 제도화된 행정국가에서는 국회와 정당, 행정부의 역할과 상호관계가 헌법이 국정의 준칙으로 처방한 입헌민주주의와 법치주의의 요구를 왜곡시킬 가능성이 크다는데 가장 근본적인 문제가 있다.

III 국회·행정부의 상호관계 재정립을 위한 법정책적 전략

1. 법치주의와 견제와 균형의 미학

이제까지 우리는 법적 측면에서 본 국회·정당·행정부간의 상호관계를 법치주의, 그리고 그 제약요인으로 작용하는 제도화된 행정국가의 환경과 관련하여 검토해 보았다. 이제 21세기를 앞둔 시점에서 국회와 정당·행정부간의 관계를 법적 측면에서 어떻게 재정립해 나갈 것인지를 모색할 차례이다. 물론 이 문제에서도 만병통치적 처방은 발견되지 않는다. 그러나 한가지 분명한 사실은 이들간의 관계가 헌법상 법치주의와 그 조직·작동원리인 권력분립의 요구에 맞게 견제와 균형의 미학에 의해 형성되어야 한다는 것이다. 법치주의는 우리가 추구해야 할 법적 가치질서의 목표이자 21세기에 살아남기 위한 관건이다. 우리 보다 남이 오히려 우리의 사정을 더 소상히 알고 있는 상황에서 법치주의는 더 이상 다른 나라의 간섭이 배제되고 고작해야 개별 국가의 정치적·법적 문명수준을 가늠해주는 內政의 공서(ordre public)만은 아니다. 그것은 글로발 공간에서 탈경계·실시간으로 이루어지는 국가, 기업, 개인간의 전방위적 교섭과

거래를 위한 교역조건의 일부가 되고 있다. 지구표준으로서 보편적 범주를 획득하기 시작한 법치주의는 이제 더 이상 '아시아적 가치'니 '한국적 특수성'이니 하는 논리로 외면할 수 없는 실천이성이 되었다. 물론 법치주의는 지구표준이지만 각국의 정치사회적 환경을 무시하고 무차별적으로 강요되는 획일적인 규격은 아니다. 그것은 한국적 변용이 가능한, 문자 그대로 표준이다. 그러나 우리에게 있어 정작 중요한 것은 싫든 좋든 법치주의의 보편적 요구를 실현시킬 국법질서를 구축하는 일이 21세기 지구촌에 살아남기 위한 실존의 시련이 되었다는 사실이다.

법치주의의 토대가 되는 권력분립의 동학, 즉 헌법적 틀 안에서의 권력간의 상호견제와 균형은 단지 정치적 민주주의의 요청만은 아니다. 그것은 이미 21세기의 격랑을 헤쳐나가는데 필요한 국가경쟁력의 요인이 되어 있다. 21세기의 새로운 환경에서 요구되는 국회와 행정부간의 관계는 권력간의 분리와 절연이라는 정학(statics)이 아니라 권력간의 적극적인 견제와 균형이라는 동학(dynamics)에 의해 형성되어야 한다. 국회에 대한 행정부이 견제는 물론 행정부에 대한 대한 국회의 견제, 정치적 의사형성의 주체로서의 정당 본연의 역할 수행 등을 통해 비로소 적극적이고 역동적인 실천적 균형이 이루어질 수 있어야 국가의 대내외적 적응력이 극대화될 수 있기 때문이다. 이러한 권력분립의 미학을 실현시켜 나가기 위한 국회와 행정부, 정당의 역할을 토론을 위한 발제의 형식으로 제기해 본다.

2. 국회의 과제

국회는 행정부에 대하여 보다 적극적이고 주도적인 견제와 균형을 추구해야 한다. 그러나 제도화된 행정국가의 헌법적 환경하에서 국회가 처한 상황은 그리 유리하지 못하다. 자칫 이제까지 대부분 그러했듯이 국회가 국정의 의사결정권을 행사하지 못하고 정부가 결정한 것을 사후적으로 추인하는 통법부로 전락할 우려가 있는 상황이다. 그러나 이는 법치주의와 권력분립에 대한 헌법적 요구에 비추어 볼 때 대단히 바람직하지 못한 일이다.

국회는 무엇보다도 입법에 있어 그 본연의 수비범위를 확보해 나가는데 배전의 노력을 기울여야 할 것이다. 이를 위해서는 의회입법권자의 본래기능을 회복시키기 위한 법적 토대를 구축하는 것이 급선무이다. 오늘의 국법현실에서 입법에 있어서의 정부주도경향을 완전히 불식시키는 것은 불가능하다 할지라도, 적어도 의회입법권자의 소임을 다할 수 있도록 하기 위한 법정책적 실천은 가능하고 또 필수적이다. 국회의 입법보좌기능을 살리고 입법을 위한 정책학 및 법학적 지식과 방법론을 공급하며 의회행정을 규율하는 의회행정법은 법치주의의 실현을 향한 출발점이 된다. 의회행정에 대한 법적 규율에 있어서는 입법도 생산이라는 인식을 정립할 필요가 있다. 자본이나 원자재가 충분히 공급되지 않는한 제대로 된 입법생산은 기대될 수 없으며, 원가개념이 없는 입법은 무책임한 입법이다. 의회입법권자가 소임을 다하도록 실질적인 감시와 진지한 비판이 이루어지도록 하기 위한 행정법제를 구축하는 일도 빼놓을 수 없는 과제이다. 최근 시민단체들에 의해 수행되고 있는 입법감시활동은 그런 관점에서 대단히 소망스러운 일이지만, 이를 입법의 공동생산에 대한 참여라는 관점에서 보다 효과적으로 지원할 수 있는 법적 기제를 갖추어 나가야 할 것이다.

위임입법의 통제를 위한 법정책적 실천 역시 법치주의의 실현에 장애가 되는 권력의 불균형을 시정하기 위한 필수적 과제이다. 이를 위해서는 위임입법의 한계와 그것을 보장하기 위한 법해석론의 공조가 절대적으로 요구되지만, 우선 입법 차원에서 위임입법의 범위와 기준, 한계를 분명히 하여 위헌적인 위임-법률(Ermächtigungs-Gesetz)이 양산되지 않도록 해야 하며, 위임입법의 사후통제를 위한 효과적인 법적 메카니즘을 개발하는데 관심을 기울여야 한다.

1996년 12월 개정된 국회법은 제98조의 2를 신설하여 "중앙행정기관의 장은 법률에서 위임한 사항을 규정하거나 법률의 시행을 위하여 필요한 사항을 규정한 대통령령 · 총리령 · 부령 및 훈령 · 예규 · 고시등 행정규칙이 제정 또는 개정된 때에는 7일이내에 이를 국회에 송부하여야 한다"고 규정함으로써 국회에게 '행정입법'에 대한 최소한의 통제수단을 부여하였으나 단순히 국회송부만을 의무화했을 뿐 그 이상의 법적 효과는 결부시키지 않았다. 따라서 이들 법률하위명령이나 행정규칙에 대한 통제는 결국 국회의 정치적 통제 또는 법률개정을 통한 위임의 철회에 의해서만 이루어질 수 있다는 점에서 근본적인 제도개선이 이루어진 것이라고는 보기 어렵다.

법치주의의 실현을 위한 또 하나의 법정책적 실천전략은 행정쟁송제도를 개혁하는 데서 찾아야 한다. 여기서는 행정쟁송이라는 권리보호의 수단(Vehikel)이 실체법의 발전을 촉발시켜 법치주의를 충전시키는 계기가 될 수 있다는 사실을 고려에 넣어야 한다. 무엇보다도 위법 · 부당한 행정조치에 대하여 효과적이고 공백없는 권리구제를 가능케할 행정심판법 및 행정소송법의 개혁이 급선무이다. 특히 의무이행소송, 가처분제도 등 행정의 부작위 · 태만을 시정할 수 있는 적극적인 쟁송수단을 도입하여야 한다. 의무이행소송의 準代替財로 도입된 부작위위법확인소송은, 판례와 다수설에 따를 때, 「행정의 의무이행을 관철시키기 위한 소송방법」이라고 하기에는 많은 문제점과 한계를 지니고 있다.[3] 거부처분에 대한 취소소송 역시 승소판결을 얻어도 행정청이 당초와 다른 이유를 들어 재차 거부처분을 할 수 있는 가능성을 배제하지는 못한다. 일본과는 달리 우리 나라는 가히 '소송국가'라고 해도 무방할 만큼 권리구제의 수요가 폭주하는 나라가 되었는데, 일본이 20여년전에 도입한 부작위위법확인소송을 답습한 뒤 14년이 흐른 뒤에도 한 걸음도 나아가지 못했다는 사실을 반성할 필요가 있다. 아울러 1951년 제정이래 근 반세기 동안 일본 국가배상법을 거의 그대로 답습하고 있는 현행 국가배상법의 개혁과 손실보상에 관한 법제정비를 위한 논의가 이루어져야 할 것이다.[4]

둘째, 국회의 국정통제기능은 그 입법권약화 경향에 비추어 국회가 가장 역점을 두고 확충해 나가야 할 전략적 부문이다. 이를 위해서는 무엇보다도 주요 국가기관구성원에 대한 인사청문회를 제도화하는 방안, 국정감사 및 조사기능을 강화·합리화는 방안 등 보다 근본적인 국회법과 제도개혁을 단행할 필요가 있다.

이 모든 문제는 그 동안 제도화된 행정국가의 틀 속에서 유지되어온 권력구조의 왜곡을 시정하여 국회의 위상을 재정립하는 문제와 직결되어 있다. 국회가 그 입법 및 국정통제기관으로서의 지위와

3) 한편 대법원은「행정소송법 제3조와 제4조가 행정청의 부작위가 위법하다는 것을 확인하는 소송을 규정하고 있을 뿐 행정청의 부작위에 대하여 일정한 처분을 하도록 하는 의무이행소송에 관하여는 규정하고 있지 아니하여, 행정청의 위법 또는 부당한 부작위에 대하여 일정한 처분을 하도록 청구하는 소송을 허용하지 아니한 것이, 국민의 재산권을 보장한 헌법 제23조에 위배된다고 볼 수 없다」고 판시한 바 있다(大判 1992.12.22, 92누13929).

4) 이상 행정구제법의 과제에 관하여는 拙稿, "行政法 50년과 行政救濟法",「憲政 50년과 2000년의 課題"(아세아·태평양 공법학회 1998년 학술대회: 1998.7.14.), 자료집, 63-67을 참조.

권한을 회복할 때 비로소 정당과 행정부에 대한 관계도 제대로 정립될 수 있을 것이기 때문이다. 국회는 이러한 목표를 다름아닌 그 헌법상 권한을 행사함으로써 달성할 수 있다.

3. 정당의 역할

정당은 헌법이 규정하고 있는 바와 같이 國民의 政治的 意思形成을 매개하는 가장 중요하고 핵심적인 제도이자 정치적 심급이다. 그러므로 정당 자체의 민주화가 절대적으로 중요하다. 정당의 민주화를 위해서는 그 지배구조를 민주화하는데 초점을 맞추어야 하며, 이러한 목표를 정당 스스로가 앞장서서 추진해 나가야 한다. 물론 현행 정당법 제31조는 공직선거후보자의 추천에 관하여 정당의 공직선거후보자의 추천은 民主的이어야 하며 후보자를 추천할 공직선거의 선거구를 관할하는 해당 黨部 代議機關의 의사가 반영되도록 하여야 한다고 규정하고 있다. 그러나 이 조항에도 불구하고 정당이 민주적인 지배구조를 구현하고 있다고 보는 사람은 많지 않다. 그동안 당내민주주의의 제도화가 정당개혁의 과제로 대두된 것은 우리나라의 정당이 권위주의적 정치풍토하에서 사당화·붕당화경향을 띠면서 정책정당으로 발전하지 못하고 권력투쟁과 파벌다툼으로 일관함으로써 정치발전의 장애요인이 되었다는 뼈저린 반성에 따른 것이었다. 공직후보자의 선출, 주요 당직의 선출에 있어 당내경선을 의무화함으로써 정당의 사당화현상과 그에 따른 정치자금의 수수 등 잘못된 정치적 구습과 폐단을 막고, 정당보스의 지시만으로 정당이 분열되고 새로운 정당이 설립되는 정당의 이합집산현상을 예방할 수 있는 제도적 장치를 마련하는 것이 정당개혁의 주된 과제였던 것이다. 정당은 국민으로부터의 지지가 없이는 존속할 수 없는 정치적 결사체이다. 그런 뜻에서 그 민주주의에 대한 헌신을 실천하기 위하여 당내민주주의를 제도화하고 정착시키려는 정당 자신의 의지와 노력이 절대적으로 요구된다. 아울러 정당과 국회의 관계에 대하여는 원내정당에 대한 국회차원에서의 규율을 더욱 강화하는 방향으로 국회법개정이 요구된다.

4. 행정부의 역할

법치주의의 실현을 위한 법정책적 전략은 무엇보다도 법과 행정의 관계에 대한 인식의 전환으로부터 출발한다. 한국법치주의의 역사적 교훈은 행정의 법으로부터의 일탈과 국회에 대한 행정부의 사실상 우위가 반드시 행정효율성을 증대시키는 것은 아니라는 사실이다. 그 동안 일상화된 법의 도구화현상과 처벌·통제 중심의 법사용의 결과 법에 대한 불신이 확산·고착됨으로써 행정이 법적 수단을 사용하거나 적법한 범위 내에서 법적 조치를 취할지라도 필요한 국민의 신뢰와 순응을 획득하지 못해 결국 정부의 정당성위기를 초래할 수 있다는 사실은 1960년대부터 30여년간 지속된 군사정권의 경험을 통해 충분히 증명되었다.

이러한 관점에서 행정부가 그 동안 국회에 대해 견지해왔던 자세에 대한 근본적인 반성이 필요하다. 법치주의는 '법률에 의한 행정'을 통한 행정의 정당화로 끝나는 것이 아니라 '법률에 의한 행정권력의 제한'을 요구하며, 이 두가지 요소가 균형있게 실현될 때에 비로소 행정의 목표도 효과적으로 달성될 수 있다. 행정부는 이러한 법치주의의 권력제한적 측면을 정정당당하게 인식하고 권력분립의 게임에 참가하려는 의지를 가져야 할 것이다.

Ⅳ 맺는 말

건국초기에 주조되어 군사정권에 의해 강화되어 온 제도화된 행정국가의 권력구조는 21세기를 눈 앞에 둔 시점에서 더 이상 통용될 수는 없을 것이다. 집행권우위의 권력분립 메카니즘을 대체할 새로운 질서형성요인은 다름아닌 법, 특히 헌법과 정치관계법이다. 제도화된 행정국가는 헌법에 의해 주어진 조건이므로 이를 교정하기 위해서는 헌법개정이 필요할 것이다. 그러나 그 보다 우선적으로 요구되는 당면과제는 국회와 정당, 행정부간의 관계를 역동적인 견제와 균형의 그것으로 재구축하는 일이다. 제도화된 행정국가에서 이들간에 '조용하고 일사분란한 명령계통'을 강조하는 것은 한 때 국정의 능률화를 위해 기여했을지 모르지만, 개방성과 투명성이 강요되는 새로운 질서하에서는 오히려 정치적 형성의 장애요인이 된다는 것을 인식할 필요가 있다. 이러한 장애를 '역동적인 권력간의 견제와 균형'으로 풀어야 할 때가 되었다. 국회와 정당, 행정부간의 관계에 역동적 견제와 균형의 계기를 불어넣음으로써 결국 권력분립의 동학을 극대화할 수 있을 것이다.

참고문헌

[국내문헌]

丘秉朔외.(1991). 『한국법학의 회고와 전망』, 법문사.

권영성.(1994). 『헌법학원론』, 법문사.

김철수.(1995). 『헌법학개론』 第7全訂新版, 박영사;

김철수.(1998). 『헌법학개론』 第10全訂新版, 박영사.

박찬욱.(1995). "한국의회정치의 특성", 『의정연구』, 한국의회발전연구회, 14-38.

朴秉濠.(1991). "法治主義 實現에의 歷史的 教訓", 『法制研究』 創刊號, 12-31.

俞鎭午.(1775). "한국의 법제와 법학", 『헌법과 현대법학의 제문제』(玄民俞鎭午博士古稀紀念論文集), 一閣, 493-502.

崔大權.(1997). 『사례중심 헌법학』, 박영사.

허 영.(1988). 『헌법이론과 헌법』(下), 박영사.

_____.(1998). 『한국헌법론』, 박영사.

홍준형.(1987). "법의 지배와 마르크스주의 법이론에 관한 연구"(문교부 학술연구비지원에 의한 논문), 『亞州社會科學論叢』, 93-135.

_____.(1993). "법치주의의 좌절과 법적 허무주의의 극복 — 한국행정법학의 반성과 과제—", 『법과사회』 제7호(1993), 97-132.

_____.(1996). "정치개혁과 개혁입법 — 14대 국회의 평가", 『의정연구』(한국의회발전연구회, 통권 제2호), 136-176.

_____.(1998). "韓國行政法에 있어 法治主義의 試鍊과 課題"(제1회 한국법학자대회 제1분과 발표논문).

_____(1998). "行政法制의 變遷 — 그 評價와 展望 —"(「政府樹立 50週年紀念 — 한국법제의 평가와 전망(I)」), 『法制研究』 제14호, 1998, 130-157.

_____.(1998.) "行政法 50년과 行政救濟法", 「憲政 50년과 2000년의 課題"(아세아・태평양공법학회 학술대회자료집, 44-68).

_____.(1998), 행정과 법, 강인제 · 이달곤외 공저, 『한국행정론』, 1998, 대영문화사, 103-146

[외국문헌]

Collins, H.(1982). Marxism and Law, Clarendon Press.

Ghai, Y(1986). "The Rule of Law, Legitimacy and Governance", in: International Journal of Sociology of Law(Vol.14), Academic Press.

Hong, J.H.(1995). Rule of Law and Law Reform in Korea, Paper presented at Annua Meeting of Research Committee on Sociology of Law, International Sociological Association(August 1-4, 1995 Univ. of Tokyo).

Hunt, A 1978. The Socilolgical Movement in Law, Macmillan.

______.(1985). "The Ideology of Law: Advances and Problems in Recent Applications of the Concept of Ideology to the Analysis of Law", Law and Society Review Vol.19, No.1.

______.(1992). "A Socialist Interest in Law", New Left Review, Vol.192, March/April, 111-112.

______.(1993). Explorations in Law and Society, Toward a Constitutive Theory of Law, Routledge.

Jakob/Blankenburg/Kritzer/Provine/Sanders.(1996). Courts, Law & Politics in Comparative Perspective, Yale University Press.

MacCormick, D.N.(1984). Der Rechtsstaat und die rule of law, Juristenzeitung 1984, 65ff.

Rosenbloom, D.H.(1994). Evolution of Administrative State, Transformations of Administrative Law, in: Handbook of Regulation and Administrative Law, Marcel Dekker.

Rosenbloom, D.H./O'Leary, R.(1997). Public Administration and Law, 2nd ed., Marcel Dekker, Inc.

Selznick, Philip/Nonet, Philip.(1978), Law and Society in Transition: Toward Responsive Law, Harper & Row.

Thompson, E.P.(1975). Whigs and Hunters: the Origin of the Black Act, Pantheon Books.

Unger, R.M.(1976). Law in Modern Society: Toward a Criticism of Social Theory, Free Press.

Fisher, L. & Devins, N.(1992). Political Dynamics of Constitutional Law, West Publishing Co.

제 2 장 입법평가

〈차 례〉

I 서 론

현대국가가 수행해야 할 임무와 과제가 팽창함에 따라 정책수단으로서 입법이 가지는 중요성도 더욱 더 증대되어 왔다. 반면 의회입법권자는 일단 입법과정을 통해 법률을 제정하거나 개정하는 것으로 일단락되고, 그 이후에는 국정감사나 그 밖의 정책통제의 일환으로 거론되는 경우를 제외하고는, 대체로 법률의 집행이나 성과 측면에 별 관심을 기울이지 않는 경향이 있다. 현대 입헌민주국가의 권력분립적 분업체계에 따르면 법률의 집행은 의회의 국정통제기능에 의해 문제되는 경우 외에는 행정부의 소관으로 이해되었다. 또 일단 제정되거나 개정된 법률은 입법과정에서 충분한 검토를 거쳤다는 이유에서 특별한 사정이 없는 한 성공적으로 잘 집행될 것으로 사실상 추정되었다. 그런 배경에서 법률의 집행이나 사회적 영향, 성패 등은, 법률의 제 · 개정이 명백한 실패로 귀결되었다고 인지되는 극히 예외적인 경우를 제외하고는 그다지 큰 관심사가 될 수 없었고 따라서 의회입법권자의 애프터서비스는 처음부터 문제가 되지 않았다. 그런 뜻에서 입법권자는 입법의 성과평가로부터 상대적으로 자유로웠다고 할 수 있었다.

그러나 오늘날, 입법은 이제 더 이상 돈 안 드는 탁상작업만은 아니다. 오히려 입법권자는 정책토론이나 입법변론을 통하여 자신이 추진하는 입법의 소요비용과 기대효과, 성과의 측정 및 평가방법을 국민에게 제시, 약속하고 결과에 책임을 져야 한다. 그런 의미에서 구미의 입법선진국에서는 비교적 일찍부터 입법평가를 법제화하기 시작했고, 입법학 분야에서의 관심과 연구성과도 계속 축적되어 왔다. 그러나 우리나라의 경우 최근 일부 학자나 실무계에서의 연구를 제외하고는 그다지 특별한 관심을 기울이지 않았다. 다행히최근에 이르러 입법학의 연구방법론이 어느 정도 구체화되면서 이 문제에 대한 학문적 관심이 높아지고 있다. 특히 입법평가에 관한 비교법제도적 연구는 어느 정도 축적되어 있다. 그러나 기존의 연구는 주로 구미 선진국들이 도입·운영해 온 입법평가, 법률비용추계, 입법영향평가 등의 법제도를 비교하는 데 중점을 두었기 때문에, 입법영향평가제도를 우리나라에 어떻게 도입할 것인지에 관한 법정책적 연구는 상대적으로 드물었다.

법률을 제정하거나 개정할 때 입법자는 국민에게 그 입법이 추구하는 목표가 언제, 어떤 양상으로 달성될 수 있고 또 그 결과 어떤 결과가 나올 것이라는 약속을 하는 것이라고 볼 수 있다. 독일 슈파이어대학의 라이너 피차스(Rainer Pitschas)는 이를 의약품의 효능표기(Wirkungsanmerkung)에 비유한 바 있다. 입법자로 하여금 입법안의 작성과 함께 그 목표와 기대효과, 성과측정 지표나 방법 등을 미리 밝히도록 하고, 사후에 일정한 시점에 그 성과를 측정, 평가함으로써 법개정이나 후속입법이 가능하도록 하는 것이 필요하다는 견지에서 우리나라의 상황에 적합한 입법평가제도를 법제화하는 방안을 모색해 보고자 한다.

Ⅱ 입법평가의 의의·기능·필요성

1. 입법평가의 의의

선행연구와 실무적 논의에 의하면 입법평가의 개념은 연구목적이나 연구관점에 따라 매우 다양하다. 박영도(2002)는 입법평가제도를 과학기술의 발전과 생활관계가 복잡해지면서 국민의 모든 생활영역에서 법화가 지나치게 촉진된 결과에 의한 법의 실효성, 수용성, 지도성 저하 등을 우려하여 법화의 원인 및 결과를 법정책학적 관점에서 포괄적으로 분석함으로써 입법의 질을 높이려는 제도로 보고 있다. 즉 입법평가제도는 입법활동에 계획성을 구비하여 법규의 무절제한 증식을 억제하고 입법과정에서 나타나는 경솔함을 제거하는 한편 정기적으로 입법현상을 평가함으로써 과학적인 입법의 발전을 도모하는 입법학의 새로운 영역인 것이다. 따라서 입법평가는 법의 실효성의 관점을 중시하는 법사회학, 비용과 효과의 관점을 중시하는 법경제학의 기법을 입법에 포섭하여 입법행위의 실시, 효과에 관한 과학적 분석을 행하는 것으로 이해될 수 있다.[1]

이에 비해 독일에서 행해지고 있는 '법률의 결과에 대한 예측·

1) Christoph Grimm, Gesetzesfolgenabschätzung-Möglichkeiten und Grenzen aus der Sicht des Parlaments, ZRP 2000, S.88. 일반적으로 평가(evaluation)의 개념에 관한 보편적 합의는 존재하지 않지만, 그 의미가 점점 확장되어 '어떤 정책을 사전단계(기획입안단계)부터 사후단계에 걸쳐 성과를 분석하는 활동 일반'을 포함하는 개념으로 이해되고 있다고 한다. 즉, 목적, 목표, 개입이론, 실시과정, 결과, 성과 및 효율성을 명확히 하기 위한 체계적인 사회조사활동이라고 이해되고 있다고 한다(박영도, 박영도, 입법평가제도에 관한 연구, 법제 2002.3 pp.18-35, 20).

평가(Gesetzes- folgenabschätzung: GFA)' 는 법률자체에 대한 평가로 평가 대상·방법·목표가 처음부터 구체적으로 정해져 있고 입법자 내지 평가자는 성취하고자 하는 목표를 기준으로 평가 대상에 대한 체계적인 검토를 하는 형태로 되어 있다. 즉 어떤 구체적 사안에 관해 법률제정의 동기가 발견되면 법률제정을 둘러싼 다양한 실태조사 및 전문가와 해당 이해관계자 등의 의견 등을 종합하여 법률제정의 방향으로 진행할 것인가를 결정하고 법률제정을 통하여 해결할 것으로 결정되면 입법자가 구체적인 법률안 작성과정에 들어가서 법률안을 완성하고 제정하며 법률이 제정되어 공포·시행되면 법률제정의 초기단계의 상황에 대해 법률제정을 통해 입법자가 달성하려고 했던 목표가 달성되었는지 여부에 대한 평가를 구체적인 법률과 현실 사이에서 비교· 평가를 한 뒤 그 평가결과를 바탕으로 입법자가 다음 단계에서 취해야 할 행동을 결정하는 일련의 과정을 나타낸다(최윤철, 2004: 6).

독일에서의 논의를 토대로 최윤철(2005)은 입법평가를 최광의, 광의 그리고 협의로 구분하고 있다. 입법평가를 최광의로 이해하면 구체적인 법규에 대한 평가는 물론 의회 및 정부입법자와 입법과정에 대한 평가, 나아가 입법에 영향을 미치는 각종 이익단체와 사회단체를 모두 포괄하는 것이다. 이러한 정의는 지나치게 넓어서 사실상 아무것도 평가하지 못하는 결과가 되어 버린다. 둘째, 광의로 이해하면 입법평가는 법규에 대한 평가와 입법자 및 입법과정에 대한 평가를 의미한다. 이러한 정의는 권력분립의 원칙상 의회입법자의 입법수행능력 및 그 결과물인 법률에 대한 평가를 누가 수행할 수 있는지의 문제를 일으킬 수 있다. 셋째, 입법평가를 협의로 이해하면 법규에 대한 평가와 입법과정에 대한 평가만을 의미한다. 넷째,

입법평가를 최협의로 이해하여 법규에 대한 평가만을 따로 구분하여 정의할 수도 있다. 그러나, 법규에 대한 평가는 필연적으로 입법자의 문제, 입법과정의 합리성, 적정성 등과 떼어서 생각할 수 없으므로 최협의로 이해하는 것은 큰 의미를 갖지 않는다(최윤철, 2005:326~328).

그런데, 우리나라에서 일반적으로 사용되고 있는 '입법평가'는 1980년대 이후 대두된 입법위기에 대응하여 1990년대 후반에 등장한 독일에서의 「법률의 결과에 대한 예측· 평가」와는 구별될 필요가 있다. 전자는 법률제정을 둘러싼 제반 사항 전체를 막연하게 포괄적으로 평가대상으로 하고 있지만 후자는 평가 대상 방법 목표가 처음부터 구체적으로 정해져 있고 입법자 내지 평가자는 성취하고자 하는 목표를 기준으로 평가 대상에 대한 체계적인 검토를 하는 형태로 되어 있기 때문이다(최윤철, 2004: 5~6).

최윤철(2005)에 의하면 현재 우리나라에서 법률에 대한 평가와 관련하여 쓰이고 있는 '입법평가'는 법률을 제정하는 기관(이른바 입법가)에 대한 제반 평가와 그러한 기관의 활동 결과 산출된 가치관계와 기준의 정립결과로서의 법률에 대한 평가를 포괄하고 있다(최윤철, 2004: 5).

입법평가는 입법결과예측부분과 사후결과평가부분에 대한 평가로 구분될 수 있다. 단계별로는 입법준비단계에 대한 평가, 입법과정단계에 대한 평가, 법률제정이후 단계에 대한 평가로 나누어 볼 수 있다. 이외에 법률제정자로서의 입법자에 대한 평가도 있을 수 있다. 각각의 분야와 단계에 적합한 평가 근거의 제시와 도구의 사용이 이루어져야 문제의 명확화와 문제 해결에 도움이 될 수 있다.

입법평가의 의의와 관련하여 입법평가를 환경영향평가, 교통영향평가, 인권영향평가 등 정부 결정을 평가하는 기타의 평가들 중의 하나로 보면서 또 하나의 규제로 보는 시각이 있는데 이는 잘못된 것임을 분명히 해둘 필요가 있다. 현재 시행되고 있는 환경영향평가, 교통영향평가, 인권영향평가 등과 같은 각종 영향평가제도들은 해당 정책의 실현을 위한 법률 준비과정, 입법과정, 시행과정 등에서 입법자가 법률로 규율하고자 하는 분야의 종류와 성격에 따라서 수행되는 일종의 프로그램평가(program evaluation)에 해당한다. 반면 입법평가는 각종 영향평가 또는 정책평가를 모두 포괄하는 개념으로서, 입법을 사전 또는 사후적으로 평가하여 과학적인 입법을 추구함으로써 법률내용과 법적용 결과 간의 관계를 사전적으로 예측하거나 사후적으로 평가하는 입법과정의 한 부분이라고 할 수 있다. 또, 입법평가는 입법 및 법률에 기초한 행정상의 의사결정과 관계를 맺는다는 점에서도 정책분석(policy analysis)과도 다르다. 예를 들어 미국에서 환경영향평가는 사실상 영향(impact)을 분석하는 것이지만 입법평가는 일종의 행정절차로 성과(performance)를 평가하는 것이다.

본 연구는 입법평가제도 도입을 염두 해 두면서 입법평가가 실행될 때 제시되어야 할 가이드라인이 도출될 수 있도록 입법평가 개념을 구성하였다. 즉 입법평가에 대한 이론적· 실무적 논의를 반영하여 독일에서 행해지고 있는 「법률의 결과에 대한 예측·평가」와 같이 법률자체에 대한 평가, 그 중에서도 특히 사후 평가 측면에 초점을 두었다. 따라서 본 연구에서의 입법평가는 법률이 제정되어 공포·시행된 후 법률제정을 통해 입법자가 달성하려고 했던 목표가 달성되었는지 여부에 대한 평가를 구체적인 법률과 현실 사이에서 비교· 평가를 한 뒤 그 평가결과를 바탕으로 입법자가 다음 단계에서 취해야 할 행동을 결정하는 일련의 과정이 된다.

2. 입법평가의 필요성

사회가 복잡해지고 입법부와 행정부를 포함한 정부 성과에 대한 국민들의 기대가 높아지면서 법률에 의해 규율되는 국민들의 생활 영역은 넓어지고 있지만 법률의 효과성, 규범성, 수용성은 저하되고 있다는 우려가 높다. 그 원인은 다음의 세 가지로 요약될 수 있다.

첫째, 입법이 입법가가 의도한 결과를 가져오지 못하는 일이 빈번하게 발생하고 있고 둘째, 예상하지 못했던 부정적인 부수적 효과(negative side effect)를 발생시키기도 한다.[2] 이러한 현상은 입법자가 즉흥적으로 또는 졸속으로 입법설계를 하는 경우에 발생하기도 하지만 환경이 변하여 입법결과가 당초에 입법자들이 입법을 추진하면서 제시했던 정당화 논리와 다른 방향으로 흐르게 되거나 기대했던 결과와 다르게 나타나게 되어 개정내지 폐지의 필요성이 높은데도 기득권의 반발에 따른 정치적 부담의 증가 등을 원인으로 방치된 경우에도 일어난다. 이러한 현상은 법률이 종종 개정 논의에 직면하도록 함으로써 법률의 안정성을 떨어뜨린다.

셋째, 투표의 역설(voting paradox)[3], 투표자의 합리적 무지(voter's

---

2) 예를 들어 2004년 9월 발효된 '성매매알선 등 처벌에 관한 법률'은 성매매의 근절과 피해자인권보호라는 입법취지를 달성하고 있지 못하고 있을 뿐 아니라 유사성행위의 급속한 확산과 성매매의 주택가 확산 등 음성화되었고 이에 따라 위생감독이 더욱 어려워지는 등의 부작용을 가져오고 있어 입법의 실효성에 의문이 제기되고 있다.

3) 과반수투표제 하에서 투표자들이 단봉선호(single-peaked preference)를 가지고 있다면 중위투표자(median voter)가 가장 선호하는 대안이 선택되겠지만 투표자들이 다봉선호(multi-peaked preference)를 가지고 있다면 단지 비교의 순서가 달라짐에 따라 표결의 결과가 달라져 표결방식이 일관성을 갖지 못하게 되고 신뢰를 받을 수 없다. 또한 의사진행과정을 장악하고 있는 사람이 큰 영향력을 행사할 수 있는 여지가 생기기 때문에 의사진행조작(agenda manipulation)의 유인이 작동한다

rational ignorance)[4] 생산기술의 불명확성, 경쟁의 부재, 포획(capture), 관료이익추구 등 관료제 문제는 국민의 선호를 반영하거나 사회발전을 이끄는 입법보다는 특수이익에 봉사하거나 사회적 혼란을 야기할 수 있는 입법이 이루어질 가능성이 높아지도록 하고 있다. 최근에는 사전에 부처간 조정을 거치지 않은 의원입법이 급증하고 있어 입법실패가능성이 높아지고 있다(정호영, 2004: 39~55).

[그림 2-1] 입법평가의 필요성

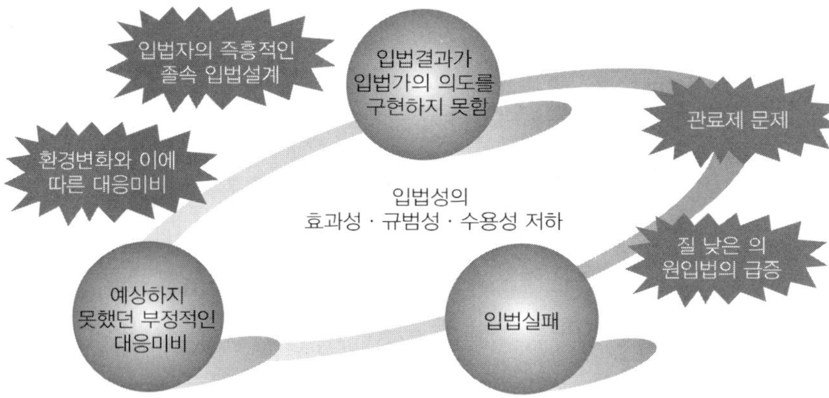

(이준구, 1996; 139~141).

4) 합리적 개인은 사적이익을 추구하며 정보수집에 따르는 비용과 편익을 고려하여 정보수집여부를 판단한다. 대체적으로 사람들은 소비자로서 시장적 의사결정을 하는 경우보다 정치적 의사결정을 하는 경우 정보의 수집과 분석에 더 적은 노력을 기울인다. 특정개인의 투표가 투표결과에 미칠 수 있는 확률은 미미하고 비록 자신의 노력이 투표결과에 영향을 미쳐 바람직한 투표결과가 나왔다 하더라도 그 이익은 노력한 사람이나 그렇지 않은 사람이나 모두 똑같이 나누어 가진다고 투표자가 인식하기 때문이다. 따라서 투표자는 불완전한 정보에 기초해서 의사결정을 하게 된다(정호용, 2004; 41).

3. 입법평가의 기능

입법평가는 법률의 효과성, 규범성, 수용성 저하에 직면하여 법률의 질을 제고시켜줄 수 있는 방법 중의 하나로 관심을 받고 있다.

첫째, 입법평가는 법률 규정이 초래하는 모든 차원의 효과를 고려하여 법률제정을 통해 입법자가 달성하려고 했던 목표가 달성되었는지 여부를 평가함으로써 실질적으로 입법자를 통제하는 역할을 하고 나아가 입법의 질 향상과 이에 따른 법률의 안정성의 제고를 가능하게 한다.

둘째, 정부와 입법자의 성과에 대한 국민의 기대 증가는 즉흥적인 입법이 등장할 가능성을 높여주고 있고 이익의 다원화와 사회의 복잡성은 입법효과의 불확실성이 커지도록 하고 있다. 입법평가는 객관적 분석기법을 통해 입법결과를 파악하고 통제함으로써 즉흥적인 입법의 남발과 입법효과의 불확실성을 줄이는 데 기여할 수 있다.

셋째, 국민의 기본권 보호와 보장을 실효적으로 하려면 무엇보다 기본권의 현실적 행사를 가능하게 하는 법률의 설계가 중요하다. 따라서 이러한 설계과정에 가능한 많은 관계자들이 참가하여 합리적인 의견교환을 함으로써 어떠한 설계안이 국민의 기본권을 최적으로 보호할 수 있는 안인지를 선택·결정할 수 있도록 하는 것에 대한 합의와 이를 뒷받침해줄 수 있는 제도가 필요하다(최윤철, 2005:350). 입법평가제도는 국민과 이해관련자들(stakeholders)의 입법과정에의 참여를 가능하게 하여 입법과정의 민주화에 기여하고 법률의 효과성, 규범성 그리고 수용성을 강화시켜 줄 수 있다.

박영도(2002:20)는 입법평가의 입법의 합리화, 정책의 타당성과 정당성 기능, 입법 통제 기능에 주목한다. 첫째, 입법평가는 입법의 합리화를 위한 절차로써 과도한 규율을 제거하고 자원의 명확화와 손실을 제거함으로써 기본적으로 향상되고 간소하며 간단하게 이해할 수 있는 규율체계를 가능하게 한다. 둘째, 정부정책의 정당성은 종래 합법성과 합리성에 의거하였으나 오늘날에는 민주적 참가와 평등, 나아가 결과의 타당성과 그것을 지지하는 과학성이 요구되고 있는데 입법평가는 결과와 집행에 대한 예견가능성을 측정하는 기능을 가진다. 셋째, 입법평가는 행정 재정 사법적 통제의 도구가 되며 입법과정을 투명하게 하여 입법자의 의사결정을 지원하고 비판하는 기능을 한다.

Ⅲ 입법평가에 관한 국내외 논의 동향

앞에서 논의한 바와 같이 입법평가제도는 법적 규율을 받게 되는 영역은 증가하고 있는데 이들 법이 당초 입법자의 입법 목적을 구현하지 못하고 있을 뿐 아니라 입법자가 예상하지 못했던 부작용을 일으키고 있어 법률의 효과성, 규범성, 수용성이 저하되고 있다는 문제의식 하에서 입법의 질을 제고하기 위해 고안되었다.

국내 연구들은 1990년대 후반 이후 스위스와 독일을 중심으로 활발히 이루어지고 있는 유럽에서의 입법평가 제도화 과정을 소개하거나 이를 토대로 입법평가의 의의, 필요성 나아가 제도화 방법을 제시하고 있다(박영도 2002, 2007; 최윤철 2005; 신상환 2002). 여기서 한 걸음도 나아가 최근에는 입법평가를 적용하는 연구들도 등장하기 시작했다. 정호용(2004)은 입법실패와 의원입법의 급증이 예상되는 정치환경 하에서 입법평가의 필요성을 제시하고 법경제학적 접근 틀을 사용하여 한-칠레 간 자유무역체결을 평가하였다.[5] 이주선(2006)은 경제학적 관점에서 성매매특별법평가를 시도하였다.[6]

한편, 국외에서의 동향에 관해서는 주로 독일, 스위스 등에서 논의되고 있는 입법평가제도 형성과정, 입법평가의 유형화와 평가방법, 평가기준에 초점을 두어 논의를 진행하기로 한다.

국내외 입법평가에 관한 논의를 입법평가의 유형 · 기준 · 방법으로 나누어 검토해 보면 다음과 같다.[7]

1. 입법평가의 유형

박영도(2002)는 입법평가를 정책학 분야에서 이론화 · 체계화된 정책평가(Program Evaluation) 이론을 입법학에 도입 · 응용한 것이라고 보고 평가시기를 중심으로 입법평가를 사전평가(Prospective Evaluation, Ex-ante Evaluation), 중간평가(Mid-Term Evaluation, Process Evaluation), 사후평가(Ex-Post Evaluation)로 유형화 하였다.

사전 평가는 법률의 채택이나 실시의 가부를 검토하거나 복수의 대안들 중 적절한 대안을 선택하는 데 유용한 정보를 제공해 준다. 또, 법률을 실시하기 전에 미리 예상되는 문제점과 다른 정책과의 관계 등을 정리하고 필요한 대책 등을 검토하는 데 유용하고 그 결

5) 정호영(2004), 입법평가를 위한 법경제학적 접근방식에 관한 연구, 중앙대학교박사학위논문.

6) 이주선(20006), 경제학적 관점에서 본 성매매처벌법, 한국경제연구원.

7) 참고로 EU 수준에서의 추진 동향에 관해서는 Gesetzesfolgenabschätzung bei der Europäischen Union(http://www.staat-modern.de/sm_artikel_staat_modern,802673/Gesetzesfolgenabsch-aetzung-bei.htm)을 참조.

과를 법률 시행 전에 기획입안 단계에 반영할 수 있다는 장점이 있다. 그러나 법률이 시행되기 전이기 때문에 정보와 시간의 제약을 받는다.

중간평가는 법률이 어떻게 시행되고 있는가, 당초의 입법취지를 달성하고 있는지를 파악할 수 있게 함으로써 개선과 재검토를 위한 정보를 제공해준다.

사후평가는 법률이 시행되고 일정기간이 지난 후 법률시행의 효과를 실제 정보와 자료를 사용한 실증적 평가를 통해 예측이 타당했는지를 검증한다. 이러한 검증을 통해 실증적 정보와 자료에 의거한 평가결과의 피드백과 무수정 · 수정 · 폐지 또는 신규제정의 추론이 가능해진다.

독일의 「법률의 결과에 대한 예측 · 평가」 역시 입법평가를 사전적 법률결과 예측평가 단계, 병행적 법률결과 예측평가 단계, 사후적 법률결과 예측평가 단계 등 3단계로 구분하고 있다.

사전적 법률결과 예측평가는 법률의 준비단계에서 이루어지는 것으로 새로운 법률제정의 불가피성이 더 검토되어져야 하거나 만약 새로운 법률의 제정이 불가피하다고 판단되면 그 다음 단계로서 법 형식이 어떠한 사고의 방향 속에서 이루어져야 하는 지에 관해 입법자에게 판단기준을 제시하는 기능을 한다. 사전평가는 산출 면에서 규정 의도의 변화가능성이 높거나 불가역적인 결과가 예상되거나 정체 내에서 주장되지 못하거나 주장이 어려운 이익과 관련될 때, 영향 면에서 비용이 높을 것으로 예측될 때와 장기적인 통제수단만 고려되고 규정되어야 할 때, 그리고 생명과학이나 기본권 관련 사항 등 민감한 영역을 대상으로 할 때 그 중요성이 부각된다. 사전평가는 구상단계, 수행단계, 평가단계의 3단계로 이루어진다. 구상단계에서는 도구의 선택 및 문제 분석, 목표분석, 체계분석 그리고 대안 및 시나리오의 작성이 이루어진다.

〈표 2-1〉 입법평가 유형과 각 유형별 주된 평가요소와 대상

	주된 평가요소	대 상	입법단계에서의 중점단계
사전평가 Prospective Evaluation, Ex-ante Evaluation	▷ 수요파악 ▷ 개입이론의 타당성 검증 ▷ 비용 및 효용의 사전검증 ▷ 평가지표 및 수치목표의 결정 ▷ 평가계획의 결정	○ 규율할 필요성 분석 ○ 규율대안모델에 대한 심사분석	사전적 구상단계
중간평가 mid-term	▷ 평가지표의 계속 수집 ▷ 당초계획의 실적 검토 ▷ 개입이론의 타당성 재검증 ▷ 중가비용 및 효용평가 ▷ 재선제안	○ 효력최적화 ○ 비용편익관계 ○ 지속성 ○ 이해가능성 ○ 집행유용성 ○ 시민에 대한 친숙성의 관점에서 초안심사	사전적 초안단계 (행정부안의 제출, 의회제안)
사후평가 ex-post	▷ 성과에 대한 수치목표의 달성 ▷ 영향 및 효용 ▷ 비용 ▷ 결론 및 제언	○ 법령의 목표달성 실증 ○ 무수정 · 수정 · 폐지 또는 신규제정의 추론	사후적 적용단계

※박영도의 표(2002, 22)를 재구성

병행적 법률결과 예측평가는 대부분 전문가에 의해 작성된 법률초안에 대한 검토과정에서 수행된다. 입법자의 병행평가는 법률 초안이 실제 법률로서 제정되어 시행되는 것을 가상하고 해당법률의

실행가능성, 준수가능성, 이해의 용이성, 비용편익관계, 제도적 기능성 등을 검토하고 최종적 법률안을 만들기 위해 실시된다. 뵈렛교수는 병행적 평가단계에서 사용되는 평가기준으로 목표도달 가능성, 실용성, 분배효과, 상호작용, 친화성, 이해가능성, 내부적 견실성, 수범자들의 수용가능성 등을 제시하였다(최윤철 2005, 337).

사후적 법률결과 예측평가 단계는 현재 시행되고 있는 법률이 실제로 최초의 입법자의 의도대로 시행되고 있는지를 검토하는 것으로 해당 법률의 개정 · 폐지 · 대체법률의 마련 등을 위해 수행된다. 사후평가 단계는 구상단계, 수행단계, 평가단계로 이루어진다.

〈표 2-2〉 사후평가 단계

구상단계	수행단계	평가단계
-시험영역 확정 -평가범위 확정 -비교방법의 선택시험 영역의 작업 -자료조사방법 선택 -자료조사 구상 및 조직적 준비단계	-자료조사 및 분석	-조사된 자료에 대한 평가 -법규의 질에 대한 비교 · 평가 -제안형식 평가의 문서화 -정치적 판단에 따른 법규의 개정 · 폐지 · 개편 또는 존속에 대한 결정

2. 입법평가의 기준

2.1. 선행연구

박영도(2002)는 입법평가의 기준으로 효과성(effectiveness), 효율성(efficiency), 영향(impact), 법경제성, 친숙성, 적용적합성, 법합치성, 계획합치성 등을 들고 있다. 독일의 「법률의 결과에 대한 예측 · 평가」

지침서는 사후평가기준으로 목표달성 정도, 비용측면 , 편익비용분석, 수범자의 자발적 복종 정도, 실용성, 예상하지 않았던 부작용을 포함한 부수적 효과 등을 들고 있다. 대표적인 입법평가 기준인 효과성과 효율성을 중심으로 입법평가기준들의 특성을 논의하면 다음과 같다.

효과성(effectiveness)은 '목적달성도'라고도 하는데 법규범이 실제 현실에서 적용되고 있는가를 묻는 것으로 합의와 강제의 정도, 법지식의 상태, 법률과 현실의 차이 등에 의해 결정된다. 이와 같이 효과성 기준은 현실에서 입법의 목표가 얼마나 달성되었는가 하는 기준이기 때문에 평가 기준 적용의 관건은 목표의 명확화이다. 그런데 입법 목표를 명확화하기는 매우 어렵다. 첫째, 입법목표는 대부분의 공공목표가 그러하듯 무형적(intangible)이고 모호한(ambiguous) 경우가 많다.[8] 둘째, 입법목표가 복수인데다가 이들 목표들이 갈등을 일으키기 경우가 적지 않다. 셋째, 효과 평가 시점에 따라 무엇을 목표로 보아야할 지가 달라질 수밖에 없다. 예를 들어 평가가 입법시행 이후 1~2년 뒤에 이루어지는 경우와 10년 이후에 이루어지는 경우의 평가의 목표는 다를 수밖에 없다.

효과성 기준은 비용을 고려하지 않는데 이점이 효과성이 입법평가의 유일한 기준이 될 수 없는 이유 중의 하나이다. 정부의 활동은 예산 제약 하에서 이루어지기 때문에 어떤 대안이 목표달성을 극대화시키는 것이라 할지라도 다른 대안에 비해 비용의 측면에서 많은 지출이 소요된다면 최선의 대안으로 보기는 어렵다. 단 비용 측면을 고려하더라도 목표달성이 매우 중요하다면 효과성이 가장 중요한 대안 비교・평가기준이 될 수 있다.

8) 공공조직의 목표모호성에 관해서는 Chun and Rainey(2005) 참조.

둘째, 효율성(efficiency)은 투입된 자원과 그로부터 산출된 재화나 서비스의 관계가 어떠한가를 묻는 것으로 목적-수단 관계를 묻는 것으로 협의로는 투입 대비 산출, 광의로는 투입 대비 효과로 표현된다. 일반적으로 산출(output)은 어떤 활동이나 업무수행의 직접적 결과를 의미한다. 투입(input)은 이러한 활동을 위하여 사용되는 인적·물적 자원을 의미하며 이 투입된 자원을 화폐가치로서 표시한 비용으로 나타낸다. 최선의 대안을 찾기 위해서는 동일한 비용으로 최대의 효과를 얻거나 동일한 효과를 위하여 최소의 비용을 들이는 대안을 발굴할 때 이러한 효율성기준이 적합하다. 입법비용은 입법의 추진으로 인하여 희생되는 사회적 가치로서 경제적인 관점에서 본다면 자원에 해당된다. 그러므로 일정한 비용으로 효과를 최대화하는 대안을 채택하여 추진한다면 사회적 자원의 효율적 사용이 되고 효율성을 기준으로 대안을 선택한다면 자원의 최적배분(Optimization)을 도모할 수 있는 것이다. 효율성 기준은 효과성 기준과 달리 비용을 고려하여 최선의 대안을 선택할 수 있다는 장점이 있다. 그러나 배분의 공정성문제를 고려하지 못하는 약점도 있다.

셋째, 영향(impact)은 입법의 시행으로 대상인구나 대상 사회상황에 개선효과가 있었는가, 있었다면 어느 정도 있었는가를 묻는 것으로 독일에서의 '부수적 효과'에 해당한다고 볼 수 있다. 직접적인가 비의도적인가, 직접적인가 간접적인가, 지속적인가 일시적인가, 구체적인가 추상적인가 등 다양한 관점에서 고려된다.

넷째, 법합치성은 상위법과의 체계성, 완비성, 관련성 등을, 계획합치성은 장기적 구상이나 세부계획과의 조화성을 심사항목으로 하는데 독일은 이러한 기준을 입법평가 기준으로 삼고 있지 않다.

다섯째, 적용적합성은 수용가능성, 행정 실제성, 행정비용의 최소화, 실행가능성, 관할적합성 등을, 법경제성은 규율필요성, 규율의 밀도, 규율의 강약을, 친숙성은 이해성이나 실생활에서의 적합성 등을 심사항목으로 한다. 이들 기준은 독일에서의 실용성이나 수범자의 자발적 복종 정도에 해당한다. 그런데 이들 기준들의 의미 각각이 모호할 뿐 아니라 개념들 간 중첩되는 부분이 많다. 게다가, 이들 개념들은 효과성과 효율성은 물론 뒤에서 살펴볼 시행과정의 효율성이나 적정성과도 중복된다.

선행연구와 독일에서의 실무적 논의에 의하면 사후적 입법평가 기준으로 효과성, 효율성 그리고 부수적 효과 등이 중요하다. 다른 기준들은 그 자체가 개념이 모호할 뿐 아니라 효과성 또는 효율성 기준들과 중첩되어 배타성이 없기 때문이다.

2.2. 법집행의 효율성과 적정성에 대한 평가

입법이 현실에서 의도한 성과를 내고 있지 못할 때 입법이 현실과 부합하지 않거나 설계가 잘못되어서가 아니라 법집행이 제대로 이루어지지 않아서 일수도 있다. 입법결과를 효과성, 효율성 그리고 부수적 효과만을 기준으로 평가할 경우 법집행상의 문제로 인한 입법실패를 간과할 수 있다. 따라서 입법성과에 대한 평가와 더불어 법집행의 효율성과 적정성에 대한 평가도 이루어져야 한다. 현재 행정부에서 기관평가의 일환으로 이루어지고 있는 자체평가의 평가기준안에 제시되어 있는 정책집행평가기준(노화준 2004)이 가이드라인이 될 수 있다.

〈표 2-3〉 법집행의 효율성과 적정성에 대한 평가

입법 집행	시행과정의 효율성	-일정계획에 맞추어 법집행이 추진되고 있는지? -투입된 자원을 목표달성(결과)을 위해 효율적으로 집행하고 있는가?
	시행과정의 적절성	-시행과정에서 행정여건·상황 변화를 적절히 포착하여 대응하고 있는가? -시행과정에서 국민 및 이해당사자 등에게 제대로 알리고 있는가? -시행과정에서 관련 기관·정책과 연계 협조체제를 구축하여 운영하고 있는가?
입법 성과	목표의 달성도	-당초 목표는 달성되었는가?
	정책 영향	-해당 입법의 효과가 실질적으로 나타나고 있는가?

※정부 자체평가 중 공통평가 기준안을 응용한 것.

2.3. 규범적 측면에 대한 고려

효과성, 효율성, 영향 등의 기준들은 모두 경제적 측면에 대한 고려와 긴밀히 관련되어 있어서 윤리적 측면에 대한 고려가 부족하다. 입법에 있어서 윤리적 측면에 대한 고려는 입법 정당화의 중요한 근거로 경우에 따라서는 경제적 측면보다 더 중요할 수 있다. 입법의 윤리적 측면을 고려하지 않고 성과의 효과성이나 효율성, 집행의 효율성이나 효과성만을 근거로 입법평가를 할 경우 이후의 후속조치에서 상당한 사회적 반발을 유발함은 물론 법규의 개정· 폐지·개편 또는 존속에 대한 잘못된 대안을 제시할 수 있다. 따라서 윤리적 측면에 대한 고려를 입법평가 기준의 하나로 포함시킬 필요가 있다.[9]

9) 사업타당성 분석의 중요한 기법 중의 하나인 편익-비용 분석 (Benefit-Cost Analysis) 에서도 경제적 효율성 기준의 한계를 인식하고 정책적 고려를 포함시키

3. 사후입법평가의 기준

선행연구와 실무에서의 논의를 고려할 때 입법평가 기준으로 입법이 의도한 결과를 발생시켰는가의 여부 즉 효과성, 입법으로 인해 발생한 비용이 그 효과와의 관계에 있어서 적절하고 효율적인지 여부 즉 효율성, 입법으로 인해 발생할 부수적인 영향, 입법 시행과정의 효율성과 적절성 등이 제시될 수 있다.

〈표 2-4〉 사후입법평가의 기준

입법집행	시행과정의 효율성	-일정계획에 맞추어 법집행이 추진되고 있는지? -투입된 자원을 목표달성(결과)을 위해 효율적으로 집행하고 있는가?
	시행과정의 적절성	-시행과정에서 행정여건·상황 변화를 적절히 포착하여 대응하고 있는가? -시행과정에서 국민 및 이해당사자 등에게 제대로 알리고 있는가? -시행과정에서 관련 기관·정책과 연계 협조체제를 구축하여 운영하고 있는가?
입법성과	효과성	-입법목적이 달성되었는가?
	효율성	-입법시행에 드는 비용이 입법목표가 가져오는 편익을 상회하는가? -시행중인 입법이 입법목표를 달성하기 위한 여러 대안 중 비용이 최소인가?
	부수적 영향	-입법의 시행으로 대상인구나 대상 사회상황에 개선효과가 있었는가? -있었다면 어느 정도 있었는가?
	윤리적 측면	-입법의 윤리적 측면이 다른 평가기준을 압도할 정도로 중요한가? -입법의 윤리적 측면이 국가가 개입하여 보호할 만큼 가치가 있는가?

려는 노력이 이루어지고 있다. 한국개발연구원(KDI)을 중심으로 개발이 이루어지고 있는 AHP(Analytic Hierarchy Process)가 그 예이다.

4. 입법평가의 방법

입법평가 방법은 일반적으로 이해되고 받아들여질 수 있는 체계적이고 객관적인 방법으로 수행된다. 따라서 입법평가는 법의 실효성 관점을 중시하는 법사회학, 비용과 효과의 관점을 중시하는 법경제학 기법을 입법에 포섭하여 입법행위의 실시 효과에 관한 과학적 분석을 행한다. 따라서 평가방법으로 비용편익분석(Cost Benefit Analysis), 비용효과분석(Cost Effectiveness Analysis), 비용분석(Cost Analysis), 통계분석, 시뮬레이션 기법, 게임이론, 경험적 조사 등을 들 수 있다. 대표적인 입법평가 방법인 비용편익분석, 비용효과분석, 비용분석그리고 통계분석의 특성은 다음과 같다.

첫째, 비용편익분석(Cost Benefit Analysis)은 어떤 정책의 실시에 수반하여 발생하는 사회적 비용과 사회적 편익을 화폐가치로 환산하여 이를 비교를 함으로써 당해 정책의 타당성을 판단하는 것으로 편익이 비용을 상회하는 사회적순편익이 발생하면 정책의 타당성이 있다고 판단한다. 이 분석기법은 일반적으로는 결과를 수치화하기 때문에 객관성 측면에서 우수하다고 할 수 있다. 그러나 비용과 편익의 범위확정, 평가방법의 선택, 사회적 할인율의 설정 등에 관한 합의 형성이 어렵고 실제의 편익계산결과는 객관성이 담보되지 않는 경우가 많다는 데 한계가 있다. 특히 공공부문에서는 가치, 외부성, 상충하는 목표 등의 문제들이 복잡하게 얽혀 있어 비용편익분석은 입법평가방법으로는 적합하지 않다는 지적도 있다.

둘째, 비용효과분석(Cost Effectiveness Analysis)[10]은 특정 목적을 달

10) 비용/편익분석은 공공사업의 비용과 편익이 모두 화폐가치로 측정되고, 양

성하기 위한 최저비용, 일정비용으로 달성할 수 있는 최대의 효과를 해명하려는 것으로서 단위비용의 형태로 효과를 파악한다. 비용편익 분석은 순편익이 0보다 크고 대안들 중 가장 크면 정책이 타당성이 있다고 판단해야하므로 광범한 경제적 비용과 편익에 대한 정보가 요구된다. 그러나 비용효과분석은 계획의 효율화의 한계를 제시하는 데 그치기 때문에 요구되는 정보량이 적다. 또 비용편익 분석은 측정된 업적수치를 화폐가치로 환산함으로써 이루어지지만 비용효과분석은 측정된 업적수치를 기본적으로 그대로 사용하므로 이를 화폐가치로 환산하는 비용편익분석보다 기술적으로 용이하며 적용분야도 넓다. 그러나 편익이나 비용이 다양한 단위에 의해 산정되고 이에 따라 비용효과지표가 단위에 따라서 달라지기 때문에 정책목표달성에 따른 비용이나 편익을 명확히 할 수는 없다. 뿐만 아니라 업적수치를 일정한 방식으로 단일지표로 하는 방식이므로 비용효과지표의 절대치는 의미가 없다. 유사목적을 가진 복수정책간의 비교가 원칙이며, 목표가 다른 정책을 비교하기 위하여 사용하는 데에는 무리가 있다.

셋째, 비용분석(Cost Analysis)은 사회적 편익이 사회적 비용보다도 큰 것임이 명확한 경우나 사회적 편익에 관하여 이미 명시적으로 고려할 필요가 없는 경우에 직접적으로 발생하는 비용등 객관적인

자의 크기를 동일한 기준으로 비교할 수 있는 것을 전제로 하고 있으나, 현실의 공공사업 중에는 비용과 편익이 화폐가치로 측정될 수 있는 분야가 많지 않기 때문에 이런 경우에 비용/편익분석 방법으로는 대안을 비교·평가하기가 힘들어 진다. 이런 경우에는 비용/효과분석이 유용하다. 비용/효과분석의 방법에는 첫째 각 대안들의 비용이 동일할 경우 대안들 간의 효과를 분석하거나, 둘째 각 대안들의 효과가 동일할 경우 비용만 비교하는 등 두 가지 방법이 있다. 비용/효과분석은 목표달성정도를 화폐가치로 표현할 수 없는 사업에 자원을 어떻게 가장 능률적으로 투입할 것인가의 문제에 적용하기에 가장 적합한 방법으로서 국방·경찰행정·보건·운수 등의 영역에서 주로 사용되고 있다(김동건 2004, 219~242).

파악이 용이한 항목에 착안하여 비용의 전체적인 규모파악이나 정책수단간의 비용비교등을 행하는 기법이다. 이것은 거래의 직접적인 대상이 아닌 사회적 비용이나 사회적 편익의 추측을 수반하지 않으므로 비용편익분석이나 비용효과분석보다도 용이하다는 장점이 있다. 그러나 이것은 비용측면에서 평가하는 것이며 정책실시를 사회적 후생의 관점에서 파악하는 것이 아니므로 비용분석만으로 공적기관이 정책을 행할 것인가를 판정할 수는 없다. 이 방법은 비교적 객관성이 높지만 가정치나 사용하는 자료에 따라 분석 결과가 변동될 수 있다.

넷째, 통계 분석은 공적 기관이 통제 가능한 요인과 통제 불가능한 요인(외부환경 또는 외부요인)의 관계, 목표와 실적의 괴리가 발생한 원인을 회귀분석이나 계량경제모델 등을 사용하여 분석하고 판정하는 기법이다. 정책 이외에 정책결과에 영향을 줄 수 있는 변수들을 통계적으로 통제함으로써 정책의 효과를 추정할 수 있다. 그러나 다른 정량적인 수법과 마찬가지로 목적이 명확하고 정책이 자져오는 사회적 편익이 수치로서 파악 가능한 것이어야 한다. 아울러 통계분석자체에 특유한 한계로서 결과와 원인간의 구조적인 관계가 명확하게 되더라도 반드시 인과관계의 존재가 보증되는 것은 아니다.

Ⅱ 외국의 입법례

1. 독 일

1.1. 입법평가제도의 형성 과정

독일은 이미 1980년대 초부터 입법의 위기,[11] 법률의 인플레, 위임입법의 광기라고 부르는 현상에 직면하여 법률의 부적응 내지 예기되지 못한 부적용의 문제가 학계와 실무계에서 지적되면서 입법위기에 대한 대안 방안으로 입법평가제도도입이 추진되어 왔다(박영도 2002, 27). 특히 '규범의 수는 적지만 보다 높은 효과와 수용'을 목표로 법률평가에 대한 구속적 효력을 가진 지침을 마련하기로 하고 연방 내무성 주도로 법률 결과 예측 · 평가에 관한 연구가 이루어졌다.[12]

1999년 12월 1일 행정의 현대화와 행정 및 입법에 대한 평가를 제도화하는 한편 부처간의 입법업무를 효율화하고 법률안의 질을 개선하기 위해 "현대국가-현대행정"이라는 프로그램이 수립되었고

11) 입법위기는 다수의 입법이 양산됨으로써 법률의 질이 낮아지고 조악한 입법이 그 개정을 위해 새로운 법률을 양산한다는 순환이 존재하는 것을 의미한다. (박영도, 2002, p.27)

12) 많은 유럽 국가들의 입법평가는 경험적 사후평가(ex-post evaluation)의 경험과 판단을 근거로 입법을 준비하는 단계에서 법률의 사전통제(ex-ante control)로 발전하였다. 그런데 이들 사전 통제는 대부분 법률의 제정과 관련한 비용의 산정과 그에 대한 평가(비용-편익분석, 비용추계분석)에 집중되었고 법률전체에 관련한 포괄적 평가는 이루어지지 않고 있었다.

이에 의거하여 2000년 7월 26일 연방각부처간공동업무규정을 전면 개정하였다(2000년 9월1일 시행). 동 규정 제 44조는 연방정부입법안을 준비하는 경우 법률결과예측기법을 반드시 고려하도록 권고하고 있어서 입법과정에서 혁신적인 과학적 기법을 도입하려는 시도를 제도화하였고 부분적으로 법률결과평가에 관한 제도화의 기틀이 마련되었다(최윤철 2005, 348; 신상환 2002, 46).

법률평가에 관해서 구속적인 효력을 갖는 지침을 마련하는 계획은 슈파이어 행정전문학교에서 수행되었는데 특히 법률결과 예측·평가에 관한 연구는 이 학교의 뵈렛교수를 주축으로 진행되었고 2000년부터는 독일 내무성의 중점정책과제로 연구되었다. 그 결과 2001년 「법률결과 예측·평가에 관한 지침」로 출간되었다. 이 과제를 주관한 연방내무성은 연방정부의 각 부처가 법률안을 계획할 경우 이 지침을 반드시 고려하도록 하고 있다(최윤철 2005, 333).

법률결과 예측·평가 제도는 행정현대화 및 행정개혁의 핵심적인 최우선 추진 사항으로 국가에 의한 과도한 규제를 철폐하고 가용자원을 효율적으로 활용한다는 목표아래 4년간에 걸쳐 이론적 기반과 실무적 시험 모두를 아울러 이루어졌다. 입법평가제도의 마련·발전·정착을 위한 준비가 범부처 차원에서 이루어지고 있으며 독일 연방 내무성, 법무성, 경제성 등 모든 부처들의 관심과 참여하에 국가적으로 추진되고 있다(신상환 2002, 46-47).

현대국가-현대행정을 위한 국가위원회는 슈파이어 행정대학원 교수진에 의해 만들어진 「법률결과 예측·평가에 관한 지침서」와 연방내무성 발간물들에서 언급되고 있는 법률결과 예측·평가 지도원칙에 의거하여 몇 개의 입법계획을 선정하여 적용해 보는 실무평가를 통해 제안된 입법평가절차와 시험도구들의 사용가능성과 적용가능성을 보여주었다. 나아가 2002년 6월 24일 국가위원회는 연방각부처간공동업무규정 제44조에 따라 각 부처가 지침서의 사용과 법률결과 예측 · 평가 지도원칙을 도입할 것을 법률결과 예측 · 평가의 작업 지침으로 추천하였다.

1.2. 입법계획 선정과 법률결과 예측·평가의 적용과정[13)]

국가위원회는 법률결과 예측 · 평가 지침과 지도원칙을 테스트할 수 있는 입법계획 7개를 선정하였다. 사전평가범주로는 노인지원구조법, 기업과세발전법, 정보보호감사법을, 부가평가범주로는 정형외과 규정과 선거통계법을, 사후평가범주로는 증인보호법과 양도권법중개정법률을 입법평가 대상으로 하였다.

〈표 2-5〉 평가 모델별 입법평가 방식의 특징

평가 모델	평가시점	중점요소	기대되는 성과
사전 평가	○ 의도하는 법형식적 규율과 규율 필요성에 대한 대강의 심사	○ 최상의 목표달성을 위해 어떤 규율대 안을 약속할 것인가? ○ 누구에게 효력이 미치는가? ○ 언제 효력이 기대되는가?	○ 적합한 규율대안의 선택, 비규율
부가 평가	○ 테스트를 위한 초안단계 및 초안심사 또는 선택된 부문	○ 계획된 규율이 수범자에게 적합한가? ○ 규율영역이 적절한가? ○ 부담경감이 최적화되었는가?	○ 초안 및 일부의 개선을 위한 확인 · 보완
사후 평가	○ 법령발효 후 상당한 시점. ○ 적용경험이 존재하는시점	○ 규정목표가 달성될 수 있는가? ○ 개정법이 현명한가?	○ 확정의 정도(목표달성, 수용), 필요한 개정

13) 신상환(2002) 재인용 (2002, 연방내무성, 입법평가를 위한 실무테스트)

법률결과 예측 · 평가와 관련하여 반드시 필요한 조사가 지침서에서 제시된 절차-규범영역의 분석, 규범대안의 발전, 시나리오의 발전, 개별규범대안의 결과평가-에 따라 구조화되고 실험절차와 실험도구에 따라 실시되었다. 세 가지 평가유형의 배열, 절차단계, 시험도구의 사전규정으로 이루어진 방법론적인 사전 규정과 개별적인 규범대안의 효용성 평가절차 등 부분적으로 새로운 시험절차와 도구의 학문적 체계화로 입법평가의 계획적인 진행이 수월했다.

입법평가 방식을 요약하면 다음 표와 같다. 짧은 기간에 제한된 범위 내에서 입법평가 시도가 이루어졌지만 입법평가작업지침 상에 특별한 문제가 없고 입법평가의 실천적 적용과 조정가능성이 입증되었으며 입법계획이 수립된 분야의 실험적 연구가 성공적으로 이루어 졌다. 실제 입법과정에서의 입증은 방법론상의 조언과 내용상의 진행 과정 분석이 조화를 이루었다. 그런데 이러한 결과는 국가작용의 전문분야와 입법평가계획을 조정한 연방내무성과 슈파이어대학팀 간의 긴밀한 협력의 결과이기도 하다. 이러한 협력은 학문분야와 실무분야 간의 공통적인 상호영향의 형태가 구체적인 입법평가계획의 성공적 실현을 가져옴을 입증해 준다.

2. 미 국

2.1. 입법과정 내 입법평가체제

입법평가가 체계적으로 이루어지기 위해서는 구조화된 입법평가제도의 확립이 바람직한데 현재까지 입법평가제도가 제대로 확립되어 있는 국가는 거의 없다. 그러나 정밀하게 구조화되고 효과적으로

운용되는 입법과정은 그 자체가 하나의 입법평가시스템으로 작용하여 기초적인 입법평가의 기능을 수행할 수 있는데 미국의 경우가 이에 해당한다. 미국은 다른 나라들에 비해 정교한 입법과정을 갖추고 있으며, 이러한 입법과정을 통해 일차적인 입법평가가 수행되고 있다. 이러한 관점에서 볼 때 미국은 본래적 의미에서는 입법평가제도를 완비하고 있지는 않지만, 입법과정 상에서 입법평가를 비교적 효율적으로 수행할 수 있는 시스템을 갖추고 있다고 평가할 수 있다(정호영, 2004, 61-62).

미국의 입법과정은 다음과 같이 요약된다. 미국에서는 하원과 상원 양원제로 구성된 의회가 모든 입법권을 지니고 있다.[14] 따라서 미국에서는 의회의 구성원인 하원 및 상원 의원만이 법률안을 발의할 수 있으며, 우리나라와 달리 행정부는 직접적으로 법률안을 발의할 권리를 지니지 않고 있다. 특정한 경우를 제외한[15] 모든 법률안은 하원 또는 상원에서 발의될 수 있는데, 통상적으로 상원보다 하원에서 더 많은 법안이 발의되고 있다. 하원에서 최초 발의된 법안은 우선 하원 내 위원회의 철저한 심사과정을 거치게 된다. 하원 위원회의 동의를 얻게 되면 그 법안은 하원 본회의에 상정되어 심의를 받는다. 법안이 하원 본회의의 표결을 통과하게 되면 이후 상원으로 넘겨져 동일한 절차를 반복하게 된다. 즉 상원 내 위원회의 심사 및 상원 본회의의 표결을 거치게 된다. 법안이 상원에서도 가결된 경우 이는 대통령에게 송부되며, 대통령의 비준을 받게 되면[16]

14) 미국 헌법 제1조 제1절.

15) 세입 인상안의 경우 오직 하원에서만 발의될 수 있도록 미국 헌법(제1조 제7절)에 규정되어 있다.

16) 대통령이 거부권을 행사할 경우에 해당 법률안은 다시 의회로 다시 넘겨지며, 양원의 재투표에서 각각 2/3 이상의 동의를 얻는 경우에 법률로 제정된다.

법률로 제정된다. 상원에서 최초 발의된 법안은 반대로 상원에서 먼저 가결될 경우 하원으로 넘겨지며, 하원 통과 시 대통령의 비준절차를 거쳐 법률로 제정된다(Dove,[17] 1997; Johnson,[18] 2003).

2.2. 입법평가 관련 조직

위와 같은 입법과정 하에서 입법평가와 관련하여 위원회가 매우 중요한 역할을 수행하고 있음을 볼 수 있다. 의회 내 다양한 위원회들은 정보수집, 법안 및 대안의 비교평가, 정책적 문제점 발견 및 대책 제안, 본회의 안건의 선정 및 보고, 행정기관의 성과 감독, 비리 조사 등의 의회의 다양한 임무를 분담하여 수행하고 있다.[19] 위원회는 상임위원회, 합동위원회, 특별위원회, 그리고 위원회의 하부조직인 소위원회로 구분되는데, 이 중 상임위원회가 발의된 법안을 우선적으로 심사하는 주체이다. 상임위원회는 법안을 원안 그대로 또는 수정 이후에 승인하여 본회의에 상정하거나, 법안을 바로 묵살시킬 수 있는 권한을 지님으로써 법안의 통과 여부에 커다란 영향력을 행사하고 있다. 이러한 관점에서 상임위원회가 일차적인 입법평가를 수행한다고 볼 수 있다.

더욱이 상임위원회의 법안심사과정은 일반적으로 입법과정 상에서 법안에 대해 가장 철저하고 심도 높은 심사가 이루어지는 단계라고 볼 수 있다.[20] 상임위원회는 국방, 외교, 사법, 금융, 자원 등 입법분야별로 구분되어 있는데, 각 상임위원회는 해당 전문지식을 축적한 의원들로 구성되어 있다.[21] 발의된 법안의 분야에 따라 소관

---

17) Dove, Robert B, Enactment of a Law, Washington: GPO, 1997. 참조.

18) Johnson, Charles W., How Our Laws are Made. Washington: GPO, 2003. 참조.

19) Carr, Thomas P., Committee Types and Roles, CRS. 2003. 참조.

20) Johnson, Charles W.,op. cit, p. 9.

상임위원회가 지정되고 관련 분야의 전문지식을 보유한 소관 상임위원회가 법안을 심사함으로써 법안심사에 있어 전문성을 도모하고 있다. 소관 상임위원회가 법안의 필요성 및 적합성 등을 포괄적으로 검토한 후 법안을 승인하고 이를 본회의에 상정하기로 결정하였을 경우에는 위원회보고서를 작성하여 제출하도록 규정되어 있다. 위원회보고서의 내용으로는 법안의 목적 및 범위, 기존 법률에의 영향, 예상 소요 예산, 세금제도 변경의 필요성, 공청회 기록, 상임위원회의 투표 결과, 위원회가 법안을 승인하는 원인 등이 포함된다.[22]

상임위원회와 더불어 의회에 소속된 여러 지원기관들 또한 입법평가와 관련하여 중요한 역할을 수행하고 있다. 상임위원회는 법안심사 과정에서 필요에 따라 이들 지원기관들로부터 정책사안에 대한 기초 조사, 법안의 예상 효과 분석, 법안의 예상 비용 분석 등 입법평가와 관련된 다양한 서비스를 지원받고 있으며, 상임위원회는 이들 지원기관의 조사 및 분석 결과를 참고하여 법안의 승인 여부를 결정한다.

입법평가와 관련된 의회 소속 주요 지원조직으로는 의회도서관조사국(CRS: Congressional Research Service), 의회예산처(CBO: Congressional Budget Office), 회계감사원(GAO: General Accountability Office) 등을 들 수 있다. 상기 지원기관들은 상원 및 하원의 활동을 지원하며, 이들의 주요 업무는 다음과 같다. 의회도서관조사국은 의회의 정책조사를 담당하는 기관으로서 특정 공공정책 사안에 대한 기초 조사, 다양한 입법사안에 대한 교육세미나 제공 및 보고서 작성, 위원회

21) 현 109회 의회에서 상원은 총 16개, 하원은 20개의 상임위원회를 두고 있다.

22) Schneider, Judy, House Committee Organization and Process: A Brief Overview, CRS. 2004. Schneider, Judy, House Committee Reports: Required Contents, CRS. 2003. 참조.

및 의원의 요청에 따른 특정 사안에 대한 조사·분석·상담 등의 업무를 수행한다. 의회예산처는 발의된 법안의 예상 비용 산정 업무를 수행하는 기관으로서 법안이 향후 연방정부, 주정부 및 지방정부의 재정에 미치는 영향을 평가한다. 회계감사원은 감시기관으로서 행정부의 정책과 프로그램의 성과의 평가, 행정부의 재정 및 관리상태에 대한 조사 및 감사, 성과 개선 방안 마련 등의 업무를 수행한다 (Brudnick[23] 2006, 2-6).

2.3. 정부규제 평가의 내용 및 방법

정부의 기능과 역할이 확대되면서 법규 과잉화가 발생하고 이로 인해 법규 준수와 관련한 사회의 비용부담이 점차 늘어나자 미국의 의회 및 행정부는 각각 불필요한 법규의 남발을 지양하기 위해 노력을 지속해왔다. 그 동안 추진되어 온 이러한 규제개혁 노력은 입법평가와 관련된 요구사항을 강화시키는 결과를 낳았으며, 특히 규제제정 과정에서의 규제기관의 경제분석 수행, 외부 기관에 의한 규제안의 검토, 기존 규제에 대한 사후 검토 등과 관련한 요구사항이 강화되었다. 상기 분야에 대한 입법평가의 내용 및 방법은 다음과 같다.

(1) 규제(경제)분석 관련 요구사항

미국은 재정적 영향이 큰 규제의 경우 규제기관에게 규제안에 대한 경제분석을 요구함으로써 효과 높고 비용 낮은 양질의 규제 제정을 꾀하고 있다. 규제의 경제성 분석을 위한 도구로는 비용편익

23) Brudnick, Ida A., Support Offices in the House of Representatives: Roles and Authorities, CRS. 2006을 참조.

분석(Cost Benefit Analysis), 비용효과분석(Cost Effectiveness Analysis), 위험분석(Risk Assessment) 등이 있는데 일반적으로 비용편익분석이 요구되고 있다. 비용편익분석을 수행함에 있어 규제 적용 시 발생할 것으로 예상되는 직접적 및 간접적 비용편익과 정성적인 비용편익을 포함한 모든 비용편익을 밝혀내고 상기 비용편익이 사회의 여러 그룹에게 어떻게 배분되는지에 대해서 살펴보는데, 예상되는 모든 편익의 현재 가치가 모든 비용의 현재 가치보다 높은 경우에 비용편익테스트를 통과한다고 볼 수 있다.[24)]

1993년에 시행된 대통령 명령(Executive Order) 제12866호는[25)] 경제적으로 중대한[26)] 규제에 한하여 규제기관에게 이들이 개발한 규제안 및 대안에 대해 비용편익분석을 수행할 것을 요구하고 있다. 또한 1995년에 제정된 법률인 Unfunded Mandates Reform Act는 규제기관이 예상하는 규제안의 비용과 편익에 대한 정성적 및 정량적 평가 결과를 담은 진술서를 작성하도록 요구하고 있다. 규제기관의 원활한 경제분석 수행을 돕기 위해 대통령실 직속 기관인 관리예산처(OMB: Office of Management and Budget)의 산하조직인 OIRA(Office of Information and Regulatory Affaires)는 1996년에 경제분석 베스트프랙티스를 설명하는 문서를 발간하였다. 한편 의회 소속 기관인 회계감사원(GAO)과 몇몇 학자들은 규제기관이 그간 수행한 경제분석 내용을 면밀히 검토하였는데 일부의 경우 경제분석의 내용이 미흡했던 것으로 나타났다(Copeland, 2004, pp. 6-11).

---

24) Copeland, Curtis W., Federal Regulatory Reform: An Overview, CRS. 2004. 참조.

25) 1981년에 시행된 대통령 명령 제 12291호에 이미 현재와 유사한 비용편익분석 관련 요구사항이 존재하였다. 1993년에 대통령 명령 제12866호가 시행되면서 대통령 명령 제12291호를 대체하였다.

26) Economically Significant 규제라고 명시되어 있으며, 통상적으로 경제적 영향이 1억 달러를 초과하는 규제를 가리킨다.

(2) 규제안의 외부 검토 관련 요구사항

미국은 불필요한 신규 규제의 남발을 지양하기 위해 규제기관이 규제안을 확정하기 이전에 외부 감독기관에 의한 검토를 받도록 요구하고 있다.

1993년 시행된 대통령 명령 제12866호는 중대한 규제에 한하여 이를 제안한 규제기관은 규제안을 대통령실 직속 관리예산처(OMB) 산하의 OIRA에 제출하고 OIRA의 검토를 받도록 규정하고 있다. OIRA는 규제안을 보고받은 이후 90일 이내에 검토를 완결하고 검토 내용 및 규제안에 대한 수정 사항이 있는 경우 이를 발표하게 되어 있다. 또한 1996년 제정된 법률 Congressional Review Act[27]에 의하면 모든 규제는 시행 이전에 의회 및 회계감사원(GAO)에 제출되어야 하며, 해당 시 규제기관이 수행한 비용편익분석의 내용도 회계감사원에 제출하도록 규정되어 있다. 회계감사원은 중대한 규제를 보고받은 이후 15일 이내에 규제기관이 해당 법률과 절차를 준수하였는지의 여부를 의회에 보고하도록 되어 있다. 규제에 반대하는 의원은 의회가 규제를 보고받은 이후 60일 이내에 규제반대 결의안을 제시할 수 있으며, 결의안이 상원과 하원 모두에서 통과될 경우 그 규제는 무효화된다(Copeland 2004, 11-17).

(3) 기존 규제의 사후 검토 관련 요구사항

연방기관들이 매년 수천 개의 규제를 발한 결과 그간 수많은 규제가 축적되었으며 현존하는 규제 중 상당수는 더 이상 필요하지 않은 규제들이다. 따라서 불필요한 규제를 폐지하기 위한 목적으로

27) 이 법률은 Small Business Regulatory Enforcement Fairness Act의 일부로 제정되었으나, 일반적으로 Congressional Review Act로 불리고 있다.

기존 규제를 정기적으로 검토하도록 하는 요구사항이 생겨났다.

1993년 시행된 대통령 명령 제12866호는 규제기관에게 현존하는 규제가 개정되거나 폐지될 필요가 있는지 결정하기 위해 기존규제 검토계획을 세우고 이를 대통령실 직속 관리예산처(OMB) 산하의 OIRA(Office of Information and Regulatory Affairs)에게 정기적으로 보고하도록 규정하고 있다. 의회 또한 다양한 방법으로 기존 규제의 사후 검토를 요구하고 있는데, 한 예로 Regulatory Flexibility Act는 각 연방 규제기관에게 경제적으로 중대한 영향을 미치는 기존 규제의 검토 계획을 요구하고 있다(Copeland 2004, 24-26).

3. 스 위 스

3.1. 입법과정과 입법평가제도

스위스는 입법평가를 가장 먼저 법제화한 나라의 하나로 주목을 받고 있다. 스위스에서는 1980년대에 이미 입법평가제도가 이론적으로 정립되었고, 이후 1990년대를 거치면서 학계 및 실무계 차원에서 매우 활발한 연구가 전개되어 왔다. 이러한 이론과 실무 양면에서의 연구는 주로 연방법무부에 수행되고 있으며 스위스평가학회(Schweizerischen Evaluationsgesellschaft : SEVAL)가 함께하고 있다.[28] 스위스가 세계적으로도 모범적인 입법평가제도를 가지게 된 것은 바로

28) 스위스의 제도와 이론에 관해서는 특히 박영도(2004)를 참조. 아울러 연방법무부, 스위스입법학회 및 스위스평가학회가 간행하고 있는 "LeGes — Gesetzgebung & Evaluation"; Luzius Mader, L'evaluation Législativ. pour une analyse empirique des effets de la législation Lausanne 1985; Werner Bussmann, Evaluation staatlicher Massnahmen erfolgreich begleiten und nutzen, ein Leitfaden, Chur/Zürich 1995 등을 참조. 1999년의 헌법개정에 관해서는 박영도, "스위스연방의 헌법개혁과 향후전망", 2004.5 한국법제연구원을 참조.

이러한 지속적 노력 덕택이었다. 그리고 바로 그러한 이론 및 실무상의 경험을 토대로 입법평가가 법제화될 수 있었다고 할 수 있다.

입법평가는 다수의 법령에서 명문의 근거를 둠으로써 법제화되어 있으나, 그 중에서 가장 현저한 근거는 1999년의 개정헌법(2000.1.1 시행)[29] 제170조를 들 수 있다.

헌법 제170조는 '실효성심사'(Überprüfung der Wirksamkeits)라는 표제 하에 "연방의회는 연방의 조치들에 대한 실효성 심사가 이루어지도록 배려한다."[30]고 규정하여 입법평가를 헌법적 수준에서 제도화하고 있다.

이러한 헌법규정을 기반으로 하여 입법평가제도가 운용되고 있는데, 스위스의 입법평가제도는 연방정부와 연방의회에서의 입법절차 속에 불가결한 구성부분으로 내장되어 있다. 즉, 현행 「정부 및 행정조직법」 제7조에 의하면 내각은 입법의 사전절차(Vorverfahren)를 지도하고 법률안의 형성과정에 결정적으로 참가할 수 있도록 되어 있다. 내각에서의 입법 사전절차의 개시는 1970년에 제정한 "입법의 사전절차에 관한 지침(Richtlinien über das Vorverfahren der Gesetzgebung, 1970.5.6)"에 의하여 수행된다.

3.2. 입법평가 관련 조직

스위스연방의 법제기구 중 특히 중요한 조직들을 간략히 살펴보면 다음과 같다.[31]

---

29) Bundesverfassung der Schweizerischen Eidgenossenschaft vom 18. April 1999 (Stand am 8. August 2006: http://www.admin.ch/ch/d/sr/1/101.de.pdf).

30) Die Bundesversammlung sorgt dafür, dass die Massnahmen des Bundes auf ihre Wirksamkeit überprüft werden.

31) 스위스의 연방 법제기구에 관해서는 주로 박영도(2004)의 조사연구결과를 참조하여 소개하기로 한다.

(1) 연방내각처(Bundeskanzlei)

연방내각의 보좌기구로서 연방내각의 지시에 따라 행정부처간의 업무를 총괄, 조정하며, 연방내각에 제출하는 각종 안건 등에 관하여 관계부처와 협의하는 임무를 수행하는 기관으로서 14개의 부서로 구성되어 있다. 특히 입법과 관련하여 주요한 역할을 담당하는 부서로는 전략기획부(Sektion Planung and Strategie), 법령과(Abteilung Recht), 정부간행물센터(Kompetenzzentrum Amtliche Veröffentlichungen), 중앙언어서비스부(Zentrale Sprachdienste)를 들 수 있는데, 그 중 연방내각의 교서, 각 부처로부터 입안된 법률, 명령 등을 연방내각에 제출하기 전에 형식과 법적 정확성 등을 검토하는 부서인 법령과는 연방법무부와 공동으로 편집한 입법기술지침(Gesetzestechnische Richtlinien : GTR)에 따라 법안이 작성되었는지를 검토하는 중요한 기능을 수행한다.

(2) 연방법무부

스위스의 연방법무부는 법무행정뿐 아니라 경찰행정도 담당한다.[32] 연방법무부는 12개 부서들로 구성되어 있는데, 그 중 특히 입법과 밀접한 관련을 가지고 있는 곳은 연방법무국(Bundesamt für Justiz)이다. 연방법무국은 법제지원(Legistik), 즉 법령의 형성, 작성, 공포 및 적용에 관한 지침을 제정하는 것을 목표로 하는 임무를 수행하며,[33] 민사, 형사, 파산, 채무, 국제사법 및 공공행정관계법과 관련

---

32) 공식명칭도 '연방법무・경찰부'(Eidgenössisches Justiz und Polizeidepartment)로 되어 있다.

33) http://www.ofj.admin.ch/bj/de/home/themen/staat_und_buerger/legistik.html. 법제지원단은 법조인과 비법조인들로 구성되는데, 이들의 교육훈련은 연방법무국에 의하여 다음과 같은 수단을 통해 수행된다:

–입법지침서 Gesetzgebungsleitfaden, Leitfaden für die Ausarbeitung von Erlassen

한 법령을 주관하고, 각 부처에 대하여 법률적 의견에 관한 전반적인 의견을 조언한다. 연방법무국에는 업무부서로서 5개실(공법실, 형사 및 부동산법실, 사법실, 국제문제실, 국제법무협력실)이 있으며, 그 중 공법실에서 수행하는 업무가 입법문제전반을 다루는 주요한 부서이다. 공법실(Die Hauptabteilung Staats- und Verwaltungsrecht)에는 입법계획 · 입법방법과(Abteilung Rechtsetzungs- projekte und Gesetzgebungsmethodik), 입법 Ⅰ과 및 입법 Ⅱ와(Abteilung Ⅰ und Ⅱ für Rechtsetzung), 3개 부서가 소속되어 있는데, 입법평가에 있어 중요한 역할을 담당하는 것은 입법계획 · 방법과이다. 이 부서는 연방법무 · 경찰부의 공법과 관련한 법제업무를 담당하며, 다른 기관이나 연방법무국내의 다른 부서의 공법관련업무는 수행하지 않는다. 입법계획 업무는 헌법, 법률, 명령 등 모든 규범적 사항에 대하여 언급하며, 특히 국가제도의 조직과 권한(정부개혁, 정부정보공개원칙, 인권, 의회, 연방주의, 긴급사태 법률, 국가와 교회 등)에 관한 기본적 사항을 구상한다. 또한 범죄피해자구조, 변호사의 활동업무 등에 관한 기본적인 계획을 구상한다. 아울러 이 부서에는 입법방법론과 입법평가업무 전반에 관한 폭넓은 연구업무를 수행하며, 여기에서 발간하는 "입법지침서(Gesetzgebungsleitfaden)"는 입법학연구뿐만 아니라 입법실무에서도 매우 유용한 간행물로서 정평이 나 있다.[34]

---

des Bundes (2., überarbeitete Auflage von 2002) 및 연방정부에서 시행하는 법제지원의 기본방침들(legistische Grundsätze, wie sie in der Bundesverwaltung praktiziert werden).

–법제지원에 관한 다양한 계속교육(Verschiedene Weiterbildungskurse in Legistik)

–부속입법(Begleitende Rechtsetzung)

34) 박영도(2004)에 따르면, 스위스의 입법학연구는 세계적으로도 유명하고, 특히 Geneva대학, Zürich대학과 연방법무국의 역할이 커다란 비중을 차지하고 있다고 한다. Geneva대학은 입법학연구의 핵심인 입법방법론 강좌를 최초로 개설한 대학으로서 특히 법사회학적 관점에서의 입법학연구, 법발견연구, 입법기술연구등

3.3. 연방정부 및 연방의회에서의 입법절차와 입법평가

(1) 연방정부 및 연방의회에서의 입법절차

먼저, 연방정부, 즉 내각에서의 입법절차는 문제의 분석 법안작성을 위한 구상단계(입법절차의 개시)로부터 개시되며, 법안의 구상은 과제 분석(Auftragsanalyse) 및 문제 분석(Problemanalyse)을 필두로 하여 진행된다.[35] 이후 사전적 법률평가(Prospektive Gesetzesevaluation) 및 입법수단의 선택으로 이루어지는 입법의 동기 및 구상 절차를 거치고, 예비안의 작성, 부수적 법률평가(begleitende Gesetzesevaluation), 그리고 검토보고서 작성 및 협의 등의 단계로 구성되는 예비안 및 검토보고서 작성절차, 의견청취절차(Vernehmlassungsverfahren), 관계부처간 의견조정절차(Amterkonsultationsverfahren)를 거친 후, 법안(Gesetzesentwurf)이 확정되고 의회에 제출됨으로써 연방행정부의 손을 떠나게 된다. 이후의 입법과정은 대부분의 의회민주주의 국가들의 경우에서와 같이 의회입법절차를 통해 진행된다.[36]

그런데, 스위스의 입법절차에 포함되어 있는 입법평가제도 중 특

을 중점적으로 연구하는 입법조사기술 및 평가센터(Centre d'étude de technique et d'evaluation législative ; CETEL)를 설치하여 입법학연구를 수행하고 있고 최근에는 인터넷을 통한 입법학강좌를 개설하고 있다. Zürich대학에서도 최근(2001.7.22) 본격적인 입법학연구를 위하여 입법학과(Zentrum für Rechtssetzungslehre)를 개설하여 활발한 연구를 수행하고 있다. 그리고 연방법무국에서도 관련 대학 및 학회(스위스입법학회)와 밀접한 관계를 가지면서, 입법방법론 및 입법기술개발, 입법의 사전적·사후적 평가, 법령용어의 개선 등을 위하여 많은 연구를 수행하고 있다고 한다. 스위스에서의 입법학연구성과에 관해서는 Paul Richli, Interdisziplinäre Daumenregeln für eine Faire Rechtsetzung. Ein Beitrag zur Rechtsetzungslehre im liberalen, sozial und ökologisch orientierten Rechtsstaat(Basel, 2000)을 참조.

35) 문제분석에 관하여는 H. Hill, Ibid., S.66; Bundesamt für Justiz, Gesetzgebungsleitfaden. Leitfaden für die Ausarbeitung von Erlassen des Bundes, 2 Aufl., 2002, S.85f.; 박영도, 2004 등을 참조.

36) 이에 관하여 상세한 것은 박영도, 2004 : 34 이하를 참조.

히 우리의 관심을 끄는 부분은 법률에 대한 사후적 평가절차이다.

(2) 법률의 시행점검과 평가

입법평가와 관련하여 우리의 관심을 끄는 부분은 법률의 시행점검과 평가 단계이다. 이 단계는 집행 및 관찰, 사후평가 및 최종평가(Bewertungsphase) 세 가지 세부단계로 진행되는데, 이를 연방법무부의 입법지침서(Bundesamt für Justiz. 2002. Gesetzgebungsleitfaden)과 박영도(2004)의 조사·연구결과에 의거하여 간략히 살펴보면 다음과 같다.

가. 집행 및 관찰

법률안이 의회를 통과하고, 국민투표를 거쳐 공포되면 그 법률안은 법률로서 시행된다. 법률의 시행과 관련하여 관련부처에서는 당해 법률이 당초의 의도대로 사회와 행정에 제대로 적용되고 있는가를 검토하기 위한 사후적 법률평가(retrospektive Gesetzesevaluation)를 수행하며, 이를 위한 기초자료로서 통계자료를 구축하도록 되어 있다. 당해 법률이 시행됨으로써 행정과 사법 및 학문(이론과 연구)의 영역에서는 이를 둘러싸고 해석과 검토를 거듭하게 되며, 집행이 지속적으로 이루어짐으로써 당해 법률과 개별 규범들에 대한 지식이 더욱 증대된다. 따라서 법률의 집행에 대한 지속적인 관찰,[37] 행정을 통하여 이루어지는 당해 법률에 대한 체계적 정보수집 및 지식의 관리가 중요하다.[38] 이를 위해 다음과 같은 모니터링(Monitoring: Vollzugsbeobachtung)을 통한 자료확보작업이 진행된다.[39]

---

37) Peter Noll, Gesetzgebungslehre, Reinbeck 1973, S.146f ; Werner Hugger, Gesetz. Ihre Vorbereitung, Abfassung und Prüfung, Baden- Baden 1983, S.356f.

38) Arthur P. Schmidt/Otto E. Rossler, Medium des Wissens. Das Menschenrecht auf Information, Bern 2000, S.108.

39) D. Kettiger, a.a.O., S.44f.

- 통계자료의 확보
- 법원의 판결 분석
- 학문적인 성과물의 검토
- 언론기사의 분석
- 재정 및 행정감독에 따른 통제보고서의 검토
- 당사자와 집행기관에 의한 문제제기 및 불만사항의 분석
- 의회의 관련 문의사항의 검토
- 효과지향적으로 운영되는 행정기관의 비용·급부계산에 관한 자료 확보

스위스에서는 위와 같은 모니터링과 관련하여 연방정부의 조치들의 집행 및 효과에 대한 일반적 관찰의무(Allgemeine Pflichten zur Beobachtung von Vollzug und Wirkungen von Bundesmassnahmen)가 성립한다.[40] 연방정부의 소관부처는 소관 업무가 법규범에 적합하게 집행되고 있는지 여부를 관찰할 의무뿐만 아니라 그렇지 않을 경우 적절한 시정조치를 강구할 의무를 진다. 또한 각각의 경우 상응하는 국가적 과업을 수행하는데 필요한 기본조건들이 계속 존재하는지 여부, 그리고 그 조치들을 통하여 자신에게 부과된 목표가 달성되고 있는지 여부를 관찰하여야 하며, 그렇지 않다고 판단하는 경우에는 집행의 개선, 정치적 심급의 집행결함에 대한 정보, 현행 조치·법령 및 신규 조치·법령의 개정 또는 철회의 제기 등 적절한 조치를 취해야 한다. 이러한 연방조치의 실효성[41]에 대한 관찰의무(Pflicht zur Beobachtung der Wirksamkeit)는 전술한 바와 같이 연방헌법 제170조에서 도출된다. 이 조항은 연방의회에 대해서는 직접적 효력을 가

40) Gesetzgebungsleitfaden, 159.

41) '실효성'(Wirksamkeit)의 개념에 관해서는 Flückiger, Alexandre, Le droit administratif en mutation : l'émergence d'un principe d'efficacité, Revue de droit administratif et fiscal, 2001, S. 93 ff.를 참조.

지지만, 연방정부에 대해서는 간접적인 효력을 가진다.[42]

한편, 이들 개별 법률규정이나 규율영역에 관련된 정보들은 당해 법률의 적용과 관련하여 권한을 가진 행정기관들이 각각 보유·관리하고 있기는 하지만, 이들 소관 행정기관들이 그같은 정보들을 체계적이고 종합적으로 관리하기를 기대하기는 어렵다. 그 결과 모니터링 작업이 소기의 성과를 거두도록 하기 위하여, 모니터링을 통해 수집된 정보들을 지속적으로 모든 이해관계 있는 집단(집행기관, 법원, 학문, 정치, 다른 국가들)에게 제공하고 있다.[43]

나. 사후적 법률평가

법률시행과정에서 수집된 정보들은 그에 대한 평가를 거쳐야 하며, 또한 다른 연구를 통해 보완되고 "효과중간점검"(Wirkungsbilanz)을 위하여 체계화된다. 법률시행과정에서 획득된 정보들에 대한 사후적 평가 결과는 장래의 입법활동의 필요성에 대한 분석의 기초자료로 활용되고 있다. 그러나 언제 어떤 방법으로 사후적 법률평가를 행할 것인가 하는 것은 여전히 문제가 될 수 있다. 법률의 성과를 관찰, 측정하는데 적지 않은 제약이 따를 수 있기 때문이다. 즉, 일정한 경우에는 법률의 직접적 영향(impact 또는 output)이 수범자들에게 매우 신속하게 나타나게 되지만, 그 사회경제적·정치문화적 효과(outcome 또는 social consequences)는 대개 중장기에 걸쳐 나타나는 경우가 많다.[44] 부수적 효과나 다른 규범들과의 상호작용효과 역시 통상 비교적 오랜 집행기간이 경과한 이후에 비로소 가시화되기 마련이다. 또한 법규범의 효과나 효율성에 대한 확실한 판정은 장기간

42) Gesetzgebungsleitfaden, 159.

43) Kettiger, Bessere, a.a.O., S.273.

44) D. Kettiger, Die Forderungen von New Public Management an die Gesetzgebung, in Kettiger, 2000, 135.

에 걸친 통계자료의 비교를 통해서만 비로소 확인할 수 있다. 따라서 정확히 언제 평가가 이루어져야 하는가는 구체적인 경우에 따라 판단할 수밖에 없으나, 스위스에서는 대체로 법률평가는 법률시행 후 5년이 지난 이후에 행해지고 있다. 또한 어떤 법률이든 적어도 매 10년마다 심사가 이루어져야 한다는 규칙이 설정되고 있다. 경우에 따라 어떤 법률의 경우에는 시행 이전에 이미 평가프로그램을 확정해 두기도 한다.[45] 이는 입법평가를 법제화함에 있어 참조해 볼 만한 측면이라고 생각된다.

물론 입법에 대한 사후평가에 여러 가지 제약이 따른다는 것은 스위스의 경우에도 예외가 아니다. 스위스의 경우 연방헌법 제170조의 규정을 의해 입법에 대한 사후평가제도가 헌법상 확고히 법제화되어 있는 것은 사실이지만, 평가의 경험이 충분히 축적되어 있지못하고, 평가 가능한 대상과 평가기준이 매우 방대하다는 점에 비추어 볼 때, 어떤 경우에 사후적인 법률평가가 실행되어야 하며 또 어떤 경우에 수집된 정보들에 대한 실용적 분석으로 충분한 것인지에대한 명확한 기준을 설정하고 있지는 않다고 한다.[46] 다만, 사전적또는 부수적 법률평가가 이미 실행된 경우라면, 통상적으로 볼 때 이들 평가의 항목들을 사후적 법률평가에 활용하고 있다. 사후적 평가단계에서 얻어진 결과는 법률의 목적이 달성되었는가의 여부 및 그 범위, 법률집행에 있어 얼마의 비용이 발생하였는가 및 이 비용이 법률안을 입안할 단계에서의 비용예측과 일치되는가의 여부, 그리고 새로운 규율에 대한 수요(폐지, 개정, 새로운 법률)가 존재하는가의 여부에 대한 해명을 담고 있다.[47]

45) D. Kettiger, Controlling, 46.
46) 박영도, 같은 곳.
47) Arbeitsgruppe Gesetzesevaluation, 25.

[그림 2-2] 사후적 법률평가의 수행여부에 관한 결정의 경로[48)]

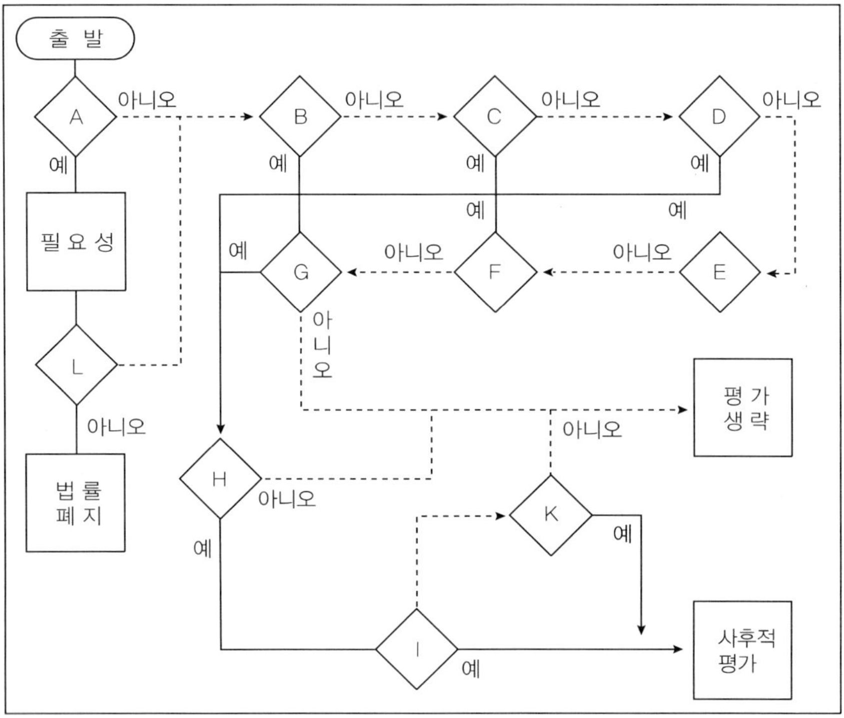

[A] : 10년을 경과한 법률인가?

[B] : 경제 및 사회에 대한 중대한 의미가 있는가?

[C] : 국가재정에 있어 중대한 의미가 있는가?

[D] : 효과가 명확하지 않거나 예측불가능하여 혁신적 조치(새로운 구상)가 요망되는가?

[E] : 논의의 여지가 있는 효과에 대한 조치인가?

[F] : 불명확한 수용문제의 공시인가?

[G] : 새로운 규율요구에 관한 정치적 압력이 있는가?

[H] : 예측되는 새로운 인식에 대한 평가의 제시인가?(효용)

[I] : 비용/효용관계를 뒷받침할 수 있는가?

[K] : 중대한 순수학문적 이익인가?

[L] : 필요한가?

---

48) 박영도, 2004: 44-45에서 인용.

다. 최종평가(Bewertungsphase)

법률의 시행점검에 있어 최종단계로서 최종평가가 이루어진다. 이 단계에서는 평가단계에서 얻어진 결과를 기초로 하여 법률 및 법규범에 관한 입법행위수요의 분석을 행하도록 되어 있다.

평가 단계에서 얻어진 판단을 보완하기 위해 결정에 있어 중요한 또 따른 측면들을 고려한다. 그 경우 초국가적인 법규범, 국제법, 헌법, 주의 경우에는 연방입법 등 상위법령의 개정이 있었거나 개정이 임박한 상황 등 중요한 고려사항을 파악하여야 한다. 또한 재정계획상 가용한 재정적 수단들의 변화 역시 고려하여야 한다. 그 밖에도 당해 규율영역에 대해 중요한 의미를 가질 수 있는 정치적・정책적 변화나 이니셔티브들(새로운 다수당, 새로운 연립협약, 정부정책상의 새로운 목표 등), 학문으로부터 초래되는 자극(기술발전, 새로운 사회심리학적 및 교육학적 성과 등), 환경적 측면에서의 자극(기후변화, 자연재해 등), 새로운 사회적 경향이나 운동 등도 고려의 대상으로 한다.[49)]

이러한 여러 측면을 고려하여 입법 수요에 대한 정책적 판단이 이루어지게 된다. 이러한 과정을 통해 구체적인 제안 또는 경우에 따라 입법대안의 제시(법률의 폐지, 법률의 개정 및 새로운 법률구상) 형태로 정부나 의회에 대해 적합한 형식의 분석자료를 제공할 수 있게 된다.

---

49) 박영도, 같은 곳.

[그림 2-3] 입법적 수요의 분석

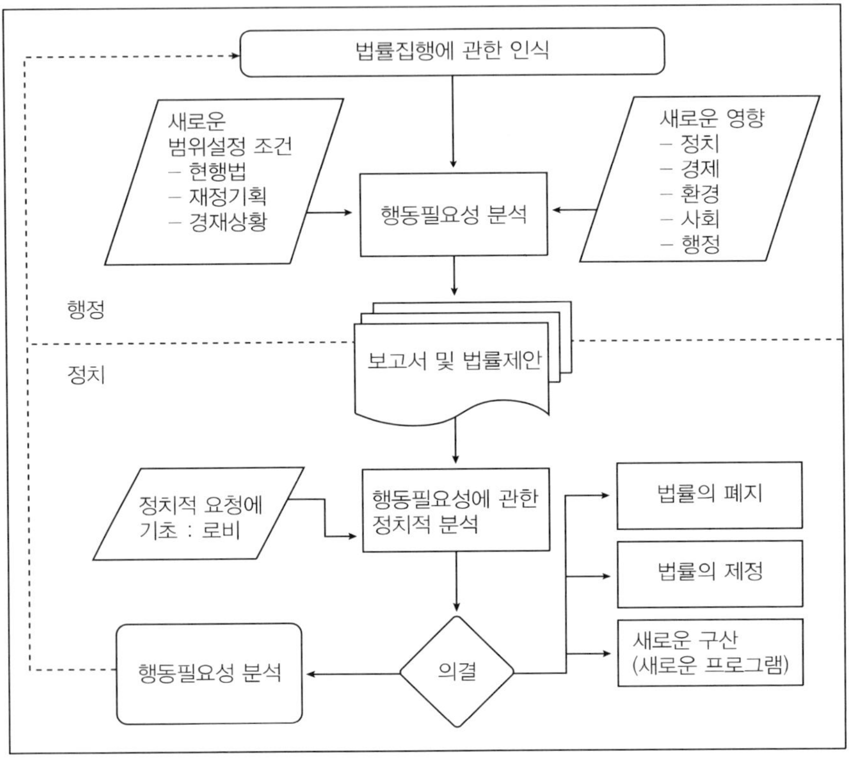

V 입법평가 사례–성매매처벌법

1. 경제학적 관점

여기서는 앞에서 논의한 입법평가의 기법 중 입법평가의 사례로서 최근 많은 논란을 일으키고 있는 '성매매 알선 등 처벌에 관한 법률'(이하 '성매매처벌법'이라 한다)을 살펴보기로 한다.

성매매처벌법은 2004년 3월 22일 국회에서 제정되고 같은 해 9월 23일부터 시행되었는데, 제정 시부터 찬성하는 단체와 반대하는 단체간에 치열한 논쟁이 진행되어 왔다. 옹호자들은 다양한 유형의 음성적 성매매가 발생하고 성매매 산업의 규모가 지속적으로 증가하고 있으며 특히 청소년들의 성매매 시장 유입 및 이들의 착취가 급격히 늘어나는 국내 현실을 감안할 때, 성매매의 근절과 성매매 피해여성들의 인권 보호를 위해 성매매 및 알선행위에 대한 법적 처벌이 필요하다고 주장하고 있으며, 당국에 성매매처벌법을 엄격히 집행할 것을 요구한다. 반면 반대자들은 성매매처벌법이 인간의 본능적인 욕구에 대한 현실과 시장원리를 무시하고 제정되었기 때문에 법률 제정의 궁극적인 목표인 성매매 근절을 이루지 못하고 오히려 성매수 범죄자를 양산하고 성폭력을 증가시키는 등 부작용을 일으킬 것이라고 주장하고 있으며, 따라서 성매매처벌법을 폐지할 것을 요구한다.

성매매처벌법의 시행 후 1년이 지난 이후 성매매처벌법의 성과에 대해 다양한 분석과 토론이 전개되었다. 그 중 하나는 2006년 1월에 발간된 '경제학적 관점에서 본 성매매처벌법(이주선 2006)'이라는 연구보고서인데, 이 보고서는 성매매처벌법의 실효성에 대한 논란을 가열시켰다. 보고서에서 저자는 성매매처벌법으로 인해 성매매가 음성화되고 성매매 거래경로가 다양하게 분화되어 성매매를 관리할 수 없는 지경에 이르렀다고 주장하였다. 또한 집장촌에 대한 성매매의 단속은 성매매 공급자들을 주택가를 포함한 다양한 지역으로 산재시킴으로써 성매매 서비스의 접근성을 오히려 높이게 하며, 성매매 서비스의 품질관리를 어렵게 하고 성매매 종사자와 수요자의 성병감염 가능성을 높여 사회적 비용을 발생시키는 효과를 유발할 것이라고 주장하였다. 저자는 아울러 성매매는 특별한 전문성이나 기술을 요하는 것은 아니지만 그 보수가 상대적으로 높기 때문에 성매매 종사여성이 다른 직업을 택할 가능성이 낮으며 결과적으로 성매매가 축소 또는 근절되지 못할 것으로 보고 있다.

성매매처벌법 옹호자들은 위와 같은 저자의 주장에 여러 가지 반론을 제기하고 있다. 이들은 상기 보고서는 새로운 주장이 아니라 이미 여러 번 주장되었던 오래된 논리를 단지 경제학적 용어를 사용하여 되풀이한 것에 불과하다고 주장하고 있다. 실제로 보고서는 성매매처벌법의 시행으로 인해 발생했다고 주장하고 있는 부작용을 입증할 수 있는 객관적 데이터를 제시하지 않았으며, 법 집행과 부작용간의 인과관계를 입증하지도 않았다. 또한 옹호자들은 보고서가 주장하고 있는 성매매처벌법의 성과가 모두 사실이라고 가정하더라도 법 시행 이후 겨우 1년이 지난 시점에서 나타난 결과를 토대로 하여 입법성과에 대한 결론을 내리는 것은 바람직하지 않다고 주장한다. 다음에 위 '경제학적 관점에서 본 성매매처벌법보고서'의 내용을 요약해 소개하기로 한다.

1.1. 개 설

2004년 3월 '성매매 알선 등 처벌에 관한 법률'이 국회에서 제정되고 같은 해 9월 발효된 이후 성매매에 대한 다양한 토론이 전개되었다. 남성우월주의적 가부장적 사회에서 남성들의 성욕을 충족시키기 위해서는 여성들을 희생하는 윤리적 타락성과 남성들의 도덕불감증을 극복하여 피해여성들의 인권을 보장하기 위한 법적 장치를 마련하기 위한 것이란 주장과 시장원리에 반하는 당위성을 전제로 제정되었기 때문에 이러한 법이 장기적으로 오히려 역효과를 낼 것이라는 상반된 주장이 있었다. 두 주장 모두 장단점을 가지고 있지만 윤리적인 관점은 인간의 존엄성이라는 본질적인 인간관에 대한 문제의식에서 출발한다는 점에서 의의를 두고 있다.

1.2. 우리나라 성매매 관련 현황

(1) 우리나라 성매매와 성매매 관련 법 및 정책의 변천

우리나라에서 성매매가 전국적으로 확산되기 시작한 것은 일본의 강점기에 만들어진 공창제도부터이다. 일제가 "불특정 다수를 상대로 성교를 하고 그 대가를 지불 받는 직업"으로 규정하고 이를 직업으로 인정하였다. 그러다가 제국주의적 침략전쟁을 일삼았던 일본의 군대에게 섹스서비스를 제공하기 위해 '종군위안부'라는 강제적 성매매 여성확보를 하기도 하였다. 이후 미군정시대에는 "공창제도 등 폐지령"을 제정하여 공창을 폐지하였지만 그 결과 사창이 확대되었다. 사창은 특히 미군주둔지역을 중심으로 확대되었다. 1960년대는 전국적으로 사창가가 확대된 시기였다. 정부는 "윤락행위방지법", "인신매매 금지 및 타인의 매춘행 성매매위에 의한 착취 금지에 관한 유엔협약" 등을 통해 금지주의적 관점에서에 개입하기 시작하였다. 성매매에서 파생하는 성병관리에 효과적으로 대처할 수 있다는 논리 하에 보건사회부, 법무부, 내무부가 합동으로 특정 윤락지역을 설치하여 매춘여성의 집단화를 유도하였으며, 포주 또는 알선업자들의 착취로부터 성매매 종사 여성들이 자구책을 강구할 수 있도록 하였다. 이러한 노력에도 불구하고 사창으로 유입하는 여성들은 증가하였다. 1970년대에는 경제발전의 미명하에 성매매를 관광산업의 자원으로 활용한 시기였다. 외국인을 상대로 성매매를 하는 여성에 대해서는 윤락행위방지법의 적용을 보류함으로써 사실상 외국관광객을 상대로 한 성매매를 조장하였다. 이 시기 경공업으로부터 자본집약적인 중화학공업으로 전환하는 시기여서 경공업 종사자의 주류를 이루었던 여성 노동력이 대량 퇴출하였고 이 잉여 여성 노동력이 상당수 음성적으로 성매매에 종사하였다. 1980년대에는 3차 산업이 지속적으로 성장하고 이로 인해 산업형 성매매는 급격한 팽창을 하여 전국적인 현상으로 확대되었다. 이런 산업형 성매매는 공급자의 입장에서 공식적인 노동행위 이외의 방법으로 고수익을 올릴 수 있는 방편이었다.

1990년대 이후로 노래방, 유리방, 스포츠마사지, 출장마사지, 인터넷, 원조교제 등 다양한 유형으로 음성적인 성매매가 확대되었다. 성매매의 확산은 성에 대한 개방적 태도의 보편화, 도덕적 불감증, 가출 청소년의 증가와 인터넷혁명으로 인한 음란물의 범람 등에 기인한다. 특히 10대 청소년 여성들의 성매매가 급격히 증가하여 사회문제화가 되었으며 외국인 여성이 성매매 시장에 유입되었다. 이러한 성매매의 보편화에 대응하여 정부는 2004년 3월 '성매매처벌법'과 '성매매 방지 및 피해자 보호 등에 관한 법률'을 제정하여 9월부터 시행하고 있다.

(2) 우리나라의 성매매 유형

우리나라의 성매매 유형은 성매매를 전업으로 하는 전통형 또는 전업형 성매매, 본래의 업종이나 업소의 목적 외에 음성적으로 성매매를 겸업하는 산업형 또는 겸업형 성매매, 그리고 기타 성매매로 분류할 수 있다. 전통적 성매매는 특정지역을 중심으로 1960 70년대 주류를 이루며 현재도 소위 윤락가로 불리는 곳에서 성매매가 이루어지고 있다. 산업형 성매매는 1970년대 말에 발생하여 1990년대까지 지속적으로 확대된 유형으로 서비스를 매개로 업소 내 혹은 업소 밖으로 나가서 성매매를 행하는 유형과 알선을 통하여 성매매를 행하는 것으로 구분된다. 기타 성매매는 외국인, 여자 연예인, 고급 콜걸 등이 업소나 중개인의 알선을 통해서 행하는 성매매, 특정한 중개자 또는 중개장소가 있는 유형의 성매매, 인터넷 채팅을 통한 성매매, 성매매에 종사하는 여성이 직접 수요자를 물색하고 흥정하여 행하는 성매매의 유형 등이 이에 속한다.

(3) 우리나라의 성매매 실태 추정치와 규모

우리나라의 성매매 실태와 그 규모는 2002년 기준 대략 최소 33만 정도로 추정된다. 이는 2-30대 여성인구의 4.1%, 취업여성인구의 8.0%에 해당되는 것이다. 이의 경제적 규모는 24조원 정도로 추산되는데 이는 국내총생산(GDP)의 4.1%에 해당되며 농림어업의 비중인 4.4%에 근접한 규모이다. 이 중 전업형 또는 전통형 성매매업소는 현재 전국 69개 지역에 총 2,938개소가 존재하며 종사하는 여성의 수는 9,902명이다. 이들 전업형 성매매업소들의 연간 매출액은 약 1조8,484억원으로 추산된다. 겸업형 성매매의 경우 7개 업종 54,000여개 업소에서 약 21만여명의 여성이 종사하고 있는 것으로 추정되고 있다. 겸업형 성매매업소의 주류는 일반유흥주점이고 그에 이어 티켓다방이 그 뒤를 따르며 단란주점을 비롯한 간이주점들이 세번째로 많은 것으로 나타난다. 이러한 겸업형 성매매업소의 연간 총매출액은 약 15조4,800억 원으로 추정된다.

1.3. 성매매 관련 법규의 실태

(1) 성매매와 성매매에 관한 국가개입에 대한 관점

성매매는 고대사로부터 지속되어 왔다. 성매매는 종교적인 정죄, 사회적 비난, 통제, 국가권력을 통한 법적제재에도 불구하고 근절을 성공한 예가 없다. 성매매에 대한 시각은 다양한데 전통적 시각은 여성이 남성의 성욕을 비윤리적인 방법으로 충족시켜주는 대신 경제적 대가를 받았다고 간주하여 서비스 공급자인 여성의 비윤리성을 부각시키고 이들에게 제재를 가할 것을 주장한다. 반면 여권론자 시각은 성매매를 남성우월적인 가부장적 사회에서 남성들의 부당한 섹스에 대한 탐욕을 충족하기 위해 제도로 보고 여성들은 처벌하기 보다는 성매매에서 벗어날 수 있도록 보호와 지원하여야 하고 대신 성매매 수요자를 처벌해야 한다고 주장한다. 성매매에 대한 국가개입에 대한 관점도 다양하며 크게 금지주의, 규제주의, 폐지주의로 나뉜다. 금지주의는 성매매를 위법으로 규정하고 위반하는 사람을 처벌하는 것으로 우리나라, 미국의 일부 주, 필리핀, 태국, 스리랑카, 중국 베트남 등이 이를 채택하고 있다. 규제주의는 일정한 조건하에서 정부가 성매매를 관리하고 규제하는 것으로 부분적으로 정부의 감독과 규제 하에 성매매를 인정하는 것으로 영국, 오스트리아 등이 채택하고 있다. 폐지주의란 성매매를 직업으로 인정하고 자유로운 영업을 보장하며 세금을 징수하는 대신 이에 대한 간섭을 하지 않는 것으로 네덜란드와 2002년 이후부터 독일이 채택하고 있다.

(2) 성매매 관련 법령의 개요

1961년에 제정된 윤락행위방지법이 2004년 3월 이전까지 우리나

〈표 2-6〉 '윤락행위방지법'의 개요

조문	개 요	내용
1	목 적	윤락 행위 방지, 윤락행위자 선도
2	정 의	윤락행위: 불특정인을 상대로 금품 등을 받고 하는 성행위
3	적용 유의사항	해석 적용 시 부당한 국민의 권리침해 제한
4	금지행위	윤락행위, 권유·유인·알선·강요, 장소제공, 금전 등에 의한 이익 제공
5	국가 등 책임	윤락행위 방지 및 윤락행위 종사자 사회복귀 필요조치 책임
6	비밀 보장	보호 선도시설 종사자의 윤락행위자 및 상대방 관련 비밀 유지 의무
8-10	선도보호 관련	보호처분(8), 선도보호조치(9), 선도보호의 내용(10)
11-13, 16	시설의 설치 운영 및 의무	종류(11), 설치기준(12), 운영방법 및 기준(13), 우선보호장치(13 2), 수탁의무(16)
14-15	여성 복지 상담소	설치(14), 여성복지상담원의 자격, 훈련 및 직무(15)
16-18, 26,28	시설의 휴·폐지, 폐쇄, 벌칙	휴/폐지 신고(17), 정지 및 폐쇄명령(18), 시설 관련 위반자에 대한 처벌(26), 과태료(28)
19	비용의 보조	법 집행 소요비용에 대한 국가 및 지방자치단체의 보조
20	채권무효	윤락행위 권유 유인 알선자 등이 영업상 관계 있는 윤락행위 제공자에 대해서 가지는 채권은 형식에 관계없이 무효
21-23	행정 명령의 근거	시설에 대한 지도, 감독을 위한 자료제출 요구, 검사(21), 시설 폐쇄시의 청문(22), 권한의 일부 위임(23)
24-26	벌 칙	윤락행위 및 그 관련자에 대한 처벌 (24,25, 26 3), 양벌규정(27)

※참고: () 안의 숫자는 법의 구체적인 조문임.

라 성매매와 관련한 제도적 장치 역할을 하였다. 윤락행위방지법에서는 성매매를 '윤락'이란 용어로 표기하였고 법률적으로 '불특정인을 상대로 금품 및 재산상 이익을 받고 성행위를 하는 것'이라고 정의하였다. 위의 표는 윤락행위방지법의 개요이다.

2004년 성매매처벌법과 성매매방지법[50]이 시행되면서 윤락행위방지법을 대신하게 되었다. 성매매처벌법은 성매매와 그 알선행위 및 성매매를 위한 인신매매에 대한 근절과 성매매 피해자의 인권보호를 목적으로 하고 있다. 성매매처벌법은 윤락행위방지법보다 성매매를 보다 구체적으로 정의하고 있고 법적용의 투명성을 확대하고 있다. 다음 표는 성매매처벌법의 개요이다. 2004년 성매매처벌법과 성매매방지법[51]이 시행되면서 윤락행위방지법을 대신하게 되었다. 성매매처벌법은 성매매와 그 알선행위 및 성매매를 위한 인신매매에 대한 근절과 성매매 피해자의 인권보호를 목적으로 하고 있다. 성매매를 보다 구체적으로 정의하고 있고 법적용의 투명성을 확대하고 있다. 다음 표는 성매매처벌법의 개요이다.

〈표 2-7〉 '성매매 알선 등 행위의 처벌에 관한 법률'의 개요

조문	개 요	내 용
1	목 적	성매매, 그 알선행위, 성매매 목적의 인신매매 근절과 피해자 인권보호

50) 성매매처벌법은 성매매와 관련된 일련의 행위를 범죄로 지정하여 국가 형벌권을 발동하는 처벌법이고 성매매방지법은 성매매 피해자의 보호와 자립을 지원하는 보호법이라 할 수있는데 이 보고서는 성매매처벌법의 목적 실현 가능성을 검토하는 것을 목표로 하고 있다.

51) 성매매처벌법은 성매매와 관련된 일련의 행위를 범죄로 지정하여 국가 형벌권을 발동하는 처벌법이고 성매매방지법은 성매매 피해자의 보호와 자립을 지원하는 보호법이라 할 수있는데 이 보고서는 성매매처벌법의 목적 실현 가능성을 검토하는 것을 목표로 하고 있다.

2	정 의	○ 성매매: 불특정인을 상대로 금품 등의 이익을 수수하기로 약속하고 성행위를 하거나 상대방이 되는 것 ○ 성매매 알선행위: 알선·권유·유인·강요, 장소제공, 성매매에 사용되는 사실을 알고도 자금 토지 건물 제공 ○ 성매매 목적의 인신매매
3	국가 등의 책무	국가와 지방자치 단체 : 성매매 관련 행위 예방 근절을 위한 교육, 홍보, 대책 마련 및 재원 조달, 국제협력 및 형사사법 공조
4	금지 행위	성매매, 그 알선 행위, 성매매 목적의 인신매매, 성을 파는 행위를 할 목적으로 타인을 고용 모집하거나 이러한 직업을 소개 알선하는 행위, 위의 각호의 행위들과 그 행위들이 행해지는 업소에 대한 광고행위
6-9	성매매 피해자 등의 보호	성매매 피해자에 대한 처벌유예, 사법기관의 보호조치, 신고자 성매매 피해자의 신변보호조치(6), 성매매방지법상 시설 기관장의 성매매 관련 사실에 대한 수사기관 신고의무, 신고자의 이익 및 인적사항 기밀 유지의무(7), 법원 증언, 수사기관 조사 시 신뢰관계인의 동석, 동석 신뢰관계인의 의무(8), 심리 비공개 신청 및 비공개절차(9)
6-9	성매매 피해자 등의 보호	증언, 수사기관 조사 시 신뢰관계인의 동석, 동석 신뢰관계인의 의무(8), 심리 비공개 신청 및 비공개절차(9)
10	불법으로 인한 채권 무효	성매매 알선행위를 비롯한 성매매 과정에 개입한 자가 성매매 종사자에게 가지는 채권 무효
11	외국인 여성 관련 특례	외국인 여성이 성매매 신고자이거나 성매매 피해자일 때의 특례 조치
12-17	보호사건의 처리 등	보호사건처리절차(12), 관할(13), 보호처분의 결정(14), 기간(15), 처분의 변경(16), 타 법률의 준용(17)
18	성매매 강요자 처벌	폭행, 협박, 위계, 위력, 마약 등에 의한 성매매 강요자에 대한 처벌
19	성매매 알선 등에 관한 처벌	성매매 알선, 성매매자 모집, 직업소개 행위자에 대한 처벌 등

20	성매매 광고 권유자 등 처벌	성매매나 음란행위 및 그 업소에 대한 광고자, 성을 사도록 권유 유인한 자에 대한 처벌, 광고 제작 게재 배포자 처벌
21	성매매자 등 처벌	성매매자에 대한 처벌, 성매매자 관련 이적사항 등 비밀누설자 처벌
22	가중처벌	성매매 목적의 범죄단체 가중처벌
23	미수범 처벌	18-20조의 미수범 처벌
24	벌금의 병과	
25	몰수와 추징	18-20조의 범죄자는 범죄에서 얻은 재산은 몰수하고 몰수할 수 없을 경우는 그 가액을 추징
26	형의 감면	범법행위자가 수사기관에 신고하거나 자수한 경우 형 감면
27-28	양벌규정과 보상금	법인 또는 개인과 그 대리인 등이 18-23조의 죄를 범했을 경우 벌금형(27), 신고자에 대한 보상 및 그 기준(28)

※참고 : ( ) 안의 숫자는 법의 구체적인 조문임.

(3) 윤락행위방지법과 성매매처벌법의 비교

윤락행위방지법과 성매매처벌법은 근본적으로 다른 발상으로 성매매의 문제를 보고 있다. 우선 윤락행위방지법은 성을 사고파는 것을 '윤락'으로 규정하는 반면 성매매처벌법 및 성매매방지법은 이를 '성매매'로 규정하고 있다. 전자는 성을 파는 것을 도덕적으로 타락한 사람으로 보는 반면 후자는 성매매를 필요악으로 간주하여 성을 파는 사람을 피해자로 바라본다. 둘째, 성매매에 대한 개념정의에 있어서 두 법에 차이가 있다. 윤락행위방지법은 성매매를 윤락으로 규정지어 금전적인 보상을 전제로 한 성행위로 규정하며 성교행위만을 금지의 대상으로 간주한 반면 성매매처벌법은 성교행위뿐만 아니라 성적 쾌락을 추구하는 모든 유사성교행위를 포괄적으로 금지하고 있다. 셋째, 성매매처벌법은 윤락행위방지법보다 금지행위의 범위를 넓게 정의하여 성매매를 목적으로 한 타인의 고용, 모집, 직업알선, 광고 등의 행위도 금지하고 있다. 넷째, 윤락행위방지법은 성매매 종사자를 처벌이나 격리대상인 범법자로 규정하는 반면 성매매처벌법은 이들을 성매매 피해자로 규정하여 처벌보다는 보호에 중점을 두고 있으며 대신 성매매 유통자 및 수요자들의 처벌에 초점을 맞추고 있다. 다섯째, 윤락행위방지법은 윤락행위방지와 요보호자의 사회복귀에 필요한 조치를 모호하게 규정하는 있는 반면 성매매처벌법은 성매매 예방과 근절을 위한 법적 대책과 재원조달의 의무를 명시하고 국제협력과 형사사법 공조책임 등을 명시하고 있어 과거보다 전향적이다. 여섯째, 윤락행위방지법이 성매매 종사자들의 처벌을 규정하는데 중점을 두는 반면 성매매처벌법은 성매매 피해자의 보호와 불이익 방지 장치를 상세하게 규정하고 있다. 일곱째, 성매매처벌법은 구체적으로 성매매의 수급과정에서 거래 중개에 종사한 자들이 성매매 종사자나 종사예정자에 대한 채권이 법적인 보호대상이 아니라고 명시하였으며 성매매 피해자 조사 시 위 사항의 고지를 통해 이들의 인권보호와 피해방지를 도모하고 있다. 여덟째, 성매매처벌법은 윤락행위방지법보다 성매매 관련 범법자에 대한 처벌을 대폭 강화하였다. 벌금형이었던 규정을 강경하게 바꾸고 몰수와 추징에 대한 구체적인 조항도 명시하였다.

1.4. 경제학적 관점에서 본 성매매와 성매매의 규제

(1) 재화(Goods)로서의 '성(Sex)'

사회 일반의 시각으로 성(sex)은 더러운 것, 나쁜 것, 부끄러운 것 등으로 부정적이며 성과 관련된 사실들은 왜곡되거나 무지한 상태로 대부분의 사람들에게 인식되고 있다. 성매매 관련 법률들에 대한 논의의 기본으로 과학적 논의를 펼 때 성행위 목표는 생식, 쾌락,

사교로 나누어 볼 수 있다. 모든 암수의 성별을 가진 생물들이 다 생식 때문에 동일한 행위를 하는 것으로 사실만 보아도 생식이 성행위의 일차적 목표인 것은 자명하다. 그러나 인간은 동물과 달리 쾌락을 위해서나 사교를 위해서도 성행위를 한다. 쾌락을 목표로 하는 성행위는 인간에게 존재하는 본능적인 욕구 가운데 하나라 할 수 있는 성적 욕구를 충족시키는 것이다. 또한 사교를 목표로 하는 성행위는 실제로 성행위 그 자체의 본질에서 벗어나 다른 것을 추구하기 위한 방편이며, 관계 강화의 목표를 자신의 이익 증가로 볼 수 있다. 성행위 자체는 생식이나 본능적인 육신의 욕구를 충족시키거나 관계를 증진시키는 '좋은 것(Goods)' 즉 재화(Goods)이다.

(2) 재화로서의 성의 관점에서 본 결혼과 성매매

성의 관점에서 볼 때 일부일처제 또는 일부다처제 등 다양한 형태의 결혼은 동거, 성매매, 간음, 강간 등과 같이 인간의 성적 만족을 충족시키는 서비스적 성격을 지니고 있다. 그러나 결혼을 통해서 배타적으로 맺어진 관계를 훼손시켜서 사회가 근간으로 하고 있는 가족의 토대를 허물 가능성이 높기 때문에 결혼을 제외한 성행위에 대해서는 사회는 이를 금기시하고 불법화하고 있다. 결혼은 공동이익 극대화를 통해서 각 개인의 몫의 최대화를 추구하는 개인들의 입장에서 그 배타적 특성과 높은 퇴출장벽으로 인해서 보다 강도 높은 서로에 대한 확실한 연대를 가능하게 하므로 동거보다 선호되며 결혼으로 이루어진 가족을 강화하는 것은 결국 확실성을 강화하여 사회의 효율적인 유지를 가능하게 한다. 또한 결혼은 잘못된 선택으로 공동이익의 극대화가 불가능하다고 판단될 경우에도 그 퇴출비용이 상당히 크기 때문에 퇴출이 용이하지 않다. 결혼이 사회가 금기시하거나 불법화 하고 있는 유사한 다른 유형의 성행위 관련 계약관계들에 비해 배타적 특성과 높은 퇴출장벽으로 인해서 보다 강도 높은 서로에 대한 확실한 연대를 가능하게 하므로 동거보다 선호된다. 사회는 다수를 구성하는 사람들이 채택하는 관행을 보호하는 것이 진화론적 관점에서 가장 그 생존가능성을 높이기 때문에 결혼제도를 합법으로 하는 대신 나머지 관행들에 대해서 유사한 효용이나 만족을 주는데도 불구하고 이를 제재하거나 비난 또는 비판한다.

성매매와 결혼의 경우를 비교하였을 때 성매매는 결혼에 비하여 상당히 저급한 서비스이다. 육체적인 성욕만을 만족시키기 위해서 서비스를 금전적으로 구매하는 것이기 때문에 결혼을 통하여 배타적 성관계를 가지는 부부가 감정적인 교감과 육체적인 성욕의 만족을 동시에 획득하는 것에 비하여 만족도가 낮을 것이다. 이러한 특성은 간단히 미혼남성보다 기혼남성에게 성매매가 높게 나타나는 것으로 증명될 수 있다. 또한 축첩이나 정부를 두는 것이 감정적인 교감과 육체적인 성욕의 만족을 포함하는 결혼에 따른 성관계와 유사한 만족을 줄 수 있어 성매매에 비하여 우등재에 속할지라도 성매매가 보편적인 대체적 성행위의 수단으로 자리잡은 것은 이런 서비스를 구입하기 위해서는 성매매와 비교할 수 없을 정도로 높은 금전적 또는 비금전적 비용을 지불해야 하기 때문이다. 같은 맥락으로 일부일처제가 보편적인 결혼의 형태가 된 것도 법, 관습, 윤리 또는 도덕의 규율 때문이 아니라 경제적 측면으로 배타적인 형태의 장기계약이 남녀간 성행위를 포함한 다양한 공동이익의 극대화에 최선이었기 때문으로 보고 있다. 즉 축첩이나 정부 또는 성매매 등의 대체수단들이 제공하는 서비스의 만족도가 낮거나 아니면 그 비용에서 효율성이 낮기 때문에 일부일처제를 법으로써 규율하는 것이다. 일부일처제가 가진 효율성을 저해하는 다른 성행위서비스의 시장교란요인이 등장하는 경우 이로 인해 안정성이 훼손되어 공동이익 극대화가 손상되기 때문인 것도 일부일처제를 법으로 규율하는 다른 이유이다.

결국 경제학적 관점에서 결혼과 성매매는 대체재적 성격과 보완재적 성격을 동시에 가지고 있다. 대체적인 성격은 결혼을 통한 섹스서비스의 획득이 불가능한 사람들이 성매매를 통해서 그 서비스를 획득하는 것이며 보완재적 성격은 합법적인 섹스서비스에 만족하지 못하는 개인이 다른 서비스 제공자로부터 추가적으로 섹스서비스를 공급받는 것으로 볼 수 있다. 그러나 사회는 보편적으로 사회가 선택한 남녀결합의 행태인 결혼과 이에 기초한 가족제도를 보호하기 위해 성매매를 제한하고 일부일처제를 규정한다고 볼 수 있다.

(3) 성매매의 규제

성매매는 사회적 효율성의 관점에서 '나쁜 것'으로 규정하고 있으나 인간의 성욕을 충족시키는데 성매매가 여타 대안보다 동급 또는 그 이상의 효율성을 가지고 있고, 이것이 '나쁜 것'으로 규정되어도 없앨 수 있는 방법이 불가능하거나 사회적 비용이 너무 커서 여전히 존재하고 있는 것일 수 있다. 이런 관점에서 볼 때 성매매는 관리될 수 있을지는 모르지만 완전한 근절은 불가능한 성격을 지니고 있는 것으로 보이며, 성매매의 축소를 전제로 한 효과적인 규제책의 마련은 이러한 관점에서 시작되어야 한다.

규제책의 마련에서 유의해야 할 사항들은 다음과 같다. 우선, 성매매의 유형이 다양하며 신종업태의 증가와 성매매의 절대수가 증가하는 원인을 입체적으로 파악하여 규제책을 마련하여야 한다. 남성의 도덕불감증 이외에도 경제성장으로 인한 소득증대, 도시화 진전, 여성 유휴노동력 증대, 인터넷 등의 기술적 진보, 성에 대한 개방적 풍조확산 등 다양한 요인들이 직간접적으로 영향을 주었으므로 단순히 남성의 도덕불감증의 제재에 초점을 맞춘 규제는 실패를 자초할 수 있다. 둘째, 규제가 설정한 목적을 달성하기 위해서는 규제의 순응도가 높아야 하므로 성구매자들이 자발적으로 규제준수를 하는 것이 그렇지 않은 것보다 유리한 대안을 마련하여야 한다. 다양한 요인들이 상호작용하는 현실에서 실효성 없는 규제의 강화와 무분별한 지원·보호책은 색출이 어려운 대안적 성매매 거래로의 변경과 도덕적 해이의 발생으로 문제를 더욱 복잡하게 하여 성매매 축소 및 관리를 더욱 어렵게 할 수 있다. 셋째, 규제의 집행이 정상적으로 이뤄지지 못하는 환경을 제거하지 않고 처벌기준만 강화하는 것은 성매매 관리의 유효성을 확보하지 못하게 하고 오히려 부패를 확대시키는 문제점을 야기할 수도 있다.

이런 성매매 산업의 특성들을 전제로 할 때 규제는 가격을 높이고 그 시장거래량을 줄이는 방식으로 진행되는 것이 바람직하다. 성매매는 마약, 도박, 폭력 등과 같이 시장에서 거래되지만 사회적으로 바람직하지 못한 '나쁜 것'이다. 이러한 나쁜 것의 소비를 축소하기 위해서 최선의 경제학적 대안은 시장을 독점상태나 이에 준하는 상태로 만드는 것이다. 왜냐하면 독점 하에 거래되는 상품이나 서비스의 가격은 가장 높고 거래량은 가장 적기 때문이다. 그런데 현실적으로 이렇게 만들기 위해서는 성매매가 이뤄지는 지역을 특정지역으로 한정하고 그 이외의 지역에서 거래가 이뤄지는 것을 강력하게 제재하는 것이 적절할 것이다.

1.5. 소 결

성매매처벌법은 성매매는 범죄행위이며 금지주의적 입장으로 근절을 목표로 하며 기존 윤락행위방지법보다 강화된 법이다. 즉, 성매매처벌법은 성매매는 '나쁜 것'으로 축소시키고 궁극적으로 사회에서 근절하는 것의 가치판단에 입각하여 제정한 것이다. 성매매에 종사하는 사람들을 근본적으로 범법자라기보다는 피해자로 간주하고 섹스서비스의 공급이나 거래중개 과정에 종사하는 유통경로 종사자들에 대한 처벌을 과거보다 중하게 하며 성매매 수요자에 대해서도 처벌을 강화하는 것이 성매매처벌법의 특징이다. 또한 성매매방지법을 통해 보호를 위한 광범위한 국가의 책임과 의미를 규정하고 채권, 채무 관계를 불법적인 것으로 규정한 윤락행위방지법의 내용을 대폭강화하기도 하였다.

성매매처벌법으로 인하여 거래경로에 종사하던 알선업자 등의 강력처벌과 제재, 성매매 종사자의 퇴출비용 축소로 성매매의 공급측면에서 공급비용을 상승시키는 반면 그 지대를 축소하는 효과를 가질 것으로 판단된다. 수요자에 대한 처벌, 제재를 강화한 것도 성매매를 축소하는 데 일정부분 긍정적인 역할을 할 것으로 판단된다. 그러나 규제의 집행은 전통적 집창촌을 강력히 단속하고 제재하는 데 초점을 두고 있는데 이러한 법 집행의 행태가 성매매 자체를 축소 내지 근절할 수 있을 것인가는 지극히 의심스럽다.

집창촌 등 전통적인 거래경로들이 와해될 경우에도 법 집행이 간헐적이고 형식적으로 이뤄질 경우 기존의 유통업자들은 다양한 분화과정을 거쳐 범죄조직화되어 은밀한 방법으로 성매매산업에 잔류할 가능성이 높다. 성매매에 종사해서 얻는 이익은 그 위험의 증가에 비례해서 높아진 반면 과거에 비해 전과자들의 비용이 그리 크지 않을 것이기 때문이다. 뿐만 아니라 집장촌의 성매매 종사자들도 법의 집행강화로 여타직업을 선택하기보다는 자본이나 전문기술이 없이도 상대적으로 보수가 높은 성매매 직업을 유지하기 위해 여러 곳으로 흩어질 가능성이 높다. 따라서 집창촌을 위주로 한 규제의 집행과 법의 처벌조항 강화가 맞물려 성매매가 특정지역에 국한되지 않고 주택가를 포함한 모든 지역에 산재하고 지금보다 법 집행을 강화한다 하여도 실질적으로 그 관리가 불가능한 상태에 진입하게 하는 결과를 초래할 가능성이 있다. 이 경우 성매매 수요자들의 성매매 서비스에 대한 접근성이 과거 집창촌의 경우보다 용이하게 되고 그 탐색비용도 감소하게 되므로 성매매가 과거보다 오히려 증가할 가능성이 높다. 또한 수요자에 대한 처벌강화도 지금까지 사실상 처벌을 하지 않기 때문에 성매매에 가담하였던 수용자들의 성매매 가담을 축소하는 긍정적인 역할을 하는 대신 수요자의 공급자의 성매매에 대한 기밀유지를 위한 다양한 섹스서비스 거래를 위한 새로운 수단의 개발을 촉진할 가능성이 높다. 수요자의 처벌강화는 근원적인 수요의 축소가 아니므로 처벌위험이 제거된다면 언제든지 시장에 참여할 가능성이 있음을 의미한다. 따라서 새로운 업태는 처벌위험 감소 방식으로 나타날 것이며 이는 오히려 수요를 부추길 가능성이 있다. 정부당국이 전국의 모든 지역을 항상 감시하며 이 법의 집행을 강력히 추진하는 것은 그 비용 때문에 사실상 불가능하다.

결국 성매매의 수요가 여전히 존재하거나 늘어날 가능성이 존재하고, 기존의 성매매 종사인력의 축소가 실질적으로 그 전환비용 때문에 사실상 용이하지 않은 것은 물론 새로운 유통경로의 신설로 인한 추가적인 성매매 종사자의 신규진입이 발생하며, 그 거래경로에의 종사로 얻어지는 지대의 크기는 여전히 축소되지 않고 유통경로의 복잡성을 오히려 제거하여 거래비용이 낮아지고, 법의 집행이 사실상 완벽하게 이뤄지기에는 그 비용이 너무나 크기 때문에, 오히려 법의 강화와 집창촌 단속을 그 핵심으로 하는 공권력의 형태는 성매매를 억제하거나 축소하는 순기능을 하기보다는 성매매를 확대하는 역기능을 할 가능성이 크다.

그러므로 이러한 문제점들을 개선하기 위해서는 현행의 법체계를 유지하되 집행과정에서 조심스런 접근이 요망된다. 우선, 앞서 설명한 역효과를 방지하기 위하여 성매매 집결지에 대한 일제단속 등을 통한 폐쇄조치보다는 오히려 선별적인 제재와 처벌을 해야 할 것으로 보인다. 둘째, 거래중개자들에 대해서 경로를 면밀히 파악하여 복잡성을 강화하는 것에 대해서는 방치하고 단순화하는 것에 대해 단속과 제재를 강화하는 것이 필요하다. 다양한 신종 거래수단에 입각한 성매매의 색출과 제재를 위한 수단을 강구함으로써 직거래를 통한 성매매가 저렴한 가격으로 이뤄지는 것을 억제할 수 있어야 할 것이다. 마지막으로, 공급의 축소를 위한 성매매 종사여성에 대한 보호와 재교육을 위한 각종 지원과 보조는 자발적인 의사를 가장 존중하는 방식으로 이뤄져야 하고, 성매매 축소를 위한 다양한 수단은 일차적으로 가족관계의 정상화를 도모화하는 것으로 이뤄져야 한다.

2. 입법평가의 적용: 성매매처벌법

2.1. 입법평가의 전제와 절차

앞에서 논의된 입법평가틀을 "성매매방지법"평가에 적용하여 입법평가 실행에 있어서의 가이드라인을 제시한다. 여기서 적용되는 입법평가는 다음과 같은 입법평가제도를 전제하고 있다. 첫째, 독일에서의 행해지고 있는 '법률의 결과에 대한 예측 · 평가(CFS)'와 같이 법률자체에 대한 평가, 그 중에서도 특히 사후 평가에 초점을 둔다. 둘째, 모든 입법과 모든 입법기관에 대한 입법평가를 염두 해 두고 있지 않다. 우선 입법이 시행된 후 평가를 통해 개정 또는 폐지의 필요성이 강한 소수의 입법을 대상으로 하며 가능한 행정부 입법에 대해 먼저 실시한다. 셋째, 입법평가는 앞에서도 명백히 밝히고 있듯이 환경영향평가, 규제영향평가와 같은 정부정책에 대한 각종평가들과는 구별되는 포괄적인 평가로 입법과정의 하나로 고려된다. 넷째, 입법평가제도도입 초기에는 입법평가 결과에 기초하더라도 법적 안정성 측면을 고려하여 법률폐지와 같은 극단적인 대안 제시는 자제될 필요가 있다.

입법평가제도를 이와 같이 전제할 때 입법평가는 다음과 같은 절차에 따라 이루어질 수 있다. 첫째, 법률제정을 통해 입법자가 달성하려고 했던 목표가 무엇인지를 명확히 한다. 둘째, 법률이 시행된 후 구체적 현실을 확인한다. 셋째, 이 둘을 비교 · 평가한다[52].

52) 현실을 무엇과 비교해서 평가할 것인가? 입법자가 의도했던 목표가 실제로 이루어졌는가를 비교하는 당위-사실분석, 제정 또는 개정 동기가 된 사실과 제정 또는 개정이후 발생한 사실의 비교 · 분석, 새로운 법률의 적용을 통해 입법자가 해결하고자 했던 문제가 얼마나 해결되었는가에 대한 분석, 유사한 문제를 안고

넷째, 다음단계에서 취할 행동, 즉 법률의 유지 내지 개정·폐지 필요성을 제시한다.

2.2. 입법 목표의 명확화

(1) 성매매 처벌법의 입법배경과 내용

종래 성매매 행위는 윤락행위방지법, 직업안정법 등에 따라 처벌하여 왔으나 우리사회에 만연된 성매매 관행과 섹스산업의 확산을 제어하기 위해 역부족이라는 평가를 받았다. 특히 여성계에서는 이러한 결과를 초래한 주요인으로 성매매 관련 범죄자들에 대한 낮은 형량으로 인해 범제 억제력이 적고 성매매 여성을 피해자로 보호하기 보다는 윤리적으로 타락한 여성으로 낙인을 찍는 현행법체계의 문제점을 꼽았다. 이에 따라 2004년 3월 성매매행위자에 대한 처벌을 강화하여 성매매행위를 근절하고 성매매피해여성의 인권을 보호하기 위해 성매매 알선 등 행위의 처벌에 관한 법률과 성매매 방지 및 피해자 보호 등에 관한 법률 두 개로 구성된 일명 성매매처벌법이 제정되어 2004년 9월 23일 시행에 들어갔다.

(2) 성매매 처벌법의 입법목적

성매매 처벌법의 궁극적인 입법목표는 성매매 처벌법 제 1조가 명시하고 있듯이 성매매, 그 알선행위, 성매매 목적의 인신매매 근절과 피해자의 인권보호이다. 궁극적 입법목표를 달성하기 위한 하위목표이자 정책추진의 전략은 의식개선, 처벌·단속, 보호·지원으로 구별할 수 있다.

있는 다른 국가와 비교하는 등의 사례연구가 있을 수 있다.

[그림 2-4] 성매매처벌법의 입법목적

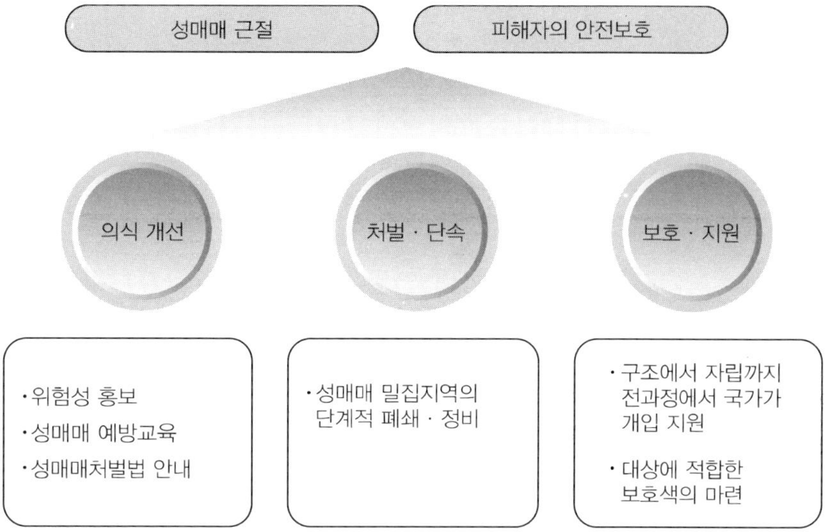

하위 목표 중의 하나인 의식 개선 목표는 장기적으로 의식이나 문화의 변화 문제이기 때문에 객관적 분석이 어렵다. 의식개선을 위해 투입된 자원이 많을수록 의식이 개선될 수 있다고 유추할 수 있지만 투입된 자원의 크기가 입법성과를 의미한다고 볼 수는 없다. 성매매처벌법의 시행여부 또는 내용에 대해 알고 있는 사람의 수는 성매매처벌법 목표의 산출(output)이지만 궁극적 상위목표인 의식의 개선으로 볼 수 없고 성매매 불법성에 대한 인식 또는 성매매를 하지 않겠다는 인식의 확산이 의식의 개선이라고 볼 수 있다.

처벌·단속 목표는 성매매업소 밀집지역의 단계적 폐쇄·정비를 의미하는 것으로 처벌·단속에 예산과 인력이 많이 투입될수록 성매매 업소 수의 감소 또는 음란퇴폐업소 및 업주 처벌 실적과 같은 산출의 증가를 가져올 수 있지만 이것이 정책의 목표인 성매매 업소

[그림 2-5] 의식개선 목표의 논리 모형[53]

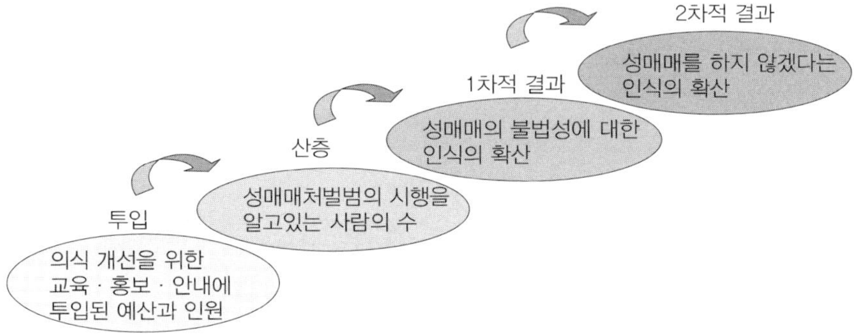

수, 성매매를 원인으로 하는 인신매매 그리고 성매매 종사 여성의 수의 대폭적 감소에 의한 절대적 비중의 대폭적 감소를 의미한다고 볼 수 없다. 성매매 업소 수의 감소 또는 음란퇴폐업소 및 업주 처벌 실적이 자원의 집중적 투입에 의한 일시적 현상일 수 있기 때문이다.

[그림 2-6] 처벌·단속 목표의 논리 모형

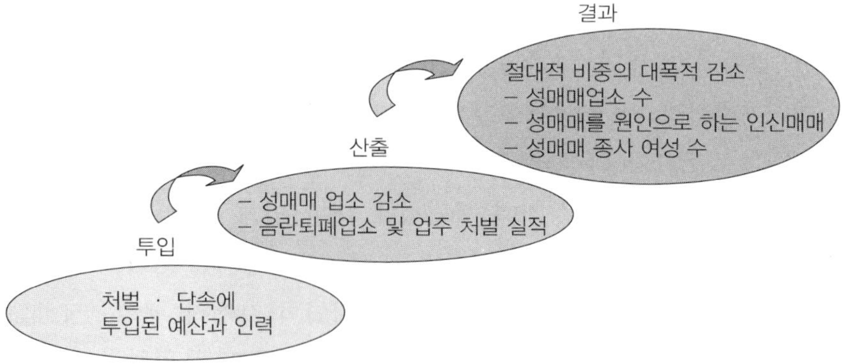

53) 논리모형의 구성은 John A. McLaughlin&Grethen B.Jordan(2004)이 제시한 논리모형(Logic Model)을 응용하여 작성되었다.

[그림 2-7] 보호·지원 목표의 논리 모형

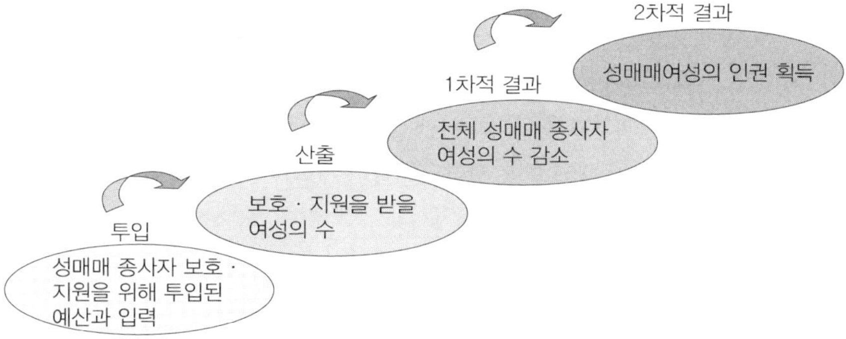

보호 · 지원 목표는 궁극적으로 성매매 종사자의 인권 회복이라는 성과를 목표로 한다. 보호와 지원을 위해 사용된 예산과 인력의 증가는 보호와 지원을 받는 여성의 수를 늘려 주고 성매매 종사자들의 탈성매매를 유도하여 자립기반을 마련해 줌으로써 성매매 종사자의 수를 감소시키고 나아가 취업과 가정과 사회로의 복귀를 통해 인권을 회복시켜줄 수 있지만 이들 간의 효과 관계는 많은 거부점을 가지고 있다. 인력과 예산이 많이 투입하더라고 보호 · 지원이 제대로 집행되지 않을 수 있고 성매매 종사자 수의 감소가 단기적 현상일 수 있다. 성매매 종사자들이 가정이나 사회로 돌아가거나 취업을 하는 것이 아니라 유사 성매매업에 종사할 수 있기 때문이다.

2.3. 입법평가의 기준

제Ⅳ의2에서 사후입법평가의 기준을 입법집행과 입법성과 두 분야로 나누어 제시하였다. 입법집행의 경우 시행과정의 효율성, 시행과정의 적절성이 평가 기준이 된다. 입법성과의 경우 효과성, 효율성, 부수적 영향, 윤리적 측면이 평가 기준이 된다. 그런데 입법에 따라 이들 평가기준 중 어떤 평가기준은 더 강조되기고 하고 어떤 평가기준은 덜 강조될 수도 있다. 따라서 평가기준에 가중치를 둠으로써 입법의 특성을 반영할 필요가 있다. 이하에서는 입법성과에서의 효율성, 효과성, 부수적 영향, 윤리적 측면의 평가기준, 입법집행에서의 시행과정의 효율성과 시행과정의 적절성 등의 평가기준을 제시하고 각 평가 기준의 특성을 2004년 9월부터 시행되고 있는 성매매처벌법에 적용해서 논의 해 본다.

(1) 효과성 기준

가. 효과성 기준의 의의와 효과성 결정요소

효과성은 법규범이 사회에서 실제 적용되고 있는가의 문제를 묻는 것으로 법규범이 사회에서 실제 적용되고 있다면 효과성이 높은 것이다. 효과성은 합의의 정도와 강제의 정도, 법률과 현실의 차이 등에 의해 결정된다. 법률과 현실의 차이 즉 합의정도와 강제성의 정도가 강하고 법률이 현실과 가까울수록 효과성은 높다. 사후입법평가의 경우 특히 법률과 현실의 차이에 대한 평가가 주요 평가요소가 된다.

성매매처벌법의 경우 첫째, 합의정도는 낮다. 직접적 이해관계자들의 이익과 잠재적 거래 참여자들의 의견이 반영되지 않고 규범론적 당위성에 의해 일부 여성 국회의원, 여성부, 여성단체 등을 중심으로 합의되었기 때문이다.(목진휴 · 홍성걸, 2006) 둘째, 강제의 정도는 매우 심하다고 할 수 있다. 성매매행위를 금지하고 이를 위반하면 처벌하도록 하고 있다.[54]

---

54) 각 국은 성매매와 관련하여 그 역사와 현실에 맞게 다양한 체계의 법률을 가지고 있다.(이은애 · 김재광, 2006,35) 성매매입법은 성매매를 불법행위로 보는지, 그리고 불법행위로 보았을 때 국가개입의 정도를 어느정도로 하고 있는지에 따라 금지주의, 합법적 규제주의, 비범죄주의로 분류해 볼 수 있다.

셋째, 법률과 현실의 차이는 매우 크다. 일부 지역에서 성매매업소가 줄어들고 성매매 종사자 수를 파악하는 대리변수로 사용되는 위생검사 대상자 수는 줄어들었다. 그러나 유사성매매 업종과 업소의 증가, 성매매 여성들의 해외로의 진출, 해외인터넷을 통한 성매매의 증가, 성매매행위의 주택가로의 확산을 고려할 때 성매매행위

〈표 2-8〉 성매매에 대한 각국의 정책 분류

분류	주요특징	세부사항	해당국가
금지주의	모든 종류의 성매매행위를 금지하며 처벌규정을 두고 있음	성판매행위만 금지	일본, 대만, 필리핀
		성구매행위만 금지	스웨덴
		구매 및 판매행위 금지	한국, 중국, 태국, 알바니아, 미국 뉴욕·샌프란시스코·워싱턴
합법적 규제주의	일정한 형태의 성매매를 법적으로 인정하고 이에 대한 세금 징수, 의료감시 체계를 가지며 활동지역을 규제함	합법적인 직업으로 인정, 영업허가제	네덜란드
		등록증, 허가증, 건강검진, 세금징수, 특정 지역에만 허용	독일, 스위스, 헝가리, 호주 빅토리아주, 멕시코, 캐나다, 오스트리아, 터어키, 미국 네바다주등
비범죄주의	성매매행위자체를 처벌하는 규정은 없음(규제하지도 합법적으로 인정하지도 않음)	주로 호객행위, 광고 등을 불법으로 간주	프랑스, 영국, 노르웨이, 브라질, 스페인, 폴란드, 핀란드, 이탈리아, 아일랜드, 호주 퀸스랜드주

(2001, 장필화등의 표 재구성)

성매매에 대한 규제는 성매매 당사자에 대한 규제, 성매매 관련 제 3자에 대한 규제, 성매매의 사회적 영향에 대한 규제로 나누어 볼 수 있다. 성매매 당사자에 대한 규제는 성판매자와 성구매자와 관련된 규제로써 주로 형법의 처벌법규와 관련이 있다. 성매매 관련 제3자에 대한 규제는 성매매를 둘러싼 착취에 대한 규제로 각국의 입장에 따라 처벌과 허용의 정도가 크게 다르다. 성매매의 사회적 영향에 대한 규제는 주로 질서 유지 및 공중보건 보호를 위한 규제이다. 성판매자의 호객행위 및 성구매자의 성판매자탐색행위에 대한 규제, 성판매자의 공과행위 및 의료검진은 모두 성매매 당사자에 대한 직접 처벌이 가능한 규정들이지만 성매매 자체에 대한 법률적 판단이 아닌 성매매가 사회적으로 주는 영향을 제거하기 위한 것으로 성매매의 사회적 영향에 대한 규제로 볼 수 있다(이은애·김재광, 2006,47).

성매매정책에 대한 분류와 성매매에 대한 규제 분석에 비추어볼 때 한국은 금지주의로 성매매 구매 및 판매행위를 모두 금지하고 있다는 점에서 다른 국가들에 비해 규제의 강도가 강하다고 볼 수 있다.

가 줄어들었다고 볼 수 없다.[55] 성매매처벌법은 이전의 윤락행위처벌법과 마찬가지로 시장에서의 행위자들의 경제적·문화적 특성이나 개인의 성 취향에 기초한 유인 구조에 대한 고려 없이 윤리적 규범에 입각하여 일률적으로 제정되었기 때문에 법률과 현실의 차이는 매우 클 수밖에 없다.[56] 결론적으로 성매매처벌법은 합의 정도는 낮으면서 강제의 정도는 강하고 현실과의 차이가 크다는 점에서 사회에서 실제 적용되고 있지 못하다고 평가할 수 있다.

나. 효과평가 시점과 목표수준

평가자가 입법의 효과성을 평가할 때 입법평가가 입법이 되고 얼마 되지 않아서 이루어지고 있는가 아니면 상당기간이 지나서인가에 따라 효과성을 측정하고자 하는 목표수준이 달라진다. 입법이 되고 얼마 되지 않은 시점이라면 투입된 자원과 이에 따른 산출의

55) 이미 법 시행 전에 윤란행위 방지법 등에 의해 1961년 이래로 성매매행위가 불법화되어 있었는데도 2002년 기준 성매매산업 종사자의 규모는 최소 33만 정도로 2~30대 여성인구의 4.1%, 취업여성인구의 8.0%에 이르고 총매출액은 약 15조4,800억 원으로 GDP의 3.3%에 해당되는 것으로 추정될 정도로 현실에서 성매매 행위는 만연되어 있었다. 경찰이 단속을 하고 싶어도 예산과 인력 부족으로 일회적으로 일부에 대해서만 하게 될 수 밖에 없었고 심지어 업주와 뇌물과 보아주기로 결탁되어 있기 까지 했다

56) 성매매처벌법은 입법화 단계에서 이미 그 실효성에 대해 의문이 많았고 국민과 여론의 관심을 많이 받았다. 성매매처벌법 시행 2년째를 맞이 하여 그 효과에 대한 평가가 언론, 주무부처인 여성부, 여성계, 학계 등 다양한 주체들에 의해 다양한 방식으로 이루어지고 있다. 언론은 성매매처벌법의 시행이 성매매의 불법화에 대한 인식을 확산시키 데는 기여했지만 집장촌에서의 성매매만 줄었을 뿐 오히려 성매매가 음성화되고 유사성행위가 급증하는 등 실효성에 의문을 제기한 평가가 많다. 주무부처인 여성부나 성매매처벌법 입법화를 추진한 여성계는 집장촌에서의 성매매의 급감을 들며 실효성을 주장하는 한편 유사성행위 급증은 일시적 현상으로 보고 있다. 성매매를 경제학적 관점에서 분석한 이주선(2006)은 강화된 성매매처벌법은 성매매를 억제하거나 축소하는 순기능을 하기보다는 성매매를 확대하는 역기능을 할 가능성이 높다고 보았다. 목진휴·홍성걸(2006)은 성매매처벌법이 윤리적·도덕적 문제가 주요 요소가 되는 정책문제여서 정책결정과정에서 이해관계집단 등의 적절한 참여가 이루어지기 어려운 이유 등으로 인해 비교적 쉽게 입법화 되었지만 실제 집행에서는 이해관계자들의 불순응, 불충분한 집행도구 등의 이유로 정책목표의 달성이 어려워질 것으로 보았다.

측정을 통한 평가는 비교적 용이하지만 입법의 궁극적 결과의 측정에 의할 경우 평가 자체가 불가능하거나 비용이 매우 높을 수 있다.

예를 들어 성매매처벌법의 효과성을 법 시행 후 2년 만에 측정할 경우 성 매매 업소 수 또는 성매매 종사 여성의 수의 감소 정도, 성매매 여성의 인권의 회복 정도에 대해서는 단기적 변화를 볼 수 있다고 하더라도 장기적 패턴을 볼 수가 없고 성의식의 개선에 대해서는 성매매가 불법이고 해서는 안된다는 인식의 변화는 측정할 수 있다고 하더라도 입법의 궁극적인 목표인 문화와 개인적 차원의 윤리의식과 성에 대한 인식의 변화 여부를 확인하는 데는 상당한 제약이 있다.

(2) 효율성 기준

효율성은 투입된 자원과 그로부터 산출된 재화나 서비스의 관계가 어떠한가를 묻는 것으로 목적-수단 관계를 묻는 것이다. 실효성과 달리 비용이 고려된다는 장점이 있다. 따라서 효율성은 실효성을 측정하기 위해 만들어진 논리모형 중 투입을 비용으로 산출이나 결과를 편익으로 하면 된다. 산출과 성과에 대해서는 효과성 부분에서 상세히 논의하였으므로 여기서는 비용을 중심으로 논의한다.

입법 시행에 따른 비용은 집행비용으로 입법이 의도하는 것이 현실에서 실현되도록 하기 위해 행정부가 하는 작용에 수반되는 비용을 의미한다. 성매매처벌법의 경우 의식 개선을 위한 교육·홍보·안내에 투입되는 예산과 인력, 성매매업소와 업주의 처벌과 단속을 위해 투입된 예산과 인력 그리고 성매매 여성의 보호·지원을 위해 투입된 예산과 인력이 모두 비용이다. 성매매 행위가 단기적으로 낮아졌더라도 집중 단속과 처벌에 의한 것으로 집행비용이 높다면 입법의 효율성은 낮아진다. 성매매 행위의 감소가 단기적 효과에 불과하고 장기적으로는 입법 이전과 차이가 크지 않다면 입법의 효율성은 낮아진다. 그러나 성매매행위가 장기적으로 감소할 수 있는 것이라면 시간이 지날수록 집행비용이 낮아지고 성매매처벌법은 장기적으로 효율적이다.

(3) 부수적 영향(impact)

영향은 입법의 시행으로 대상인구나 대상 사회상황에 개선효과가 있었는가, 있었다면 어느 정도 있었는가를 묻는 것으로 직접적인가 비의도적인가, 직접적인가 간접적인가, 지속적인가 일시적인가, 구체적인가 추상적인가 등 다양한 관점에서 고려된다. 부차적인 영향은 긍정적(positive)일 수도 있고 부정적(negative)일 수도 있는데 문제가 되는 것은 부정적 영향이다.

성매매 처벌법의 경우 시행 직후 성매매업소와 성매매 종사자 수가 감소하여 효과적인 것으로 평가되었지만 유사성매매업의 증가, 인터넷 성매매의 급증, 성매매의 아파트촌으로의 확산과 이에 따른 단속과 관리 어려움의 증가, 성매매종사여성들의 생존권과 국민의 성적 결정권 박탈의 문제 등 57) 부차적 영향들이 나타나고 있다. 특히 성매매 종사자들은 소득 감소 내지는 소득원의 상실의 부담을 져야 하며 국가적 차원에서 국민소득이 감소된다. 국가의 성매매 개

57) 성매매특별법 시행 3년째에 접어들면서 집결지의 성매매는 감소세를 보이고 있지만 성매매가 사라지기는커녕 신종, 변종 성매매 업소가 우후죽순처럼 생겨나고 있다. 법망을 피해 은밀해진 성매매는 단속과 관리가 더 어려워졌다. 뿐만 아니라 주택가 침투, 유사 성행위 업소 등장이라는 예기치 못한 현상도 나타나고 있다. (쿠키뉴스 2006-11-15) 이와 같이 성산업이 음성적으로 확산되면서 공식적인 성병건수는 줄었음에도 오히려 성병관리가 제대로 안되고 있다(머니투데이 2006-10-24).

입에 대한 폭넓은 지지[58]와 성매매의 불법성에 대한 인식의 확산에도 불구하고 이러한 부정적인 부차적 영향들(negative secondary impacts)은 성매매행위는 빈곤과 불안정한 노동시장 등 취약한 조건에 처한 여성이 많다는 것과 그들의 성을 상품화해 이윤을 얻는 성 산업 자본가, 알선조직 그리고 남성 중심의 성문화 등으로 인한 복합적인 사회 구조적 문제[59] 인데도 불구하고 규범론적 당위성만을 내세워 입법이 이루어졌기 때 문이다.[60]

(4) 윤리적 측면의 고려

법규범내용이 윤리적 가치문제와 관련되어 있는 경우 법규범 시행 직후에 이루어진 효과성 측정에 따른 입법평가 결과는 대안 제시에 있어 제한적으로만 활용되어야 한다. 법규범의 윤리적 측면은 때로는 경제적 측면을 압도하는 입법 정당화의 근거가 되는 데도 그 효과가 무형적이고 문화와 인식의 변화를 궁극적 성과로 하기

---

58) 한국사회여론연구소(KSOI)가 2006년 9월 실시한 여론조사에서 '성매매 문제에 대한 의견 중 어느 쪽에 더 공감하느냐'는 질문에 대해 '사회적 문제이므로 국가가 개입해서 해결해야 한다.'는 응답이 80.0% 로 압도적으로 높게 나왔다. '개인이 판단할 문제이므로 국가가 개입할 필요가 없다'는 응답은 17.1%에 불과했다(문화일보 2006-09-30).

59) 인터넷 여론조사 업체인 폴에버(www.pollever.com)가 최근 네티즌 1,311명을 대상으로 성매매특별법에 대해 조사한 결과에 의하면 성매매를 방지하기 위해 가장 필요한 노력으로 강력한 처벌규정이 포함된 법제정(25.4%)보다도 개개인의 의식 변화(53.6%)와 법을 집행하는 정부의 의지(21.0%)가 중요시되었다.

60) 한국사회여론연구소(KSOI)가 2006년 9월 실시한 여론조사에서 '성매매 특별법 시행 이후 우리나라 성매 매 관행이 어느 정도 개선됐다고 보느냐'는 질문에 '과거보다 개선됐다'는 응답은 20.2%에 불과했다. 과반수가 넘는 53.9%는 '과거와 별 차이가 없다'고 답했고, '과거보다 더 심해졌다'는 응답도 24.1%에 달했다(문화일보 2006-09-30). 인터넷 여론조사 업체인 폴에버(www.pollever.com)가 네티즌 1,311명을 대상으로 성매매특별법에 대해 조사한 결과 79.0%(1,035명)가 "풍선효과로 인해 실제 성매매를 방지하기 어렵다"고 응답했다. 반면 "성매매를 줄일 수 있는 효과를 가져온다"는 응답은 21.0%(276명)에 그쳤다(서울경제 2006-9-24).

때문에 측정이 불가능하고 어렵기 때문이다. 따라서, 윤리적 측면이 강한 법규범일수록 법 시행 직후라도 입법평가를 통해 입법의 효과성과 효율성 그리고 부차적 영향 등을 평가하되 그 결과는 법시행이 장기적으로 어떠한 성과를 가져올지에 대한 판단 자료로 사용하고 법규범에 대한 최종적 평가는 시간이 어느 정도 흐른 뒤의 평가를 통해 이루어질 필요가 있다. 예를 들어 성매매처벌법과 같은 윤리적 측면이 입법 정당화의 중요한 고려 사항인 법규범의 경우 법 시행 직후 의식의 개선이나 성매매종사자 수의 현저한 감소가 나타나지 않아 효과성이 낮고 예상치 못한 부작용이 일어나더라도 법규범이 실효성이 없다고 결론지어서는 안 되고 이것이 단기적으로 나타나는 일시적 현상인지, 법규범의 문제인지 집행의 문제인지 등이 분석되어야 한다.

단기적으로 집행비용이 많이 들거나 장기적으로도 집행비용이 줄어들지 않으면 효율성 측면에서 바람직하지 않다. 그러나 효율성 측면에서 바람직하지 않다고 하더라도 윤리적 측면이 정당화된다면 효율성에 기초해서 대안을 제시해서는 안 된다.

윤리적 당위성을 가진 사회문제가 정책으로 확정되는 과정에서 압도적 지지를 받았지만 정책결정 과정에 이해관계 당사자들의 참여가 극도로 제한되었기 때문에 정작 집행과정에서는 상당한 반발을 경험할 수 밖에 없다. 정책이 집행되는 단계에서 여러 문제를 촉발하게 되고 이로 인해 정책목표의 달성이 어렵게 된다(목진휴 · 홍성걸, 2002, 237).

(5) 시행과정의 효율성

시행과정의 효율성은 첫째 법집행이 일정계획에 맞추어 추진되

〈표 2-9〉 여성가족부 2005년 성매매축소등 여성권익향상 과제 추진현황

정책 목표	이행과제	추진성과		
		목표달성도		
		달성	미달성	근거부족
성매매 축소 등 여성권익 향상	성매매방지 종합대책의 실효성 확보	○		
	성매매피해여성 보호·자활지원 내실화	○		
	가정·성폭력 피해자 및 소외계층 여성권익보호	○		
	건전한 성문화조성 및 의식개선	○		

※자료출처: 여성가족부(2006.1.26).

〈표 2-10〉 여성가족부, 2005년 과제별 추진현황(2006.1.26)

이행과제	성과지표	목표치	실적치	목표 달성도(%)
성매매방지 종합대책의 실효성 확보	성매매방지 국민의식변화	국민의식개선 50%	53.8%	107.6%
	집결지감소율	10%↓	36.8%↓	368%
성매매피해여성 보호·자활지원 내실화	성매매피해여성 서비스수혜자만족도	60%	76.6%	127.7%
	보호·자활지원확대	지역확대(2→4) 서비스다양화	100% (정성평가)	100%
	탈성매매여성 자활증가율	30%	37%	123.3%
가정·성폭력 피해자 및소외계층 여성권익보호	상담실적 증가율 등	10%	10%	100%
	사이버역사관 방문자수	60천명	60천명	100%
건전한 성문화 조성 및 의식개선	기관별 교육 이행율	50%	99.4%	198.8%
	공공기관성희롱방지 조치 이행율	2~5%증가	13.5% 증가	270%

고 있는지, 둘째 투입된 자원이 목표달성(결과)을 위해 효율적으로집행되고 있는지를 평가하는 것이다. 첫 번째 평가사항은 평가가 용이한 반면 두 번째 평가사항은 목표를 산출로 볼 것인지 1차적 결과내지 2차적 결과로 볼 것인지에 따라 평가가 달라진다. 2005년도 여성가족부에 대한 정부업무 평가 결과를 보면 성매매축소등 여성권익향상 과제를 모두 달성한 것으로 되어있고(〈표 2-9〉) 과제별로 목표 수치 이상의 성과를 낸 것(〈표 2-10〉)으로 되어 있다.

목표치가 이행과제나 성과지표의 일부만을 반영하고 있어 시행과정의 일부만을 평가했다고 볼 수 있다. 뿐만 아니라 비용에 대한 고려가 없어 효율성 평가라고 볼 수 없다.

(6) 시행과정의 적절성

시행과정의 적절성은 첫째, 시행과정에서 행정여건 · 상황 변화를 적절히 포착하여 대응하고 있는가, 둘째 시행과정에서 국민 및 이해당사자 등에게 제대로 알리고 있는가, 셋째, 시행과정에서 관련 기관 · 정책과 연계 협조체제를 구축하여 운영하고 있는가를 평가 착안사항으로 한다.

첫 번째 평가 항목에 대하여 성매매 처벌법은 낮은 평가를 받고 있다. 성매매의 주택가 확산, 인터넷을 통한 성매매의 증가, 유사성행위나 원정성매매의 급격한 증가 등으로 상황이 변했지만 현행법과 행정력으로는 이들 행위 모두를 규제하는 것이 불가능하다. 두번째 평가 항목 역시 높은 평가를 받기 어렵다. 성매매처벌법 관련 이해당사자들인 성매매종사여성이나 관련 업주, 그리고 성매매구입자 등인데 이들의 적절한 참여가 어렵기 때문이다. 세 번째 평가 항목인 시행과정에서 관련 기관 · 정책과 연계 협조체제는 법시행 직 후

〈표 2-11〉 입법평가기준과 성매매처벌법에의 적용

<table>
<tr><th></th><th>평가 기준</th><th colspan="2">세부 항목</th><th>결과</th></tr>
<tr><td rowspan="5">입법집행</td><td rowspan="2">시행과정의 효율성</td><td colspan="2">법집행의 일정에 따른 추진</td><td>높음</td></tr>
<tr><td colspan="2">효율적 집행</td><td>?</td></tr>
<tr><td rowspan="3">시행과정의 적절성</td><td colspan="2">행정여건・상황변화에 대한 적절한 포착과 대응</td><td>낮음</td></tr>
<tr><td colspan="2">국민 및 이해당사자 등에게 공표</td><td>낮음</td></tr>
<tr><td colspan="2">관련 기관・정책과의 연계 협조체계 구축・운영</td><td>?</td></tr>
<tr><td rowspan="11">입법성과</td><td rowspan="5">효과성</td><td colspan="2">합의 정도</td><td>낮음</td></tr>
<tr><td colspan="2">강제 정도</td><td>높음</td></tr>
<tr><td rowspan="3">법률과 현실의 차이</td><td>성매매업체수와 성매매종사자 수</td><td>감소</td></tr>
<tr><td>성매매를 하지 않겠다는 인식</td><td>증가</td></tr>
<tr><td>보호지원을 받는 여성의 수</td><td>증가</td></tr>
<tr><td rowspan="3">효율성</td><td colspan="2">낮은 집행비용과 경제적 비용</td><td>효율적</td></tr>
<tr><td rowspan="2">높은 집행비용과 경제적 비용</td><td>장기적 효과</td><td>효율적</td></tr>
<tr><td>일시적 효과</td><td>비효율적</td></tr>
<tr><td rowspan="2">부수적 영향</td><td rowspan="2">성매매의 주택가 확산, 인터넷을 통한 성매매행위 유사성행위 등의 증가</td><td>부수적 영향의 장기화</td><td>매우 큼</td></tr>
<tr><td>부수적 영향이 일시적</td><td>크지 않음</td></tr>
<tr><td>윤리적 측면</td><td colspan="2">성매매에 대한 국가개입 필요성 여부 판단</td><td>매우 큼</td></tr>
</table>

집중 단속이 이루어졌다는 점에서 높은 평가를 받고 있지만 그 지속성에 대해서는 의문이 있다.

성매매 행위가 단기적으로 낮아졌더라도 집중 단속과 처벌에 의한 것으로 집행비용이 높다면 입법의 효율성은 낮아진다. 성매매 행위의 감소가 단기적 효과에 불과하고 장기적으로는 입법 이전과 차이가 크지 않다면 입법의 효율성은 낮아진다. 그러나 성매매행위가 장기적으로 감소할 수 있는 것이라면 시간이 지날수록 집행비용이 낮아지고 성매매처벌법은 장기적으로 효율적이다.

Ⅵ 입법평가의 법제화 방안

1. 입법평가 제도화 방안

입법평가 기준이 설정되고 실무적으로 평가절차와 평가방법이 적용가능하다면 어떻게 해야 입법평가를 제도화할 수 있을까? 입법평가의 제도화는 법규에 의한 제도화, 조직에 의한 제도화, 인적 제도화 등 다양한 차원에서 접근될 수 있으며 각각의 실효성, 구속력, 시행의 용이성 등이 다르다(최윤철 2005, 339~350).

1.1. 법규를 통한 제도화

법규를 통한 제도화 방법에는 헌법, 입법평가에 관한 법률이나 법률제정기본법과 같은 법률, 법규명령, 행정부 내부 업무규칙 또는 조직규칙에 의한 방법 등을 생각해볼 수 있다.

헌법을 통한 제도화, 즉 헌법에 입법평가에 관한 내용을 입법을 위한 절차 및 수단으로서 규정하는 방법은 강하고 포괄적인 구속력을 가지므로 입법자에게 강한 경고의 효과를 가진다. 그러나 각 법규에 따른 규정이 어렵고 이를 모두를 규정할 경우 헌법이 지나치게 복잡해진다. 또 헌법개정절차가 어려워 신속히 대응하지 못한다.

법률을 통한 제도화 방법으로는 '입법평가에 관한 법률'을 제정하거나 '법률제정기본법'을 통한 방법을 생각해볼 수 있다. 전자는 의회를 포함한 모든 입법자를 구속하는 효과를 가지기 때문에 입법

[그림 2-8] 입법평가 제도화 유형61)

의 질적 향상을 도모할 수 있고 입법자에 대한 외부로부터의 감시 및 사법적 통제가 가능하다. 그러나, 개정절차가 어렵기 때문에 신속한 대응이 어렵다. 후자는 법률제정을 위한 일반적인 내용을 담은 법률을 제정하고 입법자를 그에 기속되게 함으로써 해당 법률에 위반하여 제정된 법률의 효력에 일정한 영향을 가하는 것을 목적으로 한다. 현행헌법체계에서 사실상 법률을 개폐할 수 있는 법률이 가능한지가 해결되어야 할 과제이다.

61) 최윤철(2005)이 제시한 입법평가제도화유형을 도표화함.

법규명령을 통해 입법평가를 제도화할 수 있다. 독일이 연방부처간업무규칙(GGO)에 연방정부입법안을 준비하는 경우 법률결과예측기법을 반드시 고려하도록 권고함으로써 법률결과평가를 제도화한 것이 그 예이다. 의회의 경우에도 의회 자체 규칙으로 의원입법의 경우 법률결과 평가규칙을 준수하도록 할 수 있다. 법규명령을 통한 방법은 첫째 입법을 위한 기초 자료의 광범위하고 차별적인 파악이 용이하고 둘째 법률안을 마련하는 주관부처와 협력부처간의 관계 및 주관부처내부의 협력관계 등이 제고되며 셋째 수정 보완이 필요한 경우 신속한 대응이 가능하다는 장점이 있다. 그러나 법규명령을 위반하고 제정된 법률에 대해 법규명령을 근거로 해당법률의 효력에 의문을 제기하는 것이 법체계상 불가능하다는 단점이 있다.

행정부내부의 업무규칙 또는 조직규칙에 의한 제도화는 법규명령과 유사한 이점을 가지지만 그 범위가 해당 담당부서에 국한된다는 단점이 있다. 따라서 각 행정부서에서 법률안을 준비하는 과정에서 그러한 업무규칙의 활용을 제고하는 방안을 강구하여 시행할 필요가 있다.

1.2. 조직(기구)을 통한 제도화

조직을 통한 제도화 방법은 입법평가를 담당하는 기구 또는 조직을 설치하는 것으로 법제도를 통한 제도화 문제와 밀접하게 관련을 맺고 있다. 법규 등을 통해 입법자로 하여금 입법평가를 하도록 강제 또는 권고하려면 실제 그렇게 하고 있는지를 통제하고 평가할 수 있는 구체적인 기관이 있어야 하기 때문이다. 조직을 통한 제도화 방법에는 행정조직을 통한 제도화, 의회를 통한 제도화, 독립적인 제3의 기관을 통한 제도화 등을 생각해 볼 수 있다.

(1) 행정조직을 통한 제도화

행정조직을 통한 제도화 방법으로는 먼저 법제를 전담하는 중앙독립 부처를 설치하여 입법평가를 전담하도록 하는 유형이 있다. 법제 담당 중앙 독립 부처는 입법 주체인 부처와의 긴밀한 협조 아래 법률 결과 평가를 중심으로 정부 법률안의 통제를 담당하는 권한을 가진다. 이 경우 이미 시행되고 있는 법률에 대한 사후 평가가 용이하게 이루어질 수 있다는 장점이 있다. 그러나 병행평가와 사전평가의 경우 해당 법률안을 준비하고 있는 각 부처의 전담 부서에의 접근이 비밀 유지 필요 등으로 인해 용이하지 않을 수 있다. 중앙독립부처와 각 부처 전담부서 간 원활한 협조와 통합·조정이 전제되어야 하며 많은 비용이 소요된다.

각 부서 내부에 법률결과 평가를 위한 자체 전담부서를 두고 해당 부서가 자신이 속해 있는 부처의 입법(안), 계획 등을 평가하게 하는 방식이다. 사전 평가가 실질적으로 행해질 수 있고 병행평가도 전문적이고 내용적으로 통일 될 수 있다는 장점이 있다. 사후평가의 경우 결과분석을 위한 자료들의 중요도에 대한 신속한 판단이 가능하다. 그러나 법률안을 준비하는 부서와 평가하는 부서의 직급 또는 서열이 같기 때문에 상호간 경쟁관계가 야기될 수 있다. 따라서 이러한 단점을 보완하기 위해 각 전담 부서를 통합·조정·관리할 수 있는 기구가 필요하다. 기존의 조직을 이용할 수 있기 때문에 제도화에 필요한 비용이 크지 않을 수 있다.

법률 통제를 전담하는 전문위원 또는 위원회를 임명하여 입법평가를 하게 할 수 있다. 전문위원 또는 위원회는 독립된 기관으로서 법률에 근거하여 활동하면서 정부의 감독을 받는다. 전문위원 또는 위원회는 법률안을 준비하는 전담부서에 대해 법률결과평가를 준수하도록 명령·감독할 수 있다. 그러나 전담부서 내부에 깊이 관여할 수 없기 때문에 전담부서의 적극적 협조가 전제되지 않는다면 사전 평가나 병행평가가 제대로 이루어질 수 없다. 사후 평가의 경우 전문위원(회)가 독립적이기 때문에 신뢰도가 높지만 전문위원(회)이 감독자의 역할을 함으로써 전담부서와의 협조관계가 형해화 될 수 있다.

회계 및 직무감사 기능을 하는 기존 감사기구에게 입법평가 기능을 하도록 하는 방안은 사전평가의 경우 전담부서에의 접근의 어려움으로 인해 평가가 어려울 수 있다. 병행평가의 경우 감사기구의 직무의 성질 상 법률안에 대한 결과예측이 어렵다. 사후평가는 감사기구의 기존 직무성격과의 유사성으로 인해 효율적으로 이뤄질 수 있지만 감사기구의 직무가 대부분 회계감사 및 경제적 분석에 집중되어 있어 법률결과예측·평가가 비용평가위주로 될 수 있다. 게다가 고도의 중립성이 요구되는 감사기구의 성격상 정부와 의회 사이에 중립성이 위협받을 수 있다.

(2) 의회를 통한 제도화

최근 양적인 측면에서 의원입법이 크게 늘어나고 있지만 질적인 측면에서 문제가 많다는 지적이 커지고 있다.[62] 의원입법에 대한 평

62) 이러한 지적은 의원발의 법률안 현황에서 추론할 수 있다. 전체 접수법률안과 전체가결법률안 중 의원 입법의 비중이 급격히 증가하고 있지만 의원발의접수비중보다 의원발의가결접수비중이 낮고 의원접수법률안 중 의원발의가결법률안의 비중이 낮아지고 있다.

〈표 2-12〉 제안 국회별 의원발의법률안과 정부제출법률안 현황

	접수				가결				의원가결/의원접수(%)
	의원	정부	총계	의원접수 비중(%)	의원	정부	총계	의원가결 비중(%)	
14대 92~96	321	581	902	36	119	537	656	18	37

가는 의원입법의 질을 향상시키는데 기여할 것으로 기대되기 때문에 국회의원이 발의하거나 발의하려고 하는 법률(안)에 대한 평가에 초점을 둔다면 의회에 평가조직을 두는 것이 효율적일 수 있다. 의회에 평가 조직을 두는 경우 법률결과평가를 위한 상설위원회 설치하는 방법, 각 위원회별 법률결과 평가전담위원을 선정하는 방법, 법률평가전담부서를 설치하는 방법 등을 생각해 볼 수 있다.

법률결과평가를 위한 상설위원회 설치는 의회 내에 법률결과평가를 위한 상설위원회를 두어 법률의 평가만을 전담하면서 법률안 관련 주관 위원회에 참가를 주요 업무로 하도록 하는 방법이 있다[63]. 평가결과에 대한 효력 범위에 따라 법제사법위원회가 여타 상임위원회보다 실질적으로 상위에 위치하는 위원회가 될 우려가 있다.

법률결과 평가전담위원을 선정하는 방법은 각 소과위원회별로 법률 결과 평가를 전담할 수 있는 의원을 선정하여 해당 의원이 해당 상임위원회의 권한 범위에 해당하는 법률 및 법률안에 대한 평가를 책임지도록 하는 것으로 제도화 비용이 적다. 그러나 소관위원회의 활동범위에 따라 평가전담의원의 활동범위가 제한되어 여러 위원회가 중첩되는 법률안을 평가하는 데 제약이 따른다는 단점이 있다.

국회 내 법률평가 전담부서를 설치하여 의원입법의 보좌 및 법

15대 96~00	1144	807	1951	59	461	659	1120	41	40
16대 00~04	1912	595	2507	76	514	431	945	54	27
17대 04~06	4065	643	4708	86	614	239	853	72	15

※자료출처 : 국회홈페이지 의안정보시스템 (http://search.assembly.go.kr/bill/)

63) 현재 법제사법위원회가 부분적으로 이러한 기능을 수행하고 있다고 볼 수 있다(최윤철 2005, 344). 기존의 법제사법위원회의 기능에 입법평가 과제를 부과할 수도 있지만 동위원회에 너무 많은 업무부담을 줄 수 있다.

률 및 법률안에 대한 평가를 담당하는 방안이 있다. 현재 법률예측·평가는 국회예산정책처의 기능 중의 하나이지만 법률안의 비용·추계분석을 주요 과제로 하기 때문에 법률안에 대한 전반적 평가는 불가능하다. 법률안 평가 전담부서를 설치할 경우 법률안에 대한 전반적 평가는 가능하지만 제도화 비용이 높다는 문제가 있다.

(3) 독립적 제3기관을 통한 제도화

대통령 또는 국무총리직속의 정부위원회 형태, 독립학술기관 형태, 독립 시민단체 또는 이익단체 형태 등을 생각해 볼 수 있다.

정부위원회 형태는 사전평가단계에서부터 참가하거나 접근하는 것이 어렵지만 병행평가나 사후평가에 유용할 것으로 기대된다. 평가가 원활하게 이루어지려면 정보의 원활한 제공이 전제되어야 한다. 독립 기구 형태이기 때문에 행정부 내의 진행 상황에 대한 조망이 어렵고 비용이 많이 든다는 단점이 있다.

독립적 학술기관이 평가를 하도록 하는 형태는 사전평가단계에서 참가 또는 접근이 어렵지만 사후평가에 유용하고 정보의 원활한 제공이 전제되어야 한다는 점에서 정부위원회 형태와 유사하다. 비용이 저렴하지만 평가의 구속력의 강도가 약하여 평가결과에 대한 반영이 담보되지 못할 우려가 있다.

독립된 시민단체 또는 이익단체가 평가를 하도록 하는 형태는 실제로 비공식적으로 광범위하게 이루어지고 있다. 시민 내지 수범자가 입법과정에 직접 참가하고 감시할 수 있어 입법의 민주화에 기여할 수 있다는 장점이 있지만 의회 또는 행정부에 대한 접근이 쉽지 않고 소극적 정보공개로 평가의 객관성을 확보하기 어렵다는 단점이 있다. 또, 평가 주체의 전문성의 결여와 평가결과의 신뢰성과 독립성을 담보하기 어렵다.

1.3. 인적 제도화 : 입법전문가의 교육 양성과 입법관련 인력의 전문성 확보

입법평가가 제도화되려면 무엇보다 전문성 있는 입법관련 인력이 확보되어야 한다. 이를 위해서 입법평가를 추진할 수 있는 전문가를 확보하기 위해 노력하는 한편 법률안 준비 전담부서와 다른 부서 간 긴밀한 정보교환이 이루어질 수 있도록 전문가를 양성하는 노력이 요구된다.

의회의 경우 국회 사무처 내에 법제실을 두고 각 소관 상임위원회별로 입법지원인력이 입법지원을 하고 있고 예산정책처는 비용편익분석을 중심으로 입법평가를 담당하고 있다. 이들 기구들이 보다 효율적으로 입법지원업무를 하도록 하려면 무엇보다 이들 인력들의 업무계속성보장이 필요하다. 따라서 순환보직에 따른 인사이동을 자제하고 전문분야에서 지속적으로 업무를 담당할 수 있도록 해야 한다.

행정부의 경우 법제처를 중심으로 입법준비가 이루어지고 있는데 입법업무를 담당하는 공무원들의 전문성을 확보하기 위해 각 전문분야별 입법 전문 인력의 확보와 업무의 계속성 보장이 강화되어야 한다. 뿐만 아니라 각 부처 차원에서도 이러한 노력이 있어야 한다.

2. 입법평가 법제화의 방향

이제까지의 논의를 토대로 입법평가 법제화의 방향을 모색해 보면 다음과 같다.

2.1. 기본방향

입법평가를 법제화함에 있어 기본방향은 우리나라 실정에 맞는, 특히 현재의 법제여건을 고려한, 실현가능성과 적실성을 갖춘 최적의 대안을 마련하는데 두어야 할 것이다.

2.2. 사후평가 중심 입법평가의 제도화

우선, 입법평가를 법제화한다면, 입법의 결과 또는 성과에 대한 사후평가 중심의 제도를 도입하는데 초점을 맞추는 것이 현명한 방법일 것이다.

우리나라의 경우 사전평가는 이미 다양하게 입법화되어 시행되고 있다. 가령 국회의 예산정책처에서 수행하는 법률안비용추계제도, 행정규제기본법에 따라 규제개혁위원회에서 이루어지는 규제영향분석(Regulatory Impact Analysis)을 핵심으로 하는 규제심사, 「환경·교통·재해 등에 관한 영향평가법」에 의한 영향평가, 「정부업무평가 기본법」(제정 2006.3.24 법률 제7928호)에 의한 정책평가 등을 통하여 이미 실시되고 있거나 그에 준하는 결과를 얻고 있다. 이러한 현실을 고려할 때, 입법평가를 법제화함에 있어서는 일단 사후평가중심으로 입법을 추진하는 것이 바람직하다고 생각한다. 다만, 그 경우, 후술하는 바와 같이, 입법평가가 자칫 「정부업무평가 기본법」에 의한 정부업무평가와 중복될 우려가 있다는 점도 고려할 필요가 있음은 물론이다. 입법에 대한 사후평가를 법제화하는 경우에는 의당 정부업무평가와의 차별화가 필요하게 될 것이다.

물론 사후적인 입법평가를 위하여 필요한 경우에는 입법평가주체가 규제, 환경 등 각종 영향평가 결과와 법률안비용추계 결과 등을 요구할 수 있도록 해 줄 필요가 있다. 즉, 정보의 흐름을 원활하게 만들어 입법평가에 필요한 정보와 자료들이 공유될 수 있도록 할 필요가 있으며, 그 범위 내에서 관련 행정기관이나 공공기관 등에 협력의무를 부과하는 방안도 강구해 볼 필요가 있을 것이다.

2.3. 평가중복 문제의 방지 또는 회피

「정부업무평가 기본법」의 규정에 의하면, "평가"라 함은 '일정한 기관·법인 또는 단체가 수행하는 정책·사업·업무 등(이하 "정책등"이라 한다)에 관하여 그 계획의 수립과 집행과정 및 결과 등을 점검·분석·평정하는 것'을 말하며(제2조 제1호), "정부업무평가"라 함은 국정운영의 능률성·효과성 및 책임성을 확보하기 위하여 다음 각 목의 기관·법인 또는 단체(이하 "평가대상기관"이라 한다)가 행하는 정책등을 평가하는 것을 말한다(제2조 제2호).

가. 중앙행정기관(대통령령이 정하는 대통령 소속기관 및 국무총리 소속기관·보좌기관을 포함한다. 이하 같다)

나. 지방자치단체

다. 중앙행정기관 또는 지방자치단체의 소속기관

라. 공공기관

이렇게 볼 때, 입법 역시 정책등, 즉 '일정한 기관·법인 또는 단체가 수행하는 정책·사업·업무 등'에 해당한다고 볼 수 있기 때문에 그에 관한 평가, 즉, 그 계획의 수립과 집행과정 및 결과 등을 점검·분석·평정하는 것이 가능하고, 그런 의미에서 입법에 대한 사후평가 역시 정부입법과정에서 부령제정권을 가지는 중앙행정기관은 물론이고, 소관법률을 가지고 있는 중앙행정기관, 그 밖의 공공기관들이 행하는 정책등에 대한 평가의 일종이라 할 수 있다. 따라서 사후평가

중심의 입법평가를 법제화할 경우, 「정부업무평가 기본법」의 규정에 의한 정부업무평가와 불가불 평가중복의 문제가 발생할 수밖에 없게 된다. 이러한 평가중복의 문제를 방지 또는 회피하여야 한다는 것은 누구나 공감할 수 있는 입법정책적 당연지사라 할 수 있다.

반면, 이러한 평가의 중복 문제를 어떻게 방지 또는 회피할 것인가는 입법평가의 본질과 특성, 정부업무평가의 제도적 일관성과 체계적 통일성 등을 고려하여 신중하게 판단해야 할 문제이다. 우선, 사후평가중심의 입법평가의 독자적 필요성 여하가 판단되어야 할 것이다. 즉, 입법평가제도 없이도 정부업무평가를 통해 동일한 결과를 얻을 수 있다면, 굳이 입법평가제도를 법제화할 필요가 없을 것이다.

그러나 정부업무평가는 입법 또는 법률이라는 측면에 국한되지 않은 포괄적·종합적 평가라는 점에서 입법평가와는 다르며, 입법평가에 요구되는 전문성, 특히 법사실적·법사회학적 조사 및 해석능력, 법정책학적 대안제시 능력 등을 구비하는 것이 여의치 않을 가능성이 크다. 또한 이미 앞서 지적된 바와 같이 어떤 경우 법률의 직접적 영향(output)이 수범자들에게 매우 신속하게 나타나는 경우도 없지는 않지만, 대부분의 경우에는 그 본래적인 사회경제적·정치문화적 효과(outcome 또는 social consequences)가 중장기에 걸쳐 나타나는 경우가 많고, 부수 효과나 다른 규범들과의 상호작용효과 역시 통상 비교적 오랜 집행기간이 경과한 이후에 비로소 가시화되기 마련이다. 또 법규범의 효과나 효율성에 대한 확실한 판정은 장기간에 걸친 통계자료의 비교를 통해서만 비로소 확인할 수 있는 경우가 비일비재하다. 따라서 스위스의 경우처럼 시행 후 5년이 지난 이후에 법률평가를 하거나 경우에 따라 매 10년마다 입법평가를 하도록 중

장기 수준에서 입법평가를 제도화하는 방안을 고려해야 하는데, 이는 「정부업무평가 기본법」의 규정에 의한 정부업무평가와는 잘 부합되기 어려운 측면이다. 또한 정부업무평가의 경우 입법평가와는 달리 역시 입법평가 특유의 입법수요나 입법과정에의 환류로 특화되지 않을 수도 있는 반면, 입법평가의 경우에는 그 평가대상 법률에 대한 입법정책적 판단이 주된 요소를 이루게 되는 것이 일반적이라는 점도 고려해야 할 것이다. 그렇다면, 위와 같은 이유에서, 「정부업무평가 기본법」의 규정에 의한 정부업무평가와는 별도로 사후평가중심의 입법평가제도를 법제화할 최소한의 전제조건은 존재한다고 볼 수 있다. 따라서 사후평가중심의 입법평가제도를 법제화한다면, 정부업무평가와의 중복을 회피하는 것이 두 번째 대안으로 검토되어야 할 것이다. 이를 위해서는 입법평가를 「정부업무평가 기본법」에 의한 정부업무평가의 특별한 경우로 보아 특별법으로서 그 근거법을 제정하되, 그 법에 의하여 입법평가가 이루어졌거나 진행중인 사안에 한하여 정부업무평가를 면제하거나 가능한 경우, 입법평가 결과를 그대로 원용하도록 하는 예외조항을 두어 평가중복의 가능성을 미연에 방지 · 회피할 수 있을 것이다.

2.4. 입법평가절차의 필요성 및 구속력 인정여부

입법에 대한 사후평가를 법제화함에 있어서는 입법평가를 절차화하여 구현하는 것이 불가피하다. 입법평가절차를 제도화함에 있어 핵심은 그 평가절차를 필수절차로 할 것인가 아니면 임의절차로 도입할 것인가 하는 문제와 특히 평가절차를 필수적 절차로 하는 경우, 평가의 최종결과에 법적 구속력을 부여할 것인가 하는 문제이다. 이에 관해서는 입법평가가 가지는 이론적 · 현실적 제약을 고려하지 않을 수 없을 것이다. 즉, 사회경제적 · 정치문화적 효과는 대개 중장기에 걸쳐 나타나는 경우가 많고, 법규범의 실효성이나 효과, 효율성에 대한 확실한 판정은 장기간에 걸친 통계자료의 비교를 통해서만 비로소 확인할 수 있는 경우가 비일비재하기 때문에 법률의 성과를 관찰, 측정하는데 적지 않은 제약이 따를 수 있고, 평가의 경험이 충분히 축적되어 있지 못하고, 평가 가능한 대상과 평가기준이 매우 방대하고 논란의 여지가 많다는 점 등을 감안할 때, 이를 무턱대고 광범위하게 또는 일반적으로 의무화하는 것은 무모한 일이 될 수 있다. 따라서 입법평가를 일거에 필수적 절차로 도입, 강제하기보다는 충분한 준비기간을 두고, 그것도 임의절차 중심으로 도입하되, 그 성과가 현저히 의문시된다고 볼 수 있는 충분한 근거와 사실이 뒷받침될 경우에 한하여 시범적으로 입법평가를 의무화하는 방안을 고려해 보아야 할 것이다. 앞서 시범사례로 살펴본 성매매특별법의 경우나 부동산특별법 등과 같이 그 입법시행결과가 비교적 뚜렷하게 관찰될 수 있는 경우에 우선 초점을 맞추는 것이 현명한 일일 것이다.

그리고 입법평가를 의무적으로 실시해야 하는 경우를 인정하더라도, 정확히 어떤 경우에, 언제 입법평가를 실시하도록 할 것인지에 관해서는 좀더 신중한 입법정책적 숙고가 필요하다. 그 경우 입법평가의 실시요건이나 시기와 관련하여 수시평가 또는 임의적 판단에 의한 입법평가의 여지를 처음부터 아예 배제할 필요는 없을 것이고 그 여부는 그 때 그 대 구체적인 경우에 따라 판단하도록 할 수밖에 없을 것이다. 그러나 일반적으로 볼 때, 사후평가중심의 입법평가제도를 정규제도로 도입한다면, 스위스에서처럼 법률평가는 법률시행 후 5년이 지난 이후에 하도록 한다든지, 아니면 어떤 법률이든 적어도 매 10년마다 심사가 이루어지도록 상시절차화 한다든지 하는 방안을 고려해 보아야 할 것이다.

무엇보다도 가장 분명한 방법은 입법의 사전준비 또는 발안 단계에 당해 입법의 소관부처로 하여금 입법평가를 위한 계획과 그 평가결과에 따른 조치사항 등을 미리 제출하도록 입법절차를 입법평가에 맞춰 재설계하는 방안이 될 것이다. 즉, 입법 추진시 소관부처 장관에게 입법평가의무를 부과하는 방안이다. 가령 법제처법제업무운영규정에 새로 법률을 제정하거나 법률을 개정하는 경우, 당해 법률안이나 조항이 측정 가능한 목표의 달성과 관련되어 있는 경우, 입법평가의 기본 틀에 따른 평가계획을 함께 제출하도록 의무화하거나, 입법추진 단계에서 당해 입법을 통해 달성하고자 하는 장단기 목표를 제시하도록 하고 법 시행 후 몇 년 내에 성과를 평가받도록 하되, 성과가 미흡하면 근본적인 입법조치를 추진하도록 약속을 하도록 하는 방안 등을 생각해 볼 수 있을 것이다.

입법평가에 많은 제약이 따름에도 불구하고 법률 시행 이전에 미리 그 평가프로그램을 확정해 둔 경우에는 그 결과평가가 훨씬 용이해지기 때문이다.[64] 또한 이미 스위스의 사례를 통해서도 확인할 수 있는 바와 같이, 사전적 또는 부수적 법률평가가 이미 실행된 경우라면, 통상적으로 볼 때 이들 평가의 항목들을 사후적 법률평가에 활용할 수 있음은 물론이다. 그런 의미에서 우리나라에서 이미 다양하게 시행하고 있는 각종 사전평가제도의 결과를 사후평가중심의 입법평가에 활용하는 방안을 적극 강구해 보아야 할 것이다.

사후적 평가 단계에서 얻어진 결과는 법률의 목적이 달성되었는가의 여부 및 그 범위, 법률집행에 있어 얼마의 비용이 발생하였는

64) D. Kettiger, Controlling, 46.

가 및 이 비용이 법률안을 입안할 단계에서의 비용예측과 일치되는가의 여부, 그리고 새로운 규율에 대한 수요(폐지, 개정, 새로운 법률)가 존재하는가의 여부에 대한 판단과 해명을 내용으로 하도록 해야 할 것이다.

한편, 입법평가를 절차화함에 있어 고려해야 할 또 하나의 쟁점은 평가결과에 법적 구속력을 부여할 것인가 하는 문제이다. 그러나 이미 앞에서 그 필수절차화 문제와 관련하여 검토한 바와 마찬가지의 이유에서 이를 평가 결과에 따라 법을 폐지하여야 한다든지 개정하여야 한다는 식의 기속적 입법의무를 부과하는 과격한 접근은 피하는 것이 상책일 것이다. 그 대신, 입법에 대한 사후평가를 함에 있어 소관 부처의 장들에게 입법성과의 확실성이 현저히 의문시된다든지 스스로 판단에 따라 입법평가가 시급히 필요하다고 인정되는 경우 등에 한하여 과학적·객관적 방법을 동원하여 입법평가를 실시하거나 제3자 전문기관 등에게 이를 위탁하여 실시하도록 한 후, 그 결과를 보고하도록 의무화하고 그 보고결과를 향후 입법정책(개정, 폐지, tuning 등)의 토대와 근거로 삼도록 하는 방안이 무난하리라고 본다. 입법평가의 결과는 이를 향후 입법정책에 중요한 참조가 되도록 공유의 대상으로 삼아 '증거에 입각한 입법'(evidence based legislation), '지식·증거 기반 행정'(knowledge and evidence based administration)이 이루어질 수 있는 토대로 구축해 나가야 할 것이다. 나아가 정부 내 입법평가를 위한 관리시스템을 구축하도록 함으로써 넓은 의미의 입법관리제도로 발전시키는 계기가 될 수도 있을 것이다.

입법평가의 결과는 법제처가 총괄, 관리하도록 하되 이를 입법부, 중앙행정기관이나 기타 공공기관, 연구기관이나 언론 등이 널리 공유할 수 있도록 개방화하여야 할 것이다. 다시 말해 입법평가의 결과는 입법정책에 대한 자문적 효력을 가지도록 하는데 머무르고, 직접 입법의무 등 법적 의무로 연결되도록 하지 않는 것이 현명한 태도라고 본다.

2.5. 필수적 절차로서 입법평가의 대상

필수적 절차로서 입법평가를 법제화할 경우 그 대상은 우선 정부발의 법률과 법률하위명령등으로 한정하는 것이 타당한 방안이 될 것이다. 국회 역시 일정한 기준과 요건을 정해 의원발의 법률에 대한 입법평가를 법제화하고 국회 법제실이나 최근 추진중인 '입법지원처' 같은 기관을 통해 시행해 나가도록 해야 하겠지만, 우선적으로는 입법평가의 대상을 정부발의법률로 한정함으로써 그 평가업무 추진의 소관부처를 분명히 정하는 수준에서 법제화를 시도하는 것이 타당하다고 본다. 우리나라의 경우 행정부가 입법과정에서 가지는 역할이 여전히 크다는 점을 고려할 때 우선 행정부에게 입법평가에 관한 관리책임을 부과하는 것이 바람직할 것이다.

입법평가 대상이 되는 법률 또는 법률조문의 구체적 기준을 정할 경우, 당해 법률에 의한 업무의 성질이나 분야별 특성, 사업의 규모, 일정 규모이상의 예산을 수반하는지 여부 등을 기준으로 삼아야 할 것이다. 그 경우 입법결과, 성과 등의 측정가능성, 효력이 미치는 범위나 적용분야의 특성 등이 고려될 수 있을 것이다. 가령 교육이나 복지 관련법이 입법평가에 적합할 수도 있다. 예를 들어 학교폭력을 근절하기 위한 입법과 관련하여 CCTV가 효과를 냈는지, 상담실강화가 더 좋은 결과를 약속하는지 하는 문제를 생각해 볼 수 있다. 물론, 입법평가가 가능하다 하더라도 입법평가 결과의 반영이 어려울 수도 있다. 반면, 소년보호법안과 재범률의 경우처럼,

보호대상이 명확하고 보호효과가 잘 구체화(specified)되면 평가하기에 더 적합할 것이다.

입법평가 대상법률을 한정할 경우 그 범위와 기준 등에 대해서는 법률에서 대강을 정하고, 세부적인 사항은 이를 대통령령에 위임하여 단계적·탄력적으로 그 대상범위를 확대시켜 나가도록 하는 방안도 검토해 볼 만 하다. 우선 대상법률에 해당하는 경우에는 소관부처가 당해 법률의 입법(제·개정) 단계에서 먼저 입법평가계획안을 함께 제출하도록 의무화하고 그 평가계획에 따른 소정의 기한 내에 평가를 받도록 하는 것이 효과적인 방안이라고 생각한다. 의회입법의 경우도 당연히 그러한 절차적 의무 부과가 가능하겠지만, 이를 국회의원들이 제대로 준수할지는 의문이므로, 일단 정부입법을 중심으로 발전시켜 나가면서 'spill over'를 기대해 보는 것이 적절하다고 행각한다. 법제처가 총괄관리책임을 지는 입법평가 관리시스템이 작동이 되면, 향후 국회에 입법지원처가 신설될 경우, 의원입법에 관해서도 이를 지원할 수 있도록 입법평가지원체제를 구축할 필요가 있다. 입법평가결과에 대해서는 법제처가 총괄하여 이를 대통령과 국회에 보고하도록 하여야 할 것이다.

2.6. 입법평가에 대한 공공참여의 보장

입법평가 절차를 투명화·개방화함으로써 입법평가과정에 공공참여(public involvement: Öffentlichkeitsbeteiligung)가 이루어질 수 있도록 하는 것이 필요할 것이다. 성매매특별법사례에서도 볼 수 있었던 바와 같이, 성매매행위에 대한 태도가 성매매특별법의 존재이유나 성과에 대한 평가 전반에 걸쳐 결정적인 영향을 미칠 수 있는데, 관련분야 NGO, 여성단체 등이 성매매행위를 바라보는 시각은 관련분야

학자나 연구기관 등에 가지고 있는 관점과 판이할 수 있고 따라서 그 결과 동일한 집행성과의 확인이나 해석에 관하여 전혀 상이한 결론이 나올 수 있는 것이다. 물론, 그렇다고 하여 성매매특별법의 성과에 대한 객관적 평가가 절대적으로 불가능한 것은 아니다. 이미 스위스의 입법례에서 볼 수 있었듯이, 만일 성매매특별법의 입법취지와 목적이 그 성과평가의 전제로 직접 전환될 수 있다고 가정한다면, 그리고 사전에 당해 입법을 추진하는 과정에서 기대효과에 대한 측정 및 검증이 가능한 방식과 수준에서의 성과약속들이 이루어졌다면, 이들을 토대로 일정기간이 지난 후 그 성과를 이미 앞서 본 바와 같은 평가요소와 기준들에 비추어 평가하는 것은 충분히 가능하기 때문이다. 그럼에도 불구하고 가치관의 충돌이나 상치 문제는 객관적인 입법평가의 결과를 도출함에 있어 반드시 해소 또는 처리해야 할 요인들이라고 보아야 할 것이고, 이 문제를 해결하기 위해서는 미리 사전에 어떤 특정의 가치관이나 세계관을 정해 놓거나 일방적으로 부과하기보다는 다양한 가치관이나 세계관들이 자유롭게, 사상과 표현의 자유시장에서 상호 경쟁할 수 있도록 하고 그러한 가치·세계관적 다양성을 감안하면서 입법결과에 대한 평가를 시도하는 것이 정도라 할 것이다.

그러한 관점에서 입법의 취지, 목적, 집행, 입법결과의 해석 등 입법평가의 모든 요소와 기준들에 대한 다양한 견해들을 자유롭게 표출될 수 있도록 공론프로세스를 만드는 것이 무엇보다도 필수불가결하다고 생각한다. 입법과정이 본질상 대의과정이지만 그 대의구조가 주인-대리인 문제나 주권자인 국민이 입법과정으로부터 소외되고 있다는 모순 등으로 말미암아 충실하게 작동하지 못하고 있다는 현실을 고려한다면, 입법평가에 있어서는 더욱 더 공공참여의 문제를 중시할 필요가 있을 것이다. 입법평가에 대한 공공참여는 오히려 대의민주주의의 근본문제의 하나인 주인-대리인 문제를 해결할 수 있는 경로가 될 수도 있다는 점도 고려해야 할 것이다. 현행법상 입법에 대한 공공참여 제도·절차는 어느 정도는 갖춰져 있지만, 그 운영실태는 대단히 미흡한 수준에 머무르고 있다. 현행 입법예고시스템은 정부입법에 한해서만 작동되고 있으며, 행정절차법 개정을 통해 전자입법예고까지 하고 있지만 그 참여율 저조를 면치 못하고 있는 실정이다. 따라서 사후평가중심의 입법평가 과정은 이를 통해 국민들이 입법의 환류(feedback) 과정에 참여·개입할 수 있는 통로가 될 수 있고 시민들이 활발하게 입법의 집행이나 성과 등에 대한 의견을 개진할 수 있게 되므로, 넓은 의미의 입법과정을 개방화하고 이를 통한 입법참여의 기회를 넓히기 위한 시발점이 될 수도 있다. 나아가 입법의 성과에 대한 우리 사회 전체적인 평가를 파악할 수 있게 해 줄 중요한 정보와 자료들을 얻을 수도 있을 것이다.

구체적으로는 입법평가절차에 국민 일반 또는 이해관계를 지닌 국민들이 참여하여 의견을 개진할 수 있도록 하되, 대체로 행정절차법상의 공청회절차에 준하여 구체화할 수 있을 것이라고 본다. 또한 일정수 이상의 국민들의 요구가 있을 경우 입법평가를 반드시 실시하도록 하는 방안, 또는 입법평가의 대상 법률의 범주를 한정할 경우에는 그 대상법률에 대하여 이해관계를 가지는 자들에게 우선적으로 입법평가에 참여할 수 있도록 하는 방안 등도 다양하게 검토해 볼 필요가 있을 것이다. 전자의 경우 일종의 입법평가 국민발안제(initiative) 방식이라고 할 수 있는데, 대의민주주의의 보완수단이 될 수도 있지만, 이익집단들의 입법평가청원이 봇물을 이루어 통제하기 어려운 수준에 이를 수도 있다는 점에서 부작용 방지장치가 수반되어야 할 것이다. 입법평가는 입법을 증거와 지식에 기반하여 평가하고 그 결과를 널리 공유시킴으로써 한, 입법에 대한 국민의 접근과 이해, 그리고 참여를 획기적으로 제고할 수 있는 입법개방의 길이 된다. 단지 법률이라는 이름만으로 합리성이 없거나 변화된 환경에 맞지 않은 부당한 결과를 강요당할 여지를 근본적으로 줄여나감으로써 법이 주권자의 요구에 맞는 국민친화적이고 현실에 적합한 규범으로 변모할 수 있도록 해 주는 입법혁신의 수단으로서 입법평가의 법제화방안을 전향적으로 모색해야 할 시점이다.

Ⅶ 결 론

이제까지 우리는 입법평가제도를 법제화하기 위한 방안을 제시하기 위하여 입법평가의 의의 · 기능 · 필요성, 입법평가에 관한 국내외 논의 동향 그리고 외국의 입법례를 검토한 뒤, 입법평가의 적용대상 사례로서 성매매특별법에 대한 입법평가를 실시할 경우 예상되는 쟁점들을 파악하였다. 이러한 논의를 토대로 입법평가의 법제화 방안으로서, 입법평가를 법제화함에 있어 기본방향은 우리나라 실정에 맞는, 특히 현재의 법제여건을 고려한, 실현가능성과 적실성을 갖춘 최적의 대안을 마련하는 것을 기본방향으로 삼아, 사후평가 중심 입법평가의 제도화, 평가중복 문제의 방지 또는 회피, 입법평가절차의 필요성 및 구속력 인정여부에 대한 판단, 필수적 절차로서 입법평가의 대상 한정, 입법평가에 대한 공공참여의 보장 등에 대한 해결방안을 제시해 보았다.

이미 앞에서 누누이 지적한 바와 같이 우리나라는 다양한 사전적 입법평가 또는 그에 준하는 제도를 도입, 시행해 온 결과, 이론이나 실무 양면에서 경험과 지혜가 축적되어 입법평가제도의 법제화를 위한 시기가 거의 무르익었다고 판단된다.

참고문헌

[국내문헌]

김동건.(2004). 비용・편익분석, 박영사.

김재광・이은애.(2006). 유럽 10개국 성매매 관련법제 비교연구. 한국법제연구원. 현안분석 2006-03.

노화준.(2006). 정책평가론, 법문사.

박영도.(2002). 입법평가제도에 관한 연구. 법제 2002.3:18-35.

박영도.(2004). 법령입안기준개발에 관한 연구(Ⅱ) — 스위스의 법령입안심사기준 —. 연구보고 2004-02.

박영도.(2007). 입법평가의 이론과 실제. 한국법제연구원 현안분석 2007-09.

신상환.(2002). 독일의 입법과정상 입법평가적용의 구체적 사례분석 및 조망을 통하여 본 한국입법평가의 발전과제. 법제. 2002-12:46-55.

목진휴・홍성걸. 2006. 성매매 방지정책에 대한 사례연구. 한국행정연구 제15권 제1호.

이주선.(2006). 경제학적 관점에서 본 성매매처벌법. 한국경제연구원.

이준구.(1996). 재정학. 다산출판사.

장필화외.(2001).성매매방지를 위한 국외대안사례연구. 여성부 정책연구자료.

정호영.(2004). 입법평가를 위한 법경제학적 접근방식에 관한 연구. 중앙대학교 박사학위논문.

최윤철.(2004). 의원입법 발전방안. 국회공동학술대회 발표논문.

최윤철.(2004). 의원입법의 평가와 평가제도의 발전에 관한 이론적 검토. 공법연구 33집: 1-26.

최윤철.(2005). 입법평가의 제도화에 관한 연구. 토지공법연구 8집, 10: 325~352.

한국의회발전연구회.(2003). 법률안비용추계제도의 발전방안.

[외국문헌]

Arbeitsgruppe “Gesetzesevaluation”.(1991). Die Wirkungen staatlichen Handelns besser ermitteln. Probleme, Möglichkeiten, Vorschläge. Schlussbericht an das Eidgenössische Justizund Polizeidepartment, Bern.

Brudnick, Ida A.(2006). Support Offices in the House of Representatives: Roles and Authorities, CRS.

Bundesamt für Justiz.(2002). Gesetzgebungsleitfaden — Leitfaden für die Aus- arbeitung von Erlassen des Bundes. 2., überarbeitete Auflage. (http://www.ofj.admin.ch/etc/medialib/data/staat_buerger/legistik.Par.0005. Filc.tmp/gleitf-d.pdf).

Bussmann, Werner.(1995). Evaluation staatlicher Massnahmen erfolgreich begleiten und nutzen, ein Leitfaden, Chur/Zürich.

Bussmann, Werner/Klöti, Ulrich/Knoepfel, Peter(Hrsg.).(2004). Einführung in die Politikevaluation, Helbing & Lichtenhahn. Basel und Frankfurt am Main.

Carr, Thomas P.(2003). Committee Types and Roles, CRS.

John A. McLaughlin, Gretchen B. Jordan.(2004). Using Logic Models. in Joseph S. Wholey, Harry P. Hatry, Kathryn E. Newcomer, Handbook of Practical Program Evaluation. Jossey — Bass(2004) .pp. 7~32.

Young Han Chun, Hal G. Rainey.(2005). Goal Ambiguity in U.S. Fedel Agencies, Journal of Public Administration Research and Theory, 15:1-30.

Dove, Robert B. 1997. Enactment of a Law. Washington: GPO.

EIDGENÖSSISCHES VOLKSWIRTSCHAFTSDEPARTEMENT.(2000). Handbuch Regulierungsfolgen — abschätzung — Anleitung zur Anwendung der

Richtlinien des Bundesrates vom 15.9.1999 zur Darstellung der volkswirtschaftlichen Auswirkungen von Vorlagen des Bundes (Fassung vom 8.März 2000).

Grimm, Christoph.(2000). Gesetzesfolgenabschätzung Möglichkeiten und Grenzen aus der Sicht des Parlaments. ZRP.

Hill, Hermann.(2000). Einführung in die Gesetzgebungslehre, Heidelberg 1982, S.66ff.

Kettiger, Daniel.(2000). Bessere Wege zum Gesetz. Zur Frage nach der Optimierung des Rechtsetzungsverfahrens, in: Daniel Kettiger(Hrsg.), Wirkungsorientierte Verwaltungsführung und Gesetzgebung, Bern.

Kettiger, Daniel(Hrsg).(2000). Wirkungsorientierte Verwaltungsführung und Gesetzgebung, Bern.

Lange, Christian.(2001). Gesetzesfolgenabschätzung auf der Ebene der Europäischen Union, ZG(2001), S.269f.

John A. McLaughlin, Gretchen B. Jordan.

Mader, Luzius.(1985). L'evaluation Législativ. pour une analyse empirique des effets de la législation. Lausanne 1985.

Johnson, Charles W.(2003). How Our Laws are Made. Washington: GPO.

Schneider, Judy. 2004. House Committee Organization and Process: A Brief Overview, CRS.(2004).

Schneider, Judy.(2003). House Committee Reports: Required Contents, CRS. 2003.

제 3 장 입법역량의 관리*

〈차 례〉

입법역량(law-making competence)은 법치행정의 규범과 실제 양면에

* 김난영 · 홍준형, "행정부 공무원의 입법역량에 관한 실증적 연구", 2006, 『행정논총』 44(1), 329-358을 일부 수정한 글임.

서 필수불가결한 요소이다. 본 연구는 우리나라 행정부 중간수준 공무원의 입법역량이 국가의 생산성 향상이나 지방자치의 내실화를 기하는데 미흡하다는 문제의식 하에 이를 실증 분석을 통해 확인하고, 이들의 입법역량에 영향을 미치는 요인들을 분석함으로써 정책적 시사점을 도출하고자 한다. 공공부문에서 공무원의 역량에 관한 연구와 입법과 입법과정에 대한 분석을 토대로 행정부 중간수준공무원의 입법역량의 구성 요소를 도출하고 설문조사를 통해 공무원의 입법역량을 측정하였다. 그리고 회귀 분석을 통해 어떤 요인들이 공무원의 입법역량에 영향을 미치는지 알아보았다. 분석 결과, 개인요인 중 법무 교육 기간과 입법 업무 간여 경험, 대학에서 법학 전공 여부가 입법역량에 유의미한 영향을 미치고 있는 반면 법학 박사 또는 변호사 자격증 소지 여부, 총 공무원근무기간과 계급차이는 유의미한 영향을 미치지 못하고 있는 것으로 나타났다. 조직 요인 중에서는 조직의 전문성 수준과 조직의 공무원 입법역량 향상에 대한 관심 수준이 공무원 개인의 입법역량에 유의미한 영향을 미치고 있었다. 이와 같은 분석 결과는 입법학 내지 입법기술 교육의 강화, 이 분야 전문가 양성과 함께 공무원의 전문성을 강화시킬 수 있는 보직설계가 요구됨을 보여준다.

I 서 론

급변하는 세계경제, 비약적인 기술 발전, 정부성과에 대한 기대의 증가는 공공서비스의 기술과 능력에 대한 새로운 관심을 요구하고 있다. 이러한 환경변화에 대응하고 정부의 생산성을 제고하기 위해서는 공무원의 역량을 신장시키는 것이 무엇보다도 중요하다는 인식이 확산되고 있다. 이러한 인식을 배경으로 등장한 '역량 접근(competence approach)'은 1970년대 후반 공무원의 능력과 기술의 명확화와 개선을 위해 미국에서 고안되었고 1979년부터 미국 고위공무원단 (the U.S. Senior Executive Service)에 적용되었다. 1990년대에는 영국, 독일, 일본 등에도 도입되었다. 일반능력자주의 체제(generalistor- iented system) 또는 전통적인 전문가주의 체제(specialistoriented system) 만으로는 공공서비스가 직면하고 있는 도전들에 효율적으로 대응하는데 한계가 있다는 데 각국은 동의하고 있는 것이다. 이와 같이 역량 접근은 선진국에서 공공관리 개혁 수단으로 받아들여지고 있고, 우리나라도 2006년 실시 예정인 '고위공무원단제도'의 실효성을 제고하기 위해 고위공무원에 대한 평가 수단으로 역량 접근을 채택할 예정이다.[1)]

그러나 지난 20년간의 미국, 영국, 독일 등 OECD 국가들의 경험에 의하면 역량 접근은 공무원의 성과가 정부의 생산성 향상에 기여할 수 있도록 하려는 관심에 기초하고 있다는 데 공통점이 있지만 국가마다 역량접근의 도입 시기, 초점, 구체적 내용, 전개 방향이 서로 다르고 이러한 접근이 의도대로 정부의 생산성 향상에 기여했는가도 불분명하다. 따라서 역량 접근에는 유일한 관점이 존재

1) 2005년 12월 국가공무원법 개정안이 국회를 통과함으로써 고위공무원단제도가 2006년 7월 1일부터 시행된다. 재직중인 실・국장급 공무원은 고위공무원단으로 전환되며, 과장급 공무원은 역량평가와 후보자교육과정 등을 거친 뒤 직위공모 절차를 통해 고위공무원단에 진입하게 된다. 고위공무원으로서 요구되는 역량의 구비 여부를 사전에 검증받고 적격자만이 고위공무원단에 선발될 수 있도록 하는 제도적 장치의 구축이 이 제도 성공의 관건이다. 중앙인사위원회는 다양한 평가기법을 활용하여 실제 업무와 유사한 모의상황 하에서 나타나는 평가 대상자의 행동특성을 다수의 평가자가 평가하는 체계인 역량평가제(assessment center)를 도입할 예정이다(http://www.mogaha.go.kr; http://www.csc.go.kr/ 등을 참조).

할 수 없고 누가, 어떤 형태의 역량을 선택했는지에 따라 새롭게 정의되고 설명될 수 있으며 나아가 조직의 효율성 향상에 미치는 영향도 달라질 수 있다(Hood, 2004 : 313).

본 논문은 정부의 생산성 향상을 위해서는 공무원의 역량이 핵심 요소라는 인식 하에 역량 접근을 분석적으로 고찰하고 우리나라의 조직 구조와 개혁 방향에 터 잡아 이 접근을 새롭게 정의한 후 우리나라 행정부 중간수준 공무원에게 적용해 보고자 한다. 특히, 공무원에게 중요한 역량 가운데 하나인데도 불구하고 연구 대상이 되지 못했던 중간 수준 공무원의 입법역량(lawmaking competence)을 분석한다. 사회의 다원화, 민주화, 기술의 발전은 정책 문제와 정책 수단인 법령을 더욱 복잡하게 하고 있기 때문에 공무원 입법역량의 획기적 향상이 요구된다. 공무원의 입법역량이 뒷받침 되어야 후진적인 사후적·치유적 법치주의를 극복하고 사전적·예방적 법치주의를 통해 국민의 자유와 권리의 보호와 국정 과제의 효율적 수행이 가능해지기 때문이다.[2] 우리나라의 경우, 1990년대 민주화 이후 국회의원의 권한 확대에 따른 의원입법의 증가로 전체입법에서 행정부 입법의 비중이 감소하기는 했지만 그 비중이 여전히 50%를 약간 하회하는 수준이고 정치적 이유로 의원입법의 형식만 가지는 행정부 입법도 상당수 있기 때문에 의회 권한이 강화된 시대에도 행정부 입법의 중요성은 여전히 크다(홍준형·박균성·선정원, 2005).

한편, 지방자치에서 자치입법의 중요성이 커지고 주민의 행정 서비스에 대한 요구 수준은 상승하고 다양화되고 있지만 지방 공무원의 자치입법역량은 크게 미치지 못하고 있다. 즉, 지방공무원의 입

2) '사전적·예방적 법치주의'란 각종 법률행위 특히 공공기관의 행정행위에 있어서 사전적 법률검토를 통하여 적법한 행위를 함으로써 위법행위 및 법적 분쟁의 발생 자체를 억제하는 법치주의를 말한다.

법업무가 주로 상위법령의 근거 또는 위반 확인, 입법권의 범위와 한계 준수 여부 확인 등 형식적인 면에 치중해 있고 지역 여건에 부합하는 창의적이고 다양성을 지닌 조례의 구상 등 자치입법의 활성화는 요원한 형편이다.

이 논문은 우리나라 행정부 중간수준 공무원의 입법역량이 국가의 생산성 향상이나 지방자치의 내실화를 기하는데 미흡하다는 문제의식 하에 이를 실증 분석을 통해 확인하고, 이들의 입법역량에 영향을 미치는 요인들을 분석함으로써 정책적 시사점을 도출하고자 한다. 공공부문에서 공무원의 역량에 관한 연구와 입법과 입법과정에 대한 분석을 토대로 입법역량을 구성하는 요소와 입법역량에 영향을 미치는 요인을 도출해 낸 후 설문조사를 통해 경험적 분석을 실시하여 그 결과를 논의하였다.

Ⅱ 기존 연구의 검토

1. 공공부문에서 역량에 관한 연구

1.1. 선행연구

급변하는 세계경제, 기술변화, 정부성과에 대한 기대 증가라는 도전에 직면하여 정부의 생산성을 제고하기 위한 처방으로 인적 자원관리의 변화를 촉구하는 목소리가 고조되어 왔다.[3] 이러한 배경에

3) 일례로 Patricia Wallace Ingraham 등은 미국의 실적주의(merit system)가 전략적이지 못한 혼합시스템이라고 비판하면서 정부의 인적 자원(human resource)인

서 정부의 생산성을 제고시키기 위해 공무원의 역량, 특히 업무에 대한 전문성 역량을 향상시켜야 한다는 인식이 공유되고 있지만 공공분야에서의 역량에 관한 연구는 행정 실무 분야나 민간 기업에서의 관심에 비해 많지 않으며 그것도 처방적 · 규범적 연구가 대부분이다. 국내 연구로는 외국의 공무원 능력개발제도 또는 조직설계 방법을 소개하거나(김판석, 2002 ; 이종수, 2002) 공무원의 낮은 전문성을 보여주는 현황 조사 결과를 제시하며 공무원의 전문성 강화를 주장하는 규범적 연구들(사법개혁위원회, 2004 ; 서원석, 1997 ; 김중양, 1997 ; 최병대 · 송석휘 · 금재덕, 1998)이 있다. 역량 접근을 도입한지 10년 이상이 된 미국, 영국, 독일 등 OECD 국가들에서는 역량 접근의 도입과 진화과정에 대한 분석과 평가에 관한 연구가 이루어지고 있다(Hood, 2004).

공무원의 역량 또는 특정 분야에서의 역량을 향상시키기 위해 개인의 어떤 특성 또는 조직의 어떤 특성이 구체적으로 영향을 미치는지를 분석한 실증적 연구는 찾아보기 어렵다. 한국의 공무원들이 전문적 능력(professional capabilities)이 요구되는 업무를 수행할 때 이들 능력의 구성요소는 무엇이며 한국의 조직 현실에서 어떤 요인들이 공무원 개인의 역량에 영향을 미치는지에 대한 실증적 연구 또한 소수이다. 게다가 그 대부분은 데이터를 통한 직접 방법을 활용하기 보다는 공무원에 대한 인식 설문조사를 통해 이루어 졌기 때문에 연구의 객관성에 의문이 있고 전국 단위보다는 소수 지방자치단체 또는 특정 중앙부처를 대상으로 이루어졌기 때문에(박천오 · 윤진훈, 2002; 이종수, 2002; 김복규 · 강세영, 1999) 일반화하는 데 많은

공무원들은 비용이 아니라 투자라는 인식의 전환 하에 이들을 지금보다 더 가치있게 다루고 보다 더 신중하게 개발해야 하며 높은 성과 지향 실천이 있어야 한다고 처방한다(Patricia Wallace Ingraham et.al, 2000).

제약이 있다.

공무원의 입법역량에 관한 연구동향을 보면, 주로 국회의원이나 지방의원, 의원보좌진, 입법관료제의 입법 활동을 중심으로 입법역량이 논의되고 영향 요인에 대한 체계적 분석보다는 실태조사와 외국과의 비교분석에 그치고 있다(홍준형, 2004; 김병섭 · 오시영 · 이한우, 2004; 박천오 · 윤진훈, 2002; 임병규, 1998). 이들 연구들은 공무원들의 입법전문성 결여의 원인을 공무원 수의 부족, 순환제 근무방식에 의한 잦은 보직이동 등 주로 비효율적 인력관리 측면에서 찾고 있다(천병호, 1998; 장세훈, 1997; 양동훈, 1999).

자치입법에 관한 연구는 주로 자치입법권에 관한 이론적 고찰을 통해 자치법규의 성질, 한계, 형식, 절차, 효력, 통제 등에 주안점을 두어 이루어졌다(하철영, 1994; 홍준형, 2002). 자치입법의 형성과정에서의 문제점을 파악하고 대안을 모색하는 연구도 간간히 이루어져 왔지만 자치입법이 지방자치를 내실화할 수 있는 중요한 정책 수단이라는 인식이 확산되면서 최근 주목을 받고 있다. 최근의 실태조사는 조례가 제대로 운영되고 있지 않은 원인으로 법 · 제도와 운영상의 문제와 함께 지방 공무원의 인적 자질 부족을 들고 있다(오세탁 · 이승호, 1994; 하철영, 1994; 김성경, 2002).

1.2. 역량접근의 연혁

최근 민간뿐 아니라 공공부문의 인사관리 분야에 있어 '역량(competency)' 개념이 핵심주제로 등장하고 있다. 역량접근은 고위공무원들의 능력에 대한 불만족과 효과적인 장인의식과 리더십에 대한 새로운 관심을 반영해 주고 있다(Lynn, L., 1996)는 점에서 공통점이 있다. 그러나, 이 접근은 국가마다, 시기마다 강조점이 다르고 다양한 방식으로 분화했다(Hood, 2004 :313). 역량접근은 아직 형성 중인 관리개혁 이론이고 공공부문에 적용결과도 다양하기 때문에 이 접근의 적용에 앞서서 한국적 행정 현실에서 무엇을 역량으로 볼 것인지, 이 접근 방식을 누구에게 적용하는 것이 적절한지에 대한 고찰이 요구된다.

공무원의 역량을 무엇으로 볼 것인가와 관련해서 미국, 영국, 독일 등 서구 선진국에서 지난 30년간 이루어진 역량 접근 흐름에 대한 분석이 유용한 아이디어를 제공한다.

[그림 3-1] 역량에 대한 다양한 접근4)

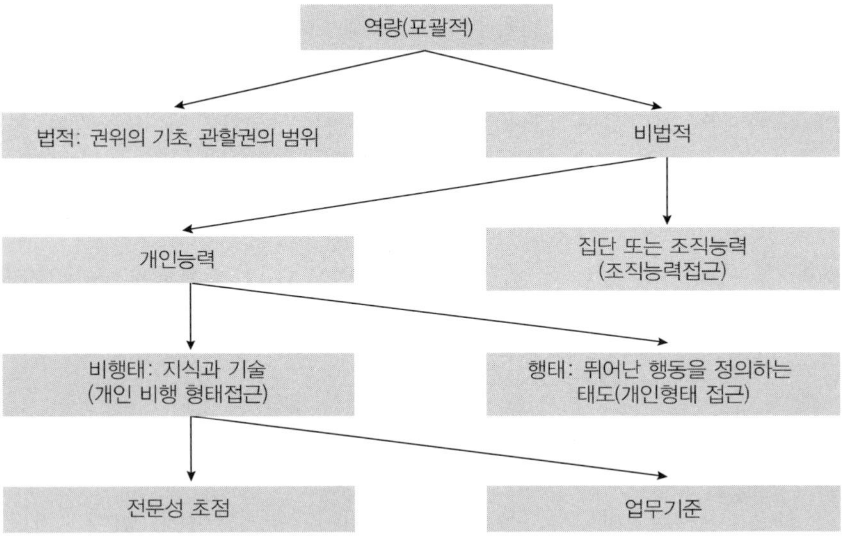

1970년대 이후 공공관리개혁운동에서 역량 접근은 특정 운영을 수행하는 조직의 실질적 능력 또는 특정 업무를 수행하는 개인의

4) Hood의 표 재구성(Hood, 2004:317)

능력에 초점을 두었다. 20세기 후반 역량 접근의 주요 흐름은 조직능력접근(organization capacity), 개인비행태접근, 개인행태접근 등 세 가지로 요약될 수 있다(Hood, 2004: 316). 조직능력접근(organization capacity)은 전략적 관리학파(strategic management school)와 결합된 접근으로 무엇이 조직을 효과적으로 만드는가를 나타내기 위해 역량이 사용된다. 이 접근의 주요 관심은 조직능력의 발전, "핵심역량(core competency)"의 정의와 육성인데 이러한 활동들은 조직의 전략적 위치에 필수적인 활동으로 관리에 의해 육성되는 것이지 외부에서 조달될 수 없다. 이 접근은 1980년대 이후 관리개혁운동에서는 많이 사용되지 않고 있다.

조직능력접근과는 대조적으로 인간관계(human relations) 전문가들은 역량 접근을 개인의 능력(ability and capacity)을 나타내기 위해 사용했다. 1960년대 사회심리학자인 David McClelland에 의해 개발된 개인행태접근은 우수한 성과와 관련된 개인의 속성을 정의하고 향상시키는데 초점을 둔다. 이 접근은 1980년대 초부터 인적 자원 관리자들이 행태기술을 적용하면서 대중화되었고 인적 자원 개발과 훈련 산업(training industry)을 위한 새로운 언어와 주제가 제안되면서 널리 알려졌다. 개인행태접근은 중요한 행태 또는 성격·특성을 정의하기 때문에 단순히 좋은 성과의 모범사례를 제시하는 것과는 구별된다. 이 접근은 1980년대에 기업에서 사용하기 시작했고 이제는 원래 형태에서 벗어나 McClelland가 의도한 학문적 의미로 사용되고 있지 않다(Hood, 2004: 317-318). 이 접근의 핵심은 단순히 "좋은 성과"와는 구별되는 특징적 행태와 개성을 정의하는 것이다. 행태적 속성과 특정 업무의 구체적 지식, 기술, 요구사항을 구별하는 것은 어렵다는 것이 이 접근의 한계이다.

개인비행태접근은 구체적 업무의 실제 달성에 의거하여 관료제의 기술적 전문성(technical competency)을 중시하는 전통적인 독일식 접근과 1980년대 중반부터 정부정책 차원에서 발전한 영국식 업무기준(work standard) 접근으로 구분될 수 있다. 후자는 1985년 영국에서 최초로 도입된 직업 자격 시스템(a new system of vocational qualifications)과 관련되어 있는데 기본적으로 수행되어야할 일이 무엇인지를 정의하는 것을 중시한다.

이들 세 접근은 분석적으로는 뚜렷해 보이지만 개인비행태접근과 개인행태접근은 실제로는 그 경계가 명확하지 않다(Hood, 2004; 318). 공공 분야든, 민간 분야든 관리 개혁 아이디어로서의 역량에 대한 유일한 접근은 불가능하다. 역량을 무엇으로 볼 것인지, 누구에게 적용할 것인지에 따라 역량은 새롭게 정의되고 설명될 수 있으며 나아가 조직의 효율성 향상에 미치는 영향도 달라질 수 있다.

1.3. 역량접근의 재정의

우리나라 중앙인사위원회가 역량을 개인행태를 중심으로 접근하는 데 비해(중앙인사위원회 홈페이지, 2005) 대부분의 OECD 국가들은 역량을 전문성(expertise), 지식(knowledge), 능력(capacity)으로 정의하고 있다(Hood, 2004; Lynn, L., 1996). 전술한 바와 같은 개인행태접근은 이론적 · 실무적 한계가 있기 때문이다. 관리기술로 행태접근을 최초로 도입한 미국에서도 개인행태접근을 역량 접근의 유일한 관점으로 보고 있지 않다. 미국 예산관리처(GAO: United States General Accounting Office) 역시 역량을 높은 성과를 달성하기 위해 요구되는 지식, 기술, 능력 그리고 행태로 정의하고 있다(GAO report, 2000).

우리나라의 역량에 대한 선행 연구들 역시 역량을 결정하는 요인으로 주로 전문성(professionalism), 능력(capacities)을 들고 있다. 전문성은 "특정 분야에 관한 높은 수준의 지식이나 기술로서 사전 교육이나 연구를 통해 얻게 되는 것과 특정 업무를 계속 수행하는 과정에서 경험을 통해 습득하는 것을 포함한다(민동기, 1999).

그런데, 기업조직 연구에서는 개인의 직무수행은 타인으로부터의 지원과 같은 인적 자원이 포함되는 환경요인과 개인이 가지고 있는 지식, 기술, 능력, 경험, 성격 등이 포함된 개인요인에 의해 결정된다는 결과가 많다. 공무원들의 입법전문성 결여의 원인을 주로 비효율적 인력관리 즉, 담당 공무원의 인원 부족, 순환제 근무방식에 의한 잦은 보직이동 등 조직 측면에서 찾고 있는 연구들도 다수 있다(천병호, 1998 ; 장세훈, 1997 ; 양동훈, 1999). 따라서 개인의 역량에 조직요인이 영향을 미칠 수 있음을 유추할 수 있다.

선진국의 경험, 선행연구 그리고 계급제와 순환보직을 근간으로 하는 우리나라의 인사행정제도와 중간수준 공무원이 입법에서 차지하는 중요성을 고려할 때 행태적 접근보다는 전문성, 기술, 능력을 중심으로 역량접근을 새롭게 정립하고 이를 중간수준 공무원에게 적용하는 것이 이론적으로나 실무적으로나 적절하다.

1.4. 역량접근의 적용대상

OECD 국가들에서 역량 접근의 주요 적용대상은 고위공무원이다. 그러나, 역량접근이 공무원의 능력과 기술의 명확화와 개선을 위해 고안되었다는 점(Lynn, L., 1996), 그리고 한국의 경우 정부법률안제출권제도의 중요성이 줄어들지 않고 있고 지방자치의 발전이 요구되고 있는 행정 현실에서 중간수준 공무원이 정책의 실질적 설계자이자 입법안의 작성자라는 점을 고려할 때, 공무원 개인의 능력과 기술을 강조하는 역량 접근은 정책 실무를 담당하는 행정부 중간수준 공무원에게 유용한 인적 자원 관리 개혁 수단으로 재정의 될 수 있다. 더욱이, 변화된 행정환경 하에서 여전히 중간수준 공무원 관리방식의 근간을 이루고 있는 계급제와 순환보직이 정부의 생산성 제고에 기여하고 있지 못하다는 비판이 크다는 점을 감안할 때 중간수준 공무원에 대한 역량접근 도입의 필요성이 크다고 볼 수 있다.[5)]

2. 입법과 입법과정

2.1. 입 법

입법은 국가기관이 법을 제정하는 행위 또는 법제정행위의 결과로서 넓게는 행정입법 및 자치단체 입법을 포함한다.[6)] 입법은 국가기능의 출발점으로 국가권력의 행사와 국가의사 결정은 대부분 궁극적으로 입법의 형태로 나타난다(오호택, 2005). 국가에 의한 서비스의 제공, 사회계획, 경제통제, 재화의 재분배 등을 위한 중요한 수단으로서 법적 도구가 동원되는 것을 법의 정책화 내지 행정화라고 하는데 법의 정책화 내지 행정화 경향이 커지면서 일정한 정책 목

5) 이재은(2004)의 지방분권특별법 제정과 관련된 정책 과정 분석에 의하면 성공적인 정책 추진을 위해서는 정책 추진 부서 공무원들의 대내외적 정치력·교섭력·정책 추진상의 양보와 타협을 위한 설득력과 협상력 등 공무원의 역량이 성공적인 정책추진의 주요 요소로 확인 되었다.

6) 이 연구의 대상은 중앙부처 공무원과 지방자치단체 공무원을 포함하는 행정부 공무원이다. 중앙부처 공무원들이 다루는 입법은 법률, 위임명령과 집행명령 등의 법규명령, 훈령·지시·명령 등의 비법규적 성격을 가지는 행정명령 등을 말하지만 법률이 국민의 자유와 권리에 미치는 영향이 다른 입법에 비해 현저히 크기 때문에 법률에 초점을 둔다. 지방자치단체공무원들이 다루는 자치입법은 조례와 규칙을 의미한다.

표의 실현을 위한 수단의 색채가 짙은 입법의 비중이 높아지고 국가의 시민 생활에의 관여에 있어서도 입법의 역할이 비약적으로 확대되고 있다(최대권, 1993). 현행법은 2005년 10월 현재 법률 1134개, 명령 2848개 등 3982개의 법령과 2004년 10월, 현재 59347개의 자치입법으로 이루어져 있다.

〈표 3-1〉 우리나라 법령 현황

구 분	2005년 10월 현재	구 분		2004년 10월 현재
법 률	1,134	시·도	조 례	3,445
대통령령	1,494		규 칙	1,865
총 리 령	70	시·구	조 례	35,644
부 령	1,284		규 칙	18,393
계	3,982	계		59,347

※출처: 법제처 법령통계(http://www.moleg.go.kr)

2.2. 입법과정

과학기술의 발전과 행정환경의 복잡화와 전문화에 따른 행정국가화경향의 가속화는 입법에서 행정부 공무원의 역할의 증대와 행정입법의 증가를 불가피하게 했다. 특히, 법률안 제출권이 의회에 전속되어 있는 미국과 달리 의회와 함께 정부가 법률안 제출권을 공유하고 있는 한국의 경우 행정부 공무원이 입법에서 차지하는 역할은 입법 분야에서 국회의원의 그것에 못지않게 중요하다.

중앙부처의 법제업무는 법령의 제정·개정·폐지 등 정부입법활동과 기타정부의 법제업무로 나누어 볼 수 있다. 여기서 법령이란 법률·대통령령·총리령·부령을 말한다(법제업무운영규정 제2조) 따라서, 본 논문의 연구의 대상인 행정부 공무원의 입법역량은 법률과 대통령령 · 총리령 · 부령 등 위임명령 그리고 법률을 집행하기위해 필요한 사항에 관하여 발하는 집행명령의 제정 · 개정 · 폐지 등의 정부입법활동과 관련된 역량을 의미한다.

정부제출안의 입법현황을 보면 전체 법률안 중 의원발의 법률안의 비중이 높아지고 있다. 특히 16대 국회의 경우 접수 건수를 기준으로 할 때 의원 발의 법률안의 비중이 정부제출 법률안의 세 배에 이르고 있다.

〈표 3-2〉 제안 국회별 의원발의법률안과 정부제출법률안 현황

( )안은 %임

	13대 1988~1992		14대 1992~1996		15대 1996~2000		16대 2000~2004	
	접 수	가 결	접 수	가 결	접 수	가 결	접 수	가 결
의 원 발 의	570 (61)	164 (34)	321 (36)	119 (18)	1144 (59)	461 (41)	1912 (76)	514 (54)
정 부 제 출	368 (39)	321 (66)	581 (64)	537 (82)	807 (41)	659 (59)	595 (24)	431 (46)
총 계	938 (100)	485 (100)	902 (100)	656 (100)	1951 (100)	1120 (100)	2507 (100)	945 (100)

※출처: 국회홈페이지 의안정보시스템(http://search.assembly.go.kr/bill)

그러나 가결된 법률안을 기준으로 하면 의원발의 법률안의 비중이 54%, 정부제출법률안이 46%로 두 주체 간 큰 차이가 없다.[7] 게다가 의원입법의 상당수는 행정부의 초안을 기초로 하고 있어 실제로는 정부안이지만 의원입법의 형식을 빌어서 입법이 추진되는 경우도 많다. 이러한 입법 형태는 행정부처간의 합의가 어렵거나 사회

7) 15대 국회의 경우 의원 발의 법률안 1144개 중 651개가 폐기되었고(폐기율 57%) 16대 국회의 경우 1912개 중 1353개가 폐기되었다(폐기율 71%).

적 찬반 논란이 많은 법안들이 두드러진다. 정부 입장에서 정부입법보다는 의원입법으로 하는 것이 절차와 시간을 대폭 줄이고 정치적 부담도 크게 덜 수 있기 때문이다(오호택, 2005 : 9-11).

[그림 3-2]에서 보는 바와 같이 제안 국회별 법률안 가결률은 의원발의 경우보다 정부제출의 경우가 월등히 높다. 다만 두 경우 모두 가결률이 낮아지고 있다. 이는 입법과정에서 이해 갈등이 커지고 이에 따라 불확실성이 높아지고 있음을 보여준다.

정부 제출 법률안의 경우 각 중앙행정기관이 자기 소관사항에 대해 입법을 추진하는 것이 일반적이다. 이 경우 법률안의 초안은 당해 법률의 집행을 담당할 소관 부처의 주무부서가 주관하게 된다. 초안을 마련하여 관계부처와 협의를 거쳐 입법예고를 한다. 입법 예고는 법령안의 입법취지, 주요 내용 또는 전문을 관보 또는 공보 또는 신문·방송·컴퓨터통신 등의 방법으로 널리 공고해야 하며 그 예고 기간은 예고 할 때 정하되 특별한 사정이 없는 한 20일 이상으로 한다(행정절차법 41조-44조). 상세한 입법과정은 다음과

[그림 3-2] 제안국회별 가결법률안 중 의원발의법률안과 정부제출법률안 비율 현황

(단위: %)

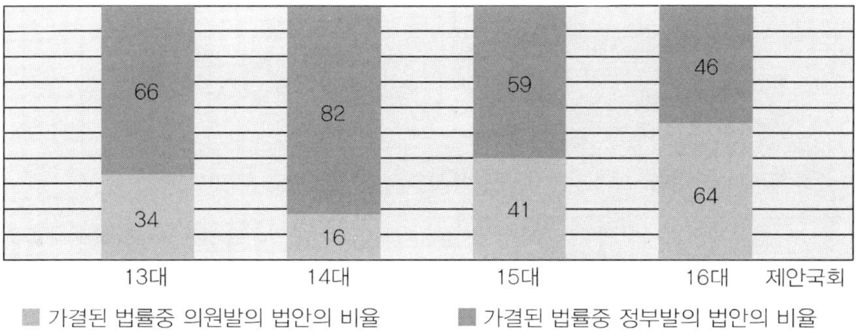

같다.[8)]

[그림 3-3] 의안제출법률안과 정부제출법률안의 법률안 가결율

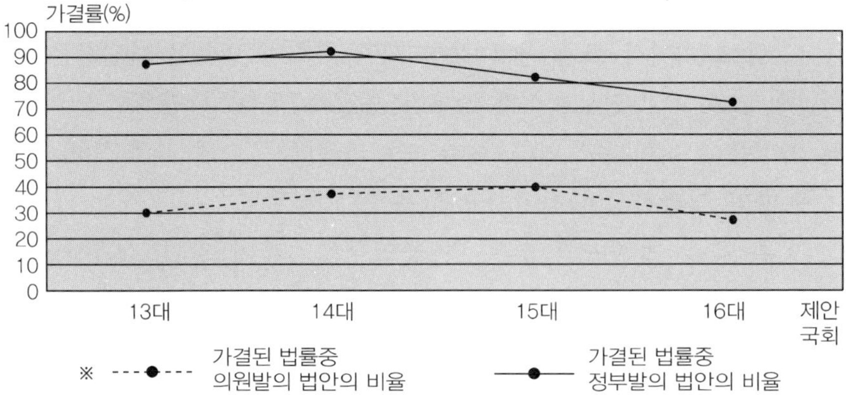

[그림 3-4] 정부제출법률안 입법과정

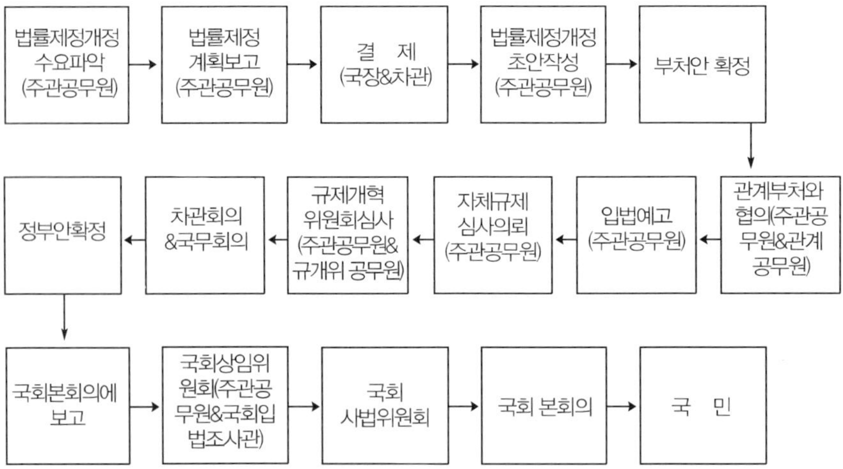

※주관 공무원: 법률 제정 · 개정 주관부서의 담당공무원을 의미한다.

---

8) 정부제출법률안의 입법과정은 행정절차법, 법제업무운영규정시행령 · 시행규칙 등 관련 법령, 행정직무교재(중앙공무원교육원, 2002)-5급 사무관들이 중앙공무원 교육원에서 교재로 사용하는 실무 지침서-, 입법과정에서 주관 공무원 역할을 한 경험을 가지고 있는 중앙부처 공무원과의 심층인터뷰를 통해 작성되었다.

(1) 부처안의 확정

사회적 요구, 민원의 발생, 관계법령의 변화 등 정책수요에 기초해서 담당공무원이 제정 또는 개정기본계획을 작성한다. 중앙부처의 경우 주로 5급 사무관이 이 업무를 담당한다. 기안이 작성되면 상관이 결재를 한다. 중요 정책은 국장이나 차관을 거쳐 장관까지 결재를 받아야하지만 대부분의 정책은 국장이나 차관까지 결재를 받으면 된다. 상관이 결재를 한 후 주관공무원이 법안과 함께 양식에 따라 입법이유서와 신구법령대조표를 작성하면 部處案이 확정된다.

(2) 관계부처 협의, 입법예고, 규제심사, 법제처심사

부처안은 관련부처와 협의 과정을 거쳐야 한다.[9] 법령안 주관기관의 장은 입법에 관해 관계기관의 장과의 협의를 필요로 하는 경우에는 그 협의를 한 후에 입법예고를 하여야 하며, 부처에 소속된 기관의 장은 그 소속 부처의 장의 승인을 얻어 입법예고를 해야 한다(동시행령 제14조 제1항). 법령 주관기관의 장은 관보 외에도 신문, 인터넷, 방송, 이해관계가 있는 단체 또는 기관의 간행물 등을 활용하여 입법할 내용을 알리기 위해 필요한 조치를 강구해야 한다(동시행령 15조 제1항). 입법예고에 따라 제시된 의견이 있을 경우 이를 검토하여 법률안에 반영 여부를 검토하고 관계부처와 합의된 내용을 바꿀 필요가 있는 경우에는 다시 관계부처와 합의하여야 한다.

---

9) 법제업무운영규정 제11조 제1항. 재정부담을 수반하는 법률안은 기획예산처와(동 규정 제11조 제2항), 조직이나 인사에 관한 내용을 포함하는 경우에는 행정자치부와 협의해야 한다. 법령에 의해 관계부처와의 협의가 필수적으로 되어 있는 경우도 있다. 경쟁제한사항을 포함하는 법령을 제·개정하는 경우 공정거래위원회와 협의해야 하고(독점규제및공정거래에관한법률 제63조), 會計관계 법령 등을 제·개정하는 경우 미리 감사원의 의견을 구해야 하며(감사원법 제49조), 관보에 게재할 것을 법령에 규정하고자 할 때에는 미리 행정자치부와 협의해야 한다(관보규정 제11조)(행정직무교재, 중앙공무원교육원, 2002).

규제에 관한 사항, 즉 국가 또는 지방자치단체가 특정한 행정 목적을 실현하기 위해 국민의 권리를 제한하거나 의무를 부과하는 것으로서 법률·대통령령·총리령·부령과 그 위임에 의해 정해진 고시, 조례·규칙에 규정되는 사항이 포함된 법령안을 추진하고자 하는 때에는 행정규제기본법에 의해 규제영향분석과 규제의 대상·범위 및 방법에 대한 중앙행정기관별 자체 심사를 거치고 공청회, 입법예고, 이해관계인·전문가 등의 의견을 수렴한 후 규제영향분석서, 자체심사의견, 행정기관 및 이해관계인등의 제출의견의 요지를 첨부하여 규제개혁위원회의 규제심사를 받아야한다.

관계부처와의 협의가 종료된 후 입법예고절차와 규제심사를 거치고 나면 법제처에 법률안을 심사해 줄 것을 의뢰한다. 법제처에서는 법문의 자구·체제 등 형식뿐 아니라 당해 입법내용의 현실적 타당성·국정지표와의 합치성 여부, 상위법이나 관계 제도간의 내용상 상충여부 등에 대해 심사를 하게 된다.

(3) 차관회의 및 국무회의 심의, 국무총리 및 관계 국무위원의 부서, 대통령의 재가 및 국회제출

법제처의 심사가 종료되면 차관회의에 상정되고 차관회의에서 합의가 이루어지면 국무회의에 상정된다.[10] 법률안을 제안한 부처가 차관회의 및 국무회의의 심의과정을 주도한다. 제안부처의 장·차관이 제안 설명을 하고 의결을 구하면 토의를 거쳐 의결하는 순서로 진행된다. 법률안이 국무회의에서 의결되고 필요한 副署를 받고 나면 법제처에서 국무총리실을 거쳐 대통령비서실로 이송된다. 대통령비서실에 이송된 법률안은 대통령의 裁可를 받은 후 법제처를 통해

10) 차관회의는 생략할 수 있지만 국무회의는 생략할 수 없다.

대통령 명의로 대통령의 명의로 국회에 제출된다.

④ 국회심사

국회에 제출된 정부제안 법률안은 국회의장이 본회의에 보고한 후 소관 상임위원회에 회부된다. 이 때, 주관 공무원이 국회 입법조사관[11]에게 입법취지를 설명하고 입법조사관은 검토보고서를 작성하여 소관 상임위원회에 보고한다. 소관 상임위원회는 전체회의 또는 소위원회를 구성하여 법률안을 심사하고 필요한 경우에는 공청회를 개최하여 이해관계인의 의견을 듣고 심사를 하기도 한다. 소관 상임위원회 전체회의의 의결을 거친 법률안은 법제사법위원회에 회부되어 법률안의 자구와 체제를 심사받는다. 자구 · 체제가 정리된 법률안은 다시 국회 본회의에 회부되고 본회의를 통과한 법률안은 공포를 위해 정부로 이송된다.

2.3. 자치입법 과정[12]

지방자치단체는 자치입법권을 가진다. 헌법 제117조 제1항에 "지방자치단체는 주민의 복리에 관한 사무를 처리하고 재산을 관리하며 법령의 범위 안에서 자치에 관한 규정을 제정할 수 있다"고 규

11) 국회의 위원회 활동을 지원하기 위해 수석전문위원(차관보급, 별정직), 전문위원(2급, 일반직), 입법심의관(2급~3급. 일반직), 입법조사관 (3급~5급, 일반직), 기타 필요한 공무원으로 구성되는 위원회 공무원 조직이 있다. 이 중 입법조사관은 입법고시를 통해 채용되는 국가직 공무원들로 소관 상임위원회의 입법활동 지원과 행정부견제 · 통제를 주요 임무로 한다. 이들 입법조사관들은 안건에 대한 사전 검토, 법안의 기초 및 수정안의 초안 작성, 관련 자료의 연구조사 및 수집 등의 전문적 업무를 담당한다(박천오 · 윤진훈, 2002).

12) 자치입법의 입법과정은 서울시 종로구청의 "법제사무처리규칙"의 분석과 입법 주관 경험이 있는 지방자치단체 공무원과의 심층인터뷰를 통해 작성되었다. 현재 지방자치단체의 자치법규는 대부분 "행정자치부의 표준안"에 근거하여 이루어지고 있어 그 내용이 동일할 뿐 아니라 심지어 자구까지 똑같은 경우가 많기 때문에 하나의 지방자치단체 법제사무처리규칙에 대한 분석을 전체에 적용해도 무리가 없을 것으로 판단된다.

정하고 있다. 여기서 자치에 관한 규정이라 함은 조례와 규칙을 의미한다. 즉, 지방자치단체는 국가에 대하여 상대적으로 독립성을 갖는 주민의 지역적 통치단체이기 때문에 국가는 이 자치단체에 대하여 광범한 자주행정·재정권과 자주입법권 일반을 보장받고 있다. 그런 뜻에서 지방자치단체의 입법권에는 의회의 의결로 하는 자주입법형식의 '조례'와 지방자치단체장이 제정하는 '규칙'·'규정'이 포함된다(김성경, 2002).

헌법은 자치입법이 의회의 의결에 의해 제정되도록 하고 있지만 지방자치단체 공무원 인터뷰와 선행 연구에 의하면, 지방의회에 제출되는 조례안 제출 주체의 95%가 도지사 또는 교육감으로 지방의회 의원은 5% 수준에 그치고 있는 것으로 나타났다. 자치입법 실태에 관한 김동훈의 연구(1996)에 의하면 현재 조례는 조직의 관리, 공무원정원, 여비, 수당, 위원회 설치, 사업소 및 출장소의 설치 등에 관련한 것이 대부분이고 주민의 복리증진이나 편의를 위한 조례가 차지하는 비중이 매우 낮다. 자치입법 대부분이 조직의 유지와 관리를 위한 조례와 물가상승에 따른 수수료율이나 수당, 여비 등의 인상에 관련된 것으로 주민을 위한 자치입법이라기보다는 조직 자체를 위한 자치입법이 이루어지고 있다고 할 수 있다. 그리고 도지사가 제출하는 조례안의 90% 이상이 "행정자치부의 표준안"에 근거하여 이루어지고 있다.[13)]

13) 일례로 대부분의 자치단체가 '지방재정운영상황공개조례'를 제정하여 운영하고 있는데 그 내용이 전국적으로 거의 동일하고 심지어 자구 하나 수정 없이 제정되는 경우도 있다. "행정자치부의 표준안"은 지방자치단체에서 조례를 제정할 경우 자치단체 간에 어느 정도 통일성을 가질 필요가 있는 사항에 대한 지침에 불과하나, 대부분의 자치단체에서는 이 틀에서 크게 벗어나지 못하고 있어 지역주민들로써는 중앙집권시대의 일률적인 행정과 차이를 체감하기 어렵다(김성경, 2002).

지방자치단체는 행정자치부표준안에 근거하여 작성된 자치법규인 “법제사무처리규칙”을 제정하여 이에 기초하여 입법업무를 수행하고 있다.[14] 지방자치단체가 자치법규를 정비하고자 할 때에는 당해 정비안의 주관 담당관, 즉 과장(이하 “주관과장”이라 한다)은 필요시 관련 국장의 협의와 기획예산과장의 심사를 거쳐 구청장이 결정한다(법제사무처리규칙 제4조). 그 과정은 다음과 같다. 먼저, 주관과장이 자치법규 정비 수요를 파악하여 자치법규 정비안을 작성하고 정비이유서, 정비안, 신구조문대비표, 관계법령발췌문, 예산개요 및 산출근거 등 서류를 갖추어 기획예산과장에게 제출한다. 이 때 다른 기관과의 승인, 인가를 정비의 법적 요건으로 하는 경우에는 승인, 인가문의 사본을, 입법예고를 하였을 경우에는 그 결과의 요약본을, 중앙행정기관

[그림 3-5] 지방자치단체의 조례·규칙 입법 과정

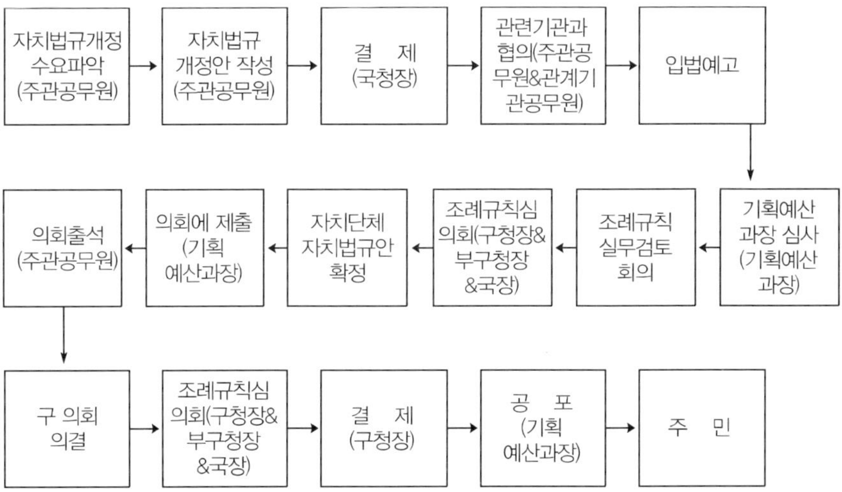

14) 여기서는 표준적인 사례로 종로구청 법제사무처리규칙(이하 “규칙”이라 한다)의 내용을 분석하였다(지방행정정보은행, http://www.laib.go.kr/newlaib/laibLaws).

으로부터 자치법규 정비, 준칙, 지침, 기타 지시 공문에 의한 정비일 때에는 그 사본을 첨부해야 한다(동규칙 제 6조).[15] 주관과장으로부터 제출된 정비안에 대하여 기획예산과장은 구비서류와 법규의 체계 및 용어의 적합성과 동 규칙 제5조에서 정한 협의 · 인가 여부, 입법예고 여부와 그 반영 등(형식적 심사)과 정비의 필요성, 상위법령과의 저촉 여부, 이미 다른 조례나 규칙으로 규정되었는지 여부나 다른 자치법규와의 균형 및 필요한 선행절차의 이행 유무 등(실질적 심사)을 심사한다(동규칙 제8조). 기획예산과장의 심사 후 주관과장은 예고문안을 작성하여 관련국장의 결재를 받아야 한다(동규칙 제14조). 자치입법안을 조례 · 규칙 심의회에 회부하기 전에 조례 · 규칙실무검토회의[16]를 거친다. 구청장, 부구청장, 각 국장과 보건소장으로 구성된 조례규칙 심의회(동규칙 제23조)는 자치입법을 심의 · 의결하기 위한 회의체로 정기회의와 임시회의로 구분하되, 정기회의는 원칙적으로 매주 1회 소집하고, 임시회의는 필요가 있는 때 수시로 소집한다(동규칙 제25조). 기획예산과장이 조례안을 구의회에 제출하고, 부의안건 공고를 한다. 구의회의 요구가 있을 때에는 주관 국장은 조례안에 대한 제안설명이나 자료 제출 또는 출석답변을 하여야 한다(동규칙 제32조). 기획예산과장은 구의회에서 의결되어 이송된 조례안을 즉시 주관과장에게 통보하고 심의회의 심의를 거쳐 이를 서울특별시장(이하 "시장"이라 한다)에게 보고하여야 하며, 주관과장은 재의 요구 여부에 대한 구청장 방침을 받아야 한다. 다만, 재의요구를 할 때에는 미리 기획예산과장 의 심의를 거쳐 구의회에 제출하여야 한다. 구의회 의결을 얻은 조례 및 규칙은 심의회의 의결을 얻어 공포

---

15) 주관과장은 법령이나 다른 규정 등에 의하여 다른 기관과의 협조 또는 중앙행정기관의 인가 · 승인 · 협의 등이 필요한 경우에는 정비안에 대한 최종방침 결정 전에 인가 · 승인 또는 협의를 거쳐야 한다(동규칙 제5조).

16) 부구청장을 의장으로 하고 과장들로 이루어진 실무회의이다.

전문과 공포문을 작성하고 기획예산과장은 구청장의 결재를 받아 구보 게재를 통하여 자치법규를 공포하고, 주관과장에게 통보한다(동 규칙 제36조).

"법제사무처리규칙"과 공무원 심층 인터뷰 분석 결과 자치법규안 정비수요 파악, 정비안의 작성, 관계부처와의 협의, 주민의 의사 반영, 의회 설득에 이르기까지 자치입법과정에서 주관 공무원의 역할이 매우 큰 것으로 나타났다.[17]

Ⅲ 실증 연구

1. 연구가설과 분석 모형

공공부문에서 역량 및 입법역량에 관한 선행 연구와 입법과정에 대한 분석결과를 종합하면 공무원의 역량에 영향을 미치는 요인들은 개인 요인과 조직요인으로 분류될 수 있다. 개인 요인으로는 사전지식, 업무전문성, 능력을 들 수 있고 조직요인으로는 조직의 전문성, 조직의 관심과 지원을 들 수 있다. 공무원의 사전 지식은 관련분야를 전공했는지, 관련분야에 대한 자격증을 가지고 있는지 여부 등으로 측정될 수 있다. 업무 전문성은 해당 분야 근무 경력과 교육 훈련 기간으로, 공무원의 능력은 계급과 근무연한으로 측정할 수 있다. 따라서 다음과 같은 연구가설을 설정할 수 있다.

17) 주관 공무원 및 주관 과장의 역할은 가령 종로구청 법제사무처리규칙 제12조 내지 제20조의 규정에 잘 나타나 있다.

연구가설 1 : 공무원 개인 요인 중 공무원 개인의 사전지식이 공무원 개인의 입법역량에 영향을 준다. 즉, 대학이나 대학원에서 법학을 전공하였거나 변호사 자격증 또는 법학 박사 학위를 가지고 있으면 그렇지 않은 경우보다 입법역량이 높다.

연구가설 2 : 공무원의 개인 요인 중 입법업무경험이 공무원 개인의 입법역량에 영향을 준다. 입법 업무에 관여한 횟수가 많을수록 입법업무 관련 교육 훈련 기간이 길수록 그렇지 않은 경우보다 공무원 개인의 입법역량이 높다.

연구가설 3 : 공무원 개인 요인 중 능력이 공무원 개인의 입법역량에 영향을 준다. 즉, 공무원의 계급이 높고 공무원으로 오래 재직했을수록 공무원 개인의 입법역량이 높다.

연구가설 4 : 조직 요인이 공무원 개인의 입법역량에 영향을 준다. 공무원이 소속 되어 있는 조직의 법제 업무 전문성이 높거나 공무원의 입법역량 강화에 대한 관심이 많을수록 공무원 개인의 입법역량이 높다.

이상에서 살펴 본 논의들을 바탕으로 공무원의 입법역량에 영향을 미치는 요인들의 계수를 추정하기 위한 모형을 수식으로 표현하여 보면 다음과 같다.

$$\mathrm{Y}=\beta_0+\beta_1 \mathrm{X}_1+\beta_2 \mathrm{X}_2+\epsilon_t \qquad (1)$$

위의 식 (1)에서 Y_i는 공무원 개인의 입법역량이다. X_1은 개인 요인으로는 사전지식, 업무전문성, 능력이다. X_2는 조직요인으로 조직의 전문성, 조직의 관심과 지원이다. 맨 마지막 항인 ϵ_t는 오차항을 나타낸다.

2. 변수의 선정 및 조작화

2.1. 종속변수

입법역량의 구성 요소는 선행연구, 정부제출 법률안의 입법과정에 대한 분석, 공무원 심층 인터뷰 그리고 회귀분석을 통해 도출되었다. 이는 중앙인사위원회의 역량 모델 구축 방법과 차이가 있다. 중앙인사위원회의 역량 모델은 개인의 행태에 초점을 두어 구축하도록 하고 있는 반면 본 연구에서 입법역량은 행태보다는 비행태 요소인 지식과 능력에 초점을 두고 있다. 입법역량은 첫째 일반법원리에 대한 지식 수준, 둘째 입법과정에 대한 지식 수준, 셋째 법령안 작성 기술에 대한 지식 수준, 넷째 정책분석 능력, 다섯째 법제업무관련 고객에 대한 대응의 용이성 등 지식, 능력, 태도를 포함한 다섯 가지 요소로 구성하였다[18].

2.2. 독립변수

공무원의 입법역량에 영향을 미칠 것으로 알려진 요인들은 개인요인과 조직요인으로 나누어 볼 수 있다. 개인 요인은 다시 사전 지식, 업무경험, 능력으로 구별할 수 있다. 사전 지식은 대학 또는 대학원에서 법학 전공여부와 법학 박사 또는 변호사 등 법무관련 자

---

18) 입법역량의 5개 구성요소- 법리일반에 대한 이해 수준, 입법절차에 대한 이해 수준, 법령안 작성 기술에 대한 이해 수준, 정책분석 능력 수준, 법제업무 관련 고객에 대한 대응성 수준-의 표준화된 Cronbach α계수는 0.833887로 0.6보다 크고 0.9에 가깝기 때문에 일관성이 매우 높은 척도를 구성할 수 있다. 즉, 이들 구성요소는 입법역량 개념의 모집단을 잘 반영하고 있다고 할 수 있다.

격증 소지여부로, 업무 경험은 입법과정 간여 경험 회수와 법무관련 교육 훈련 기간으로, 능력은 계급과 총공무원근무기간으로 측정할 수 있다. 조직 요인은 공무원 소속 조직의 입법업무 전문성 수준과 공무원의 입법역량 향상에 대한 관심과 지원으로 측정할 수 있다.

[그림 3-6] 분석틀에 적용한 변수와 변수의 조작적 정의

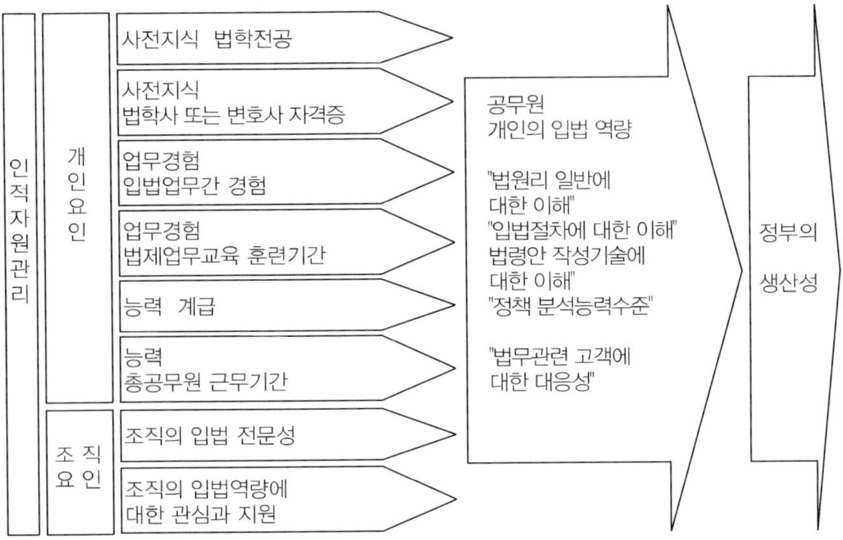

3. 분석방법과 데이터

모집단은 우리나라 행정부 중간수준 공무원으로 중앙부처의 경우 4급, 5급, 6급을 대상으로, 지방자치단체의 경우 자치입법을 담당하는 실무자가 7급 공무원이라는 점을 감안하여 7급을 포함하여 표본을 추출하여 설문조사를 실시하였다.[19] 표본 추출은 집단간 대표

19) 본 연구는 설문에 의한 인식조사를 토대로 했기 때문에 형식적인 과학적 구조의 엄격함이 부족하다는 비판이 있을 수 있지만 인식(perceptions)이 행정행동

성을 확보할 수 있도록 층화추출법(stratified sampling)[20]에 기초하여 이루어졌다.

〈표 3-3〉 표본의 구성

모집단		표본 수	데이터 수집 방법
법제처 공무원		23	법제처 5급부터 4급 공무원을 대상으로 무작위 추출
중앙부처 공무원	법무과[21]	23	법제처 법령해석순회교육에 참가한 각 부처의 법무과 소속 공무원
	비법무과	54	11월 3일부터 11월 20일 사이에 법령심사를 받기위해 법제처를 방문한 중앙부처 비법무과 소속 공무원
지방자치단체 공무원		185	법제처가 주최, "지자체 법령 해석 담당자 연찬회"에 참석한 공무원, 법제처 주최, "지자체 법령해석 순회교육"에 참석한 공무원
총 수		285	

설문조사는 2005년 11월 3일부터 11월 21일까지 실시되었으며 설문지는 법제처를 통해 배포되고 회수 되었다. 총 320개를 배부하여 285부가 회수 되어 회수율은 89%였다. 중앙부처 공무원의 경우 23개 중앙부처 법무과의 각 1인과 일정기간 동안(2005년 11월3일~2005년 11월21일까지) 법령심사를 받기 위해 법제처를 방문한 비법무

을 가져온다는 점에서 유용성이 있다(Brown & Brudney,2003). 또, 본 연구의 주제인 입법역량과 같이 이론적 틀이 아직 확립되지 않은 경우 광범위한 조사가 가능하도록 하기 때문에 유용하다.

20) 층화표본추출은 모집단을 일정한 기준에 따라 2개 이상의 동질적 계층(strata)으로 구분하고, 각 계층별로 단순무작위추출 방법을 적용하는 방법이다(남궁근, 행정조사방법론, 2002).

21) 부처에 따라 차이가 있지만 중앙부처 법무과는 법령안의 입안·심사, 소송사무 총괄, 행정심판업무, 법규집의 편찬·발간, 법령질의 회신 총괄 등 법제업무를 주 업무로 한다. 행정관리, 심사평가, 정보화, 비상계획 업무 등 비법제업무 등이 분장되어 있는 경우도 있다.

과 소속의 중앙부처 공무원을 표본으로 함으로써 표본의 대표성을 확보하였다. 지방자치단체 공무원의 경우 소속 지방자치단체를 대표하여 연찬회 도는 순회교육에 참석한 공무원을 표본집단으로 하였고 그 결과 표본이 지역별, 정부수준별로 고르게 분포하고 있다.

회귀분석 실시와 함께 법제처 공무원, 중앙부처 공무원, 지방자치단체 공무원으로 범주화하여 이들에 대한 비교·분석을 실시함으로써 인식조사의 객관성 부족의 한계를 보완했다.[22] 설문문항에 대한 답변은 질문의 성격에 따라 예·아니오, 리커트 오점척도[23], 구체적 수치 등으로 하도록 하였다. 통계프로그램은 SAS 9.1 버전을 이용했다.

4. 결과 및 해석

(1) 빈도분석 결과

법학 전공자의 비율과 법 관련 전문자격증 소지자의 비율은 각각 19.3%, 2.8%로 나타났다. 행정업무의 다양성에 비추어볼 때 19.3%는 적절한 비율로 판단된다.

---

22) 법제처 공무원들은 소속 부처인 법제처가 법제업무 전문기관으로 개인요인과 조직요인 모두에서 다른 두 집단과 차이가 날 것으로 예측된다. 중앙부처와 지방자치단체는 첫째, 법령과 자치입법의 적용대상, 한계 등 대상 입법의 특성 측면 둘째, 담당공무원의 입법 경험과 계급 등 인적 자원 측면, 셋째, 법제처와 같은 지원 기관의 존재 등 물적 자원 측면 넷째, 국민, 국회의원, 중앙부처공무원 간의 관계와 주민, 지방의회의원, 지방공무원 간 관계 측면에서 상당한 차이가 있을 것으로 예측된다.

23) ① 매우 그렇지 않음, ② 약간 그렇지 않음, ③ 보통, ④ 약간 그러함, ⑤ 매우 그러함으로 측정하였다.

〈표 3-4〉 공무원 중 법학전공자 수

( ) 안은 %

법학 전공	법제처	중앙부처	지방자치단체	전체
아니오	7(30)	59(77)	156(89)	230(81)
예	16(70)	18(23)	21(11)	55(19.3)

그런데 지방자치 단체의 경우 법무관련 자격증 소지자가 표본 집단 185명 중 한 명으로 나타나 입법업무 뿐 아니라 행정소송업무까지 다루어야 하는 지방자치단체 법제업무의 성격을 고려할 때 사전 지식 요소를 보완할 수 있는 대책이 요구됨을 보여 주고 있다.

〈표 3－5〉에 나타난 바와 같이 행정부 공무원들은 평균 2회 내지 3회 입법업무를 다루어 본 경험이 있다.

법무관련교육 훈련기간은 평균 3개월 정도이다. 전체공무원의 25%가 법제업무 교육을 받을 경험이 없는 것으로 나타났다. 평균 경력 기간이 10년 이상임을 고려할 때 교육훈련 기간이 매우 짧다고 볼 수 있다. 법제처 공무원들의 법무 관련 교육 기간은 평균 12개월 이상으로 법무 관련 교육 경험이 전혀 없는 공무원은 없었고 입법 참여 경험도 3회 내지 5회 이상으로 다른 집단보다 높았다. 중앙부처 공무원은 교육 기간은 평균 3개월 정도이고 법제 업무 교육 경험이 전혀 없는 공무원이 평균 26%였다.

〈표 3-5〉 공무원 중 변호사 자격증 소지자의 수

( ) 안은 %

변호사 자격증	법제처	중앙부처	지방자치단체	전체
아니오	20(87)	73(95)	184(100)	277(81)
예	3(13)	4(5)	1(0)	8(2.8)

[그림 3-7] 행정부 공무원의 업무경험과 입법역량

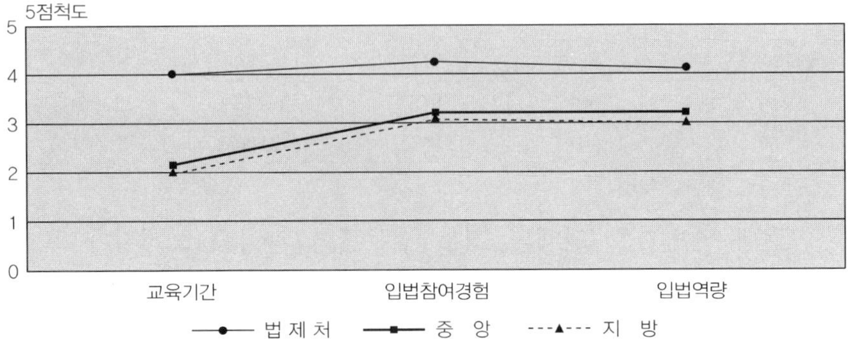

〈표 3-6〉 행정부 공무원의 입법업무경험과 능력

기관	입법참여경험[24)]	교육기간[25)]	교육경험전혀없음(%)	계급	경력[26)]
법제처	4.39	4.04	0	4.17	3.59
중앙부처	3.24	2.18	26	5.00	3.83
지방자치단체	3.17	1.94	27	6.23	4.21
전체	3.35	2.20	25	5.65	4.13

지방자치단체 공무원은 중앙부처 공무원에 비해 입법참여 경험이 약간 적고 교육 기간도 약간 짧았다.

법제처의 전문성이 중앙행정부처나 지방자치단체보다 높은 것으로 나타났다.[27)] 중앙부처의 입법역량 향상에 대한 조직의 관심은 3.07로 법제처(4.50)보다 현저히 낮고 지방자치단체(3.22)보다도 낮다.

24) ① 전혀없음, ② 1회 ③ 2~3회, ④ 3회~5회, ⑤ 6회 이상,

25) ① 전혀없음, ② 3개월 미만, ③ 12개월 미만, ④ 24개월 미만, ⑤ 25개월 이상,

26) ① 1년 미만, ② 1년~3년, ③ 3년 이상, ④ 10년이상, ⑤ 20년이상,

27) 조직의 전문성은 "법령의 제·개정 과정에서 하고 있는 업무는 소속 부처의 같은 직급 누구라도 1개월 내에 파악할 수 있습니까?"라는 질문 문항에 대한 리커트 5점 척도를 통해 측정되었다.

[그림 3-8] 조직요인과 입법역량

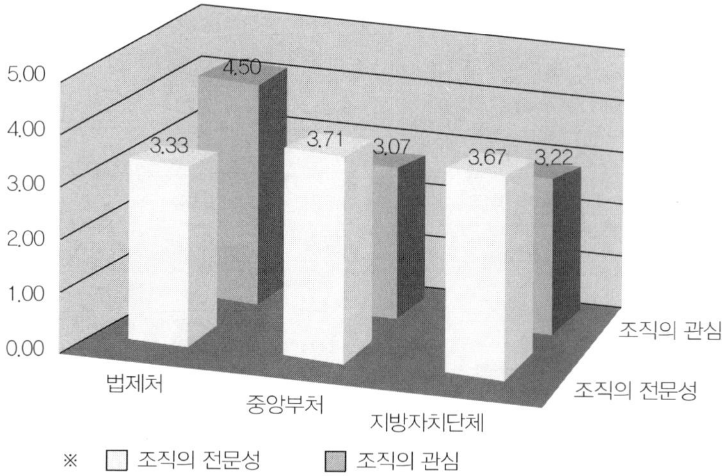

우리나라 전체 공무원의 입법역량은 평균 3.17로 보통 수준이고 법제처 평균은 4.09, 중앙부처는 3.29, 지방자치단체는 2.98로 집단간 차이가 있다. 즉, 법제처 공무원들의 입법역량은 높지만 중앙부처 공무원의 입법역량은 보통을 약간 상회하는 수준이고 지방자치단체 공무원의 입법역량은 보통 수준을 하회한다.

세 집단 모두 다른 구성 요소들에 비해 법무관련 고객에 대한 대응성 수준이 현저하게 낮다. 법무관련 고객에 대한 대응성은 조직 내 공무원 뿐 아니라 이해관계자들과 국민 등 조직 외부에게 입법 관련 서비스를 할 때 용이성의 정도로 정의하였다. 이 요소가 다른 요소들에 비해 공무원들의 입법역량 수준을 정확하게 나타내고 있을 수도 있다고 본다면 우리나라 공무원의 입법역량은 보통 수준에 미치지 못하고 있다고 해석할 수 있다.

〈표 3-7〉 우리나라 공무원의 입법역량

종속변수	법제처 평 균	중앙정부 평 균	지방자치단체 평 균
법원리일반에 대한 이해 수준	4.23	3.24	2.93
입법절차에 대한 이해 수준	4.50	3.80	3.30
법령안 작성기술에 대한 이해 수준	4.32	3.34	3.14
정책분석능력수준	4.10	3.88	3.00
법무관련 고객에 대한 대응성 수준	3.33	2.91	2.60
입법역량(전체)	4.09	3.29	2.98

[그림 3-9] 우리나라 공무원 입법역량의 기관별 비교

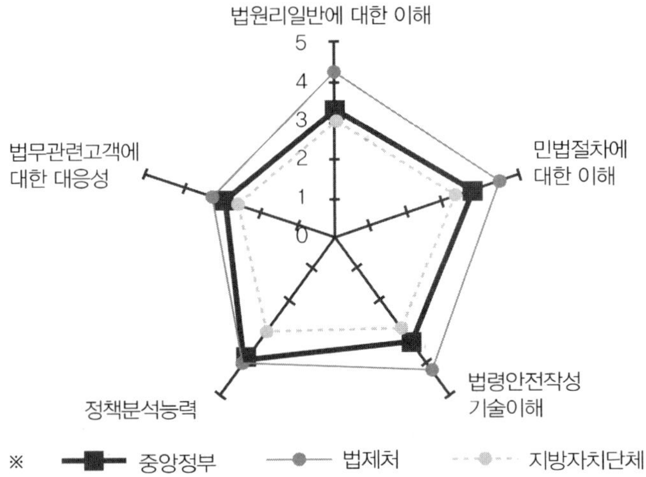

4.2. 회귀분석 결과와 해석

변수		평균	β추정치	t Value	Pr>|t|	VI
개인 요인	법학 전공	19.29	.244	2.35	0.0193*	1.33899
	법관련 자격증	2.81	.228	1.01	0.3127	1.18812
	입법 간여 경험	3.35	.220	9.21	<.0001***	1.15376
	법무관련교육훈련기간	2.20	.155	4.18	<.0001***	1.50688
	계급	5.65	-0.074	-1.88	0.0615	1.21795
	총공무원경력	4.13.	0.007	-0.19	0.8522	1.20552
조직 요인	조직의 전문성	3.73	-0.140	-3.98	<.0001***	1.05665
	조직의 지원	3.27	0.118	3.46	0.0006***	1.08261

주: *: p<.05, **: p<.01, ***: p<.001

입법역량에 영향을 미칠 것으로 추정되는 변수들의 입법역량에 대한 회귀분석을 실시한 결과, R^2가 49.4로 이 회귀방정식이 설명하는 정도는 49.37%이고 F값이 30.95로 P<.0001 수준에서 통계적으로 유의미한 것으로 나타났다. 따라서 모형의 설명력이 크다고 볼 수 있다. 또, $1/1\text{-}R^2 = 1.9751$로 모든 변수의 VI(Variance Inflation)보다 크므로 변수 간 다중공선성이 없다고 볼 수 있다.

회귀분석결과는 다음과 같다. 첫째, 공무원 개인 요인 중 공무원 개인의 사전지식이 공무원 개인의 입법역량에 영향을 준다는 가설 즉, 대학이나 대학원에서 법학을 전공하거나 변호사 자격증이나 법학 박사 학위를 자기고 있으면 그렇지 않은 경우보다 입법역량이 높다는 연구가설의 경우 공무원의 대학 또는 대학원에서의 법학 전공은 입법역량에 양의 유의미한 영향을 미쳤지만 법학 박사나 변호사 자격증은 유의미한 영향을 미치고 있지 않은 것으로 나타났다. 공무원의 대학 또는 대학원에서의 법학 전공이 입법역량에 양의 유의미한 영향을 미치고 있다는 것은 전체 공무원에 대한 입법학 또는 법학 관련 교육의 강화가 공무원의 입법역량을 향상시킬 수 있는 유용한 방법이 될 수 있음을 의미한다.

법학박사 또는 변호사 자격증 소지 여부가 입법역량에 유의미한 영향을 미치지 못한 것은 법학박사 또는 변호사 자격증을 소지한 사람이 그렇지 않은 사람보다 입법역량이 더 높다고 할 수 없다는 것을 의미한다. 입법역량에 대한 수요 측면에서 보면 현재의 행정부 내 입법업무가 전문성 없이 이루어지고 있기 때문에 이 변수가 입법역량에 유의미한 영향을 미치지 않았을 수 있다. 공급 측면에서는 법학 교육이나 실무 교육에서 입법학 분야의 교육이 제대로 이루어지지 않고 있어서 법학박사 또는 변호사 자격증을 소지한 사람이라도 그렇지 않은 사람보다 입법역량이 더 높다고 할 수 없을 수 있다. 이러한 결과는 입법학내지 입법기술에 대한 교육의 강화와 이 분야 전문가 양성이 필요함을 보여 준다.

둘째, 입법 업무에 관여한 횟수가 많고 법 관련 교육 훈련 기간이 길수록 그렇지 않은 경우보다 공무원 개인의 입법역량이 높다는 연구가설은 기각되지 않았다. 즉, 공무원의 입법역량은 업무관련 교육 기간이 길수록, 업무 관여 횟수가 많을수록 높아진다. 이러한 결과는 공무원의 역량을 향상시키기 위해서는 업무관련 교육 훈련을 강화하고 전문성을 강화할 수 있는 보직설계가 요구됨을 보여준다.

셋째, 공무원 개인 요인 중 계급과 재직기간은 공무원 개인의 입법역량에 유의미한 영향을 미치고 있지 않은 것으로 나타났다. 즉, 중간 수준 내에서 계급이 높거나 공무원 총근무기간이 긴 공무원의 입법역량이 그렇지 못한 사람보다 높다고 할 수 없다. 이러한 결과는 계급제와 순환보직제가 공무원의 입법역량, 나아가 공무원의 역량을 향상시키는데 기여하고 있지 못함을 보여준다.

넷째, 공무원이 소속되어 있는 조직의 특성 중 소속 조직의 입법전문성과 입법역량 강화에 대한 관심과 지원의 정도가 공무원 개인의 입법역량에 영향을 주는 것으로 나타났다. 그런데, 소속 조직의 입법역량 강화에 대한 관심의 정도가 공무원 개인의 입법역량에 긍정적 영향을 미친 반면 소속 조직의 입법전문성은 부정적 영향을 미치고 있는 것으로 나타났다. 개인들은 조직과 개인의 전문성을 절대적으로 인식하는 것이 아니라 상대적으로 인식하고 있기 때문에 이러한 결과가 나타난 것으로 보인다. 즉, 공무원 개인은 자신의 역량을 절대적으로 평가하는 것이 아니라 조직에서 요구하는 전문성 수준에 따라 평가한다. 전문성이 요구되는 조직일수록, 조직의 전문성이 심화될수록 개인의 역량 부족을 보완해 주기 위해 정확한 교육 훈련 수요의 파악과 강화 및 전문성을 강화할 수 있는 보직설계가 필요함을 다시 한 번 보여 준다.

4.3. 교육 훈련 수요 분석

오늘날 OECD 국가들에서 공무원의 업무 과정은 점차 공무원들의 지식에 의해 선도되고 있고 업무와 학습간의 경계가 불분명해지고 있다(Ingraham & Selden & Moynihan, 2000: p 55). 공무원의 역량에 대한 분석에 있어 교육 훈련과 학습에 대한 분석이 필수적으로 요구되므로 공무원들의 교육 훈련과 교육 수요를 구체화하기 위해 교육훈련기관 현황, 업무관련 문제가 발생했을 때 문제해결방식, 입법역량강화 방안에 대한 공무원들의 견해, 교육 수요를 조사를 실시하였다. 조사 결과는 다음과 같다.

첫째, 우리나라 행정부 공무원들은 법제처 등 관련 행정기관(67%) 또는 국내대학 연구소(18%)에서 3개월 정도의 단기 교육 훈련을 받고 있는 것으로 나타났다. 둘째, 행정부 공무원들은 “입법업무를 수행하면서 의문점이 있을 때 주로 어떻게 문제를 해결하십니까?”라는 질문에 상관 또는 동료와 상의하거나 부처의 기존 자료 또는 다른 행정부처를 활용하거나 혼자학습을 통해 해결하고 외부 전문가 활용 비율은 5% 내외라고 응답했다. 즉, 행정조직 내에서 문제를 해결하고 있고 관학 협동을 포함한 전문기관과의 교류가 거의 이루어지지 않고 있다.

〈표 3-8〉 중앙부처 공무원들의 문제해결 방식

(단위 %)

	상관·동료와 상의 a	부처기존자료활용 b	他행정부처 활용c	혼자 학습d	행정조직 내 a+b+c+d	외부전문가 활용	기타
법제처	41	22	8	23	94	4	2
중앙부처	27	21	28	17	93	5	2
지방자치단체	32	24	19	14	89	8	3
전체	31	23	20	15	89	7	4

셋째, “소속 부처의 입법역량을 강화하기 위해 다음 중 어떤 방법이 가장 적절하고 시급하다고 생각하십니까?”라는 질문에 대해 공무원들, 특히 지방자치단체 공무원들은 보직관리를 통한 전문가 양성을 가장 선호했다. 이는 전문가를 양성할 수 있는 인력관리에 대한 공무원들의 수요가 매우 높다는 것을 보여 준다.[28] 전체공무원에

대한 입법교육의 강화방안에 대한 선호도가 높았고 기타 관련 행정기관 또는 입법연구 기관과의 교류 활성화(17%, 13%), 법제업무를 중요하게 생각하지 않는 조직풍토의 개선(14%, 13%), 법률전문가의 영입(14%, 14%)등에 고른 분포를 보였다.

〈표 3-9〉 입법역량강화방안에 대한 공무원들의 견해

	법제처	중앙부처	지방자치단체	전체
전체공무원에 대한 입법교육의 강화	17	18	22	21
보직관리를 통한 전문가 양성[29)]	32	37	42	39
관련 행정기관 또는 입법연구 기관과의 교류 활성화	20	17	11	13
법제업무를 중요하게 생각하지 않는 조직풍토의 개선	14	14	12	13
법률전문가의 영입	17	14	13	14

넷째, "입법역량을 향상시키기 위해 위탁 교육을 받을 수 있는 기회가 주어진다면 어느 과목을 수강하시겠습니까?" 라는 질문에 중

28) 2004년도 한국행정연구원의 "행정에 관한 공무원과 국민의 의식 조사" 에 따르면 공무원의 자질로서 어떤 요소가 중요하다고 생각하는지에 대한 질문 결과 전문성이 24.3%로 가장 높게 나타났다. 기타 자질로는 책임성(19.8%), 성실성(15.1%), 청렴성(13.8%), 정치적 중립성(2.0%), 근무의욕 (7.5%), 친절봉사(5.8%), 창의성(5.2 %), 국가에 대한 충성심(2.9%) 상관에 대한 충성심 (0.1%) 등이 있다(행정에 관한 공무원과 국민에 관한 의식조사, 2004). 그러나 대구광역시 소속 공무원 368명의 공무원에게 일반적으로 요구되는 12개 항목의 자질을 제시하고 그 중요도를 물은 결과에 의하면 성실성4.617 책임감4.522, 성실성4.418 주민봉사성 4.493 동료와의 인화 4.235 직업의식 4.172 추진력4.128 위기대처능력 3.978 합리성 3.956 전문지식3.926, 창의성3.834, 섬세함 3.489 순으로 전문성이 공무원에게 요구되는 중요한 자질로 인식되고 있지 않은 것으로 나타났다(김복규 · 강세영, 1999).

29) 인사정책의 일관성에 대한 공무원 만족도 조사에 의하면 매우 만족 0.7%, 약간만족 9.5%, 보통 45.1%, 약간불만족이 33.9%, 매우 불만족이 10.3% 로 만족도가 상당히 낮은 것으로 나타났다(행정에 관한 공무원과 국민에 관한 의식조사, 2004).

앙부처 공무원들은 법제실무, 입법기술론, 행정법에, 법제처 공무원들은 입법학 입법기술론 법정책학에, 지방자치단체 공무원은 법제실무, 자치법류실무, 행정소송실무에 수강 의사가 높은 것으로 나타났다. 입법업무의 특성에 따라 교육 수요가 다름을 보여준다.

5. 소 결

설문조사에 대한 분석 결과를 요약하면 다음과 같다. 첫째, 빈도분석 결과에 의하면 우리나라 행정부 공무원들의 법학 전공자의 비율은 19.3%였지만 법 관련 전문자격증 소지자의 비율은 전체 행정부 공무원의 경우 평균 2.8%였고, 지방자치단체 공무원의 경우 표본집단 185명 중 1명이었다. 행정부 공무원들의 입법업무 경험은 평균 2회 내지 3회, 법무관련 교육훈련기간은 평균 3개월 정도였다. 입법역량은 평균 3.17로 보통 수준이고 법제처 평균은 4.09, 중앙부처는 3.29, 지방자치단체는 2.98로 집단간 차이가 있었다. 입법역량 구성요소 중 법무관련 고객에 대한 대응성이 세 집단 모두 다른 요소들에 비해 현저하게 낮았다.

둘째, 회귀 분석 결과에 의하면 개인 요인 중 대학 또는 대학원에서의 법학 전공 여부, 입법 업무 간여 경험, 법무 교육 기간이 입법역량에 양의 유의미한 영향을 끼친 반면 법학 박사 또는 변호사 자격증 소지 여부, 총공무원근무기간과 중간 관리자 수준 내에서의 계급차이는 유의미한 영향을 끼치지 못했다. 조직 요인 중 조직의 전문성 수준과 조직의 공무원의 입법역량 향상에 대한 관심과 지원 수준은 공무원 개인의 입법역량에 유의미한 영향을 미치고 있는 것으로 나타났다.

셋째, 교육 훈련 수요 분석 결과에 의하면 우리나라 행정부 공무원들은 법제업무 관련해서 법제처를 포함한 행정기관을 통해 3개월 정도의 단기 교육훈련만 받고 있으며 해결하기 어려운 법정책학 문제가 발생했을 때 공무원 조직 내에서 문제를 해결하고 관학 협동을 포함한 전문 지식을 통한 지원이 거의 이루어지지 않고 있는 것으로 나타났다. 한편, 공무원들의 전문가를 양성할 수 있는 보직 관리에 대한 수요가 높았다.

Ⅳ 결 론

본 연구의 목적은 우리나라 행정부 중간수준 공무원의 역량을 입법역량에 초점을 두어 이론적으로 분석하고 역량에 영향을 미치는 요인들이 무엇인지, 그 방향과 강도는 어떤지 확인하는 것이며 궁극적으로는 공무원의 역량을 향상시킬 수 있는 제도 설계에 유용한 정책적 시사점을 도출하려는 의도로 이루어졌다. 연구의 결론은 다음과 같다.

첫째, 역량접근을 지식(knowledge), 전문성(professionalism), 능력(capacities)에 초점을 두어 새롭게 정의하고 해석할 필요가 있다. 그렇게 할 경우 역량 접근을 중간 수준 공무원에게 적용하는 것이 적절하다.

둘째, 중간수준 공무원의 입법역량을 제고시키기 위해서는 입법학 내지 입법기술에 대한 교육의 강화와 이 분야 전문가 양성이 요구된다. 나아가 정부 생산성을 제고시킬 수 있는 공무원의 역량을 제고시키기 위해서는 업무관련 교육 훈련을 강화하고 전문성을 강화시킬 수 있는 보직설계가 요구된다.

참고문헌

[국내문헌]

계희열(2002). 국가기능으로서의 입법권, 헌법재판소, 헌법논총 제13집.

김병섭 · 오시영 · 이한우(2004). 독일의 입법지원조직과 전문성, 의정연구 10권 제1호.

김중양(1997). 공직분류체계, 한국행정연구원, 제6권 제3호.

김판석(2002). 공무원의 핵심역량강화를 위한 민관의 교육훈련 협력 방향, 한국정책학회보 제11권 제1호.

김흥국(2000). 경력개발제도의 설계, 서울대노사관계연구, 11.

김동훈(1995). 지방의회론, 박영사.

김성경(2002). 자치입법권의 실제와 문제점, 지방의회발전연구원 통권 2호.

김성호(1996). 지방의회의 의정효율성 제고방안, 한국지방행정연구원.

김익식(1998). 지방자치제('95.6～'98.5)의 평가, 입법조사연구.

김복규 · 강세영 (1999). 지방여성공무원의 고용실태와 평등촉진에 관한 연구: 대구시 공무원의 직무실태 조사, 한국행정학보 제33권 제2호.

남궁근(2003). 행정조사방법론, 법문사.

민동기(1999). 입법지원능력을 제고시키기 위한 위원회전문위원의 역할과 업무개선 방안, 국회 법제사법위원회.

박영도(2002). 입법평가제도에 관한 연구, 법제 제531호.

박영도(1994). 입법과정의 이론과 실제, 한국법제연구원.

박천오 · 윤진훈(2002). 국회위원회 공무원의 입법활동지원 실태에 관한 실증적 연구 : 위원회 공무원과 의원보좌진의 인식을 중심으로, 정치학회보 제35집 1호.

사법개혁위원회 제19차 회의 자료(2004). 법조 인력의 효율적 운영, 제1분과 전문위원 연구반.

서원석(1997). 정부혁신시대의 인력 관리, 한국행정연구원, 제6권 제3호.

신상환(2002). 정부입법과정의 발전적 법제화방안, 법제연구 제22호.

선정원(2005). 법무담당공무원의 전문성 제고방안, 법제논단.

오석홍(2005). 인사행정론, 박영사.

오세탁 · 이승호(1994). 조례의 입법실태와 입법한계, 충북대법학연구.

오호택(2005). 의원입법의 문제점, 한국헌법학회.

양동훈(1999). 한국대통령제의 개선과 대안들에 대한 재검토, 한국정치학회보, 33(3).

이종수(2002). 공무원의 전문성 향상방안으로서 경력개발 제도(CDP)에 관한 연구: CDP시각에서 분석한 한국 인사행정체계의 문제점, 한국행정연구, 제11권 제4호(겨울호).

이재은(2004). 정부 입법정책 추진 사례, 정책학회보, 제13권 5호.

임병규(1998). 우리나라 국회의원 보좌진 제도의 개선 방안, 기획예산담당관실.

장세훈(1997). 입법정보지원기능의 효휼화방안, 국회도서관보, 34(2).

정세욱(1998). 지방자치제의 과제, 입법조사연구.

중앙인사위원회(2005), 공무원인사개혁백서.

최대권(1993). 입법학, 서울대학교 법과대학.

최병대 · 송석휘 · 금재덕(1999). 공무원의 전문성 제고방안: 서울시 공무원의 전문보직경로제 도입 및 직렬직류분류체계 개선방안을 중심으로. 한국행정학보.

천병호(1998). 입법보좌조직의 변화와 과제, 의정연구, 4(2).

한국행정연구원(2004). 행정에 관한 공무원과 국민에 관한 의식조사.

홍준형(2002). 자치입법권의 범위와 한계, 지방의회 발전 연구원.

홍준형(2004). 행정입법에 대한 국회의 통제, 공법연구 제32집 제5호통권 2호.

홍준형 · 박균성 · 선정원(2005). 법제업무관련기관의 입법역량강화방안연구, 법제처.

[외국문헌]

Brown & Brudney.(2003). Learning Organization in the Public Sector? A Study of Policy Agencies Employing Information and Technology to Advance Knowledge. PAR, 63(1).

Christopher Hood and Martin Lodge.(2004). Competency, Bureaucracy, and Public Management Reform: A Comparative Analysis, Governance: An International Journal of Policy, Administration, and Institution, vol.17, No.3, July 2004.

G. Peters and D. Savoie.(1994). “Civil Service Reform: Misdiagnosing the Patient,” Public Administration Renew 54(5).

Lynn, L..(1996). Public Management as art science and profession Chatham, NJ: Chatham House Mary Moureen.

Patricia Wallace Ingraham, Sally Coleman Selden, Donald P. Moynihan,(2000)., People and Performance: Challenges for the Future Public Service-the Report from the Wye River Conference , Vol.60, No.1 Public Administration Review.

Loverd.(2004). Rewarding and Punishing for Productive Performance, Holzer and Lee, ed.

P. Kim.(2002). Strengthening the Pay-Performance Link in Government : A Case Study of Korea, Public Personal Management, 31(4).

[Homepage]

법제처 http://www.moleg.go.kr

산업자원부 http://www.mocie.go.kr

의안정보시스템 http://search.assembly.go.kr

종로구청 http://jongno.seoul.go.kr

지방행정정보은행 http://www.laib.go.kr/newlaib/laibLaws

중앙인사위원회 http://www.csc.go.kr

행정자치부 http://www.mogaha.go.kr

제 3 부

사법과 공공정책

제 1 장 사법의 정책과정에 대한 영향

〈차 례〉

I 머 리 말

아무리 훌륭한 정책이라도 현대 법치국가에서 요구되는 합법성을 결여해서는 존속할 수도 성공할 수도 없다. 민주주의를 공고화하는 과정에서 뼈저리게 배울 수 있었던 가장 중요한 교훈은 합법성의 문제는 단순한 정책의 외양이 아닐 정책 자체의 성패를 좌우하는 실질적 요인이라는 것이었다. 정책의 합법성을 통제할 책무는, 민주적 법치국가에서는, 법원으로 대표되는 사법부에게 부과된다. 우리나라의 경우 그것은 헌법재판소와 대법원을 정점으로 하는 법원의 책무이다.

이들 국가기관, 넓은 의미의 사법 또는 사법적 심급들이 내리는 결정, 즉 사법적 결정은 국가나 공공단체의 행위에 대한 적법성 통제의 성질을 갖지만, 그 통제의 대상이 된 정책과 정책과정에 중대한 영향을 미칠 수 있고 또 현실적으로 영향을 끼치고 있다. 재판관에 의하여 선택된 최종안으로서의 판결 혹은 심판은 국가권력을 기반으로 집행됨으로써 분쟁당사자들의 행위를 구속하며, 나아가 결정된 분쟁의 내용과 유사한 상황에 처한 사회구성원에게 장래의 행동지침을 설정케 하는 일종의 "정책"의 역할을 수행한다(김덕준, 2007: 276).

반대로 이들 사법적 심급들이 금과옥조로 해석·적용하는 법규범들은 대다수가 선행하는 정책결정의 소산이라 할 수 있다. 법을 만드는 일, 즉, 입법은, 민주적 법치국가에서는, 국민대표성의 본산인 입법부의 전담 책무이지만, 행정부도 위임입법등의 방식으로, 또 사법부도 판례법형성을 통해 입법에 관여한다. 결국 사법적 심급들이 사법심사의 통제 근거·기준으로 삼는 합법성의 원천들(헌법, 법률 그 밖의 법령들)은 이러한 입법과정을 통해 만들어지는 것이기 때문에 사법기관들은 법규범들로 구체화되는 정책의 폭넓은 영향권에 속하게 된다. 공공정책이 적법성 문제로 좌절되거나 변질되는 경우도 발생하지만, 사법적 결정이 정책에 영향을 미침으로써 정책의 수정이나 변동을 가져오는 경우도 빈번히 발생한다. 이는 행정소송이나 헌법재판에만 국한된 현상은 아니다. 법원의 법규창조는 민사재판에 있어서도 관측되고 있고, 또 법원에 의한 공공정책결정의 필요성이 옹호되기도 한다(박민, 2005: 239).

그러나 이와 같은 법과 공공정책의 상호영향 메커니즘에 대한 연구나 논의의 수준은 유감스럽게도 낮은 수준에 머물러 있다. 사법부 혹은 실제 사법작용의 주체로서의 재판관의 판결기제는 정책학, 특히 정책결정론적 분석시각에서 접근되어야 할 문제인데도, 실제 우리의 정책학 연구에서는 현재에 이르기까지 사법작용현상이 연구대상으로서 설정되지 못하고 있는 상황이며, 사법작용에 관한 분석은 전적으로 법학의 영역으로서 간주되어 학문적 독점현상이 지속되어 왔다는 반성(김덕준, 2007: 276-277)이 나오는 것도 바로 그러한 '연구의 빈곤'과 무관하지 않다. 과연 법원과 헌법재판소는 정책과정에서 어떤 역할을 수행하고 있는가, 정책에 어떠한 영향을 미치고 있는가. 만일 그와 같은 역할 수행이나 영향력 행사가 관측될 수 있다면 거기에 어떤 위험이나 한계는 없는가, 정책결정에 대한 다른 정책학적 물음 못지않게 현실적으로 중요하고 또 이론적으로도 흥미로운 질문들이 여전히 제대로 학문적으로 태클되거나 응답되지 못하고 있다는 것이 우리의 문제의식이다. 이러한 배경에서 정책과정에서 사법부가 수행하는 역할과 한계를 일반이론적 관점에서 살펴보고 그 타당성 또는 적실성을 몇 가지 대표적인 판결 사례를 사건의 배경과 법리적 내용, 정책적 함의를 중심으로 분석함으로써 확인·음미해 보고자 한다.

Ⅱ 정책과정에 있어 사법부의 역할과 한계

1. 정책과정에서 사법부가 수행하는 역할

1.1. 정책과정과 사법, 사법부

법과 정책의 영역을 준별하는 관점에서 본다면 사법부는 단연 법의 영역에 속한다. 과거 그와 같은 관점에서 사법부가 정책의 영역에 개입하는 일을 금기시하기도 했다. 이를테면 혁명기 법원을 구체제(ancien regime)의 부속물, 즉 법복귀족(the noblesse de robe)의 전유물로 불신했던 프랑스에서는 법원은 법의 송화구(mouthpiece of the law)로서 입법권자가 제정한 곧이곧대로 법을 읊조리는 기능만을 충실히 수행하도록 요구받기도 했다. 오늘날 법과 정책의 영역을 그렇게 확연하게 준별할 수 있다고 믿는 사람은 거의 없다. 그럼에도 불구하고 사법은 법을 다루는 것이지 정책을 다루는 것은 아니라는 인식, 따라서 사법은 정책문제와 무관할 것이라는 고정관념이 여전히 대다수 동시대인의 사유를 지배하고 있는 것이 사실이다. 그러나 현실은 그런 고정관념에 투사된 것과는 판이하게 다르다. 사법 특유의 작동원리와 행동방식에 따르기는 하지만, 법원도 정책을 다루고 있다! 심지어 '사법통치'(Juristocracy)의 시대라는 말까지 거론되는 상황이다.[1] 사실 오늘날 거의 모든 주요 정책문제들이, 사법심사의 범위나 대상, 심도는 각각 다를지라도, 법원에 의해 사법심사를 받는다고 해도 틀린 말은 아니다. 국민생활에 중요한 영향을 미치거나 사회적 파급효과가 큰 정책들이 사법적 심급에서 통제 또는 제재를 받거나 확인되는 광경을 보는 것은 결코 드문 일이 아니다. 대법원의 새만금사건 판결도 그러한 많은 예 가운데 하나일 뿐이다.

구체적인 분쟁과 관련해서 법을 해석·적용함으로써 법원이 실질적으로 사회의 공공정책을 결정하거나 새로운 규범을 만들어내는 경우가 있고 그 경우 법원은 제기된 분쟁을 반드시 해결하여야 한다는 필요에 의하여 공공정책의 결정을 통한 법규창조라는 역할을 담당하고 있다(박민, 2005: 236, 253).

사법부, 즉 법원이 그 재판기능을 통해 정책과정에 심대한 영향을 미칠 수 있고 또 현실적으로 미치고 있다는 사실은 누구도 부정하지 않는다. 그러나 법원이 직접 정책을 결정한다든가 법원이 직접 정책과제를 처리한다는 데 동의할 사람은 거의 없을 것이다.

정치적 영향이나 파급효과가 크다는 점에서 정치적 연관성을 부인할 수는 없지만, 재판관이나 판사들이 '정치적으로 심판한다'는 데 찬동하는 견해는, 저널리즘이나 쟁점화된 문제에 대한 편향적 여론을 제외하고는, 그리고 법사회학적 연구를 통해 산발적으로 규명되어 온 재판관들의 성향이 판결에 영향을 미치는 부분을 제외하고는,

1) 이에 관해서는 양건(2004)을 참조. 양건 교수는 여기서 Leslie Friedman Goldstein, "From Democracy to Juristocracy", 38 Law and Society Review 3 (September 2004), 611-629를 인용하면서, '사법의 정치화'는 오늘날 한국만의 특수현상이 아니라 범세계적인 현상이라고 지적하고 있다.

거의 드물다. 이론이나 학설의 범주에 속하는 견해들은 거의 대부분 '재판관이 경향적으로 정치적인 판결을 내린다'는데 동의하지 않을 것이다.2)

정책과정은 일반적으로 정책의제의 설정, 정책결정, 정책집행, 정책평가 및 환류 등으로 이루어진다. 사법부는 이론상으로는 이 모든 정책과정에 영향을 미칠 수 있고 또 실제로도 양상을 달리 하여 영향을 미치고 있다. 다만, 사법부가 정책과정에 영향을 미치는 방식은 입법이나 행정에 비해 매우 독특하다. 사법은 통상 법규범을 대전제로, 구체적 사실을 소전제로 하여 결론을 내리는 법률적 삼단논법(legal syllogism)에 따라 결정을 내리며, 법해석의 방법론과 증거법칙에 얽매이는 등 사법특유의 논리와 방법론, 절차에 따라 작동하기 때문이다.

사법이 정책과정에 개입하거나 영향을 미칠 수 있는 계기는 헌법 등 실정법제도에 의하여 상당부분 이미 제도화되어 있다. 일종의 진입구(Schnittstelle zum Eintritt)에 해당하는 그러한 메커니즘들 가운데 대표적인 것은 헌법재판제도와 행정소송제도이다. 특히 헌법재판제도는 이른바 '정치적 사법'으로 인식되는 헌법재판소가 탄핵심판이나 정당해산, 그리고 위헌법률심사와 헌법소원 등을 통해 정치과정, 입법정책이나 입법과정 등에 직접, 그리고 깊고 강력한 영향을 미칠 수 있는 통로가 된다. 법원에 의한 행정소송제도는 일상적으로 행정부의 정책이나 행정과정, 정책집행 등에 직접적인 영향을 미칠 수 있는 통로이다. 헌법재판소법에 의한 헌법재판의 요건, 기준, 범위나 행정소송법 등에 의한 행정소송 제기요건들 — 허용되는 소송유형의

2) 이와 관련하여 미국의 경우, 연방대법원 대법관들을 지명한 대통령의 소속 정당과 대법관들의 사법적 표결 패턴 (judicial voting pattern) 간에 현저한 연관성이 있다는 Sunstein/Schkade/Ellman/Sawicki 2006을 참조.

제한, 처분성, 원고적격, 권리보호의 이익(협의의 소의 이익), 제소기간 등 그 밖의 절차 등은 그러한 영향의 조건과 범위, 효과를 정해주는 법기술적 도구들이라 할 수 있다.

사법부가 정책과정에 영향을 미치게 되는 경우는 매우 다양하지만, 대체로 몇 가지 유형으로 나누어 볼 수 있다. 첫째, 정책의제의 설정이나 정책결정과정에 관여하거나 영향을 미치는 경우로서, 사법적 결정을 통해 정책의제가 새로이 설정되거나, 사법적 심급에서 최초로 정책이 결정 또는 형성되거나 또는 기존의 정책이 취소·번복 또는 변경되기도 한다. 이는 주로 헌법재판소의 위헌법률심사나 헌법소원 또는 법원의 위헌·위법명령규칙심사나 행정소송 등을 통해 일어난다. 둘째, 사법이 정책의 집행과정에 영향을 미치는 경우로서, 주로 행정소송법에 의한 행정소송이나 제한적으로 헌법소원에 의한 검찰의 불기소처분 통제 같은 방식으로 이루어진다. 정책집행에 대한 사법심사의 결과 환류가 이루어져 새로운 정책변경이 이루어질 수도 있다. 정책평가나 환류과정에 대해서도 사법적 결정이 영향을 미칠 수 있음은 물론이다. 실효성이 상실된 법령이나 관습법에 대한 사법적 해석이나 결정을 통해 정책에 대한 환류가 촉발될 수 있고, 사법적 결정들이 축적되어 정책평가에 영향을 미치는 경우도 있을 수 있다.

이처럼 정책과정에 사법이 영향을 미칠 수 있게 되는 이유는 의도적으로 또는 의사와 무관하게 정책 결정 책임이 사법부에 전가되기 때문인데, 그런 경우는 가령 정책결정 또는 정책변경에 관한 결정권을 지닌 기관에서 그 결정권의 행사를 회피하거나 방치하는 경우, 정치적 의도에서나, 당파적 갈등으로 인해, 또는 이해관계집단간 대립 격화로 인해 정책에 관한 결정을 내릴 수 없는 경우에 발생한다. 경우에 따라서는 사법적 심급에서 처음으로 정책의 결정이나 변경, 또는 그에 대한 환류가 이루어지기도 한다. 사법이 정책에 영향을 미치게 되는 계기는 대개는 입법실패나 행정실패로 주어진다. 실패의 원인은 정보와 유인 두 가지 측면으로 나누어 볼 수 있는데, 입법부의 경우 정보 측면에서는 국민의 대표자인 입법부 구성원이 국민의 선호를 왜곡하거나 잘못 반영하는 경우가 생길 수 있다. 유인 측면에서도 입법부가 국민의 합리적 무지(rational ignorance)를 부추기거나 조직화된 집단이 입법 결정에 영향을 미치는 경우가 생길 수 있다. 행정실패의 경우, 정보 측면에서는 정책담당자가 이해관계자에 포획되는 경우나 입법실패가 행정과정에까지 연장되는 경우를 생각해 볼 수 있다. 유인 측면에서 각 부처의 목표를 최우선시함으로써 갈등을 유발하는 부처이기주의나 관리적 차원에서 자발적인 개선 노력이 미비한 경우에 행정실패가 일어날 수 있다.[3]

가령 동성동본 금혼제에 대한 헌법불합치 결정의 경우, 국회와 정부는 시민단체간 첨예한 대립에 대해 한시적이고 단편적으로만 대처하였고, 이 분야에서 국민의 선호를 대변하는 법조계나 진보적 시민단체조차도 갈등을 정면에서 해결하려고 들기보다는 회피하려는 경향을 보였기 때문에 헌법재판소가 행복추구권 등을 이유로 불합치결정을 내려 입법적 해결을 촉구한 사례였다.[4] 그 경우 헌법재판소는 입법형성권을 가지고 있는 국회가 새로이 혼인제도를 결정하도록 촉구하고는 있으나, 우리민족의 혼인풍속, 윤리의식, 친족관념 및 그 변화 여부, 동성동본금혼제도가 과연 사회적 타당성이나 합리성을 완전히 상실하였는지 여부, 그 제도의 개선방법, 그리고 동성

3) 기형진 2006을 참조.

4) 헌법재판소 1997.7.16.자 95헌가6내지13 전원재판부결정(민법제809조제1항 위헌제청 헌공 제23호).

동본금혼제도를 폐지함에 있어 현행 근친혼금지규정이나 혼인무효 및 취소에 관한 규정을 새로 정비할 필요는 없는지 등을 충분히 고려하여 입법하도록 주문함으로써 실질적인 정책결정 기능을 수행한 셈이 되었다(기형진, 2006: 91).

'호주를 정점으로 가(家)라는 관념적 집합체를 구성하고, 이러한 가를 직계비속남자를 통하여 승계시키는 제도', 달리 말하면 남계혈통을 중심으로 가족집단을 구성하고 이를 대대로 영속시키는데 필요한 여러 법적 장치로서, 성역할에 관한 고정관념에 기초한 차별로서, 호주승계 순위, 혼인 시 신분관계 형성, 자녀의 신분관계 형성에 있어서 정당한 이유 없이 남녀를 차별하는 호주제에 대하여 헌법불합치결정을 선고한 헌법재판소의 결정이나,[5] 종중 구성원의 자격을 성년 남자만으로 제한하는 종래의 관습법의 법적 효력을 박탈한 대법원의 판결,[6] 공무원채용시험 등에서 제대군인에게 가산점을 부여한 「제대군인지원에 관한 법률」 제8조 제1항 및 제3항, 동법시행령 제9조를 청구인들의 평등권과 공무담임권을 침해하는 위헌인 법률조항이라며 무효화한 헌법재판소의 결정[7] 등이 그러한 유형의 사례에 해당한다. 또 행정부에서 적절한 시점에 정책변경을 하지 아니하고 있는 동안 사법적 결정을 통해 생수시판금지고시의 위헌성을 확인하여 정책을 변경시킨 대법원의 판결[8]이나 행정정보공개조례의 적법성을 확인함으로써 정보공개제도화의 물꼬를 튼 대법원의 판

---

5) 헌법재판소 2005. 2. 3. 선고 2001헌가9, 10, 11, 12, 13, 14, 15, 2004헌가5(병합) 전원재판부결정(민법제781조제1항본문후단부분위헌제청등 [헌공 제101호]).

6) 대법원 2005. 7. 21. 선고 2002다1178 전원합의체 판결(종회회원확인 [공2005. 8. 15.(232), 1326]).

7) 헌법재판소 전원재판부 1999. 12. 23. 98헌마363결정 제대군인지원에관한법률 제8조 제1항 등 위헌확인(판례집 11-2, 770)).

8) 대법원 1994. 3. 8. 선고 92누1728(과징금부과처분취소: 공94. 5. 1. 967(*28)).

결[9] 그리고 새만금 사건에 관한 대법원의 판결 역시 정책과정에 대한 사법적 결정의 영향을 잘 보여주는 많은 사례들 중 일부이다. 그런데 이들 사례들은 모두가 헌법재판소나 대법원 그 밖의 법원이 스스로 먼저 행동을 시작한 것이 아니라 개인이나 시민사회단체 또는 비정부단체들의 제소 등으로 정책결정에 대한 재심사, 사후심사, 통제 또는 제재가 이루어진 결과 촉발된 결과였다는 점을 유념할 필요가 있다. 경우에 따라 환경소송이나 소비자소송, 집단소송, 기타 공익소송 등 공공소송이 허용되는 경우 사법부가 정책이나 정책과정에 영향을 미칠 여지도 그만큼 커지게 된다.[10] 한편, 사법적극주의란 행정부나 입법부의 의사나 정책 결정에 대해 적극적인 견제기능을 수행하려는 사법부의 성향이나 철학 또는 입장을 뜻하는 개념인데, 사법적극주의가 지배하거나 우세한 상황에서는 그 만큼 사법의 정책적 영향도 강화될 것이라는 점을 알 수 있다.[11]

---

9) 1992.6.23. 선고 92추17판결(행정정보공개조례(안)재의결취소등: 공1992, 2287).

10) 공공소송에 관해서는 서원우(1985)를 참조.

11) 사법적극주의와 사법소극주의의 개념에 대해서는 임지봉 2001, 4이하를 참조. 그는 사법소극주의와 사법적극주의의 개념을 기존의 방식처럼, 사법부가 이전의 선례에 어느 정도 따르는지 여부나, 창조적인 헌법·법률의 해석에 의하여 정책형성에 개입하는지 여부에 따라 정의하지 아니하고, 권력분립의 원리에 착안하여 다음과 같이 정의한다. 즉, 사법적극주의는 "권력분립의 원리가 기초하고 있는 '견제와 균형'의 이상을 실현하기 위해 행정부나 입법부의 의사나 결정에 곧잘 반대를 제기하여 두 府에 의한 권력의 남용을 적극적으로 견제하는 사법부의 태도나 철학"이고, 반대로 사법소극주의는 "판결을 통해 다른 두 府의 의사나 결정에 개입하고 반대하기 보다는 자주 '사법부 자제'의 미명하에 심리 자체를 회피하거나 두 府의 의사나 결정을 존중하고 이에 동조하는 판결을 내리는 사법부의 태도나 철학이라고 한다(같은 글, 7). 상세한 것은 Jibong Lim 1999, IV. Conclusion 부분을 참조. 아울러, 최대권 2005, 19-39를 참조. 한편, Choudhry/Hunter 2003, 525처럼 'judicial activism'은 사람에 따라 또는 사용 맥락에 따라 확립된 선례로부터의 이탈, 법원의 선호(judicial preferences)에 의거한 심판, 법원과 그 밖의 국가권력간의 제도적 역할의 사법적 재배분 등 다양한 의미를 가지는, 불분명하기로 악명 높은 용어(a notoriously slippery term)라고 하면서 그 개념을 계량화하는 견해도 있다(a quantitative definition of judicial activism).

1.2. 정책과정에 영향을 미치는 사법기관들: 헌법재판소와 법원

(1) 헌법재판소

헌법재판소는 그 위헌심사 등 헌법재판기능을 통해 정책 전반에 지배적인 영향을 미치며, 특히 정치 부문에 대하여 막대한 영향을 끼치고 있다. 헌법재판소의 영향은, 위헌법률 무효화 효력을 가지는 결정에 의한 것이라는 점에서 사법의 본산인 대법원에 비해 훨씬 더 강력하고 광범위하다.

우리나라 헌법재판소는 다음에 보는 바와 같이 출범이래 다른 어느 나라 못지않은 실적을 쌓았고 그 과정에서 국정 전반에 흐름을 바꿀 정도로 막강한 영향력과 권위를 획득할 수 있었다. 헌법재판소가 1988.9.1~2007.12.31 현재까지 처리한 총 14,789건 가운데 위헌결정을 받은 것은 306건(208개조문)으로 그 중 법률의 위헌결정은 119건(123개 조문)이었고, 헌법재판소법 제68조제2항의 규정에 의하여 법률의 위헌여부심판의 제청신청이 기각된 때 하는 헌법소원심판에서의 위헌건수 137건(42개조문)까지 합하면 총 256건(165개조문)의 사건에서 법률의 위헌판단이 있었음을 알 수 있다. 또한 헌법불합치와 한정위헌의 경우인 54건(32개조문)과 위헌소원 69건(39개조문) 까지 합치면 무려 379건(236개조문)에 이르고 있다.

헌법재판소는 법률 또는 법률조항을 무효화시키는 위헌결정뿐만 아니라 변형결정이라 불리는 결정형식을 통해서도 정책에 중대한 영향을 미칠 수 있다. 특히 한정위헌결정이나 헌법불합치결정 같은 경우에는 입법권자를 상대로 직접 또는 간접적으로 입법의무를 확인·선언하거나 입법을 촉구하는 형태로 입법과정에 영향을 미치기도 한다.

〈표 3-1〉 심판사건누계표(1988. 09. 01 ~ 2007. 12. 31 현재)

구분		접수	처리												미제
			합계	결정										취하	
				계	위헌	헌법불합치	한정위헌	한정합헌	인용	합헌	기각	각하	기타		
합계		15716	14789	14272 〈340〉	306 〈208〉	107 〈69〉	48 〈34〉	28 〈29〉	284	1059	5179	7257 (5981)	4	517	927
위헌법률		567	536	430 〈169〉	119 〈123〉	39 〈23〉	15 〈9〉	7 〈14〉		220		30		106	31
탄핵		1	1	1							1				
정당해산															
권한쟁의		46	31	27					5		9	13		4	15
헌법소원	계	15102	14221	13814 〈171〉	187 〈85〉	68 〈46〉	33 〈25〉	21 〈15〉	279	839	5169	7214 (5981)	4	407	881
	§ 68 ①	13452	12763	12396 〈75〉	50 〈43〉	22 〈24〉	10 〈8〉		279	3	5169	6860 (5776)	3	367	689
	§ 68 ②	1650	1458	1418 〈96〉	137 〈42〉	46 〈22〉	23 〈17〉	21 〈15〉		836		354 (205)	1	40	192

헌법재판소에 의한 헌법재판은 통상 정책과정의 핵심단계인 입법에 대하여 헌법적 통제를 가하는 과정이므로 결국 넓은 의미의 정책통제의 기능을 수행하게 된다. 이러한 의미의 정책통제기능은 정책학에서도 이의 없이 받아들여지고 있다. 그러나 헌법재판의 정책통제기능은 위헌결정을 받은 입법에 대한 후속입법의 헌법적 또는 정치적 의무 부과를 통해 새로운 정책과정을 촉발시키는 경우가 많다. 위헌으로 판명된 법률이나 법률조항을 대체하거나 수정하거나 또는 새로운 법률이나 법률조항을 만들어야 할 입법의무를 부과함으로써 헌법재판은 의제를 설정하거나 입법정책의 전제조건 또는 입법방향을 제시하는 독특한 방식으로 헌법재판소의 위헌결정으로

무효화된 법률/정책에 대한 새로운, 후속 정책과정이 개시되도록 만든다. 이와 같은 일련의 과정을 통해 헌법재판소는 정부의 정책에 광범위한 분야에서 다양한 방식으로 중대한 영향을 미치고 있는 것이다.

(2) 법　원

대법원을 정점으로 하는 법원은 가장 일반적인 사법적 심급으로서 정책 전반에 지속적인 영향을 미친다. 그 중 특히 정책에 대한 영향력 면에서 주목해 보아야 할 분야는 행정소송과 국가배상소송 사건들이다.

행정소송사건은 지속적인 증가세를 보여 왔다. 지난 10년간 사건 추이를 보면, 〈표 3-2〉에서 나타나는 바와 같이 1997년 17.472건(100%)에서 2006년 29,012건(166.0%)으로 지속적으로 증가했음을 알 수 있다.

또 〈표 3-2〉에서 보는 바와 같이 행정소송사건은 제1심 접수건수로만 보더라도, 1997년 9,652건에서 2006년 14,393건으로 지속적으로 증가하여 연평균 11,227건에 이르고 있다. 이는 제1심 접수건수에 한한 통계이기는 하지만, 행정소송이 계속 증가해 왔다는 것, 그리고 행정처분에 불복하여 소송을 제기하는 경우가 계속 증가해 왔다는 것을 의미하며, 정부의 가장 표준적인 행위형식이라 할 수 있는 행정처분에 대한 불복제소건수가 증가해 왔다는 것은 한편으로는 정부의 조치에 대한 불만이 소송으로 비화된 건수의 절대수가 증가했다는 것을 의미하지만, 다른 한편으로는 행정기관의 의사결정의 표준적 형식에 해당하는 처분에 대한 사법적 통제가 이루어지는 절대건수가 증가했다는 사실을 의미한다. 그런 관점에서 볼 때, 제1심

〈표 3-2〉 행정소송사건 연도별 비교[12)]

구분 / 연도	합 계		본 안 사 건					본안외사건 (전상급)	
	사건수	치지수	상고심	지수	항소심	제1심	지수	사건수	지수
1997	17,472	100.0	2,548	100.0	-	9,652	100.0	5.272	100.0
1998	16,586	94.9	2,033	79.8	658	9,174	95.0	4,721	89.5
1999	17,306	99.1	1,264	49.6	2,388	9,202	95.3	4,454	84.5
2000	17,546	100.4	1,093	42.9	2,677	9,359	97.0	4,417	83.8
2001	22,380	128.1	1,156	45.4	3,262	11,802	122.3	6,160	116.8
2002	22,422	128.3	1,329	52.2	3,385	11,312	117.2	6,396	121.3
2003	22,840	130.7	1,564	61.4	3,455	11,411	118.2	6,410	121.6
2004	24,787	141.9	1,534	60.2	3,966	12,357	128.0	6,930	131.4
2005	26,634	152.4	1,760	69.1	4,305	13,600	140.9	6,969	132.2
2006	29,012	166.0	2,109	82.8	4,721	14,393	149.2	7,785	147.7

[그림 3-1] 행정소송(본안) 사건의 추이[13)]

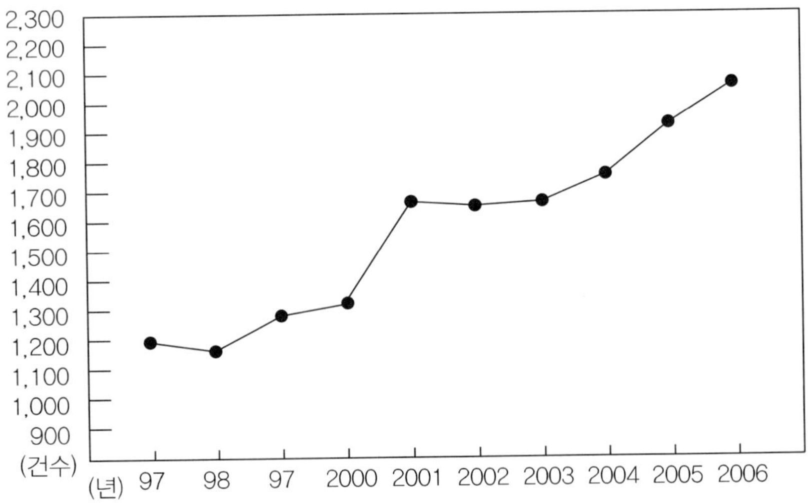

12) 대법원, 사법연감 2007, 41 표 62.
13) 대법원, 사법연감 2007, 40 도표 24.

〈표 3-3〉 제1심 행정소송사건 종류별 누년비교표-접수[14]

연도 종류	1997	1998	1999	2000	2001	2002	2003	2004	2005	2006	평균
합계	9,652	9,174	9,202	9,359	11,802	11,312	11,411	12,357	13,600		11,227
조세관계	1,927	1,623	1,801	1,783	1,799	1,749	1,602	1,336	1,720	2.509	1,785
영업관계	1,345	972	1,141	1,560	2,592	2,482	2,024	1,767	1,729	2,277	1,789
토지관계	696	632	569	424	514	420	397	410	553	1,842	646
건축관계	203	198	196	245	285	280	335	192	266	733	289
근로관계	817	1,018	1,296	1,220	1,516	1,359	1,354	1,627	1,989	494	1,269
공무원관계	245	445	438	274	208	281	303	236	403	2,449	528
개인 자격면허	3,624	1,123	2,205	1,773	2,150	2,057	2,195	2,376	1,878	513	2,193
기타	795	3,163	1,556	2,080	2,738	2,684	3,201	4,413	5,102	3,580	2,727

행정소송사건 가운데 특히 조세관계, 영업관계, 개인자격면허관계가 상대적으로 큰 비중을 차지해 왔다는 사실이 주목을 끈다.

행정소송(본안)사건 처리결과를 보면, 제1심에서의 원고승소율이 13%이고 일부승소까지 포함하면 승소율이 18.0%에 이름을 알 수 있다. 이와 같이 제1심에서 원고가 일부에서라도 승소하는 비율이 18.0%에 이른다는 것은 행정처분이 위법하다는 제1심 판결을 받을 비율이 5.6건 중 1건에 이른다는 사실을 의미한다. 즉, 법원이 사법심사를 통해 그 만한 비율로 행정청의 처분을 취소하고 있고 그 만큼 행정에 대한 사법통제가 이루어지고 있는 셈이다.

공무원이 직무상 불법행위를 범한 경우 국가가 책임을 지는 국가배상 역시 다음 표에서 보는 바와 같이 전반적으로 지속적인 증가세를 보여 왔다.

14) 대법원, 사법연감 2007, 49.

〈표 3-4〉 행정소송(본안)사건 처리결과[15)]

상고심

구분 / 사건	합계	각하명령	판결									소취하·상고취하	기타
			계	상고기각	자판				환승	이송	기타		
					원고승	원고일부승	원고패	각하					
합계	2,138	1	2,113	1,984	-	-	-	5	123	-	1	42	-
구성비(%)	(100.0)	(0.0)	(98.8)	(92.8)	(-)	(-)	(-)	(0.2)	(5.8)	(-)	(0.0)	(1.1)	(-)
행정상고	2,133	1	2,109	1,980	-	-	-	5	123	-	1	23	-
기타대법원 권한사건	5	-	4	4	-	-	-	-	-	-	-	1	-

제1심

구분 / 사건	합계	각하명령	판결						취하	기타
			계	원고승	원고일부승	원고패	각하	기타		
행정소송	13431	146	8446	1745	677	5604	414	6	4267	672
구성비(%)	(100.0)	(1.1)	(62.9)	(13.0)	(5.0)	(41.7)	(3.1)	(0.0)	(31.8)	(4.3)

항소심

구분 / 사건	합계	각하명령	판결									취하(항소취하)	기타
			계	항소기각	자판						기타		
					원고승	원고일부승	원고패	각하	환승	이송			
합계	4488	4	3825	3058	234	172	310	44	-	-	7	628	31
구성비(%)	(100.0)	(0.1)	(85.2)	(68.1)	(5.2)	(3.8)	(6.9)	(1.0)	(-)	(-)	(0.2)	(14.0)	(0.7)

15) 대법원, 사법연감 2007, 41-42, 표 65.

[그림 3-2] 국가배상사건 누년비교표16)

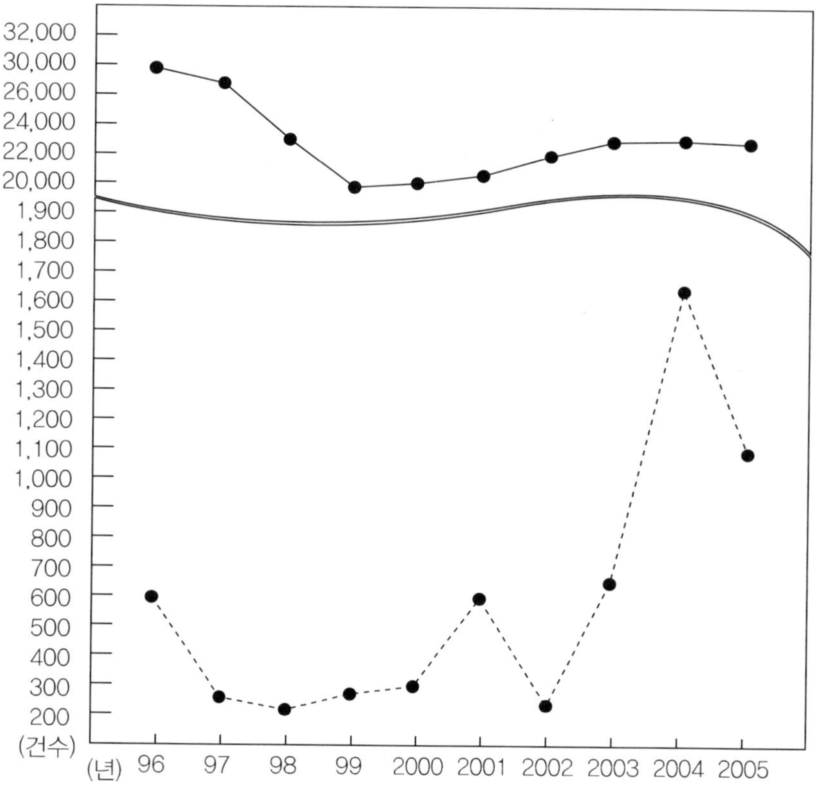

국가배상사건의 처리결과 역시 크게 다르지 않다. 2005년의 경우 2,056건 가운데서 총 258건이 원고승소로 돌아갔고, 원고 일부승소(264)까지 합치면 원고승소율, 즉 국가패소율은 약 25.4%에 이른다. 이는 법원의 판결로 공무원의 직무집행행위가 불법으로 제재를 받는 비율이 4건 중 1건에 이른다는 사실을 의미한다.

16) 대법원, 사법연감 2007, 26.

〈표 3-5〉 제1심 손해배상사건 및 국가배상사건수 추이-접수[17)]

구분 \ 사건	합 계	전년미제	금 년	판결 합 계	원고승	원고일부승	원고패	기 타	미 제
제 1 심									
1997	787	507	280	490	96	115	129	150	297
1998	523	297	226	259	74	53	65	67	264
1999	532	264	268	259	23	68	90	78	273
2000	598	273	325	309	24	80	115	90	289
2001	876	289	587	457	57	99	125	176	419
2002	701	419	282	295	36	51	86	122	406
2003	1030	406	624	253	27	45	71	110	777
2004	2481	777	1704	1293	256	135	284	616	1188
2005	2368	1188	1180	1373	239	190	369	575	995
2006	2050	995	1055	1159	206	234	287	442	891
항 소 심									
1997	531	142	389	365	31	97	26	211	166
1998	503	166	337	283	22	51	45	165	220
1999	475	220	255	302	36	78	28	160	173
2000	413	173	240	264	16	54	20	174	149
2001	434	149	265	265	32	76	17	160	149
2002	395	149	246	298	30	75	25	168	97
2003	192	97	96	115	4	27	10	74	77
2004	463	77	386	181	1	28	15	137	282
2005	852	282	570	510	19	74	27	390	342
2006	793	342	451	474	26	55	33	360	319
상 고 심									
1997	123	28	95	80	-	-	-	79	43
1998	150	43	107	98	-	-	-	98	52
1999	198	52	146	143	-	-	-	143	55
2000	164	55	109	121	-	-	-	121	43
2001	165	43	122	115	-	-	-	115	60
2002	207	50	157	137	-	-	-	137	70
2003	198	70	128	146	-	-	-	146	52
2004	225	52	173	143	-	-	-	143	82
2005	268	82	176	173	-	-	-	173	65
2006	313	85	228	208	-	-	-	208	105

17) 대법원, 사법연감 2006, p.14. 도표 10.

〈표 5-6〉 국가배상사건 처리결과

심급＼내용	합계	판결						기타
		계	원고승	원고일부승	원고패	각하	기타	
합 계	2056	1389	258	264	396	26	445	667
제 1 심	1373	820	239	190	369	20	2	553
항 소 심	510	396	19	74	27	6	270(265)	114
상 고 심	173	173	-	-	-	-	173(161)	-

주: 1. 제1심에는 소액사건이 제외됨.
2.찬결기타란의 ( ) 내 수는 상소기각 건수.

2. 정책과정에 있어 사법부 역할의 한계

2.1. 정책과정과 사법부 역할의 한계

정책과정에서의 사법부의 한계에 관한 문제들은 대부분 종래 행정법학에서 '행정소송의 한계'로 논의되어 왔던 문제들이다. 가령 행정소송의 한계는 일반적으로 실정법상의 한계, 국제법상의 한계, 사법본질상의 한계 및 권력분립상의 한계로 나뉘는데, 특히 행정소송과 관련하여 헌법명시적인 한계, 사법의 본질에서 연유하는 한계, 그리고 권력분립상의 한계가 문제된다.[18] 그러나 법원의 법규창조기능이 민사재판에서도 관측되고 있는 이상 문제를 그와 같은 행정법적 시각에 국한시키는 것은 너무 편협한 태도일 것이다. 가령 박민(2005, 243-245)에 따르면, 법원의 공공정책결정기능은 분쟁을 전제로 하며, 공공정책과 관련된 정보와 지식을 법원이 수집 또는 처리하는 데 능력과 자원 등 여러 가지 제약이 있고, 통일적 법체계의 일관성

18) 이에 관한 상세한 논의는 여기서는 생략한다. 상세한 것은 홍준형, 행정구제법, 제4판, 2001, 500-522를 참조.

을 유지해야 하는 등 그 판단이나 작업 방식면에서도 구속을 받고 있기 때문에 법이나 공공정책의 변화와 관련된 법원의 역할은 제한적이면서 부분적이어야 한다. 따라서 법원의 법규창조는 부분적이며 제한적이고 법과 현실사이의 괴리를 좁혀주는 것으로 한정되어야 하며, 또한 이러한 기능을 수행하기 위하여 법원의 독립성과 객관성이 확실하게 보장되고, 법원에 대한 일반인의 신뢰를 확보하기 위한 진지한 노력이 선행되어야 한다고 한다(박민, 2005: 253). 반면, 종래 행정법학 또는 헌법학의 전유물처럼 여겨진 사법 또는 행정소송의 한계론은 그것이 대상으로 삼은 문제영역이나 접근방법 모든 면에서 일반적으로 관측될 수 있었던 현상을 특정 법 또는 법학의 렌즈를 통해 바라본 결과에 불과하다고 보는 것이 좀 더 솔직하고 진실에 부합하는 이야기가 될 것이다. 다만, 여기서는 편의상 '사법본질적 한계'나 '권력분립적 한계' 등과 같은 기존의 용어법을 그대로 사용하되 그 의미는 특정 법영역에 국한시키지 않기로 한다.

2.2. 사법본질적 한계

사법본질적 한계는 우리나라의 경우 헌법과 법원조직법, 각종 소송법 등에서 도출되는, 주로 구체적 사건성(cases or controversies)과[19] 법적 해결가능성에서 비롯된 한계들이다. 헌법 제101조 제1항은 "사법권은 법관으로 구성된 법원에 속한다."고 규정하고 있고, 법원조직법 제2조 제1항은, 법원은 「헌법에 특별한 규정이 있는 경우를 제외한 일체의 법률상의 쟁송」을 심판한다고 규정하고 있다. 법원의 기능은, 그 본래기능 수행에 수반되는 사법행정적 권한들을 제외하고

19) 미국의 경우 연방헌법 Article Ⅲ § 2에서 연방법원의 권한을 "cases"와 "controversies"에 한정하고 있다.

는, 사법에 국한되며, 동시에 법원의 권한은 '일체의 법률상의 쟁송'이라는 한계를 넘을 수 없다는 결과가 된다. 사법부는 구체적·현실적 분쟁이 아닌 사건이나 개개인 자신의 법률상 이익에 관한 분쟁이 아닌 사건, 권리주체간의 분쟁이 아닌 사건을 해결하는 데는 한계가 있고, 또 정책의 당부나 전문기술적 또는 학문적인 지식·능력의 우열이나 당부에 관한 분쟁을 해결하는데 한계가 있다는 것이다. 또한 사법은 이미 발생했거나 발생이 임박한 사건에 대해서만 적용된다는 점에서 과거회귀적이고 원고나 청구인, 신청인 등의 소제기가 있어야 비로소 행동할 수 있는 수동적 특성을 가진다는 점에서도 한계를 지닌다.

물론, 그와 같은 '법률상 쟁송' 등 여러 가지 한계요인들에도 불구하고 이론상 모든 정책문제에 대한 제소가 가능하다. 다만 그러한 제소가 법원에 의해 재판의 대상으로 받아들여지는지는 별개의 문제이다. 법원은 '지연된 정의는 정의가 아니라'는 이유에서 언제나 남소의 위험을 피해야 한다는 압력을 받는다. 그 결과 그러한 폐단을 막거나 제어하기 위해 고안된 정교한 법기술적 도구들을 장착하여 작동시킨다. 이는 주로 소송법적 수단들로서 원고적격,[20] 처분성

20) 한편, 미국 연방대법원의 Scalia 대법관처럼 "당사자적격이론이 '권력분립원리의 본질적이고도 분리할 수 없는 요소'이고, 당사자적격이론을 통하여 정치적 사건의 소송화를 적절히 통제하지 아니하면 사법권의 과다한 행사("an over-judicialization of the process of self-governance"), 비민주적인 조직인 사법부를 통한 소수의 지배를 가져올 우려가 있다."고 주장한다. 조홍식, 2000, 446에서 재인용. 조홍식 교수 역시 다음과 같은 이유에서 Scalia의 주장을 지지한다. 즉, 법원에는 민주과정이 실패하였는지 여부를 적절히 판단할 인적·물적 자원이 부족하고, 민주주의 과정이 실패하는 경우보다는 그렇지 않은 경우가 더욱 많으며, 우리의 시스템, 즉 정치구조가 애초에 정치과정에 법원의 개입을 용납하지 않도록 설계되었기 때문에 현재의 시스템이 지켜지려면 법원이 그 본연의 역할에 머물러야 하고 그것이 가능하려면 정치과정과의 절연은 필수적인 조건이라고 한다(같은 글, 451-453).

등, 소의 적법성 요건들이나 기판력, 형성력 등 확정판결의 효력과 관련된 요소들이다.[21]

2.3. 권력분립적 한계

우리 헌법은 국가권력을 분리하고 권력 상호간 견제와 균형을 이루도록 함으로써 국민의 자유와 권리를 보장한다는 권력분립주의를 채택하고 있다. 그 결과 고도의 정치적 성격을 띠어 사법심사의 대상으로 삼기에는 적합하지 않은 통치행위(acte de gouvernement : Regierungsakt)라든가 현행행정소송법상 행정상 의무이행소송의 허용성 등과 관련하여 사법부의 재판권이 미치는지 여부가 주로 논의되어 왔다. 그러나 그 같은 사유로 인한 사법부의 한계는 그 인정범위가 점점 더 축소 또는 희박해지고 있다. 현재 권력분립을 이유로 한 정책에 대한 사법적 결정의 한계와 관련하여 가장 중요한 요인을 꼽는다면, 재량 또는 판단여지, 그리고 정책문제에 관한 것이다. 재량에 관한 한, 종래에는 이른바 자유재량이론과 청구각하설 등의 이론을 통해 사법의 개입이 아예 배제되는 것처럼 이해되기도 했지만, 오늘날 재량도 어디까지나 법에 의해 주어지는 것이라는 이유에서 사법심사의 범위에서 범주적으로 배제되는 것은 아니라고 보는 것이 중론이다. 특히 우리나라 대법원의 판례경향은 행정일상적 행위에 관한 재량의 경우, 그 결론여하와는 상관없이, 심리단계에서는

21) 가령 처분성 결여로 소각하판결을 받는 무수히 많은 행정소송사건들이 있고, 헌법소원 역시 공권력행사 해당여부가 본안판단의 전제조건으로 작용한다. 이와 관련하여 국무총리의 새만금간척사업에 대한 정부조치계획·지시사항시달, 농림부장관의 그 후속 세부실천계획 및 새만금간척사업 공사재개행위는 헌법소원의 대상이 되는 공권력 행사에 해당되지 않는다고 판시한 바 있다(헌법재판소 2003. 1. 30. 2001헌마579 전원재판부 새만금간척사업에대한정부조치계획의확정·발표등취소 [헌공 제77호]).

사실상 전면적 사법심사가 이루어진다고 해도 과언이 아니다. 반면, 사회적 중요도가 크거나 파급효과가 큰 재량이나 정책형성의 자유에 관한 문제에 대해서는 상대적으로 신중한 재량 판단 및 통제를 가하는 경향을 보여 왔지만, 새만금 사건 판결에서 나타나는 바와 같이, 이마저도 점점 더 축소되어 가는 추세이다. 특히 법률문제와 정책문제에 대한 그 같은 법원의 태도를 엿볼 수 있게 해주는 사례를 새만금사건의 원심법원인 서울고등법원의 판결에서 확인할 수 있다.

> "피고보조참가인은 이 사건 공유수면매립면허에 대하여 사후에 공유수면매립법 제32조 소정의 취소·변경 요건이 충족된 것인지 여부는 정책의 판단자인 처분청에 판단 여지가 있는 재량처분으로서 사법심사의 대상이 되지 않는다거나, 원고 ○○○의 청구는 개인의 법적 이익의 구제가 아니라 환경, 갯벌 등 공적 이익의 구제를 목적으로 하는 객관적 소송의 형태를 띠고 있어 현행법상 허용되지 않는다는 취지로 주장한다.
>
> 그러나 행정청에 판단여지가 있는 재량행위라고 하더라도 그 재량권의 한계를 넘거나 남용한 때에는 위법성의 문제로서 행정소송의 대상이 되는바(행정소송법 제27조), 법원은 행정청의 재량에 기한 공익판단의 여지를 감안하여 독자의 결론을 도출함이 없이 그 재량권 행사의 기초가 되는 사실 인정의 오류, 법령 적용의 잘못 및 비례·평등의 원칙 위배 등을 심사하여 재량권의 일탈·남용 여부가 있는지를 판단 대상으로 하는 것이며, 원고 ○○○의 경우는 앞서 본 바와 같이 개인의 구체적·직접적 이익의 보호를 위하여 이 사건 소송을 제기한 것이므로, 그 소송에 의하여 공적 이익의 구제가 따른다고 하여 현행법상 허용되지 않는다고 볼 수도 없다. 따라서 피고보조참가인의 주장은 받아들이지 않는다."[22)]

또한 사법적극주의의 대척개념인 사법소극주의 또는 사법자제론

22) 서울고등법원 2005. 12. 21. 선고 2005누4412판결(정부조치계획취소 등: 상고 [각공2006.2.10.(30), 215]).

(theory of judicial restraint), 존중의 이론(deference theory) 등이 공공정책에 대한 사법적 결정의 한계요인을 구성한다. 사법소극주의의 경향은 여러 가지 이유에 의해 그리고 다양한 행태로 정책에 대한 사법적 결정의 영향을 제약하는데, 가령 비교형량해야 할 법익의 복잡성이나 전문기술성이 클수록, 사건의 중요성이나 파급효과, 이해관계 집단간 대립 · 갈등의 심각성이 클수록 또는 정책판단에서 요구되는 대안을 제시할 수 없거나 곤란하여 처분을 취소하는 등 과감한 판결을 내리기 어려울수록, 사법으로 하여금 적극적인 법발견을 꺼리게 만들어 사법소극주의로 흐르게 만들 수 있다. 특히 사법은 그 속성상 그 판결의 대상이 된 정책에 대한 대안을 제시하거나 수립할 수 있는 처지에 있지 못한 경우가 많다. 특히 법관들의 판결관행상 주문(tenor)은 일반상식의 눈으로는 허무하다고 느낄 만큼 극히 간결한 청구취지에 대한 응답 부분과 소송비용 부담 부분으로 구성되는 것이 일반적이며, 법정에서 판사들은 꼭 누가 시키지 않더라도 '판결문으로만 말하려는' 경향을 보인다.

Ⅲ 주요 사례의 분석

1. 주요 사례

1.1. 대통령(노무현) 탄핵 사건

과거 헌법교과서에서나 볼 수 있었던 대통령 탄핵소추제도가 정치공세의 수단으로 사용될 수 있다는 '막가는 한국정치 잔혹사'가 시작되었다. 주지하듯 탄핵소추의결은 국정의 최고책임자인 대통령의 권한행사 정지라는 엄혹한 결과를 가져온다. 야당은 대통령 권한행사만을 정지시키는 것이므로 헌정중단이 아니며, 우리의 국가적 역량으로 충분히 대처할 수 있다고 주장하지만, 대통령의 권한행사 정지가 국정중단이란 엄중한 결과를 가져올 개연성이 있다는 사실을 부인할 수는 없다. 정치적 의도에 의한 대통령 탄핵은 과거의 헌법훼손과는 또 다른 형태의 헌법남용이라는 비판을 받기도 한다.

2004년 5월 14일 헌법재판소는 노무현 대통령에 대한 탄핵심판 청구를 기각하였다.[23] 이 사건에서 헌법재판소가 확정한 심판의 대상은 대통령이 직무집행에 있어서 헌법이나 법률에 위반했는지의 여부 및 대통령에 대한 파면결정을 선고할 것인지의 여부였다.

헌법재판소는 대통령의 2004. 2. 18. 경인지역 6개 언론사와의 기자회견에서의 발언, 2004. 2. 24. 한국방송기자클럽 초청 대통령 기자회견에서의 발언은 공선법 제9조의 공무원의 중립의무에 위반하였고, 2004. 3. 4. 중앙선거관리위원회의 선거법 위반결정에 대한 대통령의 행위는 법치국가이념에 위반되어 대통령의 헌법수호의무에 위반하였으며, 2003. 10. 13. 대통령의 재신임 국민투표 제안행위는 헌법 제72조에 반한 것으로 헌법수호의무에 위반하였다고 판시했다.

그러나 "헌법재판소법 제53조 제1항의 '탄핵심판청구가 이유 있는 때'란, 모든 법위반의 경우가 아니라, 단지 공직자의 파면을 정당화할 정도로 '중대한' 법위반의 경우를 말한다"고 설시하면서 탄핵심판청구를 기각하였다.

이로써 새삼 헌법의 힘, 특히 대통령의 헌법상 실책을 질타하며

23) 헌법재판소 2004.5.14. 선고 2004헌나1결정.

그를 복직시킨 헌법재판소의 권위가 재확인되었다. 헌법재판소의 탄핵기각결정이 즉각 효력을 발하여 거의 국론분열의 수준까지 치닫던 대통령 탄핵을 둘러싼 논란을 종식시킬 수 있었던 힘은 어디서 나오는 것일까. 그것은 우리 국민의 정치적 성숙일 수도 있고, 공고화된 한국민주주의의 수준일 수도 있지만, 무엇보다도 헌법재판소의 독립, 특히 정치로부터의 독립 덕분이었다. 독립된 법관의 판결은 힘이 있다! 헌법재판소는 다음과 같이 대통령의 헌법수호의무를 강조하면서 그 역사적 결정을 마무리했다.

> "대통령의 권한과 정치적 권위는 헌법에 의하여 부여받은 것이며, 헌법을 경시하는 대통령은 스스로 자신의 권한과 권위를 부정하고 파괴하는 것이다. 특히, 짧은 민주정치의 역사 속에서 국민의 헌법의식이 이제야 비로소 싹트기 시작하였고 헌법을 존중하는 자세가 아직 국민 일반의 의식에 확고히 자리를 잡지 못한 오늘의 상황에서, 헌법을 수호하고자 하는 대통령의 확고한 태도가 얼마나 중요한지 하는 것은 아무리 강조해도 지나치지 않는다. 대통령은 '법치와 준법의 상징적 존재'로서 자신 스스로가 헌법과 법률을 존중하고 준수해야 함은 물론이고, 다른 국가기관이나 일반 국민의 위헌적 또는 위법적 행위에 대하여 단호하게 나섬으로써 법치국가를 실현하고 궁극적으로 자유민주적 기본질서를 수호하기 위하여 최선의 노력을 기울여야 한다."

1.2. 행정수도이전·행정중심복합도시 관련 사건

(1) 신행정수도의건설을위한특별조치법 위헌 결정

새천년민주당의 대통령후보 노무현은 선거공약으로 '수도권 집중억제와 낙후된 지역경제를 해결하기 위해 청와대와 정부부처를 충청권으로 옮기겠다.'라는 행정수도 이전계획을 발표하였고, 2002년 12월 19일 실시된 第16대 대통령선거에서 대통령으로 당선되었다.

그 후 정부가 제안한 행정수도를 충청권 지역으로 이전하는 것을 내용으로 하는 신행정수도의건설을위한특별조치법안이 국회에서 통과되었고, 2004년 1월 16일 「신행정수도의 건설을 위한 특별조치법」이 공포되었다. 청구인들은 전국 각지에 거주하는 국민들로서, 위 법률이 헌법개정 등의 절차를 거치지 않은 수도이전을 추진하는 것이므로 법률 전부가 헌법에 위반되며, 청구인들의 국민투표권, 납세자의 권리 등을 침해한다고 주장하면서, 헌법소원심판을 청구하였고, 헙법재판소는 재판관 8:1의 의견으로 위언결정(재판관 1인의 별개의견 있음)을 선고하였다.

재판관 7인의 다수의견은 다음과 같다.

이 사건 법률은 국가의 정치·행정의 중추적 기능을 수행하는 국가기관의 소재지로서 헌법상의 수도개념에 포함되는 국가의 수도를 이전하는 내용을 가지는 것이며, 이 사건 법률에 의한 신행정수도의 이전은 곧 우리나라의 수도의 이전을 의미한다. 수도를 설정하거나 이전하는 것은 국회와 대통령 등 최고 헌법기관들의 위치를 설정하여 국가조직의 근간을 장소적으로 배치하는 것으로서, 국가생활에 관한 국민의 근본적 결단임과 동시에 국가를 구성하는 기반이 되는 핵심적 헌법사항에 속한다. 우리 헌법전상으로는 '수도가 서울'이라는 명문의 조항이 존재하지 아니하나, 서울이 우리나라의 수도인 것은 조선시대 이래 600여 년 간 우리나라의 국가생활에 관하여 계속되어온 관행으로서 이러한 관행은 오랜 기간 깨지지 않고 지속되어 국민적 합의를 얻은 국가생활의 기본사항이라고 할 것이다. 따라서 서울이 수도라는 점은 우리의 제정헌법이 있기 전부터 전통적으로 존재하여온 헌법적 관습이며 우리 헌법조항에서 명문으로 밝힌 것은 아니지만 자명하고 헌법에 전제된 규범으로서, 관습헌법으로 성립된 불문헌법에 해당한다.

관습헌법도 헌법의 일부로서 성문헌법의 경우와 동일한 효력을 가지기 때문에 그 법규범은 최소한 헌법 제130조에 의거한 헌법개정의 방법에 의하여만 개정될 수 있다. 서울이 우리나라의 수도인 점은 불문의 관습헌법이므로 헌법개정절차에 의하여 새로운 수도 설정의 헌법조항을 신설함으로써 실효되지 아니하는 한 헌법으로서의 효력을 가진다. 한편, 이러한 형식적인 헌법개정 외에도, 관습헌법은 그것을 지탱하고 있는 국민적 합의성을 상실함에 의하여 법적 효력을 상실할 수 있으나 이 사건의 경우에 이러한 사정은 확인되지 않는다.

헌법 제130조에 의하면 헌법의 개정은 반드시 국민투표를 거쳐야만 하므로 국민은 헌법개정에 관하여 찬반투표를 통하여 그 의견을 표명할 권리를 가진다. 그런데 이 사건 법률은 헌법개정사항인 수도의 이전을 헌법개정의 절차를 밟지 아니하고 단지 단순법률의 형태로 실현시킨 것으로서 결국 헌법 제130조에 따라 헌법개정에 있어서 국민이 가지는 참정권적 기본권인 국민투표권의 행사를 배제한 것이므로 동 권리를 침해하여 헌법에 위반된다.

이 사건 결정은 서울이 우리나라의 수도라는 것은 불문의 관습헌법이므로 헌법개정절차에 의하여 새로운 수도 설정의 헌법조항을 신설함으로써 실효되지 아니하는 한 헌법으로서의 효력을 가진다고 판시하여(경위야 어찌 됐든) 여야합의로 통과시킨 위 특별조치법을 위헌무효화시킨 것으로서, 헌법재판소가 실질적으로, 관습헌법의 존재와 효력을 확인하는 방식으로 헌법형성적 결정을 내린 사례라고 볼 수 있다.

(2) 행정중심복합도시건설특별법 위헌소원 각하 결정

「신행정수도의 건설을 위한 특별조치법」이 위헌결정을 받은 후, 여야의 합의를 거쳐 「신행정수도 후속대책을 위한 연기·공주지역 행정중심복합도시 건설을 위한 특별법」(2005. 3. 18. 법률 제7391호, 이하 '이 사건 법률'이라 한다. 2005. 7. 21. 법률 제7604호로 일부 개정되었으나 2006. 1. 22. 시행되었다)이 제정되었다. 그러나 이 사건 법률에 대해서도 헌법소원이 제기되었다. 헌법재판소는 이 사건 법률은 청구인들의 국민투표권, 청문권, 평등권, 재산권 등 기본권을 침해할 가능성이 없으므로 이 사건 심판청구는 부적법하다고 결정하였다.[24]

결정 이유에서 헌법재판소는 우선 이 사건 법률에 의하여 연기·공주지역에 건설되는 행정중심복합도시가 수도로서의 지위를 획득하는 것은 아니라고 판단하였다. 즉, 행정중심복합도시로 이전하는 기관은 국무총리를 비롯한 총 49개 기관이며 이들을 수평적인 권한배분면에서 보면 이전기관들의 직무범위가 대부분 경제, 복지, 문화 분야에 한정되어 있고 경제의 주요부문인 금융정책을 결정하는 기관들은 제외되어 있고, 수직적인 면에서 보아도 여전히 정부의 주요정책은 국무회의의 심의를 거쳐 대통령이 최종적으로 결정하며, 국무총리는 헌법상 대통령의 보좌기관으로서 그 명을 받아 행정각부를 통할하고 각부의 장은 정해진 정책을 구체적으로 실현할 뿐이며, 특히 정보통신기술이 발달한 현대사회에서는 서로 장소적으로 떨어진 곳에 위치하더라도 대통령과 행정각부간의 원활한 의사소통수단이 확보되기만 하면 대통령이 의사결정을 통한 통제력을 확보하는 것은 어렵지 않다. 따라서 행정중심복합도시에 소재하는 기관

24) 헌법재판소 2005.11.24. 자 2005헌마579,763(병합) 전원재판부 【신행정수도후속대책을위한연기·공주지역행정중심복합도시건설을위한특별법위헌확인】 [헌공제110호].

들이 국가정책에 대한 통제력을 의미하는 정치·행정의 중추기능을 담당하는 것으로 볼 수 없다고 판단하였다. 또한 행정중심복합도시는 대내적으로 국가의 중요정책이 최종적으로 결정되는 곳이 아니며 각국 외교사절들이 소재하여 주요 국제관계가 형성되는 장소도 아니다. 특히 국가상징으로서의 기능은 오랜 세월에 걸쳐 역사와 문화적인 요소가 결합되어 형성되는 것으로 짧은 기간에 인위적으로 만들어낼 수 있는 것이 아니다. 따라서 행정중심복합도시가 건설된다고 하더라도 이러한 요소가 충족되지 않은 상황에서 국가상징으로서의 기능을 수행할 것이라고 예상하기 어렵다. 따라서 이 사건 법률에 의하여 건설되는 행정중심복합도시는 수도로서의 지위를 획득하는 것으로 평가할 수는 없고, 이 사건 법률에 의하여 수도가 행정중심복합도시로 이전한다거나 수도가 서울과 행정중심복합도시로 분할되는 것으로 볼 수 없다고 판시하였다.

그리고 이 사건 법률에 의하면 행정중심복합도시가 건설된다고 하더라도 국회와 대통령은 여전히 서울에 소재하며 서울은 여전히 정치·행정의 중추기능을 수행하게 되므로 행정중심복합도시의 건설로 서울의 수도로서의 지위가 해체되는 것은 아니며, 행정중심복합도시의 건설로 권력구조 및 국무총리의 지위가 변경되거나 헌법 제72조의 국민투표권이 침해될 가능성도 없다고 판단하였다. 그리하여 헌법재판소는 이 사건 심판청구를 각하하는 결정을 내렸다.

1.3. '토지공개념' 입법 위헌 결정

1989년 계속되는 지가의 앙등과 토지투기의 악순환, 그에 따른 빈부의 차이의 심화와 국민간의 이질감 형성을 시정하고자 제정한 토지초과이득세법에 대하여 헌법재판소는 토지소유자들의 재산권을 침해하고 조세법률주의에 위배되어 토지초과이득세법 전부가 헌법에 합치되지 아니한다고 결정을 내렸다.

토지초과이득세법(1993. 6. 11. 법률 제4563호로 최종개정된 것) 제8조 제1항은 개인이 소유하는 토지 중 토지초과이득세의 과세의 대상으로 무허가 건축물의 부속토지(제4호 다목), 임대에 쓰이고 있는 토지(제13호) 등을 규정하고, 동법 제10조는 위 이득세의 세액계산방법을 규정하며, 동법 제11조는 실현되지 아니한 가상이득에 대하여 과세하는 토지초과이득세의 과세표준 및 지가산정방법을 정하고 있고, 동법 제12조는 50%의 단일비례 토초세율을 규정하며, 동법 제22조는 세무서장이 납세의무자의 신청을 받아 물납을 받는 것을 허용하는 규정을 두고 있었다.

청구인들은 자신들이 소유하고 있는 대지에 대하여 관할 세무서장이 토지가 토지초과이득세법 제8조 제1항 제4호 다목 및 동조 제1항 제13호에 따른 유휴토지 등에 해당한다 하여 청구인에게 토지초과이득세를 부과·고지하자 서울고등법원에 위 토초세부과처분의 취소를 구하는 행정소송을 제기하였다. 그리고 청구인들은 위 법률 제8조, 제11조, 제12조 등은 조세법률주의를 규정한 헌법 제38조 및 제59조와 우리 헌법상의 경제질서조항인 제119조에 각 위반되며, 재산권의 보장에 관한 헌법 제23조에도 위반된다는 이유로 위 법원에 위헌법률심판제청을 신청하였으나 기각되자 헌법재판소에 헌법소원심판을 청구하였다.

헌법재판소는 토지초과이득세법이 헌법에 위반된다고 하면서도 단순위헌결정을 하는 경우 발생할 수 있는 문제점을 지적하고 동법에 대하여 헌법에 합치되지 아니한다는 헌법불합치결정을 내렸다.

이 사건 결정에 대해서는 토지공개념법제에 있어 제도의 입법목적만을 내세워 조세법률주의나 국민의 재산권 보장을 소홀히 하여서는 안 된다는 점을 강조하였으며 토초세의 과세과정에서 끊임없이 제기되어왔던 납세자들의 불만을 수용했다거나,[25] 정책적 고려보다는 조세의 평등 등 헌법적 척도에서 문제를 규명한 결정이라는 긍정적인 평가[26]와 함께 헌법재판소가 기득권층의 재산권 보장에만 중점을 두고 전체 국민의 실질적 평등 내지 균형 있는 발전을 소홀히 했고 토초세법이 수행해 온 토지투기의 방지 등 순기능은 외면한 채 이를 위헌으로 선고하여 토지공개념의 실현을 축소시켰다거나,[27] 기본 법률관계를 조정할 수 있는 명쾌한 기준을 제시하지 못한 형식의 헌법불합치결정을 한 것은 문제라는 비판이 제기되었다.[28]

이후 국회는 1994년 12월 22일 법률 제4807호로 헌법재판소의 지적사항을 반영하여 국민의 재산권보호를 강화하고 적정세부담을 기할 수 있도록 초과누진율체계를 도입하며 지가하락시의 보완규정을 마련하고 일정기간내 양도시 토지초과이득세를 양도소득세에서 전액 공제하도록 하는 한편 징세비용을 절감하고 조세마찰소지를 해소하기 위하여 정기과세의 경우 지가가 안정된 시기에는 전국 단위 과세를 중지하고 지가급등지역만 과세하는 내용으로 토지초과이득세법을 개정하였다. 이 입법에 대하여는 헌법재판소의 헌법불합치결정의 취지를 무의미화한 졸속입법이라는 비판이 있었다.[29] 특히 개정법률 부칙 제2조는 "이 법은 이 법 시행후 발생하는 토지초과

25) 중앙일보 1994. 7. 29.

26) 김성수, 헌재의 헌법불합치결정 과연 잘못된 결정인가, 법률신문 1994. 11. 10.

27) 서원우, 토지공개념의 재조명, 1994. 9. 24. 공법학회 발표논문.

28) 석종현, 토지초과이득세법 제10조등 헌법불합치결정, 한국토지공법학회 학술발표회 1994. 8. 20., 법률신문 1994. 8. 25.

29) 남복현, 토초세법의 개정입법상 불비(不備)에 관하여, 법률신문 1995. 1. 9.

이득에 대하여 적용한다.”라고 규정함으로써 당해 사건 등에서 신법 적용의 근거를 마련하지 아니하여 문제가 되었다.

헌법재판소는 1995년 7월 27일 선고한 93헌바1등 사건에서 구 토지초과이득세법(1989.12.30. 법률 제4177호로 제정되어 1993. 6. 11. 법률 제4561호로 개정되기 전의 것) 제8조 제1항 제4호 나목 및 다목, 동조 제3항 중 ‘……취득 후’ 부분, 동조 제5항, 제22조는 헌법에 각각 위반되지 아니한다는 결정을 내렸다(‘제2차 결정’이라 한다). 제1차 결정에서 구 토지초과이득세법 전부에 대하여 헌법불합치결정을 하였음에도 제2차 결정에서는 구 토초세법의 위 각 조항은 헌법에 위반되지 아니한다고 판단한 것이다. 그리고 헌법재판소는 헌법불합치결정의 효력이 소급적으로 미치게 되는 당해 사건 또는 병행사건에 관하여는 위 결정 이후 입법자에 의하여 개정된 법률조항이 적용되어야 한다고 판시하였다.

대법원은 헌법재판소의 제1차 결정이 있었다 하더라도 구법이 헌법에 위반된다는 사정은 위헌결정이 있기 전에는 객관적으로 명백하지 않아서 이로 인한 하자는 행정처분의 취소사유에 해당할 뿐이므로 구법에 따른 토지초과이득세 부과처분은 당연무효가 되는 것은 아니라고 판시하였으며(96누1689) 제2차 결정전까지는 납세자들이 승소할 사건에 대하여 구법에 따라서 사건을 처리하였다.

그리고 대법원은 헌법재판소가 제2차 결정에서 개정법률이 소급적용된다고 한 판시내용을 존중하여 우선 개정법률의 개정조항이 적용되어야 할 사건에 대하여는 개정법률이 적용되어야 한다고 판결하였다. 다른 한편 헌법재판소의 제1차 결정에서 명시적으로 위헌성이 지적되지 아니한 개정법률조항이 당해 사건에 적용될 것인지에 대하여도 개정법률이 납세의무자에게 불리하게 적용되지 아니하는 한 개정법률이 적용된다고 판시하여 개정법률 적용원칙을 선언하였다(93누17911).

1.4. 새만금 사건·천성산 사건

(1) 새만금사건 판결

2006년 3월 16일의 새만금 사건 판결은 여러 모로 우리나라 사법의 역사에서 뚜렷한 변화를 말해주는 이정표로 기억될 것이다. 무엇보다도 그것은 공공정책에 대한 사법적 결정의 가능성과 효용, 그리고 법리적 한계와 위험성을 함께 보여주었다. 대법원은 오랜 논란과 우여곡절을 거쳐 최종 판단에 도달했다. 새만금 사건 판결은 오래된 사안일수록, 그리고 관계된 이해관계상황의 복합성, 사정변경등 정책환경의 불확실성이 클수록 사법이 과거와의 투쟁에서 승리할 확률은 낮아지게 마련이라는 사실을 증명해 주었다. 반면 이와는 전혀 다른 맥락에서, 이 사건 판결은 중요한 국책사업 관련 사건을 적기에 해결하겠다는 대법원의 사법정책적 의지를 엿볼 수 있게 해주는 동시에 사법적극주의적 경향을 드러낸 대표적 사례라 할 수 있다.[30)]

새만금 사건 판결은 공공정책에 대한 사법적 결정의 가능성과 효용뿐만 아니라 그 법리적 한계와 위험을 동시에 보여준 사례이기도 했다. 이 사건 판결의 다수의견에 대한 보충의견이 강조하듯 '이

30) 실제로 이 사건 판결을 선고하면서 대법원 공보관실에서 배포한 보도자료「새만금사건(대법원 2006두330 정부조치계획취소 등 사건)에 대한 대법원 판결 관련 보도자료」에 따르면 이 사건 판결은 첫째, 새만금사건은 대규모 공공사업과 환경보전이 문제되는 소송으로서, 이해관계인이 다수인데다가 사회적 파장이 크고, 선례적 가치가 있는 중요사건이므로, 전원합의체에서 심리하였다는 점, 그리고 대법원에서 적시처리 사건으로 지정된 첫 사건으로 집중 심리의 선례가 된 점, 그리고 그 결과 대규모 공공사업에 대한 사법심사의 기준을 제시하였다는 점에서 우리나라 사법사에 한 획을 긋는 계기가 되었다고 한다.

사건 재판은 새만금사업의 추진과 관련된 이 사건 공유수면매립면허처분과 이 사건 시행인가처분에 중대하고 명백한 하자가 있어 당연무효인지 여부 내지 사정변경으로 인하여 새만금사업을 취소하여야 할 공익상의 필요가 생겼는지 여부, 즉 행정처분의 무효 내지 취소 사유의 존부를 법적인 관점에서 평가·판단하는 것이지, 새만금사업의 추진의 타당성 여부에 대한 정책적인 관점에서 평가·판단하는 것이 아니지만,' 그러한 법적 평가와 판단이 정치한 법이론적 논증에 의해 뒷받침되지 못하면 자칫 사법의 정치화나 정책과잉현상을 초래할 우려가 있기 때문이다. 공공정책에 대한 사법적 결정에 법률적 쟁송 등 사법의 본질이나 권력분립원리 등에서 오는 한계가 따른다면 마찬가지로 그러한 한계요인들을 적절한 수준에서 준수하는 것이 그 결정의 설득력과 존속력을 확보하는 조건이 된다.

(2) 천성산사건 결정

2003년 10월 15일 경부고속철도 천성산 관통저지 비상대책위원회는 천성산에 서식하는 꼬리치레도롱뇽(이하 "도롱뇽"이라 한다)을 원고로 하고 자신들을 '도롱뇽의 친구들'이라는 명칭을 가진 '도롱뇽 대변인'으로 내세워 한국고속철도건설공단을 상대로 '고속철도 양산시 천성산 구간 공사착공금지 가처분신청'을 냈다.[31] 이는, 비록 공사착공금지 가처분신청의 형태를 띠긴 했지만, 그동안 미국, 독일, 일본 등에서 야생동식물 등 자연 그 자체를 보호하기 위하여 야생동식물을 원고로 내세워 제기되어 온 이른바 「자연의 권리」 소송이 우리나라 법원에서 본격적으로 법적 심판의 대상이 되었다는 사실

31) 신청취지: "피신청인은 서울—부산 경부고속철도의 구간 중 13공구 안에 시행될 원효터널공사(13.5km) 및 기타 이에 부수된 공작물의 설치 등 일체의 공사를 착공하여서는 아니 된다."(http://www.cheonsung.com/ salamander/sal.asp?num=15&sal=sal2).

을 의미한다.[32] 도롱뇽소송과 같은 「자연의 권리」소송은 도롱뇽과 같은 동물을 원고로 한 소송이기는 하지만, 자연환경이나 생물종 보호 등과 같은 환경관련성을 특징으로 한다는 점에서, 미국의 인도적 도살법(Humane Slaughter Act)이나 동물복지법(Animal Welfare Act) 등과 관련하여 동물학대의 금지나 동물생존의 보호 등을 위해 제기된 「동물의 권리」소송과는 성격을 달리 한다. 「자연의 권리」소송은 주민의 생명・신체나 재산 보호를 위한 전형적인 소송유형과는 달리 자연 그 자체를 소송당사자로 하여 그 보호를 추구하는 새로운 유형의 소송으로서, 1970년대 미국에서 산림, 강, 동물 등의 보호를 위한 일련의 소송들을 필두로 하여 독일, 일본 등으로 확산되기 시작하였다(독일의 북해 바다표범소송(1988); 일본의 아마미(奄美) 흑토끼 소송(1995)) 물론 우리나라에서도 이러한 유형의 소송이 전혀 생소한 것만은 아니다. 1998년 낙동강 재두루미의 때죽음과 관련해 재두루미를 원고로 한 소송이 제기되었으나 원고적격의 결여를 이유로 각하된 바 있다.

2004년 4월 8일 가처분 신청을 기각하는 제1심 결정이 있은 후, 2004년 8월 26일 환경부장관실에서 "지율은 단식을 풀고, 피신청인은 공사를 중단하고, 환경부와 신청인측이 공동구성한 인원으로 공동조사를 실시하기로" 합의하였고, 같은 해 10월 14일 환경부의 의뢰에 의한 한국환경정책평가연구원 등의 전문가들이, 위 자연변화 정밀조사보고서의 내용이 적정하다는 검토결과보고서를 제출하였다. 11월 15일에 원심재판부는 조정을 권고하였으나,[33] 신청인은 이에

---

32) 「자연의 권리」소송에 관하여는 일반적으로 강재규 2000; 녹색연합부설 환경소송센터 2003(http://www.greenlaw.or.kr/?PHPSESSID=d8c1546b02986ae8566366a52658b301); 淡路剛久・寺西俊一編 1997, 267-312에 게재된 논문들, 특히 畠山武道, 「自然保護の訴訟」, 268-286; 籠橋隆明, 「"自然の權利" 訴訟と市民の權利」 pp. 292-300을 참조.

승복하지 않았고, 2004년 11월 29일 항고를 기각하는 원심 결정이 있었다. 이에 12월 22일 신청인들은 대법원에 재항고장을 제출하였다. 2005년 2월 3일 다시금 쌍방이 동수구성에 의한 공동조사를 하여 그 결과에 따르거나 대법원에 조사결과보고서를 제출하기로 합의하여 2월 3일부터 11월 30일까지 공사를 중단하였고 2006년 2월 28일 공동조사결과를 발표하였다. 이후 곧 이어 3월 14일 공동조사보고서가 대법원에 제출되었으나, 2006년 6월 2일 대법원 제3부(주심 김영란 대법관)는 대법원 2004마1148, 1149 공사착공금지가처분 (이른바 "천성산 도롱뇽 사건") 재항고 사건에서 신청인측의 재항고를 기각하는 결정을 고지하였다.[34]

이 사건 원심은 신청인 도롱뇽은 자연물(양서류)로서 재판을 청구할 법률적인 주체로 인정할 수 없으며, 터널의 공사로 지하수 유출, 터널 붕괴, 부근 습지(무제치늪, 화엄늪) 고갈 등 환경침해가 발생할 가능성이 제대로 증명되지 않았고, 터널 공사가 중단되면 경부고속철도 완전개통이 미루어지고 그 결과 막대한 공공의 이익이 침해된다는 이유에서 신청을 기각하였고 대법원은 원심결정을 그대로 받아들였다.

이 사건 법률적 쟁점은 다음과 같다. 첫째, 신청인 도롱뇽의 당사자능력을 인정할 수 있는가 하는 것이다. 신청인 도롱뇽은 천성산 일원에 서식하고 있는 도롱뇽목 도롱뇽과에 속하는 양서류로서 자연물인데, 신청인들은, 자연물인 도롱뇽 또는 그를 포함한 자연 그

---

33) 쌍방추천 감정인을 同數로 선정하여 터널공사 자체의 안전성과 그 터널공사가 지하수에 미치는 영향 및 천성산의 고산습지에 미치는 영향에 관하여 감정하고 쌍방은 그 감정결과에 승복하여 화해 또는 감정결과에 따른 법원의 결정으로 분쟁을 종결한다는 내용이었다.

34) 대법원 2006.6.2. 자 2004마1148, 1149 결정 【공사착공금지가처분】 [공2006. 7.15.(254), 1240].

자체가 소송상의 당사자로서 이 건 신청을 한다고 주장하였다. 그러나 대법원은 "도롱뇽이라는 자연물이나 자연 자체는 이 사건을 수행할 당사자능력을 인정할 수 없다."고 판시하였다.

둘째, 헌법 제35조 제1항의 규정으로부터 개인의 공사중지청구권이 도출될 수 있는가 하는 것이다. 헌법 제35조 제1항은 "모든 국민은 건강하고 쾌적한 환경에서 생활할 권리를 가지며, 국가와 국민은 환경보전을 위하여 노력하여야 한다."고 규정하여 환경권을 헌법상의 기본권으로 명시하고 있다. 그러나 개인이 헌법상의 기본권을 근거로 직접 다른 개인에게 공사 중지를 청구할 권리는 없다는 것이 현재까지의 학설과 대법원판례의 입장이었다. 이 사건에서 신청인들은 이와 달리 헌법상의 기본권을 근거로 직접 공사의 중지를 청구할 수 있다고 주장하였으나, 대법원은 현재의 통설과 기존 대법원판례에 따라 환경권에 관한 헌법 제35조 제1항이나 자연방위권 등 헌법상의 권리에 의하여 직접 피신청인에 대하여 고속철도 중 일부 구간의 공사 금지를 청구할 수 없다고 판시하였다.

셋째, 개인의 환경 이익 침해와 이를 이유로 공사중지청구권을 인정할 수 있는가 하는 것이다. 신청인인 내원사, 미타암은 천성산에 건립되어 있고 터널공사 구간 일부 토지의 소유권도 가지고 있다고 인정된다. 이러한 개인들은 환경 이익이 침해되면 그에 대한 배제로서 공사 중지를 구할 수 있다. 신청인들은 환경이익의 침해가 있다고 주장하였으나, 대법원은 다음과 같이 판시하여 공사중지청구를 배척하였다. 즉, 피신청인은 고속철도 건설에 있어서 자연환경을 보호하여 그 자연환경 속에서 살아가는 국민들이 건강하고 쾌적한 삶을 영위할 수 있도록 보장하고 나아가 우리의 후손에게 이를 물려줄 수 있도록 적극적인 조치를 취하여야 할 책무를 부담한다. 따라서 피신청인은 환경영향평가 후 종전에 고려되지 아니하였던 새로운 사정이 발견되어 환경이익을 침해할 수 있다는 개연성이 나타나면 새로이 환경영향평가를 실시하거나 그 환경이익의 침해를 예방할 수 있는 조처를 하여야 한다. 그러나 대법원은, 비록 위와 같은 새로운 사정들이 발생되었다고 하더라도 그 새로운 사정들과 소유자들의 환경이익 사이에 구체적인 연관성을 인정하기 어렵거나 또는 새로운 환경영향평가에 준하는 조사가 이루어지고 적절한 방법이 보완되었다면 더 이상 사업시행의 중지를 구할 수는 없다고 판시하였다. 이 사건에서 신청인들이 제기하고 있는 문제들은 단층, 지하수 등으로 인한 안전성의 위협 염려 및 천성산 일원의 습지들과 자연환경 보호 등이고 이에 관하여 최초의 환경영향평가서에 반영되지 않았던 새로운 사정들이 발견된 것은 사실이다. 그러나 피신청인은 신청인들이 주장하는 우려를 해소하기 위하여 사단법인 대한지질공학회 등에 의뢰하여 자연변화 정밀조사를 실시하였고, 그 조사결과 및 환경부의 의뢰에 이루어진 한국환경정책평가연구원 등의 검토의견에 의하면 터널 공사가 천성산의 환경에 별다른 영향을 미치지 않는 것으로 조사되었다. 또한 피신청인은 대안설계 단계에 이르러서 신청인측이 문제제기한 단층대 등의 지질적 특성을 파악하여 이를 설계 및 공법에 반영하였다. 따라서 현재로서는 터널 공사로 인하여 신청인들의 환경이익이 침해될 개연성이 있다고 보기 어렵다는 것이다.

대규모 국책사업인 고속철도 건설 과정에서 일부 구간의 터널 공사를 둘러싸고 환경이익과의 충돌이 문제되어 공사가 지연되고 분쟁과 갈등이 이어져 왔던 상황에서, 대법원은 종전에 헌법상 환경권에 따른 개인의 사법상 청구권을 부정하여 오던 기본 입장을 유지하면서도, 여기에서 한 걸음 나아가, 국가에 준하는 대규모 국책사업 시행자(한국철도시설공단)에 대하여는 자연환경을 보호하여 국민들의 건강하고 쾌적한 삶을 보장하고 후손에게 물려줄 수 있도록 적극적인 조치를 취하여야 할 책무를 부과하였다. 다만 이 사건에서는 피신청인 측이 불교계와 환경단체 등의 문제제기를 수용하여 2002. 6. 자연변화 정밀조사를 하였고 그 결과에 대하여 관련 전문가들로부터 적정하다는 의견을 받아낸 점과 함께 피신청인이 대안설계 과정에서 제기된 문제점을 보완할 수 있도록 설계 및 공법에 반영한 점 등을 고려하여 터널공사구간 부근 소유자들의 환경이익이 침해될 우려가 있다고 보기는 어렵다고 판시하였다. 대법원의 이번 결정으로 고속철도의 후속공사 뿐 아니라 향후 또 다른 대규모 국책사업에 있어서 건설과 환경이익 사이에서 조화를 이룰 수 있을 것이라는 전망이 나왔다.

1.5. 청주시행정정보공개조례 사건

청주시 의회는 1991년 11월 25일 국내 최초로 행정정보의 공개를 위한 정보공개조례[35]를 통과시켰으나(1991.11.25 의결; 11.26일 재의결) 내무부 및 지방자치단체로부터 거센 저항을 받았고 이 조례가 규정하고 있는 정보공개와 관한 모법이 없다는 것 등을 근거로 청주시장은 대법원에 지방자치법 제159조 제4항에 의해 이 정보공개조례의 취소를 요구하는 행정소송을 제기하였다. 청주시장은 이에 관해 「행정정보공개조례는 어느 한 지역에만 국한된 것이 아닌 전국 어디서나 동시다발적으로 발생할 수 있기 때문에 국가나 타 자

35) 청주시 의회가 의결한 행정정보공개조례안(이하 조례)의 내용에 관하여는 홍준형, 1992, p. 95 이하를 참조.

치단체에서 대외비로 관리하고 있는 행정정보를 청주시에서 공개했을 경우 공익저해우려와 국가 및 타 자치단체와의 마찰의 소지가 있어, 이는 조례로서 정할 수 있는 사항이 아니다」라는 제소이유를 들었다. 이로써 정보공개법제정을 향한 지방자치적 대안의 존속여부가 다시금 사법적 결정에 회부되는 결과가 되었고, 대법원은 자신의 판결례와 앞에서 본 헌법재판소의「확립된 판례」를 배경으로 이 미묘한 사건에 관해 결정을 내려야 하는 처지에 놓이게 되었고 결국 청주시 의회의 손을 들어 줌으로써 최초로 지방자치의 수준에서 시도된 정보공개법의 제도화를 추인하였다.[36]

여기서 쟁점은 법률의 수권이 없는 사항에 대하여 지방자치단체가 그 자치입법권, 즉 조례제정권에 의해 규정할 수 있느냐, 정보공개에 관한 조례의 제정이 이러한 자치입법권의 범위에 포함되는 것으로 볼 수 있느냐 하는 문제였다. 헌법은 제117조 제1항 후단에서「법령의 범위 안에서 자치에 관한 규정을 제정할 수 있다」고 규정함으로써 지방자치단체의 자치입법권에 헌법적 근거를 부여하는 한편, 제118조 제2항에서 지방의회의 조직·권한 등에 관한 사항을 법률로 정할 것을 규정하고 있는데 이 헌법규정들의 취지는 자치립법권의 헌법적 수권을 전제로 지방의회의 권한에 관한 구체적인 규율을 법률에 맡긴다는 것으로 해석된다. 이에 따라 제정된 지방자치법 제15조는「지방자치단체는 법령의 범위안에서 그 사무에 관하여 조례를 제정할 수 있다. 다만, 주민의 권리제한 또는 의무부과에 관한 사항이나 벌칙을 정할 때에는 법률의 위임이 있어야 한다」고 규정하고 있다. 여기서 이 조항과 관련하여 모법 이를테면「정보공개법」

36) 대법원 1992.6.23. 선고 92추17판결. 이 사건 판결에 관해서는 홍준형, 1999, pp. 1177-1196을 참조.

이 제정되어 있지 않은 상태에서 정보공개에 관한 사항을 조례로써 규정할 수 있느냐는 문제가 제기된다. 이 문제에 관한 공법학계의 경향은, 주지하는 바와 같이 대법원에의 제소를 통해 표명된 청주시장과 시의회의 견해대립에도 불구하고, 전반적으로 정보공개조례의 제정이 「권리제한 또는 의무부과」 또는 「벌칙」에 관한 규정으로 볼 수 없다는 입장이 다수의 지위를 차지하고 있었다. 대법원은 이와 대동소이한 견지에서 청주시 정보공개조례의 합법성을 인정하였다.

> 「지방자치법 제15조에 의하면, 지방자치단체는 법령의 범위 안에서 그 사무에 관하여 조례를 제정할 수 있되 주민의 권리제한 또는 의무의 부과에 관한 사항이나 벌칙을 정할 때에는 법률의 위임이 있어야 한다고 규정하고 있으므로 지방자치단체는 그 내용이 주민의 권리의 제한 또는 의무의 부과에 관한 사항이거나 벌칙에 관한 사항이 아닌 한 법률의 위임이 없더라도 조례를 제정할 수 있다 할 것인데(당원 1970. 2.10. 선고 69다2121판결 참조), 이 사건 정보공개조례안은 앞에서 본 바와 같이 행정에 대한 주민의 알 권리의 실현을 그 근본내용으로 하면서도 이로 인한 개인의 권익침해가능성을 배제하고 있으므로 이를 들어 주민의 권리를 제한하거나 의무를 부과하는 조례라고는 단정할 수 없고 따라서 그 제정에 있어서 반드시 법률의 개별적 위임이 따로 필요한 것은 아니라 할 것이다.」[37]

1992년 6월 23일의 판결을 통하여 대법원은 정보공개입법에 대한 시대적 요청에 부응하여 정보공개법이 지방자치의 수준에서 제도화되는 것을 추인하였다.

1.6. 생수시판금지 사건

구 식품위생법 제23조의3 제4호(현행 식품위생법 제24조 제1항 제4

37) 대법원 1992.6.23. 선고 92추17판결.

호)는 공익상 그 허가를 제한할 필요가 있다고 인정되어 보건사회부장관이 지정하는 영업 또는 품목에 해당되는 때에는 영업 또는 품목제조의 허가를 할 수 없다고 규정하고 있고, 이 규정에 따라 보건사회부장관의 허가제한영업을 지정한 고시로 정한 식품제조영업허가기준(1985.3.11. 보건사회부고시 제8517호로 개정된 것) 제2조 제4호 및 제1조 제6호는 보존음료수제조업은 허가를 할 수 없고 다만 제품을 전량 수출하거나 주한외국인에게만 판매하여야 하는 등의 요건을 갖추는 경우에만 그 허가를 할 수 있도록 규정하고 있었다.[38)]

1976년 1월 23일부터 1987년 6월23일까지 사이에 피고인 보건사회부장관으로부터 전량수출 또는 주한외국인에 대한 판매에 한한다는 조건하에 보존음료수 제조허가를 받은 원고들 8개 회사는 1990년 7월경 위 허가조건을 위반하여 각기 그들이 제조한 보존음료수를 내국인에게 판매하다가 적발되었고, 또 같은 해 6월경 실시된 수질검사결과 원고중 2개 회사가 제조판매한 보존음료수에서 일반세균수가 허용기준치인 1ml당 100마리 이하보다 많이 검출되었다. 이에 피고는 1990년 8월 30일 원고들에 대하여 각각 영업정지 4월에 해당하는 과징금부과처분을 하였으나 원고들은 이에 불복하여 위 처분의 취소를 구하는 취소소송을 제기하였으나, 원심인 서울고등법원은 원고들의 청구를 기각하였다. 상고심에서 대법원은 원심판결을 파기하고, 사건을 서울고등법원에 환송하였다.[39)]

---

38) 동 고시 부칙 제2항 제2호는 '이 고시 시행이전에 보존음료수제조영업 등의 허가를 받은 자는 이 고시 제2조 제4호의 규정에 의한 허가를 받은 것으로 본다'고 규정하고 있어 원고들이 1976.1.23.부터 1987.6.23.까지 사이에 허가를 받은 이 사건에는 1985.3.11. 개정된 위 고시가 적용되었다. 이 개정된 고시를 "고시"라고 부른다.

39) 대법원 1994.3.8. 선고 92누1728판결(과징금부과처분취소: 공94.5.1.967(*28)). 이 사건 판결에 관해서는 홍준형, 1999, pp. 32-64를 참조.

이 사건 판결에서 대법원은 생수('보존음료수'에서 '광천음료수'로 변경)의 국내판매를 제한해 온 보건사회부고시("식품제조영업허가기준", 1985. 3. 11. 보건사회부고시 제8517호로 개정된 것)는 헌법상 보장된 직업의 자유와 국민의 행복추구권을 침해하는ㅊ 것으로서 헌법에 위반되어 효력이 없으며, 이를 근거로 한 과징금부과처분은 위법이라고 판시함으로써, 종래 논란되어 왔던 생수사업에 대한 시장진입규제문제에 종지부를 찍었다. 대법원은 특히 생수의 국내판매를 제한한 고시의 법적 효력을 인정하면서도 이를 직업의 자유와 행복추구권 등 헌법상 기본권문제와 결부시켜 위헌무효라고 판단함으로써 종래의 진입규제의 정당성을 박탈하였을 뿐만 아니라 이후 먹는물에 대한 합리적인 水質管理 및 衛生管理를 기하고 먹는샘물의 제조・판매를 규율하기 위하여 먹는물관리법(1995.1.5. 법률 제4908호)이 제정되도록 하는 계기를 마련하였다.[40] 이 사건 판결은 단지 생수판매제한에 대한 기존의 정책과 이에 입각한 행정처분이 헌법적 이유로 저지되었다는 사실만이 아니라, 실은 주무부서인 보건사회부가 내렸어야 할 생수판매규제정책의 방향전환에 대한 결정이 사법적 결정에 의해 대체되었다는, 권력분립의 원리의 역동적 측면을 엿볼 수 있다는 점에서 주목할 만한 사례라 할 수 있다.

이 사건 판결에서 대법원은 두 가지 매우 착잡한 정책적 판단을 내려야 하는 상황에 봉착했다. 대법원은, 원심에서 인정한, 위 고시가 보존음료수제조업의 허가를 받는 자의 영업의 자유를 제한하는 근거가 되는 두 가지 목적, 즉 ① 수돗물에 대한 국민의 불안감해소 및 그로 인한 식수공급행정의 혼란방지, ② 보존음료수를 마시는 계층과 수돗물을 마시는 계층간에 위화감 해소의 타당성을 다음과 같

40) 윤진수, 1997, pp. 1-33, 33.

은 이유로 배척하였다.

—계층간 위화감과 같은 현상은 그로 인하여 사회적으로 중대한 불안이 야기된다는 등의 특별한 사정이 없는 한 그 자체를 법률로 규제할 성질의 것은 되지 못한다. 보존음료수를 국내 판매하게 되면 국민중의 일부만이 보존음료수를 마실 수 있게 된다고 하더라도 그 자체로는 국민들이 음료수를 선택할 수 있는 폭이 그만큼 커지는 것이며(국민의 행복추구권이 실현되는 상태) 국가나 사회 전체로 볼 때에는 복리가 증진된 상태라고 할 터인데, 그로 인하여 국민중의 다른 일부가 상대적 박탈감을 가지게 될지도 모른다는 사유만으로 이와 같은 복리의 증진을 저지할 수는 없고 또 그렇다고 하여 이러한 상대적 박탈감의 방지를 평등의 원칙에 의하여 정당화할 수도 없다. 오히려 보존음료수를 국내에서 주한외국인에게 판매하는 것만을 허용하는 것이 위와 같은 위화감을 더 조성하는 것이라고 볼 수도 있다.

—이에 비하여 원심이 인정한 첫번째의 목적, 즉 보존음료수의 국내판매를 허용할 경우 대다수 국민에게 수돗물에 대한 불안감을 조성하고 나아가 수돗물의 식수사용을 기피하게 하여 결국 식수공급행정에 상당한 혼란을 초래하게 되므로 이를 방지한다는 것은, 그 자체로서는 질서유지나 공공복리를 위한 정당한 목적에 해당한다고 볼 수도 있다. 그러나 문제는 그런 이유만으로 보존음료수의 국내판매를 금지하는 것이 과연 그 목적을 달성하기 위하여 꼭 필요하고 합리적인 것으로 인정될 수 있는 것인가는 의문이다. 국민의 기본권을 제한하는 목적이 정당한 것이라고 하더라도 목적과 수단 사이에 균형이 유지되지 아니하면 합리성이 인정되지 않기 때문이다.

보존음료수의 국내판매와 수돗물에 대한 국민의 불안감 사이에 연관성이 있다고는 인정되지 아니한다. 연관성이 있다고 인정된다 하더라도, 그런 이유만으로 보존음료수를 주한외국인에게만 판매하도록 허용하고 국내판매를 완전히 금지할 정도로 보존음료수제조업의 허가를 받은 자들의 직업의 자유를 강력하게 제한하는 것을 정당한 것으로 볼 수 있을지

> 도 의문이다. 수돗물의 질을 향상시키거나 그와 같은 불안감이 근거가 없는 것이라는 사실을 객관적인 자료에 의하여 국민에게 명백히 알려주는 수돗물에 대한 국민의 불안감을 해소시키는 근본적인 해결책은 조치는 취하지 아니한 채 보존음료수의 국내판매만을 금지한다고 하여 수돗물에 대한 국민의 불안감이 근본적으로 해소되는 것은 아니므로, 보존음료수의 국내판매를 금지하는 것이 수돗물에 대한 국민의 불안감을 해소시키기 위한 필요하고도 적절한 방법이라고 할 수 없다.

이러한 판단을 기초로 대법원은 원심이 인정한 바와 같은 목적만으로 보존음료수의 국내판매를 금지하는 것은, 보존음료수제조업의 허가를 받은 자의 헌법상 보장된 기본권인 직업의 자유를 침해하는 것으로서 헌법에 위반되며, 식품으로 인한 위생상의 위해를 방지하고 식품영양의 질적 향상을 도모함으로써 국민보건의 증진에 이바지하려는 식품위생법의 목적(제1조)에 비추어 보더라도, 보건사회부장관이 구 식품위생법 제23조의3 제4호나 현행 식품위생법 제24조 제1항 제4호에 따라 위와 같이 보존음료수제조업의 허가를 받는 자의 직업의 자유를 제한하는 고시를 발한 것이, 질서유지나 공공복리를 위하여 꼭 필요하고 합리적인 것이라고 볼 수도 없으므로, 위 고시는 효력이 없는 것이라고 결론지었다. 대법원은 여기서 한걸음 더 나아가 위 고시에 의한 판매제한의 목적을 행복추구권의 제한과 비교형량하여 그 정당성을 부정하였다.

> 위 고시는 우리 국민이 위와 같은 음료수를 선택하여 마실 행복추구권을 제한하는 것인데, 수돗물에 대한 국민의 불안감이 더 커지는 것을 방지한다는 공공의 목적이 정당한 것이고, 그 목적을 위하여 보존음료수의 국내판매를 금지하는 것이 필요하고도 적절한 수단으로 인정된다고 가정하더라도, 이와 같은 공공의 목적과 보존음료수의 국내판매를 금지

> 함으로 인하여 국민의 행복추구권이 제한되는 결과를 비교하여 본다면, 행복추구권이 제한되거나 침해됨으로 말미암아 국민이 입게 되는 손실이 더 크다고 할 것이므로, 이 점에서도 보존음료수의 국내판매를 금지하는 것은 허용될 수 없다고 보아야 할 것이다.

여기서 주목되는 것은 대법원이 이러한 추론과정을 통하여 생수판매제한정책의 타당성을 적극적으로 심사·판단하고 있다는 사실이다. 이러한 정책론적 판단은 실은 대법원 보다는 관계 행정기관에 의하여 먼저 행해져야 했을 사항이었다. 보건사회부장관이 주장한 생수시판규제정책의 타당성이 대법원에 의하여 배척된 결과가 된 것이다. 대법원은 여기서 한걸음 더 나아가 수돗물의 수질개선 및 신뢰회복에 대한 국가의 책무를 분명히 함으로써 사법부가 정책결정의 방향을 제시한 선례를 남겼다.

> 특히 헌법 제35조 제1항은 모든 국민은 건강하고 쾌적한 환경에서 생활할 권리를 가진다고 규정하고 있으므로(구 헌법 제33조도 거의 같은 취지로 규정하고 있다), 국민이 수돗물의 질을 의심하여 수돗물을 마시기를 꺼린다면 국가로서는 수돗물의 질을 개선하는 등의 필요한 조치를 취함으로써 그와 같은 의심이 제거되도록 노력하여야 하고, 만일 수돗물에 대한 국민의 불안감이나 의심이 단시일내에 해소되기 어렵다면 국민으로 하여금 다른 음료수를 선택하여 마실 수 있게 하는 것이 국가의 당연한 책무라고 할 것이다. 그럼에도 불구하고 국가가 그와 같은 조치를 취하는 대신 보존음료수의 국내판매만을 금지하는 것은 수돗물의 질에 대하여 의심이 생기는 책임을 보존음료수에 전가하는 것일 뿐만 아니라 국민으로 하여금 수돗물만을 계속하여 마시도록 간접적으로 강제함으로써 국민의 환경권을 제한하는 결과가 되어 부당하다.

2. 분 석

위에서 제시된 사례들을 통해 우리는 사법적 결정이 국정의 최고책임자인 대통령의 파면여부에서 생수시판허용여부 등 세세한 영업규제 등 정책 전반에 걸쳐 전방위적 영향을 미치고 있고또 그 결과 다양한 양상으로 정책변동이 이루어져 왔다는 사실을 알 수 있었다.

유감스럽게도, 이들 사례들은 동시에 정책결정자 등 정책담당자들이 사법적 결정과 그 임팩트에 대해 얼마나 준비되지 않았는지를 보여주는 증거이기도 하다. 위의 사례들을 분석한 결과, 헌법재판소나 법원 등 사법적 기능을 수행하는 기관이나 사법적 결정이 정책에 중대한 영향을 미칠 수 있고 또 미쳐왔다는 사실을 확인할 수 있었다면, 그로부터 도출되는 함축 또한 분명하다. 무엇보다도 정책담당자들은 사법적 결정에 의한 정책의 좌절, 변질 또는 왜곡, 부작용의 가능성에 대비해야 한다. 정책이 의제설정부터 집행 및 환류에 이르는 전 과정에서 사법적 심급에 의해 영향을 받을 가능성이 있고, 역사적으로도 그 가능성이 그 어느 때보다 더 높고 현실적인 상황에서 정책의 법적 오류나 결함을 방지·회피하고 그로 인한 손실과 비용을 감소·최소화하는 대안을 강구해야 할 것이다. 아울러, 정책에 대한 사법적 결정의 결과를 우연의 소치로 돌리지 아니 하고 다시 정책적 check list에 넣어 최대한 반영함으로써 그러한 사법적 결정으로 인한 정책 좌절의 결과가 반복되지 않도록 대비해 나갈 필요가 있다.

사법적 결정에서 정책통제의 준거로 원용 또는 동원되는 법규범

중 가장 강력한 것은 헌법규범일진대, 그러한 헌법규범들의 내용은 우리 국가공동체가 토대로 삼는 공통적인 가치질서를 구성하는 요소일 수도 있고 우리 사회가 지향하는 이념적 목표일 수도 있다. 이러한 가치나 이념적 목표들을 소홀히 여기지 않고 정책과정에서 진지하게 고려하고 또 구현하고자 하는 의지가 무엇보다도 선진국 건설의 핵심임을 잊어서는 아니 될 것이다.

Ⅳ 맺는 말

우리는 이제까지 다양한, 그 중대성에 있어 그 어느 사건 판결에도 손색이 없는 대단히 중요한 몇 가지 판례를 통해 정책과정에서 사법부가 수행하는 역할과 영향력을 뚜렷이 살펴볼 수 있었다. 아울러 논의를 통하여 사법부가 정책과정에 영향을 미침에 있어 일정한 한계가 있다는 점도 잘 확인할 수 있었다.

재판관이나 판사들이 '정치적으로 심판한다'는 데 동의하는 사람은 드물지만, 점점 더 많은 경우 사법부가 정책에 영향을 미치고 있다는 사실을 부인할 수는 없을 것이다. 이미 17년을 넘은 헌법재판소의 출범은 단순히 헌법재판제도를 도입한 데 그치지 아니 하고, 우리나라 입법 등 정책현상이 헌법적 통제하에 들어가게 되었고, 그 결과 헌법재판소라는 재판기구가 정책에 대한 통제·제재 등의 역할을 수행함으로써 정책 전반이 사법심사의 영향 하에 놓이는 결과가 되었다. 가령 2006년의 새만금 사건 판결은 또 다른 국면에서 대규모 공공사업에 대한 환경과 개발이라는 상충하는 가치의 실천적 조화를 모색한 사법적 정책 결정을 여실히 보여준 하나의 이벤트로 기록될 것이다. 물론, 새만금사건 판결과 결론을 달리하는 입장에서는 대법원이 환경문제에 있어 사법소극주의로 후퇴하였다든지 타협적 행태를 보였다든지 하면서 비난의 화살을 돌릴 것이다. 반면, 새만금 사건에서의 대법원의 입장은 이를 환경 반가치나 사법소극주의와 연결지을 수는 없을 것이다. 누가 감히 환경과 생태계의 가치를 가벼이 여길 수 있는가. 그 누가 생태계의 보고이자 금수강산의 보호막인 개펄의 가치를 백안시 할 수 있을까. 보충의견을 낸 대법관들의 번뇌는 또 누가 감히 홀대할 수 있을까. 물론, 반대의견은 지속가능성의 법리를 향한 용기 있는 투쟁(struggle) 없이는 나올 수 없었을 것이다. 그러나 공공정책에 대한 사법적 결정에 한계가 있다면, 새만금사건을 해결하기 위한 법리적 고행에서도 그 한계에 대한 좀 더 치밀한 탐구가 있었어야 하지 않았을까. 선출되지 않은 정당성의 권력, 날이 갈수록 더욱 중대하고 어려운 문제에 봉착할 가능성이 높은 '위기의 권력', 사법부가 본연의 위상과 역할을 지켜 나가기 위해서는 더욱 치열하고 설득력 있는 이론적 정련과 논증에 힘을 쏟아야 하는 이유가 바로 거기에 있다.

참고문헌

[국내문헌]

강재규.(2000). 자연의 권리소송, 『공법연구』 제27권 제1호(2000.11).

기형진.(2006). 정책과정에서 사법부의 역할 검토, 서울대학교 대학원 석사학위논문.

김덕준.(2001). “정책결정으로서의 사법판결: 분석모형의 논리 및 현실설명력에 관한 검증을 중심으로”, 『한국정치학회보』 34집 4호(2001.2) 199-218.

김덕준.(2007). “대법원판결에 대한 정책학적 분석” 『정책분석평가학회보』 제17권 제3호(2007.9), 275-299.

김성수.(1994). 헌재의 헌법불합치결정 과연 잘못된 결정인가, 법률신문 1994. 11. 10.

김해룡.(2007). “법치주의에 대한 신공공관리체제(New Public Management) 발전의 영향”.『외법논집』 제25집(2007. 2), 303-321.

남복현.(1995). 토초세법의 개정입법상 불비(不備)에 관하여, 법률신문 1995. 1. 9.

녹색연합부설 환경소송센터.(2003). 토론회 자료집 “「자연의 권리」어떻게 볼 것인가?”(2003년 11월 11일 http://www.greenlaw.or.kr/?PHPSESSID=d8c-1546b02986ae856 6366a52658b301).

박 민.(2005). “민사재판의 공공정책결정기능에 관한 비교법적 연구” 『공법연구』 제34집 제2호(한국공법학회), 235-256.

서원우.(1985). “공공소송에 관한 연구(1)(2)”, 서울대「법학」 제26권 제1·2·3호(통권 61·62·63호 1985. 4. 10).

서원우.(1994). 토지공개념의 재조명, 1994. 9. 24. 공법학회 발표논문.

석종현.(1994). 토지초과이득세법 제10조등 헌법불합치결정, 한국토지공법학회 학술발표회 1994. 8. 20., 법률신문 1994. 8. 25.

송기춘.(2005). “헌법재판소 심판사건 통계분석 — 1988. 9.1.부터 2005. 7. 31.까지의 심판사건총괄표와 심판사건누계표를 중심으로 —”, 『공법연구』 제34집 제2호(2005. 12), 83-115.

양건.(2004). “헌법재판소의 정치적 역할: ‘제한적 적극주의’를 넘어서” 제51회 헌법실무연구회 발표문(2004. 12. 3.).

윤진수.(1997). 보존음료수의 판매제한과 헌법, 특별법연구 제5권, 1-33.

임지봉.(2001). “사법적극주의와 사법소극주의”, 고시계 46권 7호(533호), (2001. 7).

조홍식.(2000). “분산이익소송에서의 당사자적격”, 판례실무연구 Ⅳ, 비교법실무연구회 편, 박영사.

최대권.(2005). “比較 社會·文化的 文脈에서 본 司法積極主義와 司法消極主

義 — 하나의 探索 -",『서울대학교 法學』제46권 제1호, 19-39.
홍준형.(2001).「행정구제법」, 제4판, 한울아카데미.
홍준형.(1992). "정보공개청구권과 정보공개법",「법과 사회」제6호 95이하.
홍준형.(1999).「판례행정법」, 두성사.

[외국문헌]

淡路剛久・寺西俊一編,(1997).『公害環境法理論の新たな展開』(日本評論社), 267-312.

Brace, Paul R./Hall, Melinda Gann.(1997). The Interplay of Preferences, Case Facts, Context, and Rules in the Politics of Judicial Choice. The Journal of Politics, Vol. 59, No. 4. (Nov., 1997), pp. 1206-1231(http://links.jstor.org/sici?sici=0022-3816% 28199711%2959%3A4%3C1206%3ATIOPCF%3E2.0.CO%3B2-%23: accessed on Jan. 16, 2008).

Choudhry, Sujit/Hunter, Claire E.(2003). Measuring Judicial Activism on the Supreme Court of Canada: A Comment on Newfoundland (Treasury Board) v. NAPE(2003) 48 McGill L.J. 525.

Farhang, Sean.(2007). Public Regulation and Private Lawsuits in the American Separation of Powers System(This paper is posted at the eScholarship Repository, University of California. http://repositories.cdlib.org/csls/fwp/54).

Goldstein, Leslie Friedman.(2004). "From Democracy to Juristocracy", 38 Law and Society Review 3 (September 2004), 611-629.

Gibson, James L.(1983). From Simplicity to Complexity : The Development of Theory in the Study of Judicial Behavior. Political Behavior, Vol. 5, No. 1, Judicial Behavior: Theory and Methodology. pp. 7-49: http://links.jstor.org/sici?sici=0190-9320%281983%295%3A1%3C7%3AFSTCTD%3E2.0.CO%3B2-W : accessed on Jan. 16, 2008).

Jibong Lim.(1999). A Comparative Study on the Judicial Activism Under the Separation of Powers Doctrine, J.S.D. Dissertation, Boalt Hall School of Law of the U.C. Berkeley.

Sunstein, Cass R./Schkade, David/Ellman, Lisa M./Sawicki, Andres.(2006). Are Judges Political?, An Empirical Analysis of the Federal Judiciary, Brooking Institution Press.

제 2 장 공공정책에 대한 사법적 결정의 법이론적 한계: 새만금사건을 중심으로

〈차 례〉

Ⅰ 머 리 말

2006년 3월 16일 '이용훈 대법원'이 새만금 사건 판결을 선고했다. '새만금간척종합개발사업'을 둘러싼 지루하면서도 첨예한 법적 공방이 일단 마무리된 것이다. 판결문 곳곳에 험준한 법과 정책의 첩첩산중을 헤쳐 나오느라 갖은 애를 다 쓴 흔적이 역력하다. 대법관들은 다수의견과 반대의견, 다수의견에 대한 보충의견에서 엿볼 수 있듯이 치열한 해석경쟁을 거치느라 고단한, 할 일을 다 한 듯한 자세이다. 새만금 사건 판결은 여러 모로 우리나라 사법의 역사에서 뚜렷한 변화를 말해주는 이정표로 기억될 것이다. 무엇보다도 그것은 공공정책에 대한 사법적 결정의 가능성과 효용, 그리고 법리적 한계와 위험성을 함께 보여주었다. 이러한 견지에서 새만금 사건 판결의 그 법리와 정책적 합의를 따져 봄으로써 정책과정에서의 사법부의 정책과정에서 사법부가 수행하는 역할과 한계를 검토해보고자 한다.

Ⅱ 새만금사업에 대한 대법원 판결의 분석

1. 사안의 개요

1.1. 사업개시

'새만금간척종합개발사업'(이하 '새만금사업'이라 한다)이란 1991년부터 2011년까지(외곽시설 : 1991년~2004년, 내부개답 : 2004년~2011년) 전라북도 김제시, 군산시, 부안군의 1도 2시 1군 19읍·면·동을 사업구역으로 하여, 군산시, 김제시, 부안군에 인접한 하구해역 40,100ha를 막아 28,300ha의 토지와 11,800ha의 담수호를 조성하는 사업을 말한다. 농림수산부장관[1]은 1989. 11. 6. 간척농지개발, 수자원확보, 지역종합개발, 복지농어촌건설을 사업목적으로 하고, 전라북도 부안군, 김제군, 옥구군(1도 3군 17읍면)을 사업구역으로 하며, 농업개발 20,450ha, 수산개발 2,000ha, 농촌도시 800ha, 도로·구거 등 5,050ha, 담수호 11,800 ha의 합계 40,100ha를 개발면적으로 하고, 방조제(8조 32.8㎞), 배수갑문(2개소 470.4㎞), 저수지(1개소), 연락수로(16.2㎞), 방수제(6조 138.3㎞), 양배수장(13개소), 용배수로(320㎞) 등을 주요시설로 하여 사업소요기간 1991년부터 2004년까지(외곽공사 : 1991년~1998년, 내부개발 : 1999년~2004년)의 '새만금지구 간척사업'의 기본계획을 확정하였다.

그 후 농림부장관은 1991. 8. 13. 구 농촌근대화촉진법(1994. 12.

1) 정부조직법 개정(1995.1.5 법률 제4892호)으로 '농림부장관'으로 변경되고, 그에 따라 업무도 승계되었다. 이하 농지개량사업의 시행자인 국가의 주무장관으로서의 구 농림수산부장관을 '농림부장관'이라 하고, 구 농림수산부를 '농림부'라 한다.

22. 법률 제4823호로 개정되기 전의 것, 이하 '구 농근법'이라 한다) 제93조에 의하여 사업시행자를 농림부장관으로, 사업목적을 간척종합개발·수자원개발로, 사업지구명을 새만금사업으로, 사업구역을 전라북도 군산시·부안군·김제군·옥구군으로, 사업면적(매립면적)을 40,100ha로, 사업개요를 방조제 4조 33㎞, 배수갑문 2개소, 토지개발 28,300ha, 담수호 11,800ha, 관개배수 양·배수장 13개소로 하여 새만금사업시행계획을 수립하고, 같은 달 19. 위 같은 법 제94조에 의하여 새만금사업시행계획을 고시하였다.

이후 농림부장관은 구 행정권한의위임및위탁에관한규정(1994. 12. 23. 대통령령 제14438호로 개정되기 전의 것) 제41조 제9항에 따라 건설부장관의 권한을 위임받아, 1991. 10. 17. 구 공유수면매립법(1997. 4. 10. 법률 제5337호로 개정되기 전의 것, 이하 '구 공수법'이라 하고, 1999. 2. 8. 법률 제5911호로 전문 개정된 공유수면매립법은 '공수법'이라 한다.[2] 이하 같다.) 제4조, 제29조 및 동법시행령(1998. 12. 31. 대통령령 제16073호로 개정되기 전의 것) 제34조의 규정에 의하여 농림부장관에게 새만금사업과 관련하여 공유수면매립면허처분(이하 '이 사건 공유수면매립면허처분'이라 한다)을 하고, 같은 달 22. 구 공수법 제7조 및 동법시행령 제12조 제1항의 규정에 의하여 위 공유수면매립을 면허하였음을 고시하였다. 그리고 농림부장관은 사업시행자의 지위에서 1991. 11. 13. 구 농근법에 의한 사업시행인가권자인 농림부장관에게 새만금사업의 시행인가를 신청하여, 위 같은 법 제96조, 구 공수법 제9조의 2에 의한 농림부장관의 새만금사업 시행인가처분(이하 '이 사건 시행인가처분'이라 하고, 이 사건 공유수면매립면허처분과 이 사건 시행인가처

2) 공유수면매립법은 이후에도 수차례 개정되었다. 가장 최근의 법개정은 2005년 8월 4일의 법률 7678호로 2006년 8월 5일부터 시행된다. 그 전까지는 2005년 3월 31일이 개정법률(법률 7482호)이 적용된다.

분을 모두 합하여 '이 사건 각 처분'이라 한다)이 있었고, 같은 달 16. 그 시행인가가 고시되었다. 1991. 11. 28. 새만금사업의 공사가 착공된 이래 1992. 6. 10. 제2·3·4호 방조제 공사가 착공되었고, 1994. 7. 25. 제1·3호 방조제 사석제 끝막이 공사가 완공되었으며, 1998. 12. 30. 제1호 방조제가 완공되는 등 1999년까지 방조제 33㎞ 중 19.1㎞가 완공되었다.

1.2. 사업계획의 수정 등

감사원은 1998. 4. 27.부터 1998. 6. 13.까지 새만금 사업의 추진 실태에 대한 특별감사를 실시하고, 1998. 9. 25. 감사결과를 발표하였다.[3] 감사원의 특별감사에서 여러 가지 문제점들이 지적되고, 다른

3) 이에 따르면 새만금 사업은, 그 사업계획에 있어, 투자비용을 적게 계상하고, 편익을 과다 계상하는 방법으로 복합산업단지 개발안보다 농수산중심개발안이 경제적 타당성이 더 있는 것으로 분석하여 기본계획을 수립하였고, 농수산용지 조성으로 시행인가된 새만금사업을 관계법령에 따른 협의 등의 절차를 거치지 않고, 복합산업단지 조성으로 임의변경을 추진하였으며, 재원확보대책 없이 사업계획을 확정하거나 사업비를 적게 산정함으로써 사업비 부족으로 사업이 지연되는 등 차질이 생기게 되었다고 지적되었다. 담수호 수질관리와 관련해서는 발생오염부하량 산정 등에 오류가 있는데도 환경영향평가서가 적정하게 작성된 것으로 보았고, 담수호 수질오염 방지대책이 미흡한 상태에서 사업을 시행하였으며, 수질보전사업을 제대로 추진하지 아니하여 목표연도 내에 사업완료가 곤란한 것으로 지적되었다. 또한 복합 산업단지로 토지이용계획 변경을 추진하면서도 개발계획에 따른 환경영향평가를 다시 하지 않았고, 새만금 담수호 수질오염 방지대책을 추진하면서 재원조달방안, 건설공기 등이 참작되지 아니한 환경기초시설 건설계획을 수립하고, 방조제 끝물막이 전까지 완료하여야 할 수질오염 방지시설을 방조제 끝물막이 후에 설치하는 것으로 계획하거나 수질예측을 잘못하여 새만금 담수호의 수질확보가 곤란하다고 지적하였다. 또 사업집행에 있어 경제성을 우선하여 안전성이 검증되지 아니한 끝물막이 공사를 설계하거나 파랑 값을 실측하지 않고 가상자료를 이용한 추정 값으로 방조제를 설계하는 등 방조제의 안전성 확보와 피해대처에 차질을 초래하였다고 지적하였다. 그 밖에 전라북도는 새만금사업 관련 용지매수 및 보상업무만을 위임받았음에도 지역개발 및 사업관리업무까지 위임된 것으로 조직을 운영하고 있고, 토지용도별 수요예측, 공간배치 계획, 경제성 분석, 재원조달 방안 등이 제대로 검토되지 아니한 상태에서 국가계획으로 확정되지 아니한 새만금간척지의 지역개발관련 용역 성과품을 대내외적으로

한편 1998년부터 녹색연합, 환경운동연합 등 환경관련 시민사회단체들로부터 새만금사업의 시행에 따른 환경영향, 수질, 경제성 등과 관련한 문제들이 제기되자, 정부는 일단 새만금사업 시행에 따른 공사를 잠정적으로 중단한 상태에서 민관공동조사단을 구성하여 1999. 5. 1.부터 14개월간 환경대책, 경제성, 수질보전대책에 관하여 조사를 실시하게 하였다. 민관공동조사단은 1999. 5. 1.부터 2000. 6. 30.까지 14개월 동안 환경정책, 경제성, 수질보전대책 등 3개 분과로 나누어 조사를 실시한 후 종합의견을 작성하여 2000. 8. 18. 정부에 제출하였다.

그 후 제1심 공동피고 국무총리는 2001. 5. 25. 위 민관공동조사 결과, 관계부처의 검토내용, 토론회 및 평가회의 결과를 참고로 하여 새만금사업에 대한 정부조치계획을 확정·발표하고 관계부처에 지시사항을 시달하였으며, 피고 농림부장관도 이에 응하여 2001. 8. 6. 새만금사업 후속 세부실천계획을 발표하기에 이르렀다.

1.3. 정부조치계획·세부실천계획의 주요내용

정부조치계획은 먼저, 그 기본방향으로 새만금사업공사가 이미 58% 이상 진척되어 있어 공사를 중단하는 경우 막대한 사회경제적 손실이 초래될 뿐만 아니라, 미래의 식량위기, 남북통일 등에 대비하기 위해서는 이 사건 사업의 완성이 반드시 필요하다는 점을 밝히면서, 다만 수질과 갯벌보전, 환경문제 등의 해결을 위해 보완대책의 마련이 필요하다는 것이고, 다음 그 추진사항으로 방조제는 완공하되, 동진수역부터 먼저 개발하고 만경수역은 수질이 목표수준에

홍보함으로써 사업시행에 혼선을 초래하고 있다는 것이다. 감사결과에 관해서는 원심판결인 서울고등법원 2005. 12. 21. 선고 2005누4412판결(정부조치계획취소 등)을 참조.

적합하다고 평가될 때까지 개발을 유보하며, 그 밖에 '친환경적 사업추진계획', '갯벌보전 · 관리 종합대책 추진', '새만금사업의 환경관련 소요 예산판단', '추진체계 구축운영' 등 사업의 계속추진과 관련된 사항을 밝힘과 아울러 농림부 · 환경부 · 해양수산부 등 관계부처별 주요 조치사항을 정하고, 이에 따라 소관 부처별로 세부실천계획을 2001. 7.말까지 마련하여 추진할 것을 지시하였다.

이 정부조치계획에 따라 정부는 새만금사업의 사업기간을 당초 2004년에서 2011년으로 연장하고(2004년까지 방조제공사를 완공하고, 2004년부터 2011년까지 내부개발공사를 시행하기로 함), 총사업비를 당초 1조 3,064억 원에서 3조 489억 원으로 증액하며(방조제 공사비 1조 7,337억 원, 내부개발비 1조 3,152억 원),[4] 방조제를 우선적으로 완공한 후 수질문제를 고려하여 수질이 상대적으로 양호한 동진강 수역을 먼저 개발하고, 만경강 수역은 수질이 목표기준에 적합하다고 평가될 때까지 개발을 유보하는 내용으로 새만금사업계획을 변경하였다. 위 정부조치계획상의 순차개발방식은 방조제 공사를 2006년까지 완공한 후 동진수역에 대하여 2007년부터 2011년까지 담수화 작업을 진행하고 2012년부터 내부개발에 착수하는 것으로 다시 변경되었다.

피고의 새만금사업 후속 세부실천계획의 주요내용은 먼저 그 기본방향으로 정부조치계획에 따라 수질보전 및 친환경적 대책을 마련한 후 사업을 추진한다는 점 등을 밝히고, 다음으로 그 세부실천계획을 크게 수질 보전대책, 새만금 내부 친환경 간척계획, 해양환경 보전대책 등으로 나누어 추진사업과 사업비 등을 정하고 있으며, 그 밖에 '과학적인 물 관리체계 구축', '사업추진 체계 구축', '재원조

4) 정부조치계획 당시에는 총사업비가 3조 489억 원이었으나 그 이후 공사노임, 자재대 등의 물가변동분을 반영하여 총사업비가 3조 4,756억 원으로 증액되었다.

달 계획' 등에 관한 사항을 밝히면서, 세부실천계획은 국무조정실 내 민관공동으로 구성된 새만금환경대책위원회에 상정 · 평가될 계획이라는 점과 향후 세부실천계획 시행과정에서 환경단체 등 시민단체, 전문가의 조사 · 연구와 새로운 환경처리기술 등을 반영하여 계속 보완, 발전시켜 나간다는 점을 덧붙이고 있다.[5)]

1.4. 소 제기

원고들은 2001. 3. 21. 새만금사업에 대한 사업목적, 환경영향평가, 경제성 분석 등에 있어 감사원 특별감사에서 지적된 문제점을 근거로 공수법 제32조, 농어촌정비법 제98조 제1항 소정의 취소사유가 발생하였음을 들어 피고에게 이 사건 각 처분, 즉 공유수면매립면허처분과 새만금사업시행인가처분을 취소해 줄 것을 신청하였다.[6)]

이에 대하여 피고는 2001. 5. 24. 아래와 같은 이유로 원고들의 위 취소신청에 대하여 거부하는 회신을 하였다.(이하 '이 사건 거부처분'이라 한다).

즉, ① 새만금사업은 1989년 환경영향평가 당시 총인(T-P, 이하 '총인'이라 한다) 등의 수질이 모두 4급수 기준 이내를 유지하는 것으로 분석되어 환경부(구 환경처)와 적법하게 협의를 마쳤으며, 일부 오염원 산정이 미흡하다는 감사원의 지적사항은 매립면허를 취소할 정도의 중대한 하자는 아니며, 그 후 민관공동조사단의 평가결과 및 정부관계기관의 추가 검토결과에서 만경수역의 총인이 4급수 기준

5) 상세한 것은 원심판결인 서울고등법원 2005. 12. 21. 선고 2005누4412판결(정부조치계획취소 등) 중 '2. 기초사실' 부분을 참조.

6) 다만, 이 사건 소송에서는 원고들 중 원고 97.(신형록)과 원고 3537. 내지 원고 3539.(문규현, 윤준하, 최열)만이 피고 농림부장관에 대하여 이 사건 거부처분 취소청구를 유지하고 나머지 원고들은 제1심에서 그 부분의 소를 취하하였다.

을 약간 초과하는 것으로 예측되었으나 국내외 담수호의 수질관리 실태 등을 고려해 볼 때 농업용 호소로서의 기능유지가 가능한 것으로 전망되고, ② 경제성 분석에 관하여 감사원으로부터 일부 편익 및 비용의 문제가 지적된 것은 사실이나 이를 이유로 공유수면매립 면허를 취소해야 한다는 처분요구는 없었고, 이후 민관공동조사단에서 10개 시나리오를 구성·분석한 결과 모두 경제적 타당성이 있는 것으로 분석되었으며, 만경강·동진강 유역의 환경기초시설비는 새만금사업이 없더라도 동 유역의 수질 유지 차원에서 2000. 10. 24. "금강 수계 물 관리종합대책" 등에 따라 별도로 추진될 사안인 점 등을 고려할 때 사업비 문제로 공유수면매립면허와 사업시행인가를 취소할 이유가 없고, ③ 새만금사업은 우리나라가 람사협약에 가입하기 이전에 이미 착수되었고, 습지보전법 부칙 제3조에도 시행중인 간척지역은 습지보전대상에서 제외토록 명시되었으므로 람사협약과 습지보전법을 이유로 새만금사업을 취소할 이유가 없으며, ④ 내부 간척지는 농지 위주로 조성한다는 정부방침에 변함이 없고, 사업 착수 이후 당시까지 사업시행계획서상의 토지이용계획에는 당초 인가 내용대로 농지위주의 계획이 수록되어 있으며, 한때 홍보자료와 시행계획서상 사업효과란에 복합 산업단지 개발 구상이 제시되었으나 1998년 감사원 감사 이후 모두 철회·시정조치 되었고, ⑤ 공정이 지연된 것은 정부재정형편을 고려한 연도별 예산조달, 민간공동조사 등에 따른 연간 예산규모 축소, 공사노임·자재대와 같은 사업비 증액 등의 복합적인 요인에 기인한 불가피한 것이라는 점 등 제반사정을 종합하여 볼 때, 공유수면매립법 소정의 예상하지 못한 사정변경이 발생하였다는 등 취소사유가 존재하지 않는다.

이에 원고들은, 피고 농림부장관이 한 이 사건 각 처분의 무효확인과(청구부분 Ⅰ), 이와 선택적으로, 피고가 2001. 5. 24.에 한 이 사건 거부처분의 취소(청구부분 Ⅱ), 그리고 공동피고 국무총리가 2001. 5. 25.에 한 정부조치계획의 취소 및 이와 선택적으로, 피고 농림부장관이 2001. 8. 6.에 한 정부조치계획에 대한 세부실천계획의 취소(청구부분 Ⅲ)를 구하는 소송을 서울행정법원에 제기하였다.

1.5. 제1심 및 항소심 판결

제1심법원인 서울행정법원은 새만금간척종합개발사업이 시행되는 환경영향평가대상지역 내에 거주하는 주민으로부터 이 사건 각 처분의 취소 등 행정권 발동요구를 받은 농림부장관이 그 취소·변경 등 필요한 처분의 행사를 거부한 것은 재량권을 일탈·남용한 것으로서 위법하다고 판시하여 원고들의 청구 일부를 인용하였다.[7] 서울행정법원은 새만금간척종합개발사업이 시행되는 환경영향평가대상지역 내에 거주하는 주민으로부터 공유수면매립면허 및 시행인가처분의 취소 등 행정권 발동요구를 받은 농림부장관이 그 취소권 행사를 거부한 경우, 새만금간척종합개발사업의 사업목적, 수질관리, 경제성 평가 등의 사정이 실제와 달리 정하여졌거나 처분 이후 실질적으로 변경됨으로 인하여 당초 사업목적 달성이 어려워지는 것은 물론, 갯벌과 주변 해양환경이 파괴될 뿐만 아니라, 환경영향평가대상지역 안의 주민을 포함한 국민에게 회복 불가능할 정도로 중대하

7) 서울행정법원 2005. 2. 4. 선고 2001구합33563판결(정부조치계획취소등: 항소 각공 2005.4.10.(20), 584). 한편, 이에 앞서 서울행정법원은 2003년 7월 15일 피신청인 농림부장관이 1991. 10. 17.에 한 공유수면매립면허처분 및 1991. 11. 13.에 한 새만금사업시행인가처분에 근거한 방조제공사를 법원 2001구33563 사건의 판결선고시까지 그 집행을 정지한다는 결정을 내렸으나(서울행정법원 2003. 7. 15.자 2003아1142결정), 이에 대한 항고심에서 서울고등법원(제7특별부)은 원심결정을 취소하고 신청인들의 신청을 모두 기각하였다(서울고등법원 2004.1. 29.자 2003루98 결정).

고 급박한 환경적 · 생태적 · 경제적 위험성을 초래할 것으로 예상되는 예외적인 경우에 있어서는 공유수면매립면허 등의 취소 · 변경 등 행정권발동이 반드시 필요하다고 볼 것이므로, 위 거부처분은 재량권을 일탈 · 남용한 것으로서 위법하다고 판시하였다.

다만, 서울행정법원은 새만금간척종합개발사업을 위한 공유수면매립면허 및 시행인가처분이 당연무효라고 단정할 수는 없다고 판시하였다. 즉, 새만금간척종합개발사업을 위한 공유수면매립면허 및 시행인가처분 당시 환경영향평가와 경제성 평가가 부실하게 실시되었다는 사정만으로는 그 하자가 법규의 중요한 부분을 위반한 중대한 것으로서 객관적으로 명백하다고 볼 수는 없고, 새만금담수호의 수질관리를 위하여 실현가능성조차 희박한 수질개선대책을 동원하여야 할 뿐만 아니라, 천문학적인 수질개선비용이 소요되어야 하고, 수질관리의 주무부서인 환경부에서조차 만경수역의 경우 수질관리가 사실상 불가능할 것으로 예측하고 있음을 알 수 있으나, 순차개발방식에 따라 만경수역과 분리하여 우선 개발되는 동진수역의 경우 수질예측 결과 농업용수로서의 수질관리가 가능할 것으로 보이는 등의 사정에 비추어 공유수면매립면허 및 시행인가처분의 내용이 사회통념상 실현불가능하다고 보기에는 부족하다는 이유로, 위 공유수면매립면허 및 시행인가처분이 당연무효라고 단정할 수는 없다고 판시하였다.

그리고 위 청구부분 Ⅲ에 대해서는, 새만금간척종합개발사업의 시행에 관한 국무총리의 정부조치계획 및 농림부장관의 세부실천계획은 자체로 독립하여 새로이 직접 국민의 권리를 침해하고 있는 것이 아니므로 항고소송의 대상인 행정처분에 해당하지 아니한다며, 제1심 공동피고 국무총리가 한 새만금간척종합개발사업의 정부조치계획 및 피고가 한 정부조치계획에 대한 세부실천계획의 취소를 구하는 부분의 소를 각하하였다. 이에 대하여 원고들은 항소하지 아니하였고 따라서 원고들의 청구 중 제1심 공동피고 국무총리에 대한 새만금간척종합개발사업의 정부조치계획취소 및 피고에 대한 정부조치계획에 대한 세부실천계획취소 청구부분은 그대로 확정되었다.[8)]

항소심에서는 피고와 원고 신형록을 제외한 나머지 원고들이 항소한 부분, 즉 이 사건 각 처분이 무효라는 확인을 구하는 청구 및 이와 선택적으로 피고가 2001. 5. 24.에 원고 신형록, 원고 3537. 내지 원고 3539.에 대하여 한 이 사건 거부처분의 취소를 구하는 청구[9)]만이 심판대상으로 남게 되었다. 항소심에서 서울고등법원은 위

8) 한편, 새만금사업의 시행지역과 관련 환경영향평가의 대상지역 주민들, 그 밖에 환경단체 회원, 종교인 및 일반시민들은 국무총리의 2001. 5. 25.자 '새만금간척사업에 대한 정부조치계획'의 확정 · 발표 및 같은 달 26.자 위 계획에 관한 지시사항시달과 피청구인 농림부장관의 2001. 8. 6.자 '새만금 사업 후속 세부실천계획'의 확정 · 발표, 그리고 새만금사업의 재개 등의 행위로 인하여, 청구인들의 환경권, 직업의 자유, 주거 및 거주 · 이전의 자유 등을 침해받았다고 하여, 그 취소를 구하는 헌법소원심판을 헌법재판소에 청구하였으나, 헌법재판소는 피청구인들의 위 각 행위는 헌법소원심판의 대상이 되는 공권력행사에 해당되지 아니한다고 판시하여 청구를 각하하였다. 헌법재판소는 피청구인 국무총리의 2001. 5. 25. 자 새만금간척사업에 대한 정부조치계획 및 지시사항시달은 당초 시행중인 새만금간척종합개발사업에 관한 국무총리의 관계부처에 대한 지휘 · 감독권의 행사의 일환으로 행해진 것으로, 당초 1991. 11. 16. 사업시행인가 고시되고 공사진행 중인 농림수산부장관의 새만금간척종합개발사업을 변경시키거나 그 사업을 대체하는 것이 아니라, 동 사업을 계획대로 계속 시행하되, 다만, 환경친화적인 개발이 되도록 관계부처에 보완대책을 수립 · 추진하라는 것을 내용으로 하고 있고, 피청구인 농림부장관의 2001. 8. 6. 자 새만금간척사업에 대한 후속 세부실천계획 또한 위 국무총리의 지시사항을 이행한 실천계획을 정한 것으로, 동 사업에 대한 환경친화적인 개발의 이행계획을 내용으로 하고 있으며, 그리고 새만금간척사업에 대한 공사재개행위는 당초 새만금간척사업시행계획에 따라 진행되다 중단된 공사를 재개하는 것에 불과하여, 위 각 행위 자체로 독립하여 새로이 직접 청구인들의 기본권을 침해하고 있는 것이 아니므로, 피청구인들의 위 각 행위는 헌법소원심판의 대상이 되는 공권력행사에 해당되지 아니한다고 판시하였다(헌법재판소 2003. 1. 30. 2001헌마579 전원재판부 새만금간척사업에대한정부조치계획의확정 · 발표등취소 헌공제77호, 판례집 15-1, pp. 135-147).

9) 다만, 이 사건 소송에서는 원고들 중 원고 97.(신형록)과 원고 3537. 내지 원

제1심 판결을 취소하고 원고들의 선택적 청구 및 항소 모두를 기각하였다.

서울고등법원(제4특별부)은 원고들이 이 사건 각 처분의 무효사유로 주장하는 행정처분의 구체적인 하자인, 사업의 경제성 결여, 사업의 필요성 결여, 적법한 환경영향평가의 결여, 담수호의 수질기준 달성 불능, 매립기본계획에 부적합한 과다한 규모의 매립면허, 공유수면에 권리를 가진 자들의 동의와 보상 결여 등의 위법사유는 이를 중대·명백하다고 할 수 없을 뿐만 아니라, 새만금사업의 내용이나 목적이 사회통념에 비추어 실현불가능하다고 볼 수도 없다는 이유에서 이 사건 각 처분은 당연무효가 아니라고 판시하였다. 또한 원고들이 이 사건 거부처분의 취소사유로 주장하는 공유수면매립법 제32조 제3호에서 정한 사유인, 사업목적상의 사정변경, 농지의 필요성에 대한 사정변경, 경제적 타당성에 대한 사정변경, 새만금호의 수질관리상의 사정변경, 해양환경상의 사정변경 등의 사유들은, 민관공동조사단의 조사와 정부 관계 부처의 대책수립 및 조치계획 등에 의하여 위 거부처분 당시 그러한 사정변경이 소멸하였거나 그 중대성이 감소됨으로써 매립면허 및 시행인가처분을 취소할 정도로 공익상 특히 필요하다고 할 수 없게 되었고, 또한 새만금사업의 여러 측면에 존재하는 개개의 구체적인 사정변경 사유들을 전체적으로 종합·고려하면, 수질기준 등 일부에 예상하지 못한 사정변경이 있다고 할 수 있으나, 한편 위 사정변경사유들은 대부분 예측, 평가, 영향, 가치, 효과, 가능성 등에 관한 것으로서 관점에 따라서 견해의 차이가 클 수 있는 불확정적인 요소를 내포하고 있는 점, 새만금사

고 3539.(문규현, 윤준하, 최열)만이 피고 농림부장관에 대하여 이 사건 거부처분 취소청구를 유지하고 나머지 원고들은 제1심에서 그 부분의 소를 취하하였다.

업은 국토의 외연적 확장, 수자원 개발, 대체농지 조성 등에 그 목적이 있고 국토공간의 과밀화와 경제사회 발전으로 인한 토지수요 증대에 종합적으로 대처하고 잠식농지와 한계농지를 대체 개발할 필요가 있는 점, 국토의 65%가 산지인 여건 하에서 지구온난화 등 이상기후, 쌀 수입개방 등으로 인한 미래의 식량 위기, 남북통일 등 국내외 여건 변화에 대비하여 30%를 밑도는 식량 자급률을 제고함으로써 주곡의 안정적 공급과 개방화 시대에서의 국가경쟁력 확보는 국가경영상 중요한 정책과제인 점, 환경과 개발은 모두 인간의 복지를 위한 것으로서 서로 보완적인 관계에 있다고 할 것이어서 일방을 위하여 타방을 희생할 수 없다는 점, 새만금 방조제 공사의 진척 정도 및 투입된 공사비용 등을 종합적으로 고려하면, 일부 인정되는 예상하지 못한 사정변경 사유만으로 새만금사업 자체를 취소할 필요가 있다거나 그 취소가 공익상 특히 필요한 경우라고 인정하기 어렵다는 이유 등으로, 위 거부처분이 재량권을 일탈・남용하였다고 할 수 없다고 판시하였다.[10)]

1.6. 새만금사업의 진행경과

한편 새만금사업은 1991. 11. 28.경 제1호 방조제 공사가 착공되고 이어 1992. 6. 10.경 제2, 3, 4호 방조제 공사가 착공된 이래, 1998. 12. 30.경 제1호 방조제 공사가 완공되어 도로공사까지 완료되었고, 2003. 6.경 제4호 방조제 개방구간 1.8km에 대한 물막이 공사를 완료함으로써 현재 물막이공사 기준으로 총 방조제 33㎞ 중 개방구간인 제2호 방조제 2.7㎞(1.1 km 구간과 1.6km 구간으로 2곳임)를

10) 서울고등법원 2005. 12. 21. 선고 2005누4412판결(정부조치계획취소 등: 상고 [각공2006.2.10.(30), 215]).

제외한 구간 약 30.3㎞(약 91.8%)의 방조제 물막이 공사가 이루어졌고, 제3호 방조제는 대부분의 공정이 완료되어 비탈면 안정을 위한 식생공사 및 도로부분 포장 등 마무리공사 중이며, 제4호 방조제는 돌 붙임, 흙 쌓기 등 단면 보강공사 중에 있다. 또한, 새만금사업지구에는 홍수량 배제와 담수호 수위조절을 위하여 가력도와 신시도의 2개소에 배수갑문이 설치되도록 계획되어 있는데, 가력배수갑문은 2003. 12. 완공되어 물을 소통시키고 있고, 신시배수갑문은 현재 본체·교량부분의 콘크리트공사가 완공되고 문짝 제작공사가 진행되고 있으며, 2006. 3.까지 제2호 방조제 개방구간에 대한 끝물막이 공사를 각 마치고, 그 후부터 2006. 12.까지 도로포장 등 방조제에 대한 마무리 공사를 실시할 예정으로 있다.

2. 대법원 판결의 요지

2.1. 법적 쟁점

원고들은 이 사건에서 새만금사업은 새만금 갯벌의 상실 및 해양환경상의 피해 등과 같은 손실을 고려할 때 사업성 내지 경제성이 없고, 새만금담수호의 수질기준의 달성이 불가능하다는 등의 사유를 들어 새만금사업의 시행을 위한 이 사건 각 처분의 무효확인을 구하는 한편, 농지의 필요성 감소, 새만금 갯벌 및 해양환경에 대한 예상치 못한 심대한 피해 발생가능성 등과 같은 새만금사업을 중단하여야 할 사정변경이 발생하였다는 사유를 내세워 이 사건 각 처분을 취소해 달라는 원고들 중 일부의 신청에 대해 피고가 한 이 사건 거부처분의 취소를 구하고 있다.

원고들의 상고이유에 비추어 쟁점은 다음 세 가지로 집약된다. 첫째, 원고 조경훈 등 143명의 원고를 제외한 나머지 원고들(원고 144. 내지 3539)에게 원고적격을 인정할 수 있는지 여부가 문제된다. 이들은 이 사건 각 처분의 직접적인 상대방이 아니고 또 이 사건 공유수면매립과 농지개량사업에 관한 환경영향평가 대상 지역(군산시, 김제시, 부안군)내의 주민이 아니어서 원고적격 유무가 다투어졌다.

둘째, 원고들은 피고를 상대로 이 사건 각 처분, 즉 공유수면매립면허 및 시행인가처분의 무효확인을 구하고 있으므로, 처분 무효의 요건과 기준, 이 사건 각 처분에 관한 무효사유의 유무가 문제된다. 원고들이 상고이유에서 주장한 무효사유는 사업의 경제성, 필요성 및 적법한 환경영향평가가 결여되었고, 담수호의 수질기준 달성이 불가능하며 그로 인하여 사업목적 달성이 불가능하다는 것으로 요약된다. 원심이 이들 사유를 인정하지 아니한 것은 채증법칙위배 등이 위법이 있다는 취지이다.

셋째, 원고들중 일부(원고 97. 및 원고 3537. 내지 원고 3539)는 위 무효확인청구와 선택적으로 이 사건 거부처분의 취소를 구하고 있다. 따라서 이 사건 각 처분의 취소여부와 관련하여 공수법 제32조 각호 소정의 매립면허 취소사유들을 인정할 수 있는지, 그 경우 위 원고들의 신청을 거부한 것을 위법하다고 할 수 있는지 등이 문제된다.

2.2. 쟁점에 대한 대법원의 판단

(1) 원고적격

대법원은 이에 대하여 '행정처분의 직접 상대방이 아닌 제3자라 하더라도 당해 행정처분으로 인하여 법률상 보호되는 이익을 침해당한 경우에는 그 처분의 무효확인을 구하는 행정소송을 제기하여 그 당부의 판단을 받을 자격이 있고', 여기서 말하는 법률상 보호되는 이익이란 '당해 처분의 근거 법규 및 관련 법규에 의하여 보호되는 개별적 · 직접적 · 구체적 이익이 있는 경우를 말하고, 공익보호의 결과로 국민 일반이 공통적으로 가지는 일반적 · 간접적 · 추상적 이익이 생기는 경우에는 법률상 보호되는 이익이 있다고 할 수 없다'는 기존의 판례를 재확인한 후,[11] 이 사건 각 처분의 근거 법규 또는 관련 법규인 구 공수법, 농근법, 구 환경보전법(1990. 8. 1. 법률 제4257호로 폐지되기 전의 것), 구 환경정책기본법(1993. 6. 11. 법률 제4567호로 개정되기 전의 것) 등 각 관련 규정의 취지는, '공유수면매립과 농지개량사업시행으로 인하여 직접적이고 중대한 환경피해를 입으리라고 예상되는 환경영향평가대상지역 안의 주민들이 전과 비교하여 수인한도를 넘는 환경침해를 받지 아니하고 쾌적한 환경에서 생활할 수 있는 개별적 이익까지도 이를 보호하려는 데에 있다고 할 것이므로, 위 주민들이 공유수면매립면허처분 등과 관련하여 갖고 있는 위와 같은 환경상의 이익은 주민 개개인에 대하여 개별적으로 보호되는 직접적 · 구체적 이익으로서 그들에 대하여는 특단의 사정이 없는 한 환경상의 이익에 대한 침해 또는 침해우려가 있는 것으로 사실상 추정되어 공유수면매립면허처분 등의 무효확인을 구할 원고적격이 인정된다'고 판단하였다.[12]

한편, 대법원은 환경영향평가대상지역 밖의 주민이라 할지라도 공유수면매립면허처분 등으로 인하여 그 처분 전과 비교하여 수인

11) 대법원 1995. 6. 30. 선고 94누14230 판결, 2004. 8. 16. 선고 2003두2175 판결 등 참조.

12) 대법원은 이와 관련 대법원 2001. 7. 27. 선고 99두2970 판결 등을 인용하고 있다.

한도를 넘는 환경피해를 받거나 받을 우려가 있는 경우에는, 공유수면매립면허처분 등으로 인하여 환경상 이익에 대한 침해 또는 침해 우려가 있다는 것을 입증함으로써 그 처분 등의 무효확인을 구할 원고적격을 인정받을 수 있다고 판시함으로써, 일견 환경영향평가대상지역 밖에 거주여부를 기준으로 원고적격 유무를 판단한 듯 한 인상을 주었던 기존의 판례[13]에 비해 한층 진일보한 태도를 보였으나, 원고적격이 인정된 새만금사업의 환경영향평가 대상지역에 거주하는 원고 143명을 제외한 나머지 환경영향평가 대상지역 밖에 거주하는 원고들에 대하여, '환경영향평가 관련 법령에 의하여 일반국민이 공통적으로 가지는 추상적 · 간접적인 환경상 공익을 넘어 개별적 · 직접적 · 구체적 이익이 있다는 점에 대하여 아무런 입증이 없으므로', 환경상 이익의 침해를 이유로 이 사건 각 처분의 무효확인소송을 제기할 법률상 이익이 없다고 판시한 원심판결을 수용하였다. 즉, 이들 원고들은 이 사건 공유수면매립과 농지개량사업에 관한 환경영향평가 대상 지역(군산시, 김제시, 부안군)내의 주민이 아니어서, 이 사건 사업으로 인하여 직접적 · 구체적인 환경상의 이익이 침해된다고 할 수 없고, 수인한도를 넘는 환경피해를 받을 수 있

13) 대법원 1998. 9. 22. 선고 97누19571판결(발전소건설사업승인처분취소 [집46(2)특, 391 ; 공1998. 11. 1. (69), 2589]); 대법원 1998. 4. 24. 선고 97누3286 판결(공원사업시행허가처분취소 [집46(1)특, 532 ; 공1998. 6. 1.(59), 1514]); 대법원 1998. 9. 4. 선고 97누19588 판결(부지사전승인처분취소 [공1998. 10. 1. (67), 2423]) ; 대법원 2001. 7. 27. 선고 99두2970판결(용화집단시설지구기본설계변경승인처분취소 [집49(2)특, 379; 공2001.9.15. (138), 1967]); 대법원 2004. 12. 9. 선고 2003두12073 판결(납골당허가처분무효확인) 등을 참조. 특히 환경영향평가대상지역 밖의 주민 · 일반국민 · 산악인 · 사진가 · 학자 · 환경보호단체 등의 환경상 이익이나 전원개발사업구역 밖의 주민 등의 재산상 이익에 대하여는 그 근거 법률에 이를 그들의 개별적 · 직접적 · 구체적 이익으로 보호하려는 내용 및 취지를 가지는 규정을 두고 있지 아니하므로, 이들에게는 그 같은 이익 침해를 이유로 이 사건 승인처분의 취소를 구할 원고적격이 없다고 판시한 대법원 1998. 9. 22. 선고 97누19571 판결을 참조.

다는 점을 입증하지 못하고 있으며, 헌법이나 환경정책기본법에 규정된 환경권에 관한 규정만으로는 이 사건 각 처분에 관한 구체적인 권리가 부여된 것으로 볼 수 없으므로 그 무효확인을 구할 원고적격을 인정할 수 없다는 것이다.

(2) 무효사유 관련 상고이유에 관한 판단

대법원은 행정처분이 당연무효라고 하기 위하여는 처분에 위법사유가 있다는 것만으로는 부족하고 그 하자가 법규의 중요한 부분을 위반한 중대한 것으로서 객관적으로 명백한 것이어야 한다는 것이 대법원의 확립된 판례라고 판시하면서,[14] 원고적격이 인정된 원고들이 상고이유에서 내세운 행정처분의 하자가 객관적으로 명백하지 않더라도 그 하자가 중대하면 행정처분이 당연무효로 된다는 주장을 배척하였다. 주지하듯이 행정행위의 무효사유와 취소사유의 구별기준에 관하여 우리나라 대법원은 일찍이 중대명백설의 입장을 취했고 그 후 일관되게 판례를 유지해왔다. 이와 같이 대법원이 처분의 무효 요건에 관한 확립된 판례를 재확인했다 할지라도 원고들이 상고이유에서 주장한 무효사유들을 인정할 것인지에 대한 판단의 문제는 여전히 남는다. 원고적격이 인정된 원고들이, 이 사건 각 처분이 무효라고 주장한 사유들은 이미 앞에서 본 바와 같이 사업의 경제성, 필요성 및 적법한 환경영향평가가 결여되었고, 담수호의 수질기준 달성이 불가능하며 그로 인하여 사업목적 달성이 불가능하다는 것이었다.

대법원은 첫째, 사업의 경제성 결여에 관한 상고이유에 대하여,

14) 대법원 1995. 7. 11. 선고 94누4615 전원합의체 판결, 2005. 6. 24. 선고 2004두10968 판결 등 참조.

농근법과 구 공수법의 규정을 종합하여 보면, 새만금사업을 시행하기 위해서는 그 사업에 경제성 내지 사업성이 있어야 한다고 전제하고 나서, 그러한 경제성 내지 사업성을 갖추지 못하였다는 법률요건상의 하자를 이유로 이 사건 처분을 무효로 인정하려면, 그 하자가 중대하고 객관적으로 명백하여야 하며, 구체적으로는, 새만금사업을 시행함으로 인하여 얻는 이익에 비하여 그 사업에 소요되는 비용이 훨씬 커서 사회통념에 비추어 사업 목적을 실질적으로 실현할 수 없는 정도로 과다한 비용과 희생이 요구되어야 그 하자가 중대하다고 할 수 있는데, 새만금사업에 경제성 내지 사업성이 있는지 여부는 평가 당시의 모든 관련 법률의 목적과 의미, 내용 그리고 학문적 성과가 반영된 평가기법에 따라 가장 객관적이고 공정한 방법을 사용하여 평가되었는지 여부에 따라 판단되어야 하며, 국가의 특별한 정책적 필요에 의하여 시행되는 공공사업의 경우에는 국가경제 및 사회경제적으로 미치는 영향과 갯벌과 생태계 및 해양환경 등 자연환경에 미치는 영향도 매우 크므로, 이를 빠짐없이 고려하여야 하고, 공공사업의 투자분석 이론 등에 따라 전문가들에 의하여 객관적이고 공정한 방법을 사용하여 편익과 비용을 분석하여 평가하여야 한다고 설시하였다. 그러나 이러한 위 법리에 비추어 볼 때, 원심이 이 사건 각 처분시 이루어진 한국산업경제연구원의 경제성 분석이 충분하지 아니한 하자가 있다고 인정하면서도, 새만금사업의 경제성에 관하여, 환경단체 등이 추천한 위원 등 21명의 민간위원과 9명의 정부관계기관 인사 등 30명의 공공투자분석 전문가들로 구성된 민관공동조사단에서 약 1년 2개월 동안 회의를 계속하여 조사하고 위원들의 견해차를 반영하여 분석한 결과, 경제적 타당성이 있는 것으로 평가된 사정 등을 참작하여, 법규의 중요한 부분을 위반한 중대한 하자로서 객관적으로 명백하다고 할 수 없다고 판단한 것은 정당하다고 판시하였다.

둘째, 사업의 필요성 결여에 관한 상고이유에 대해서는, 농지개량사업의 시행을 인가함에 있어서는 농촌근대화촉진법에 따라 농지개량사업을 시행할 필요가 있어야 하며, 사업의 필요성 결여로 인하여 사업이 무효라고 보기 위하여는 그 하자가 중대하고 객관적으로 명백하여야 한 경우라야 하는데, 새만금 사업의 토지이용계획이 잘못되었다 할 수 없고, 간척 중인 다른 토지의 면적을 고려한다고 하더라도, 새만금사업의 필요성이 없다거나 새만금사업을 당연무효라고 할 만큼 흠이 중대 명백하다고 할 수 없으므로 같은 취지의 원심판단은 정당하다고 판시하였다.

셋째, 적법한 환경영향평가의 결여에 관한 상고이유에 대해서는, 환경영향평가를 거쳤다면, 비록 그 환경영향평가의 내용이 다소 부실하다 하더라도, 그 부실의 정도가 환경영향평가 제도를 둔 입법취지를 달성할 수 없을 정도여서 환경영향평가를 하지 아니한 것과 다를 바 없는 정도가 아닌 이상, 그 부실은 승인 등 처분에 재량권 일탈·남용의 위법이 있는지를 판단하는 요소에 그치며, 승인 등 처분이 당연히 위법하지는 않다는 것이 대법원의 판례임을 확인한 후,[15] 이 사건 각 처분 당시 농림부장관이 환경영향평가서를 작성함에 있어서는 수질예측에 관한 일부 하자가 있었지만, 그 후 그 하자를 보완하였고, 생태계, 해양환경 및 수질에 대한 각 환경영향의 저감방안을 강구하고 있으며, 새만금사업에 대한 환경영향평가가 부실하고, 그 부실의 정도가 환경영향평가 제도를 둔 입법취지를 달성할 수 없을 정도여서, 환경영향평가를 하지 않은 것과 다를 바 없는 정

15) 대법원 2001. 6. 29. 선고 99두9902 판결 참조.

도의 것이라고 인정할 수는 없으므로 같은 취지의 원심 판단은 정당하다고 판시하였다.

끝으로 담수호 수질기준 및 사업목적 달성이 불가능해졌다는 주장에 대해서는, 새만금사업으로 조성되는 담수호가 농업용수로서의 수질기준을 달성하지 못할 경우에는 농지 및 담수호를 조성하려는 사업목적을 달성할 수 없게 될 것이므로 그 경우에는 위 각 처분이 무효로 될 수 있다고 전제하면서도, 수질대책 수립 당시의 과학적 수준과 수질예측에 관한 각종 상황 등에 비추어 보아 수질대책이 실현가능하고, 또한 수질대책비용이 사회통념상 감당할 수 없는 정도에 이르지 않은 경우라면, 새만금사업으로 조성되는 담수호가 농업용수로서의 수질기준을 달성하지 못함으로써 사업목적을 달성할 수 없는 경우에 해당한다고 볼 수 없으며, 따라서, 원심이 새만금사업 기본계획이나 환경영향평가 당시에는 수질대책이 미흡한 상태에서 사업을 시행하는 등의 하자가 있었다고 보면서도, 그 후 정부가 환경부 수질보전종합대책 시안과 민관공동조사단의 수질 분석결과 및 환경부의 수질예측결과를 반영하여 정부조치계획을 수립함으로써 그 하자를 보완하였고, 또한 정부조치계획에서는 당초 수질대책으로 들어가 있지 않았던 제반대책을 강구하고 있고, 새만금환경대책위원회의 평가결과 2004년 현재 소관부처별 정부실천계획에 나오는 과제들이 모두 정상적으로 추진되고 있다고 한 사실을 인정하여, 새만금 담수호 목표 수질 달성이 실현 불가능하다고 할 수 없어 무효사유에 해당하지 아니한다고 판단한 것은 정당하다고 판시하였다. 이와 같이 대법원은 원고들의 무효주장에 대하여 상고이유에서 주장하는 바와 같은 판단유탈, 심리미진, 채증법칙 위배 또는 법리오해 등의 위법이 없다는 결론을 내리면서 이 부분 상고를 기각하였다.

(3) 공유수면매립법 제32조 소정의 매립면허 취소여부

가. 공유수면매립법 제32조 소정의 매립면허 취소

이 사건 거부처분(이 사건 각 처분에 관한 취소 신청을 거부한 처분)이 취소되어야 한다는 상고이유에 관한 법적 판단은 이 사건의 핵심을 이루는 쟁점이었다. 이 사건 거부처분에 관하여 원고적격이 인정된 원고는, 공유수면매립법 제32조 제1호, 제2호, 제3호, 제5호에 규정된 사유들이 인정되는데도, 피고가 이 사건 각 처분을 취소해 달라는 원고의 신청을 거부한 것은 위법하며, 이 사건 거부처분은 마땅히 취소되어야 함에도 원심이 위 사유들을 인정하지 아니한 데에는 채증법칙위배 등이 위법이 있다고 주장하였다. 이러한 원고의 상고이유에 대하여 대법원은 이 사건 각 처분의 취소여부와 관련하여 공수법 제32조 제1호, 제2호, 제3호 및 제5호 소정의 매립면허 취소사유들을 인정할 수 있는지 여부를 검토하여, 그 경우 이 사건 거부처분을 위법하다고 볼 것인지를 판단하였다. 대법원 판결의 요지를 공유수면매립법 제32조 제1호, 제2호, 제5호의 사유와 관련된 부분과 공유수면매립법 제32조 제3호와 관련하여 예상하지 못한 사정변경으로 공익상 특히 필요한 경우에 관한 부분으로 나누어 살펴보면 다음과 같다.

나. 공수법 제32조 제1호, 제2호, 제5호 해당여부

먼저, 대법원은, 원심이 농림부장관이 허위 또는 부정한 방법으로 새만금사업의 사업성 또는 경제성을 인정받았다거나(제1호 사유), 새만금사업이 예정공정에 현저히 미달된 것이 단순히 농림부장관의 귀책사유로 인한 것이라거나(제2호 사유) 또는 농림부장관이 보상에 관한 구 공유수면매립법을 위반하였다고(제5호 사유) 인정할 수 없다고 판단한 것은 정당하다고 판단함으로써 상고이유와 같은 심리미진, 채증법칙 위배 등의 위법이 없다고 판시하였다.

다. 공수법 제32조 제3호: 예상하지 못한 사정변경으로 공익상 특히 필요한 경우 해당여부

① **공유수면매립면허의 취소사유로서 사정변경 및 공익상 필요성**

대법원은 공수법 제32조 제3호, 제40조, 공수법 시행령(2005. 9. 30. 대통령령 제19080호로 개정되기 전의 것, 이하 같다) 제40조 제4항, 제1항의 규정을 종합하면, 농림부장관은 매립공사의 준공인가 전에 공유수면의 상황 변경 등 예상하지 못한 사정변경으로 인하여 공익상 특히 필요한 경우에는 공수법에 의한 면허 또는 인가 등을 취소·변경할 수 있도록 되어 있다. 대법원은, 여기서 사정변경이라 함은 공유수면매립면허처분을 할 당시에 고려하였거나 고려하였어야 할 제반 사정들에 대하여 각각 사정변경이 있고, 그러한 사정변경으로 인하여 그 처분을 유지하는 것이 현저히 공익에 반하는 경우를 말하며, 그와 같은 사정변경이 생겼다는 점에 관하여는 그것을 주장하는 자에게 입증책임이 있다고 전제하였다. 이러한 토대 위에서 원고들이 새만금사업의 사업목적, 농지의 필요성, 수질관리, 해양환경상의 사정변경을 이유로 이 사건 각 처분을 취소해야 한다고 주장한데 대하여 다음과 같은 판단을 내렸다.

② **사업목적상의 사정변경 여부** 사업시행계획서의 토지이용계획과, 정부조치계획 및 세부실천계획 등에서 처음의 계획대로 농지조성 및 용수개발이라는 주된 사업목적이 유지되어 왔고, 그 동안 농업기반공사나 전라북도에서 복합 산업단지 개발을 검토하였다는 사정이나, 향후 사업목적이 변경될 가능성이 있다는 사정만으로는, 현재의 사업 목적달성이 불가능하다거나 법률적·실질적으로 사업목적이 변경되었다고 볼 수 없다는 이유에서 같은 취지의 원심판단

은 정당하다고 판시하였다.

③ **농지의 필요성에 대한 사정변경 여부** 대법원은 일정수준의 식량자급을 유지하기 위한 우량농지의 확보 필요성이 줄어들었다고 할 수 없으므로 같은 취지의 원심판단은 정당하다고 보았다.

④ **경제적 타당성에 대한 사정변경 여부** 대법원은 무효사유 중 경제성 부분에 관한 판단에서 인정된 사정에 비추어 보면, 원고가 주장하는 갯벌 내지는 환경 보전의 중요성을 참작한다고 하더라도 새만금 사업을 통하여 이루려고 하는 국가 발전이라는 실질적인 목적을 달성할 수 없는 정도로 과다한 비용과 희생이 요구되어 경제성 내지는 사업성이 없다고 인정하기에는 부족하므로, 이 사건 처분을 취소하여야 할 만큼 예상하지 못한 사정변경이 있다고 할 수 없으며 따라서 같은 취지의 원심 판단은 정당하다고 판시하였다.

⑤ **수질관리상의 사정변경 여부** 수질관리상의 사정변경에 관해서도 대법원은 앞서 무효사유에서 살펴 본 바와 같은 사정에 비추어 보면, 피고의 수질개선대책 수립의 실현가능성이 불확실하다거나 그 수질개선대책을 시행하더라도 목표수질을 달성할 수 없는 사정변경이 생겼다고 할 수는 없다고 판단하였다. 또 방조제 완공 이전에 오염원 처리시설 갖추도록 한 환경영향평가 협의 내용을 지키지 않았더라도 순차개발방식 등의 수질 개선 대책이 마련된 사정 등에 비추어 보면, 수질관리에 예상하지 못한 사정변경이 발생하였다거나, 이 사건 처분 등을 취소할 정도로 중대하다고 할 수 없으므로 같은 취지의 원심 판단은 정당하다고 판시하였다.

⑥ **해양환경상의 사정변경 여부** 대법원은 새만금 사업과 같은 대규모 개발사업을 수립함에 있어서는 처음부터 해양환경에 미치는 영향을 면밀하게 조사하는 절차를 선행하고, 해양환경의 변화

를 최소화하기 위한 모든 대책을 강구하여야 하며 과학수준으로도 예측이 불가능하거나 예측한 것 이상의 환경이 악화될 수 있으므로, 향후 개발사업을 시행함에 있어서도 해양환경의 변화를 주시하고, 해양환경에 미치는 영향을 최소화하도록 노력하며, 날로 발전해 가는 환경보전대책을 반영하는 등 해양환경의 변화에 대한 대책을 수립하여야 한다고 전제한 후. 그러나, 사후에 발생한 해양환경상의 사정변경으로 인하여 공유수면매립면허처분을 취소하기 위하여는, 당초부터 개발사업으로 인한 해양환경의 변화를 예상하지 못하였거나, 당초에 예상한 것 이상으로 현저한 해양환경의 변화가 있고, 그로 인한 해양환경의 피해가 공유수면매립면허처분 전과 비교하여 수인한도를 넘는 경우라는 것이 입증되어야 한다고 설시하였다. 그런데 방조제 축조로 생길 수 있는 해양환경상의 영향은 대부분이 사업시행계획 당시부터 예상하였던 것이고, 일부 사업시행계획 당시 충분히 예상하지 못하였던 사정변경 사유가 있다고 하더라도, 그 피해정도를 인정할 증거가 없으므로, 원심이 같은 취지에서 중대한 사정변경이나 공익상 필요성이 있다는 취소 주장을 배척한 것은 정당하고 상고이유와 같은 심리미진, 채증법칙 위배, 법리오해 등의 위법이 없다고 판시하였다.

2.3. 대법원의 이 사건 결론

(1) 다수의견

대법원은 위에서 살펴 본 바와 같은 이유에서 이 사건 공유수면매립면허처분과 사업시행인가처분이 무효라거나 사정변경을 이유로 취소되어야 하므로 그 취소에 대한 거부처분을 취소하여야 한다는 원고들의 상고이유를 모두 받아들이지 아니하고, 상고를 모두 기각하였다.

(2) 반대의견 및 보충의견

대법원의 이 사건 판결 중 공유수면매립법 제32조 제3호 사정변경을 이유로 한 취소에 관한 판단 부분(판결문 3. 라.항 부분)에 관하여는 대법관 김영란, 박시환의 반대의견과 대법관 이규홍, 이강국, 김황식, 김지형의 다수의견에 대한 보충의견이 각각 붙어 있다. 이를 간략히 살펴 보면 다음과 같다.

가. 대법관 김영란, 박시환의 다수의견에 대한 반대의견

대법관 김영란과 박시환은 다수의견에 동조하지 아니 하고 다음과 같이 반대의견을 냈다. 생활환경 및 자연환경을 그 침해 및 훼손으로부터 보호하고, 나아가 모든 국민에게 건강하고 쾌적한 환경을 보장하여 인간다운 생활을 영위할 수 있도록 해주어야 한다는 것이 시대적 요청이며, 헌법 제35조 제1항과 환경정책기본법에서 정한 7개의 자연환경보전기본원칙 등에 의하면, 자연환경보전의 가치가 개발에 따른 가치보다 우선적으로 보호되어야 할 가치이므로, 공유수면매립법 제32조 제3호에 의하여 사업을 취소하기 위한 사정변경이 발생되었는지의 여부 및 사업을 취소하는 것이 공익상 특히 필요한지 여부를 판단함에 있어서도 자연환경이 가지는 특수성을 우선적으로 배려하여야 한다. 그런데 이 사건 새만금 사업에 관하여는, 현재 세대뿐만 아니라 미래 세대에게 귀중한 자원인 새만금 갯벌을 희생하면서까지 농지를 확보할 필요성이 크게 감소하였고, 새만금사업 시작 당시 농림부가 환경영향평가나 경제성검토를 부실하게 하거나 과장한 사실이 나중에 드러났으며. 증거자료 등을 검토하여 본 결과, 새만금 담수호의 농업용수 수질기준 달성이 사실상 매우 어렵거나 그 대책에 막대한 비용이 들 것으로 예상되고, 사업의 경제성 내지 사업성이 있다고 보기 어려우며, 방조제를 완공할 경우 인근 해양환경에 심각한 피해를 입힐 가능성이 있다고 인정된다. 따라서, 농지의 필요성, 수질관리, 해양환경, 사업의 경제성 내지 사업성 등에 있어서 예상하지 못했던 중대한 사정변경이 있고, 담수호 목표수질이 달성되지 못할 경우에 예상되는 환경적 재앙, 갯벌의 가치의 중요성, 갯벌에 도래하는 철새들의 보호와 같은 국제적인 환경보호의 가치, 새만금사업이 실패할 경우에 초래될 수 있는 국고의 손실, 새만금사업을 취소하더라도 현재까지 완성된 방조제를 활용하는 대안을 찾을 수 있는 길이 열려 있는 사정을 참작하면, 이 사건 새만금사업에서의 여러 사정변경은 공수법 제32조 제3호 소정의 공유수면매립면허처분 취소사유에 해당할 뿐만 아니라 나아가 이와 동일한 취지의 규정인 농어촌정비법 제98조 제1항 제3호 소정의 시행인가처분 취소사유에도 해당한다고 보아야 할 것이고, 그와 같은 상황에서 피고가 환경영향평가대상지역 주민인 원고 신형록으로부터 이 사건 각 처분을 취소해 달라는 신청을 받았음에도 필요한 처분을 하지 아니한 채 이를 거부한 것은 재량권을 일탈·남용한 것으로 위법하다고 보아야 한다는 것이다.

나. 대법관 이규홍, 이강국, 김황식, 김지형의 다수의견에 대한 보충의견

보충의견은 먼저, 이 사건 재판이 새만금사업의 추진과 관련된 이 사건 각 처분에, 중대하고 명백한 하자가 있어 당연 무효인지 여부 내지 사정변경으로 인하여 새만금사업을 취소하여야 할 공익상의 필요가 생겼는지 여부, 즉 행정처분의 무효 내지 취소 사유의 존부를 법적인 관점에서 평가·판단하는 것이지, 새만금사업 추진의 타당성 여부에 대한 정책적인 관점에서 평가·판단하는 것이 아님을 분명히 했다. 보충의견은 환경이 헌법에 의하여 보호되어야 하는 가치이기는 하지만, 개발 역시 소홀히 할 수 없는 헌법상의 가치로서, 새만금사업 시행에 수반되는 개발과 환경보호 사이의 가치충돌의 문제를 해결하기 위해서는 균형감 있는 합리적·이성적 접근방식이 필요하다고 강조하면서, 다수의견은 이 사건 새만금사업의 수질환경, 해양환경 등의 측면에서 사정변경이 있다고 할 수 없거나, 사정변경이 있다고 하더라도 이 사건 새만금사업의 실질적 목적을 달성할 수 없을 정도라고 인정할만한 증거가 없다는 취지에서 원고들의 이 부분 상고이유를 배척한 것이므로 타당하며, 다수의견이 반대의견과 달리, 개발의 가치에 비하여 자연환경의 가치의 중요성을 낮게 평가하는 입장을 취하였다거나 자연환경 보전에 관한 배려를 소홀히 한 것은 아니라고 해명하였다. 나아가 보충의견은 이 사건 새만금사업을 추진하는 데에는 상당한 시간과 비용이 소요될 것이고, 예상하지 못한 자연적·사회적 여건의 변화와 새로운 기술의 발전이 뒤따를 수 있으며, 특히 수질문제나 해양환경상의 영향으로, 이 사건 사업을 계속 시행함이 적절하지 아니할 정도의 사정변경이 발생할 가능성도 배제할 수는 없으므로, 이 사건 판결로써 새만금사업의 정당성이 확보되었다고 만족할 것이 아니라, 변화하는 여건에 맞추어, 어떻게 하는 것이 진정으로 국가경제의 발전에 도움이 되며, 아울러 환경친화적인 것인지를 꾸준히 검토하여 반영하는 지혜와 노력이 필요하다는 사실에도 주의를 환기시켰다.

3. 법리적 검토

3.1. 사법적극주의의 소극적 귀결

대법원의 이 사건 판결은 훗날 건국 최대의 환경관련 정책갈등 사례로 기록될 새만금사업의 속행에 녹색신호를 보냈다는 점에서 이 사건 소송의 원고들은 물론이고 원고로 가담하거나 소송을 직·간접으로 지지하고 관심을 보여 온 많은 환경운동가들이나 환경단체들에게는 최악의 반환경적 판결로 지탄을 받았다. 그러나 다수의견에 가담한 대법관들, 특히 다수의견에 대한 보충의견을 대법관들은 이 사건 판결이 그렇게 오해(?)되는 것만은 어떻게든 막고 싶었을 것이다. 이 사건 판결의 다수의견에 대한 보충의견에서 '경제성장과 산업발전 등을 위하여 추진되는 무분별한 개발사업으로 인한 환경침해가 심각해지고 있는 현 상황에서 우리의 생존의 토대인 자연환경을 그 침해 및 훼손으로부터 보호하여야 할 필요성은 아무리 강조하여도 지나침이 없고', '자연환경은 그 속성상 한번 파괴되면 이를 회복하는 것이 어려울 뿐만 아니라, 자연환경은 현재 세대의 생존의 기초가 되는 동시에 장래 세대에 대하여도 역시 생존의 기초로 유지되어야 할 자산이기 때문에 더욱 그러하며', '우리 헌법 역시 이러한 인식을 반영하여 제35조 제1항에서 환경권을 헌법상의 기본권으로 명시함과 동시에 국가와 국민에게 환경보전을 위하여 노력할 의무를 부과하고 있다는 점'을 '결코 가볍게 여기지 아니 하며, 이 점에 있어서 반대의견의 지적에 공감하는 바'라고 한 것이나, 다수의견이 앞에서 본 바와 같은 법리 및 사실인정에 따라 원고측의 상고 이유에 관한 주장을 받아들이지 아니하는 것일 뿐, “개발의 가치에 비하여 자연환경의 가치의 중요성을 낮게 평가하는 입장을 취하였다거나 자연환경 보전에 관한 배려를 소홀히 하는 것은 아니다”라고 강조한 것도 바로 그런 맥락에서 이해된다. 그러나 보충의견은 이와 같은 반대의견과 다를 바 없는 ‘환경에의 헌신’을 천명하는데 머물지 않고, 다수의견의 결론이 나오게 된 경위를 분명히 하였다. 즉, 이 사건 각 처분의 취소청구가 가지는 법적 특이성, 즉 사업이 시행되기 전에 그 위법성을 다투는 것이 아니라 이미 상당한 정도로 진행된 대규모의 공공사업에 대하여 사정변경 및 공익상의 필요 등을 이유로 그 사업의 전면적 중단을 요구하고 있다는 특이성에 주의를 환기하였다. 그렇기 때문에, ‘이 사건에 있어서는 사업시행 전에 사업의 타당성이나 적법성을 심리하는 경우와는 달리, 그 사업을 계속함으로 인하여 초래될 수 있는 환경상의 피해와 사업에 소요되는 비용 못지않게 그 사업을 중단시킴으로써 달성할 수 없게 되는 국가·사회적인 편익 내지는 국민 경제적인 가치 뿐 아니라 이미 사업을 위하여 지출된 막대한 비용에 따른 손해에 대하여도 고려하여야 하며, 이와 같은 모든 손해들을 감수하고서라도 사업을 중단시켜야 할 정도로 환경상의 피해와 비용이 든다는 점이 충분히 입증되어야만 비로소 사업을 중단시켜야 할 사정변경 및 공익상의 특별한 필요가 있다 할 것이고, 이에 대한 입증책임은 사업을 중단시켜야 할 사정변경 및 공익상의 특별한 필요가 있다고 주장하는 측에게 있다 할 것인데, 원심은 원고측이 그러한 입증에 실패하였음을 이유로 이 사건 청구를 기각한 것’이고 다수의견은 바로 그러한 원심의 판단을 받아 들였다는 것이다.

이러한 보충의견의 변론을 경청한다면 다수의견의 결론은 그에 가담한 대법관들의 환경에 대한 문제의식보다는 법리적 판단, 특히 비단 환경관련 사업이 아니더라도 널리 일반화될 수 있는 '이미 결정되어 시행된 사업이나 정책'의 취소·철회(사후중단)의 제한에 대한 법리적 판단에서 나온 것이라고 이해된다. 굳이 환경에 대한 태도를 문제 삼자면 다수의견 역시 반대의견 못지않게 환경가치를 중시한다고도 보이고, 환경문제의 법적 해결가능성에 관한 한, 후술하겠지만, 사법적극주의적 경향을 보이고 있다고 해도 틀리지 않다. 다만, 심리는 사법적극주의적이었으되, 그 결론이 보수, 즉 기성상태의 존중으로 귀결되었을 뿐이다.

보충의견은 반대의견이 자칫 여론의 향배에 따라 '위대한 소수의 환경옹호론'으로 신성화되거나 추앙되는 것을 경계했음인지, 반대의견에 대한 정면 반박을 감행함으로써 다시 한 번 다수의견의 논지를 명료하게 드러내 주었다. 보충의견은, "반대의견도 적시하고 있는 것처럼 자연환경의 보전의 필요성 못지않게 국민경제의 균형 있는 발전을 위하여 개발사업을 추진할 필요성과 중요성 또한 부인할 수 없고, 우리 헌법도 이러한 개발의 필요성을 반영하여 제120조 제2항에서 '국토와 자원은 국가의 보호를 받으며, 국가는 그 균형 있는 개발과 이용을 위하여 필요한 계획을 수립한다.'라고 규정하고, 제122조에서 '국가는 국민 모두의 생산 및 생활의 기반이 되는 국토의 효율적이고 균형 있는 이용·개발과 보전을 위하여 법률이 정하는 바에 의하여 그에 관한 필요한 제한과 의무를 과할 수 있다.'라고 규정하고 있다"고 지적하면서, "환경이 헌법에 의하여 보호되어야 하는 가치이기는 하지만 개발 역시 소홀히 할 수 없는 헌법상의 가치라고 할 것이므로, 반대의견과 같이 자연환경보호의 가치가 언제나 개발에 따른 가치보다 우선적으로 보호되어야 한다고 할 수는 없다. 그러므로 국가 정책적인 필요에 따라 대규모의 공공사업이 시행되는 경우 필연적으로 따르기 마련인 개발과 환경보호 사이의 가치 충돌 문제를 해결하기 위해서는 신중한 절차와 지혜로운 판단이 요구되는데, 이와 관련하여 우리가 견지하여야 할 태도는 균형감 있는 합리적·이성적 접근방식이지, 결코 이상에 치우친 감성적인 접근방식이어서는 아니 된다고 생각한다."고 갈파하였다.

위 반대의견은 오로지 '3.의 라.항' 즉 공수법 제32조 제3호와 관련하여 예상하지 못한 사정변경으로 공익상 특히 필요한 경우에 관한 채증법칙 위배 등 부분에 국한된 것이었다. 이 사건 판결의 또 다른 두 개의 쟁점에 관한 한, 의견의 불일치는, 적어도 공식적으로는 없는 것으로 보아도 무방할 것이다. 후술하듯이, 원고적격이니 이 사건 각 처분의 무효여부에 대한 판단 자체도 검토해 보아야 할 문제가 없지 않지만, 반대의견을 낸 대법관들 또한 이 두 가지 쟁점에 대해 보수적 판단을 내렸다는 점이 눈에 띈다. 그러나 그 보다 더 의미 있는 사실은 대법원이 이 사건 판결에서, 심지어는 반대의견이 나온 쟁점에 관해서조차도, 대단히 적극적인 판단을 내리고 있다는 점이다. 즉, 이 사건 재판이 새만금사업의 추진과 관련된 행정처분의 무효 내지 취소 사유의 존부를 법적인 관점에서 평가·판단하는 것이지, 새만금사업의 추진의 타당성 여부에 대한 정책적인 관점에서 평가·판단하는 것이 아니라고 전제하면서도 실은 원고들이 상고이유에서 주장하는 정책문제 어디에도 판단을 회피하지 않았다. 소극적·방어적 또는 보수적 결론을 내렸지만, 그 결론에 이르는 과정에서 대법원이 과시한 것은 사법적극주의적 의지였으며, 이러한 의지가 오히려 후술하는 바와 같은 정책에 대한 사법적 결정의 한계와 관련하여 의욕과잉의 우려를 불러일으킬 정도이다.

3.2. 원고적격

대법원은 원고적격에 관한 한 기존의 판례를 재확인하면서도, 환경영향평가대상지역 밖의 주민이라 할지라도 공유수면매립면허처분 등으로 인하여 그 처분 전과 비교하여 수인한도를 넘는 환경피해를 받거나 받을 우려가 있는 경우에는, 공유수면매립면허처분 등으로 인하여 환경상 이익에 대한 침해 또는 침해우려가 있다는 것을 입증함으로써 그 처분 등의 무효확인을 구할 원고적격을 인정받을 수 있다고 판시함으로써, 일견 환경영향평가대상지역 밖에 거주여부를 기준으로 원고적격 유무를 판단한 듯 한 인상을 주었던 기존의 판례[16]에 비해 한층 진일보한 전향적 뉘앙스를 보였다.

한편 대법원의 97누3286판결(용화온천 사건), 97누19571판결(남대천 양수발전소 사건), 97누19588판결(영광원자력발전소 사건)에 대해서는 즉, 환경영향평가대상지역 밖의 주민들도 환경영향평가대상지역 안의 주민들 못지않게 「전과 비교하여 수인한도를 넘는 환경침해를 받지 아니 하고 쾌적한 환경에서 생활할 수 있는 개별적 이익」을 가질 수 있어 현실적으로 전혀 피해를 입거나 입을 가능성이 있는 경우

16) 대법원 1998. 9. 22. 선고 97누19571판결(발전소건설사업승인처분취소 [집46(2)특, 391 ; 공1998.11.1. (69), 2589]) ; 대법원 1998. 4. 24. 선고 97누3286 판결(공원사업시행허가처분취소 [집46(1)특,532;공1998.6.1.(59), 1514]) ; 대법원 1998. 9. 4. 선고 97누19588 판결(부지사전승인처분취소 [공1998.10.1. (67), 2423]) ; 대법원 2001.7.27. 선고 99두2970판결(용화집단시설지구기본설계변경승인처분취소 [집49(2)특, 379 ; 공2001.9.15. (138), 1967]) ; 대법원 2004. 12. 9. 선고 2003두12073 판결(납골당허가처분무효확인) 등을 참조. 특히 환경영향평가대상지역 밖의 주민 · 일반국민 · 산악인 · 사진가 · 학자 · 환경보호단체 등의 환경상 이익이나 전원개발사업구역 밖의 주민 등의 재산상 이익에 대하여는 그 근거 법률에 이를 그들의 개별적 · 직접적 · 구체적 이익으로 보호하려는 내용 및 취지를 가지는 규정을 두고 있지 아니하므로, 이들에게는 그 같은 이익 침해를 이유로 이 사건 승인처분의 취소를 구할 원고적격이 없다고 판시한 대법원 1998. 9. 22. 선고 97누19571판결을 참조.

도 있을 수 있는데, 대법원이 이러한 사실을 도외시 한 채 환경영향평가법상 '환경영향평가대상지역 주민'이라는 기준을 그대로 수용한 것은 형식논리에 치우친 것이라는 비판을 면하기 어려우며, 따라서 환경영향평가 대상지역 밖의 주민은 당해 사업의 시행으로 인하여 환경에 해로운 영향을 받거나 받을 우려가 있다는 사실을 입증하면 원고적격을 인정받을 수 있다고 보아야 한다는 비판이 제기되었다.[17] 원심법원 역시 그와 같은 맥락에서 다음과 같이 판시한 바 있다.

> "환경영향평가 대상지역 안의 주민들의 환경상의 이익을 개별적으로 보호되는 직접적 · 구체적 환경상의 이익으로 보아 원고적격을 인정하는 것은, 환경영향평가 대상지역이 '대상사업의 시행으로 인하여 환경에 해로운 영향을 받게 되는 지역'이라고 과학적으로 예측 · 분석한 자료에 의

---

17) 홍준형, 판례행정법, 1999, 두성사, 1323; 조홍식, "분산이익소송에서의 당사자적격", 판례실무연구 Ⅳ, 비교법실무연구회 편, 박영사 2000. 9, p. 458 등을 참조. 또한 이 판결들이 원고적격이 인정되는 인근주민의 범위를 칼로 자른 듯 명확하게 환경영향평가대상지역 내외로 구별하는 태도를 보인 것은 타당하지 않으며(朴宰完, 환경행정소송에서의 원고적격, 裁判資料 제94집 (2002), 법원도서관, 216-217), 위 판결들에서 원고들이 원고적격을 인정받은 이유는 원고들이 "그 사업으로 인하여 직접적이고 중대한 환경피해를 입으리라고 예상되는 환경영향평가대상지역 안의 주민들"이기 때문이지만, 환경영향평가대상지역 그 자체는 환경영향평가의 실시에 앞서 환경영향평가의 실시자인 사업자나 평가 대행자가 스스로 환경영향평가가 필요하다고 정한 지역에 나지 않는 것이므로(김동건, "환경행정소송과 지역주민의 원고적격", 행정판례연구회 Ⅴ, 한국행정판례연구회 편, 서울대학교 출판부(2000. 10.), 211-212 참조), '직접적이고 중대한 환경피해의 우려'가 있는 지역과 환경영향평가대상지역이 상호 일치하지 아니할 가능성은 얼마든지 있다고도 지적된 바 있다. 그리고 이와 같이 '직접적이고 중대한 환경피해의 우려'를 주장 · 입증하는 자들은 비록 환경영향평가대상지역 밖에 거주하더라도 원고적격을 인정받아야 하는데, 그럼에도 불구하고 위 판결들이 환경영향평가대상지역 밖의 주민들의 경우는 원고적격을 인정받을 여지가 없는 것으로 판시한 것은 한편으로는 원고적격의 인정범위를 한정하려는 기본의도와 아울러, 손쉽게 운용할 수 있는 기준을 마련할 필요성 때문이기도 하겠지만, 근본적으로는 근거법률에 집착하는 법률상 보호되는 이익설의 틀을 유지하고자 하는 노력의 결과가 아닌가 생각된다고 지적하기도 한다(박재완, 같은 곳).

하여 그 범위가 설정되기 때문이지, 사업자가 환경영향평가 대상지역을 확정할 수 있는 권한을 갖고 있기 때문은 아니라 할 것이다.

따라서 법원이 제3자의 원고적격 유무를 판단함에 있어서는 환경영향평가서의 내용에 구속됨이 없이 소송자료와 증거자료 등을 종합하여 원고가 대상사업의 시행으로 인하여 영향을 받게 되는 지역 안의 주민인지 여부를 판단하면 되고, 이 경우에 사업자가 설정한 환경영향평가 대상지역 안의 주민이라면, 특단의 사정이 없는 한, 환경상의 이익침해 또는 이익침해의 우려가 있는 것으로 사실상 추정된다고 할 것이고, 사업자가 설정한 환경영향평가 대상지역 밖의 주민은 과학적으로 예측·분석한 객관적 자료에 의하여 당해 사업의 시행으로 인하여 환경에 해로운 영향을 받거나 받을 우려가 있다는 사실을 입증함으로써 원고적격을 인정받을 수 있다고 할 것이며, 그것이 입증된 지역은 모두 구 환경영향평가법에서 말하는 환경영향평가 대상지역이라고 봄이 상당하다."[18]

대법원은 이와 같은 서울고등법원의 판지를 수용했다. 즉, 환경영향평가 대상지역 안에 거주하는지 여부에 구애되지 않고 '환경상 이익에 대한 침해 또는 침해우려가 있다는 것을 입증하면' 원고적격을 인정할 수 있다고 밝힘으로써 환경영향평가 대상이 되는 공공사업으로 영향을 받는 지역주민들에게 공공사업 관련 행정처분을 다툴 수 있는 원고적격을 그 거주지역이라는 형식적 기준이 아니라 '환경상 이익에 대한 침해 또는 침해우려'라는 실질적 기준에 의해 판단하겠다는 개방적인 자세를 취한 것이다.[19] 이 점은 환경관련 행

18) 서울고법 2005. 12. 21. 선고 2005누4412 판결(정부조치계획취소등: 상고 각공2006. 2. 10.(30), 215).

19) 참고로 대법원은 새만금사건 판결이 나오기 전에 이미 원고적격 인정의 양대요건중 하나인 근거법규의 인정범위 및 사익보호규범성에 대해서도 사뭇 전향적인 자세를 보인 바 있다. 즉, 대법원 2004. 8. 16. 선고 2003두2175 판결에서 행정처분의 직접 상대방이 아닌 제3자라 하더라도 당해 행정처분으로 인하여 법률상 보호되는 이익을 침해당한 경우에는 취소소송을 제기하여 그 당부의 판단을 받을 자격이 있다 할 것이나, 여기에서 말하는 법률상 보호되는 이익이라 함은

정소송에서의 원고적격에 관하여 전향적인 자세를 견지해 왔던 대법원의 판례경향을 재확인시켜 주며, 그 연장선상에서 대법원이 앞으로도 적극적으로 법발견에 나설 것이라는 전망을 뒷받침해 주고 있다.

그러나 정작 주목해야 할 숨은 그림은, 상고심 판단의 대상이 되지 못해 이 사건 대법원 판결에서 다루어지지는 못했던, 거부처분 취소소송에서의 원고적격과 관련된 쟁점이었다. 사실 원심에서 가장 핵심적인 관건이 되었던 것은 이 사건 원고들이 공수법 제32조 등 관련법령에 의거하여 이 사건 거부처분의 취소를 구할 법률상 이익을 가지는지 여부였다. 먼저, 원심판결의 관련 판시 부분을 살펴보면, 원심은 공유수면매립면허 등 취소신청의 신청권이 없다는 피고의 주장에 대하여, 우선 처분성 인정여부를 판단하였다.

> 원심은, 국민의 적극적 행위신청에 대하여 행정청이 그 신청에 따른 행위를 하지 않겠다고 거부한 행위가 항고소송의 대상이 되는 행정처분에 해당하는 것이라고 하려면, 그 신청한 행위가 공권력의 행사 또는 이

당해 처분의 근거법규 및 관련법규에 의하여 보호되는 개별적·직접적·구체적 이익이 있는 경우를 말하고, 다만 공익보호의 결과로 국민 일반이 공통적으로 가지는 일반적·간접적·추상적 이익과 같이 사실적·경제적 이해관계를 가지는데 불과한 경우는 여기에 포함되지 아니한다고 할 것이며, 또 당해 처분의 근거법규 및 관련법규에 의하여 보호되는 법률상 이익이라 함은 당해 처분의 근거법규(근거법규가 다른 법규를 인용함으로 인하여 근거법규가 된 경우까지를 아울러 포함한다)의 명문규정에 의하여 보호받는 법률상 이익, 당해 처분의 근거법규에 의하여 보호되지는 아니하나 당해 처분의 행정목적을 달성하기 위한 일련의 단계적인 관련처분들의 근거법규(이하 관련법규라 한다)에 의하여 명시적으로 보호받는 법률상 이익, 당해 처분의 근거법규 또는 관련법규에서 명시적으로 당해 이익을 보호하는 명문의 규정이 없더라도 근거법규 및 관련법규의 합리적 해석상 그 법규에서 행정청을 제약하는 이유가 순수한 공익의 보호만이 아닌 개별적·직접적·구체적 이익을 보호하는 취지가 포함되어 있다고 해석되는 경우까지를 말한다고 판시하였다. 이 사건 원심판결(서울고법 2005. 12. 21. 선고 2005누4412 판결)은 바로 대법원의 이 판결을 명시적으로 원용하고 있다.

에 준하는 행정작용이어야 하고, 그 거부행위가 신청인의 법률관계에 어떤 변동을 일으키는 것이어야 하며, 그 국민에게 그 행위발동을 요구할 법규상 또는 조리상의 신청권이 있어야만 한다는 대법원의 기존 판례[20]를 확인한 후, 원고 신형록 등 4인이 피고에게 신청한 행위는 행정청에 대한 이 사건 공유수면매립면허 등 처분의 취소행위이므로 공권력의 행사 또는 이에 준하는 행정작용임이 분명하며, 앞에서 본 바와 같이 환경영향평가 대상지역 안의 주민의 환경상의 이익은 환경영향평가 대상사업의 시행으로 인하여 수인한도를 넘는 환경침해를 받지 아니하고 쾌적한 환경에서 생활할 수 있는 이익으로서 환경영향평가 관련 법령에 의하여 개별적으로 보호되는 직접적·구체적인 이익이라 할 것이므로, 적어도 새만금사업의 환경영향평가 대상지역 안에 거주하는 원고 신형록의 경우는 환경영향평가 관련 법령에 의하여 법률상 보호되는 이익이 있고, 따라서 피고가 이 사건 공유수면매립면허 및 시행인가처분의 취소신청에 대하여 거부한 행위는 원고 신형록의 실체적인 권리관계에 직접적인 변동을 일으키는 것으로 봄이 옳고, 따라서 그 처분성도 인정된다고 판시하였다. 다만, 새만금사업의 환경영향평가 대상지역 밖에 거주하는 원고 3537. 내지 3539.의 환경상 이익은 단순히 공익보호의 결과로 국민 일반이 공통적으로 가지게 되는 추상적·평균적·일반적인 이익에 그칠 뿐이고 환경영향평가 관련 법령상 보호되는 개별적·직접적·구체적 이익은 아니라고 함이 앞서 본 바와 같으므로, 위 원고들의 경우 피고의 위와 같은 거부행위로 인하여 그들의 법률관계, 즉 실체상의 권리관계에 어떠한 변동이 생겼다고 볼 수 없으므로 그 거부행위의 처분성을 인정할 수 없다고 판시하였다.

이어서 원심은 취소 신청권의 존부를 판단하면서, 제1심인 서울행정법원과 마찬가지로, 국민에게 제3자에 대한 이 사건 각 처분의 취소를 요구할 권리가 있다고 인정할만한 근거가 없고, 공수법 제32

20) 대법원 2003. 4. 11. 선고 2001두9929 판결, 2003. 9. 23. 선고 2001두10936 판결 등.

조 소정의 취소 등의 조치가 재량행위임을 확인하였다. 즉, 공유수면매립법 등 관계 법령에 국민이 행정청에 대하여 제3자에 대한 공유수면매립면허 등의 취소를 요구할 수 있다는 취지의 규정이 없고, 면허의 취소·변경 등을 규정한 공유수면매립법 제32조도 그 소정의 사유가 있는 경우에 피고 등 처분청이 공유수면매립면허처분 등을 취소·변경하거나 공사의 중지·물건의 개축 등 필요한 조치를 명할 수 있다고 규정하고 있을 뿐 그와 관련한 처분청의 의무를 규정하고 있지는 않다는 점을 확인한 것이다. 그러면서도 원심은 다음과 같이 판시함으로써 사건이 원고적격의 결여, 특히, 취소 신청권의 결여라는 허들에 걸려 본안판단에 이르지 못하게 되는 결과를 저지했다.

> "① 앞서 본 바와 같이 … 중략 … 공유수면매립법은 매 5년마다 매립기본계획의 타당성을 검토하여 기본계획의 변경·폐지 등 조치를 취할 의무를 부과하고 있으며, 공유수면 매립면허는 그와 같은 매립기본계획에 적합한 범위에서만 부여하여야 하므로, 어떤 구체적인 매립면허에 의하여 매립사업이 진행되는 과정에서 환경 및 생태계 또는 경제성에 있어 예상하지 못한 변화가 발생하였다면, 처분청은 '공유수면을 환경 친화적으로 매립하여 합리적으로 이용하게 함으로써 공공의 이익을 증진'하기 위하여 그 매립면허 자체를 취소·변경하는 등의 조치까지 검토하는 등의 방법으로 매립기본계획의 타당성을 검토하여야(새만금사업은 우리나라에서 여태껏 가장 거대한 간척사업인 만큼 그 사업의 타당성 여부는 매립기본계획의 타당성 여부와 직결된다고 할 것이다.) 함이 공유수면매립법의 취지에 부합하는 점, ② 헌법과 환경정책기본법은 인간의 삶의 요소인 건강·안전·행복을 달성하는 방편으로 환경권을 규정하고 있으면서 국가와 지방자치단체에게 환경 보전을 위한 노력 의무를 부여하고 있는바, 이와 같은 환경권은 인간으로서의 존엄과 가치로부터 도출되는

인격권적 기본권으로 볼 것이며, 한편 공유수면은 그 매립이 일단 완료된 후에는 그 원상회복이 불가능하고, 특히 환경 및 생태계 변화는 그 성격상 국가가 매립기본계획을 수립할 때나 면허처분을 할 당시에는 예측하지 못한 상황으로 진행될 가능성이 높은 반면에 당초의 예측을 고정된 좌표로 삼아 사업을 진행하게 될 경우 자칫 환경 및 생태계 변화에 회복할 수 없는 위험을 초래할 수 있고, 그와 같은 위험은 광범위한 점(환경침해의 회복 불가능성 및 광역성)에 비추어, 공유수면매립면허에 의하여 환경영향평가 대상지역 안에 거주하는 주민이 수인할 수 없는 환경침해를 받거나 받을 우려가 있어 개별적·구체적 환경이익을 침해당하였다면, 그 매립면허의 처분청에 대하여 그 이익 침해의 배제를 위하여 면허의 취소·변경 등을 요구할 위치에 있다고 봄이 법치행정 원리에 비추어 상당한 점, ③ 환경영향평가 대상지역 안에 있어 환경상의 이익을 침해당한 개인이 공유수면매립면허가 취소되거나 변경됨으로써 그 이익을 회복하거나 침해를 줄일 수 있다고 주장하면서 그 주장의 당부를 판단하여 주도록 요구하는 재판 청구에 대하여 소송요건 심리에서 이를 배척할 것이 아니라 그 본안에 나아가 판단함이 개인의 권리구제를 본질로 하는 사법국가 원리에도 부합하는 점 등을 종합하면, 적어도 원고 신형록과 같이 새만금사업의 환경영향평가 대상지역 안에 거주하는 주민에게는 환경영향평가 관련 법령에 의하여 수인한도를 넘는 환경침해를 받지 아니하고 쾌적한 환경에서 생활할 수 있는, 개별적·구체적·직접적 이익이 있다고 할 것이어서, 그 이익 침해의 배제를 위하여서도 이 사건 공유수면매립면허의 처분청인 피고에게 공유수면매립법 제32조 소정의 취소·변경 등의 사유가 있음을 내세워 면허의 취소·변경을 요구할 조리상의 신청권이 있다고 보아야 함이 상당하다."[21]

이와 같이 원심이 사정변경시 매립기본계획의 타당성을 검토해야 한다는 공유수면매립법의 취지에 대한 목적론적 해석, 환경권 및 수인할 수 없는 환경침해의 배제를 위하여 공유수면매립면허의 취

21) 서울고법 2005.12.21. 선고 2005누4412 판결.

소·변경 등을 요구할 수 있는 환경영향평가 대상지역 거주 주민들의 지위 등을 이유로 이 사건 환경영향평가 대상지역에 거주하는 원고의 취소 신청권을 인정한 것은 행정감독권 행사의 일환으로 규정된 행정처분의 취소 등 조치를 촉구하는 신청에 대하여 법규상 또는 조리상 신청권이 없다는 이유로 처분성을 부인해온 대법원의 기존 판례경향에 비추어 볼 때, 대단히 파격적인 결과라고 할 수 있다. 그러나 행인지 불행인지 이에 관한 쟁점은(이 사건 거부처분의 처분성 인정과 관련하여) 원고적격이 부인된 원고들이[22] 적극적으로 다투지 않은 탓에 대법원의 법적 판단을 받을 기회를 누리지 못했다. 그 결과 이 부분 원심법원의 판단이 이 사건 대법원 판결을 견뎌 살아남게 된 셈이다. 그런데 이 부분 원심판결이 특히 주목되는 것은 이 사건을 원고적격이나 취소 신청권의 결여 등을 이유로 각하시키지 아니 하고 본안판단을 거치도록 함으로써 새만금 사건에 대한 사법적 판단을 회피하지 않겠다는 법원의 의지를 엿볼 수 있기 때문이다. 이 점은 원심이, 원고 신형록에게 취소 신청권을 인정하는 근거 중 하나로서 "환경영향평가 대상지역 안에 있어 환경상의 이익을 침해당한 개인이 공유수면매립면허가 취소되거나 변경됨으로써 그 이익을 회복하거나 침해를 줄일 수 있다고 주장하면서 그 주장의 당부를 판단하여 주도록 요구하는 재판 청구에 대하여" 이를 '소송요건 심리에서 배척할 것이 아니라 그 본안에 나아가 판단함이 개인의 권리구제를 본질로 하는 사법국가 원리에도 부합하는 점'을

22) 원심은 '새만금사업의 환경영향평가 대상지역 밖에 거주하는 원고 3537. 내지 3539.의 환경상 이익은 앞서 본 바와 같이 환경영향평가 관련 법령에 의하여 보호되는 개별적·직접적·구체적 이익이 아니라 할 것이므로, 위 원고들에게는 피고에 대하여 공유수면매립법 제32조 소정의 취소 등 처분을 신청할 조리상의 신청권을 인정하기 어렵고, 이 사건 거부처분 취소청구의 소 중 원고 신형록의 청구 부분만 적법하고, 원고 3537. 내지 3539. 부분은 부적법하다'고 판시하였다.

든 데서도 여실히 드러난다.[23] 필경, 원심은 사건이 본안 판단에 들어가지 아니 하고 소송요건 심리 단계에서 청구를 배척하는 방식으로 귀결될 경우, 국론분열의 지경에 이른 새만금 사건의 법적 종식은커녕 그에 대한 사법적 결정의 의미조차 크게 손상될 것으로 우려했을지 모른다. 아닌 게 아니라 그런 분위기는 비단 제1심이나 원심의 판결들에서뿐만 아니라 이 사건 대법원 판결에서도 일관되게 관측되고 있다.

3.3. 이 사건 각 처분의 무효여부

대법원은 이 사건 각 처분의 무효여부를 판단함에 있어 종래 대법원이 견지해 온 무효이론, 즉 중대명백성의 법리를 재확인하였다. 물론 대법원의 이 중대명백설에 대한 논란의 여지가 전혀 없지는 않았다.[24] 그러던 중 대법원은 위법한 조례에 의한 처분의 효력이 문제된 대법원 1995. 7. 11. 선고 94누4615판결에서 다수의견을 통하여 중대명백설의 입장을 재확인하는 기회를 가졌다. 그러나 주목할 것은 '행정행위의 무효사유를 판단하는 기준으로서의 명백성은 행정처분의 법적 안정성 확보를 통하여 행정의 원활한 수행을 도모하는 한편 그 행정처분을 유효한 것으로 믿은 제3자나 공공의 신뢰를 보호하여야 할 필요가 있는 경우에 보충적으로 요구되는 것으로서, 그와 같은 필요가 없거나 하자가 워낙 중대하여 그와 같은 필요에 비하여 처분 상대방의 권익을 구제하고 위법한 결과를 시정할 필요가 훨씬 더 큰 경우라면 그 하자가 명백하지 않더라도 그와 같이 중대

23) 이 점은 제1심 판결에서는 언급되지 않았다.

24) 상세한 것은 홍준형, 행정법총론, 제4판, 2001, 한울아카데미, pp. 298-300 및 "행정행위 무효이론의 재검토", 『行政論叢』, 36(1), pp. 187-209, 서울대학교 행정대학원, 1998 등을 참조.

한 하자를 가진 행정처분은 당연무효라고 보아야 한다'는 반론이 반대의견으로 제기되었다는 사실이다. 대법원의 이 판결에 대하여는 다수의견이 대법원이 하자의 중대성과 명백성 모두를 무효의 요건으로 본 것은 '무효사유에 대한 기준이 확립되지 않는 상태에서 국민으로 하여금 더욱 무효 및 취소사유의 구별에 대한 부담을 지우는 결과'가 되기 때문에 "하자의 중대성과 명백성은 무효의 요건이 아닌 하자의 무효성을 판단하는 징표로 이해하여야 하며, 따라서 "중대하거나 또는 명백한 하자"는 모두 무효사유로 보아야 한다"는 비판이 제기되는 논란이 일기도 했다.[25] 그렇지만, 이후에도 대법원은 줄곧 중대명백설의 입장을 견지해 왔고,[26] 그러한 판례가 이 사건 판결을 통해 다시 한 번 확립된 것이다.

그러나 문제는 이 사건 판결에서 이 사건 각 처분의 무효여부를 판단함에 있어 그와 같은 중대명백성의 요건이 다소 모호하게 포괄적으로만 판단되고 있어, 그 판단의 기준시점, 어떤 기준으로 명백

25) 金性洙, 行政法 I, 법문사, 1998, pp. 270-272; 동교수, 권한없는 자의 행정행위(95. 9. 11자 법률신문)를 참조. 한편, 대법원은 기본적으로 중대명백설에 입각하면서도 사안에 따라 일정한 범주의 흠을 명백성심사를 거치지 않고 막 바로 무효사유로 간주하거나 '취소소송의 제기가 법률상 불가능하였다는 등의 특별한 사정'이 있는 경우에는 흠의 명백성이 인정되지 않더라도 당연무효라고 볼 수 있다고 판시하고, 또 흠의 중대·명백성을 판단함에 있어 당해 법률의 목적·의미·기능 등을 목적론적으로 고찰함과 동시에 그 구체적 사안 자체의 특수성에 관하여도 합리적으로 고찰하여야 한다고 설시함으로써, 전체적으로 보아 일관성에 대한 의문을 불러일으키고 있다는 비판으로는 홍준형, "행정행위 무효이론의 재검토", 『行政論叢』, 36(1), pp.187-209, 서울대학교 행정대학원, 1998을 참조.

26) 대법원 1995. 7. 11. 선고 94누4615 전원합의체 판결(공1995상, 2633), 대법원 1996. 2. 9. 선고 95누4414 판결(공1996상, 966), 대법원 1997. 5. 9. 선고 96다55204 판결(공1997상, 1729), 대법원 1997. 5. 28. 선고 95다15735 판결(공1997하, 1965), 대법원 1997. 6. 19. 선고 95누8669 전원합의체 판결(공1997하, 1913), 대법원 1997. 10. 10. 선고 97다26432 판결(공1997하, 3442), 대법원 2002. 2. 8. 선고 2000두4057 판결(공2002상, 693), 대법원 2002. 12. 10. 선고 2001두4566 판결(공2003상, 379), 대법원 2004. 11. 26. 선고 2003두 2403 판결(공2005상, 57) 등.

성여부를 판단할 것인지, 각각 검토된 무효사유들을 배척하는 이유가 중대성 결여인지 아니면 명백성 결여인지, 양자 모두라면 어느 부분에서 중대하지 못하고 어느 부분에서 명백하지 않은지 그렇게 명료하지만은 않다는 데 있다.

물론 대법원은 다음에서 보는 바와 같이 경제성 내지 사업성 결여로 인한 무효에 관해서는 비교적 명료한 기준을 제시하였다. 즉, 하자의 중대성은 '공공사업의 경제성 내지 사업성의 결여로 인하여 위 각 처분이 무효로 되기 위하여는 공공사업을 시행함으로 인하여 얻는 이익에 비하여 공공사업에 소요되는 비용이 훨씬 커서 이익과 비용이 현저하게 균형을 잃음으로써 사회통념에 비추어 위 각 처분으로 달성하고자 하는 사업 목적을 실질적으로 실현할 수 없는 정도에 이르렀다고 볼 정도로 과다한 비용과 희생이 요구되는 등'의 경우이며, 명백성이란 그러한 사정이 객관적으로 명백한 경우라야 한다는 것이다.

> 그리고 위와 같은 공공사업에 경제성 내지 사업성이 있는지 여부는 공공사업이 그 시행 당시 적용되는 법률의 요건을 모두 충족하고 있는지 여부에 따라 판단되어야 함은 물론, 경제성 내지 사업성 평가와 관련하여서는 그 평가 당시의 모든 관련 법률의 목적과 의미, 내용 그리고 학문적 성과가 반영된 평가기법에 따라 가장 객관적이고 공정한 방법을 사용하여 평가되었는지 여부에 따라 판단되어야 할 것이다.
>
> 특히, 새만금사업과 같이 사업시행의 범위가 광범위하고 국가의 특별한 정책적 필요에 의하여 시행하는 공공사업의 경우에는 그러한 공공사업이 국가경제 및 사회경제적으로 끼치는 영향도 클 뿐만 아니라 갯벌과 생태계 및 해양환경 등 자연환경에 미치는 영향도 매우 크다고 할 것이므로, 그러한 공공사업에 경제성 내지 사업성이 있는지 여부를 판단함에 있어서는 위와 같은 요소들을 빠짐없이 고려하여야 할 것이다. 또한 위

와 같은 간척지의 매립사업과 같이 어떠한 항목을 편익이나 비용항목에 넣을 수 있는지 여부와 그러한 항목에 대한 평가방법이나 기법에 관하여 확립된 원칙이나 정설이 존재하지 아니한 경우에는, 경제성 내지 사업성 평가 당시의 공공사업의 투자분석이론이나 재정학 또는 경제학 이론 등에 따라 그 분야의 전문가들에 의하여 가능한 한 가장 객관적이고 공정한 방법을 사용하여 편익과 비용을 분석한 후 공공사업에 경제성 내지 사업성이 있는지 여부를 평가하는 것이 바람직하다고 할 것이다.

대법원은 민관공동조사단에서 새만금사업의 경제성 분석을 하면서 설정한 10개의 시나리오에서 편익항목으로 본 국토확장효과, 식량안보가치, 담수호창출효과, 수질개선편익, 고군산도 재산가치 증가 등은 이중계산 문제 등으로 인하여 편익항목에서 제외되어야 함에도 이를 편익항목에 넣었으므로 민관공동조사단의 경제성 분석은 잘못된 것이라는 원고들의 상고이유에서의 주장에 대하여 판단하면서, “장래 시행할 사업에 대한 경제성 분석이란 그 분석방법이나 고려요소 여하는 물론 분석을 담당한 전문가의 견해 차이에 따라 분석결과가 크게 달라질 수 있고, 앞서 본 바와 같이 간척지 매립사업의 경우 편익항목과 비용항목의 요소와 각 항목에 대한 평가방법에 관하여 확립된 기준이 없고 어느 이론이 특히 우월하다고 볼 수 없는 상황에서, 공공투자분석 전문가들이 편익과 비용항목들에 관한 이견을 고려하여 편익과 비용 중 일부 항목을 포함시키거나 제외시키는 등의 여러 가지의 경우를 조합하여 각종 시나리오를 만들어 일정한 원칙에 따라 경제성을 분석하였다면, 위 시나리오의 설정 자체나 위 시나리오의 전부가 합리성을 결여하였음을 입증하지 아니하는 한 그 중 어느 한 시나리오에 포함된 특정 일부 항목이 편익이나 비용에 잘못 산입되었다거나 그 평가방법이 잘못되었다고 지적하여 사업 전체에 관하여 경제성이 없다고 주장하는 것은 올바른 탄핵방법이 될 수 없다"고 지적하면서 상고이유와 같은 주장만으로 민관공동조사단의 경제성 분석이 잘못되었다고 단정할 수는 없다고 판시하였다. 대법원은 원고들의 경제성 결여 주장을 배척하면서 염두에 둔 것은 경제성 결여 자체의 인정여부에 대한 오류였고 그 오류가 객관적으로 명백하다고 볼 수 있는가 하는 것은 아니었다. 그런데, 대법원 스스로 '공공사업의 경제성 내지 사업성의 결여로 인하여 위 각 처분이 무효로 되기 위한 기준을 명료하게 제시하고도 정작 그 기준에 따라 판단하지 아니 하고, 경제성 분석 시나리오의 설정 자체나 전부가 합리성을 결여하였음을 입증하지 못하는 한 일부 오류가 있다 하더라도 경제성을 부정할 수 없다는 다소 무리한 논리를 내세워 원고들의 주장을 배척하고 있다. 차라리 그러한 부분적인 오류가 중대하지 않다거나, 아니면 가사 중대하다고 하더라도 객관적으로 명백하지 않아 처분을 무효에 이르게 하지는 못한다는 점을 확인하는 것이 훨씬 용이했을지도 모른다.

담수호 수질기준 및 사업목적 달성 불능 여부에 관한 판단에 있어서도 대법원은 이 사건 각 처분에 의하여 조성되는 담수호가 농업용수로서의 수질기준을 달성하지 못함으로써 사업목적을 달성할 수 없는 경우에 해당한다고 볼 수는 없다고 판시하여 주로 하자의 중대성 유무만 판단하였다.

이 처럼 대법원이 이 사건 각 처분의 무효여부에 대한 판단에 있어 하자의 중대성 유무에 집중한 것은 아마도 원고들의 각종 주장들을 명백성 결여로 피해 간다는 인상을 주기보다는 정면에서 판단해 보이겠다는 사법적극주의적 의지가 반영된 것이 아닐까 추정해 본다. 한편, 대법원은 적법한 환경영향평가의 결여에 관한 판단에 있어서는 환경영향평가의 내용이 다소 부실하다 하더라도, 그 부실의 정도가 환경영향평가 제도를 둔 입법취지를 달성할 수 없을 정도이어서 환경영향평가를 하지 아니한 것과 다를 바 없는 정도의 것이 아닌 이상, 그 부실은 당해 승인 등 처분에 재량권 일탈·남용의 위법이 있는지 여부를 판단하는 하나의 요소로 됨에 그칠 뿐, 그 부실로 인하여 당연히 당해 승인 등 처분이 위법하게 되는 것이 아니라는 기존의 판례[27]를 재확인하는 선에서 원고들의 주장을 배척하였다.

이미 앞에서 지적했듯이 대법원은 이 사건 각 처분의 무효여부에 대한 판단에 관한 한 의견의 일치를 보았다. 앞서 본 공수법 제32조 제3호와 관련하여 예상하지 못한 사정변경으로 공익상 특히 필요한 경우에 관하여 다수의견에 반대의견을 낸 대법관들이 역설한 주목할 만 한 논지, 즉 비용편익분석의 한계 또는 위험에 대한 경고 및 환경가치의 우월론을 무효여부에 대한 판단에서 개진하지 않은 까닭은 무엇인지, 의문이 생긴다.

> “환경 변화를 수반하는 대규모 개발행위를 결정함에 있어, 물질문명의 편리함에 깊이 빠져든 오늘날의 사람들은 물질적 필요의 충족에 우선적 가치를 두고 당장 눈에 보이고 금전으로 계산이 가능한 경제적인 이해타산과 수치 비교만으로 개발행위에 나아가고 있다. 그러나 자연환경의 기능과 영향 중 많은 부분이 아직 밝혀지지 않고 있는 현 상황에서 그러한 금전적 비교와 경제적 이해타산만으로 환경 변화를 감행하는 것이 얼마나 위험한 일인가 하는 것은 더 설명할 필요가 없다.
>
> 자연환경은 경제적 이익이나 금전적 가치와 동일한 평면에서 비교되고 대체될 수 있는 가치가 아니다. 물론 환경 변화를 수반하는 대규모 개발행위를 결정함에 있어서 희생되는 환경의 가치를 포함한 손실과 개

27) 대법원 2001. 6. 29. 선고 99두9902 판결.

발로 인한 이득(편익)을 비교하여 결정하는 것이 부득이할 것이겠지만, 그 가치를 산정함에 있어서는 당시까지 밝혀진 환경의 기능과 효용 중 금전으로 환산할 수 있는 가치만을 평가하여 그 손실보다 이득이 큰 경우에는 환경을 희생시키는 것으로 개발 여부를 결정하는 방식은 허용되어서는 아니 된다. 환경의 가치 중 아직 밝혀지지 않은 부분이 많고 환경의 훼손이 인간의 생존에 심각한 영향을 미칠 수 있는 가능성이 항상 잠재하고 있다는 점을 고려하면, 환경의 변화나 훼손은 이를 감수하고서라도 반드시 확보하여야 할 필수불가결한 가치를 얻기 위한 것이거나 아니면 적어도 환경의 희생을 대가로 얻을 수 있는 가치가 월등히 큰 경우에만 허용될 수 있는 것이며, 그 경우에도 필요한 최소한의 범위 내에서만 훼손이 가능한 것으로 보아야 할 것이다."

아마도 이미 오래 전에 행해진 이 사건 각 처분을 대법원 스스로가 확립된 판례라고 지칭한 중대명백설에 따라 무효사유를 인정하기 어렵고, 무효라고 볼 경우 그 소급효 등으로 인하여 생길 수 있는 기성질서의 혼란이나 대안 부재의 문제 등의 사정이 있었을 것으로 이해되지만, 무효여부에 대한 판단과정에서 이루어진 법익형량의 내용 중 사정변경으로 인한 취소사유에 대한 것과 중첩되는 부분이 있다는 점에서 그 논리적 일관성에 대한 의문으로부터 완전히 자유로운 것은 아니다.

3.4. 공수법 제32조 제3호 소정의 예상 못한 사정변경으로 인한 이 사건 각 처분의 취소여부

공수법 제32조 제3호 등 관련규정에 따라 농림부장관은 매립공사의 준공인가 전에 공유수면의 상황 변경 등 예상하지 못한 사정변경으로 인하여 공익상 특히 필요한 경우에는 공수법에 의한 면허 또는 인가 등을 취소・변경할 수 있도록 되어 있다. 여기서 사정변경이란, 대법원이 설시한 바에 따르면, 공유수면매립면허처분을 할 당시에 고려하였거나 고려하였어야 할 제반 사정들에 대하여 각각 사정변경이 있고, 그러한 사정변경으로 인하여 그 처분을 유지하는 것이 현저히 공익에 반하는 경우를 말한다. 이러한 법규정에 비추어 이 사건 거부처분을 위법하다고 볼 것인지 여부가 문제되는데, 이는 새만금사건 판결에 있어 가장 핵심적인 쟁점으로 다루어졌다. 대법원은 이 점을 판단함에 있어 예의 무효사유 유무에 대한 판단에서와 마찬가지로 원고들이 상고이유에서 주장한 사유들을 일일이 정면 대응하려고 시도하여 사업목적, 농지의 필요성, 경제적 타당성, 수질관리 및 해양환경상의 사정변경 여부를 검토한 끝에 원고들의 주장을 모두 배척하기에 이르렀다. 그러나 다수의견이 이들 요인들을 판단함에 있어 공통적인 동일 기준에 의거한 것은 아니다. 즉, 향후 사업목적이 변경될 가능성이 있다는 사정만으로는, 현재의 사업 목적달성이 불가능하다거나 법률적·실질적으로 사업목적이 변경되었다고 볼 수 없고, 우량농지의 확보 필요성이 줄어들었다고 할 수 없으며, 새만금 사업을 통하여 이루려고 하는 국가 발전이라는 실질적인 목적을 달성할 수 없는 정도로 과다한 비용과 희생이 요구되어 경제성 내지는 사업성이 없다고 인정하기에는 부족하고, 피고의 수질개선대책 수립의 실현가능성이 불확실하다거나 그 수질개선대책을 시행하더라도 목표수질을 달성할 수 없는 사정변경이 생겼다고 할 수 없다는 것을 이유로 취소사유를 부정하였으면서도, 해양환경상의 사정변경 여부에 관해서는 현저히 엄격한 기준을 정해 취소 주장을 배척했다. 즉, “사후에 발생한 해양환경상의 사정변경으로 인하여 공유수면매립면허처분을 취소하기 위하여는, 당초부터 개발사업으로 인한 해양환경의 변화를 예상하지 못하였거나, 당초에 예상한 것 이상으로 현저한 해양환경의 변화가 있고, 그로 인한 해양환경의 피해가 공유수면매립면허처분 전과 비교하여 수인한도를 넘는 경우라는 것이 입증되어야 한다"고 하고 나서 방조제 축조로 생길 수 있는 해양환경상의 영향은 대부분이 사업시행계획 당시부터 예상하였던 것이고, 일부 사업시행계획 당시 충분히 예상하지 못하였던 사정변경 사유가 있다고 하더라도, 그 피해정도를 인정할 증거가 없다는 이유에서 중대한 사정변경이나 공익상 필요성이 있다는 취소 주장을 배척하였다. 그런데 다수의견이 과연 어떠한 법적 근거로 그와 같은 판단을 내렸는지는 분명치 않다. 한 가지 가능한 해석은 위 공수법 제32조 제3호 등 관련법조항들에 의한 면허 또는 인가 등의 취소·변경 등이 재량행위라고 본 데 따른 것이라고 생각된다. 그렇게 보지 않을 경우, 각 사정변경 사유를 이렇다 할 법적 근거도 없이 차별화하여 판단할 수는 없었을 것이기 때문이다.

아닌 게 아니라 공수법 제32조의 규정은 행정청에게 재량권을 부여한 것으로 해석된다. "이 법에 의한 면허 또는 인가 등을 취소·변경하거나 매립공사의 시행구역 안에 있는 공작물 기타 물건의 개축·제거 또는 원상회복 기타 필요한 처분을 할 수 있다."고 규정하고 있는 것으로 보아 결정재량과 선택재량 모두가 부여되어 있음을 알 수 있다.[28] 이 사건 각 처분, 즉, 공유수면매립면허 및 사업시행인가처분 역시 재량행위라는데 이론의 여지가 없을 것이다. 문제는 대법원의 이 사건 판결 다수의견이나 반대의견을 막론하고, 마치 원고들이 상고이유에서 주장하는 사유들이 인정된다면 의당 피고가 당해 처분을 취소해야 할 기속을 받으며, 따라서 이를 거부

28) 同旨 김현준, 새만금간척사업의 매립목적변경과 관련한 법적 문제, 녹색연합·생명회의 주최 「새만금의 법적청산을 위한 토론회」(2003.4.30) 발제문, 새만금토론회자료집, 19-20.

한 이 사건 거부처분은 위법을 면치 못할 것이라는 입장에 선 듯한 인상을 준다는데 있다. 다수의견은 '농림부장관은 매립공사의 준공인가 전에 공유수면의 상황 변경 등 예상하지 못한 사정변경으로 인하여 공익상 특히 필요한 경우에는 공수법에 의한 면허 또는 인가 등을 취소·변경할 수 있다'고 전제하면서도 그런 인상을 풍기고 있고, 반대의견은 아예 상고이유에서 원고들이 주장한 사유들이 '개발사업을 취소하여야 할 정도의 사정변경'이지를 판단하면서 사실상 입증책임을 피고에게 지우려는 듯 한 태도를 보이는 한편,[29] 한 걸음 더 나아가 "이 사건 새만금사업에는 농지의 필요성, 수질관리, 해양환경 및 경제적 타당성과 사업성 등의 측면에서 당초 예상하지 못한 사정변경이 생겼다고 할 것인데, 그와 같은 사정변경은 아래에서 보는 바와 같이 사업 자체를 취소하지 않으면 안 될 공익상 필요가 있는 사유에 해당한다"고 결론짓고 있다.

그러나 문제의 공수법 제32조의 규정은 어디까지나 재량권을 부여한 것이므로, 매립공사의 준공인가 전에 공유수면의 상황변경 등 예상하지 못한 사정변경으로 인하여 공익상 특히 필요한 경우라 할지라도 농림부장관은 의연 '이 법에 의한 면허 또는 인가 등을 취소·변경하거나 매립공사의 시행구역 안에 있는 공작물 기타 물건

29) "개발사업을 취소하여야 할 정도의 사정변경이 생겼는지 여부를 판단함에 있어서도, 환경 변화로 인하여 나타날 구체적 위험성이나 훼손될 환경 가치의 중대성 등에 관하여 어느 정도의 가능성까지는 입증하였지만 정확하게 확인되는 정도까지는 이르지 못한 입증의 중간영역이 있을 때에, 그 사업이 대규모 사업으로서 환경 변화의 영향력이 미치는 범위가 아주 넓고 예측되는 환경 변화의 폐해가 심각한 것이어서 혹시라도 그 가능성이 현실화되는 것을 도저히 용인하기 어려운 사정이 있는 경우라면, 무조건 원고 측이 그 사정변경과 취소의 필요성에 대하여 입증을 다하지 못한 것으로 보아 원고의 청구를 기각할 것이 아니라, 희생되는 환경의 가치나 환경 훼손으로 인한 폐해의 위험성과 관련하여 경제성이나 안전성이 확인되지 않은 것으로 보아 사업의 강행을 재고할 상황에 처한 것으로 판단하는 것이 더 합리적이라 할 것이다."

의 개축 · 제거 또는 원상회복 기타 필요한 처분을 할 수 있는' 재량을 행사할 수 있다고 해석하지 않을 수 없다. 그렇다면, 어떤 근거로 다수의견과 반대의견은, 원고들이 주장하는 사유가 인정된다고 가정할 때, 이 같은 재량권 수권규정으로부터 취소 · 변경의 의무를 도출하여 이 사건 거부처분이 위법을 면치 못하리라고 판단한 것일까. 다수의견의 경우, 단지 원고들이 상고이유에서 주장한 취소사유를 배척하였을 뿐이어서, 그러한 비판으로부터 자유로울 것도 같지만, "원고가 이 사건 거부처분의 취소청구 사유로 주장하는 공유수면매립법 제32조 소정의 각 사유들은 모두 인정되지 아니한다 할 것이고, 결국 피고의 이 사건 거부처분이 재량권을 일탈 · 남용하였다고 할 수 없어 원고의 주장은 이유 없다."고 판시한 원심판결과 연관 지어 볼 때, 다수의견 역시 마찬가지라 할 수 있다. 사실, 이 사건 판결의 다수의견이나 반대의견, 그리고 원심판결 및 제1심판결 모두가 공유수면매립면허 및 시행인가처분의 취소 등 행정권 발동 요구를 받은 농림부장관이 원고가 주장하는 공유수면매립법 제32조 소정의 각 사유들이 전부 또는 일부 인정되는데도 그 취소 · 변경 등 필요한 처분의 행사를 거부한 경우, 그 거부처분이 재량권을 일탈 · 남용한 것으로서 위법하다는 공식을 적용하고 있는 것으로 판단된다. 실제로 이러한 공식은 비단 이 사건 판결에서만 적용된 것이 아니라 다음에 보는 바와 같이 나름대로 일관된 대법원의 판례를 통해 뒷받침되어 온 것이다.

실제로 관광지조성사업시행 허가처분에 오수처리시설의 설치 등을 조건으로 하였으나 그 시설이 설치되더라도 효능이 불확실하여 오수가 확실하게 정화 처리될 수 없어 인접 하천 등의 수질이 오염됨으로써 인근 주민들의 식수 등도 오염되어 주민들의 환경이익 등이 침해되거나 침해될 우려가 있고, 그 환경이익의 침해는 관광지의 개발 전과 비교하여 사회통념상 수인한도를 넘는다고 보이며, 주민들의 환경상의 이익은 관광지조성사업시행 허가처분으로 인하여 사업자나 행락객들이 가지는 영업상의 이익 또는 여가생활향유라는 이익보다 훨씬 우월하다는 이유로, 그 환경적 위해 발생을 고려하지 않은 관광지조성사업시행 허가처분은 사실오인 등에 기초하여 재량권을 일탈·남용한 것으로서 위법하다고 본 사례[30], 그리고 공원사업시행 허가처분에 의하여 인근 주민들의 환경상의 이익 등이 침해되거나 침해될 우려가 있고 그 환경침해는 공원의 개발 전과 비교하여 사회통념상 수인한도를 넘는다고 보이며, 주민들의 환경상의 이익은 공원사업시행 허가처분으로 인하여 그 사업자나 행락객들이 가지는 영업상의 이익 또는 여가생활향유라는 이익보다 훨씬 우월하다는 이유로, 그 환경적 위해 발생을 고려하지 않은 공원사업시행 허가처분은 재량권을 일탈 또는 남용한 것으로서 위법하다고 본 원심의 판단을 수긍한 사례[31]를 들 수 있다.

이러한 판례들은 '법원의 심사결과 행정청의 재량행위가 사실오인 등에 근거한 것이라고 인정되는 경우에는 이는 재량권을 일탈·

30) 대법원 2001. 7. 27. 선고 99두8589판결(온천조성사업시행허가처분취소 [공 2001. 9. 15.(138), 1978): "재량행위에 대한 법원의 사법심사는 당해 행위가 사실오인, 비례·평등의 원칙 위배, 당해 행위의 목적 위반이나 부정한 동기 등에 근거하여 이루어짐으로써 재량권의 일탈·남용이 있는지 여부만을 심사하게 되는 것이나, 법원의 심사결과 행정청의 재량행위가 사실오인 등에 근거한 것이라고 인정되는 경우에는 이는 재량권을 일탈·남용한 것으로서 위법하여 그 취소를 면치 못한다 할 것이다."

31) 대법원 2001. 7. 27. 선고 99두5092판결(공원사업시행허가처분취소재결취소 [공 2001. 9. 15.(138), 1973]): "자연공원사업의 시행은 국토 및 자연의 유지와 환경의 보전에 영향을 미치는 행위로서 그 공원사업시행허가 여부는 사업장소의 현상과 위치 및 주위의 상황, 사업시행의 시기 및 주체의 적정성, 사업계획에 나타난 사업의 내용, 규모, 방법과 그것이 자연 및 환경에 미치는 영향 등을 종합적으로 고려하여 결정하여야 하는 일종의 재량행위에 속한다 할 것인바, 행정청이 공원사업시행을 허가하는 처분을 하였다 하더라도, 행정심판청구의 재결청으로서는 위와 같은 제반 사정을 종합적으로 고려하여 국토 및 자연의 유지와 환경의 보전 등 중대한 공익의 필요에 비추어 볼 때, 그 허가가 위법하거나 부당하다고 인정될 때에는 그 허가처분을 취소할 수 있음은 물론이다."

남용한 것으로서 위법하여 그 취소를 면치 못한다'는 법리에 입각한 것인데, 모두 재량행위로서의 허가처분이 인근 주민들의 환경이익을 수인한도를 넘어 침해하는 경우에 관한 것이었다. 그렇다면 마찬가지로 이 사건 거부처분 역시 그와 같은 관계에 놓여 있다고 볼 수 있을까. 혹시 최초의 처분이었던 이 사건 각 처분, 즉 공유수면매립면허 및 사업 시행인가처분이었다면 그러한 결론이 가능했을지도 모른다. 그 경우 재량행위라 할지라도 관계제이익을 형량해야 할 의무는 성립할 수 있기 때문이다.[32] 그러나 문제의 공수법 제32조 소정의 재량행위로서의 '면허 또는 인가 등의 취소・변경처분'에 관한 한, 오히려 정반대의 결과를 인정하지 않을 수 없을 것이다. 왜냐하면, 그 경우, 이미 면허 또는 인가 등이 발급되었고 사업이 시행된 이상, 면허나 인가를 받은 사업자의 입장에서는, 설사 그것이 재량행위라 할지라도, 수익적 행위의 취소・철회의 제한 법리에 따라 함부로 취소할 수 없는 제한을 받는다고 보아야 할 것이기 때문이다. 따라서 이 사건 거부처분을 사실오인에 근거하여 재량권을 일탈・남용한 것으로서 위법하다고 볼 수 있으려면, 관계법조항에 비추어 통상의 경우보다 더 엄격한 재량권수축여부에 대한 심사를 거치지 않으면 아니 된다. 위 관계법령의 취지는 그와 같은 사정변경이 있는 경우에도 여전히 법익교량을 하여 재량권을 행사하도록 하는데 있다고 보아야 하기 때문이다. 위 법조항에 의거하여 본다면, 공유수면의 상황변경 등 예상하지 못한 사정변경으로 인하여 공익상 특히 필요하다고 인정되는 경우, 그것도 특히 그 사유의 급박성이나 중대성 등으로 인하여 농림부장관이 가졌던 '이 법에 의한 면허 또는 인가 등을 취소・변경하거나 매립공사의 시행구역 안에 있는 공

32) 이에 관해서는 김현준, 앞의 글을 참조.

작물 기타 물건의 개축·제거 또는 원상회복 기타 필요한 처분을 할 수 있는' 재량이 수축되어 당해 처분의 취소라는 대안만이 유일한 대안으로 인정될 수 있는 경우에 한하여 그 거부처분을 위법이라고 볼 수 있게 되는 것이다. 그 밖의 경우, (이 사건 거부처분과 관련하여) 공수법 제32조의 규정에 의해 이 사건 각 처분의 취소를 신청한 원고가 가질 수 있는 권리는 하자 없는 재량행사청구권을 넘을 수 없을 것이다.

사실 이 사건 제1심법원인 서울행정법원은 이 사건 거부처분의 위법성에 대하여 그와 같은 재량권의 일탈·남용 및 하자없는 재량권행사청구권의 법리에 입각하여 다음과 같이 판시한 바 있다.

"공유수면매립법 등 관계법령의 규정내용 및 취지 등에 비추어 보면, 당초의 공유수면매립기본계획 내용을 근본적으로 번복하게 되는 결과를 초래하는 사항이 매립면허처분 이후에 발생하거나 발견될 경우에는 공유수면매립법 제32조의 규정형식에 불구하고 행정청으로서는 재량권의 일탈이나 남용이 없는 적법한 처분을 하여야 할 의무가 있다고 할 것이고, 특히 사후의 사정변경 등으로 대규모의 환경피해를 초래할 위험이 있는 상황에서 당초의 공유수면매립면허처분 및 이에 따른 후속행위로 인하여 실질적으로 그 영향범위내에 거주하는 주민들의 환경상 이익을 침해하는 결과에 이를 수 있는 예외적인 경우에 있어서, 그 주민들로부터 행정권의 발동을 요구받은 행정청으로서는 당초 공유수면매립면허처분 등의 취소·변경 등 필요한 처분을 할 의무가 있다고 할 것이다.

이 사건에 있어서, 앞서 본 사업목적상의 문제 등은 사업목적, 수질관리, 경제성평가 등의 사정이 실제와 달리 정하여졌거나 처분 이후 실질적으로 변경된 것으로 볼 수밖에 없는 것들로서, 그로 인하여 새만금사업의 당초 사업목적 달성이 어려워지는 것은 물론 갯벌과 주변 해양환경이 파괴될 뿐만 아니라 환경영향평가대상지역 안의 주민을 포함한 국민에게 회복 불가능할 정도로 중대하고 급박한 환경적・생태적・경제적 위험성을 초래할 것으로 예상되고 있는바, 이와 같은 예외적인 경우에 있어서는 공유수면매립면허 등의 취소・변경 등 행정권발동이 반드시 필요한 것으로 보인다.

위와 같은 상황에서 환경영향평가대상지역 안에 거주하는 주민인 원고로부터 행정권 발동요구를 받은 피고 농림부장관으로서는 이 사건 공유수면매립면허 및 시행인가처분의 취소・변경 등 필요한 처분을 하여야 할 의무가 있음에도 새만금사업의 사업목적, 수질관리, 경제성평가 등의 사정이 사후적으로 전혀 변경되지 않았다는 전제 하에 필요한 처분을 하지 아니한 채 이 사건 거부처분에 이르렀으니, 이는 하자 없는 재량권을 행사하여야 할 의무를 저버리고 재량권 일탈・남용의 결과에 이른 것으로서 위법하다고 할 것이다.

따라서 이 사건 거부처분은 위법하므로 취소되어야 할 것이다."

그러나 제1심판결에서도 재량권 수축에 관한 엄밀한 논증을 거친 흔적은 찾아보기 어렵다. 제1심판결은 하자있는 재량권 행사의 거부 자체의 위법을 탓하면서도, 실은 환경영향평가대상지역 안에 거주하는 주민인 원고로부터 행정권 발동요구를 받은 피고 농림부장관이 이 사건 공유수면매립면허 및 시행인가처분의 취소・변경 등 필요한 처분을 하지 아니 하였다는 것을 이유로 들었다. 피고농림부장관이 '새만금사업의 사업목적, 수질관리, 경제성평가 등의 사정이 사후적으로 전혀 변경되지 않았다는 전제 하에 필요한 처분을 하지 아니한 채 거부처분을 한 것' 자체를 재량권을 전혀 행사하지 않았다거나 하자 없는 재량권 행사 신청에 대하여 전혀 응답을 하지 아니 한 것으로 볼 수 있을지는 의문이다. 반면, 단순히 하자 없는 재량행사에 의한 응답을 거부한 것이 위법이라고 전제하면서도, 응답거부의 위법판단에 머물지 않고, 정작 법이 허용하는 재량의 범위 안에서 고려할 수 있는 여러 가지 대안들을 비교검토하지 아니한 채, 막 바로 거부처분이 위법하다는 판단으로 나아간 것은 논리적 비약이라는 비판을 면하기 어렵다.

요컨대, 이 사건 대법원 판결의 다수의견이 일일이 배척한 사정변경 사유들이 인정된다 하더라도, 막 바로 재량권 일탈 · 남용을 이유로 이 사건 거부처분을 취소할 수 있는 것이 아니라, 여전히 재량권 수축의 심사를 거쳐 이 사건 각 처분의 취소만이 유일한 대안으로 인정되는 때에 한하여, 이 사건 거부처분을 취소할 수 있다고 보아야 할 것이다. 그런 이유에서 이 점에 관한 한, 좀 더 설득력 있는 논증이 있었어야 하지 않을까 생각한다.

Ⅲ 새만금사건 판결 : 공공정책에 대한 사법적 결정과 그 법리적 한계

1. 새만금사건 판결과 공공정책에 대한 사법적 결정

대법원은 다음 '새만금사건 일지'에서 보는 바와 같이 오랜 논란과 우여곡절을 거쳐 드디어 최종 판단에 도달했다. 새만금 사건 판결은 오래된 사안일수록, 그리고 관계된 이해관계상황의 복합성, 사정변경등 정책환경의 불확실성이 클수록 사법이 과거와의 투쟁에서 승리할 확률은 낮아지게 마련이라는 사실을 증명해 주었다. 반면 이와는 전혀 다른 맥락에서, 이 사건 판결은 중요한 국책사업 관련 사건을 적기에 해결하겠다는 대법원의 사법정책적 의지를 엿볼 수 있게 해주는 동시에 이미 앞서 지적했듯이 그 사법적극주의적 경향을 드러낸 대표적 사례로 기억될 것이다.

새만금사건 일지

2001. 8. 22 지역주민 및 시민단체 회원 3539명, 서울행정법원에 '정부조치계획취소 등' 청구의 소 제기

2003. 6. 12 시민단체, 새만금방조제공사 집행정지 서울행정법원에 신청

2003. 7. 15 서울행정법원, '새만금 방조제 공사 집행정지 신청' 인용. 공사 전면 중단.

2003. 7. 16 김영진 농림부 장관 사임

2004. 1. 29 서울고법, 집행정지 신청 취소. 새만금 공사 재개 결정.

2004. 11. 12 서울행정법원, 본안사건 결심

2005. 1. 17 서울행정법원, 조정권고안 제시

2005. 1. 31 피고측 조정권고안 이의 제기

2005. 2. 4 서울행정법원 제1심 선고. 공유수면매립면허 및 사업시행 인가처분 취소 혹은 변경 판결 정부조치계획·세부실천계획 취소 청구는 각하.

2005. 2. 24 농림부, 환경단체 쌍방 항소. 서울고법 특별4부 항소심 심리 시작

2005. 11. 28 항소심 결심.

2005. 12. 21 항소심 원고(시민단체 등) 패소(정부 측 승소)

2006. 3. 16 대법원, 원고측 상고 기각, 항소심 확정

실제로 이 사건 판결을 선고하면서 대법원 공보관실에서 배포한 보도자료「새만금사건(대법원 2006두330 정부조치계획취소 등 사건)에 대한 대법원 판결 관련 보도자료」에 따르면 이 사건 판결은 첫째, 새만금사건은 대규모 공공사업과 환경보전이 문제되는 소송으로서, 이해관계인이 다수인데다가 사회적 파장이 크고, 선례적 가치가 있는

중요사건이므로, 전원합의체에서 심리하였다는 점, 그리고 대법원에서 적시처리 사건으로 지정된 첫 사건으로 집중 심리의 선례가 된 점,[33] 그리고 그 결과 대규모 공공사업에 대한 사법심사의 기준을 제시하였다는 점에서 우리나라 사법사에 한 획을 긋는 계기가 되었다고 한다. 특히 대법원은 법원이 정책적인 관점이 아닌 법률적인 관점에서 평가·판단한다는 전제하에 대규모 공공사업에 관한 행정처분의 무효사유에 관한 법률적인 기준을 밝히고 대규모 공공사업의 경제성 및 사업성을 판단하기 위한 기준, 그리고 대규모 공공사업의 사업계획 수립 단계에서 환경에 대한 영향을 충분히 배려하여야 함을 밝힘으로써 환경보호의 가치를 중시하면서도, 사후에 발생된 사정변경을 이유로 사업을 취소하기 위한 법률적인 기준을 밝혔다는데 의의가 있다고 역설하고 있다.

이처럼 대법원이 새만금사건 판결의 의의까지 친절하게 설명하기에 이른 것은 그 동안 단절되거나 제한되어 온 국민과의 소통을 확대하고 사회경제적으로 중요한 사법적 결정의 설득력을 높임으로

---

33) 즉, 새만금사업 방조제의 끝막이 공사가 4월까지 완성될 예정인 점을 감안하여 적시에(timely) 처리되어야 할 중요사건으로 지정하여, 다음에 보는 바와 같이 집중적으로 심리를 진행한 결과, 원고들이 상고를 제기한 된 후 2개월 13일 만에 신속하게 판결을 선고하였다는 것이다. 대법원은 이를 통해 신속한 심리를 통해 법적 분쟁에 대한 결론을 내림으로써 재판지연에 따른 손실을 방지하고 불필요한 소모적인 논쟁을 줄일 수 있었다고 자임하고 있다. 반면, 대법원의 이와 같은 신속처리 방침에 대하여 원고들을 위시하여 관련 환경단체들이 판결을 연기해달라고 요청하는 사태가 생기기도 하였다.

- 소제기 : 2001. 8. 22.
- 1심(서울행정법원) 선고: 2004. 2. 4.
- 2심(서울고등법원) 선고: 2005. 12. 1.
- 상고장 접수 : 2006. 1. 3.
- 대법원 상고기록 접수: 2006. 1. 3.
- 전원합의 회부 : 2006. 1. 19.
- 변론 : 2006. 2. 16.
- 선고 : 2006. 3. 16.

써 적극적으로 사회갈등을 해소해 나가겠다는 대법원의 전향적 태도를 반영한 결과로서 크게 환영받아 마땅하다고 본다. 그러나 새만금사건 판결처럼 공공정책에 대한 사법적 결정이 국민들에게 설득력 있게 받아들여지고 그 역할과 성과가 정착되기 위해서는 정책문제에 대한 사법적 판단의 적실성과 타당성을 확보하기 위한 지식지반을 구축하는 일이 급선무이다. 주지하듯이 사법부는 본래 정책의 심급이 아니었다는 점에서 날로 복잡하게 교착하는 정책의 변화와 정책논변들을 제대로 파악하고 적절한 법을 발견하여 적용할 수 있도록 정책에 대한 학습기회와 판단능력을 법조인양성 및 재교육의 틀을 통해 차질 없이 배양해 나가야 할 것이다.

2. 새만금사건 판결과 공공정책에 대한 사법적 결정의 법리적 한계

새만금 사건 판결은 공공정책에 대한 사법적 결정의 가능성과 효용뿐만 아니라 그 법리적 한계와 위험을 동시에 보여준 사례이기도 했다. 이 사건 판결의 다수의견에 대한 보충의견에서 강조했듯이 '이 사건 재판은 새만금사업의 추진과 관련된 이 사건 공유수면매립면허처분과 이 사건 시행인가처분에 중대하고 명백한 하자가 있어 당연무효인지 여부 내지 사정변경으로 인하여 새만금사업을 취소하여야 할 공익상의 필요가 생겼는지 여부, 즉 행정처분의 무효 내지 취소 사유의 존부를 법적인 관점에서 평가 · 판단하는 것이지, 새만금사업의 추진의 타당성 여부에 대한 정책적인 관점에서 평가 · 판단하는 것이 아니지만,' 그러한 법적 평가와 판단이 정치한 법이론적 논증에 의해 뒷받침되지 못하면 자칫 사법의 정치화나 정책과잉 현상을 초래할 우려가 있기 때문이다. 인기영합적 사법정치나 사법의 정략적 이용은 절대 금물이다. 공공정책에 대한 사법적 결정에 법률적 쟁송 등 사법의 본질이나 권력분립원리 등에서 오는 한계가 따른다면 그러한 한계요인들을 적절한 수준에서 준수하는 것이 그 결정의 설득력과 존속력을 확보하는 조건이 된다. 마찬가지로 환경변화로부터 동떨어진 사법만을 위한 사법의 논리에 사로잡혀 편협한 고식적 법이론만을 앵무새처럼 읊조린다면 법치주의의 최후 보루로서의 사법부의 존재이유와 위상마저 위협받게 될 것이다.

공공정책에 대한 사법적 결정의 법리적 한계와 관련하여 이번 새만금 사건 판결이 던져주는 화두는 좀 더 구체적이고 현실적이다. 새만금 사건 판결이 대규모 공공사업의 경제성 및 사업성을 판단하기 위한 기준, 그리고 대규모 공공사업의 사업계획 수립 단계에서 환경에 대한 영향을 충분히 배려하여야 함을 밝힘으로써 환경보호의 가치를 중시하면서도, 사후에 발생된 사정변경을 이유로 사업을 취소하기 위한 법률적인 기준을 밝혔다는 의의를 가진다면, 반면에 행정부에게 그러한 중요한 공공사업이나 정책의 형성여지를 어떠한 기준과 논거에 의해 확보해 줄 것인가를 함께 고민할 필요가 있을 것이다. 우리나라 대법원의 재량심사는, 그 결과와는 상관없이, 세계적으로도 가장 실질적이고 엄격하다고 할 수 있는데, 앞에서도 지적했지만, 사안의 경중이나 대상을 가리지 아니 하고 일률적으로 모든 재량을 행정일상적 재량처럼 취급하면서 그에 대한 엄격심사형 통제방식(hard look type scrutiny)으로 일관한다면, 이는 결코 현명한 일이 아니다. 사안의 경중이나 대상의 특성을 고려한 정교한 재량통제의 판례이론의 형성을 생각해 볼 시점이 되었다. 새만금 사건 판결은 일견 소관부처나 관할 지방자치단체의 입장에서는 숙원을 풀어준 고무적인 이벤트이지만, 그 판결문을 세심히 검토해 본 공무원들로서는 아마도 진땀을 흘릴 수 있을 정도로 강력한 환경정책적 재량통제 의지가 꿈틀거리고 있다. 대규모 공공정책, 국책사업 등에 대한 사법적 통제의 미래를 전망하며 '쿠오바디스'란 말이 뇌리를 떠나지 않는 것도 바로 그 때문이다.

Ⅳ 맺 는 말

대법원의 새만금 사건 판결은 또 다른 국면에서 대규모 공공사업에 대한 환경과 개발이라는 상충하는 가치의 실천적 조화를 모색한 사법적 정책 결정의 이벤트가 되었다. 새만금사건 판결과 결론을 달리하는 입장에서는 대법원이 환경문제에 있어 사법소극주의로 후퇴하였다든지 타협적 행태를 보였다든지 하면서 비난의 화살을 돌릴지도 모르지만, 이미 앞에서 살펴 본 바와 같이, 대법원의 입장은 환경반가치나 사법소극주의와는 거리가 먼 것이다. 누가 감히 환경과 생태계의 가치를 가벼이 여길 수 있는가. 그 누가 생태계의 보고이자 금수강산의 보호막인 개펄의 가치를 백안시 할 수 있을까. 보충의견을 낸 대법관들의 번뇌는 또 누가 감히 홀대할 수 있을까. 반대의견은 지속가능성의 법리를 향한 용기 있는 투쟁(struggle) 없이는 나올 수 없었을 것이다. 그러나 공공정책에 대한 사법적 결정에 한계가 있다면, 새만금사건을 해결하기 위한 법리적 고행에서도 그 한계에 대한 좀 더 치밀한 탐구가 있었어야 하지 않았을까. 선출되지 않은 정당성의 권력, 날이 갈수록 더욱 중대하고 어려운 문제에 봉착할 가능성이 높은 '위기의 권력', 사법부가 본연의 위상과 역할을 지켜 나가기 위해서는 더욱 치열하고 설득력있는 이론적 정련과 논증에 힘을 쏟아야 한다.

참고문헌

[국내문헌]

김동건.(2000). "환경행정소송과 지역주민의 원고적격", 행정판례연구회 V, 한국행정판례연구회 편, 서울대학교 출판부(2000. 10.), 211-212.

김성수.(1998) 행정법 I, 법문사, 270-272.

김현준.(2003). 새만금간척사업의 매립목적변과 관련한 법적 문제, 녹색연합·생명회의 주최「새만금의 법적청산을 위한 토론회」발제문, 새만금 토론회자료집, 19-20.

박재완.(2002) 환경행정소송에서의 원고적격, 재판자료 제94집, 법원도서관, 216-217).

조홍식.(2000). "분산이익소송에서의 당사자적격", 판례실무연구 Ⅳ, 비교법실무연구회 편, 박영사. 9, 458.

홍준형.(1998). "행정행위 무효이론의 재검토", 『行政論叢』, 36(1), 서울대학교 행정대학원, pp. 187-209.

______.(1999). 판례행정법, 두성사, 1323.

______.(2001). 행정법총론, 제4판, 한울아카데미, 298-300.

제 4 부

분야별 법정책

제1장 국가배상과 공무원 개인책임[1]

〈차 례〉

1) 홍준형, "직무상 불법행위에 대한 공무원 개인의 손해배상책임", 『行政論叢』 제34권 제1호, pp. 1996, 85-127을 일부 수정한 글임.

I 서 론

국가배상법은 제2조에서 공무원의 위법한 직무집행행위로 인한 국가배상책임을 인정하고 있다. 이에 따라 국가·지방자치단체의 배상책임이 성립할 경우 이와는 별도로 피해자가 가해공무원에 대하여 직접 손해배상을 청구할 수 있는가 하는 문제가 제기된다. 종래 '選擇的 請求權'이라는 이름아래 다루어져 온 이 문제는 헌법 및 국가배상법의 해석 차원에서 해결되어야 할 문제인 동시에 행정상 권리구제와 공무원의 법적 책임에 관한 정책적 판단을 요하는 문제이다. 주지하는 바와 같이 국가배상책임은 위법한 행정작용에 대하여 행정이 부담하게 되는 법적 책임의 주요한 범주이다. 그 요건과 효과는 국가배상책임의 일반적인 준거법인 헌법 제29조와 국가배상법에 의해 정해져 있고 또 그에 따라 실현되는 문제이기는 하지만, 이를 단순한 법해석론적 과제라고만 보는 것은 지나치게 피상적인 견해이다. 행정비리와 불량행정의 결과는 국가의 배상책임을 발생시킴으로써 예기치 못한 행정비용(Unkosten)의 증가와 이에 따른 국고손실을 초래할 뿐만 아니라 행정에 대한 국민의 신뢰를 손상시키고 행정의 효율을 저해함으로써 '행정의 실패'를 야기하는 요인이 될 수 있다. 이처럼 국가배상책임이 단지 단순한 불법행위로 인한 손해의 전보 차원의 문제가 아니라면 이는 공무원 개인책임에 대해서도 마찬가지로 타당하다. 공무원 개인의 위법한 직무집행행위는 국가배상책임을 발생시킴으로써 국고손실과 국민의 권리이익의 침해를 초래하며 궁극적으로는 행정의 정당성 위기를 가져오는 요인이 될 수도 있다. 따라서 이에 대한 대책을 모색하는 것은 행정업무능률의 향상이나 생산성의 제고 못지않게 중요한 일이 아닐 수 없다. 직무상 위법행위에 대한 공무원의 개인책임을 인정할 것인가 하는 문제는 준거법의 해석을 통한 피해자의 손해전보라는 미시적·법학적 측면뿐만 아니라 그로 인한 배상책임을 지는 국가의 부담, 직무상 위법행위의 억제 및 제재에 대한 행정통제적·행정윤리적 요청, 직무상 위법행위로 인한 책임분담의 형평에 대한 사회적 요구, 공무원 개인이 배상책임에 노출됨으로써 초래될 수 있는 직무수행의욕의 감퇴와 원활한 직무수행의 저해 등과 같은 거시적·행정정책적 측면을 지니는 문제인 것이다. 이러한 문제의 본질을 도외시하고서는 법해석이나 법정책 어느 곳에서도 사회적으로 합당한 결론에 도달할 수 없다. 이러한 견지에서 국가배상법상 공무원의 위법한 직무집행에 대한 개인책임의 인정여부 및 인정범위에 관한 학설과 판례를 검토하고 비교법적·법정책적 논의를 통하여 문제의 해결책을 제시하려는 것이 이 글의 목적이다.

I 국가배상법상 공무원 개인의 책임에 관한 학설과 판례

1. 학 설

국가배상법상 국가나 지방자치단체 외에 가해공무원 개인에 대하여 직접 그의 위법한 직무집행으로 인한 손해의 배상을 청구할 수 있는지에 관하여는 크게 이를 일반적으로 부정하는 견해(否定說), 일반적으로 긍정하는 견해(肯定說) 그리고 고의 · 중과실의 경우에 한하여 긍정하는 견해(制限的 肯定說)가 대립하고 있다.

1.1. 부 정 설

국가 · 공공단체의 배상책임은 원래 공무원개인이 부담하여야 하는 것이지만 피해자구제의 견지에서 이를 대신하여 지는 책임이라고 이해하는 입장에서, 국가가 가해공무원을 대신하여 그 배상책임을 인수한 이상 공무원 개인에 대한 손해배상청구권(선택적 청구권)은 인정되지 않는다고 보는 견해이다. 이것은 행정법학계에서의 다수설로서,[2] 충분한 배상자력을 지니고 있는 국가(지방자치단체)가 배상책임을 지는 이상 피해자구제에는 지장이 없으며, 가해공무원 개인의 무한책임이 인정되면 이로 인해 공무원의 직무집행이 위축될 것이므로 이를 면제함으로써 행정의 원활한 기능수행을 보장할 필요가 있고, 공무원 개인이 피해자에게 직접 책임을 진다면 경과실의 경우에도 책임을 져야 하는데 이는 고의 · 중과실의 경우에만 국가의 구상권을 인정한 것과 균형이 맞지 않으며, 따라서 피해자의 구제와 공무수행상의 능률의 조화라는 관점에서 선택적 청구를 부정하는 것이 타당하다[3]는 등의 논거에 의거하고 있다. 그 결과 "이 경우 공무원 자신의 책임은 면제되지 아니한다"는 헌법 제29조 제1항 단서에 의한 책임을 국가 등의 구상에 응하는 책임(구상책임)으로 이해한다. 반면 이와는 달리 자기책임설적 입장에 서면서도 대외적으로는 국가책임만 인정하고 공무원의 개인책임은 부정하는 견해도 있으

2) 金道昶, 一般行政法論(上), 638; 李尙圭, 新行政法論(上), 611 ; 朴鈗炘, 最新行政法論(上), 657 ; 尹世昌, 行政法(上), 288 ; 卞在玉, 行政法 I, 508 등.

3) 朴鈗炘, 最新行政法講義(上), 1996, 博英社, 657.

며,[4] 후술하는 중간설의 입장에 서면서도 선택적 청구를 부인하는 견해도 있다.

1.2. 전면긍정설

이것은 공무원의 직무상 불법행위로 손해를 입은 자는 그가 속하는 국가나 지방자치단체에 대해서 뿐만 아니라 공무원 개인에 대해서도 선택적으로 손해배상을 청구할 수 있다고 보는 견해이다.[5] 이것은 헌법학계의 통설로서 그중 대표적인 논거를 보면 헌법 제29조 제1항 단서의 규정에 의한 책임은 행정내부관계에서의 구상책임에 관한 것이 아니라 가해공무원의 피해자에 대한 책임이라고 파악하는 헌법해석, 국가배상책임은 국가의 자기책임이며 민법 제35조에 의한 법인의 불법행위책임에 상응하는 것으로서 가해행위는 국가의 행위인 동시에 공무원 자신의 행위이며 국가등의 책임과 공무원 개인의 책임은 양립할 수 있으므로 가해공무원에 대해서도 선택적으로 배상을 청구할 수 있다는 점, 공무원의 직접책임을 부인하게 되면 책임의식이 박약해지는 결과를 초래할 수 있다는 점 등이 주장되고 있다. 대위책임설의 입장에 서면서도 피해구제의 신속·확실성을 기한다는 취지에서 선택적 청구가 허용된다고 하는 견해도 있다.[6]

---

4) 徐元宇, 現代行政法論, 上, 701

5) 文鴻柱, 韓國憲法, 275; 그 밖에 俞鎭午, 姜炳斗, 朴一慶, 丘秉朔 등의 견해.

6) 金哲洙, 憲法學概論, 博英社, 1995, 618-619 및 618 각주 1. 공무원에 대한 직접청구를 허용하면 절차도 간단하고 배상심의위원회를 거칠 필요도 없으며 국가배상법의 배상기준적용도 받지 않기 때문에 피해자에게 유리하다는 점을 감안한 것이라고 한다.

1.3. 제한적 긍정설

이것은 고의·중과실의 경우에 한하여 선택적 청구권을 인정하는 견해지만, 그 논거는 한결같지 않다. 국가의 배상책임을 공무원의 위법행위가 輕過失에 기한 것인 때에는 自己責任으로, 故意·重過失에 의한 것인 때에는 代位責任으로 보는 중간설의 견지에서 전자의 경우에 한하여 선택적 청구권을 인정하는 견해가 있는 반면, 자기책임설의 입장에 서서 고의·중과실의 경우에 한하여 선택적 청구권을 인정하는 견해도 있다. 후자는 경과실의 경우에도 민법의 규정에 따라 공무원이 개인책임을 지도록 하는 것은 국가배상법 제2조 제2항이 경과실의 경우에는 공무원이 국가에 대해 지는 구상책임을 면제한 것과 균형이 맞지 않으므로 그 입법취지를 고려하여 공무원의 민사상 배상책임도 고의·중과실의 경우에 한정되는 것으로 보아야 한다고 주장한다.[7] 한편 일본에서 주장되고 있는 고의의 경우에 한해서만 공무원 개인책임을 인정하자는 가중제한적 긍정설을 취하는 학자는 거의 없다.[8]

2. 판　　례

판례는 종래 선택적 청구권을 인정하는 입장을 견지해 왔다. 즉, 大法院은 일련의 판례에서 직무상 불법행위를 한 공무원은 국가배상법상의 공무원 자신의 책임에 관한 규정여하에 관계없이 손해를 입은 자에 대하여 민사상의 손해배상책임을 진다고 판시해왔고,[9] 문

7) 金鐵容, 國家賠償法 제2조에 관한 연구, 건국대학교 박사학위논문, 1975, 129.

8) 阿部泰隆, 國家補償法, 有斐閣, 1988, 70; 大阪高判 1962.5.17, 高民集 15卷6號 403 등.

헌 역시 이러한 판례의 입장을 긍정설로 파악해왔다.

> "헌법 제26조 단서는 국가 또는 공공단체가 불법행위로 인한 손해배상책임을 지는 경우 공무원 자신의 책임은 면제되지 아니한다고 규정하여 공무원의 직무상 불법행위로 손해를 받은 국민이 공무원 자신에 대하여도 직접 그의 불법행위를 이유로 손해배상책임을 청구할 수 있음을 규정하여 국가배상법의 공무원 자신의 책임에 관한 규정여하를 기다릴 것 없이 공무원자신이 불법행위를 이유로 민사상의 손해배상책임을 져야 할 법리이다."[10]

그러나 대법원은 1994년 4월 12일자 판결에서 다음과 같이 판시함으로써 선택적 청구권을 정면에서 부정했다.

> "공무원의 직무상 불법행위로 인하여 손해를 받은 사람은 국가 또는 공공 단체를 상대로 손해배상을 청구할 수 있고, 이 경우에 공무원에게 고의 또는 중대한 과실이 있는 때에는, 국가 또는 공공단체는 그 공무원에게 구상할 수 있을 뿐, 피해자가 공무원 개인을 상대로 손해배상을 청구할 수 없다. 따라서 교통사고를 낸 공무원이 피해자와 합의한 금원을 보험회사인 피고에게 청구할 수는 없다"[11]

---

9) 대법원 1972.10.10 선고 69다701판결. 그 밖에 공무원과 국가는 손해배상책임에 관하여 부진정연대채무자의 지위에 있다는 판결(대법원 1972. 2. 22 선고 71다2535판결)이 있고, 또 집달리의 가해행위에 의한 손해배상청구에 있어서 국가배상을 인정한 판결(대법원 1966. 7. 26 선고 66다854판결) 뿐만 아니라 집달리 자신에 대한 직접청구를 인정한 판결(대법원 1966. 1. 25 선고 65다2318판결)이 있다.

10) 대법원 1972. 10. 10 선고 69다701판결.

11) 대법원 1994. 4. 12 선고 93다11807판결. 이것은 경찰서 경비과장인 원고가 경찰차량에 방위병을 태우고 운전하고 가다가 차량을 전복시켜 위 방위병을 치상케 한 후 위 방위병과 합의한 금액을 피고 보험 회사를 상대로 청구한 사건에서 이를 인용한 원심판결을 대법원이 파기환송한 사건이다. 이 판결에 대한 평석으로는 대법원판례해설 21(15. 공무원의 직무상 불법행위와 공무원 자신의 손해배상책임, 최세모), 민사재판의 제문제 8(국가배상과 공무원의 개인책임, 김기동) 공무원에 대한 배상청구권(정하중, 법률신문 1994. 9. 5), 국가배상과 공무원의 개인책임(김기동, 법조 1994. 10.), 공무원의 직무상 불법행위와 공무원 개인의 손해배상책임(차한성, 민사판례연구 17) 등을 참조.

이것은 대법원이 판례변경의 절차를 거치지도 않은 채 종전의 판례를 전격적으로 폐기한 것이어서 그것만으로도 적지 않은 우려와 비판의 소지를 지니고 있었다. 아닌게 아니라 이 판례의 타당성에 대해서는 강력한 비판이 제기되었다. 즉, 우리 헌법이 국가의 배상책임 이외에 따로 공무원의 책임을 명시하고 있는 것(§ 29 ① 단서)은 제1차적으로는 국가내부에서의 공무원의 책임(기관내부에서의 변상책임 · 공무원법상의 책임)을 명시하는 것이지만 제2차적으로는 '공무원의 국민에 대한 책임'(§ 7 ①, 즉 국민에 대한 형사책임 및 정치적 책임을 밝히는 것이라고 보아야 한다는 주장[12]이나 경과실인 경우)에는 몰라도 고의나 중과실에 의하여 국가배상책임을 발생케 한 공무원에 대해서는 직접 배상책임을 지도록 해야 한다는 주장[13] 등이 제기되었다. 그러나 대법원은 1996년 2월 15일 전원합의체판결에서 공무원의 개인책임이 배제되는 것은 경과실의 경우에 한하며 고의 또는 중과실의 경우에는 공무원의 개인책임이 인정된다고 판시함으로써[14] 다시금 위의 판례를 번복하였다.

〈대법원의 1996년 2월 15일 전원합의체판결〉

"[1] [다수의견] 헌법 제29조 제1항 단서는 공무원이 한 직무상 불법행위로 인하여 국가등이 배상책임을 진다고 할지라도 그 때문에 공무원 자신의 민 · 형사책임이나 징계책임이 면제되지 아니한다는 원칙을 규정한 것이나, 그 조항 자체로 공무원 개인의 구체적인 손해배상책임의 범위까지 규정한 것으로 보기는 어렵다.

---

12) 許營, 『韓國憲法論』, 1995, 552, 763.

13) 金鐵容, "공무원개인의 불법행위책임"(判例月報 1994, 290), 31 각주 25.

14) 이 판결에 찬동하는 견해로는 金東熙, "公務員이 職務執行中 不法行爲로 타인에게 損害를 입힌 경우, 公務員의 個人責任 成立與否", 判例月報 1996/6(309號), 25-32, 반대하는 견해로는 鄭夏重, 判例月報; 柳至泰, "公務員의 行政上 損害賠償責任", 法律新聞 1996. 4. 29., 14-15 등을 참조.

[별개의견] 헌법 제29조 제1항 단서의 공무원 개인책임은 그 본문과 연관하여 보면 이는 직무상 불법행위를 한 그 공무원 개인의 불법행위책임임이 분명하며, 여기에서 말하는 불법행위의 개념은 법적인 일반개념으로서, 그것은 고의 또는 과실로 인한 위법행위로 타인에게 손해를 가한 것을 의미하고, 이 때의 과실은 중과실과 경과실을 구별하지 않는다는 일반론에 의문을 제기할 여지가 없어 보인다.

[반대의견] 헌법 제29조 제1항 단서의 규정은 직무상 불법행위를 한 공무원 개인의 손해배상책임이 면제되지 아니한다는 것을 규정한 것으로 볼 수는 없고, 이는 다만 직무상 불법행위를 한 공무원의 국가 또는 공공단체에 대한 내부적 책임 등이 면제되지 아니한다는 취지를 규정한 것으로 보아야 한다.

[2] [다수의견] 국가배상법 제2조 제1항 본문 및 제2항의 입법취지는 공무원의 직무상 위법행위로 타인에게 손해를 끼친 경우에는 변제자력이 충분한 국가 등에게 선임감독상 과실 여부에 불구하고 손해배상책임을 부담시켜 국민의 재산권을 보장하되, 공무원이 직무를 수행함에 있어 경과실로 타인에게 손해를 입힌 경우에는 그 직무수행상 통상 예기할 수 있는 흠이 있는 것에 불과하므로, 이러한 공무원의 행위는 여전히 국가 등의 기관의 행위로 보아 그로 인하여 발생한 손해에 대한 배상책임도 전적으로 국가 등에만 귀속시키고 공무원 개인에게는 그로 인한 책임을 부담시키지 아니하여 공무원의 공무집행의 안정성을 확보하고, 반면에 공무원의 위법행위가 고의·중과실에 기한 경우에는 비록 그 행위가 그의 직무와 관련된 것이라고 하더라도 그와 같은 행위는 그 본질에 있어서 기관행위로서의 품격을 상실하여 국가 등에게 그 책임을 귀속시킬 수 없으므로 공무원 개인에게 불법행위로 인한 손해배상책임을 부담시키되, 다만 이러한 경우에도 그 행위의 외관을 객관적으로 관찰하여 공무원의 직무집행으로 보여질 때에는 피해자인 국민을 두텁게 보호하기 위하여 국가 등이 공무원 개인과 중첩적으로 배상책임을 부담하되 국가 등이 배상책임을 지는 경우에는 공무원 개인에게 구상할 수 있도록 함으로써 궁극적으로 그 책임이 공무원 개인에게 귀속되도록 하려는 것이라고 봄이

합당하다.

[별개의견] 국가배상법 제2조 제2항의 입법취지가 공무원의 직무집행의 안정성 내지 효율성의 확보에 있음은 의문이 없는 바이나, 위 법 조항은 어디까지나 국가 등과 공무원 사이의 대내적 구상관계만을 규정함으로써, 즉 경과실의 경우에는 공무원에 대한 구상책임을 면제하는 것만으로써 공무집행의 안정성을 확보하려는 것이고, 대외적 관계 즉 피해자(국민)와 불법행위자(공무원) 본인 사이의 책임관계를 규율하는 취지로 볼 수는 없다. 그것은 국가배상법의 목적이 그 제1조가 밝히고 있는 바와 같이 국가 등의 손해배상책임과 그 배상절차 즉 국가 등과 피해자인 국민 간의 관계를 규정함에 있고 가해자인 공무원과 피해자인 국민 간의 관계를 규정함에 있는 것이 아닌 점에 비추어 보아도 명백하다.

[반대의견] 헌법 제29조 제1항 및 국가배상법 제2조 제1항의 규정이 공무원의 직무상 불법행위에 대하여 자기의 행위에 대한 책임에서와 같이 국가 또는 공공단체의 무조건적인 배상책임을 규정한 것은, 오로지 변제자력이 충분한 국가 또는 공공단체로 하여금 배상하게 함으로써 피해자 구제에 만전을 기한다는 것에 그치는 것이 아니라, 더 나아가 국민 전체에 대한 봉사자인 공무원들로 하여금 보다 적극적이고 능동적으로 공무를 수행하게 하기 위하여 공무원 개인의 배상책임을 면제한다는 것에 초점이 있는 것으로 보아야 한다.

[3] [다수의견] 공무원이 직무수행 중 불법행위로 타인에게 손해를 입힌 경우에 국가 등이 국가배상책임을 부담하는 외에 공무원 개인도 고의 또는 중과실이 있는 경우에는 불법행위로 인한 손해배상책임을 진다고 할 것이지만, 공무원에게 경과실뿐인 경우에는 공무원 개인은 손해배상책임을 부담하지 아니한다고 해석하는 것이 헌법 제29조 제1항 본문과 단서 및 국가배상법 제2조의 입법취지에 조화되는 올바른 해석이다.

[별개의견] 공무원의 직무상 경과실로 인한 불법행위의 경우에도 공무원 개인의 피해자에 대한 손해배상책임은 면제되지 아니한다고 해석하는 것이, 우리 헌법의 관계 규정의 연혁에 비추어 그 명문에 충실한 것일 뿐만 아니라 헌법의 기본권보장 정신과 법치주의의 이념에도 부응하

는 해석이다.

[반대의견] 공무원이 직무상 불법행위를 한 경우에 국가 또는 공공단체만이 피해자에 대하여 국가배상법에 의한 손해배상책임을 부담할 뿐, 공무원 개인은 고의 또는 중과실이 있는 경우에도 피해자에 대하여 손해배상책임을 부담하지 않는 것으로 보아야 한다.

[반대보충의견] 주권을 가진 국민 전체에 대한 봉사자로서 공공이익을 위하여 성실히 근무해야 할 공무원이 공무수행 중 국민에게 손해를 가한 경우, 국민의 봉사자인 공무원이 봉사 대상이 되는 피해자인 국민과 직접 소송으로 그 시비와 손해액을 가리도록 그 갈등관계를 방치하는 것보다는 국가가 나서서 공무원을 대위하여 그 손해배상책임을 지고, 국가가 다시 내부적으로 공무원의 직무상 의무의 불이행 내용에 따라 고의·중과실이 있는 경우에만 구상의 형태로 그 책임을 물어 공무원의 국민과 국가에 대한 성실의무와 직무상 의무의 이행을 제도적으로 확보하겠다는 것이, 헌법 제29조 제1항 단서와 국가배상법 제2조 제2항의 취지라고 해석함이 이를 가장 조화롭게 이해하는 길이 될 것이다.

[4] [다수의견] 공무원의 직무상 위법행위가 경과실에 의한 경우에는 국가배상책임만 인정하고 공무원 개인의 손해배상책임을 인정하지 아니하는 것이 피해자인 국민의 입장에서 보면 헌법 제23조가 보장하고 있는 재산권에 대한 제한이 될 것이지만, 이는 공무수행의 안정성이란 공공의 이익을 위한 것이라는 점과 공무원 개인책임이 인정되지 아니하더라도 충분한 자력이 있는 국가에 의한 배상책임이 인정되고 국가배상책임의 인정요건도 민법상 사용자책임에 비하여 완화하고 있는 점 등에 비추어 볼 때, 헌법 제37조 제2항이 허용하는 기본권 제한 범위에 속하는 것이라고 할 것이다.

[별개의견] 아무리 공무집행의 안정성이 공공의 이익에 속한다고 하더라도 그것은 어디까지나 공무집행이 적법하여야만 공공의 이익으로 되는 것이고 위법한 공무집행의 안정성이 공공의 이익에 부합될 수 없으며, 위법한 공무집행으로 손해를 입은 피해자에게 그 손해를 감수하라고 하는 것은 명분이 서지 않는다. 반대로 위법행위의 억제 기능이 느슨해

져서 국가의 재정 부담이 증가하면 그것이 공공의 이익에 반하는 결과가 될 것이다. 뿐만 아니라 공공복리를 위하여 필요한 경우에도 국민의 기본권 제한은 반드시 법률로써 하여야 할 것인데, 그러한 법률이 없는데도 해석으로 이를 제한하는 것은 경계할 일이다.

[5] [다수의견] [3]항의 법리는 피해자가 헌법 제29조 제2항, 국가배상법 제2조 제1항 단서 소정의 공무원으로서 위 단서 조항에 의하여 법률에 정해진 보상 외에는 국가배상법에 의한 배상을 청구할 수 없는 경우라고 하여 달리 볼 것은 아니다. 왜냐하면 헌법 제29조 제2항은 군인, 군무원, 경찰공무원, 기타 법률이 정한 공무원의 경우 전투, 훈련 등 직무집행과 관련하여 받은 손해에 대하여 법률이 정하는 보상 외에 국가 등에 대하여 공무원의 직무상 불법행위로 인한 배상을 청구할 수 없도록 규정하고 있고 국가배상법 제2조 제1항 단서도 이를 이어 받아 이를 구체화하고 있지만, 이는 군인 등이 전투, 훈련 등과 관련하여 받는 손해에 한하여는 국가의 손해배상을 인정하지 아니하고 법률이 정한 보상만을 인정함이 타당하다는 헌법적 결단에 의한 것이기 때문이다.

[반대보충의견] 군인등은 그 직무의 특수성으로 직무상 사고를 당할 고도의 위험성이 있으므로 그 직무집행중의 사고에 의한 위험은 국가가 이를 인수하여 그 피해자를 국가유공자로 예우하면서 그 사고에 대하여는 배상이 아닌 보훈 차원에서 종합적으로 배려하여 보상으로 해결하겠다는 것이 헌법 제29조 제2항의 취지라 할 것이다.[15]

15) 대법원 1996.2.15 선고 95다38677판결(공96.3.15.[6], 771 손해배상(자) (나) 파기환송). 이 판결에는 대법관 4인의 별개의견과 대법관 2인의 반대의견이 붙어 있다. 이후 대법원은 1996년 3월 8일자 판결(94다23876)에서 동일한 법리를 재확인했다(다만 대법원은 공무원이 자동차를 운행하여 공무집행을 하던 중 사고로 타인을 사상케 한 경우 그 공무원 개인은 자동차손해배상보장법에 의하여 개인적으로 책임을 부담하며 경과실면책은 인정되지 아니한다고 판시했다).

III 국가배상책임과 공무원 개인책임에 관한 비교법적 고찰

1. 일 본

일본의 경우 국가나 공공단체 이외에 가해공무원 자신이 피해자에 대하여 직접 손해배상책임을 부담하는지 여부에 관하여 우리나라와 유사하게 부정설, 제한적 긍정설, 긍정설이 대립하고 있다. 이에 관하여는 일본 국가배상법 제1조에 의한 책임은 국가의 자기책임이고 본래 공무원의 책임과는 무관한 것으로서 국가가 책임을 부담하는 것과 공무원 개인의 책임과는 별개의 문제이며 따라서 원칙론으로는 국가가 책임을 부담한다고 하여 공무원의 책임이 배제된다고 해야할 근거는 존재하지 않는다는 이유에서 공무원도 국가와 병행적으로 개인책임을 지는 것이라는 견해[16)]가 있고, 국가책임과 별도로 공무원이 고의 또는 중과실이 있는 경우 피해자에 대하여 직접 책임을 인정한 하급심판례[17)]도 있으나 이를 부정하는 것이 통설[18)]이자 확립된 판례[19)]이다. 제한적 긍정설은 고의 또는 중과실이

16) 今村成和, 國家補償法, 有斐閣, 1957, 122.

17) 東京地判 1971. 10. 11, 判例時報 644號, 22; 札幌地判 1971.12.24, 判例時報 653號 22.

18) 塩野 宏, 行政法 II, 有斐閣, 1992, 251; 下山瑛二, 國家補償法, 1973, 246-247; 稲葉馨, 公權力の行使にかかわる關賠償責任, 現代行政法大系 6, 1983, 53; 西埜 章, 國家賠償責任と違法性, 一粒社, 1987, 42; 古崎慶長, 國家賠償法, 有斐閣, 1971, 197이하; 小高剛, 公務員個人の責任, 現代損害賠償法講座 6, 日本評論社, 1974 등. 한편 명치헌법하에서는 국가의 배상책임은 물론 공무원 개인의 책임도

있는 경우에 한하여 공무원 개인의 책임을 인정하는 견해이며 다시 이를 더 제한하여 고의가 있는 경우에만 공무원 개인책임을 인정하는 가중제한적 긍정설도 주장되고 있다.[20] 일본의 경우 일반적으로 대위책임설의 입장에서는 부정설을 취하고 자기책임설의 입장에서는 제한적 긍정설 내지 긍정설을 취하는 경향이 있으나 이는 반드시 논리필연적 귀결은 아니며 별개의 검토를 요하는 문제라고 이해되고 있다.[21]

2. 독 일

독일의 경우 직무상 불법행위에 대한 공무원 개인의 책임은 국가배상책임의 대위책임설적 이해에 따라 일반적으로 부정되고 있다. 즉 대위책임설에 따르면 국가·공공단체의 배상책임은 원래 공무원 개인이 부담하여야 할 책임이지만 피해자구제의 견지에서 충분한 賠償資力을 가진 국가·공공단체가 책임을 인수한 것(Haftungsübernahme)이라고 보기 때문에 국가가 배상책임을 지는 이상 공무원 개인에 대한 손해배상청구를 인정할 필요는 없다는 것이다. 이는 독일법상 職務責任(Amtshaftung)의 기본사상이었고 또 1981년 6월 26일 연

인정되지 않았다고 한다.

19) 最高裁 1955. 4. 19(民集 9·534); 行政判例百選 II 138사건; 1978. 10. 20(民集 32·1367) 등.

20) 阿部泰隆, 國家補償法, 有斐閣, 1988, 70; 大阪高判 1962. 5. 17, 高民集 15卷 6號 403. 塩野 宏(行政法 II, 252) 역시 그와 유사하게 공무원이 그 사리사욕을 위해 불법행위를 한 경우 외형표준설에 의하여 국가배상책임이 성립하는 것으로 보는 경우에는 공무원의 피해자에 대한 면책을 그대로 유지할 수 있을지 의문이라는 태도를 보이고 있다.

21) 下山瑛二, 國家補償法, 1973, 246-247; 稲葉馨, 公權力の行使にかかわる關賠償責任, 現代行政法大系 6, 1983, 53; 西埜 章, 國家賠償責任違法性, 一粒社, 1987, 42 및 각주 1에 인용된 문헌들을 참조.

방헌법재판소의 위헌판결[22]에 의해 국가책임법(Staathaftungsgesetz)이 좌절된 이후 현재까지도 통용되는 법리에 따른 결과이다. 물론 당초에는 공무원의 고의·과실에 의한 위법행위로 인하여 손해를 입은 국민에게 오로지 공무원 개인의 민사상의 책임에 근거한 배상청구권만이 인정되었다(ALR §§ 89-91 II 10). 이러한 규율태도는 1900년에 발효된 民法(BGB) 제839조에 의해서도 답습되었고, 이른바 委任의 限界理論(Mandatstheorie)에 의해 정당화되었다. 이에 따르면 공무원은 오로지 적법한 행위만을 위임(Mandat: Auftrag)받고 있는 것이므로 그의 위법한 행위는 국가에 귀속될 수 없으며 단지 그 공무원의 개인적 책임으로 돌아가야만 한다. 따라서 그 공무원 개인이 자신의 위법행위에 대하여 일반적인 불법행위규정에 따른 책임을 부담해야 한다는 것이다.[23] 반면 그 배상청구권이 가해공무원에 대하여만 행사될 수 있었으므로 배상의 실현가능성은 그 공무원 개인의 지불능력(Zahlungsfähigkeit)에 의존할 수밖에 없었는데, 공무원의 배상자력이 불충분하다는 사실이 판명됨에 따라 결국 국가나 공공단체가 법률규정에 의해 가해공무원 대신에 책임을 지도록 하는 職務責任制度가 성립되었다. 대표적인 예로 1909년의 프로이센 國家責任法 제1조 제1항은 「공무원이 자기에게 위임된 공권력의 행사에 있어서 고의 또는 과실로 제3자에 대하여 지는 직무의무를 위반한 때에는 민법 제839조에 규정된 공무원책임을 국가가 대위한다.」고 규정했고 이것은 바이마르헌법을 거쳐 오늘날 기본법 34조로 계승되었다. 이러한 국가에 의한 責任의 引受는 당시 두 가지 이유에서 뒷받침되었고 또 도입되었다. 첫째, 피해를 입은 시민에게 국가라는 지불능력을

22) BVerfGE 61, 149 = DÖV 1982, 982 mit Anmerkung. Ossenbühl.

23) Maurer, § 25 Rn.3.

갖춘 채무자를 확보해 주어야 한다는 피해자보호의 요청, 둘째, 피해자에 대해 가해공무원 개인이 무한책임을 질 위험으로 말미암은 공무원의 이니시어티브와 직무수행의욕의 감퇴를 방지해야 한다는 행정의 원활한 기능수행(Funktionsfähigkeit der Verwaltung)에 대한 고려가 그것이었다.[24] 다만 이러한 책임의 인수는 공법적 활동영역에 한해서만 인정되었고, 私法的 행정활동에 대해서는 예나 지금이나 역시 공무원 개인이 책임을 지도록 되어 있다. 한편 주목할 만한 사실은 위헌으로 무효화되기는 했지만, 1981년의 國家責任法은 자기책임설에 입각하면서도 공무원의 개인책임을 부정하는 입장을 취하고 있었다는 것이다.[25] 이 점은 독일에서도 국가배상책임의 본질이해와 공무원 개인책임의 인정여부가 논리필연적으로 연관되어 있지 않다는 사실을 말해준다.

3. 프 랑 스

國家賠償責任을 국가나 공법인의 自己責任으로 파악하는 것은 주지하는 바와 같이 프랑스 국가보상법의 기초가 되고 있다. 물론 프랑스에서도 당초 19세기 전반까지는 주권의 당연한 결과로서 국가무책임원칙이 유지되고 있었고 공무원개인의 책임만이 민사법원의 관할로서 다루어졌다. 그러나 공무원의 개인책임을 추궁하기 위한 손해배상청구소송을 제기하려면 꽁세유데따(Conseil d'État: C.E.: 프랑스 행정법원)의 허가를 받아야 했고 그 허가가 부여된 경우가 드물었기

---

24) Maurer, § 25 Rn.5.

25) 1981년의 국가책임법(Staatshaftungsgesetz vom 26 .Juni. 1981, BGBl. I. S.553) 제1조 제1항 및 제3항: Maurer, § 30 Rn.15-16, 34; 柳至泰, 『行政法新論』, 新英社, 1996, 337.

때문에 현실적으로 공무원의 개인책임은 예외적으로만 인정되고 있었다. 국가무책임의 원칙은 이른바 국가의 주권적 작용이 아닌 관리작용(gestion)에 관하여 국가가 사용하는 자의 행위로 인해 발생한 손해를 전보할 책임을 진다는 원칙을 선언한 관할재판소(Tribunal des Conflits: T.C.)의 블랑꼬 판결(Blanco; Confl., 1873. 2. 8., Gr.Ar., n°1)에 의하여 포기되었다. 블랑꼬 판결 몇달후 관할재판소는 띠에 판결(Pelletier; Confl, 1873. 7. 30., Gr.Ar., n°2)을 통해 국가책임과 공무원책임의 상호배제원칙, 즉 '責任非重複'(non-cumul des responsabilités)의 원칙을 확립했다. 띠에 판결에서 관할재판소는 "행정작용으로 인한 손해의 배상책임이 일률적으로 공무원 개인에게만 귀속되고 민사법원에 의하여 처리됨으로써 행정의 기능수행에 개입하는 결과가 된다면 이는 권력분립의 원칙을 침해하는 것"이므로 공무원 개인책임이 성립하는 경우와 국가의 책임이 성립하는 경우를 구별해야 한다고 판시했다. 이에 따라 프랑스의 국가배상제도는 정상적인 직무수행으로부터 分離될 수 있는 행위자의 個人過失(faute personnelles, détachable de l'exercice normal de la fonction administrative)과 役務過失(faute de service; 機關過失)을 구별하여 前者의 경우는 공무원 개인의 배상책임으로서 이를 민사법원에서 민법(Code civil)의 규정(§ 1382)에 따라 처리하고, 後者의 경우에는 국가(公法人)의 自己責任을 인정하여 이를 행정법원에서 공법적 기준에 의하여 처리하는 이원적 체계를 취하게 되었다.[26]

---

26) 또한 프랑스행정법에서는 제한된 경우에 예외적으로 인정되는 유형이기는 하지만 無過失責任(reponsabilité sans faute)으로서 危險責任(reponsabilité pour risque)과 위험개념의 매개없이도 일정한 경우 성립하는 특수한 유형의 무과실책임이 인정되고 있는데, 이들 역시 국가의 自己責任으로서 인정되고 있다(Rivero, 356ff).

프랑스의 국가배상책임법제를 이해함에 있어 주의해야 할 점은 역무과실의 경우 과실이란 주관적 과실이라기 보다는 오히려 客觀的인 瑕疵에 가까운 개념이라는 사실이다. 물론 역무과실에 의한 책임도 과실책임이라고 볼 수는 있으나 여기서 말하는 과실이란 독일법상의 과실개념 보다 훨씬 객관성을 띠는 개념이기 때문이다.[27] 또한 프랑스법에 있어 모든 종류의 역무과실이 국가배상책임을 성립시키는 것은 아니라는 점을 인식할 필요가 있다. 역무과실은 판례상 중과실(faute lourde)과 단순과실(faute simple)로 구분되는데, 법관이 판단하기에 특별히 어렵고 근본적인 중요성을 띤 역무에 있어서는 중과실이 있는 경우에만 국가배상책임이 성립하는 것으로 보고 있기 때문이다.[28] 이 점은 이제까지 국내문헌에서 제대로 소개되지 안았던 사실이다. 가령 경찰역무의 경우, 특별한 곤란성이 따르지 않는 내근사무를 수행하는 때에는 단순과실만으로도 국가배상책임을 인정할 수 있고 또 무기사용으로 인한 사고와 같이 국가의 무과실책임이 인정되는 예외적인 경우를 제외하고는, 원칙적으로 중과실이 있는 경우에만 국가배상책임을 인정하고 있다.[29] 그 밖에도 중과실이 있는 경우에만 국가배상책임이 인정되는 경우로는 소방활동, 자치단체의 감독권행사, 병원에서의 의료상의 책임, 재정행정활동 등을 들 수 있다.[30]

프랑스에 있어 국가배상책임은 역무과실에 의한 自己責任으로 이해되고 있다. 따라서 국가나 공법인의 책임이 성립하는 이상, 그

27) M. Fromont, Staatshaftungsrecht in Frankreich, DÖV 1982, 928.

28) Rivero/Waline, n°287.

29) Rivero/Waline, n°287; C.E., 1972. 10. 20., Marabout, A.J., p.597; 1984. 2. 10., Mme Dufour, A.J., 1984, 403.

30) Rivero/Waline, n°287.

한도내에서 공무원 개인의 책임이 성립할 여지는 없다. 국가나 공법인이 그 역무의 흠으로 인하여 책임을 진다는 것과 공무원이 그 직무와 무관한 관계에서 범한 개인과실에 의해 민사상 책임을 진다는 것은 별개의 문제라고 이해하기 때문이다. 그 결과 국가와 공무원 개인에 대한 선택적 청구권의 문제도 원칙적으로 발생하지 않는다. 이것이 당초 프랑스에서 발전된 자기책임의 법리였다. 그러나 이러한 의미의 자기책임설을 바탕으로 하면서도 국가책임과 공무원개인의 책임이 상호 배척하는 것은 아니며 오히려 중첩가능한 관계에 설 수 있다고 보는 것이 오늘날 프랑스행정법의 학설과 판례의 태도이다.[31] 즉 띠에(Pelletier) 판결 이래 국가책임과 공무원책임의 상호배제원칙, 즉 '責任非重複'의 원칙에 따라 역무과실은 공무원 개인의 책임으로 돌릴 수 없으며, 국가의 책임만이 성립한다는 원칙이 확립되었으나, 그 결과는 피해자가 종종 손해전보에 불충분한 공무원의 개인재산에 의해서만 배상을 받을 수 있었기 때문에 매우 불합리한 것으로 비판되었다. 그리하여 판례는 일정한 경우 개인과실과 역무과실이 함께 손해의 발생에 경합한 것으로 볼 수 있다는 것을 시인하기 시작했다. 1911년의 앙그 판결(Anguet: C.E., 1911.2.3., Gr.Ar., n°26)이 그 예인데 이 사건에서 정상적인 근무시간 이전에 문이 닫기는 바람에 제대로 관리되지 않은 비상구를 통해 나가려다(역무과실) 우체국직원에게 공격을 받아 부상을 입은(개인과실) 원고에게 민사법원에서 당해 우체국직원의 개인과실을 근거로 민사상 손해배상을 청구하거나 행정법원에서 역무과실을 근거로 공법인에게 손해배상을 청구함으로써 피해 전부의 배상을 받을 수 있는 선택권을 갖는다는 법리가 인정되었다. 그러나 이것은 어디까지나 '過失의 重複'(cumul

---

31) Rivero/Waline, n°278, 231-232.

de la faute)에 해당하는 것이었을 뿐, 동일・단일한 과실에 의하여 국가배상책임과 공무원 개인의 책임이 동시에 성립하게 된 사례는 아니었다. 책임의 중복을 부인하는 판례이론이 정면에서 번복된 것은 1918년 르모니에(Lemonnier)판결(C.E., 1918.7.26, Gr.Ar., n°36)에 의해서였다. 이 사건에서 행정법원(C.E.)은 공무원이 그가 수행하는 역무에 따라 자신이 사용할 수 있는 수단이나 권한에 의해서만 개인과실을 범할 수 있는 이상, "과실(faute)은 역무(service)에서 분리될 수 있을 것이나, 역무는 과실로부터 분리되지 않는다"고 설파한 블랭(Blum)의 논고를 받아들였다. 이 경우 역무과실이 없더라도 문제가 되는 것은 아니며, 따라서 피해자는 공무원 개인을 상대로 민사상 손해배상을 청구하거나 국가(공법인)을 상대로 하여 국가배상책임을 추궁하는 소송을 제기할 수 있다고 판시한 것이다. 이 법리는 당초 직무수행중에(en service commandé)에 과실을 범한 유일한 경우에 한하여 적용되었으나, 이후 직무수행과 무관하게, 즉 직무외의 영역에서 역무에 의해 제공된 수단들에 의해 발생한 피해에 대해서까지 계속 확대적용되었다.[32] 물론 이러한 역무와의 연관성은 피해가 개인적 적대감에 따라 의도적으로 야기된 경우에는 인정되지 않았다.[33] 그러나 역무와의 연관성이 전혀 없는 경우가 아닌 한 책임의 중복이 인정됨으로써 르모니에판결 이후 피해자에게는 "責任重複"(cumul des rspon-sa- bilités)의 원칙에 따라 국가배상을 청구하거나 아니면 가해공무원 개인에게 민사상 손해배상을 청구할 수 있는 선택권이 인정되게 되

32) C.E., 1949. 11. 18., Dlle Mimeur, GR.Ar., n°74(군용트럭을 사용하여 길을 우회한 군운전병에 의해 발생한 사고); Sadoudi, A.J.D.A., 1973, 606(규정상 숙소에 보관하도록 되어 있는 권총에 의해 경관이 저지른 의도하지 않은 살인행위).

33) C.E., 1954. 6. 23., Vve Litzler, Rec., 376: 세관원이 그 사생활의 범위에서 통상적으로 지급되는 무기에 의해 살인을 한 경우).

었다. 공권력의 주체가 그 공무원들에게 과실을 범할 수 있는 수단이나 계기를 제공함으로써 국민을 그로 인한 위험에 노출시킨 이상 그 위험이 현재화되어 발생한 손해를 배상해야 한다는 일종의 위험책임과 법리가 적용되고 있는 것이다.[34] 그리하여 개인의 과실은 그것이 역무와 전혀 무관한 경우가 아닌 한, 공권력의 배상책임을 발생시키는 새로운 인자가 되었다고 지적되고 있다.[35] 주목해야 할 것은 당초 민사상 책임만을 발생시키는 것으로 이해되었던 개인과실이 국가의 책임을 발생시키는 사유가 되었다는 사실이다. 이는 개인책임을 전제로 국가책임을 인정한 것이므로, 국가책임을 전제로 개인책임의 성립여하를 문제로 삼는 우리나라의 접근방식과 뚜렷이 대조된다.

여기서 중요한 것은 이처럼 책임의 중복을 성립시키는 개인과실이 과연 어떤 것인가 하는데 있다. 개인과실과 역무과실의 구별은 전자는 후자와 달리 그 직무수행으로부터 분리될 수 있는 것이라는 관념에 의거하고 있다.[36] 그러한 경우로는 가령 직무수행의 범위 밖에서 직무수행과 무관하게 범한 과실(물리적 분리: détachement matériel), 직무수행중 범한 것일지라도 심리적으로 분리될 수 있는(psychologiqument détachable) 과실, 가령 자기이익의 추구, 피해자에 대한 적대감, 복수심 등과 같은 개인적 동기(mobiles personnels)에 의하거나 과실의 예외적 중대성(gravité exceptionnelle de la faute)이 난폭성·잔인성·성급함·비겁성 등과 같은 개인적 성품의 결과로만 설명될 수 있는 경우, 그리고 형사과실(faute pénale) 등을 들 수 있다.[37]

34) Rivero/Waline, n°301, 250.

35) Rivero/Waline, 250-251.

36) Rivero/Waline, n°296, 248.

37) Rivero/Waline, n°296, 248. 라페리에르(Laferrière)의 표현을 빌리자면 "다소

따라서 공무원이 이러한 개인과실을 역무와 관련하여 범하는 경우에는 피해자에게 선택적 청구권이 인정된다는 결과가 되는데, 이를 우리나라의 법관념으로 보면 대체로 고의나 중과실에 가까운 것이라고도 할 수 있겠지만,[38] 이를 반드시 고의·중과실과 개념적으로 동일한 것으로 볼 수 있을지는 의문이다. 프랑스법상의 개인과실이란 실은 판례에 의해 사례별로 인정된 것이어서 이를 개념적으로 일반화할 수 없을 뿐만 아니라 그 과실(faute)과 우리나라 국가배상법에서의 과실이 개념적으로 동일한 것이라고는 보기 어렵기 때문이다.

4. 미 국

미국의 경우 1970년대에 이르러 연방대법원이 헌법상 권리를 침해당한 개인에게 가해공무원에 대해 직접 손해배상을 청구하는 것을 허용함으로써 공무원면책에 관한 종전의 보통법적 관행으로부터 결별한 바 있고,[39] 1980년의 Carlson v. Green판결[40]에서는 공무원개인에 대한 손해배상청구는 합중국에 대한 손해배상청구보다 위법행위를 억제하는 효과가 크다는 점이 지적되고 있다.

이 판결은 천식발작을 일으킨 연방교도소의 수형자가 수시간동안 방치된 후 부적절한 투약, 효과없는 인공호흡기의 사용으로 말미암아 외부

간에 실수를 할 수 있는 공무원이 아니라 나약함, 열정 또는 경솔함을 지닌 인간을 드러내는 경우를 말한다.

38) 朴均省, 앞의 글, 43, 각주 12.

39) Rosenbloom, p.21; 그 주요판례의 분석에 관하여는 Rosenbloom and Carroll, Toward Constitutional Competence: A Casebook for Public Administrator, 1990; chapter 2를 참조.

40) 446 U.S. 14(1980).이에 관하여 상세한 것은 植村榮治, 米國公務員の不法行爲責任, 有斐閣, 1991, 106-111를 참조.

병원으로의 이송이 지연되어 사망한 데 대하여 그 모친이 연방교도소장, 연방부의무감, 인디아나지구연방교도소의과장, 당해 교도소의료시설의 간호인 등 4명을 상대로 제기한 소송에 대한 것이다. 이 사건판결에서 연방대법원은 연방헌법수정 제4조에 위반한 연방공무원의 행위에 대하여 주법 즉 커먼로(Common Law)상의 손해배상청구가 가능한지 여부와 무관하게 직접 헌법에 기하여 배상청구를 할 수 있다는 원칙을 최초로 인정한 1971년의 '비벤스'판결(Bivens v. Six Unknown Named Agents of the Federal Bureau of Narcotics: 403 U.S.388)을 원용하면서 이러한 비벤스型訴訟은 공무원개인을 피고로 하기 때문에 위법활동을 억지하는 효과가 연방불법행위법(Federal Torts Claim Act)에 의한 경우보다 크며, 前者는 懲罰的 배상의 청구를 허용하지만 後者는 이를 명문으로 금하고 있다는 등의 이유를 들어 원고의 청구를 인용하는 취지로 원심판결을 파기환송하였다.

미국의 경우 공무원개인책임을 긍정하는 법리가 갖는 피해자구제의 기능은, 당초 주권면책이 인정되었던 시기에는 피해자는 공무원개인을 피고로 하여 손해배상을 청구할 수 밖에 없었기 때문에 극히 중요했으나, 오늘날에는 일차적으로 聯邦이나 各州에게 피해자구제기능을 구하는 경향이 일반적이므로 그 보다는 오히려 위법행위억제기능이 중시되고 있다고 한다.[41] 바로 그런 이유에서 로젠블룸(Rosenbloom)은 '도대체 관리의 위법행위를 억제하기 위해 그들에 대해 배상책임을 지우는 것 보다 더 나은 방법이 있겠는가'고 반문하고 있다.[42]

41) 植村榮治, 전게서, 144-147.

42) Rosenbloom, 21.

5. 평 가

직무상 불법행위에 대한 공무원 개인책임의 인정여부에 관한 비교법적 고찰을 통하여 드러나는 것은 이 문제의 해법이 각국의 법적 전통이나 여건에 따라 한결같지 않다는 사실이다. 즉 아래 표에서 보는 바와 같이 독일과 일본은 공무원 개인의 책임을 부정하는 입장이고 프랑스와 미국은 대체로 이를 인정하는 경향을 보이고 있기 때문이다. 따라서 어느 한 나라의 예를 바탕으로 문제의 해결방향을 논증하려는 시도가 설득력을 확보할 수 없다는 사실도 분명하다.

〈표 4-1〉 주요 외국의 국가배상제도[43)]

제도의 내용 \ 국별	영 국	미 국	독 일	프 랑 스	일 본
주권면책포기	1947	1946	20c 초	20c 초	1947
국가책임의 법적 근처	CPA	CPA	BGB (§ 839) · § 34GG	주로 판례법	헌법 § 17
재판관할	司法	司法	民事	행정	사법
적용대상	공·사법	공·사법	공무	공역무	공권력 · 공물
책임의 성질	대립책임	대립책임	대립책임	자기책임	대립책임
법적 구성	私法	私法	私法	公法	私法
주관적 책임	過失	過失	過失	공역무하자	과실 하자
예외(면책)	많음	많음	없음	없음	없음
공무원의 개인책임	있음	많있음	없음	있음	없음
공무원의 구상책임	있음	원칙상 없음	있음(고의 · 중과실)	있음	있음(고의 · 중과실)

43) 阿部泰隆, 앞의 책, 31에서 발췌 · 요약한 것.

물론 우리나라의 국가배상법제가 독일과 일본의 그것과 직접·간접적인 유사성을 가지고 있다는 사실을 전혀 도외시할 수는 없을 것이다. 가령 공무원의 구상책임에 관한 법적 규율의 내용이 이들 나라 사이에 상당한 공통점을 띠고 있는 것은 사실이다. 그러나 이들 나라에서의 법적 상황이 우리나라의 그것과 동일한 것은 아니다. 그 가장 중요한 차이는 독일과 일본에는 우리나라 헌법 제29조 제1항 단서와 같은 규정이 없다는 데 있다. 이러한 헌법적 소여(verfassungsrechtliche Gegebenheit)의 차이는 문제해결의 방향을 좌우하는 결정적인 요인이 된다.

그렇다면 비교법적 고찰을 통해 우리가 얻을 수 있는 교훈은 무엇일까? 그것은 첫째, 국가배상책임의 본질을 어떻게 이해하느냐에 따라 공무원 개인책임의 인정여부나 인정범위가 논리필연적으로 달라지는 것은 아니라는 사실이다. 이 점은 실제로 일본의 경우처럼 양자가 반드시 논리필연적으로 연관되어 있는 것은 아니라고 이해하는 것이 일반적인 경우도 있으며, 또 독일의 경우 1981년의 國家責任法이 대위책임설에서 자기책임설로 선회하면서도 공무원의 개인책임은 배제하는 입장을 취하고 있었다는 사실에서 여실히 드러난다. 둘째, 국가배상책임의 본질에 관한 대위책임설을 과거 입헌군주제 시대의 국가우월적 사상의 유물이라고 지적해 왔던 국내문헌의 태도는 대위책임적 이론구성의 현실적 배경을 충분히 고려하지 못한 것으로서 반드시 타당하다고는 볼 수 없다. 독일의 경우 국가무책임원칙이 포기되고 대위책임으로서 국가배상책임이 인정된 것은 배상책임을 져야 할 공무원이 충분한 배상자력을 갖지 못하는 경우가 빈번하여 그로 인하여 피해구제가 사실상 곤란해지기 때문에 피해자의 구제를 확보하기 위한 것이었다.[44] 이 점은 프랑스의 경우

책임비중복의 원칙에 따라 역무과실에 대해서만 국가의 책임을 인정함으로써 개인과실로 인한 손해를 입은 피해자가 공무원의 개인재산에 의해서만 배상을 받게 됨에 따라 충분한 구제를 받지 못하는 경우가 빈번히 발생하는 문제를 해소하기 위하여 책임중복의 원칙으로 선회할 수밖에 없었던 배경과 비교할 때 그 자체로 비판받아야 할 것은 아니기 때문이다. 물론 대위책임설은 일반적으로 공무원의 개인책임을 배제하는 논거가 되며 이 점은 독일에 있어 거의 의문시되지 않고 있다. 그러나 프랑스에서의 학설발전과정은 자기책임설 역시, 책임의 중복을 인정하기 위한 별도의 논증이 수반되지 않는 한, 공무원 개인의 책임을 인정하는 논거가 된 것은 아니었다는 사실을 말해준다. 끝으로 비교법적 고찰을 통해 우리가 얻을 수 있는 교훈은 특히 외국의 판례법이론을 지나치게 단순화 또는 일반화함으로써 문제의 올바른 해결을 오도할 위험이 상존하고 있다는 것이다. 가령 프랑스의 경우 'faute'의 개념이 객관적인 성격을 띠는 개념이라는 것은 부인할 수 없으며 그것은 또한 향후 우리나라 국가배상책임법제의 발전방향을 모색함에 있어 유용한 교훈을 시사해 주는 예라 할 수 있다. 그러나 프랑스에 있어 역무과실이 언제나 국가배상책임을 발생시키는 것은 아니라는 사실은 우리나라의 국가배상법해석에 있어 어떻게 받아들여야 하는가. 또 역무과실 뿐만 아니라 개인과실도 역무과실과 전혀 무관한 것이 아닌 한도에서 '국가'의 배상책임을 발생시키는 요인이 되는데 이 경우 그 개인과실을 우리 식으로 고의 또는 중과실에 해당하는 것으로 볼 수 있는지는,

44) Ossenbühl, Staatshaftungsrecht, 4.Aufl., 1991, S.9. 이와 관련하여 시오노(塩野宏, II, 227)는 독일의 대위책임설적 입법주의를 어떤 필연적인 이론적 결과가 아니라 국가책임부정론의 존재와 피해자보호의 실효성을 높이기 위한 타협의 산물로 파악한다.

그것이 인정된 사례나 그 판례법적 성격에 비추어 보거나 매우 의심스럽다. 문제의 이러한 측면을 거두절미하고 프랑스에서는 고의·중과실의 경우에만 선택적 청구권이 인정된다고 볼 수 있는가.

Ⅳ 국가배상법상 공무원개인의 책임

1. 국가배상책임의 본질과 공무원 개인의 책임

국가배상책임의 본질에 관한 국내의 학설은 특히 그 학설의 명칭과 정확한 내용의 관계에 있어, 그리고 그것이 선택적 청구권의 인정여부와 맺고 있는 관계에 있어 혼미한 양상을 보이고 있다. 먼저 국내문헌에 나타난 학설과 공무원 개인책임의 인정여부에 관한 견해를 살펴보기로 한다.

1.1. 대위책임설과 공무원 개인책임

대위책임설은 국가·공공단체의 배상책임은 원래 공무원개인이 부담하여야 할 것이지만 이를 대신하여 지는 책임이라는 견해이다. 이에 따르면 공무원의 위법행위는 본래 국가·공공단체의 기관의 행위로서의 품격을 갖지 않으므로 국가·공공단체에 귀속시킬 수 없으며, 가해공무원 개인이 이에 대한 책임을 지지 않으면 안된다. 다만 공무원개인은 충분한 賠償資力을 갖추지 못하고 있는 것이 보통이므로 피해자구제의 견지에서 이를 국가·공공단체가 인수한 것이 국가배상책임이라고 보는 것이다. 이 견해에 따르면 국가·공공단체의 배상책임은 원래 공무원개인이 부담하여야 할 것이지만 피해자구제의 견지에서 이를 대신하여 지는 책임이므로, 국가가 가해공무원의 책임을 인수한 이상 선택적 청구권은 인정될 수 없다고 본다. 피해자보호의 견지에서 충분한 배상자력을 지니고 있는 것은 국가(지방자치단체)라는 점과 가해공무원 개인의 무한책임이 인정되면 이로 인해 인해 공무원의 이니시어티브와 직무수행의욕의 감퇴가 우려되므로 행정의 원활한 기능수행을 보장해야 한다는 점이 그 주된 논거이다. 그러나 대위책임설을 취하면서도 피해구제의 신속·확실성을 기한다는 취지에서 선택적 청구가 허용된다고 주장하는 견해도 있다.[45]

1.2. 자기책임설과 공무원 개인책임

자기책임설에 의하면 공무원의 직무수행행위는 국가의 機關으로서의 行爲이므로 그 위법·적법을 불문하고 바로 국가나 공공단체의 책임으로 귀속되며 따라서 이 책임은 국가의 자기책임으로서 민법 제35조에 의한 법인의 불법행위책임에 상응하는 것이라고 한다. 이것이 가장 주류적인 자기책임설이라 할 수 있다. 반면 危險責任說的 관점에서 국가배상책임을 파악하려는 또 다른 자기책임설이 주장되고 있다. 이 견해에 따르면 공무원의 직무집행행위는 국민에게 손해를 야기할 위험성을 내포하며 또한 그것은 행정기관의 지위에서 행해지는 것이므로, 그로 인한 손해배상책임은 국가의 자기책임으로 보아야 한다고 한다.[46] 이들 견해는 대체로 공무원의 개인책임

---

45) 金哲洙, 憲法學新論, 401. 이 견해는 공무원에 대한 직접청구를 허용하면 특히 배상심의위원회를 거치지 않고 국가배상법의 기준적용도 받지 않으므로 피해자에게 유리하다는 점을 감안한 것이라고 한다.

46) 金東熙, 行政法 I, 417. 여기서 金東熙교수는 이 견해가 국가배상법의 장래

을 인정하고 있다.

일본에서도 국가배상책임을 이와같은 의미의 자기책임으로 파악하는 견해가 있다. 우리나라 국가배상법 제2조에 해당하는 규정인 일본 국가배상법 제1조에 의한 책임은 국가의 자기책임이라고 하면서 국가의 책임과 공무원 개인의 책임과는 별개의 문제이며 따라서 원칙론으로는 국가가 책임을 부담한다고 하여 공무원의 책임이 배제된다고 보아야 할 근거는 없으므로 공무원도 국가와 병행적으로 개인책임을 지는 것이라는 견해[47]가 그것이다. 그러나 이에 대하여는 자기책임설로부터 공무원의 개인책임이 당연히 도출되는 것은 아니며, 오히려 공무원은 그 직무를 집행하는 경우에는 국가라는 장치의 일부인 것이므로 공무원의 책임도 국가의 책임에 흡수되어 개인으로서는 책임을 지지 않는다는 비판이 있다.[48]

반면 자기책임설의 입장을 취하면서도 대외적으로는 국가책임만 인정하고 공무원의 개인책임은 부정하는 견해도 있으며,[49] 또 자기책임설의 입장에 서면서도 고의·중과실의 경우에 한하여 선택적 청구권을 인정하는 견해도 있다. 즉 경과실의 경우에도 민법의 규정에 따라 공무원이 개인책임을 지게 되는 것은 국가배상법 제2조 제2항이 경과실의 경우에는 공무원이 국가에 대해 지는 구상책임을 면제한 것과 균형이 맞지 않으므로 그 입법취지를 고려하여 공무원의 민사상 배상책임도 고의·중과실의 경우에 한정되는 것으로 보아야 한다는 것이다.[50]

의 발전방향을 제시하고 있다는 점에서 의의가 크지만 適法·無過失의 경우에도 국가책임이 인정될 수 있다는 점에서 違法·過失을 책임요건으로 하는 행정상 손해배상의 이론으로서는 문제가 있다고 지적한다.

47) 今村成和, 國家補償法, 有斐閣, 1957, 122.

48) 塩野 宏, 行政法 II, 251-252.

49) 徐元宇, 現代行政法論, 上, 701

50) 金鐵容, 國家賠償法 제2조에 관한 연구, 건국대학교 박사학위논문, 1975, 129.

1.3. 중간설과 공무원 개인책임

중간설이란 국가의 배상책임을 공무원의 위법행위가 輕過失에 기한 것인 때에는 自己責任으로, 故意・重過失에 의한 것인 때에는 代位責任으로 보는 견해이다. 그러나 선택적 청구권의 인정여부에 관한 중간설의 설명은 한결같지 않다. 경과실의 경우 공무원의 행위는 국가기관행위가 되고 국가가 그에 대한 자기책임으로 배상책임을 지는 것이라는 이유에서, 그리고 고의・중과실의 경우에는 국가가 공무원을 대신하여 책임을 지는 것이라는 이유에서 선택적 청구권을 부정하는 견해가 있는 반면, 고의・중과실의 경우에 한하여 선택적 청구권을 인정하는 견해도 있기 때문이다.[51]

---

51) 이와 관련하여 朴鈗炘교수(『最新行政法講義』, 640)는 대법원의 1996년 2월 15일자 전원합의체판결(95다38677)을 국가배상책임의 본질에 관한 중간설의 입장을 취한 것이라고 보고 있는데 이는 아마도 대법원이 "공무원이 직무를 수행함에 있어 경과실로 타인에게 손해를 입힌 경우에는 그 직무수행상 통상 예기할 수 있는 흠이 있는 것에 불과하므로 이러한 공무원의 행위는 여전히 국가 등의 기관의 행위로 보아 그로 인하여 발생한 손해에 대한 배상책임도 전적으로 국가 등에만 귀속시키고 공무원 개인에게는 그로 인한 책임을 부담시키지 아니하여 공무원의 공무집행의 안정성을 확보하고, 반면에 공무원의 위법행위가 고의・중과실에 기한 경우에는 비록 그 행위가 그의 직무와 관련된 것이라고 하더라도 위와 같은 행위는 그 본질에 있어서 기관행위로서의 품격을 상실하여 국가 등에게 그 책임을 귀속시킬 수 없으므로 공무원 개인에게 불법행위로 인한 손해배상책임을 부담시키되, 다만 이러한 경우에도 그 행위의 외관을 객관적으로 관찰하여 공무원의 직무집행으로 보여질 때에는 피해자인 국민을 두텁게 보호하기 위하여 국가 등이 공무원 개인과 중첩적으로 배상책임을 부담하되 국가 등이 배상책임을 지는 경우에는 공무원 개인에게 구상할 수 있도록 함으로써 궁극적으로 그 책임이 공무원 개인에게 귀속되도록 하려는 것"이라고 판시한 것을 염두에 둔 것으로 보인다. 그러나 대법원은 이를 국가배상본질로부터 도출하고 있지는 않으며, 오히려 "공무원 개인의 책임 범위를 정하는 문제는 피해자 구제뿐만 아니라 공무원의 위법행위에 대한 억제, 안정된 공무 수행의 보장, 재정 안정 등 서로 상충되는 다양한 가치들을 조정하기 위하여 국가배상법상 어떠한 법적 장치를 마련할 것인가 하는 입법정책의 문제"라고 보았다. 따라서 이러한 대법원의 판례는 이를 선택적 청구권의 인정여부에 관한 제한적 긍정설로 취급해야지 국가배상책임의 본질에 관한 중간설을 취한 것으로 다룰 수는 없을 것이다. 국가배상책임의 본질과 선택적 청

1.4. 평 가

위에서 살펴 본 국내의 학설상황은 국가배상책임의 본질을 어떻게 볼 것인가 하는 문제와 공무원 개인의 책임을 인정할 것인가 하는 문제가 반드시 논리필연적인 관계에 있지 않다는 것을 보여준다. 그러나 이러한 결론을 내리기는 아직 이르다. 각 학설을 주장하는 사람에 따라 그 내용이 일치하지 않고 있기 때문이다. 다음의 진술은 바로 그 사실을 가장 극명하게 보여주고 있다.

> 국가배상책임의 본질을 자기책임이라고 이해하는 경우에는 국민에 대한 배상책임자는 마땅히 국가가 되고, 국민은 국가에 대해서만 배상청구를 할 수 있게 된다(대국가적 청구권설). …… 그러나 대위책임설에 따르는 경우에는 국가와 가해공무원이 모두 배상책임자가 되고 국민은 국가에 대한 배상청구와 가행공무원에 대한 배상청구를 선택적으로 할 수 있다는 결론에 도달하게 된다(선택적 청구권설). 따라서 자기책임설에 따르면서 선택적 청구권설을 주장하거나 대위책임설을 따르면서 대국가적 청구권설을 주장하는 것은 법리상 문제가 있다고 생각한다.[52]

직무상 불법행위에 대한 공무원 개인책임, 즉 선택적 청구권을 인정할 것인가 하는 문제가 국가배상책임의 본질이해와 관련성을 지니는 것은 사실이다.[53] 가령 대위책임설은 독일에서의 이론구성에

구권의 인정여하의 문제가 서로 논리필연적인 관계에 있지 않다는 것은 朴鈗炘교수(같은 책, 657 각주 1)도 인정하는 바이기도 하다.

52) 許營, 『韓國憲法論』, 1995, 552. 許營교수는 여기서 전자에 해당하는 견해로 文鴻柱, 346; 丘秉朔, 636을, 후자의 견해로 金道昶, 581; 石琮顯, 622를 각각 인용하고 있다.

53) 朴均省, 公務員 賠償責任의 理論과 判例, 判例月報1995/6, 41은 공무원의 국민에 대한 배상책임의 인정의 문제와 국가책임의 성질의 문제가 본질적으로 연관된 것으로 보는 것은 타당하지 않지만, 양자를 전혀 무관한 문제로 보는 것도 타당하지 않다고 한다. 이론적으로 일관성있는 해결을 위하여 양자가 어느정도 연결되어 있다는 것을 부정해서는 안된다는 것이다.

따른다면, 선택적 청구권을 부인하는 견해로 귀결된다. 본래 공무원 개인이 져야 했을 책임을 국가가 인수한 이상 별도로 공무원이 질 책임은 남지 않게 되기 때문이다. 반면 자기책임설은 그 주류적 이해에 따른다면 국가책임은 공무원책임과 별도로 성립하는 것이라고 이해하므로 공무원의 개인책임을 인정하는 쪽으로 결론을 내리게 된다. 이렇게 볼 때 "자기책임설에 따르면서 선택적 청구권설을 주장하거나 대위책임설을 따르면서 대국가적 청구권설을 주장하는 것은 법리상 문제가 있다"는 지적은 학설의 의미내용과 전개상을 오해한 결과로서 타당하지 않다.[54] 물론 자기책임설의 또 다른 버젼(Version)에 따를 경우 직무집행의 범위안에서 행해진 공무원의 불법행위로 인해 국가가 자기책임으로서 배상책임을 지는 이상 그 공무원이 개인책임을 질 여지는 없게 되며[55] 따라서 선택적 청구권을 부정하는 결론을 내릴 수도 있겠지만 이는 우리나라에서는 극히 이례적인 견해일 뿐이다. 한편 자기책임설을, 개인책임의 인정범위 여하를 떠나, 공무원의 개인책임을 인정하는 것으로 단순화시킬 경우, 국가배상책임을 경과실의 경우 자기책임으로 보고 고의 · 중과실의 경우 대위책임으로 보는 중간설은 고의 · 중과실의 경우에는 국가만이 책임을 지는데 비해 그 보다 비난의 정도가 약하다고 할 수 있는 경과실의 경우에는 공무원 자신도 책임을 진다는 매우 이상한 결론에 이를 수도 있다. 이러한 문제점 때문에 경과실의 경우 공무원의 행위가 기관행위로서 그로 인한 책임도 국가에 귀속되는 것으로 보아 선택적 청구권을 전면적으로 부정하는 결론이 나왔을 것이다.

---

54) 許營, 『韓國憲法論』, 1995, 552.

55) 이 경우 직무집행의 범위 외에서 행해진 행위로 인한 손해배상책임을 공무원 개인이 부담하게 되지만 이는 전혀 별개의 문제라고 본다.

〈표 1-2〉 국가배상책임의 본질론과 선택적 청구권의 인정여부의 관계

학설 \ 결론		선택적 청구권 전면 인정	고의·중과실에 한해 인정	선택적 청구권 전면 부정	논 거
대위책임설	Ⅰ			○	배상자력이 충분한 국가가 배상하는 이상 피해자구제에 지장이 없음
	Ⅱ		○		공무원 직무수행 위축효과 방지 필요
	Ⅲ	○			피해구제뿐 아니라 공무원 위법억제·제재가 필요
자기책임설	Ⅰ	○			국가책임과 공무원 개인책임은 각각 별도 성립
	Ⅱ		○		경과실의 경우 공무원의 행위는 기관행위로서 개인책임의 문제를 남기지 않음. 또 구상책임을 고의·중과실에 한정한 것과 균형상 공무원개인책임을 면제되는 것으로 보아야 함
	Ⅲ			○	국가가 배상책임을 지는 이상 공무원 개인의 책임 성립 여지가 없고 위축효과 방지도 필요
중간설	Ⅰ		○		고의·중과실의 경우 이미 국가행위로서 품격을 상실했으나 이를 국가기관행위로 보아 국가가 배상하는 것. 따라서 공무원개인의 책임 인정
	Ⅱ			○	고의·중과실의 경우에도 공무원의 직무수행 위축효과를 방지하기 위하여 책임을 면제해야 함

이러한 학설상황을 고려할 때 우리는 결국 양자사이의 관계가 논리필연적인 것이 아니라는 점을 재확인하게 된다.[56] 이는 앞에서 살펴본 외국의 예를 통해서도 분명히 드러난 바 있다. 또 우리나라의 경우 이 문제에 관한 논의에 있어 단순한 법해석론을 넘어서는

56) 徐元宇, 國家賠償과 公務員의 賠償責任, 考試界 1976/2, 29; 朴鈗炘, 上, 657; 金南辰, 行政法 I, 515; 김기동, 國家賠償과 公務員의 個人責任, 法曹 1994/10, 138; 拙著, 행정구제법, 78; 下山瑛二, 國家補償法, 1973, 246-247; 稻葉馨, 公權力の行使にかかわる賠償責任, 現代行政法大系 6, 1983, 53

법정책적 고려가 추가되고 있어 국가배상책임의 본질이해만으로는 문제의 해법을 찾을 수 없다는 점도 고려될 필요가 있다. 오히려 대위책임설・자기책임설・중간설에 따른 결론을 내리기 보다는 막바로 선택적 청구권의 인정여부에 관한 긍정설・제한적 긍정설・부정설로 분류하거나 독일・일본식 해결책・프랑스식 해결책 등으로 분류하는 것이 논의의 혼란을 막는 길일 수도 있다. 더욱이 공무원 개인의 책임이 인정된다고 보는 경우에도 국가배상책임의 본질을 어떻게 이해하느냐에 따라 공무원 개인의 책임이 인정되는 범위가 좌우되는 것은 아니다. 선택적 청구권의 인정범위에 관한 한, 국가배상책임의 본질 보다는 실정법의 해석과, 만일 실정법의 태도가 불명확하다면 그와 아울러 문제의 법정책적 측면에 관한 논의를 준거로 삼는 것이 옳다.

2. 공무원 개인의 책임에 대한 법해석론적 고찰

이미 앞에서 선택적 청구권의 인정여하가 국가배상책임의 본질을 어떻게 이해하느냐에 따라 논리필연적으로 좌우되는 것이 아니라는 사실이 밝혀졌다. 그러므로 문제해결의 관건은 어디까지나 우리나라 실정법상 이 문제가 어떻게 규율되고 있는가를 규명하는데서 찾아야 한다. 그 출발점은 헌법 제29조 제1항 단서의 해석에서 주어진다. 물론 헌법 제29조 제1항 단서의 문언상 표현만 가지고는 이 문제에 관한 해결책이 직접 주어지는 것은 아니다. 그러나 가장 핵심적인 쟁점은 "공무원 자신의 책임은 면제되지 아니한다"고 규정하고 있는 헌법 제29조 제1항 단서에서 '공무원 자신의 책임'이 무엇을 의미하는가, 그것은 국가배상법 제2조 제2항이 규정하고 있는

求償權과는 어떠한 관계에 있는가 하는데 있다.

이에 관하여는 헌법 제29조 제1항 단서의 '책임'이란 행정내부적인 구상책임을 의미하는 것이라고 보는 견해가 있다. 그러나 이는 무엇보다도 헌법 제29조 제1항의 문언이나 그 연혁적 배경을 고려할 때 해석론상 유지되기 어렵고 나아가 헌법 제29조 제1항의 규정을 해석함에 있어 구상책임을 규정한 국가배상법 제2조 제2항의 기준에 따라 그 의미를 한정하려는 시도는 이를테면 '법률적합적 헌법해석'으로서 용인될 수 없다. 적어도 헌법 제29조 제1항 단서에서 '면제되지 아니한다'고 규정된 공무원의 책임은 이를 비단 구상책임 등 행정내부에서의 책임뿐만 아니라 공무원의 민·형사상의 책임 일반을 포함하는 것으로 해석하는 것이 옳다.[57] 이 점은 앞에서 소개된 대법원의 1996년 2월 15일자 전원합의체판결의 다수의견과 별개의견에 의해 분명히 확인된 바 있다. 즉 대법원은 「"이 경우 공무원 자신의 책임은 면제되지 아니한다."고 규정하고 있는바, 위 단서 규정은 공무원의 직무상 불법행위로 인하여 타인에게 손해를 입힌 경우에 국가 또는 공공단체(이하 '국가 등'이라 한다)가 부담하는 국가배상책임과 공무원 개인의 불법행위 책임은 별개라는 전제하에 국가 등이 국가배상책임을 지는 경우에도 이를 이유로 불법행위를 한 공무원 개인의 책임이 면제되지 아니함을 명백히 한 것이라고 할 것이다. 그리고 위에서의 면제되지 아니하는 공무원 개인의 책임에는 민사상, 형사상의 책임이나 국가 등의 기관 내부에서의 징계책임 등 모든 법률상의 책임이 포함된다고 할 것이고 여기에서 특별히

57) 許營, 『韓國憲法論』, 1995, 552, 763. 따라서 "일부 학자가 공무원의 직무상 불법행위로 인한 공무원자신의 책임(제29조 제1항 단서)과 공무원의 국민에 대한 책임(제7조 제1항)을 별개의 것으로 이해하는 것은 우리 헌법이 지향하는 직업공무원제도의 정신과 조화되기 어렵다고 생각한다"는 것이다.

민사상의 불법행위 책임이 당연히 제외된다고 보아야 할 아무런 근거가 없다고 할 것」이라고 판시했다. 즉 헌법 제29조 제1항 단서는 국가배상책임의 본질과는 무관하게 피해자구제의 만전을 기하기 위하여 특별히, 헌법적 결정을 통해 공무원 자신이 면책되지 않음을 규정한 것이고 여기서 '공무원 자신의 책임'이란 국가에 대한 求償責任 뿐만 아니라 피해자의 選擇的 請求에 대한 賠償責任까지도 포함하는 공무원 개인의 법적 책임 일반을 말하는 것이라고 해석된다. 이는 한국헌법 특유의 헌법적 결정에 따른 것이므로 설사 국가배상책임을 대위책임으로 이해한다고 해도 결과가 달라지지는 않는다. 대법원이 종래 직무상 불법행위를 한 공무원은 국가배상법상의 공무원 자신의 책임에 관한 규정여하에 관계없이 손해를 입은 자에 대하여 민사상의 손해배상책임을 진다고 판시했던 것도 바로 이러한 헌법규정에 입각한 결과라고 볼 수 있다. 이러한 해석은 국가배상제도가 피해자구제 뿐만 아니라 국가 및 공무원의 위법억제 또는 제재에도 그 목적을 두는 것이라는 국가배상제도의 목적·기능에 대한 현대적 이해와도 부합된다. 따라서 바로 이 헌법조항을 근거로 선택적 청구권은 인정된다고 보아야 한다.

문제는 선택적 청구권이 인정되는 범위, 다시 말해 선택적 청구권을 輕過失의 경우에도 인정할 수 있는가 하는데 있다. 이는 앞에서 논의된 선택적 청구권의 인정여부와는 별개의 문제이다. 그러나 이 문제에 관한 준거법은 어디서 찾아야 할 것인가. 이와 관련하여 1996년 2월 15일자 전원합의체판결에서 표명된 대법원의 견해는 정확하다.

"그러나 이 점에 관하여 국가배상법에 직접적으로 규정한 조항은 없고, 다만 국가배상법 제2조 제1항 본문은 "국가 또는 지방자치단체는 공무원이 그 직무를 집행함에 당하여 고의 또는 과실로 법령에 위반하여 타인에게 손해를 가하거나, 자동차손해배상보장법의 규정에 의하여 손해배상의 책임이 있는 때에는 이 법에 의하여 손해를 배상하여야 한다."고 규정하고 제2항은 "제1항 본문의 경우에 공무원이 고의 또는 중대한 과실이 있는 때에는 국가 또는 공공단체는 그 공무원에게 구상할 수 있다."고 규정함으로써 민사상 사용자책임에 있어서 사용자의 피용자에 대한 구상권을 규정한 민법 제756조 제3항이 피용자의 귀책사유의 정도(고의·중과실 또는 경과실의 구분)에 관계없이 구상권을 인정하고 있는 것과는 달리 직무상 불법행위를 한 공무원에게 고의·중과실이 있는 경우에 한하여 국가 등의 공무원에 대한 구상권을 인정하고 경과실의 경우에는 구상권을 인정하지 아니하고 있으며, 한편으로 국가배상법은 민법상의 사용자책임을 규정한 민법 제756조 제1항 단서에서 사용자가 피용자의 선임감독에 무과실인 경우에는 면책되도록 규정한 것과는 달리 이러한 면책규정을 두지 아니함으로써 국가배상책임이 용이하게 인정되도록 하고 있다."[58]

이 문제를 해결하기 위한 준거도 다시금 헌법 제29조 제1항 단서에서 찾아야 할 것이다. 국가배상법은 공무원 개인책임에 관한한, 구상책임외에는 아무런 명시적 규정을 두고 있지 않기 때문이다. 앞의 판결에서 대법원은 헌법 제29조 제1항 단서가 공무원이 한 직무상 불법행위로 인하여 국가 등이 배상책임을 진다고 할지라도 그 때문에 공무원 자신의 민·형사책임이나 징계책임이 면제되지 아니한다는 원칙을 규정한 것이라고 인정하면서도 "그 조항 자체로 공무원 개인의 구체적인 손해배상책임의 범위까지 규정한 것으로 보기는 어렵다"는 해석론을 전개했다. 이는 대법원의 다수의견을 끌어내기 위한 결정적인 논거가 되고 있다. 헌법 제29조 제1항 단서의

58) 대법원 1996.2.15. 선고 95다38677판결.

규정을 선택적 청구권을 인정하는 근거로만 국한시키되 그 인정범위에 관한 상관성을 부정한 다음 공무원 개인책임에 관한 입법정책적 측면과 공무원에 대한 국가의 구상을 규정한 국가배상법 제2조 제2항에 대한 고려를 통하여 경과실면책을 도출한다는 것이 대법원의 전략이었다.

그러나 이 판결의 다수의견이 천명한 바와 같이 헌법 제29조 제1항 단서의 규정 자체가 공무원 개인의 구체적인 손해배상책임의 범위까지 규정한 것으로 보기는 어렵다고 할지라도, 국가배상법 제2조 제2항을 해석함에 있어 그 문언과 적용영역을 무시한 채 주로 입법정책적 취지에 의존하여 경과실면책을 이끌어내는 데에는 경과실면책이 법정책적으로 타당한지 여부를 떠나서, 법해석론상 무리가 있는 것이 사실이다. 별개의견이 정확히 파악한 바와 같이, 위 법조항은 어디까지나 국가 등과 공무원 사이의 대내적 구상관계에 관한 규정이기 때문이다. 이 조항은 경과실의 경우 오로지 공무원에 대한 '구상책임'만을 면제하고 있을 뿐이다. 물론 이로써 그 한도에서 공무집행의 안정성을 확보하려는데 법의 취지가 있음에는 틀림이 없으나, 그렇다고 하여 이 조항이 대외적 관계 즉 피해자(국민)와 불법행위자(공무원) 본인 사이의 책임관계에 관한 규정이라는 해석은 나올 수 없다. 마찬가지 이유에서 "국가배상법에서 경과실의 경우에 공무원의 국가 등에 대한 구상책임이 면제되고 있는 것은 이 경우는 전적으로 국가 등의 배상책임만이 성립하는데 따르는 논리필연적 귀결이라고 본다"는 견해[59] 역시 타당하다고 볼 수 없다.[60] 요컨

59) 金東熙, "公務員이 職務執行中 不法行爲로 타인에게 損害를 입힌 경우, 公務員의 個人責任 成立與否", 判例月報 1996/6(309號), 31. 金東熙교수는 여기서 '경과실의 경우 공무원 개인이 배상한 경우에는 불문법원리로서의 법의 일반원리에 따라 당해 공무원은 국가 등에 대하여 당해 배상액의 전보를 구할 수 있는 권리

대 국가배상법 제2조 제2항은 가해자인 공무원과 피해자인 국민간의 관계를 규정한 것이 아니므로, 이를 공무원개인책임에 있어 경과실면책의 근거로 삼은 다수의견은 이론적으로 지지하기 어렵다. 위 판결의 다수의견은 '공무원의 위법행위가 고의·중과실에 기한 경우에는 비록 그 행위가 그의 직무와 관련된 것이라고 하더라도 그와 같은 행위는 그 본질에 있어서 기관행위로서의 품격을 상실하여 국가 등에게 그 책임을 귀속시킬 수 없으므로 공무원 개인에게 불법행위로 인한 손해배상책임을 부담시키되, 다만 이러한 경우에도 그 행위의 외관을 객관적으로 관찰하여 공무원의 직무집행으로 보여질 때에는 피해자인 국민을 두텁게 보호하기 위하여 국가 등이 공무원 개인과 중첩적으로 배상책임을 부담하되 국가 등이 배상책임을 지는 경우에는 공무원 개인에게 구상할 수 있도록 함으로써 궁극적으로 그 책임이 공무원 개인에게 귀속되도록 하려는 것'이라고 설시하여 국가배상법 제2조 제2항의 적용영역을 가해공무원과 피해자간의 관계에까지 확장시키고자 시도하고 있으나, 이는 같은 조항의 문언과 적용영역을 무시한 입론이다. 대법원은 이 사건 판결에서 법해석의 이름으로 국가배상법 제2조 제2항에서 규정되지 않은 부분을 사실상 규정된 것처럼 취급하는 우를 범하고 있으며, 이는 입법자가

가 인정된다고 한" 예로 「꽁세유데따」의 1963. 4. 26. 브장쏭 지방병원판결(C.E. Sect. 1963. 4. 26., Centre hospitalier régional de Besançon, Rec.243, concl. Chardeau: Gr.Ar., p.479)을 인용하고 있다. 그러나 이 판결은 후술하는 바와 같이 직무수행으로부터 분리될 수 있는 개인과실(faute personnelle détachable de l'exercice de ses fonctions)을 범하지 않았는데도 민사법원에 의해 배상판결을 선고받은 공무원에게 행정에 대한 배상액전보청구권을 인정한 것으로 보아야 할 것이다.

60) 프랑스의 경우 선택적 청구권이 인정되는 동시에 공무원의 구상책임이 인정되고 있지만 後者가 반드시 고의·중과실의 경우 선택적 청구권이 인정된다는 것에 의존하는 것은 아니다. 이 점은 독일의 1981년 國家責任法이 선택적 청구권을 부정하면서도 故意·重過失의 경우 공무원의 求償責任을 인정하고 있었던 것(Maurer, § 30 Rn.35)을 보더라도 분명하다.

본래 의도하지 않았던 바이다.

3. 공무원 개인의 책임에 대한 법정책론적 고찰

3.1. 법정책론의 과제로서 공무원개인책임

대법원의 1996년 2월 15일자 전원합의체판결은 이례적으로 국가배상법상 공무원 개인책임의 인정여부를 둘러싸고 전개된 다양한 학설과 입법례 뿐만 아니라 문제의 법정책적 측면을 상세히 검토하고 있다. 대법원이 공무원 개인책임의 법정책적 측면을 논의의 대상으로 삼은 것 자체는 탓할 바가 못된다. 헌법의 규정과 국가배상법의 규정을 아울러 고찰할 때 공무원 개인책임의 문제를 해결함에 있어 결정적인 단서가 될 수 있는 법적 근거를 찾을 수 있는지 의문이 없지 않고 따라서 논의가 해석론적 수준을 넘어 그와같은 법정책적 국면으로 이행되는 것은 불가피한 결과라고 할 수 있다.[61] 또한 최고법원으로서 일국의 법질서를 통일하고 향도해야 할 대법원의 법정책적 역할기대에 비추어 볼 때 이러한 논의방식은 오히려 바람직한 결과라고도 볼 수 있다. 대법원은 먼저 국가배상법의 입법목적을 "원래 국가 등은 그의 기관의 지위에서는 공무원을 통하여 행위를 하며 공무원이 그 직무상 한 행위의 효과는 국가 등에 귀속되지만, 공무원이 직무수행 중 위법행위를 저질러 타인에게 손해를 입힌 경우에도 그 효과(즉 배상책임)가 당연히 국가 등에게 귀속될

61) 阿部泰隆(앞의 책, 65)도, 우리나라 헌법 제29조 제1항 단서와 같은 규정이 없는 일본의 법상황을 전제로 피해자로부터 공무원에 대하여 직접 배상을 구할 수 있는지 여부가 국가배상법상 명시되고 있지 않기 때문에 문제가 해석론으로서 논의되고 있으며, 또한 조문상 결정적인 근거를 찾을 수 없기 때문에 어느정도 입법정책론과 접하게 된다고 서술하고 있다.

것인지가 문제가 되므로 우리 헌법 제29조 제1항 본문은 그 공무원으로 하여금 그 직무에 종사하도록 하였고 그 직무행위로 빚어진 이익의 귀속주체인 지위에 있으며 충분한 배상자력을 가지고 있는 국가 등이 피해자에 대하여 손해배상책임을 부담하도록 함으로써 국민의 재산권을 보장하려는 취지라고 할 것이고 이를 구체적으로 실현하기 위하여 제정된 것"이라고 설시하고 있다. 이 점에 관한 한 이론의 여지가 없을 것이다. 대법원은 여기서 한 걸음 더 나아가 "그런데 이 경우에 위법행위를 한 공무원 개인의 책임 문제는 국가배상책임과는 또 다른 문제로서 현대에는 사회가 발전함에 따라 공무원이 취급하는 사무가 다양하고 복잡하며 광범위하여 공무원의 직무상의 사소한 잘못으로도 막대한 손해가 발생할 수 있는데 이러한 경우에도 언제나 공무원 개인에게 손해배상책임을 부담시킨다면 형평의 원칙에도 어긋나는 결과가 초래될 뿐만 아니라, 이로 인하여 공무원의 사기가 저하되고 공무원이 자기방위를 위하여 필요·적절한 공무조차 회피하는 태도를 취할 가능성이 크기 때문에 원활한 공무수행에 지장을 초래할 우려가 있는 반면, 다른 한편으로는 공무원의 직무상 위법행위로 인하여 손해가 발생한 경우에도 국가 등이 국가배상책임을 진다는 이유로 공무원 개인의 손해배상책임을 전적으로 배제하게 되면 공무원 개인책임을 통하여 공무원의 위법행위를 감시·억제하는 효과를 기대할 수 없기 때문에 공무원이 위법행위를 저지를 가능성이 커지는 부작용이 있을 수 있는 것"이며, "국가배상책임과 공무원 개인책임을 책임의 귀속주체의 측면에서 보면 각각 별개의 것이지만 피해자인 국민의 권리구제라는 측면에서 보면 상호보완적"이라고 전제한 후, "공무원 개인의 책임 범위를 정하는 문제는 피해자 구제뿐만 아니라 공무원의 위법행위에 대한 억제,

안정된 공무 수행의 보장, 재정 안정 등 서로 상충되는 다양한 가치들을 조정하기 위하여 국가배상법상 어떠한 법적 장치를 마련할 것인가 하는 입법정책의 문제"라고 보았다. 그러나 이미 앞에서 살펴보았던 국내학설이나 비교법적 고찰의 결과에 비추어 볼 때 극히 타당한 대법원의 법정책론은 다음과 같은 논의에 이르러서는 간과할 수 없는 정책적 편향을 드러내고 있다.

> "국가배상법의 입법취지는 공무원의 직무상 위법행위로 타인에게 손해를 끼친 경우에는 변제자력이 충분한 국가 등에게 선임감독상 과실 여부에 불구하고 손해배상책임을 부담시켜 국민의 재산권을 보장하되, 공무원이 직무를 수행함에 있어 경과실로 타인에게 손해를 입힌 경우에는 그 직무수행상 통상 예기할 수 있는 흠이 있는 것에 불과하므로 이러한 공무원의 행위는 여전히 국가 등의 기관의 행위로 보아 그로 인하여 발생한 손해에 대한 배상책임도 전적으로 국가 등에만 귀속시키고 공무원 개인에게는 그로 인한 책임을 부담시키지 아니하여 공무원의 공무집행의 안정성을 확보하고, 반면에 공무원의 위법행위가 고의·중과실에 기한 경우에는 비록 그 행위가 그의 직무와 관련된 것이라고 하더라도 위와 같은 행위는 그 본질에 있어서 기관행위로서의 품격을 상실하여 국가 등에게 그 책임을 귀속시킬 수 없으므로 공무원 개인에게 불법행위로 인한 손해배상책임을 부담시키되, 다만 이러한 경우에도 그 행위의 외관을 객관적으로 관찰하여 공무원의 직무집행으로 보여질 때에는 피해자인 국민을 두텁게 보호하기 위하여 국가 등이 공무원 개인과 중첩적으로 배상책임을 부담하되 국가 등이 배상책임을 지는 경우에는 공무원 개인에게 구상할 수 있도록 함으로써 궁극적으로 그 책임이 공무원 개인에게 귀속되도록 하려는 것이라고 봄이 합당할 것이다."

대법원은 이와같이 국가배상법의 입법취지를 '해석'하고 나서 이를 별개의견과 반대의견의 문제점을 지적함으로써 정당화하려고 시도했다. 즉 대법원은 별개의견에 대하여는 "만일 이렇게 해석하지 아니하고 국가배상법 제2조 제2항은 공무원의 국가 등에 대한 구상책임에 관한 것일 뿐 공무원 개인의 피해자에 대한 책임과는 전혀 무관하다고 하면서 공무원이 직무집행상의 경과실로 타인에게 손해를 입힌 경우에도 공무원 개인이 피해자에 대한 손해배상책임을 부담하여야 한다고 해석한다면, 피해자가 공무원 개인을 상대로 손해배상을 청구하면 공무원 개인이 그 배상책임을 부담하게 되지만 국가 등을 상대로 국가배상을 청구하면 그 책임을 이행한 국가 등으로서는 공무원 개인에게 이를 구상할 수 없어 궁극적으로 공무원 개인은 책임을 부담하지 아니하게 되는바, 이러한 결과는 피해자의 임의적 선택에 따라 그 배상책임의 궁극적 귀속자가 달라지게 된다는 점에서 불합리할 뿐만 아니라 경과실의 경우에는 공무원 개인의 책임을 궁극적으로 면제시켜 공무원으로 하여금 안심하고 적극적으로 공무를 수행하도록 하려는 입법의도도 실현할 수 없게 되므로 이러한 해석은 타당하다고 할 수 없다"고 지적하는 한편, 반대의견에 대하여는 "국민에게 봉사하여야 할 공무원이 고의나 중대한 과실로 국민에게 손해를 끼친 경우에도 공무원 개인이 아무런 배상책임을 지지 아니한다는 해석을 취한다면 공무원의 직무를 빙자한 불법행위를 감시·억지할 수 없고 아무런 합리적 이유 없이 공무원을 과잉보호하는 부당한 결과를 초래할 우려가 있다"고 반박한 것이다.

여기서 읽을 수 있는 대법원판결(다수의견)의 논리구조는 국가배상법 제2조 제1항 본문 및 제2항의 입법취지를 어떻게 해석하느냐에 따라 이러저러한 부당한 결과가 발생할 수 있으므로, 고의·중과실의 경우에만 공무원개인책임을 인정하려는 취지로 해석해야만 그러한 부당한 결과를 회피할 수 있다는 것이다. 그렇다면 별개의견이나 반대의견을 취할 경우 과연 그러한 부당한 결과가 나타나며 또 그 결과는 회피할 수 없는 것인지, 나아가 다수의견을 취하면 과연 합당한 결과가 생기는지가 문제되어야 한다. 이것은 실은 법률문제이기 앞서 사실문제이며 또 아직은 충분히 과학적인 검증을 거치지 못한 문제이기도 하다. 과연 공무원 개인책임을 인정하면 직무수행의 위축효과가 발생하는가? 공무원의 개인책임을 인정하는 결과 나타날지도 모르는 위축효과를 그 책임이 인정되는 범위를 고의·중과실에 국한시킴으로써 의미있게 완화시킬 수 있는가? 다수의견이 지적하는 바와 같이 경과실의 경우에 피해자에 대한 공무원 개인의 책임을 인정한다고 해석하면 피해자의 임의적 선택에 따라 그 배상책임의 궁극적 귀속자가 달라지게 되어 불합리하게 된다 하더라도 그 결과는 치유되거나 다른 방법에 의해 해소될 수 없는 것인가? 이 모든 의문들은 바로 공무원 개인책임이 가지는 법정책적 효과에 관한 문제들이다.

3.2. 공무원 개인책임의 법정책적 효과

국가가 배상책임을 지는 것과 별도로 공무원 개인이 피해자에게 직접 자기의 행위로 인한 배상책임을 지도록 해야 하는가 하는 문제는 헌법해석의 차원에서 해결되어야 할 문제이지만 동시에 고도의 정책적 판단을 요하는 문제이기도 하다. 가령 지방자치단체의 재정규모가 확대되는 가운데 각종개발사업의 인허가를 담당하는 일선 공무원들이 그 직무상의 잘못으로 언제나 피해자에 대해 직접 배상책임을 추궁당할 수 있다고 한다면 이는 직무수행의욕을 감퇴시킴은 물론 경우에 따라서는 이른바 '伏地不動'을 강요하는 결과가 될 수도 있기 때문이다. 그러나 이러한 효과는 객관적으로 검증되지 않은 하나의 가능성에 지나지 않으며, 공무원 개인책임의 법정책적 효과는 훨씬 다양하고 복잡하다. 다음의 표는 공무원 개인책임을 부정하는 경우, 고의·중과실에 한하여 인정하는 경우 그리고 전면적으로 인정하는 경우 기대되는 효과를 요약해서 보여주기 위한 것이다. 다만 이 표에 나타난 기대효과들은 객관적·일반적으로 판명된 기대효과가 아니라 공무원 개인책임에 관한 기존의 학설들이 주장하고 있는 이유들로서, 그 자체가 하나의 연구와 검증의 대상 또는 가설일 뿐이다. 가령 시대·사회적 상황이나 민주화의 정도, 공직의 정착도, 공무원의 직종이나 업무의 성질, 공무원의 보수, 업무수행에의 열성(motivation) 등 다양한 요인에 따라 그 기대효과의 내용이나 강도가 달라질 수 있기 때문이다.

〈표 1-3〉 각 학설의 법정책적 기대효과의 비교

학설 / 기대효과	부 정 설	제한적 긍정설	전면긍정설
피해구제(피해자 입장)	±(0)	+(1)	++(2)
위법의 억지·제재	−(-1)	+(1)	++(2)
위축효과(부작위로의 도피현상)의 방지	++(2)	+(1)	−(-1)
구상권과의 균형유지	−(-1)	±(0)	−(-1)
남소의 폐단억제	++(2)	+(1)	−(-1)
부담의 공평유지	−(-1)	++(2)	+(1)
종 합	+(1)	++++++(6)	++(2)

※阿部泰隆, 『國家補償法』, 65 이하를 참조하고 필자의 견해를 덧붙여 작성한 것임.

위 표에서 볼 수 있는 바와 같이 공무원 개인책임의 인정여부 및 범위에 관하여 어떠한 입장을 취하느냐에 따라 그 법정책적 효과면에서 다양한 결과가 기대될 수 있다. 위 표에서는 각각의 학설별로 기대효과를 '+' '−' '±'로 표시하여 이를 수치화하여 종합적 평가결과를 비교했다. 그러나 이러한 종합적 평가는 실은 유보적인 가능성만을 의미할 뿐 그 자체로서 각학설의 법정책적 우열을 판가름해주는 요인이 될 수 없다. 가령 제한적 긍정설은 그 법정책적 기대효과면에서 가장 우수한 것으로 나타나고 있으나 만일 그 기대효과의 중요한 부분이 제대로 발휘되지 못한다면 그 같은 종합적 평가는 유지될 수 없게 될 것이기 때문이다. 따라서 이러한 도식은 각 학설이 내세우는 법정책적 논거를 역으로 검증해 나가기 위한 하나의 작업가설로서의 의미를 가질 뿐이다.

앞에서 살펴 본 바와 같이 우리나라의 경우에는 대법원의 판례가 전면긍정설에서 부정설로, 다시 제한적 긍정설로 변천해 왔다는 사실이 위 표에서 열거된 법정책적 기대효과 중에서 측정가능한 변수들을 각 시기별로 분석해 볼 만한 유리한 여건으로 작용할 수도 있다. 그러나 공무원 개인책임에 관한 판례변천이나 각 시기별 판례의 입장이 과연 어떠한 인과관계를 통하여 각 변수에 영향을 미쳤는지를 밝혀내기에는 많은 난점이 있을 뿐만 아니라 공무원들이 실제로 이러한 판례변천을 얼마나 인식했으며, 그것이 공무원의 직무수행의 양태에 영향을 미치는 의미 있는 요인이 될 수 있었는지, 그리고 현실적으로 그러한 영향을 미쳤는지를 알 수 없다는 데 불가피한 제약이 있는 것도 사실이다. 위 표에서 제시된 각 기대효과의 내용을 검토해 보면 다음과 같다.

(1) 피해구제(피해자의 입장)

여기서 피해구제란 발생한 손해(정신적 손해를 포함)를 금전적으로 전보하는 것을 말한다. 이러한 의미의 피해구제에 관한 한, 충분한 배상자력을 지닌 국가로부터 배상을 받을 수 있고 또 공무원 개인책임이 인정된다고 해도 이는 어디까지나 선택적 청구가 가능하다는 것일 뿐 피해자에게 이중배상을 허용하자는 것은 아니므로, 부정설과 다른 학설 간에는 실질적인 차이가 없는 것으로 보일 수도 있다. 또 이 점은 부정설이 적극 내세우는 논거이기도 하다. 그러나 자세히 들여다보면 이러한 주장이 피상적이라는 것이 쉽사리 드러난다. 피해자에게 주어진 배상의 가능성이라는 측면에서 볼 때 국가배상책임은 경우에 따라서는 개인책임 보다 훨씬 불편하고 또 불리한 방법이 될 수 있기 때문이다. 국가는 그 배상자력 면에서의 안정적이지만, 오히려 그 소송상 방어능력 면에서 월등 우월하다고 볼 수 있고 또 배상소송을 동태적으로 파악할 경우 국가등이 당해사건의 득실의 비용효과를 분석하지 않은 채 다른 일반적인 영향을 고려하거나 단지 당해공무원의 의지에 따라 조직의 총력을 기울여 소송을 수행하게 될 가능성도 충분히 예상할 수 있기 때문이다. 이 점은 특히 국가가 국가배상으로 인한 예산의 절감을 위하여 적극적 방어정책으로 나올 경우 중요한 변수가 될 수 있다. 또한 공무원에 대한 직접청구를 허용하면 절차도 간단하고 배상심의위원회를 거칠 필요도 없으며 국가배상법의 배상기준적용도 받지 않기 때문에 피해자에게 유리하다는 측면이 있는 것도 사실이다.[62] 무엇보다도 공무원이 자기소유의 차량으로 공무를 집행하던 중 사고를 내 타인에게 피해를 입힌 경우 피해자는 보험회사로부터 손쉽게 전액배상을 받을 수 있다는 이점도 있다.

---

62) 金哲洙, 憲法學槪論, 博英社, 1995, 618-619 및 618 각주 1.

그러한 배경에서 대법원은 공무원이 자동차를 운행하여 공무집행을 하던 중 사고로 타인을 사상케 한 경우 앞에서 소개한 판례와는 달리 그 공무원 개인이 고의·중과실이나 경과실 여하를 불문하고 자동차손해배상보장법에 의한 개인책임을 진다고 판시했다.[63] 물론 이 경우는 자동차손해배상보장법이라는 특별법규정을 이유로 한 것이지만, 실제로 개인책임을 추궁하는 것이 피해자의 입장에서 더 편의롭고 유리할 수 있다는 점을 보여주는 간접적인 예라 할 수 있다. 참고로 자동차손해배상보장법 제3조는 자동차운행자가 그 운행으로 말미암아 타인의 死傷을 야기한 경우에는 동조 각호의 규정에 의한 예외적인 경우[64]를 제외하고는 무과실책임을 지도록 하고 있어, 가해운전자인 공무원개인 역시 이 규정에 의하여 과실이 없어도 동조 각호의 사유를 입증하지 못하는 한, 손해배상책임을 지는 것이 당연한 결과이므로, 대법원의 판결은 타당하다고 본다.

이렇게 볼 때 피해자의 입장에서 볼 때 각 학설은 피해구제 면에서도 차별적인 결과를 가져온다는 점을 알 수 있다. 제한적 긍정설은 전면적 긍정설에 비해 경과실만 있는 경우에는 개인책임을 추궁할 수 없다고 보기 때문에 그 한도내에서 피해자에게는 국가배상청구의 상대방이 제한되는 결과가 되며 위에서 지적한 점이 그대로 적용되게 된다.

(2) 위법의 억지·제재

공무원의 개인책임을(전면적으로든 제한적으로든) 인정함으로써 위법행위가 억지될 수 있으며, 국가배상제도의 목적은 단순히 피해구

63) 대법원 1996. 3. 8 선고 94다23876판결.

64) 그 사유는 다음과 같다: "1. 승객이 아닌 자가 사망하거나 부상할 경우에 있어서 자기 및 운전자가 자동차의 운행에 관하여 주의를 게을리하지 아니하고 피해자 또는 자기 및 운전자외의 제3자에게 고의 또는 과실이 있으며 또한 자동차의 구조상의 결함 또는 기능에 장해가 없었다는 것을 증명한 때; 2. 승객이 사망하거나 부상한 경우에 있어서 그것이 그 승객의 고의 또는 자살행위로 말미암은 것인 때"

제에만 있는 것이 아니라 위법행위에 대한 제재에도 있는 것이므로 공무원의 개인책임은 그 위법행위에 대한 법치주의적 제재로서 당위성을 갖는다는 것이 공무원 개인책임을 긍정하는 학설의 논거가 되고 있다. 공무원 개인책임을 인정함으로써 과연 공무원의 위법행위를 억지할 수 있는지, 어느정도로 또 어떠한 방식으로 억지하게 되는지는, 그것이 과학적으로 입증되지 않는 한, 일률적으로 단정할 수 없다. 특정 기간동안 구체적인 상황에서 과연 그러한 기대가 얼마나 실증적으로 뒷받침될 수 있는지는 현재로서는 미지수이기 때문이다. 가령 우리나라의 경우 전면긍정설을 취한 판례가 유지되던 기간중에 발생한 공무원의 위법행위의 빈도나 정도가 판례가 갑자기 부정설로 선회한 이후 현저히 늘거나 악화되었다는 증거는 없을 뿐만 아니라 그러한 변화의 추이가 측정될 수 있다 하더라도 그것이 공무원 개인책임의 인정여부나 인정범위와 상관성을 갖는지는 미지수이기 때문이다. 그러나 공무원이 자기의 직무집행상의 위법행위에 대한 개인적 책임을 지게 되고 또 그러한 사실을 스스로 또는 공무원교육을 통하여 인식할 수 있다면 일반적으로 위법행위를 억지하는 효과가 나타날 것이라고 기대할 수 있을 것이다. 이러한 가정은 우리의 사회통념과도 부합한다. 다만 공무원 개인의 책임을 고의・중과실에 한하여 인정하는 경우 그 위법행위의 억지효과가 과연 유의미하게 차별적으로 나타날지는 불분명하다. 반면 불법행위제도(특히 국가배상법)의 목적이 손해의 전보인가, 위법행위의 억지인가 또는 그 두가지 모두인가 하는 것은 일응 입법정책적인 선택의 문제처럼 보이지만 실은 헌법과 국가배상법의 관련규정들의 해석을 통해 판단되어야 할 문제이며, 위법행위에 대한 제재의 문제 역시 사실적 기대효과가 아니라 법치국가원칙의 당위적인 요구라 할 수 있다. 이렇게 본다면 결국 위법의 억지·제재란 공무원이 자기의 직무집행상의 위법행위에 대한 개인적 책임을 지게 될 것이라는 예측가능성이 확보될 때 가시화될 수 있는 기대효과로서, 헌법과 국가배상법의 관계규정의 취지 및 법치국가원칙의 당위적 요구에 의해 뒷받침되는 규범적 측면을 지닌 변수임을 확인할 수 있다.

(3) 위축효과의 방지

공무원의 개인책임을 인정하게 되면 공무원의 직무수행의 위축을 가져온다는 주장은 부정설이나 제한적 긍정설이 내세우는 가장 중요한 근거의 하나이다. 이러한 위축효과 — 부작위로 도피할 위험의 대표적인 형태가 이른바 '복지부동'현상이라 할 수 있다.

> "우리는 지금 공무원들에게 배전의 분발과 솔선적 개혁노력을 기대하고 요구한다. 공무원들이 과도기적 난국을 헤쳐 나가는데 선봉이 되어주기를 기대한다. 그러나 공무원들은 폭증된 역할기대와 행동요청에 오히려 역행하는 반발전적 행태를 보인다는 비판을 받고 있다. 정부는 그러한 부정적 행태를 집향해서 '복지부동'(伏地不動)이라 부르고 있다. …… 복지부동이란 엎드려 눈치만 살피고 '개혁바람', '사정한파'(司正寒波)가 지나가기를 기다리면서 움직일 생각을 하지 않는다는 말이다. 그것은 일하지 않고 살아남는 무사안일주의적·보신주의적 행태이다. 그것은 업무수행의 외형만 꾸미고 직무수행의 질과 내실은 소홀히 하는 형식주의이며 양적(量的) 복종주의이다. 그것은 피동적 무책임주의이다. 그것은 온갖 불만을 앞세워 정부시책에 소리없이 저항하는 행태이다. 공직의 행동규범을 어기고 부패를 저지르는 등 적극적으로 '잿밥을 챙기는' 행위도 복지부동의 한 국면으로 보아야 한다.[65]

복지부동은 공무원 개인책임이 전면적 또는 부분적으로 인정됨

65) 오석홍, 『한국의 행정』, 경세원, 1995, 235-236.

에 따라 발생할 수 있다고 주장되는 '위축효과'의 가장 단적인 표현이라 할 수 있다. 복지부동의 원인에 관한 한 행정학적 연구는 조직구조의 집권화·공식화, 적당주의풍토, 처벌위주의 감사제도(상황요인), 情誼主義, 형식주의, 가족주의(개인요인) 및 직종 등의 의미있는 요인들을 식별했고, 이중 상황요인이 개인요인보다 2-3배 강한 것으로 나타났으며, 복지부동의 개선을 위해서는 관료의 의식개혁보다는 조직구조나 제도개혁이 더욱 효과적이라는 사실을 밝혔다.[66] 이는 복지부동이니 위축효과니 하는 현상을 공무원 개인책임이라는 단일변수에 의해 설명할 수 없다는 사실을 간접적으로 말해준다. 물론 공무원 개인책임이라는 요인이 복지부동에 기여할 수는 있을지 모르지만, 과연 얼마나 어떠한 경로를 통해 기여하는 것인지는 현재로서는 미지수라고 할 수 밖에 없다.[67] 특히 공무원의 개인책임을 전면적으로 인정하는 경우와 고의·중과실에 한하여 인정하는 경우 그 위축효과가 유의미하게 차별적으로 나타날지는 더 더욱 불분명하다.

(4) 구상권과의 균형유지

국가배상법은 제2조 제1항 본문에 의하여 국가가 배상책임을 진 경우 당해 공무원이 고의 또는 중대한 과실이 있는 때에는 국가 또는 지방자치단체가 그 공무원에게 구상할 수 있도록 하고 있다(§ 2

66) 金虎楨, "韓國官僚行態의 決定要因", 『韓國行政學報』, 1994·겨울(28권 4호), 1255-1277. 이 연구는 복지부동에 관련된 행태로 보신적 안일행태, 형식적 행태, 권위적 행태를 들고(1259), 행정공무원들에 대한 설문조사를 통하여 복지부동의 원인이 되는 상황변수들을 비교분석한 것이다.

67) 반면 阿部泰隆(앞의 책, 67)은 위축효과를 과학적으로 입증하기는 어렵지만 인간의 행동원리에 비추어 일응 예상될 수 있는 것이라고 한다. 실례로 일본의 공립학교 교사는 국가배상법상 개인책임은 추궁당하지 않지만 사회적 책임을 추궁 받게 되어 부작위로 도피하기 쉬운 것으로 인식되고 있다고 한다.

②). 이것은 공무원이 국가등에게 고의 또는 중대한 과실로 국가배상책임을 발생시킨 이상 그 공무원에 대해 求償(Rückgriff, Innenregreß, action récursoire)을 할 수 있게 하는 것이 손해부담의 공평을 기하는 길이 된다는 견지에서 인정된 것이다(求償留保: Rückgriffsvorbehalt).[68] 고의·중과실은 국가등의 구상권행사를 위한 요건인 동시에 고의 또는 중과실이 있는 경우에만 구상책임을 지운다는 점에서 구상책임의 성립범위를 제한하는 기능을 한다. 즉 그것은 求償制限(Rückgriffslimit)의 요인이라 할 수 있다.[69] 고의 또는 중과실의 개념은 앞에서 본 바와 같이 민법상의 그것에 따르며 중과실이란 사회통념상 요구되는 주의의무의 위반의 정도가 특별히 중대한 경우를 말한다. 그것은 가장 용이하고 누구나 시인할 수 있는 정도의 주의조차 기울이지 않은 경우를 말한다. 즉, 조금만 주의를 하였다면 사고를 일으키지 않을 수 있었다고 판단되는 경우이다.

구상권과의 균형을 유지해야 한다는 것은 제한적 긍정설의 가장 유력한 논거가 되어 왔다. 앞서 인용한 대법원의 전원합의체판결에서 다수의견은 "국가배상법 제2조 제2항은 공무원의 국가 등에 대한 구상책임에 관한 것일 뿐 공무원 개인의 피해자에 대한 책임과는 전혀 무관하다고 하면서 공무원이 직무집행상의 경과실로 타인에게 손해를 입힌 경우에도 공무원 개인이 피해자에 대한 손해배상책임을 부담하여야 한다고 해석한다면, 피해자가 공무원 개인을 상대로 손해배상을 청구하면 공무원 개인이 그 배상책임을 부담하게 되지만 국가 등을 상대로 국가배상을 청구하면 그 책임을 이행한 국가 등으로서는 공무원 개인에게 이를 구상할 수 없어 궁극적으로

68) 공무원의 내부적 책임(Innenhaftung)으로는 이러한 구상책임 말고도 공무원법상의 변상책임 등 여러가지가 있음은 물론이다.

69) Ossenbühl, Staatshaftungsrecht, § 10 2, S.98.

공무원 개인은 책임을 부담하지 아니하게 되는바, 이러한 결과는 피해자의 임의적 선택에 따라 그 배상책임의 궁극적 귀속자가 달라지게 된다는 점에서 불합리할 뿐만 아니라 경과실의 경우에는 공무원 개인의 책임을 궁극적으로 면제시켜 공무원으로 하여금 안심하고 적극적으로 공무를 수행하도록 하려는 입법의도도 실현할 수 없게 되므로 이러한 해석은 타당하다고 할 수 없다"고 판시했다.

(5) 남소의 폐단 억제

공무원의 개인책임을 전면적 또는 제한적으로 인정할 경우 피해자로부터 소송이 남발될 우려가 있는 것은 사실이다.[70] 그로 인하여 소송으로 인한 비용이 증가되고 공무의 능률이 떨어지는 결과가 발생할 수도 있다. 이것은 주로 부정설의 입장을 뒤받침하는 논거가 된다. 제한적 긍정설도 이를 논거로 동원할 수 있으나 공무원이 경과실을 범했는지 아니면 중과실·고의를 범했는지는 소송을 통해서야 비로서 확인될 수 있는 것이라는 점을 고려할 때 공무원의 개인책임을 고의·중과실에 국한시킬 때 그러한 효과를 기대할 수 있을지 불분명하므로, 제한적 긍정설이 이를 주장하는데에는 한계가 있다. 과연 공무원 개인책임을 인정할 경우 남소의 폐단이 나타나며, 이를 부정하면 그러한 폐단을 막을 수 있다는 사실을 뒷받침할 객관적인 증거는 없다. 이는 국민의 법의식과 소송에 대한 태도에 따라 달라질 수 있는 문제로서, 현재로서는 미지수이다.

(6) 부담의 공평 유지

긍정설은 국가등이 언제나 충분한 배상자력을 가지고 있으므로

70) 阿部泰隆, 68-69.

피해자구제에 문제가 없다고 주장하는 부정설을 정태적이고 피상적인 견해라고 비판한다. 오히려 국가나 지방자치단체는 충분한 자력을 가지고 있기 때문에 당해사건의 승패에 따른 비용효과를 분석하지 않고 다른 일반적인 영향을 이유로 또 당해공무원의 의지에 따라 조직의 총력을 기울여 소송을 계속함으로써 자신의 입장을 방어하려 들 가능성이 있으며 그 자력이나 소송수행능력면에서 피해자보다는 월등 우월한 위치에 있기 때문에 원과가 소송에 지쳐 패소할 가능성도 적지 않다고 한다.[71] 이와는 달리 공무원 개인을 피고로 할 수 있다면 그 자력이나 소송수행능력면에서 대등한 경우가 일반적일 것이므로 원고가 승소 또는 화해 등을 통하여 소기의 목적을 달성할 기회가 늘어나게 된다는 것이다. 반면 부정설의 입장에서는 공무원 개인책임을 인정하면 소송을 통하여 일종의 공무원 '이지메'(いじめ), 즉 공무원 '괴롭히기' 현상이 발생할 수도 있으며 또 그로 인하여 공무원이 소송에 지쳐 화해를 한 경우 국가나 지방자치단체에 역구상해도 그 스스로 화해한 것이기 때문에 배상액을 반환받을 보장이 없게 되는 불합리한 결과가 나타날 것이라고 반박한다. 그러나 이들 대립되는 어떤 주장도 과학적·객관적으로 증명된 것은 아니다. 이들은 모두 가정적 상황을 전제로 한 논거들이기 때문이다.

(7) 종　　합

이제까지 살펴 본 것처럼 앞의 표에서 제시된 각 학설의 기대효과를 종합하여 평가하는 데에는 많은 가정과 유보가 따른다. 따라서 각 학설의 법정책적 기대효과의 총합은 그 자체로서는 종국적인 의

71) 阿部泰隆, 69.

미를 가지지 못하며, 각 학설이 내세우는 논거의 전제조건이 충족되는 경우에만 의미를 발휘할 수 있을 뿐이라는 것을 다시금 음미할 필요가 있다. 이러한 견지에서 볼 때 잠정적으로 제한적 긍정설이 바람직한 법정책적 효과를 기대할 수 있는 방향이며, 부정설은 그 법정책적 기대효과가 가장 작다고 볼 수 있을 것이다. 이러한 판단의 궁극적인 타당성은 문제의 법정책적 효과를 실증적으로 조사·연구함으로써만 밝혀질 수 있음은 물론이다.

4. 소 결

이제까지의 논의를 통해 우리는 다음과 같은 결론에 도달한다. 즉 해석론상으로나 법정책론상으로나 부정설은 설득력이 약하며, 문제는 공무원 개인책임을 전면적으로 인정할 것인가 아니면 고의·중과실의 경우에 한하여 인정할 것인가로 모아지고 있다. 제한적 긍정설과 전면긍정설간의 핵심적 쟁점은 무엇보다도 국가배상법 제2조 제2항의 구상권규정을 어떻게 이해할 것인가에 있다. 공무원의 개인책임을 고의·중과실에 한정하지 않고 경과실에도 인정하는 전면적 긍정설은 구상권규정과의 균형을 기할 수 없다는 문제점을 지니고 있는 것이 사실이다. 그러나 그렇다고 구상권제도의 본래취지에 비추어 볼 때 그러한 문제가 치유될 수 없는 것이라고는 말할 수 없다. 대법원의 다수의견에서 지적한 피해자의 임의적 선택에 따라 그 배상책임의 궁극적 귀속자가 달라지게 된다는 불합리한 결과는 오히려 경과실에 대하여 공무원 개인책임(선택적 청구권)을 인정하는 경우에도 배상책임을 진 공무원이 다시 국가에 대하여 국가배상법 제2조 제2항을 근거로 국가에 대한 구상관계에서 경과실면책을 주장하여 국가에게 구상할 수 있다고 봄으로써 해소될 수 있기 때문이다. 그렇게 해도 국가가 자기책임으로서 국가배상책임을 지는 것인 이상, 대법원이 우려하는 바와 같은 문제점, 즉 피해자의 임의적 선택에 따라 그 배상책임의 궁극적 귀속자가 달라지게 되며, 경과실의 경우 공무원 개인의 책임을 궁극적으로 면제시켜 공무원으로 하여금 안심하고 적극적으로 공무를 수행하도록 하려는 입법의도도 실현할 수 없게 된다는 결과는 회피될 수 있기 때문이다. 공무원 개인책임의 문제는 그야말로 '선택적' 청구권의 문제이다. 그것은 종국적으로 누가 책임을 지느냐 하는 문제가 아니라 피해자가 가해공무원에 대해서도 직접 손해배상을 청구할 수 있느냐 하는 문제이다. 가해공무원이 피해자에게 배상책임을 진 경우 그에 따라 발생하는 당해 공무원과 국가 간의 문제, 즉 구상문제는 이와는 일단 별개의 문제이다.

구상권은 비단 국가의 공무원에 대한 권리로서 뿐만 아니라 공무원의 국가에 대한 권리로서도 구체화될 수 있다. 현행법상 개인책임을 진 공무원에게 국가에 대한 구상권을 인정할 수 있는가에 관하여는 국가배상법 제2조 제2항 같은 명문의 규정은 없으나, 국가배상법 제2조 제2항을 반대해석하면 경과실의 경우 구상권을 행사할 수 없으므로 경과실의 경우 공무원이 개인책임을 진 경우에는 당해 공무원이 이를 국가에 대하여 구상할 수 있다는 해석도 가능하다. 이는 행정과 공무원, 공무원과 행정의 상호관계(rapport réciproque)에 있어 구상소송(actions récursoires)을 인정하고 있는 프랑스에서의 구상권이해와 상통하는 점이다.

「꽁세유데따」의 1963.4.26. 브장쏭 지방병원판결[72]은 직무수행으로부터 분리될 수 있는 개인과실(faute personnelle détachable de l'exercice de ses fonctions)을 범하지 않았는데도 민사법원에 의해 배상판결을 선고받은 공무원에게 배상액전보청구권, 즉 행정에 대한 구상권을 시인하였다. 이 판결에서는 이미 민사법원의 판결에 의해 공무원의 피해자에 대한 개인책임이 인정되었다는 사실이 전제되고 있으므로 그 한도내에서 사실상 선택적 청구권이 인정된 것과 마찬가지의 결과가 되었다. 경과실의 경우 배상책임을 진 공무원이 국가에 대해 구상을 한다는 것은 경과실의 경우 공무원이 개인책임을 지지 아니한다는 것과는 같지 않으며, 오히려 경과실의 경우에도 선택적 청구가 가능하다는 것을 의미하는 것으로 볼 수 있기 때문이다.

문제는 공무원이 국가에 대하여 또는 국가가 공무원에 대하여 구상권을 행사하는 경우 그 구상이 전액구상을 의미하는지 아니면 행위자의 배상책임에 대한 기여, 즉 책임부담부분에 상응하는 범위 내에서의 구상을 의미하는지에 있는데, 이 점에 관한 한 헌법이나 국가배상법은 아무런 명시적 규정을 두고 있지 않다. 그러나 구상권 제도는 본래 자기의 귀책사유에 속하지 않는 배상액을 되돌려 받도록 한다는 원인자책임의 논리에 따른 것이므로, 자신의 부담부분을 넘는 부분에 관하여는 이를 국가로부터 또는 공무원개인으로부터 구상받을 수 있다고 해석하는 것이 타당하다. 이 점은 공무원의 고의·중과실에 의해 국가배상책임이 성립하는 경우에도 마찬가지로 적용되어야 한다. 즉 고의·중과실의 경우 공무원이 개인책임을 진 경우에도 자기의 부담부분을 넘는 부분에 대해서는 국가에 대하여 구상을 요구할 수 있다고 보아야 한다. 또한 국가가 공무원에 대해 구상하는 경우에도 당해 공무원은 자기의 부담부분을 넘는 부분에

72) C.E. Sect. 1963.4.26., Centre hospitalier régional de Besançon, Rec.243, concl. Chardeau: Gr.Ar., 479.

대해서는 국가의 구상권이 성립하지 않는다고 항변할 수 있다고 보는 것이 타당하다. 만일 공무원이 고의에 의해 직무상 불법행위를 범한 경우에는 공무원 개인이 전부책임을 지게 될 개연성이 크다고 볼 수 있을 것이다. 한편 국가배상법 제2조 제2항은 '공무원이 고의 또는 중대한 과실이 있는 때에' 국가 또는 지방자치단체는 그 공무원에게 구상할 수 있다고만 규정할 뿐 구상권행사를 의무화하고 있지는 않다. 즉 국가등의 求償義務(Rückgriffspflicht)는 성립하지 않으며[73] 구상권은 하나의 가능성에 불과하다. 물론 이 규정을 목적론적으로 해석할 때 국가 등은 그 예산보전의 견지에서 특별한 사정이 없는 한 구상권을 행사하여야 한다고 볼 여지도 없지 않다. 또 고의나 중과실로 국가등에게 배상책임을 발생시킨 공무원에 대해 그로 인한 책임을 부담하도록 하는 것이 공평의 원리에 부합된다고 볼 수 있다. 그러나 판례는 거꾸로 국가등의 구상권행사를 신의칙상 상당성의 기준에 의해 제한하는 입장을 보이고 있다.

> "국가 또는 지방자치단체의 산하 공무원이 그 직무를 집행함에 당하여 중대한 과실로 인하여 법령에 위반하여 타인에게 손해를 가함으로써 국가 또는 지방자치단체가 손해배상책임을 부담하고, 그 결과로 손해를 입게 된 경우에는 국가 등은 당해 공무원의 직무내용, 당해 불법행위의 상황, 손해발생에 대한 당해 공무원의 기여정도, 당해 공무원의 평소 근무태도, 불법행위의 예방이나 손실분산에 관한 국가 또는 지방자치단체의 배려의 정도 등 제반사정을 참작하여 손해의 공평한 부담이라는 견지에서 신의칙상 상당하다고 인정되는 한도 내에서만 당해 공무원에 대하여 구상권을 행사할 수 있다고 봄이 상당하다."[74]

73) Ossenbühl, Staatshaftungsrecht, 4.Aufl., 1991, § 10, S.96; Bettermann, in: Die Grundrechte III/2, S.848; Dagtoglou, in: BK, Art.34 Rn.348.

74) 대법원 1991.5.10 선고 91다6764판결.

이러한 판례는 공무원이 고의나 중과실로 국가등에게 배상책임을 발생시키고도 구상책임에서 면제되는 불합리를 막아야 한다는 당연한 책임주의의 논리 보다는 공무원을 예외없이 국가등에 대한 구상책임에 노출시킴으로써 자칫 공무원의 직무수행이나 사기를 위축시킬 수 있기 때문에 이를 구체적 타당성의 기준으로 완화할 필요가 있다는 정책적 고려를 우선시킨 결과라고 할 수 있다. 물론 이러한 판례의 태도에도 일리가 없지는 않다. 국가배상책임과 관련하여 정부가 공무원의 고의 또는 중과실을 이유로 구상권을 행사하는 것이 공무원에 대해 위법억지의 기능을 가질 수 있는지 여부는 불확실하다. 그러한 결과는 이론적으로는 충분히 가능하고 또 소망스럽기도 하다. 그러나 현실적으로 그러한 구상권의 행사가 이루어지고 있는지는 극히 부정적이다. 사실 우리나라의 구상권제도는 그것이 행사되는 경우가 드물기 때문에 거의 유명무실한 것으로 밝혀지고 있다.[75] 일본이나 프랑스에서도 실제로 구상권이 행사된 예는 근소한 것으로 보고되고 있다.[76]

이렇듯 전반적으로 저조한 구상권행사의 실태를 고려할 때 공무원이 고의나 중과실로 국가등에게 배상책임을 발생시키고도 구상책임을 면하게 되는 불합리한 결과가 생길 수 있다는 점을 확인할 수 있다. 물론 구상권행사의 요건이 구비된 경우 구상권행사를 강화하는 법정책적 노력이 이루어질 수도 있겠지만, 거기에는 위와 같은 판례의 태도에 비추어 한계가 있을 수밖에 없다. 현실적으로도 고

75) 金鐵容교수의 조사에 따르면, 1991년 한 해 국가배상전체건수는 2845건이었고(法務部 法務年鑑 1992, 283) 이 중 구상권행사요건이 충족된 고의·중과실의 경우가 334건인데 구상권행사는 고작 2건에 불과했다고 한다(金鐵容, "公務員個人의 不法行爲責任"(判例月報 1994, 290), 31 각주 25).

76) 阿部泰隆, 66; Rivero/Waline, n°303.

의·중과실로 국가배상책임을 발생시킨 공무원에 대한 구상권의 행사에는 적지 않은 제약이 따르는 것도 사실이다. 실제로 공무원의 상대적으로 낮은 처우를 근거로 가해공무원의 처지에 대한 배려를 당연시하는 것이 공무원사회의 전반적 분위기임을 고려할 때 그러한 구상권행사의 확대를 기대하기는 곤란하다. 이와 같은 결과는 국가예산의 낭비를 초래할 뿐만 아니라 궁극적으로는 원인자책임원리에 의한 책임의 귀속 및 위법억지라는 구상권제도의 본래취지를 손상시킬 우려가 있다는 이유에서 시정을 요하는 문제라 할 수 있다. 그러나 여기서 인식해야 할 것은 그러한 구상권제도의 실태를 고려할 때 실현가능성이 희박한 구상권과의 균형을 유지해야 한다는 논거는 현실성이 박약하다는 사실이다.

사실 구상권제도는 단순히 손해분담의 공평을 기하기 위한 것만은 아니다. 구상제도는 오히려 일종의 징계적 성격을 아울러 지니고 있기 때문이다.

> 프랑스에서는 이른바 구상소송의 독자성(L'autonomie des actions récursoires)이 인정되고 있으며, 이에 따라 구상관계에 관한 소송은 공법원리의 적용대상이며 또 그 당연한 결과로서 행정재판소의 관할에 속하는 것으로 다루어지고 있다. 이러한 구상소송의 독자성은 공무원의 국가에 대한 책임 뿐만 아니라 국가의 공무원에 대한 책임이 전적으로 공역무의 내적 기능과 그 구성원과의 관계를 위태롭게 한다는데 이유를 둔 것으로 이해되고 있다.[77] 그런 까닭에 공무원의 국가에 대한 소송과 국가의 공무원에 대한 소송은 피해자의 국가배상소송의 연장으로서가 아니라 행정과 공무원을 상호적 관계(rapports réciproques)로 결부시키는 고유한 법에 의하여 수행될 수 있다고 보는 것이다. 「꽁세유데따」(C.E.)는 이러한 소송들을 사법상 불법행위책임에 준하는 배상책임의 전통적 법리에

---

77) Gr.Ar., n° 83, 28 Juill.1951, Laruelle et Delville, 479.

의해 판단하기 보다는 오히려 특히 공역무의 조직과 선량한 행정의 필요를 고려하고 있으며, 이들 소송에 일종의 징계절차와 같은 성격(coloration disciplinaire)을 부여하고 있다고 한다.[78] 물론 이러한 징계절차적 성격은 직무수행으로부터 분리될 수 있는 개인과실(faute personnelle détachable de l'exercice de ses fonctions)을 범하지 않았는데도 민사법원에 의해 배상판결을 선고받은 공무원이 행정에 대하여 그 배상액의 전보를 청구한 경우[79]에는 인정되지 않는다.

이와 같이 구상권제도를 일면 원인자책임원리에 의한 책임귀속의 형평과 타면 공무원의 위법행위에 대한 제재의 필요에 취지를 두는 것으로 이해한다면 국가배상법 제2조 제2항의 규정을 근거로 선택적 청구권을 고의·중과실의 경우에 한하여 인정한 제한적 긍정설이나 대법원의 1996년 2월 15일자 판결이 부당하다는 결론에 한걸음 더 가까이 접근할 수 있게 된다.

한편 1996년 2월 15일자 대법원판결의 다수의견은 피해자가 헌법 제29조 제2항, 국가배상법 제2조 제1항 단서 소정의 공무원으로서 위 단서조항에 의하여 법률에 정해진 보상 외에 국가배상법에 의한 배상을 청구할 수 없는 경우에도 마찬가지의 법리를 인정했다. 즉 대법원은 "헌법 제29조 제2항은 군인, 군무원, 경찰공무원, 기타 법률이 정한 공무원(이하 '군인 등'이라 한다)의 경우 전투, 훈련 등 직무집행과 관련하여 받은 손해에 대하여 법률이 정하는 보상 외에 국가 등에 대하여 공무원의 직무상 불법행위로 인한 배상을 청구할 수 없도록 규정하고 있고 국가배상법 제2조 제1항 단서도 이를 이어 받아 이를 구체화하고 있지만 이는 군인 등이 전투, 훈련 등과 관련하여 받는 손해에 한하여는 국가의 손해배상을 인정하지 아니하고 법률이 정한 보상만을 인정함이 타당하다는 헌법

78) Gr.Ar., n° 83, 28 Juill.1951, Laruelle et Delville, 479.

79) 「꽁세유데따」의 1963.4.26. 브장쏭 지방병원판결(C.E. Sect. 1963.4.26., Centre hospitalier régional de Besançon, Rec.243, concl. Chardeau: Gr.Ar., 479).

적 결단에 의한 것이기 때문"이라고 판시하고 있다. 이에 대하여는 헌법 제29조 제2항의 법정신을 손상시키는 결과가 된다는 비판이 제기되었으나, 그러나 일국의 최고법원이 위헌으로 판정한 법률조항[80]이 곧 헌법개정을 통해 헌법의 자리를 찬탈하고 들어앉았다는 수치스런 헌법사적 배경을 지닌 헌법 제29조 제2항의 법정신(?)보다는 그 경우 국가배상책임이 배제되었음에도 불구하고 공무원 개인책임이 성립할 수 있다는 법리적 결과가 시사하는 바를 주목할 필요가 있다. 그것은 다름 아니라 공무원 개인책임이 국가배상책임의 성립여부에 절대적으로 의존하는 것은 아니라는 사실이다.

V 결 론

이제까지의 논의를 통하여 우리는 법해석론과 법정책론 모든 면에서 공무원 개인책임, 즉 선택적 청구권은 고의·중과실이나 경과실을 불문하고 인정되는 것으로 보는 것이 옳으며, 다만 경과실의 경우 공무원이 개인책임을 진 경우에는 국가배상법 제2조 제2항의 규정을 구상책임의 경과실면제의 보장으로 반대해석하여 공무원 개인이 국가에 대해 자신의 부담부분을 넘는 부분에 대한 구상권을 행사할 수 있도록 함으로써 공무원이 그 직무집행행위로 인한 직접적 손해배상책임에 노출됨으로 인하여 발생할 수 있는 법정책적 문제점과 구상책임과의 불균형을 해소할 수 있다는 사실을 확인할 수 있었다. 물론 공무원이 그의 위법한 직무수행의 결과 자칫 피해자로부터 직접 손해배상청구를 당할 가능성을 인정함으로써 그 직무수

80) 대법원전원합의체 1971.6.22 선고 70다1010판결.

행의 의욕과 사기를 저하시킬 수 있다는 우려에도 충분한 현실적 근거가 있다.[81] 일면 輕過失의 경우에는 국가배상법 제2조 제2항에 의해 공무원의 구상책임이 면제되는데 반해 피해자에 대한 개인책임은 인정되게 된다는 불균형한 결과와, 타면 경과실면책을 규정한 국가배상법 제2조 제2항의 입법취지를 고려하여 선택적 청구권을 고의·중과실의 경우에 한정하는 견해도 그런 이유에서 법해석론적 차원에서 보다는 법정책론적 차원에서 현실적인 타당성을 갖는다. 그러나 이러한 견해 역시 공무원보호라는 현실적·정책적 이유를 바탕으로 법률의 규정에 의하여 헌법규정의 의미를 부당하게 제한하는 것이라는 비판으로부터 자유롭지는 못하다.[82] "법률이 정하는 바에 의하여 국가 또는 공공단체에 정당한 배상을 청구할 수 있다"는 헌법 제29조 제1항 본문의 규정에 의해 주어진 입법권자의 입법적 형성의 자유는 "이 경우 공무원 자신의 책임은 면제되지 아니한다"고 규정한 같은 조 단서에 의해 제약을 받는 것이다. 앞에서 이미 살펴 본 바와 같이 輕過失의 경우 공무원 개인의 책임을 면제해 줄 정책적 필요성은 부인할 수 없을지라도 이는 輕過失免責을 인정할 명문의 법적 근거가 없는 이상, 헌법 및 법률의 개정 등 입법적 해결책을 통해서만 관철될 수 있으며, 따라서 해석론상으로는 공무원의 개인책임을 전면적으로 인정하지 않을 수 없다. 경과실의

81) 金鐵容, 公務員個人의 不法行爲責任, 判例月報 290호(1994), 31. 그런 이유에서 美國의 경우 적지 않은 주에서 공무원의 불법행위에 대한 개인책임을 故意, 惡意, 汚職 등의 사유가 존재하는 경우에 한하여 인정하는 故意主義를 취하고 있으며 過失主義를 취하는 경우에도 대위지불제도에 의하여 고의·악의 등이 없는 공무원은 최종적인 배상책임을 부담하지 않게 되는 경우가 많다고 한다. 즉 공무원에게 고의가 없는 한 명목상으로는 몰라도 실질적으로는 공무원에게 개인책임을 묻지 않는 것이 대세라고 보아도 지장이 없다는 것이다(植村榮治, 전게서, pp. 146-147).

82) 同旨 金東熙, 行政法 I, 417.

경우 공무원 개인책임을 인정하는데 따르는 구상책임과 선택적 청구간의 불균형이나 직무수행의 위축이나 사기저하 등과 같은 문제는 경과실의 경우 배상책임을 진 공무원에게 국가에 대한 구상권을 인정하거나, 국가배상제도를 합리적이고 효율적인 손해전보제도로 개선하여 민사상 손해배상책임제도에 대해 우월한 경쟁력을 갖추도록 하려는 입법적 노력을 통하여 또는 가해공무원의 책임을 민사소송을 통해 추궁하는데 따르는 책임재산보전의 문제나 과실의 입증 등과 관련된 법적 불편을 통한 국가배상법에 의한 해결책을 이용하도록 유인하는 방법에 의해 해소되어야 하지,[83] 위법행위를 한 공무원의 피해자에 대한 면책을 인정함으로써 회피될 것은 아니라는 점을 인식할 필요가 있다.

한편 입법론으로는 오히려 국가책임을 공무원의 주관적 과실, 즉 주의의무 위반여부에 의존시키는 종래의 접근방식이 이미 한계를 드러냈다는 사실을 직시하여, 과실을 프랑스의 객관화된 과실개념, 즉 'faute'와 같은 흠(瑕疵)으로 바꾸고, 국가작용으로서의 흠 외에 직무수행과 관련하여 개인의 귀책사유가 인정되는 경우에는 그에 상응하는 개인적 배상책임을 물을 수 있는 체제로 전환해야 할 것이다. 개인의 귀책사유에 관하여는 이를 국가배상법 제2조 제2항과 균형을 고려하여 고의 · 중과실로 한정하는 것이 바람직할 것이다.[84]

이제까지의 논의를 통하여 국가배상책임과 공무원 개인책임의

83) 이로써 현실적으로 피해자의 입장에서는 배상자력이 충분한 국가로부터 배상을 받는 것이 더 안전하고 편의롭다는 인식이 국민에게 공유될 수 있다.

84) 이렇게 한다면 국가배상법 제5조와 제2조의 차이는 상대적으로 완화되며, 민법상 불법행위책임과의 연혁적 관련이나 사용자책임과의 연관도 그만큼 엷어지는 결과가 될 것이다. 국가배상법 제5조에 의한 영조물책임은 이를 공무원의 직무집행과 결부되지 않는 순수한 객관적 무과실책임으로 살려나가는 것이 바람직하다고 본다.

문제가 비단 법해석론의 문제일 뿐만 아니라 법정책적 접근을 필요로 하는 문제라는 사실을 인식할 수 있었다. 반면, 문제의 법정책적 측면에 대한 행정학이나 정책학으로부터의 기여는 극히 빈곤한 수준에 머물러 있다. 그 이유는 우선 기존의 행정학・정책학이 공법에서 제기되는 문제를 제대로 인식하지 못했다는데서 찾을 수 있을 것이다. 그러나 법학과 행정학・정책학의 학제적 접근이 이루어지지 않았다면, 그것은 무엇보다도 공법학이 법학적 방법론의 한계를 직시하지 못했고 따라서 그와 같은 법적 문제의 정책적 측면에 관한 문제를 제기할 수 없었다는데 책임을 돌려야 할 것이다. 행정학이나 정책학 진영에서도 그와 같은 학문적 협동의 요구는 거의 응답되지 않았다. 결국 공무원 개인책임의 문제는 바로 그런 학문적 협동이 필요한 대표적인 문제영역임에도 주로 공법학에서만 다루어졌던 것이다. 앞으로 이 같은 문제들에 대한 법학과 행정학・정책학의 공동노력이 이루어지기를 희망하면서 논의를 마친다.

참고문헌

[국내문헌]

김기동.(1994). “國家賠償과 公務員의 個人責任”, 『法曹』, 1994/10, 138.

김남진. 『행정법 I』, 법문사, 515.

김도창. 『일반행정법론(上)』, 청운사.

김동희. 『행정법 I』, 박영사, 4.

김동희.(1996). “공무원이 직무집행중 불법행위로 타인에게 손해를 입힌 경우, 공무원의 개인책임 성립여부”, 『판례월보』 309호.

김철수.(1995). 『헌법학개론』, 박영사.

김철용.(1975). "국가배상법 제2조에 관한 연구", 건국대학교 박사학위논문, 129.

김철용.(1994). "공무원개인의 불법행위책임",『판례월보』, 290호.

김호정.(1994). "韓國官僚行態의 決定要因", 『韓國行政學報』, 1994 · 겨울(28권 4호), 1255-1277.

류지태.(1996). 『행정법신론』, 신영사, 337.

류지태.(1996). "공무원의 행정상 손해배상책임", 『법률신문』 1996.4.29., 14-15.

문홍주.(1987) 한국헌법, 해암사.

박균성. "공무원 배상책임의 이론과 판례", 『판례월보』1995/6, 41.

박윤흔.(1996). 『최신행정법강의(上)』, 박영사, 657.

변재옥.(1989). 『行政法 I』, 박영사.

서원우.(1988). 『현대행정법론(上)』, 박영사, 701.

서원우. "국가배상과 공무원의 배상책임", 『고시계』 1976/2, 29.

오석홍.(1995). 『한국의 행정』, 경세원, 235-236.

허영.(1995). 『한국헌법론』, 552, 763.

홍준형.(1996). 『행정구제법 』, 한울아카데미,78.

[외국문헌]

下山瑛二, 國家補償法, 1973, 246-247.

稻葉馨, 公權力の行使にかかわる賠償責任, 現代行政法大系 6, 1983, 53.

阿部泰隆, 國家補償法, 有斐閣, 1988, 70. 大阪高判 1962.5.17, 高民集 15卷6號, 403.

今村成和, 國家補償法, 有斐閣, 1957, 122.

東京地判 1971.10.11, 判例時報 644號, 22. 札幌地判 1971.12.24, 判例時報 653號, 22.

塩野 宏, 行政法 II, 有斐閣, 1992, 251.

下山瑛二, 國家補償法, 1973, 246-247.

稻葉馨, 公權力の行使にかかわる關賠償責任, 現代行政法大系 6, 1983, 53.

西埜 章, 國家賠償責任と違法性, 一粒社, 1987, 42.

古崎慶長, 國家賠償法, 有斐閣, 1971.

小高剛, 公務員個人の責任, 現代損害賠償法講座 6, 日本評論社, 1974.

阿部泰隆, 國家補償法, 有斐閣, 1988, 70.

大阪高判 1962.5.17, 高民集 15卷6號 403.

下山瑛二, 國家補償法, 1973, 246-247.

稲葉馨, 公權力の行使にかかわる關賠償責任, 現代行政法大系 6, 1983, 53.

西埜 章, 國家賠償責任違法性, 一粒社, 1987.

植村榮治, 米國公務員の不法行爲責任, 有斐閣, 1991,106-111.

Rosenbloom and Carroll.(1990).『Toward Constitutional Competence: A Casebook for Public Administrator』, chapter 2.

제 2 장 행정입법에 대한 국회의 통제

〈차 례〉

Ⅰ 문제상황

현대행정국가의 가장 현저한 특징 하나를 꼽는다면 단연 행정입법의 확대현상을 빼놓을 수 없을 것이다. 여기서 '행정입법'이란 행정부가 수행하는 법정립작용, 국민에 대해 직접 구속력을 미치는 법규명령의 제·개정 작용을 말한다.[1] 현대국가에 있어 행정입법은 이미 헌법현실의 불가결한 구성부분으로 정착되어 있다.

행정입법의 확대현상은 무엇보다도 위임입법을 통해 진행되었다. 입법권비위임의 원칙(delgata potesta non potest delegari: non-delegation principle)이 복잡다양하고 급속히 변화하는 현대행정의 환경에서 그 엄격성을 더 이상 유지할 수 없게 되었기 때문이다. 그 결과 나라에 따라 또는 전시나 비상사태, 평화시 같은 시대상황에 따라 인정범위와 정도의 차이는 있을지라도 위임입법은 현대 입헌민주주의에서 불가피하고 또 보편적인 법적 일상이 되었다.[1]

---

1) 계희열교수("國家機能으로서의 立法權", 『헌법논총』 제13집, 2002, 271-301, 284)는 헌법 제75조 및 제95조의 경우처럼 위임에 따른 법정립도 입법이라 부르는 것이 일반화되어 있고 기능적으로도 비록 법률하위 법규범일지라도 의식적이고 계획적인 법규범의 정립이란 점에서 입법과 유사하기는 하지만, 위임에 따른 법정립은 의회의 입법과는 구별되어야 한다고 지적한다. 입법을 공동체의 기본적인 사항에 대해 의회가 헌법이 정한 민주적 절차에 따라 정립한 모든 명령이라고 이해 할 때 위임에 의한 법정립은 입법과는 분명히 구별된다는 것이다. 따라서 위임에 의한 입법(=법정립)을 국민의 대표기관인 의회의 입법과 구별하기 위하여 이러한 법정립을 위임된 기관(=법제정주체)에 따라 행정입법, 사법입법, 자치입법 등으로 부르는 것이 옳다고 한다. 좀더 정확히 표현하자면 입법권은 국회만이 갖기 때문에 타 국가기관에 위임된 법정립권은 명령, 규칙 또는 자치법규제정권 등으로 부르는 것이 바람직하다고 하겠으나 이미 행정입법, 사법입법, 자치입법 등으로 부르는 것이 일반화되어 있으므로 이렇게 부른다고 하여 문제될 것은 없다는 것이다. 또한 그는 입법의 개념을 제정주체와 분리하여 중립적으로 이해하는 경우 (가령 허영,「한국헌법론」, 박영사, 2002, 855, 856), 법정립에 관한 한 행정부나 사법부도 입법기관이라고 할 수밖에 없고 그렇게 되면 권력분립의 원리에 따른 입법, 행정 및 사법의 구별이 상당부분 무의미하게 될 것이라고 지적하고 있다.

1) 그 원인에 대해서는 대표적으로 계희열, 앞의 논문, 285-286; 박영도, 「위임입법에 관한 연구」, 34 이하; P.P. Craig, Administrative Law, 5th. edition, 2003, 369-370을 참조. 헌법재판소 역시 그와 같은 견지에 서 있다: "사회현상의 복잡다기화와 국회의 전문적·기술적 능력의 한계 및 시간적 적응능력의 한계로 인하여 조세부과에 관련된 모든 법규를 예외 없이 형식적인 법률에 의하여 규정한다는

미국의 경우 연방대법원은 입법부가 그 권력을 위임하는 것은 헌법에 반한다는 이른바 '입법권비위임의 원칙'(nondelgation doctrine)을 줄곧 견지해 오고 있다. 즉 연방대법원은 "위임받은 권력은 위임할 수 없다"는 영국 법언에 입각하여 입법권비위임의 원칙을 도출해낸 이래 오늘날까지도 이를 공식적으로는 포기하지 않고 있다. 그러나 입법권비위임 원칙 하에서도 위임입법이 전혀 불허된 것은 아니었다. 연방대법원은 입법권비위임의 원칙을 선언했던 거의 처음부터 실질적으로 위임입법을 허용해 왔기 때문이다.[2] 사실 오늘날 입법권을 의회에 포괄적으로 부여한 헌법 제1조 제1항을 의회에게 입법권을 배타적으로 부여한 것으로 또는 의회가 그 입법권의 일부를 다른 국가기관에게 위임할 수 없다는 취지로 해석하는 경우는 거의 찾아보기 어렵다. 이미 Waymann v. Southard(23 U.S.(10 Wheat.), 1ff.) 사건판결[3]에서 마샬(John Marshall) 대법관은 "의회가 그 자신이 적법하게 행사할 수 있는 권력을 타인에게 위임할 수 있다는 것은 확실하다"고 지적한 바 있었고, 오늘날 의회는 최고의 입법권을 보유하지만 배타적인 입법권을 보유하는 것은 아니라는 사실이 일반적으로 인정되고 있다.[4] 그리하여 지난 반세기 동안 위임입법의 양적 변화와 함께 입법권비위임의 공리는 전도되고 말았다. 오늘날 그것은 '非'(non) 자를 빼야만 효력이 있는 법원리가 되었고, 이러한 변화는 허용되는 위임의 범위에 대한 부작용을 초래하였다."[5] 요컨대 최근 일련의 판례에서 입법권비위임의 법리가 다시 거론되었을지라도,[6] 문자 그대로의 입법권

것은 사실상 불가능할 뿐만 아니라 실제에 적합하지도 아니하기 때문에, 경제현실의 변화나 전문적 기술의 발달에 즉시 대응하여야 할 필요 등 부득이한 사정이 있는 경우에는 법률로 규정하여야 할 사항에 관하여 국회 제정의 형식적 법률보다 더 탄력성이 있는 행정입법에 위임함이 허용된다고 할 것이다."(헌재 1997. 10. 30. 96헌바92등, 판례집 9-2, 478, 494)

2) Field v. Clark(143 U.S., 649, 692(1892)).

3) 이 판결은 행정부에 대한 위임입법이 아니라 사법부에 대한 위임입법에 관한 것이었으나, 행정부에 대한 위임입법에 관해서도 'leading case'로 간주되어 왔다(Pünder, 41 FN 15).

4) Farber, Statutory Interpretation and Legislative Supremacy, 78 Geo L.J. 281(1989).

5) Bernhard Schwartz, Administrative Law Cases During 1993, 46 Administrative Law Review, 307329, 308.

6) AT&T Corp. v. Iowa Utilities Bd., 525 U.S. 366, 119 S. Ct. 721 (1999); WHITMAN

비위임의 법리는 실질적으로 포기되었거나 적어도 "소멸중"(moribund)[7] 이라고 보는 것이 정확할 것이다.[8]

현대국가에 있어 위임입법의 확대는 이미 거스를 수 없는 대세이다. 그러나 그러한 경향이 진전될수록 권력분립에 입각한 법치주의와 민주주의를 형해화하고 국민의 기본권을 위험에 빠뜨릴 위험도 더욱 더 커진다는데 문제가 있다. 그런 뜻에서 논의의 초점은 위임입법의 허용여부가 아니라 그 헌법적 허용범위와 한계를 어떻게 설정하고 통제할 것인가 하는 데 맞추어야 마땅할 것이다. 이는 내용면에서 헌법상 위임입법의 한계에 법리를 규명하고, 절차적으로 그것을 실제로 관철시킬 수 있는 통제방안을 강구하는 문제로 집약된다.

먼저, 헌법상 위임입법의 한계에 관한 실체적 법리는 전형적인 공법학의 문제로서 헌법재판소와 대법원 등 사법적 심급에서 해석 · 정립 또는 적용된다. 우리 헌법 제107조 제2항은 '명령 · 규칙이 헌법이나 법률에 위반되는 여부가 재판의 전제가 된 경우 이를 최종적으로 심사할 권한'을 대법원에게 부여하고 있고, 헌법재판소 역시 위헌법률심사 · 헌법소원을 통해 수권법률의 위헌여부를 통제할 수 있다. 이러한 법적용과정을 통해 행정입법에 대한 사법적 통제가 이루어지게 된다. 둘째, 그러나 사법적 통제에 한계가 있지는 않은가. 국회사무처(법제실)에서 90년대 중반부터 수년간, 실은 주로 헌법재판소 등에서 위헌판단을 받은 경우를 중심으로 행정입법사례를

v. AM. TRUCKING ASS'NS, 531 U.S. 457(2001).

7) Marshall 대법관의 표현(Federal Power Commission v. New England Power Co., 415 U.S., 345, 352f.(1974)).

8) 미국에 있어 입법권비위임의 원칙을 둘러싼 판례와 학설의 전개과정에 관해서는 정하명, 미국연방법원에서의 위임의 한계, 공법연구 30집 5호, 2002, 375-390을 참조.

분석·보고하여 그 교훈의 공유·확산을 시도하였으나 그 효과는 불확실하다. 반면, 법제처등을 중심으로 정부입법 절차를 개선하기 위한 노력이 지속되어 왔음에도 불구하고 헌법재판소에서 위헌판정을 받는 행정입법례가 줄고 있다는 증좌는 찾아보기 어렵다. 그 이유는 무엇일까? 행정입법에 대한 행정부 자체의 통제노력이 없지는 않았으되, 정작 행정입법의 대부분을 차지하는 위임입법의 저작권자인 국회가 실효성 있는 통제수단을 강구하지 않았기 때문은 아닐까? 반면, 헌법이 명시한 위임입법의 범주에 해당하지 않으면서 사실상 법규명령적 효력을 부여받고 있는 행정입법의 경우 입법권자인 국회가 통제를 가해야 하는 것은 아닐까? 만일 국회가 이제 본격적으로 행정입법을 통제하고자 할 경우 활용 또는 채택할 수 있는 방법은 어떤 것이 있으며, 그 경우 헌법상 권력분립의 원리에 저촉여부가 문제되지는 않을까? 먼저, 헌법상 위임입법의 한계에 대한 법리와 그 적용만으로 행정입법을 효과적으로 통제할 수 없는 이유부터 탐구해 보기로 한다.

Ⅱ 행정입법에 대한 의회통제의 필요성과 수단

1. 행정입법에 대한 의회통제의 필요성: 사법적 통제의 한계

행정입법에 대한 의회통제의 필요성은 그 사법적 통제의 한계에서 조명될 수 있다. 먼저, 우리나라의 경우 행정입법에 대한 사법적 통제는 대통령에게 “법률에서 구체적으로 범위를 정하여 위임받은 사항"에 관하여 대통령령을 발할 수 있는 권한과, 국무총리 또는 행정각부의 장에게 "소관사무에 관하여 법률이나 대통령령의 위임"에 의하여 총리령 또는 부령을 발할 수 있는 권한을 각각 부여하고 있는 헌법 제75조와 제95조의 해석과 개별 법령의 위임규정, 즉 수권규정의 합헌성 판단을 통해 구체화되는 헌법상 위임입법의 한계에 관한 실체적 법리를 수단으로 하여 이루어진다. 이에 관해서는 이미 괄목할 만한 수준의 판례가 축적되어 있다.

일례로 헌법재판소는 "입법을 위임할 경우에는 법률에 미리 대통령령으로 규정될 내용 및 범위의 기본사항을 구체적으로 규정하여 둠으로써 행정권에 의한 자의적인 법률의 해석과 집행을 방지하고 의회입법과 법치주의의 원칙을 달성하고자 하는 헌법 제75조의 입법취지에 비추어 볼 때, '구체적으로 범위를 정하여'라 함은 법률에 대통령령 등 하위법규에 규정될 내용 및 범위의 기본사항이 가능한 한 구체적이고도 명확하게 규정되어 있어서 누구라도 당해 법률 그 자체로부터 대통령령 등에 규정될 내용의 대강을 예측할 수 있어야 함을 의미한다고 할 것이고, 그 예측가능성의 유무는 당해 특정조항 하나만을 가지고 판단할 것은 아니고 관련 법조항 전체를 유기적・체계적으로 종합 판단하여야 하며, 각 대상법률의 성질에 따라 구체적・개별적으로 검토하여야 한다(헌재 1997. 10. 30. 96헌바92등, 판례집 9-2: 478, 495). 그리고 위임의 구체성・명확성의 요구 정도는 그 규율대상의 종류와 성격에 따라 달라질 것이지만 특히 처벌법규나 조세법규와 같이 국민의 기본권을 직접적으로 제한하거나 침해할 소지가 있는 법규에서는 구체성・명확성의 요구가 강화되어 그 위임의 요건과 범위가 일반적인 급부행정의 경우보다 더 엄격하게 제한적으로 규정되어야 하는 반면에, 규율대상이 지극히 다양하거나 수시로 변화하는 성질의 것일 때에는 위임의 구체성・명확성의 요건이 완화되어야 할 것이다(헌재 1998. 2. 27. 95헌바59, 판례집 10-1: 103, 111-112). 또한 위임조항 자체에서 위임의 구체적 범위를 명백히 규정하고 있지 않다고 하더라도 당해 법률의 전반적 체계와 관련규정에 비추어 위임조항의 내재적인 위임의 범위나 한계를 객관적으로 분명히 확정할 수 있다면 이를 포괄적인 백지위임에 해당하는 것으로는 볼 수 없다."고 판시한 바 있고,[9] 대법원 역시 "법률규정 자체에 위임의 구체적 범위를 명확히 규정하고 있지 아니하여 외형상으로는 일반적 · 포괄적으로 위임한 것처럼 보이더라도, 그 법률의 전반적인 체계와 취지 · 목적, 당해 조항의 규정 형식과 내용 및 관련 법규를 살펴 이에 대한 해석을 통하여 그 내재적인 위임의 범위나 한계를 객관적으로 분명히 확정될 수 있는 것이라면 이를 일반적 · 포괄적인 위임에 해당하는 것으로 볼 수는 없다"고 판시함으로써, 위임입법의 한계를 준수했는지 여부를 판단함에 있어 당해법률의 수권규정뿐만 아니라 당해법률의 전반적인 체계와 취지 · 목적, 당해 조항의 규정 형식과 내용 및 관련 법규를 고려해야 한다는 것을 분명히 하고 있다.[10]

여기서 '법률규정 자체에 위임의 구체적 범위를 명확히 규정하고 있지 아니하여 외형상으로는 일반적 · 포괄적으로 위임한 것처럼 보이더라도, 그 법률의 전반적인 체계와 취지 · 목적, 당해 조항의 규정 형식과 내용 및 관련 법규를 살펴 이에 대한 해석을 통하여 그 내재적인 위임의 범위나 한계를 객관적으로 분명히 확정될 수 있는 것이라면 이를 일반적 · 포괄적인 위임에 해당하는 것으로 볼 수 없다'는 판시를 백지위임이나 일반적 · 포괄적 위임을 합리화하는 변명으로 악용해서는 안 될 일이다. 법률상의 수권은 반드시 명시적으로 주어져야만 하는 것이 아니라 당해 법률의 수권규정뿐만 아니라 당

---

9) 헌재 1995. 11. 30. 94헌바40등, 판례집 7-2, 616, 635 ; 1999. 4. 29. 96헌바22등, 판례집 11-1, 422, 445; 헌재 2004. 3. 25. 2002헌바10결정(구 소득세법 제96조 제1호 단서 위헌소원).

10) 대법원 1996 .3. 21. 선고 95누3640판결(공96. 4. 15.[8], 1166). 이것은 이미 오래 전부터 유지되어 온 대법원의 확립된 판례를 재확인한 것이다(대법원 1971. 1. 25. 선고 69도1094판결).

해법률의 전반적인 체계와 취지 · 목적, 당해 조항의 규정 형식과 내용 및 관련 법규를 고려하여 인정될 수도 있지만, 그것은 어디까지나 개별구체적인 수권법률과 관련하여 엄격한 법해석을 통해서만 판단될 수 있는 문제로 이해해야 할 것이다. 헌법상 위임입법의 한계에 대한 실체적 법리가 최종적인 심급에서 헌법재판소나 대법원 같은 최고위 사법기관에 의해 해석되고 적용 · 관철된 산물로서 이들 판례가 지니는 법적 설득력을 소홀히 해서는 안 될 것이다. 그러나 행정입법에 대한 사법적 통제는 기본적으로 사후통제여서 통상 국민이 일단 피해를 입은 뒤에 비로소 통제가 이루어지게 된다는 한계가 따르는데다, 문제된 행정입법에 의거하여 이미 누적된 기성의 법률관계를 소급적으로 번복하기 곤란하고, 사례별 접근방식(Kasuistik)에 의거하기 때문에 원칙적으로 문제의 해결이 개별 사안에 국한된다는 한계가 있다. 한편, 우리 헌법재판소와 대법원의 판례들이 나온 이론적 배경을 추적해 보면, 문제가 반드시 간단치는 않다는 사실을 깨닫게 된다.

우리 헌법 제75조의 연혁을 살펴볼 때, 거기서 채택된 위임입법의 범위와 구체성에 관한 허용요건의 한계(명확성원칙: Bestimmtheitsprinzip)[11]와 독일 기본법 제80조의 규정에 의한 명확성의 원칙(Bestimmtheitsgrundsatz), 그리고 미국 헌법상 위임입법의 합헌성 판단기준으로 전개되어 왔던 '명료성 원리'(intelligible principle)라는 법리들 사이에 존재하는 법논리적 상사성만으로도 서로 무관하지 않음을

11) 이것은 헌법 제37조 제2항의 기본권 제한 법률의 명확성원칙과 함께 일반적 · 법이론적 명확성원칙이 구체화된 유형의 하나로 볼 수 있다. 일반적 · 법이론적 명확성원칙에 관하여는 Hans-Jürgen Papier, Der Bestimmtheitsgrundsatz, Steuerrecht und Verfassungsrecht(Hrsg. v. Karl Heinrich Friauf), 1989, 61-78; Ulrich M. Gassner, Gesetzgebung und Bestimmtheitsgrundsatz, Zeitschrift für Gesetzgebung, 1/1996, 37-56 등을 참조.

충분히 엿볼 수 있다. 특히 독일 연방헌법재판소가 채택해 왔던 위임의 명확성여부에 대한 판단기준 가운데 위임에 의하여 제정될 행정입법의 수범자인 국민의 관점에서 "국민이 행정입법에 규율될 대강의 내용을 수권법률로부터 예측할 수 있는가"라는 예견가능성 공식(Vorhersehbarkeitsformel),[12] 그리고 위임의 명확성은 수권규정으로부터 분명하게 드러나야 하는 것이 아니라 법률 전체의 해석을 통하여 규명될 수 있는 것으로 충분하다는 '일반적 법률해석을 통한 명확성판단'의 지침[13]은 바로 위에서 본 우리나라 판례에도 여실히 반영되어 있다.

미국의 경우 연방대법원이 위임입법의 한계를 판단하기 위한 척도로 사용해 온 것은, 사안에 따라 다소 접근방법의 차이가 없지 않지만, '명료한 원리'(intelligible principle)라는 기준이었다. 다시 말해 연방대법원은 '명료한 원리'의 공식을 통해 의회가 위임입법의 한계를 준수했는지 여부를 판단해 왔고 이러한 의미에서 '명료한 기준'은 위임입법의 허용여부를 결정해 주는 본래적 척도(eigentliche Gradmesser)가 되어 왔다고 볼 수 있다.[14] '행정기관에게 지침으로 설정된 기준'(standards set up for the guidance of the administrative agency), '행정가의 활동에 대한 지침이 되는 기준'(standards for the guidance of the Administrators action), '행정가를 지도하는 규준'(criteria to guide the Administrator) 등 다양하게 표현된 이 기준[15]은 결국 입법권을 위임하는 규정이 행정부에게 부여한 행정입법적 재량을 제한하는 불확

12) BVerfGE 1, 14, 60; 7, 282, 301; 19, 354, 361; 23, 62, 72; 41, 251, 266; 58, 257, 277.

13) BVerfGE 7, 267, 272 결정 이후 확립되었다.

14) Kerwin, in: Handbook, 351.

15) Opp Cotton Mills v. Administrator of Wage and Hour Division, 312 U.S. 126, 657(1941), 532; Bowles v. Willingham, 321 U.S. 503, 647; Yakus, 668 등.

정법개념으로서 위임입법에 대한 사법심사의 준거로 작용하고 있다. 위임입법에 대한 사법심사에서 결정적인 관건은 의회가 충분히 정의된 정책과 목표를 통하여 행정부의 입법권행사의 범위를 한정하고 이러한 입법권자의 기준에 따라 행정부가 세부적 사항을 보충하도록 함으로써 수권을 받은 행정기관이 무제한적인 권력을 행사하지 못하도록 하는 데 있었다. 여기서 문제는 의회가 그 입법권을 헌법에 반하여 위임했는지 여부가 아니라 정책과 기준을 통하여 위임입법의 범위를 한정함으로써 법원과 국민에게 행정공무원이 입법부의 의지에 순응하여 그 한계를 준수했는지 여부를 알 수 있도록 했는지 여부에 있었다.[16] 즉 사법심사와 국민에 의한 통제를 가능케 할 명확성이 위임입법의 기준을 통하여 확보되었는지 여부가 위임입법의 한계를 판단하는 관건이 된다. 만일 이러한 의미에서 사법심사나 국민에 의한 통제를 가능케 할 명료한 기준이 제시되지 않았다면 그 법률은 헌법에 반하여 입법권을 위임한 것으로 보게 되는 것이다.[17] 이러한 법리는 드물고 종종 마지못한 경우이기는 했지만 수권법률을 무효화하는 근거로 작용해 왔고 더욱 빈번히 사법부에 의한 법해석의 척도가 되어 왔으며, 사법부는 위임입법에 대한 사법심사에서 법문에 그러한 기준의 존재여부를 가지고 그 위임한계의 준수여부를 판단해 왔다.[18] 이렇게 볼 때 미국에 있어 위임입법의 한계를 결정해 주는 기준은 이처럼 권력분립의 관점에서 의회와 행정부의 관계를 설정해 주는 유동적 공식(Gleitformel)으로서 일면 의회

16) "The standards prescribed … are sufficiently definite and precise to enable Congress, the courts and the public to ascertain whether the Administrator … has conformed to standards which Congress has prescribed, there is no failure of performance of "legislative function."(Yakus v. U.S. 321 U.S. 414, 425, 64 S.Ct. 668).

17) Yakus v. U.S. 321 U.S. 414, 425, 64 S.Ct. 668(1944).

18) Aman, Jr./Mayton, Administrative Law, West, publishing, 1993, 30.

입법권의 공동화와 행정부의 권한확대를 막고 이를 사법심사와 국민의 통제 아래 놓이게 만드는 역동적 요인이라고 이해된다.

> 슈워츠(Bernhard Schwartzs)는 오늘날 위임입법의 법리를 다음과 같이 요약하고 있다: "의회는 그 입법적 권한을 행정부에게 단순히 이양할 수 없다. 의회가 부여하고자 하는 입법권의 한계는 제정법에 정의되어 있어야 한다. 권력의 위임은 제한되어야 하는데 그것은 목적과 수단 또는 그 세부적 내용까지를 입법적으로 한정하거나 위임된 권력의 범위를 제한함으로써 이루어질 수 있다. 다시 말해 제정법은 행정활동이 수행되는데 준거가 되는 틀을 포함하고 있어야 한다: 즉 위임된 재량의 행사에 준거가 될 명료한 원리(intelligibel principle)를 규정해야 한다는 것이다."[19]

그러나 '좋은 위임'(good legislation)의 척도로서 법률상 기준이 과연 신뢰할 만한 기준인가에 관하여 의문이 없지 않다는데 문제가 있다.[20] 사실 연방대법원이 적용해 왔던 '명료한 원리'라는 기준은 원래 미리 예정된 특정한 사실 상황에서 발생한 사안을 처리하기 위해 고안된 것이었으나, 처음부터 이완된 의미의 '위임의 기준'이라는 더욱 모호한 맥락 속에 파묻힘으로써 그 의미가 불명확해졌고, 나아가 확정된 사실인정 과정을 바탕으로 집행부에 대한 적절한 위임과 부적절한 위임을 구별해주는 기준이 된다는 발상에 의해 희석되어 왔기 때문이다. 이러한 이유에서 Krislov는 다음과 같이 지적한 바 있다.

---

19) Bernhard Schwartz, Administrative Law, 3.ed.(1991), Boston, 579.

20) Aman, Jr./Mayton, 30. Aranson/Gelhorn/Robinson, A Theory of Legislative Delegation, Cornell Law Reiview 68(1982), 5는 "대부분의 법해석가들이 입법권비위임의 법리를, 법원이 매장하기를 거부하고 있을지라도, 이미 죽은 것으로 생각하고" 있다고 지적한 바 있다. 그 밖에 연방대법원이 발전시킨 위임입법의 한계에 관한 법리에 대한 비판으로는 K.C. Davis, A New Approach to Delegation, in: University of Chicago Law Review 36(1969), 713; 그 밖에 Pünder, 52-53에 인용된 문헌들을 참조.

「'명료한 원리'가 '기준들'(이들은 일관성을 갖출 필요는 없다) 보다 더 엄밀해 보이는 이상, 그리고 절차가 더 이상 위임을 적절히 정당화하는 대안으로 여겨지지 않는 이상, Hampton 판결 이후의 시기는 보다 엄격한 법원통제가 이루어진 시기에 해당하며, Panama 판결과 Schechter 판결이 현재에 대한 선구자로서 환영받아야 할 것처럼 보일 수 있으나, 물론 그것은 현실은 아니다. 그 이유는 연방대법원이 교묘하게 그 징표(shibboleth)를 '어떤 명료한 원리'나 '설득력 있는 어떤 명료한 원리'로까지 변형시켰기 때문이다. 역사적으로 법원은 진정한 단서를 발견하지 못한 채 의회의 지침들이 전혀 구속력을 가지지 않는 것으로 생각되는 경우 이들 지침의 합헌성을 인정해왔다. 대법관들 스스로 대부분의 판결에서 이 점을 지적하고 있으며, '공익'(the public interest)을 의회의 위임에 대한 충분히 '명료한 원리'로서 인정한 판례들을 최선의 증거로 인용하고 있는 것이다. 공공의 불이익으로 규제를 주장하는 행정가나 입법가들은 거의 없다.21)

---

21) Krislov, 60. 한편 Krislov에 따르면 역사적으로 위임입법을 다투거나 무효화한 몇 가지 식별가능한 방법이 있다고 한다. 그것은 1. 위임의 대상이 된 사안에 의한 방법; 2. 관련된 정부부서에 따라 위임자의 성질이나 피위임자의 동일성(identity)에 의한 방법, 3. 위임의 방식과 조건에 의한 방법, 그리고 4. 위임의 범위(정도)에 의한 방법 등이라고 한다. 이들 중 네 번째 것은 가장 모호하면서도 어떤 측면에서는 가장 명확한 방법이다. Schechter 판결에서 제기된 Cardozo와 Stone에게까지 영향을 미친 다툼은 위임의 폭에 관한 것이었다. 어떤 의미에서는 의회가 자신의 입법권 전체를 헌법상 양도할 수 없다는 것은 그것이 궁극적으로 정치적 문제인지 법적 문제인지 여부가 분명치 않을지라도 명백한 것이다. 예를 들면 헌법은 혼인법(marital law)이 고도로 한정적일 것을 요구하며, 의회가 헌법의 한계를 파괴하게 되면 결국 대통령의 명령에 의한 지배(presidential rule by decree)를 초래하리라는 것도 분명하다. 나머지 세 가지 근거들은 활기차고 서로 중첩하는 문제에 관한 것이다. 위임입법은 그것이 법관들로 하여금 행정관료들이 수행해야 할 결정을 내리도록 하는, 사법권의 독립에 반하는 결과를 초래하기 때문에, 또는 가령 사형의 결정을 행정관료에게 맡기는 결과가 되기 때문에 다툼의 대상이 될 수 있다. 그는 헌법 제1조와 제3조의 예를 들면서 행정관료들이 사법부의 구성원들이 수행하는 그것과 동일한 결정을 하는 것은 사실이지만, 일정한 사안들은 "본래적으로(inherently)" -즉 본질적으로- 사법적이다. 마찬가지로, 의회가 그 입법권 자체를, 물론 내부적으로는 약간의 융통성을 가지고 기능할 수 있다 하더라도, 위임할 수 없기 때문에, 본래 입법적 성질을 지니는 과세권(seminal legislative taxing power)은 위임될 수 없다고 주장한다.

연방대법원은 Waymann 판결에서 표현된 바와 같이 위임입법권의 한계를 규율대상의 중요성에 따라 결정하여 의회가 본질적인 결정을 스스로 내림으로써 행정부가 수권된 사항을 보충하는데(fill up the details) 그치도록 해야 한다는 법리를 포기했고, 결국 위임입법의 한계원리는 의회가 수권의 목적과 내용을 명확히 규정함으로써 행정부가 이를 따를 수 있도록 해야 한다는 개괄적이고 추상적인 기준으로 귀착되었다. 따라서 미국에서의 위임입법의 헌법적 한계를 결정하는 기준으로서 '명료한 원리'(intelligible principle)나 '기준'(standards)이란 결국 연방대법원의 판례에 의해 그 구체적 내용이 충전될 수밖에 없고, 따라서 어떤 수권법률이 위헌인지 여부는 거의 법원의 재량적 판단에 맡겨져 있는 것이나 다름이 없게 된 것이다.[22] 요컨대, 미국에서의 위임입법의 한계는 입법권자가 스스로 수권의 목적, 수단 또는 정도를 결정해야 한다는 명제로 표현될 수 있으나 이러한 요구는 연방대법원에 의해 사실상 관철되지 못하고 있다.[23]

결국 우리 헌법이 위임입법의 한계에 관해 제공하는 기준은, 그 '구체적으로 범위를 정하여'라는 명확성 공식에도 불구하고. 특히 수범자인 국민의 입장에서 본다면 그다지 명확하거나 예측가능성을 확보해 준다고 보기 어렵다는 판단에 이르게 된다. 그렇다면 이러한 헌법적 불완전성을 보완할 수 있는 자는 누구일까. 그것은 현실적으로 자신의 입법책무를 수행하면서 행정부에게 입법적 성질을 가지는 결정권을 부여하는 입법권자가 아닐까.

---

22) Pünder, 45. 그런 뜻에서 David Schoenbrod, The Delegation Doctrine — Could the Court give it Substance?, in: Michigan Law Review 83(1985), 1223ff., 1224는 "그 기준 자체는 모호하다. 그것은 위임의 법리의 해석이 연방대법원의 변화하는 정책과 시대에 따라 시계추(pendulum) 처럼 진동하도록 만들었다"고 지적하고 있다.

23) Pünder, 52.

2. 행정입법에 대한 의회통제의 수단

2.1. 통제의 유형

행정입법에 대한 의회의 통제는 의회민주주의와 법치국가원칙으로부터 파생된 국회입법의 원칙을 관철시키기 위한 제어방법으로서 의미를 가진다. 행정입법의 통제는 국회와 국민에 의한 정치적 통제와 사법적 통제, 행정적 통제 등 다양한 기준에 따라 분류될 수 있지만, 의회에 의한 통제는 정치적 통제이면서 동시에 헌법·법률적 통제에 해당한다. 행정입법에 대한 의회의 통제는 다양한 형태로 수행될 수 있지만, 여기서는 기본적인 통제의 이념형으로 의회제출제, 협의제, 의회 위원회 심사제, 그리고 간접적·정치적 통제(정부불신임, 탄핵, 예산심의에 의한 통제 등) 등 네 가지 유형으로 나누어 고찰한다. 의회제출제는 다시 세 가지 형태를 생각해 볼 수 있을 것이다. 그 첫 번째는, 모법에 의한 위임명령을 단순히 의회에 제출토록 하는 방안으로서, 이 경우 제출절차는 위임명령의 내용을 시행 전에 의회에게 알려주는 데 불과하다. 두 번째는 위임명령을 의회에 제출토록 하고 그에 대한 의회의 승인 의결이 있기 전까지는 발효되지 못하게 하는 방안으로, 일종의 정지조건부 승인유보제로서 의회 통제의 여지를 가장 확실히 확보하는 방안이다. 세 번째는 의회제출후 일정기간 내에 의원의 이의제기로 거부의결을 하면 위임명령이 효력을 발하지 못하게 하는 방안으로, 일종의 해제조건부 거부의결 또는 의회거부제이다. 네 번째는 상임위원회에 의한 심사제이다.

이것은 영국의 1946년 제정법문서법(Statutory Instument Act)에 의한

의회제출절차의 네 가지 모형을 참조한 것이다. 이 법에 따르면 의회제출은 크게 네 가지 방식으로 이루어진다.[24] 그것은 첫째, 단순제출절차(bare laying procedure)로서 수권법률이 단순히 그에 따라 제정되는 하위법령을 의회에 제출하도록 의무화하는 경우에 성립하지만, 통제라는 관점에서는 별다른 의미가 없다. 둘째, 적극적 결의절차(affirmative resolution procedure)로서 양원 또는 하원의 적극적인 결의로써 승인될 때까지 제출된 위임입법이 효력을 발생하지 못하도록 하는 방안이다. 일종의 정지조건부 승인유보절차에 해당한다. 셋째, 소극적 결의절차(negative resolution procedure)로서 위임명령이 의회에 제출된 후 일정 기간 내에 개개의 의원에게 이의를 제기할 수 있도록 하여 이에 대한 의결을 거쳐 거부할 수 있도록 하는 방법이다. 제정된 위임명령은 의회에 제출되는 즉시 시행되지만, 제출후 40일 이내에 하원이나 상원의 어느 쪽이든가 혹은 하원만이 취소결의(prayer for annulment)를 할 수 있다. 일종의 해제조건부 거부결의로서 당해 명령의 전면취소여부만을 결정하는데, 40일이 경과하면 당해 위임명령의 효력은 확정된다. 실제로 정족수 확보가 용이하지 아니 하고, 심의를 위한 시간이 불충분할 뿐만 아니라 그 취소의 효력도 장래효에 그치고 새로운 명령제정을 막지 않는다는 한계를 가진다.[25] 넷째, 위임명령을 초안 단계에 의회에 제출하여 협의를 거치도록 하는 방법이다. 초안제출절차는 위임명령의 작성과정에서 의회의 의사를 반영시키기 위하여 고안된 것으로 수권법이 초안에 대하여 거부절차나 승인절차의 어느 것을 거치도록 규정할 수 있다.[26] 한편, 그 밖의 통제방법으로 의회의 위원회에 의한 심사(Scrutiny in Committee)와 협의(Consultation)가 있다. 먼저 위원회 심사제는, 유능한 입법보좌기구가 없는 한, 전문기술적 사항을 포함하는 위임입법의 내용의 당부나 적법성을 본회의에서 심의하는 것이 부적당하기 때문에 의회제출절차만으로는 위임입법에 대한 실효성 있는 통제를 행하기 어렵다는 이유에서 고안된 방법이다. Donoughmore-Scott 위원회의 보고서에서 위임입법 심사를 위한

24) 이에 관해서는 Craig, Administrative Law, 5th. edition, 2003, 374ff.를 참조.
25) 연평균 약 1350건의 제정법문서가 이 절차를 거친다고 한다(Craig, 376).
26) Craig, Administrative Law, 5th. edition, 2003, 380ff.

상임위원회 설치를 권고한 것을 수용하여 1944년 이래 심사위원회(Scrutiny Committee)라고 통칭되는 Select Committee on statutory Instrument가 하원에 설치되었고, 1973년에 상원의 특별명령위원회(Special Orders Committee)와 합체하여 합동심사위원회(Joint Scrutiny Committee)로 개편되었다. 위원회는 양원에서 각각 7인으로 구성되며, 위원장은 하원의 야당의원이어야 하며, 그 임무는 모든 위임입법을 심사하여, 의회에 주의 환기를 위한 특별보고서를 제출하거나 연차보고서를 작성하는데 있다. 위원회에 부의되는 행정입법의 범위는 매우 포괄적이며, ①거부절차의 대상이 되는 모든 행정입법, ②정부동의에 따라 회부되는 승인절차의 대상인 행정입법, ③합동심사위원회가 의회의 주의를 환기시켜야 할 것으로 결정한 행정입법 등이다.이 위원회의 존재 자체만으로도 위임입법의 신중을 기하도록 만드는 효과가 있고, 또 그 과정에서 입법기술도 향상되고 있다고 평가된다.[27] 협의는 수권법률에 따라 협의의 상대방을 지정하거나 협의 대상에 대한 일반적 재량을 부여하거나 각종 자문위원회를 통하여 비공식적 협의방식으로 행해지는데, 일반적인 협의의무는 인정되지 않고 제정법 또는 보통법에 의해 부과되는 경우에만 적용된다.[28]

2.2. 의회제출절차

(1) 단순 제출절차

이것은 수권법률에서 그에 의거하여 제정되는 하위 위임명령을 단순히 의회에 제출토록 하는데 그친다. 따라서 의회제출은 의회의 심의나 통제로 이어지지 않으므로 단순한 보고 또는 정보자료의 제공에 지나지 아니 한다. 다만, 의원 개인 또는 상임위원회의 구성원이 제출된 위임명령의 내용을 보고 소관사무별로 위임의 기준과 조

27) Craig, 377.

28) 이에 관하여 상세한 것은 金鐵容・洪準亨・宋石允, 委任立法의 限界에 관한 研究, 憲法裁判所研究第八卷, 1996; 박영도, 위임입법에 관한 연구 등을 참조.

건의 준수 여부를 문제 삼을 여지는 있다.

(2) **의회승인절차**

영국의 적극적 의결절차(affirmative resolution procedure)와 같은 통제방식으로서 국회의 의결을 위임명령의 발효를 위한 정지조건으로 삼는 방안이다. 대표적인 입법례로 의회가 위임명령에 대한 동의·협의권을 가지는 동의 및 협의 유보(Zustimmungs- und Mitwirkungs-vorbehalt) 방식을 들 수 있다.

독일 기본법 제80조 제2항처럼 연방제에 입각하여 일정한 법규명령의 경우 연방참의원의 동의를 얻을 것을 요구하거나 그 밖에 구체적인 수권법률에 의하여 연방의회, 연방참의원 나아가 동의절차의 간소화를 위하여 연방의회 위원회의 동의를 요구하는 경우가 있다. 연방의회 및 연방참의원의 동의를 요구하는 것은 합헌으로 해석되고 있으나,[29] 연방의회의 위원회의 동의를 요구하는 경우는 당해 위원회가 독립된 의결기관이 된다는 점에서 위헌여부가 논란되다,[30] 연방헌법재판소의 1955년 7월 7일 결정으로 위헌판정을 받았다.[31] 동의는 수권법률이 규정하는 바에 따라 공포전의 사전동의와 공포 후 사후승인으로 나뉜다. 동의권 유보의 존재이유는 양면적이다. 의회의 입장에서는 행정부에 대하여 행정입법을 통제할 수 있는 경로가 되고, 행정부의 입장에서는 당해 명령이 사후에 의회에 의하여 취소 또는 수정되는 것을 회피할 수 있는 기반이 되기 때문이다.[32]

29) Mangoldt - Klein, a.a.O., S.1938. ; Bryde, a.a.O., S.231.

30) F.Klein, a.a.O., S.103.

31) Klaus Grupp, Zur Mitwirkung des Bundestages bei dem Erlass von Rechtsordnungen, Deutsches Verwaltungsblatt 1974, SS.180～181.

32) 김철용, "독일에 있어서의 연방의회의 법규명령 폐지·내용·존속에 대한 영향력행사", 95-96년도 한국의회발전연구회 지원연구논문, 9 이하 참조.

문제는 통제의 강도에 비해 행정부와 의회 사이의 책임의 한계, 그리고 법률과 행정입법의 한계를 모호하게 할 우려가 있고, 행정입법 절차의 지연 등으로 비용효율성을 저하시킬 수 있다는 점이다.

(3) **의회거부절차**

위임명령이 의회에 제출된 후 일정 기간 내에 개개의 의원에게 이의를 제기하도록 하고 이에 대한 의결을 거쳐 거부할 수 있도록 하는 방안이다. 미국의 입법적 거부권(legislative veto)이 이에 해당한다.

미국에 있어 행정입법에 대한 의회통제의 수단으로 발전된 입법적 거부 제도는 각종 개별 법률에 규정되어 행정각부처와 행정위원회가 제정한 규칙(rules) 또는 행정결정(decision)을 의회가 단원 또는 양원의 결의로 무효화하는 제도이다. 이 제도는 1932년 Hoover대통령이 행정부 조직개편에 관한 광범한 권한을 의회로부터 부여받으면서 이에 관한 대통령령은 양원 중 어느 한 쪽에 의해 거부될 수 있음을 동의한 데서 유래한다.

입법적 거부 조항(legislative veto provision)이 연방법률에서 자주 나타나기 시작한 것은 1970년대부터인데, 1960년대 이래로 미국 연방정부가 각종의 경제 · 사회 · 복지 분야에 깊이 개입하자 이를 통제해야 한다는 의회의 자각이 있었기 때문이다. 이후 미국에서는 이 입법적 거부권 또는 의회거부권의 문제를 둘러싸고 위임입법의 한계 문제가 오랜 논란의 대상이 되었다. 행정부가 먼저 집행하되 입법부는 이를 사후적으로 부인할 수 있었기 때문에 '의회거부권'이라고 불린 이 장치는 위임입법에 대한 의회의 효과적인 통제수단으로 활용되어 왔다. 그러나 이와 같은 의회거부권에 의한 위임입법의 통제는 1983년 Chadha판결(Immigration and Naturalization Service v. Chadha,

462 U.S. 919(1983))에 의해 중대한 타격을 입었다.[33)]

이 판결에서 문제된 사안은 다음과 같다: 입국심판관은 Chadha란 외국인의 추방조치를 이민 및 국적에 관한 법률 제244조 (c)(1) (8 USCS § 1254(c)(1))의 규정에 따라 정지시켰다. 미국의 하원은 양원중 하나에게 추방대상이 된 특정 외국인의 체류를 허용하는 행정부의 결정을 무효화시킬 수 있는 권한을 부여한 법 제244조 (c)(1)에 따라 추방정지처분을 거부하는 결의를 통과시켰다. 입국심판관은 의회의 결정에 따라 추방절차를 재개하여 당해 외국인에게 추방을 명했다. 입국항소심판소는 의회의 행위의 위헌여부를 선언할 권한이 없다고 그 외국인의 항소를 기각했다. 연방항소법원 제9순회법원은 의회에게 외국인의 추방을 명령할 헌법적 권한이 없으며, 법 제244조 (c)(2)는 헌법상 권력분립의 원칙에 위반한다고 판결하였다. Brennan, Marshall, Blackmun, Stevens, O'Connor와 함께 가담한 의견에서 연방대법원장 Burger는 제244조 (c)(2)의 규정에 의한 의회거부권은 위헌이라고 판시했다. 연방대법원은 양원중 어느 한쪽에 의한 거부권행사는 목적과 효과면에서 입법적이며, 양원에서 다수에 의한 통과와 대통령에 대한 회부를 요구한 헌법 제1조에 의해 정해진 절차에 구속되는 것이므로 당해 규정은 위헌이라는 것이 그 이유였다.[34)]

Chadha 판결은 중요하고 광범위한 영향을 미쳤다. 의회가 집행부에게 양원중 어느 한 쪽 또는 양원의 표결에 의해 수권을 철회하거나 결정을 번복할 수 있는 권리에 구속을 받는 권한을 위임하는 현상이 증가해 왔는데 이러한 경향에 제동을 걸었기 때문이다. 이 판결은 의회거부권을 위헌무효화함으로써 실제적인 헌법적 영향뿐만 아니라 개념적으로도 중대한 효과를 가져온 것으로 평가되었다.[35)]

---

33) 의회거부권의 합헌성논쟁에 관하여는 文光三, "미국대통령의 법률안거부권과 거부권의 새로운 경향", 『現代行政과 公法理論』(南河徐元宇敎授華甲記念論文集, 1991), 169-204, 197-203을 참조.

34) INS v. Chadha 103 S. Ct. 2764(1983).

35) Krislov, 53-54.

그러나 Chadha 판결에도 불구하고 이후 의회거부권규정을 포함하고 있는 많은 수의 법률들이 대통령에 의해 공포되었고 여전히 생명력을 유지하고 있다. 이와 같이 의회거부권이 존속하고 있다는 사실은 앞에서 본 바와 같은 위임입법의 한계에 관한 연방대법원의 판례와는 별도로 행정부에 대한 위임입법이 현실적으로나 이론적으로 불가피한 요구로서 정당화되고 있고 또 그 위임의 한계에 관한 법리 역시 지속적으로 완화되어 오는 상황에서 여전히 입법부가 의회거부권에 의해 위임입법을 통제해야 할 필요성이 상존하고 있음을 보여주는 것이다.

2.3. 위원회 심사제

의회에 별도의 상임위원회를 설치하여 이 위원회로 하여금 행정입법을 심사하도록 하고 그 결과를 특별보고서 등을 통해 본회의에 보고하도록 함으로써 체계적으로 행정입법을 통제하는 방안이다. 영국의 경우처럼 행정입법 심사를 위한 상임위원회의 존재 자체만으로도 행정입법에 신중을 기하도록 경계하는 효과를 기대할 수 있다.

2.4. 협 의

국회법상 절차 또는 비공식적 절차로서 협의를 제도화하는 방안도 생각해 볼 수 있다. 그 내용은 수권법률이 정하는 바에 따르도록 하여야 할 것이다. 이는 가령 행정입법에 관한 독자적인 절차법을 제정한다면 그 한 내용으로 포함시킬 수 있을 것이다.

2.5. 간접적·정치적 통제

그 밖에도 의회는 정부불신임, 탄핵, 예산심의 국정조사 및 감사 등을 통하여 행정입법을 통제할 수 있다. 상세한 설명은 생략한다.

3. 법률보충적 행정규칙에 대한 통제

대통령령, 총리령, 부령과 같은 공식적 · 전형적 행정입법 유형외에 '고시' 같은 법률보충적 행정규칙의 경우도, 그것이 법규명령적 효력을 인정받고 있는 한, 의회통제의 대상으로 포함시키는 것이 마땅하다고 생각한다. 아울러 위임입법의 수권규정, 즉 수권법률 역시 그것을 근거로 행정부에 의해 만들어지는 행정입법에 지대한 영향을 미친다는 점에서, 이에 대한 의회의 자기통제 방안을 강구해 볼 필요가 있다.

Ⅲ 국회에 의한 행정입법 통제의 현황과 개선방안

1. 현행법상 국회에 의한 행정입법 통제제도의 현황

과거 행정입법에 대한 국회의 통제수단은 앞서 본 간접적 · 정치적 통제 외에는 거의 존재하지 않았다. 다만, 국회는 1996년말 행정절차법을 제정하여 행정입법의 예고절차를 규율함으로써 간접적으로 행정절차제도를 통한 행정입법 통제의 토대를 구축했으나, 행정입법에 대해 본격적으로 관심을 가지기 시작한 것은 1996년부터 국회사무처 법제예산실에서 행정입법의 문제점을 분석한 법제현안 보고서를 내기 시작했을 때부터였다. 이 보고서는 1995년 정기국회 통과법률 168건을 표본으로 한 조문별 검토 결과 조문의 29%정도가 위임사항을 규정하고 있었고, 특히 재정경제위원회(세제), 건설교통위원회, 내무위원회, 환경노동위원회, 보건복지위원회 등 민생과 직접 관련된 업무를 관장하는 위원회소관의 법률에서는 40～50%의 조항들이 위임사항을 포함하고 있었지만, 이 같이 국민의 권리의무에 관한 많은 중요한 사항들이 행정입법에 의하여 규율되고 있음에도 불구하고 그동안 사법부에 의한 구체적 규범통제와 헌법재판소의 헌법소원에 의한 통제가 개별적, 단편적으로 이루어져 왔을 뿐, 행정입법이 행정부의 고유권한이라는 인식하에 그 통제도 주로 행정내부적인 문제로 다루어져 왔다는 사실을 고백하고 있다.[36] 이후 법제예산실에서는 1999년까지 상위법의 위임근거 없이 국민의 권리를 제한하거나 의무를 부과한 경우, 상위법의 취지 및 위임범위를 일탈한 경우, 상위법령과 모순·저촉되는 경우, 하위법령에 포괄적으로 재위임한 경우, 시행령 등 하위법령이 미비된 경우, 체계상의 문제, 행정편의주의적 입법례, 타당성 문제 등 8가지 기준에 의하여 행정입법 사례를 분석하여 문제점과 개선방안을 제시해 왔다.[37]

한편, 1996년 정기국회에서 국회법 개정을 통해 정부가 제·개정한 대통령령·총리령·부령 및 훈령·예규·고시 등 행정입법을 7일 이내에 국회에 송부토록 하는 국회송부제도를 도입하였다(국회법 제98조의 2). 이는 단순히 행정입법을 국회에 송부토록 하는 제출절차에 불과하였지만, 최초로 행정입법에 대한 국회의 직접적 통제수단의 계기를 마련한 것으로 주목을 끌었다. 1997년 1월 13일 신설된 국회법 제98조의2는 당초 "중앙행정기관의 장은 법률에서 위임한

36) 법제예산실, 『행정입법의 분석·검토』(1996.10. 법제현안 96-17호(통권45호)).
37) 법제예산실, 『행정입법의 분석·검토』(1999.10. 법제현안 99-7호(통권92호)).

사항이나 법률을 집행하기 위하여 필요한 사항을 규정한 대통령령·총리령·부령 및 훈령·예규·고시 등 행정규칙이 제정 또는 개정된 때에는 7일이내에 이를 국회에 송부하여야 한다"고 규정하고 있었다. 이처럼 일종의 의회제출절차를 제도화하면서도 국회법이 법규명령등의 국회 송부만을 의무화하는데 그쳐 송부의무 불이행시 제재등 법적 효과나 후속조치에 관하여는 침묵하고 있기 때문에 실효성에 의문이 제기되었다. 국회법 제98조의2에 의한 국회송부제도는 이후 2000년 2월 16일 전문개정과 2003년 7월 18일 및 2005년 7월 28일의 개정을 거치면서, 강화된 국회제출의무와 상임위원회의 위법여부 검토 및 소관중앙행정기관 장에 대한 내용통보를 내용으로 한 일종의 국회제출 및 상임위심사제로 확대되었다. 즉, 제98조의2 제1항에 의하면, 중앙행정기관의 장은 법률에서 위임한 사항이나 법률을 집행하기 위하여 필요한 사항을 규정한 대통령령·총리령·부령·훈령·예규·고시등이 제정·개정 또는 폐지된 때에는 10일 이내에 이를 국회 소관상임위원회에 제출하고, 다만, 대통령령의 경우에는 입법예고를 하는 때(입법예고를 생략하는 경우에는 법제처장에게 심사를 요청하는 때를 말한다)에도 그 입법예고안을 10일 이내에 제출하도록 의무화하는 한편, 제2항에서 제1항 소정의 기간 이내에 이를 제출하지 못한 경우에는 그 이유를 소관상임위원회에 통지하여야 한다고 규정하고 있다.

제3항에서는, 상임위원회는 위원회 또는 상설소위원회를 정기적으로 개회하여 그 소관중앙행정기관이 제출한 대통령령·총리령 및 부령("대통령령등"이라 한다)에 대하여 법률에의 위반여부등을 검토하여 당해 대통령령등이 법률의 취지 또는 내용에 합치되지 아니하다고 판단되는 경우에는 소관중앙행정기관의 장에게 그 내용을 통보

할 수 있도록 하고, 그 경우 중앙행정기관의 장은 통보받은 내용에 대한 처리 계획과 그 결과를 지체 없이 소관상임위원회에 보고하도록 하였다. 비록 심사결과에 직접 법적 구속력을 부여하지는 않았지만, 법률위반여부에 대한 내용통보와 통보받은 내용에 대한 처리계획 및 결과 보고 의무를 부과함으로써 사실상 시정효과를 기대할 수 있게 되었다. 또한 제4항에서는 전문위원으로 하여금 위 대통령령등을 검토하여 그 결과를 당해위원회 위원에게 제공하도록 규정하였다.

한편, 행정절차법 제42조 제2항은 행정청이 입법예고를 하는 경우에는 대통령령을 국회 소관 상임위원회에 제출하여야 한다고 규정하여 입법예고시부터 국회 소관 상임위원회가 대통령령의 제·개정 사실과 내용을 알 수 있도록 하였다.[38]

참고로 「법제업무운영규정」(일부개정 2007.2.2 대통령령 제19867호)은 훈령·예규등의 적법성 확보에 관한 제25조를 두고 있다. 이에 따르면, 급 행정기관의 훈령·예규·고시(그 명칭에 불구하고 법령의 시행과 직접 관련하여 발령하는 규정·규칙·지시·지침·통첩 등을 포함하며, 이하 "훈령·예규등"이라 한다)는 그 내용이 적법하고 현실에 적합하게 발령·유지·관리되어야 한다(「법제업무운영규정」제25조 ①).

각 중앙행정기관의 장(중앙행정기관에 준하는 위원회 등으로서 총리령으로 정하는 위원회를 포함한다. 이하 이 조에서 같다)은 훈령·예규등이 제정·개정 또는 폐지된 때에는 발령 후 10일 이내에 해당 훈령·예규등을 법제처장이 정하는 정부입법 관련 전산시스템에 등재하여야 하며(제25조 ② 본문), 다만,「공공기관의 정보공개에 관한 법률」제9조제1항 각 호의 어느 하나에 해당되어 전산시스템에 등재할 수 없는 경우에는 발령 후 10일 이내에 법제처장에게 당해 훈령·예규등의 제명과 비공개

38) 이것은 2006년 3월 24일의 법개정(법률 제7904호)으로 신설된 것이다.

사유를 통보하되, 법제처장의 요청이 있는 경우에는 당해 훈령·예규등을 문서로 송부하여야 한다(제25조 ② 단서).

법제처장은 제2항의 규정에 의하여 등재된 훈령·예규등을 수시로 심사·검토하고 법령으로 정하여야 할 사항을 훈령·예규등으로 정하고 있거나 법령에 저촉되는 사항 또는 불합리한 사항을 정한 훈령·예규등이 있는 경우에는 심사의견을 작성하여 소관 중앙행정기관의 장에게 통보하여야 하며(제25조 ③), 통보를 받은 중앙행정기관의 장은 특별한 사유가 없는 한 이를 관련 법령 또는 당해 훈령·예규등에 반영하여야 한다(제25조 ④). 그리고 심사의견을 통보받은 중앙행정기관의 장은 다음 각 호의 구분에 따른 관련사항을 통보받은 날부터 1월 이내에 법제처장에게 통보하여야 하며, 다만, 다른 법령에 따라 훈령·예규등의 제정 또는 개정과 관련하여 위원회의 심의 등 특별한 절차를 거쳐야 하는 경우에는 그 절차가 종료된 후 지체 없이 법제처장에게 통보하여야 한다(제25조 ⑤).

1. 심사의견을 반영한 경우에는 그 내용
2. 정비할 계획인 경우에는 그 정비계획
3. 심사의견을 반영할 수 없는 특별한 사유가 있는 경우에는 그 사유

각 중앙행정기관의 장은 제25조 제2항 내지 제5항의 규정에 불구하고 훈령·예규등의 적법성 확보를 위하여 필요하다고 인정되는 때에는 훈령·예규등을 발령하기 전에 법제처장에게 검토를 요청할 수 있다(제25조 ⑥).

전체적으로 볼 때, 당초의 국회송부제도가 위원회 심사 및 의견통보 제도로 점진적 발전을 본 것은 사실이지만, 아직도 행정입법에 대한 국회의 통제가 본격화되었다고 하기는 어렵다.

2. 국회에 의한 행정입법 통제의 문제점과 개선방안

2.1. 개 관

국회에 의한 행정입법 통제의 문제점을 논하기 전에 무엇보다도 먼저 지적해야 할 것은 국회의 행정입법 통제에 대한 문제의식이 전반적으로 미온적인 수준을 벗어나지 못하고 있다는 점이다. 그 가장 현저한 사례는 졸속입법으로 도대체 행정입법 통제의 문제조차 의식하지 못하고 쫓기는 경우가 많다는 점이다. 이는 '급히 법을 만들어 한가해지면 후회한다'(legislate in haste, repent in leisure)는 식이다. 실제 입법과정이 이렇게 졸속 · 일회성으로 진행되면 결국 의회입법의 원칙 ― 위임입법의 한계 원리로 이어지는 헌법정신은 잘못된 약속이 되거나 실현될 수 없는 희망사항으로 전락하게 된다. 위임조건을 위반한 행정입법이 현실적으로 국민의 권리나 자유를 침해하고 나서야 비로소 깨달아 가지고서는 소용이 없다. 잘못된 행정입법의 폐해가 당해보기 전까지는 알지도 실감하지도 못하는 문제로 취급되는 한, 의회입법의 원칙이란 헌법정신의 실현은 요원하다.

2.2. 수권법률에 대한 자기통제

무엇보다도 국회에 의한 행정입법 통제는 수권법률에 대한 자기점검 또는 자기통제로부터 시작되지 않으면 안 된다. 느슨한 수권규정으로 위임이 이루어진 후에 문제를 시정하는 것보다는 수권단계에서 미리 대비하는 것이 훨씬 현명하고 효율적인 방법이다. 정부발의법안에 대해서는 의회가 적극적으로 통제하겠다는 자세를 보일 필요가 있는 반면, 의원발의법안에 대해서는 일종의 자기통제를 위한 의회 입법의 관행을 조성할 필요가 있다. 특히 입법과정에서의 나태나 책임전가 경향을 스스로 경계할 수 있는 적절한 체크리스트를 개발할 필요가 있다. 특히 위임입법 기준 정립·준수 확보에 관한 법제지원 서비스의 취약성을 해소하기 위한 정책적 개선이 시급하다.

2.3. 국회법 제98조의2에 의한 통제

이미 앞에서 살펴보았듯이 현행법상 국회에 의한 행정입법 통제를 위한 제도화의 수준은 대단히 미흡한 수준에 머무르고 있다. 당초 도입된 국회송부제는 그 집행실적이 극히 부진했다. 송부율이 저하되는 경향을 보였고,[39] 국회에 제출된 행정입법마저도 법정기일 7일을 훨씬 초과하여 제출되는 경향이 많아 행정입법의 제·개정 내용을 적시에 파악하는데 어려움이 있었다. 행정입법의 국회제출에 대한 행정부의 시각도 대통령령, 총리령 및 부령은 제·개정 내용이 관보에 게재되므로 관보구독을 통해 그 내용을 파악하면 된다는 생각, 과다한 부수 요구로 인한 부담, 국회송부 담당부서의 불명확, 제도의 실효성에 대한 의구심 등 제도에 대한 몰이해가 심각한 것으로 나타났다.[40] 물론 이들 중 일부 문제는 제도개선을 통해 해소되었지만, 국회제출과 상임위심사, 법률위반여부에 대한 통보제가 얼마나 실효성을 발휘할지는 여전히 미지수로 남아있다.

---

39) 국회사무처 법제예산실, 「행정입법 분석사례 — 1999년도 제·改正된 행정입법을 중심으로」, 1999, 4.

40) 행정부처 법무담당자에 대한 설문지 및 전화 인터뷰 등을 통한 의견 수집결과(이지민, 行政立法에 대한 國會의 統制方案에 관한 연구 — 直接的 統制를 중심으로 — 서울대학교 행정대학원 석사학위논문, 2000).

이러한 문제점들을 개선하기 위해서는 의회의 상임위 심사제도를 시정요구권이나 위임회수제도 등 좀더 강력한 통제수단을 갖춘 완성도 높은 제도로 발전시키는 방안을 강구할 필요가 있다. 영국의 제정법문서법(Statutory Instument Act)과 같은 가칭 행정입법절차법을 제정하거나 행정절차법의 입법적 보완 차원에서 행정입법의 예고를 넘어 포괄적인 행정입법절차를 도입하는 방안을 검토해 볼 만 하다.

2.4. 법률보충적 행정규칙에 대한 통제: 법규명령적 효력의 고시 문제

(1) 문제의 소재

법률이나 법률의 위임에 의한 명령이 국민의 권리·의무에 관한 사항을 고시로 정하도록 위임한 경우 그 법령의 위임규정이 헌법상 금지되는 포괄위임에 해당하는지 여부가 문제된다. 이 문제는 일단 그 고시가 법령보충적 행정규칙으로서 대외적 구속력, 즉 법규명령적 효력을 가진다는 것을 전제로 한다. 그렇지 않을 경우에는 헌법상 금지되는 포괄위임의 문제는 아예 처음부터 제기될 수 없다. 다시 말해, 헌법재판소와 대법원의 판례에서와 같이 고시가 '법령의 직접적 위임에 따라 수임행정기관이 그 법령 시행에 필요한 구체적 사항을 정한 것인 이상, 그 제정형식이 행정규칙이더라도 상위법령의 위임한계를 벗어나지 않는 한 상위법령과 결합하여 대외적인 구속력을 갖는 법규명령으로서 기능하게 된다'고 볼 경우,[41] 헌법 제75조 및 제95조에서 정한 위임입법의 한계를 벗어난 포괄위임에 해

41) 헌재 1992. 6. 26. 91헌마25결정(판례집 4, 444, 449); 헌재 2002. 7. 18. 2001헌마605 전원재판부 결정(신문업에있어서의불공정거래행위및시장지배적지위남용행위의유형및기준 제3조 제1항 등 위헌확인); 대법원 1989.11.14. 선고 89누5676판결; 대법원 1987. 9. 29. 선고 86누 484판결; 대법원 1988. 3. 22. 선고 86누249판결 등.

당하는지 여부가 문제될 수 있다. 그러나 법규명령적 효력을 갖는 법령보충적 행정규칙에 대해서도 헌법상 위임입법의 한계가 직접 적용되거나 적어도 유추적용될 수 있는지 여부는 불분명하다. 또 이 문제에 대한 이렇다 할 논의도 발견되지 않는다.

참고로 조례에 의한 위임입법의 경우에도 유사한 문제가 있다. 그 경우 헌법은 위임의 한계가 있는지, 또 어떤 범위에서 어떤 기준에 의하여 위임을 할 수 있는지에 관하여 명시적 규정을 두지 않고 있기 때문이다. 지방자치단체에 '법령의 범위 안에서 자치에 관한 규정'을 제정할 수 있는 조례입법권을 부여한 헌법 제117조 제1항은 어디까지나 '자치에 관한 규정'에 적용되는 것이고, 또 지방자치단체가 '법령의 범위안에서' 조례를 제정할 수 있다고 수권하고 있을 뿐이다. 헌법 제75조 역시 적용영역을 달리 하고 있어 조례에 대한 위임에 직접 적용되지 않는다고 보아야 할 것이다. 따라서 이 경우에도 조례에 의한 위임입법에 대하여 헌법 제75조의 규정을 유추적용할 수 있는가, 또 조례의 자치입법적 성격을 고려하여 헌법 제75조에서 설정된 기준 보다도 더 포괄적인 위임을 허용할 수 있을 것인가 라는 문제가 헌법해석론적 차원에서 제기된다. 생각건대, 개별법에서 명시적으로 조례에 대한 위임규정을 두는 경우, 만일 헌법 제75조의 규정이 조례에 대한 위임에 유추적용될 수 있다고 본다면, 포괄적·일반적 위임입법의 금지라는 헌법 제75조의 요구는, 헌법 제117조 제1항의 규정과 그에 따른 조례의 자치입법으로서의 성격을 고려하여 일반적인 행정입법의 경우와는 달리, 완화된다고 보아야 할 것이다.[42] 대법원도 공유수면의 점용료 또는 사용료부과징수조례에 관한 판결에서 "법률이 주민의 권리의무에 관한 사항에 관하여 구체적으로 아무런 범위도 정하지 아니한 채 조례가 정하도록 포괄적으로 위임하였다고 하더라도, 행정관청의 명령과는 달라, 조례도 주민의 대표기관인 지방의회의 의결로 제정되는 지방자치단체의 자주법인 만큼, 지방자치단체가 법령에 위반되지 않는 범위 내에서 주민의 권리의무에 관한 사항을 조례로 제정할

42) 헌법재판소, 위임입법의 한계에 관한 연구, 헌법재판연구 제8권, 1996, 75.

수 있는 것"이라고 판시함으로써 그 점을 시인한 바 있다.[43)]

생각건대, 헌법 제75조는 대통령에게, 제95조는 국무총리와 행정각부의 장에게 각각 대통령령과 총리령·부령의 제정을 수권한 것이므로 이에 따른 위임입법의 한계 또한 법규명령적 효력을 갖는 법령보충적 행정규칙에 직접 적용된다고는 보기 어려울 것이다. 그러나 "위임입법이란 법률 또는 상위명령에서 구체적으로 범위를 정하여 위임받은 사항에 관하여 법규로서의 성질을 가지는 일반적·추상적 규범을 정립하는 것을 의미하는 것으로서 형식적 의미의 법률(국회입법)에는 속하지 않지만 실질적으로는 행정에 의한 입법으로서 법률과 같은 성질을 갖는 법규의 정립이기 때문에 권력분립주의 내지 법치주의 원리에 비추어 그 요건이 엄격할 수밖에 없으니 법규적 효력을 가지는 행정입법의 제정에는 반드시 구체적이며 명확한 법률의 위임을 요하는 것"이라고 한 헌법재판소의 판례취지를 음미해 볼 때,[44)] 법령보충적 행정규칙이 상위법령과 결합하여 법규명령적 효력을 가진다고 인정한다면, 그러한 전제 하에서 헌법상 위임입법 한계원리를 유추적용하는 것은 불가능하지 않을 뿐만 아니라 헌법정신에 비추어 소망스럽다고 보아야 할 것이다.

(2) **행정규제기본법에 의한 고시위임**

행정규제기본법은 "규제는 법률에 직접 규정하되, 규제의 세부적인 내용은 법률 또는 상위법령이 구체적으로 범위를 정하여 위임한 바에 따라 대통령령·총리령·부령 또는 조례·규칙으로 정할 수

43) 대법원 1991. 8. 27. 선고 90누6613판결(공 906. 2444(29)).

44) 헌재 전원재판부 1993. 5. 13. 92헌마80결정(체육시설의설치·이용에관한법률시행규칙 제5조에 대한 헌법소원).

있다"고 규정한 후(제4조 제2항 본문), "다만, 법령이 전문적·기술적 사항이나 경미한 사항으로서 업무의 성질상 위임이 불가피한 사항에 관하여 구체적으로 범위를 정하여 위임한 경우에는 고시등으로 정할 수 있다"는 예외를 인정함으로써(제4조 제2항 단서), 법률 또는 상위법령이 위임한 경우에는 고시로도 행정규제, 즉 "국가 또는 지방자치단체가 특정한 행정목적을 실현하기 위하여 국민의 권리를 제한하거나 의무를 부과하는 것으로서 법령등 또는 조례·규칙에 규정되는 사항"을 정할 수 있도록 허용하고 있다.

이처럼 고시등 헌법이 예상하지 아니 한 위임입법의 형식에 의하여 국민의 권리를 제한하거나 의무를 부과하는 사항을 정할 수 있도록 위임한 행정규제기본법 제4조에 대해서는 비록 논란의 여지가 없진 않지만,[45] 그 조항 자체가 위헌이라고까지는 보지 않는다 하더라도, 법령이 국민의 권리를 제한하거나 의무를 부과하는 사항을 고시로 정하도록에 위임하는 규정을 두면서 '전문적·기술적 사항이나 경미한 사항으로서 업무의 성질상 위임이 불가피한 사항'에 관하여 '법령이 구체적으로 범위를 정하여 위임한 경우'라는 두 가지 요건 중 어느 하나라도 위반하면 위법이라는 점은 분명하다. 즉, 법령이 구체적으로 범위를 정하여 위임해야 하며 그 위임하는 사항도 '전문적·기술적 사항이나 경미한 사항으로서 업무의 성질상 위

45) 당초 총무처안에 포함되어 있던 이 조항은 위헌의 소지가 크다는 지적이 있었다(오준근, 각종「規制改革基本法」制定方案에 대한 行政法的 考察,『법제연구 제12호』, 198-199). 또 행정규제기본법 제정당시 국회 행정위원회의 심사보고서(1997.7)에도, 법률안 제4조제2항에서 규제의 근거를 법률에 직접 규정하되 그 세부내용은 하위법령에 위임할 수 있도록 규정하여 이른바 규제법정주의를 천명하면서도, 전문·기술적 사항 또는 경미한 사항으로서 위임이 불가피한 사항에 관하여는 법령이 아닌 고시등으로도 정할 수 있게 한 것은 규제법정주의에 부합하지 않는다는 전문위원 검토의견이 표명되었다(http://search.assembly.go.kr/bill/doc_20/15/pdf/150539_20.HWP.PDF).

임이 불가피한 사항'이어야 하는데, 그렇지 않으면 당해 법령의 위임규정은 행정규제기본법 제4조 제2항 단서의 규정에 반하여 위법임을 면치 못한다는 것이다. 물론 그 경우 위임규정이 법률조항인 경우에는 제4조 제2항 단서의 규정에 반한다는 이유로 당해 법률조항을 위법으로 볼 수 있는지 여부와 관련하여 논란의 여지가 있지만, 문제의 행정규제기본법 제4조 제2항 단서의 규정을 헌법 제75조 및 제95조에서 정해진 위임입법의 한계원리를 다시 행정규제기본법 수준에서 고시와 관련하여 구체화・재확인한 것이라고 이해한다면, 당해 법률의 위임규정은 위법인 동시에 위헌이라고 보아도 무방할 것이다. 그런 뜻에서 행정규제기본법 제4조 제2항은 일종의 행정입법절차법적 의미를 가지는 것이라고 보아도 무방할 것이다.

Ⅳ 맺는 말

입법은 현대국가에 있어 가장 중요한 국사의 하나지만, 더 이상 '위대한 정치가만의 役事'는 아니다. 입법은 간혹 인륜도덕에서 나오는 무조건적 당위를 구현하기도 하지만, 그보다 더 많은 부분에 있어, 입법과제를 설정하고 일정한 정책수단들을 투입하면 소기의 목표를 달성할 수 있으리라는 법정책적 가설을 전제로 과제 달성을 위한 정책수단들을 강구하는 규범적 설계를 내용으로 한다. 그것은 국민으로부터 헌법에 따라 입법권을 부여받은 의회(국회)가 그때그때 국가적 수준에서 대두되는 과제들을 해결하기 위하여 법률이라는 이름을 가진, 통상 대단히 강력하고 안정적인 효능을 가진 일반추상적 법규범을 제정 또는 개정하고 그로써 위임자인 국민에게 그러한 과제의 해결을 공적으로 약속하는 국가역무인 것이다. 따라서 의당 그 실적과 효과면에서 객관적인 평가를 통해 그 존속여부를 판정받도록 함이 마땅한 것이다.

이러한 견지에서 행정입법에 대한 의회통제를 개선하기 위한 몇 가지 법정책 대안을 제기하고자 한다. 첫째, 위임의 범위와 한계에 대한 기준을 입법적 수준에서 명확화하는 방안을 적극적으로 강구해 볼 필요가 있다. 이를 위해서는 앞서 지적했듯이 가칭 행정입법절차법의 제정방안을 검토해 볼 만 하다. 이 법률은 우리 헌법이 채택하고 있는 대통령제 정부형태 및 권력분립의 원칙에 위배되지 않는 범위 안에서 최대한 행정입법에 대한 국회의 심사와 평가, 위임의 철회·환수 제도의 도입 등을 내용으로 포함해야 할 것이다. 입법적 거부제도의 도입도 그러한 차원에서 전향적으로 검토해 볼 필요가 있다. 그동안 정부입법에 관한 일반적 절차를 규율해 왔던 법제업무운영규정은 이를 법제처의 법제심사에 관한 법률로 독립·승격시킬 수 있을 것이다. 아울러 입법성과평가제도를 도입하여 그 필수적 요소로서 행정입법 내지 위임입법의 심사를 제도화하되, 궁극적으로는 포괄적인 입법성과평가제도로 발전시켜 나가는 것이 바람직하다.

참고문헌

[국내문헌]

국회사무처 법제예산실.(1999). 『 행정입법 분석사례 — 1999년도 제·改正된

행정입법을 중심으로』;

계희열.(2002). “國家機能으로서의 立法權”, 『헌법논총』 제13집, 271-301, 284.

김철용, “독일에 있어서의 연방의회의 법규명령 폐지・내용・존속에 대한 영향력행사”, 95-96년도 한국의회발전연구회 지원연구논문.

김철용・홍준형・송석윤.(1996). “위임입법의 한계에 관한 연구”, 『헌법재판소연구 』제8권.

박영도.(1999). “위임입법에 관한 연구”, 『한국법제연구원』.

법제예산실.(1996). 『행정입법의 분석・검토』(1996.10. 법제현안 96-17호(통권45호)).

법제예산실.(1996). 『행정입법의 분석・검토』(1999.10. 법제현안 99-7호(통권92호)).

문광삼.(1991). “미국대통령의 법률안거부권과 거부권의 새로운 경향”, 『現代行政과 公法理論』(南河徐元宇教授華甲記念論文集, 1991), 169-204, 197-203;

오준근.(1997). “각종 「規制改革基本法」 制定方案에 대한 行政法的 考察, 『법제연구 제12호』, 198-199.

이지민.(2000). “行政立法에 대한 國會의 統制方案에 관한 연구 — 直接的 統制를 중심으로 —”. 서울대학교 행정대학원 석사학위논문.

정하명.(2002). “미국연방법원에서의 위임의 한계”, 『공법연구』30집 5호, 375-390.

허영.(2002). 『한국헌법론』, 박영사, 855, 856.

헌법재판소.(1996). “위임입법의 한계에 관한 연구”, 『헌법재판연구』제8권,75.

[외국문헌]

Aman, Jr./Mayton, Administrative Law, West, publishing,(1993), 30.

Aranson/Gelhorn/Robinson, A Theory of Legislative Delegation, Cornell Law Reiview 68(1982), 5.

Bernhard Schwartz, Administrative Law, 3.ed.(1991), Boston, 579.

Bernhard Schwartz, Administrative Law Cases During(1993), 46 Administrative Law Review, 307,329, 308.

Craig, Administrative Law, 5th. edition,(2003), 374ff.

David Schoenbrod, The Delegation Doctrine — Could the Court give it Substance?, in: Michigan Law Review 83(1985), 1223ff., 1224.

Farber, Statutory Interpretation and Legislative Supremacy, 78 Geo.L.J. 281(1989).

K.C. Davis, A New Approach to Delegation, in: University of Chicago Law Review 36(1969), 713.

Klaus Grupp, Zur Mitwirkung des Bundestages bei dem Erlass von Rechtsordnungen, Deutsches Verwaltungsblatt(1974), SS.180-181.

제 3 장 공정거래법상 동의명령 도입방안*

〈차 례〉

Ⅰ 서　론

한・미 FTA 협상이 타결됨으로써 동의명령제 도입은 더 이상

피치 못할 입법과제가 되었다.[1] 동의명령제는 법 위배여부가 의심되는 행위에 대하여 규제행정기관이 일도양단의 위법 판단을 내리기보다는 당사자와 합의를 통해 시정방안을 마련하고 사건을 종결하는 일련의 공적 집행절차를 말한다. 이를 정부-기업관계에 비추어 말한다면, 정부는 향후 당해 사건에 대한 기업의 법 위배문제를 추궁하지 않는 대신, 기업은 문제된 행위를 중단하고 그와 관련된 일정한 조건을 이행하기로 합의함으로써 사건을 조속히 종결짓는 규제자와 피규제자간 협력적 사건처리 방식이다.

우리나라의 법집행 구조의 전반적 효율성을 높인다는 견지에서 바람직한 동의명령제의 도입방안을 모색해 볼 필요가 있다. 먼저, 동의명령제의 개념, 제도적 특성과 기능을 살펴보고 동의명령제 도입의 필요성과 내용, 절차 등을 검토한 후, 이를 토대로 동의명령제 도입시 고려해야 할 쟁점과 대안들을 논의하기로 한다.

＊ 홍준형 · 김정희, "공정거래법상 동의명령제 도입방안에 관한 연구". 2007, 『기업법연구』 제21권 제4호, 355-381을 토대로 수정한 것임.

1) 일찍이 우리 정부는 기업환경 개선을 위한 선진제도로서 동의명령제의 도입문제를 검토해 왔다. 실제로 공정거래위원회는 "시정조치 운영지침(2005. 10. 26)" 및 "기업환경개선 종합대책(2006 .9. 28)" 등에서 그 도입방안을 논의한 바 있었다. 이 문제는 이후 공정거래법 개정안(2006. 12. 18 입법예고) 및 한 · 미 FTA 협상 경쟁분과에서 제기된 미국 측 요구를 계기로 관계부처 간에 본격적으로 논의되기 시작했다. 2007년 4월 한 · 미 자유무역협정 제8차 협상 경쟁분과에서 '동의명령제' 도입을 공식 합의한 데 이어서 한 · 미 FTA 협상이 타결됨으로써 동의명령제 도입이 기정사실화 되었다.

Ⅱ 동의명령제도 일반

1. 동의명령의 제도적 의의

동의명령제는 본래 미국의 독점금지법상 동의명령(Consent order) 및 동의판결(Consent decree)에서 유래된 제도이다.[1] 주요 외국의 입법례, 가령 EU, 덴마크, 등의 확약결정(Commitment decision)과 독일의 의무이행확약(Verpflichtungszusagen),[2] 호주의 확약(Undertakings) 및 일본의 동의심결(同意審決) 등도 각국의 정황에 따라 다소 차이가 있기는 하지만 기본적으로 미국식 동의명령제를 모델로 하여 형성, 발전되어 온 제도들이다.[3]

일반적으로 경쟁법 위반 사건에 대하여 요구되는 법집행의 목표

1) 미국의 동의명령 및 동의판결 제도에 관해서는, 신 영수, "美國 獨占禁止法上의 同意命令 制度에 관한 考察",『企業法研究』제19권 제4호(통권 제23호); 김두진, "미국 경쟁당국의 사건처리 절차 · 동의명령제", 『공정거래법 진행의 선진화-한미 FTA 체결에 즈음하여-』, 한국법제연구원(2007. 7. 5) 등을 참조; 그 밖의 입법례에 관해서는, 홍준형, "동의명령제도 도입에 관한 연구", 한국전문가컨설팅그룹(KECG) 연구보고서(2007. 9. 28)를 참조.

2) 독일의 동의명령 제도에 관해서는, Joachim Bornkamm, Die Verpflichtungszusage nach § 32 b GWB — Ein neues Instrument im deutschen Kartellverwaltungsverfahren, In: Recht und Wettbewerb. Festschrift für Rainer Bechtold zum 65. Geburtstag, Herausgegeben von Ingo Brinker, Dieter H. Scheuing und Kurt Stockmann, 2006, 45-58; Körber, Thomas, Die erstmalige Anwendung der Verpflichtungszusage gemäßArt. 9 VO 1/2003 und die Zukunft der Zentralvermarktung von Medienrechten an der Fussballbundesliga, In: Wettbewerb in Recht und Praxis ; 51(2005) Heft 4; S. 463-467; Haarmann, Eva Maria, Die Figur der Verpflichtungszusage als geeignetes Instrument des EuropäischenWettbewerbsrechts unter besonderer Berücksichtigung der Fusionskontrolle, Diss. Freiburg 2004/2005 등을 참조.

3) 홍준형, 앞의 보고서, 2-24 참조.

는, 위법으로 주장되는 경쟁 침해행위를 중단시키고, 그러한 행위의 재발을 방지하며, 그러한 행위가 일어나지 않았더라면 유지되었을 경쟁 상태를 회복시키는데 있다. 그러나 경쟁법 위반 사례들은 경제적 파장이 크고 복잡하여 위법의 입증이 곤란할 뿐만 아니라, 정부와 기업 및 이해 당사자 간 위반 내용과 효과를 둘러싼 견해 차이가 크기 때문에 장기간에 걸쳐 고비용이 소요되는 소송으로 이어질 개연성이 높다. 따라서 경쟁법 위반에 대하여 앞서 지적한 법집행의 목적을 달성하면서, 또 동시에 당사자 모두에게 소모적인 소송비용 등을 절감할 수 있는 효과적 방안이 요구된다.

동의명령제도는 이러한 요구에 가장 근접하게 부합하는 제도라고 볼 수 있다. 즉, 행정당국의 입장에서는 기업의 공정경쟁 위반행위를 조속히 차단함으로써 시장의 경쟁 상태를 유지시키고, 처벌위주의 행정을 지양하여 협조적 경제체제의 구축을 실현할 수 있다. 한편, 기업 등 사업자의 입장에서도, 경쟁법 위반 관련 소송에 따르는 막대한 경제적 비용을 절감할 수 있을 뿐만 아니라, 쟁송과정에서 초래되는 기업 이미지 손상과 같은 사업 손실을 조기에 차단할 수 있게 된다. 이러한 점에서 동의명령제도는 행정당국과 기업, 양 당사자 모두에게 긍정적 효과를 약속해 준다.

2. 동의명령의 법적 성질

동의명령은 규제행정기관이 경쟁법 위법판단에 앞서 해당 기업 또는 사업자와 교섭을 통해 시정방안을 상호 협의(mutual agreement)하여 사건을 해결한다는 점에서 당사자간 협정 또는 계약과 유사한 성격을 지닌다고 볼 여지가 많다. 그러나 동의명령을 단순히 그 합의 형성의 측면에서만 파악하여 계약의 일종으로 보기는 어렵다고 생각된다. 일반적으로 동의명령을 위한 상호 협의에는, 협의의 일방 당사자인 규제행정당국이 마련한 향후 협의내용의 준수를 위한 제재가 전제되어 있기 때문이다. 이러한 점 등에·비추어 이 제도의 종주국인 미국의 경우 동의명령은 일종의 행정상 '재결'(adjudication)에 해당하는 것으로 다루어지고 있다.[4)]

우리나라의 경우 그 입법 방향에 따르면, 규제행정당국인 공정거래위원회가 최종적으로 동의명령을 결정한 뒤에 그 준수가 법적으로 담보되는 행정청의 '처분'으로 이해될 수 있다.[5)] 무엇보다도, 행정소송법상 취소소송의 대상에 관한 '원처분주의'에 따라 취소소송은 원처분을 대상으로 하는 것이 원칙인데, 동의명령의 경우는 원처분이라고 부를 처분이 없기 때문에 이를 행정소송법상 '재결'로 이해하기 보다는, '처분'으로 보는 것이 타당하기 때문이다.[6)] 다만, 이렇

---

4) Note, The Applicability of the Antitrust Procedures and Penalties Act of 1974 to Voluntary Dismissals, 19 U.Mich. J.L. Reform 275(1985); 김두진, 앞의 발표문, 4(재인용)을 참조.

5) 김두진, "공정거래법상 동의명령제의 도입"(발표문), 한국정책지식센터 제350회「정책&지식」포럼(2007. 10. 16), 4.

6) 김두진, 앞의 발표문, 4 역시 같은 입장이다. 미국의 경우와 달리 행정소송법은 원처분주의를 취하고 있다. 즉 행정소송법 제19조는 취소소송의 대상에 대하여 "취소소송은 처분 등을 대상으로 한다. 다만, 재결취소소송의 경우에는 재결 자체에 고유한 위법이 있음을 이유로 하는 경우에 한한다."고 규정하고 있다. 동의명령을 우리 행정소송법상 '재결'로 본다면 위 단서조항에 따라 '재결 자체에 고유한 위법이 있음을 이유로 하는 경우에 한하여' 취소소송을 제기할 수 있게 되겠지만, 그 경우 원처분이 결여되어 있기 때문에 문제가 된다. 동의명령을 행정소송법상 '재결'로 본다면 원처분이 존재해야 하는데 동의명령의 경우 원처분이라고 할 것이 없기 때문에 위 조항에서 규정한 원처분주의에 따라 취소소송을 제기할 수 없게 되는 것이다. 그러므로 동의명령은 이를 행정소송법상 '재결'이 아니라 '처분'으로 보아 이에 대한 취소소송을 제기할 수 있다고 새기는 것이 문제에 대한 올바른 해결책이 될 것이다. 설사 그렇게 보더라도 '재결' 역시 우리나라 행정소송법 제2조 제1항 소정의 '처분 등'에 포함되고, 같은 법 제19조 단서 규정에 따라 '재결 자체에 고유한 위법이 있음을 이유로 하는 경우에 한하여' 취소소송을

게 동의명령의 법적 성질을 '처분'으로 인정한다면, 현행 「독점규제 및 공정거래에 관한 법률」(이하, "공정거래법"이라 한다.) 제54조에 의한 '공정거래위원회의 처분에 대한 불복의 소'에 해당될 수 있어, 동의명령에 대한 '불복의 소' 역시 가능한지 여부가 문제될 수 있다.[7)]

그러나, 동의명령제는 당사자간 협의를 통한 신속한 사건종결과 소송비용 절감이라는 제도의 특성을 살릴 필요가 있다. 특히, 당해 기업은 소송의 연루로 인한 여러 유・무형의 부담을 회피할 수 있고 규제행정기관과 협의를 통해 제재수위를 낮출 수 있는 한편, 사건종결의 예측성을 미리 확보할 수 있다는 등의 이점을 갖는 것을 고려하면, 동의명령 이후 당사자에게 '불복의 소'를 인정하여 협의된 시정방안의 타당성 등을 재차 다툴 수 있도록 하는 것은 자칫 동의명령의 제도적 취지를 몰각시킬 우려가 있다. 이와 관련하여, 동의명령 합의 사항에 당해 기업이 장차 불복의 소를 제기하지 않겠다는 내용까지 포함시켜야 한다는 견해[8)]가 있는 한편, 반대로 그렇게 할 경우 오히려 행정기관과 사인(私人)의 '부제소특약'을 인정하게 되는 결과를 초래하기 때문에 받아들일 수 없다는 견해[9)]가 대립하고 있다.

생각건대, 동의명령제도는 관여하는 당사자 모두에게 이익을 가져오는 긍정적 측면이 많은 해결책인 만큼, 동의명령제의 법적 성질을 '처분'으로 본다 할지라도 이를 통상의 행정상 불복의 대상에서는 배제하는 방안, 가령 공정거래법 제54조에 의한 '불복의 소'의 대

제기할 수 있으므로 그 한도 내에서 동의명령을 처분으로 보는 경우와 다를 바가 없게 될 것이다.

7) 곽규택, "공정거래법상 동의명령제 도입"에 대한 토론문, 한국정책지식센터 제350회「정책&지식」포럼(2007. 10. 16), 31.

8) 김두진, 앞의 발표문, 16.

9) 곽규택, 앞의 토론문, 31.

상에서 명시적으로 제외하는 방안을 함께 고려해 수 있을 것이다. 그러나 중요한 것은, 그와 같이 명시적으로 행정소송의 대상에서 배제하는 방안을 생각하기에 앞서, 동의명령에 대한 행정소송에서 전개될 소송상황을 먼저 예상해 볼 필요가 있다고 본다. 우선, 피심의 당사자였던 기업의 입장에서는, 동의명령을 받은 이후, '불복의 소'를 통해 공정거래위원회의 처분을 다툴만한 소(訴)의 이익을 가진다고 인정받기가 쉽지 않을 것이라는 점을 고려에 넣어야 할 것이다. 또한 동의명령이 내려지기 이전에 시정방안 등 협의의 당사자로 참여했던 기업이, 그 협의내용을 바탕으로 행해진 동의명령에 대해 불복의 소를 제기하는 것은 금반언의 원칙에 어긋나는 행위로서 본안에서도 정당화되기 어려울 것으로 예측된다. 오히려, 당해 기업의 경쟁업체 또는 문제된 공정거래법 위반행위로 피해를 입은 제3자가 동의명령의 위법을 다투는 '제3자 취소소송'이 보다 어려운 문제라고 본다. 이 경우에는 제3자 소송의 원고적격의 문제부터 당해 동의명령의 취소, 즉 처분의 취소를 구할 협의의 소의 이익에 이르는 보다 많은 쟁점들이 검토되어야 하며, 그러한 경우를 고려해서라도 동의명령에 대한 행정소송의 문을 닫아거는 것만이 능사는 아니라고 판단된다.

3. 동의명령의 대상

동의명령제는 경쟁법 위반행위를 그 대상으로 한다. 구체적으로 미국에서의 독점금지법 집행은 연방거래위원회(Federal Trade Commission: 이하 'FTC'라 한다)와 법무부(Department of Justice: 이하 'DOJ'라 한다)에 의해 운용되고 있으며, 동의명령 역시 이들 기관의 관할로 되어 있다.[10] 특히 DOJ에 의한 독점금지법 집행은 형사처벌이 가능한 셔먼법 제1조와 제2조의 카르텔과 독점금지 위반 등에 대해서도 적용되나, 동의명령의 적용은 민사 사건처리 단계에만 제한적으로 허용되고 있다. 따라서 공정거래사건 여부를 판단하는 예비심사단계에서 민사사건으로 결정되어야 해당사건을 동의판결로 진행할 것인지 여부가 결정된다.[11]

제도의 도입단계에 있는 우리나라도 국내법 체계상 어느 분야에, 어느 범위에 걸쳐 동의명령제를 적용할 것인지 검토되어야 한다.[12] 현재 무엇보다도 논의의 초점이 되고 있는 것은, 공정거래위원회의 소관인 공정거래법 상 ① 위반행위 전체에 걸쳐 일반적으로 적용하는 안과 ② 동법 내에서 일정한 조항들과 관련하여 선별, 제한적으로 일부만을 적용대상으로 하는 안 중 어떤 것을 채택할 것인가의 문제이다. 이에 대하여, 법무부는 공정거래법상 동의명령제 도입은 법무부의 형사소추권한을 저해할 우려가 있으므로, 동의명령제의 도입 분야에 대해서는 형벌조항을 폐지하거나 동의명령 발령시 법무부의 동의를 얻을 것을 요구하는 등의 반대의견을 제시한 바 있다.[13] 그 중 형벌조항을 폐지하자는 의견은, 예컨대 공정거래법 제23조에 따른 일반 불공정거래행위를 동의명령의 적용대상으로 하려면 동법 제67조 제2호에 따른 일반 불공정거래행위에 대한 형벌규

10) 신영수, 앞의 논문, 495.

11) 신영수, 앞의 논문, 497.

12) 동의명령의 적용범위에 대한 논의는 (1) 공정거래위원회의 소관인「독점규제 및 공정거래에 관한 법률」에 한하여 적용하도록 하는 방안과, (2) 공정거래법 외에「하도급거래 공정화에 관한 법률」 및「약관의 규제에 관한 법률」등 공정거래위원회의 소관법령 전체에 대하여 적용하는 방안, 나아가 (3) 공정거래위원회의 소관을 넘는 그 밖의 분야로 넓게 적용을 확대하는 방안 등이 검토되고 있다; 홍준형, 앞의 연구보고서, 32.

13) 홍준형, 같은 곳.

정을 폐지할 것을 전제로 하여야 한다는 제②안의 입장이다.

공정거래위원회는 이러한 법무부의 의견에 대하여, 공정거래법상 대부분의 위반행위에 대해 형벌규정이 있지만 현실적으로 형사소추의 대상이 되는 것은 카르텔[14] 등 중대한 위반행위에 한정되므로, 그에 대한 동의명령제 적용을 제외한다면 결과적으로 형사소추권은 저해되지 않을 것이라는 입장이다. 2007년 8월 7일의 공정거래법 개정법률 입법예고안은 이러한 공정거래위원회의 입장을 반영한 듯, 제51조의2 본문의 단서조항에서 '사업자 및 사업자단체의 부당한 공동행위'를 포함시키지 않고 있어, 위법성이 중대하여 고발, 과징금 부과 등 강한 조치를 해야 할 필요성이 있는 경우는 동의명령의 대상에서 제외되었다.[15]

생각건대, 공정거래위원회의 이러한 방안은, 경쟁침해가 중대한 카르텔의 경우 위법판단을 받도록 동의명령의 적용범위에서 제외함으로써 시정명령이나 과징금과 같은 기존제도와 형평성을 꾀하는 한편, 일반 국민들의 법감정을 함께 고려한 정책적 판단이라고 할 수 있다.[16] 뿐만 아니라, 공정거래법 제71조에 의한 형사처벌에 대한 공정거래위원회의 '전속고발제도'의 실행과 관련하여 법집행 권한 간의 충돌을 조정하려는 노력도 내포되어 있다고 할 수 있다.[17] 그러나, 그럼에도 불구하고, 동의명령제의 도입이 가시화된 이후 공정거래위원회와 법무부의 '전속고발제도'를 둘러싼 갈등은 계속 심화되

14) 카르텔은 일반적으로 '시장에서 경쟁을 제한하는 경쟁사업자들 간의 공모'라고 정의; 허선, 카르텔 규제의 이론과 실제: "공정위의 카르텔 규제성과와 향후 정책방향",『경쟁법연구』, 한국경쟁법학회(2005), 제12호, 3.

15) 한철수, "한・미 FTA 이후 공정거래법의 과제", 심포지엄(2007. 5. 23) 자료집, 11.

16) 김두진, 앞의 논문, 7면; 동의명령제의 잠재적 문제점으로 "기존제도와의 형평성 측면에서 또는 소비자나 피해사업자의 반발 등"을 제시한 의견으로 신영수, 앞의 논문, 511.

17) 김두진, 앞의 논문, 7.

어가고 있는 실정이다. 즉, 기업의 공정거래법 위반행위에 대하여, 공정거래위원회가 일부는 동의명령으로 타협하고, 또 일부는 전속고발권에 의해 고발하지 않는 방법으로 면죄부를 부여할 수 있어 지나친 재량권을 갖게 된다는 것이 법무부의 주장이다.

동의명령제는 앞서 살펴본 바와 같이, 기업의 행위 중 위법의 의심, 즉 경쟁제한 여부가 의심이 되는 행위들에 대하여 일도양단의 위법판단을 내리기 보다는 기업과의 합의를 통해 시정방안을 마련하고 소송단계에 이르기 전에 사건을 종결하여 시장의 경쟁 상태를 조기에 복원하는 것이 법질서 전체의 관점에서 보아 더 바람직하다는 실용주의 철학을 토대로 하는 제도이다. 따라서 문제된 행위에 대한 형벌규정이 있다 하더라도, 그 위법성이 극히 용이하게 입증할 수 있는 경우가 아닌 한, 동의명령의 적용에서 제외시켜야 할 이유는 없다. 오히려 미국의 경우처럼, 전체 독점금지법 사건 중 상당부분을 차지하고 있는 기업결합사건의 경우에 있어서, 결합당사자와 경쟁당국 간에 충분한 합의 내지 교섭을 통해 합리적으로 사건을 해결하는 방식으로 동의명령을 운용해 볼만하다는 견해[18]가 신중히 검토해 볼만하다고 본다. 또한 현실적으로 카르텔 전체에 대하여 적용을 제외하는 것이 아닌, 연성카르텔과 같이 위법성이나 경쟁제한성이 크지 않는 경우,[19] 또는 카르텔을 유발하는 과점시장구조에 만

---

18) 신영수, 앞의 논문, 509-512.

19) 앞서 정의한 카르텔은 일반적으로 '경성 카르텔(硬性)'의 의미로 통용된다. (주15 참조) 경성 카르텔의 예로는 가격담합, 생산,출고량 담합, 입찰 담합, 판매지역이나 고객의 분할 등이 있다. 미국은 이 같은 경성 카르텔의 경우 '당연위법의 원칙(illegal per se)'을 적용한다. 우리나라의 경우, 공정거래법 제19조 제1항의 사업자 또는 사업자단체의 공동행위의 유형 중, 제1호~제5호에서 규정한 행위를 일반적으로 경성카르텔로 볼 수 있다. 반면, '연성 카르텔(軟性)'은 그 정도에 미치지 않는 행위로서 기업 간의 합작 기타 전략적 제휴(strategic alliance)에서 나타나는 공동행위 등을 대표적인 예로 들 수 있다; 권오승,『공정거래법강의 2』제2편, 제5

연하는 협조적 관행 해소가 필요한 경우 등에 대해서는 동의명령의 적용이 타당하다는 견해[20]도 주목해 볼 만 하다.

이렇게 볼 때, 현행 공정거래법 수준에서 적용범위의 제한 없이 동의명령을 시행하도록 하되, 일정 기간이 지난 후 그 결과를 파악하여 제도개선을 추진하는 것이 현명한 방안이라고 생각한다. 다만, 동의명령제의 성공적 시행을 위한 경험축적을 쌓는다는 측면에서, 법 시행 이전에 공정거래법상 규제대상을 행위 유형별로 선별하여, 가령 경성카르텔 등의 유형에 시범 적용해 보는 방안도 검토해 볼 필요가 있을 것이다.

4. 동의명령의 절차

일반적으로 동의명령은, 규제행정당국의 법 위반 여부가 의심되는 행위에 대한 심사개시와 함께 그 의지가 피심의 사업자에게 표명된 후, 행정당국 또는 피심의 사업자의 동의명령 신청으로 개시되게 된다. 이하에서는 그 절차에 대해 미국의 경우를 대표적으로 살펴본다.

미국은 반독점 사건에 대하여 연방거래위원회(FTC)와 법무부(DOJ)가 이원적으로 관할하도록 하고 있다. DOJ에서는 사건에 따라 법무차관보(Assistant Attorney General)가 제소하여 법원에서 구체적으로 위법성이 판단되는 데 비하여, FTC에서는 자체 정위원회의 결정이나 독자적 행정법심판관(Administrative Law Judge)에 의하여 최종심결이 확정된다.[21] 이러한 이원적 시스템은 동의명령제도에도 그대로

장 공동행위의 부당성 판단기준(정경택), 법문사, 2000, 참조.

20) 이봉의, “공정거래법상 동의명령제 도입”데 대한 토론문, 한국정책지식센터 제350회 「정책&지식」포럼(2007.10.16), 21. 24.

적용된다. 즉, 두 경쟁당국에 의하여 일차적 독점금지법 위반이 의심되는 자가 위법사실을 인정하지 않은 채 당해 행위를 중단하기로 하고, 정부는 더 이상 행정적으로 문제 삼지 않을 것 등을 내용으로 당사자간 합의가 이루어지면 위원회 또는 법원의 승인을 통해 확정력이 부여된다.

구체적으로, FTC는 심사청구된 사건에 대하여 법적 조치가 필요한 경우 심사관이 피심인 기업에게 심판개시 결정서 및 배제조치 명령을 통고하고, 이에 피심인이 동의명령을 통한 사건해결을 제안함으로써 동의명령의 합의를 위한 교섭이 시작된다.[22] 동의명령의 교섭여부는 공공의 이익 등을 고려하여 FTC가 위원회 재량으로 결정하며, 동의명령합의서(Consent order agreement)에는 당사자 교섭을 통한 합의내용 외에도, FTC가 제시한 사실인정안(Proposed findings of fact)과 법적 결론(Conclusions of law), 관할대상 사실인정, 사법심사 등 여타권리 포기, 동의명령안의 해석기준, 법적 강제력과 효력 및 당해 동의명령이 문제된 법 위반사실을 인정한 것이 아니라는 점 등의 내용이 포함되어야 한다.[23] 또한 FTC는 재량으로 피심인이 향후 당해 동의명령안을 어떻게 준수할 것인지 구체화하여 보고할 것을 요구할 수 있으며, 이를 동의명령합의안과 함께 관보(Public record)에 게재하여야 한다.[24] 이 경우 피심인이 특정한 이유를 들어 비밀을

---

21) 신영수, 앞의 논문, 492, 495.

22) 이때 만일, 동의명령이 이루어지지 않으면 원래 FTC의 심판개시결정에 따라 행정법심판관(ALJ)이 주재하는 심판절차가 개시되며, 이후부터는 예외적인 경우를 제외하고는 동의명령은 허용되지 아니 한다; Code of Federal Regulations, Title 16 Commercial Practices, Chapter1 Federal Trade Commission, Part2 Nonadjudicative Procedures, Subpart C Consent Order Procedure(이하, "16.C.F.R.") § 2.31(b)에서는 § 3.25(b)의 경우로 예외를 명시하고 있다.

23) 16.C.F.R., § 2.32(a)-(f)

24) 16.C.F.R., § 2.32

요청하고 법무부 장관이 이를 인정한 경우에는 예외가 인정된다.[25] 동의명령에 대한 교섭이 승인된 직후, FTC는 최소 30일 또는 일정 기간 동안 상기 동의명령합의안을 연방명령규정집(Federal Register)에 공표하여야 하며, 이 기간 동안 이해관계인 등 공공의 의견을 수렴하여 검토를 마친 뒤 당해 합의안을 최종 승인하거나 거절할 수 있다.[26] 이에 따라 FTC가 정식으로 동의명령안을 채택하면 이 '동의명령합의안'이 공식적으로 '동의명령(Consent order)'이 된다.

DOJ에 의한 동의판결(Consent decree)은 예비심사를 통해 결정된 민사사건에 한하여 독점금지법 위반여지가 있는 피고가 동의판결의 교섭을 제기함으로써 개시된다. DOJ가 피고와 협의를 통해 동의판결 초안을 작성하고, 법무차관보의 승인을 얻어 최종합의안이 연방지방법원에 제출하는 것으로 본격화된다. 법원은 당해 동의판결이 공공의 이익에 부합하는지 결정해야 하는데,[27] 이때 당사자(DOJ)가 제출한 '경쟁영향평가서(Competitive Impact Statement)'가 주요 자료가 된다.[28] 이러한 동의판결안 및 경쟁영향평가서는 판결개시 최소 60일 전부터 연방명령규정집 등에 공표되어야 하며, 법원은 이러한 과정을 통해 수집한 의견 등을 종합하여 최종 동의판결(Consent decree)을 결정한다.

우리나라의 경우, 법무부에 독점 금지국(Antitrust Divison)을 두고

---

25) 16.C.F.R.,§ 2.33, §4.9(c) 등에 따른 명백한 이유가 있어야 한다.

26) 16.C.F.R.,§ 2.34

27) United States v. Microsoft, 56 F.3d 1448,1461-62, (D.C.Cir. 1995)

28) 경쟁영향평가서에는 (1)당해 (동의판결) 과정의 성격과 목적, (2) 법위반으로 주장되는 내용, (3) (동의)판결안의 설명, (4) 잠재적 사적 당사자에게 가능한 구제수단, (4) (동의) 판결안의 수정을 위해 가능한 절차, (6) DOJ에서 판결안 이외에 논의되었던 대안 등의 기재되어야 한다; Antitrust Division Manual, Chapter III. Investigation and Case Development, E. Issuing Civil Investigative Demands 참조. http://www.usdoj.gov/atr/foia/divisionmanual/ch3.htm. (2007.10.25.최종방문)

있는 미국의 경우와는 달리, 법무부에 공정경쟁 규제기구를 따로 두고 있지 않으므로 미국 DOJ가 주관하는 동의판결과 같은 제도는 상대적으로 참조가치가 높지 않다고 볼 수 있다. 반면, 미국 FTC가 동의명령제 절차규칙에 따라 동의명령을 시행하고 있듯이, 우리도 공정거래위원회가 동의명령제를 관장하도록 하는 것이 합리적이라고 판단된다. 다만 이 경우, 예컨대 검찰의 수사가 진행 중이거나 법위반 행위의 중대성으로 말미암아 수사대상에 포함되어 있는 사안이 공정거래위원회의 동의명령으로 종결이 될 경우, 자칫 정부기관 간 권한충돌로 이어질 우려가 생긴다.[29] 따라서, 그 법적 효력을 보장하면서 형사사법기관의 권한과 형사소추기능과의 조화라는 측면을 고려하여 제도적으로 관계기관과 사전협의 메카니즘을 도입하는 방안도 신중히 검토해 볼 필요가 있다고 생각한다.[30]

5. 동의명령제의 효과 및 실효성

동의명령제도가 가지는 가장 큰 효과는, 그 제도적 취지 그대로 규제행정당국이 위법판단을 결정함이 없이 당해 기업과 법위반적 행위를 중단하는 등의 일정한 조건을 포함하는 협의를 이끌어 냄으로써 사건을 조속히 종결하는 데 있다. 구체적으로 행정당국으로서는, 사안이 경미하거나 입증이 용이한 경쟁 제한 사건들을 소송의 이전단계에서 해결함으로써 행정력 낭비를 방지하고, 경제적 의미가 큰 사건이나 사업자 반발이 심한 사안에 행정력을 집중할 수 있다

29) 이봉의, 앞의 토론문, 24.

30) 미국 DOJ가 동의판결에 앞서 예비심사에서 FTC 등에서 동일사건이 진행되는지 여부 및 관할권에 대한 검토를 마친 뒤 절차를 진행하는 점을 참고해 볼 만하다; Antitrust Divison Manual(주 29)참조.

는 '선택과 집중의 효과(사건처리 간소화를 통한 행정력의 효율적 투입)'를 누릴 수 있다. 또한 소송장기화에 따르는 금전적, 시간적 비용을 절감하고, 사건처리 효율성뿐만 아니라 패소의 위험을 줄이는 한편, 시장의 경쟁상태 조기회복이라는 궁극적인 목적을 이룰 수 있게 된다.[31] 또한 기업의 입장에서는, 무엇보다도 소송 연루로 인한 비용, 시간과 기업비밀 유출, 패소 등 직·간접적인 손실을 줄일 수 있을 뿐만 아니라, 문제된 행위를 중단하고 일정한 조치를 취하는 것으로 위법성 요인을 없앨 수 있게 된다.

따라서 이러한 동의명령의 합의안에는 당해 동의명령이 문제된 경쟁법 위반사실을 인정한 것은 아니라는 점이 전제되어 있다.[32] 그 밖에, 동의명령의 실효성을 담보하기 위하여 행정당국은 피심인 기업이 합의내용 불이행시 재량에 따라 확인, 권고 또는 철회를 명령할 수 있는 이행조치를 마련하여 두기도 한다.[33] 특히 미국의 DOJ에 따른 동의판결의 경우는 법정모독죄(contempt of court)로 상당한 벌금이 부과되기도 하지만,[34] 우리나라의 경우는 개정법률안(2007. 8. 7) 제51조의2 제5항에서 공정거래위원회의 취소권과 제51조의4에서 이행강제금을 부과하는 방안을 규정하고 있다.

동의명령제는 이러한 제도적 장점들에도 불구하고, 한편으로 제

---

31) Juian O. von Kalinowski, Antitrust Laws and Trade Regulation, (2nd Ed, Vol 5, Chapter 96. 01[1]), LexisNexis (2004); 신영수, 앞의 논문, 492 이하 (재인용).

32) 당초 2006년의「독점규제 및 공정거래에 관한 법률」(2006. 12. 16) 입법예고안 제51조의2 제4항에서는 동의명령이 공정거래법 규정에 위반됨을 인정한 것은 아니라고 하였을 뿐만 아니라, "동의명령이 있었다는 사실은 별도의 민사 소송 또는 형사소송에서 위반행위를 입증하기 위한 증거로 사용되어서는 아니 된다"고 규정하고 있었으나, 2007년의 입법예고안(2007. 8. 7)에서는 후반의 입증내용 부분이 삭제되었다.

33) 16 C.F.R. §3.25, (d) 및 (f).

34) United States v. Twentieth Centrury Fox Film Corp., 882 F.2d 656(2d Cir. 1989); 신영수, 앞의 논문, 502(재인용)

한적 측면도 가지고 있다. 우선, 앞서 언급한 바와 같이, 위법의 침해가 심각하고 그 증명이 용이하여 위법판단이 필요한 경우에는 동의명령을 적용하여서는 안 될 것이다. 또 당사자 간의 협의가 끝없는 협상의 반복으로 이어져 신속한 사건종결이라는 제도의 취지에 어긋난다거나, 동의명령을 통해 정부가 시장에 과도한 규제(over regulation)의 효과를 초래할 위험 등은 행정당국이 제도의 운용에 있어서 신중하여야 함을 의미한다. 뿐만 아니라, 기업의 입장에서도 시장에서 상당한 수익을 창출할 수 있는 행위가 위법한 것으로 판명되지도 않았음에도 불구하고 중단하여야 하고, 동의명령 이후에는 그 준수여부에 대하여 행정당국의 지속적인 감독을 받아야 하기 때문에 부담스러운 제도일 수 있다.[35] 때문에 이러한 역인센티브를 해소할 수 있는 방안, 즉 동의명령제 도입으로 기대되는 효과가 부정적인 측면을 압도할 수 있는 동의명령유인구조를 제도적으로 마련하는 것이 필요하다.

이와 관련하여, 동의명령이 중요한 제도로서 활용되고 있는 미국의 사례는 시사하는 바가 크다. 미국의 경우, 기업들이 동의명령제도를 선호하게 만들 수 있었던 주요 요인은 독점금지법에 따라 연방정부에 의해 제기된 소송에서 피심인인 기업에 불리하게 내려진 평결은, 당해 기업을 상대로 한 이후의 사적 당사자 소송인 '삼배배상소송(Threefold the damages lawsuit)'에서 일응 추정의 증거(prima facie evidence)로 작용하게 된다는 미국 클레이톤법 제5조(a)의 규정[36]에 따른 불이익을 동의명령으로 사건을 해결할 경우 적용 예외로 인정받을 수 있기 때문이다. 즉, 소송에서 자칫 피심 기업이 패소하면,

---

35) 신영수, 앞의 논문, 493.

36) 15 U.S.C. § 16(a).

그 소송결과가 사적 피해당사자에 의한 이후의 손해배상소송에서도 위법의 추정력을 가져, 당해 기업이 다시 패소할 가능성을 매우 높이기 때문이다. 따라서 기업으로서는 문제된 행위에 대하여 동의명령을 통해 사건을 종결짓는 편이 당해 행위에 대한 사적 피해당사자의 삼배배상소송 등에서 불이익의 위험을 부담하는 것보다 훨씬 현명한 선택이 되는 것이다.

그러나, 우리나라의 경우는 미국 클레이톤법 제5조와 같은 강력한 동의명령 유인구조가 마련되어 있지 않다. 물론 동의명령제가 도입되면 문제가 된 행위에 대하여 위법여부를 확인하지 않고 사건처리가 종결되는 만큼, 제재적 성격의 과징금을 부과할 수 없게 되어 사업자들에게는 상당히 유리하게 작용할 것으로 보인다.[37] 더 나아가, 기업에게 적지 않은 부담으로 작용하는 과징금을 감면하여 주는 방안을 법제화하여 동의명령제의 적극적 유인책으로 마련하자는 의견[38]도 있으나, 기존의 과징금 부과 행위와의 형평성이나 동의명령에 의한 과징금액 조정의 타당성 여부의 문제와 함께 신중하게 검토해 보아야 할 사항이라고 생각한다. 이와 관련하여 볼 때, 당초 2006년 12월의 공정거래법 입법예고안에 포함되었던 "동의명령이 있었다는 사실은 별도의 민사소송 또는 형사소송에서 위반행위를 입증하기 위한 증거로 사용되어서는 아니 된다"는 조항이 2007년 8월 7일의 입법예고안에서는 삭제할 필요가 있었는지 의문이다.

37) 신영수, 앞의 논문, 510.

38) 홍명수, "공정위 사건처리절차의 효율화를 위한 개선 방안", 『경쟁법연구』, 한국경쟁법학회(2006), 제13권, 286-287.

6. 동의명령제의 적용례

6.1. 미국 United States v. Microsoft Corp.

1994년 미국 DOJ는, IBM 퍼스널 컴퓨터(PC) 시장에서 Microsoft Corp.(이하 "MS"라 한다)가 자사의 DOS 운영체제 및 Window 3.1. 프로그램의 라이센스와 관련하여 PC 제조업체들에게 끼워팔기(tying)을 강요하여, PC 운영체계 시장의 독점적 지위를 유지하려 했음을 이유로 셔먼법 제1조와 제2조를 근거로 연방법원에 제소하였으나 MS 측과 동의판결(Consent decree)을 통해 사건을 종결지었다.[39] 이후 1997년 DOJ는, MS가 Windows95와 Explore를 판매하면서 1995년의 동의판결을 위반하고 있다고 판단, 법정모독 등을 이유로 위반행위의 중지를 요청하는 소송을 제기하여 연방지방법원에서 최종판결이 있을 때까지 MS는 Windows95 및 후속제품에 Explore를 내장하여 판매하는 행위를 중지하도록 가처분 결정을 받았으나, 1998년 6월 항소법원에서 다시 가처분 결정 취소를 받자, 이에 한계를 느끼고 1998년 출시된 Windows 98과 함께 MS의 독점화, 끼워팔기 행위 등에 대한 반독점소송을 다시 제기하였다.[40]

이에 법원은 사실심(Trial Finding of Fact)을 확정하고, 법적 판단(Conclusions of Law)을 통해 MS의 운영체계와 응용프로그램과 관련하여 회사를 분할할 것을 결정하였으나, 항소심법원이 다시 MS의 독

---

39) U.S. v. Microsoft Corp., 312, U.S. App.D.C. 378, 56 F.3d 1448(D.C. Cir. 1995)

40) U.S. v. Microsoft Corp., 331 U.S. App.D.C. 121,147 F.3d 935(D.C. Cir. 1998) ; U.S. v. Microsoft Corp., 84F.Supp. 2d 9(D.D.C. 1999) 및 87 F.Supp. 2d 30(D.D.C. 2000)

점유지 사실에 대해서는 일부 인정하는 한편, 독점화 시도 부분에 대해서는 취소결정을, 끼워팔기 사실에 대해서는 일응 추정이 아닌 합리성의 원칙에 의해 다시 판단할 것을 결정하여 MS에게 유리한 결정을 내렸다. 연방지방법원으로 환송된 이 사건은 결국 독점 유지 혐의 등에 대한 심리절차 개시에 맞춰, DOJ와 MS가 주요 쟁점에 대하여 합의함으로써 최종 동의판결로 마무리되었다.[41)]

MS 사례는 미국에서는 기업 카르텔에 대해서도 동의판결이 가능하다는 것을 보여주는 대표적 사안이다. 특히 이미 연방지방법원에서 여러 차례, 일부 또는 전부에 대하여 MS의 책임이 인정되고 항고심까지 갔었던 사안이 최종적으로 동의판결로 마무리 되었다는데 특이점이 있을 뿐만 아니라, 그 과정에서 법원이 지속적으로 동의판결을 전후한 모든 단계에서 독점금지 제재에 대한 실체적 판단에 개입하여 추진하였다는 점에서 특색이 있다. 이 사건에서 법원은, i) 동의판결안이 명확하지 아니한 경우(ambiguous, ii) 그 요청과 결과에 대하여 예측 가능한 문제가 내표되어 있는 경우(성과 메카니즘, 또는 iii) 제3자에게 불리한 영향을 끼치는 경우에는 공공의 이익을 인정하여서는 안됨을 보여주었다.[42)] 구체적으로 법원은, 당해 동의판결안의 내용이 실제로 무리 없이 시행될 수 있는 지 여부를 사실심 판사가 상세하게 즉시 효과적인 제재방안이 마련되었는지 여부와 제3자에게 실체적 피해를 줄 여지가 있는 지 여부를 함께 검토하여 결정하여야 한다고 판시하였다.[43)]

41) U.S. v. Microsoft Corp., Civil Action NO.98-1232(CKK), Final Judgment,(D.C. Cir. 2002.11.12)

42) The American Antitrust Institute, Tunney Act Comments, 2002.1.24, 참조, (2007.10.25.최종방문) http://www.usdoj.gov/atr/cases/ms_tuncom/major/mtc"]00030-600.htm

43) U.S. v. Microsoft Corp., 56 F.3d 1448, 1461,(D.C. Cir. 1995)

6.2 미국 Dell Co. 사례[44)]

미국 FTC는 산업표준 기술을 설정하고 있는 컴퓨터 산업에 대하여 Dell Computer Co.(이하 "Dell"이라 한다)이 당해 표준기술에 포함되어 있는 자사의 특허기술에 대한 권리행사를 주장하겠다고 위협함에 따라 산업의 경쟁이 위축되자, Dell의 이러한 행위가 경쟁제한과 산업표준 제정절차의 위반이 의심된다는 이유로 심의에 착수하여 왔다. 구체적으로 Dell은 비영리 표준설립기구인 VESA(Video Electronics Standards Association)의 회원으로 활동하면서, VESA 회원사들이 추진하고 있는 '486급' 컴퓨터 CPU 및 주변기기를 운용하는 메카니즘으로 'VESA 로컬버스(VL-버스)'에 대한 산업표준 개발에 참여하고 있었다. 이 과정에서 VESA는 회원사들로 하여금 산업표준기술과 관련된 각 회원사들의 특허권, 상표권, 기타 저작권 여부를 공개하도록 요청하였고, 나아가 "본인이 알고 있는 최선의 범위 내에서(VESA의) 업계 기술표준안은 자사가 소유하고 있는 어떠한 지적재산권도 침해하지 않는다"라는 확인서에 서명하도록 하였다. 이 후, VESA의 'VL-버스'가 산업 표준으로 승인받고 상업적으로 큰 성공을 거두게 되자, Dell이 'VL-버스' 표준기술사용은 자사의 특허권을 침해하는 것으로 권리주장을 하기 시작한 사안이다.

FTC는 이러한 Dell의 행위에 대하여, FTC법 제5조의 "불공정 경쟁금지" 조항을 위반한 것으로서 "표준설정 기구에 특허권 내용을 공개하지 않음으로써 당해 조직이 문제된 기술을 표준으로 채택하도록 유도하였다면, 그러한 표준으로부터 얻은 시장지배력을 활용하

44) In re Dell Computer Corp., FTC Dckt. No. C-3658, (May 20, 1996), http://cyber.law.harvard.edu/seminar/internet-client/readings/Week10/ftc_complete.doc

는 것은 FTC법 제5조에 위반"될 여지가 있다고 판단하였다. 이에 Dell은 FTC와 함께, Dell은 산업표준에 포함된 특허기술에 대한 행사를 하지 않을 것을 약속하고, FTC는 그에 대한 독점금지법 위반 여부를 묻지 않을 것을 내용으로 한 합의사항을 공표함으로써 행정상 동의명령(Consent Order)을 통해 사건을 종결지었다. 이 사건은 특히, 산업표준 제정과정에서 특허권자의 반독점적 경쟁제한 행위에 대하여 미국 연방정부가 구체적인 판단으로 개입한 최초의 사건으로 평가받고 있다.[45)]

Ⅲ 동의명령제도 도입방안

1. 도입의 필요성

동의명령제를 도입 여부를 판단함에 있어 고려해야 할 몇 가지 쟁점들을 다시 구체적으로 검토해 보면 다음과 같다. 먼저, 우리나라 법집행의 여건과 관행에 비추어 동의명령제와 같은 신축적인 집행수단을 활용할 필요가 있는가 하는 것이다. 무엇보다도 우리나라의 경우 기업의 위법행위에 대한 규제에 있어 위법성 판단 위주의 법집행이 일반적으로 고착되어 온 결과, 그로 인한 고비용·저효율의 법집행 구조를 탈피하지 못하고 있는 실정이다. 특히 위법행위의 입증을 위해 과도한 행정자원과 시간이 소요됨은 물론 조사대상 기

45) 윤선희, 임근영, "지적재산권과 산업표준화 및 반독점법 관계 연구", 지식재산권연구센터, 연구보고서(1999), http://www.kiprc.re.kr/admin/research/upfiles/20010906r_99-2.hwp 참조, (2007. 12.20 최종방문).

업들에게도 과중한 부담을 주고 있다. 비근한 예로, 지난 MS 국내사건의 경우 공정거래위원회 사건 처리에만 총 4년 5개월('01. 9~' 06. 2)이 소요된 것으로 나타났다. 또한 행정처분 이후에도 행정소송의 제기 등으로 인해 분쟁이 장기화되고 법률관계의 불안정성이 지속됨으로 말미암아 기업 등 당사자에게 과중한 부담을 주는 동시에 막대한 사회적 비용을 발생시키고 있다. 특히 기업이나 사회에 큰 영향을 미치는 중요 사건의 경우 3심까지 진행되는 경우가 빈번하므로 이로 인한 사법(司法) 자원의 낭비도 결코 가벼이 여길 수 없는 상황이다. 이러한 상황에서 규제행정기관의 경직된 법집행에 따른 분쟁 등으로 기업 등 당사자에게는 물론 결과적으로 사회 전체에 부담을 주고 있다면, 그러한 결과를 회피할 수 있는 탄력적인 법집행의 수단을 강구해 보아야 하는 것은 당연한 소치일 것이다. 무엇보다도 위법상태의 조기종결과 이를 통한 신속한 경쟁질서 회복 및 소비자보호를 위하여 신속하고 탄력성 있는 법 위반상태의 해소 방안이 요구되는데, 이를 위해 미국, EU, 일본 등 주요 선진국에서 채택되어 법집행 구조를 저비용, 고효율화[46] 하는데 크게 기여하고 있는 '동의명령제'의 도입 방안을 강구해 볼 필요가 있다.

또한 동의명령제는 기업의 입장에서도 많은 이점을 찾을 수 있는 제도이다. 무엇보다도 소송지연으로 인한 비용 절감효과는 피심인 기업이 동의명령방식을 선호하게 만드는 가장 큰 이유로 지목되고 있다.[47] 결말을 내기가 쉽지 않은 공정거래소송의 특성상 심의·심결 내지 재판을 앞둔 기업이 동의명령을 통해 사건을 조기에 종결

46) 특히 미국에서 시행되고 있는 동의명령제도는 행정당국이나 그로부터 규제를 받는 기업 등 당사자 모두에게 손실보다는 이득을, 비용보다는 편익을 가져오는 해결방안으로서 그 존재가치를 증명하고 있음은 앞서 설명한 바와 같다.

47) 신영수, 앞의 논문, 492.

할 수 있다면, 소송 연루로 인한 여러 유·무형의 부담을 회피하고 사건 종결에 예측가능성을 확보하여 대처할 수 있는 한편, 소송과정에서 피심인 기업의 사업상 기밀이 유출되는 것도 방지할 수 있을 것이다. 물론, 기업에게 반드시 유리하지만은 않은 측면도 없지 않다. 기업의 입장에서는 사안의 종류, 내용에 따라 매우 중요한 사업이나 거래행위의 위법 여부가 아직 확인되지 않았음에도 불구하고 중도 포기를 감수해야 하는 경우가 생길 수 있기 때문이다. 또 동의명령의 후속조치로서 피심인 기업의 사업 활동이 행정당국의 지속적인 감시를 받게 된다는 점도 기업으로서는 부담스러운 일이다. 바로 그런 까닭에 미국의 기업들이 동의명령에 의한 사건처리방식을 선호하는 이유를 시간적, 비용적 측면의 이점만으로 설명하기에는 충분치 않으며, 따라서 동의명령의 활용도에 관한 근본 원인을 다른 각도에서 접근해야 한다는 견해도 나오고 있다.48)

아울러 문제가 된 행위나 거래의 위법성을 시인하지 않아도 된다는 점도 동의명령이 가지는 큰 매력이다. 동의명령으로 피심인 기업은 당해 행위를 중지하게 되지만, 그 위법 판단 자체가 유보되므로 기업의 이미지나 평판이 떨어지는 것을 막을 수 있게 되기 때문이다. 동의명령 협의를 위해 행정당국과 사전교섭을 거치면서 기업들은 자신의 입장에 대해 설득할 기회를 더 많이 가지게 되고, 그 결과 행정당국이 단독으로 내리는 시정조치 수준보다 동의명령안의 제재수위를 낮출 수 있으리라는 기대를 가질 수 있는 점도 동의명령제가 가지는 또 다른 이점이라 할 수 있다.49) 이처럼 동의명령은 절차에 관여하는 당사자 모두에게 'Plus sum'의 이득이 되도록 하기

48) 신영수, 앞의 논문, 510-512.

49) Newman, Antitrust Counseling and Litigation Techniques, Chapter 45.03[3] Consent Judgement, Matthew Bender(2004); 신영수, 앞의 논문, 494(재인용).

위한 해결책이지만, 그 내용이나 강도 면에서 적절한 균형을 유지하는 것이 필요하다. 동의명령을 통해 지나친 제약과 징벌을 가하는 것은 피심인을 궁지로 몰아 동의명령을 통한 해결을 포기하고 법정투쟁을 감행토록 할 가능성이 크며, 반대로 지나치게 관대한 동의명령은 피심인에게 위법적 행위의 과실을 그대로 누리도록 할뿐만 아니라 향후의 재발방지효과도 약화시키는 결과를 낳을 것이기 때문이다.[50] 이렇게 볼 때, 한미 자유무역협정의 타결로 제도 도입을 전제로 한, 우리 법집행 구조의 전반적인 효율성 제고를 위하여 어떤 분야에 어떠한 내용, 절차로 동의명령제를 도입해야 할 것인지를 검토하는 것은 당연한 소치이다.

2. 동의명령제와 검찰의 형사소추권

2.1. 동의명령 도입으로 검찰의 형사소추권이 침해되는지 여부

동의명령제를 도입하는데 있어 가장 논란이 되었던 문제는 아마도 형사소추권과 관련된 사항이 아닌가 한다. 동의명령제와 형사소추권의 관계는, 위법행위를 저지른 기업 등이 동의명령제를 면죄부를 부여받는 수단으로 악용할 수 있다는 우려와 맞물려 우리나라 형사사법체제와는 부합하지 않는다는 반대의견으로 강력히 제시되고 있다. 즉, 가령 형사범죄에 대하여는 '답변협상(Plea bargaining)'이 허용되지 않은 현행 법체계 하에서, 형사처벌의 대상이 되는 공정거래법 위반의 경우에만 유죄협상과 비슷한 효과를 가진 동의명령제를 적용하는 것은 타당하지 않기 때문이다.[51]

---

50) 신영수, 앞의 논문, 494.

51) 윤세리, "세계화시대의 공정거래법의 전개 방향" 한・미 FTA 이후 공정거

그러나 공정거래법상 동의명령제는 본질상 형사처벌에 관한 것이 아니라 행정조치, 즉 제재적 행정조치의 발동여부에 관한 것이란 점에서, 형사사법에 있어 범죄인정여부에 관한 협상이나 그에 따른 감형 또는 형사소추의 면제 등과 같은 형사사법 조치와는 직접 관련이 없다. 다시 말해, 동의명령제를 도입하더라도 검찰의 형사소추권은 아무런 손상을 입지도, 제한을 받지도 아니한다. 반면 검찰은 여전히 현행법상 조건, 구체적으로 공정거래법 제71조의 규정에 따른 '전속고발권'을 통해 공정거래위원회가 형사소추권을 갖고 또 행사할 수 있기 때문이라며 그 침해를 주장하는 목소리를 높이고 있다. 여기서, 미국은 물론 우리나라와 같이 대륙법계에 속하는 EU나 독일, 덴마크 등에서 동의명령제를 도입하는 과정에서 주된 관심사가 경제규제법의 유연화에 맞춰져 있고, 그 결과 형사소추권과의 충돌이나 마찰 문제는 걸림돌이 되지 않았던 점을 유념할 필요가 있다.[52]

동의명령제는 앞서 살펴본 바와 같이, 엄격한 위법심사를 내리기보다는 규제행정 당국과 피심 기업이 협의하여 문제된 행위를 중단하고, 피해구제책 마련 및 시장의 경쟁상태를 조기에 회복하는 것이 더 타당하다는 실용주의 철학에 바탕을 둔 제도이다. 따라서 문제된 행위에 대한 형벌규정이 존재한다 하더라도, 그 위법성이 명백하거나 극히 용이하게 입증할 수 있는 경우가 아닌 한, 동의명령이 형사소추권을 제한한다고 볼 이유는 없다 할 것이다. 나아가, 동의명령은 행정법규 위반행위에 대한 "행정적 제재조치"의 결정 절차를 기업 참여형으로 개선하는 것이므로 형사소추권을 제한하는 것이 더

래법의 과제, 심포지엄(2007. 5. 23) 자료집, 28~29.

52) 홍준형, 앞의 연구보고서, 15-24를 참조.

더욱 아니다. 또한, 아직 위법으로 판명되지 아니한 거래나 행위에 대한 것일 뿐, 만일 해당 기업이 제시한 시정방안이 적절하지 않은 경우 공정거래위원회는 언제라도 종래의 시정조치, 과징금 부과 등의 절차로 전환할 수 있으므로, 동의명령이 법적절차를 전적으로 대치하는 것도 아니고, 하물며 기업의 위법행위에 면죄부를 주는 것은 아니란 점을 분명히 인식할 필요가 있다.[53] 요컨대, 형사사법에 관한 법집행기관인 검찰로서는 공정거래위원회의 동의명령 발동여하나 당해 기업의 준수여하에 상관없이, 일반적인 조건 하에서 여전히 형사소추권을 행사할 수 있으므로, 동의명령제 도입이 검찰의 형사소추권을 손상하거나 제한하는 결과가 되지 않는다고 할 것이다.

2.2. 합의제 행정기관과 검찰의 사전협의제 도입 문제

앞서 서술한 바와 같이, 동의명령제 도입으로 검찰의 형사소추권이 침해되거나 제한되지 않는 이상 사전협의제가 불필요한 것은 아닌가 하는 의문이 들 수 있다. 그러한 견지에서 본다면, 입법대안으로서 사전협의제 없는 동의명령제를 도입하는 방안이 우선순위를 가질 수 있다고 판단한다. 반면에, 동의명령제 도입문제와 검찰의 사전협의제 제도화를 논리 필연적으로 배타적인 관계에 놓고 생각할 문제는 아니라고도 볼 수 있다. 오히려 이는 동의명령제 도입에 따른 형사소추권 제한의 우려를 불식시킬 수 있을 뿐만 아니라, 법집행기관인 검찰과의 원활한 협조를 기함으로써 제도의 취지를 한층 더 극대화시킬 수 있는 대안으로서 검토해 볼 수 있기 때문이다.

이와 관련하여, 공정거래위원회는 합의제 행정기관인 만큼 그 절

53) 특히, 이번 법률개정안 제51조의3에서 동의명령이 제3자의 권리를 침해하지 않도록 이해관계인 등의 의견 제출기회를 부여할 것을 명문화한 점도 참고할 필요가 있다.

차에 있어서 타 부처와 협의절차를 포함하는 것은 곤란하다는 견해가 있을 수 있으나, 공정거래위원회에서 사전 협의안을 미리 심의하여 법무부 또는 검찰의 사전협의를 거친 후 다시 심의·의결하는 방식이라면, 이는 절차상의 문제일 뿐 본질적으로 불가능한 것은 아니라고 생각한다. 참고로 현행 공정거래법 제64조에서, 공정거래위원회는 동 법의 시행을 위하여 필요하다고 인정할 때에는 관계행정기관 기타 기관 또는 단체의 장의 의견을 듣거나, 필요한 조사를 의뢰·요청할 수 있도록 하는 등 협조에 관한 사항을 마련해두고 있으므로, 법무부·검찰과의 사전협의를 제도화 하는 것은 오히려 동의명령제를 더욱 실효성 있게 시행하는 방안이 될 수 있다.

3. 동의명령제 도입의 기본방향

우리나라는 대륙법계 행정법 체계를 기반으로 삼고 있어서, 연혁상 영미법계 제도인 동의명령제를 도입할 수 있는지, 또는 도입하는 것이 적절한지 여부가 문제될 수 있다. 그러나 동의명령제의 도입여부가 법체계와 논리필연적인 관계를 가지는 것은 아니다. 그것은 대륙법계 국가들의 연합체인 EU나 프랑스와 함께 대륙법계 국가의 대표로 꼽히는 독일이 이 제도를 도입하여 시행하고 있는 사실만 보더라도 쉽사리 드러난다. 법체계상 우리와 많은 면에서 유사한 일본의 경우 동의심결제를 도입, 운영해 온 사실도 그 점을 뒷받침한다.

동의명령제의 도입방향과 관련하여 다음 몇 가지 기본사항들을 고려할 필요가 있다. 첫째, 동의명령제의 원산지라 할 수 있는 미국의 제도를 참조모델로 삼아 한국 실정에 맞는 제도를 도입하는 것이 바람직하다. 물론 이미 앞에서 살펴 본 바와 같이 EU나 독일, 일본 등과 같은 입법례도 의당 참조할 가치가 있지만, 이들 역시 기본적으로 미국 모델을 원형으로 한 것이기 때문에 이들 중 어느 나라의 제도가 상대적으로 더 낫다 하거나 문제점이 덜 하다고 말하기 어려울 뿐만 아니라 미국의 제도를 참조한다고 할 경우 그 제도와 제도적 맥락 자체를 모두 도입한다는 것이 아니라(또한 그렇게 할 수도 없다) 그 제도의 아이디어와 핵심 부분을 참조한다는 뜻이므로, 그 한도 내에서 동의명령제의 원조 격인 미국의 제도와 경험을 참조할 필요가 있다. 특히 미국의 제도를 참조모델로 삼아야 할 필요성은 한미자유무역협정의 타결로 더욱 커졌다고 판단된다.

둘째, 그럴 경우, 이미 앞에서 소개한 바와 같이 미국의 경우, FTC가 「동의명령 절차 규칙」에 의해 시행하는 동의명령제(Consent order)와 DOJ가 「독점금지 절차 및 처벌법」에 의하여 적용하는 동의판결제(Consent decree)가 있으므로, 이 두 가지 법제를 우리나라 여건에 맞게 변용하여 도입하는 방안을 강구해야 할 것이다. 이와 관련하여 우리나라는 미국의 연방거래위원회의 동의명령제를 토대로 하여 이를 공정거래위원회가 관장하도록 하는 방안이 타당하다. 다만, 이 경우 그 법적 효력을 보장하면서 기존의 사법기관 및 형사소추 기능과의 조화라는 측면을 고려하여, 부수적으로 법원의 확인절차 또는 검찰과의 사전협의제 등의 협력 메카니즘의 필요성은 이미 언급하였다.

셋째, 동의명령제 도입에 따른 충격을 완화할 수 있는 장치를 마련하는 것도 중요한 고려사항이다. 최적 분야와 최적 조건으로 제도를 도입하는 것이 중요하며, 무엇보다도 그 적용분야를 너무 지나치게 넓게 설정하지 말아야 할 것이다. 초기 시행과정을 면밀히 관찰하여 일정한 기간이 지난 후, 그 도입효과를 분석하고 그 결과를 환류(feed back)시켜 제도개선에 반영해 나가려는 실사구시적인 접근이 필요하다.

4. 2007년 8월 7일 「독점규제 및 공정거래에 관한 법률」 입법예고안

정부는 2006년 12월 18일, 동의명령제의 도입을 포함한 「독점규제 및 공정거래에 관한 법률」개정 법률안을 입법예고[54]한 바 있으나 관철시키지 못하였다. 이후 2007년 5월 25일 공개된 「대한민국과 미합중국간 자유무역협정」 제16장 '경쟁 관련 사안' 제16.1조에서 '경쟁법과 반경쟁적 영업행위'의 내용으로 동의명령이 포함됨에 따라,[55] 공정거래위원회는 그 도입을 본격적으로 추진하기 시작했다. 자유무역협정 내용에 따르면, 제2항 "각 당사국은 자국의 경쟁법 집행을 담당하는 하나 또는 복수의 당국을 유지한다. 그러한 법 집행을 담당하는 각 당사국의 당국의 집행 정책은 당사국의 인이 아닌 인을 동종의 상황에서 자국의 인보다 불리하지 아니하게 대우하는 것이며, 각 당사국의 당국은 이 정책을 유지하고자 한다."고 규정하는 한편, 제5항 "각 당사국은 자국의 국가 경쟁법의 집행을 담당하는 자국의 당국에게 그러한 집행조치의 대상자와 상호 합의에 의하여 행정적 또는 민사적 집행조치를 해결할 수 있는 권한을 제공한다. 당사국은 그러한 합의가 사법적 승인의 대상이 되도록 규정할 수

54) 공정거래위원회 공고 제2006-39호,(2006.12.18) 참조, http://www.ftc.go.kr/

55) 대한민국과 미합중국간 자유무역협정(2007.6.30) http://www.mofat.go.kr/mofat/fta/kor_0707 /kor_list.htm; 제16장 경쟁 관련 사안, http://www.mofat.go.kr/mofat/fta/kor_0707/2K40.pdf (2007. 10. 20 최종방문).

있다."고 규정함으로써 '동의명령제'를 도입하도록 명시하고 있다.[56] 이를 바탕으로 다시 마련된 것이 2007년 8월 7일의「독점규제 및 공정거래에 관한 법률」개정법률 입법예고안(이하 "개정안"이라 한다.)이다.

이 개정안은 2006년의 입법예고안에 대하여 제기되었던 비판을 반영하고, 미국, 독일 등의 입법례를 참조하여 동의명령의 요건과 절차를 가능한 한 명확히 규율하고자 시도하였다. 즉, 동의명령의 기준이나 절차, 방법, 효력 등을 더 명확히 규정함으로써 초기 시행상의 혼란을 방지하고 법적 안정성을 기하려고 노력하였다는 점에서 전반적으로 긍정적 평가를 받을 만하다. 개정안은 동의명령 절차의 개시에 있어 신속한 조치의 필요성, 소비자 피해의 직접 보상 등을 종합적으로 고려하도록 하였고, 관계 행정기관의 장, 검찰총장, 신고인 및 기타 이해관계인의 의견진술 및 필요한 자료를 제출할 기회를 마련하였으며, 또한 동의명령을 동법 제37조의3에 의한 전원회의 및 소회의 관장사항에 포함하여 회의의결을 거치도록 하는 등 2006년 입법예고안에 비해 진일보한 내용을 담고 있다.

그러나 개정안은 여전히 다음 몇 가지 측면에서 문제점을 지니고 있다. 먼저, 개정안은 동의명령의 구체적인 절차 등을 고시로 정한다고 규정함으로써(제51의3 ⑤) 2006년의 입법예고안을 답습하였다. 또한, 개정안은 제51조의 2 단서조항을 두어 동의명령의 적용범위에서 카르텔(사업자 및 사업자단체의 부당한 공동행위)을 제외하였다. 이는 모처럼 동의명령을 도입하기로 한 취지를 무색하게 하는 것으로, 사업자 및 사업자단체의 부당한 공동행위야말로 동의명령의 제도적 취지가 잘 발휘될 수 있는 영역이라는 점에서 수긍하기 어렵다. 또

56) *Ibid.*

한 개정안 제51조의2 제5항에서 공정거래위원회가 일방적으로 동의명령을 취소하고 조사 또는 심의를 재개할 수 있도록 한 것은, 협의의 당사자였던 피심의 기업의 법적 안정성 보장이라는 측면에서 미흡하다는 지적을 받고 있다.[57] 공정거래위원회가 동의명령 취소 조치 등을 하기에 앞서 피심인에게 의견 제출의 기회를 제공하지 않은 것도 개정안이 지닌 문제점이라고 생각된다.

Ⅳ 결 론

동의명령제는 규제행정기관과 기업 모두에게 경쟁법 집행과정에서 초래되는 시간과 비용을 절약할 수 있도록 하고, 이를 통해 규제의 효율성을 제고하면서 동시에 기업의 규제법 준수를 확보하려는 데 취지를 두고 있다. 동의명령제를 통하여, 행정기관은 기업의 부담을 경감하면서도 법 위반 행위에 탄력적, 효과적으로 대응할 수 있게 되고, 위법성 입증을 위한 증거확보 실패 등 법 집행상의 리스크를 줄일 수 있게 된다. 이 같은 제도의 이점들을 행정기관의 자의적 법적용을 열어주는 요인으로 오해해서는 안 될 것이다. 물론 공정거래법 집행의 유연화로 인한 도덕적 해이와 예측가능성의 결여, 그리고 그 결과로서 후견적 과규제의 문제를 우려하는 목소리도 경청해야 할 것이다. 그러나 그와 같은 우려는 시정방안의 공개와 이해관계인 등 제3자의 의견제출의 기회를 보장하는 절차적 보완을 통해 해소될 수 있다. 반면 기업의 입장에서도 경직된 법 적용보다

57) 김두진, 앞의 논문, 142.

는, 문제를 시정하면서 보다 부담이 적은 해결방안을 강구할 수 있게 된다는 이점이 생긴다. 동의명령제의 종주국인 미국뿐만 아니라, 다른 대륙법계 국가에서도 이 제도를 도입하여 활발히 운용해 오고 있는 것도 바로 그 때문이다.

따라서, 동의명령제는 첫째, 제도의 종주국인 미국의 운용방식을 참조하여 우리 법체계에 적합한 모습으로 제도화시키는 것이 바람직하다. 둘째, 그런 뜻에서 2007년 8월 7일의 입법예고안은 전체적으로 규율내용이 더 상세하고 명확해졌을 뿐만 아니라 제도도입에 따른 충격을 완화하기 위한 장치를 마련하였다는 점에서 긍정적으로 평가된다. 다만, 고시위임조항을 그대로 둔 점, 동의명령제도의 적용대상을 제한한 점, 동의명령 취소 시 피심인의 의견제출 기회를 배제한 점 등은 여전히 앞으로 개선해야 할 문제점으로 남아있다. 동의명령제의 도입은 이제 한・미 자유무역협정의 타결에 따라 불가피한 과제가 되었다. 그러나 이 문제를 단지 협정의 이행이란 차원에서만 볼 것이 아니라, 국내 공정경쟁질서의 확립을 위한 보다 효과적이고 탄력적인 규제수단을 갖추기 위한 정책적 선택의 문제로서, 우리 법체계와 실정에 맞춰 본래의 긍정적 취지를 극대화할 수 있는 제도로 인식하는 것이 무엇보다 필요하다고 판단된다.

참고문헌

[국내문헌]

권오승.(2000).『공정거래법 강의 2』법문사.
곽규택. “공정거래법상 동의명령제 도입”에 대한 토론문, 한국정책지식센터 제350회, (2007. 10. 16), 「정책&지식」포럼 자료집.
김두진. "미국 경쟁당국의 사건처리절차 · 동의명령제",『공정거래법 집행의 선진화 — 한미FTA 체결에 즈음하여 — 』, 한국법제연구원(2007.7.5).
______. "공정거래법상 동의명령제의 도입", 한국정책지식센터 제350회, (2007. 10. 16)「정책 & 지식」포럼 자료집.
신영수.(2006). "미국 독점금지법상의 동의명령 제도에 관한 고찰",『기업법연구』제19권 4호(통권 제23호), 한국기업법학회.
이봉의. "공정거래법상 동의명령제 도입"에 대한 토론문, 한국정책지식센터 제350회(2007. 10. 16) 「정책&지식」포럼 자료집.
윤선희, 임근영.(1999). "지적재산권과 산업표준화 및 반독점법 관계 연구", 한국지식재산연구원, 연구보고서 R0010.
윤세리. "세계화시대의 공정거래법의 전개 방향" 한 · 미 FTA 이후 공정거래법의 과제, 심포지엄(2007. 5. 23) 자료집.
한철수. "한 · 미 FTA 이후 공정거래법의 과제", 심포지엄(2007.5.23) 자료집.
허 선.(2005). 카르텔 규제의 이론과 실제: "공정위의 카르텔 규제성과와 향후 정책방향",『경쟁법연구』제12호, 한국경쟁법학회.
홍명수.(2006). "공정위 사건처리절차의 효율화를 위한 개선 방안",『경쟁법연구』제13호, 한국경쟁법학회.
홍준형. "동의명령제도 도입에 관한 연구", 한국전문가컨설팅그룹(KECG) 연구보고서(2007. 9. 28).

공정거래위원회. 개정 입법예고안(http://ftc.go.kr/data/hwp/20061218_101650.hwp).
______. 동의명령제도도입방안(http://ftc.go.kr/data/hwp/20061218_101652.hwp).
______. 신구조문대비표(http://ftc.go.kr/data/hwp/20061218_ 101651.hwp).
______. 독점규제및공정거래에관한법률일부개정법률안입법예고공고문(http:// ftc.go.kr/data/hwp/20070807_102707.hwp).
______. 독점규제및공정거래에관한법률일부개정법률안 전문및신구조문대비표 (http://ftc.go.kr/data/hwp/20070807_102711.hwp).
______. 독점규제및공정거래에관한법률일부개정법률안 규제영향분석

서 (http://ftc.go.kr/data/hwp/20070807_102712.hwp).

__________. 공고 제2006-39호(2006.12.18).

__________. 미국, EU, 일본, 독일 경쟁법 분석표(용역보고서).

외교통상부, 대한민국과 미합중국간 자유무역협정(2007.6.30) (http://www.mofat.go.kr/mofat/fta/kor_0707/kor_ list.htm).

[외국문헌]

Haarmann, Eva Maria. Die Figur der Verpflichtungszusage als geeignetes Instrument des EuropäischenWettbewerbsrechts unter besonderer Berücksichtigungder Fusionskontrolle, Diss. Freiburg 2004/2005.

Bornkamm, Joachim.(2006). Die Verpflichtungszusage nach §32b GWB Ein neues Instrumentim deutschen Kartellverwaltungsverfahren, In: Recht und Wettbewerb. Festschrift für Rainer Bechtold zum 65. Geburtstag, Herausgegeben vonIngo Brinker, Dieter H.Scheuing und Kurt Stockmann.

Kalinowski, Julian O. von.(2004). Antitrust Laws and Trade Regulation, (2nd ed. vol 5,Chap.96), LexisNexis, 2004.

Körber, Thomas. Die erstmalige Anwendung der Verpflichtungszusage gemäßArt. 9VO 1/2003 und die Zukunft der Zentralvermarktung von Medienrechten ander Fussballbundesliga, In: Wettbewerb in Recht und Praxis. 51(2005) Heft 4.

Newman.(2004). Consent judgement, Antitrust Counseling and Litigation Techniques, (Chap.45), Matthew Bender.

ABA Section of Antitrust, The FTC as an Antitrust Enforcement Agency. The Roleof Section 5 of the FTC Act in Antitrust Vol I.II, American Bar Association, 1981, Comments of the Washington Legal FoundationSupporting the Proposed Judgment in U.S. v. Microsoft, 2002(http://www.usdoj.gov /atr/cases/ms_tuncom/major/mtc-00030601.htm).

Antitrust Division Manual, Chapter III Investigation and Case Development, (http://www.usdoj.gov/atr/foia/divisionmanual/ch3.htm).

Antitrust Division Manual, Chapter IV Litigation (http://www.usdoj.gov/atr/foia/divisionmanual/ch4.htm#e).

§ 5 Clayton Act, 15 U.S.C. § 16 (Tunney Act) (http://www.usdoj.gov/atr/foia/divisionmanual/ch2.htm).

Code of Federal Regulations, Title 16 Commercial Practices, Consent Order Procedure The Berkman Center for Internet & Society at Harvard Law School, http://cyber.law.harvard.edu/seminar/internet-client/readings/Week10/ftc_complete.doc.

Siebtes Gesetz zur Änderung des Gesetzes gegen Wettbewerbsbeschränkungen Vom7. Juli 2005[BGBl. 1954].

제 4 장 국가 입법·정책결정에 대한 지방자치단체의 참여

〈차 례〉

I 서 론

1. 문제의 제기

우리는 자치와 분권화가 국가경쟁력의 핵심이라는 가치전제에서 출발한다. 국가간 경쟁이 갈수록 격화됨에 따라 제도와 시스템의 경쟁력에 대한 의존도도 전례없이 커지고 있다. 주요 선진국들이 국가시스템을 새로운 도약의 기반으로 업그레이드시키기 위하여 대대적인 구조개혁에 나서고 있는 것도 바로 그런 배경에서이다. 구조개혁의 요체는 환경변화에 능동적이고 유연하게 대응할 수 있는 적응능력과 신축성을 확보하는데 있고, 그것은 중앙의 집권이 아니라 다양성, 가변성, 그리고 전체적 통합을 이룰 수 있게 하는 자치와 분권화를 통해 이루어진다.

지방자치는 헌법이 보장해 온 국가 구성의 초석이다. 자치와 분권화는 21세기 국가발전전략의 필수불가결한 핵심으로 공인을 받았다고 해도 과언이 아니다. 그런데, 왜 이 자리에서 새삼 지방자치단체의 국정 참여가 문제되는가. 그 이유는 분명하다. 국정, 다시 말해 국가 입법 및 정책결정과정에 있어 중앙집권적 타성이 지배하고 있기 때문이다. 반면 국정에 대한 지방자치단체의 기여는, 그 책임의 소재와 무관하게, 극히 저조한 수준에 머무르고 있다. 우리의 현실인식은 이렇듯 지방자치단체의 국정 참여가 법제도, 규범 그리고 현실 모든 면에서 크게 미흡하다는 것이다. 그렇다면, 지방자치단체의 국정 참여, 왜, 어디까지, 어떻게 할 것인가? 현황과 문제점, 대안과 실천방안을 모색해 볼 필요가 있다.

현실의 결핍은 연구의 결핍과 무관하지 않다. 지방자치단체의 국정참여에 대한 연구는 그동안 충분히 축적되지 못했고, 비교적 최근에 이르러서야 학계의 관심을 끌기 시작했다.[1] 일부 연구자들을 중심으로 지방자치단체 국정참여의 필요성을 논변하고 우리나라 현황을 점검하거나 지방자치 선진국의 제도를 소개하면서 향후의 제도개혁을 제안하는 내용으로 연구가 이루어져 왔을 뿐이다.[2]

한편, 입법 수준에서는 2004년 1월 16일 노무현 참여정부에서 한시법으로 제정된 지방분권특별법(법률 7060호 2009년 1월 17일 실효)이 중앙정부가 지방자치단체와 그 전국협의체의 의견을 국정에 적극 반영할 것을 규정한 것(제16조 제1항) 외에, 이렇다 할 변화가 없었으나, 2006년 3월 조성래 의원 등이 법령에 대한 지방자치단체 전국협의체의 의견제시권을 인정하는 지방자치법 개정안을 발의한 바 있었고, 2007년 4월에는 김무성 의원 등이 국회 입법과정에 지방자치단체 또는 지방자치단체 전국협의체의 참여를 확충하기 위해 국회법과 지방자치법 개정안을 발의하는 등 일부 국회의원들 사이에서 지방자치단체의 국정참여 문제가 관심의 대상이 되기 시작했다. 2007년 10월 29일 전국시도지사협의회(회장 강원도지사 김진선)는 '지방분권형 국가 정립을 위한 대 국민 공동선언'을 발표하여 지방분권을 최우선의 국가 의제로 설정하여야 하며, 법률차원에서 추진된 지방분권의 한계가 분명해졌으므로 선진국의 예를 따라 헌

1) 김남진, 1992; 한국지방행정연구원, 1997; 김성호, 1997, 2004: 61-82; 이기우, 1999: 67-86; 김기진, 1999: 297-311; 김영수, 2002: 51-75; 박찬표, 2002a: 1-22; 최영출, 2001: 180-190; 안성호, 2002: 18-19; 안성호, 2007; 최환용, 2006; 안성호(2007b) 등.

2) 가령 안성호교수(2007b: 14)에 따르면 분권·참여형 국가구조의 구축을 위해서는 정치체제에 적어도 두 가지 기본적 참여구조를 정착시켜야 하는데, 그 하나는 주민참여 활성화이고, 다른 하나는 지방자치단체의 국정참여를 보장하는 것이라고 한다. 주민참여 활성화가 지방자치단체의 책임성 담보를 위해 과거의 하향적 중앙통제를 상향적 주민통제로 전환하는 제도혁신이라고 한다면, 지방자치단체 국정참여 보장은 지방자치단체가 지방분권개혁에 주체적으로 참여할 기회를 제공하고 개혁 이후 중앙과 지방이 국정운영의 동반자로서 상호 협력할 새로운 정부간관계(IGR)의 틀을 만드는 제도혁신을 말한다고 한다.

법차원에서의 지방분권을 보장하고, 특히 지방관련 입법 시 지방정부의 의견이 실효성 있게 반영될 수 있는 헌법적 장치를 마련할 것을 촉구하는 한편, 각종 법령으로 지나치게 제한하고 있는 지방정부의 자율권을 확대하고 이를 위해 자치입법권의 법적 지위를 높이고 입법권 범위를 확충할 것을 요구하였다.

2. 관점과 시야

지방자치단체의 국정참여 문제는 크게 세 가지 방향에서 접근할 수 있다. 첫째, 법이론, 특히 헌법이론적 접근으로서, 대의민주주의 헌법구조 하에서 지방자치단체의 정책·입법에 대한 참여가 정당화될 수 있는 것인지, 거기에 한계는 없는지를 묻는 것이다. 둘째, 법해석론(Rechtsdogmatik)의 관점에서 현행법상 지방자치단체의 국정참여가 가능한지(허용되는지), 어떤 범위 내에서 허용된다고 볼 것인지, 구체적으로 개별법의 규정에 따라 지방자치단체가 국가입법이나 국가정책결정과정에 관여 또는 참여할 수 있는지를 다루는 경우이다. 셋째, 법정책론(Rechtspolitik)의 관점에서 앞의 두 가지 접근을 포함하여 현행법상 지방자치단체의 국정참여의 현황과 문제점을 파악, 분석, 검토하여 바람직한 법정책적 대안 또는 처방을 모색하는 경우이다. 여기서는 세 번째, 즉 법정책론적 관점에서 문제에 접근하고자 한다.

한편, 지방자치단체의 국정참여를 논의함에 있어 '국정'참여의 영역을 어떻게 설정할 것인가 하는 문제가 있다. 여기서 참여의 영역으로서 '국정'이란 크게 '정책'(과정)과 '입법'(과정)을 모두 포함하는 의미로 이해된다. '정책'이란 입법보다는 훨씬 넓은 범위의 활동들을 포괄하는 개념이다.[3] 지방자치단체의 참여 대상으로서 '정책'은 여기서는 공공정책으로 한정되지만, 입법뿐만 아니라 행정, 사법 등 거의 모든 종류의 공공부문에서 수행 또는 진행되는 현상 내지 과정인 반면, 입법은 종종(이미 행정부 등에서 결정된) 정책의 공식화 과정 또는 마무리 단계를 이루기도 하지만, 많은 경우에 있어 정책결정과정 자체이거나 그와 중첩되거나 아니면 연장된 정책결정과정에 해당하는 국가의사의 결정과정이라 할 수 있다.[4] 정책과정은 언제나 입법과정을 수반하거나 필요로 하는 것은 아니지만, 중요한 것들은 대부분 입법과정을 필요로 하거나 거치기 마련이다. 그런 뜻에서 지방자치단체의 국정참여를 논의함에 있어 양자의 개념적 준별에 집착할 필요는 없을 것이다. 다만, 의회입법과정에 이르기 전이나 그 이후의 단계에서 이루어지는 정책의 결정 또는 집행 과정에 대한 지방자치단체의 참여보다는 많은 부분 국가정책과정과 중첩되거나 불가분 연계된 의회입법에 대한 지방자치단체의 참여에 관한 문제의식이 상대적으로 더 큰 비중을 차지하게 될 것이라는 점을 미리

3) '政策'이란 다의적 개념이다. 정책의 辭典的·日常的 意味는 "정부나 정당 또는 개인이 채택한 일련의 행위"(a course of action adopted by a government or party or person: Oxford Reference Dictionary)로 이해되고 있으나, 그 개념이 사용되는 문맥에 따라 그리고 정책결정자나 정책을 집행하는 기관의 목적에 따라 얼마든지 다양한 의미와 내용을 지닐 수 있기 때문이다. 정책학에서는 '정책'을 '정부가 달성해야 할 목적과 이를 달성하기 위한 수단의 선택에 관한 상호관련된 의사결정'으로 파악한다. 가령 노화준(2007 : 3-7, 7)에 따르면 '어떤 한 사회분야에서 사회적 시스템·구조·문화·가치·규범·행태·물리적 환경 등을 어떻게 바꾸며, 또 어떠한 방법으로 바꾸고자 하는가 하는 정부개입의 수단들을 결정해 놓은 것'을 말하며, '어떤 특정한 상황 하에서 어떠한 사회를 어떻게 만들어 가겠다고 하는 정부개입의 행동들(actions)에 대한, 상호 관련된 일련의 의사결정'이라는 것이다.

4) 여기서 입법이란 주로 형식적 의미의 입법, 특히 국회에 의한 법률 제·개정을 염두에 둔 개념이다. 물론 입법을 실질적인 의미로 본다면 비단 의회입법뿐만 아니라 행정부나 사법부에 의한 법규범정립작용, 지방의회에 의한 자치법규정립 등을 포함하게 된다.

밝혀 두고자 한다. 이러한 의미에서 지방자치단체의 국정참여 문제는 자치입법권의 문제와는 구별되어야 한다. 물론 지방자치단체의 입법권을 어떻게 인식하고 설계하느냐에 따라, 가령 국가와 경합적 입법권을 나누어 가지게 된다면, 지방자치단체가 그 입법권의 행사를 통해 국정에 '참여'하는 결과가 되거나 국정에 영향을 미치게 되는 경우를 전적으로 배제할 수는 없을 것이다. 하지만, 여기서는 지방자치단체가 자치입법권을 통해서가 아니라 국가의 정책이나 입법에 참여하는 문제에 논의를 국한시키는 것이 좋겠다.

Ⅱ 현황과 문제점

1. 현 황

지방자치단체의 국정참여의 길이 전혀 막혀 있는 것은 아니다. 지방자치단체와 그 협의체 또는 연합체는 국회의원의 소개로 청원서를 제출하거나 국회가 개최하는 공청회·청문회 등에 참여하여 의견을 개진하는 등의 방법으로 국회의 입법과정에 참여할 수 있고, 또 중앙행정기관 등 정부의 법령 제·개정안이나 각종 행정계획안 등에 대해 의견을 제시하는 등의 방법으로 국정에 참여할 수 있다.

지방자치법 제165조는 지방자치단체의 장이나 지방의회 의장으로 하여금 상호 간의 교류와 협력을 증진하고, 공동의 문제를 협의하기 위하여 전국적 협의체를 설립할 수 있고,[5] 이들 전국적 협의체가 모

5) 협의체와 연합체는 각각 시·도지사, 시·도의회의 의장, 시장·군수·자치

두 참가하는 지방자치단체 연합체를 설립할 수 있도록 하는 한편, "제1항에 따른 협의체나 제2항에 따른 연합체는 지방자치에 직접적인 영향을 미치는 법령 등에 관하여 행정자치부장관을 거쳐 정부에 의견을 제출할 수 있다."고 규정하고 있다. 이에 따라 현재 지방자치단체의 전국적 협의체로서 시·도지사협의회, 시·도의회의장협의회, 시장·군수·구청장협의회, 시·군·구의장협의회가 구성되어 있다. 이와 같은 전국적 협의체와 연합체를 통한 의견제출권은 지방분권특별법(일부개정 2007.5.11 법률 제8423호) 제16조 제1항에 의해 뒷받침되고 있다. 이에 따르면 "국가는 지방자치단체와의 상호협력관계를 공고히 하기 위하여 「지방자치법」 제165조의 규정에 의한 지방자치단체의 장 등의 협의체의 운영을 적극 지원하여야 하며, 동 협의체와 관련 지방자치단체의 의견이 국정에 적극 반영될 수 있도록 하여야 한다."고 되어 있다. 그러나 이 조항은 실효성 보장이 없는 일종의 '립서비스'(lip service)에 지나지 않고 또 법률 자체가 2009년 1월 17일을 시한으로 제정된 한시법이어서 큰 의미는 없다.

한편, 지방자치단체는 정부의 법령 제·개정안에 대하여 의견을 제출할 수 있는 기회를 가진다. 즉 행정절차법(일부개정 2007.5.17 법률 제8451호) 제42조 제2항의 규정에 따라, 행정청은 입법예고를 하는 때에 입법안과 관련이 있다고 인정되는 지방자치단체에게 예고사항을 알 수 있도록 예고사항의 통지 그 밖의 방법 등으로 알리도록 의무화되어 있고, 법제업무운영규정(일부개정 2007.2.2 대통령령 제19867호) 제15조 제2항은 이를 보다 상세히 규정하여 법령안 주관기관의 장은 당해법령안의 내용에 관하여 관계지방자치단체(특별시·광역시

구의 구청장, 시·군·자치구의회의 의장과 같은 구분에 따라 설립하도록 되어 있다(지방자치법 제165조 제1항).

및 도를 말한다)와 직접적인 이해관계가 있다고 인정되는 단체 기타의 자에 대하여 직권 또는 신청에 의하여 예고사항을 통지할 수 있다고 규정하고 있다. 또한 법제업무운영규정은 제24조 제4항에서 법제처장은 법령정비를 위하여 일반 국민, 지방자치단체 또는 민간단체 등으로부터 의견을 듣고 이를 검토하여야 한다고 규정하고 있다. 이러한 법령의 규정에 따라 지방자치단체는 정부의 법령 제·개정안에 대하여 의견을 제출할 수 있다.

또한 예외적인 경우이기는 하지만, 2006년 7월 1일부터 발효된「제주특별자치도 설치 및 국제자유도시 조성을 위한 특별법」(일부개정 2007. 10. 17 법률 제8655호: 이하 "제주특별자치도특별법")은 제주특별자치도지사에게 입법의견제출권을 부여하고 있다. 이 법률 제9조의 규정에 따라 제주특별자치도지사는 제주특별자치도의회 재적의원 3분의 2이상의 동의를 얻어 제주특별자치도와 관련하여 법률에 반영할 필요가 있는 사항에 대한 의견을 지원위원회에 제출할 수 있고, 지원위원회는 제출된 의견을 관계중앙행정기관의 장에게 통보하며, 관계중앙행정기관의 장은 통보된 내용에 대하여 2월 이내에 그 타당성 여부를 검토하여 지원위원회에 통보하도록 하였다. 관계중앙행정기관의 장은 검토결과 그 타당성이 없다고 인정한 때에는 그 구체적인 사유 및 내용을 명시하여 통보하여야 하며, 타당하다고 인정하는 때에는 관계법률에 그 내용이 반영될 수 있도록 적극 협력하여야 한다(제9조 제4항 제2문). 그리고 지원위원회는 그 검토결과를 심의하여 그 심의결과를 제주특별자치도지사 및 관계중앙행정기관의 장에게 통보하여야 한다.

아울러 개별 단행법 수준에서 지방자치단체에게 의견청취 등의 참여기회를 부여한 경우가 있다. 가령 국토종합계획을 수립하거나 확정된 계획을 변경하기 위하여 국토기본법 제26조의 규정에 의한 국토정책위원회의 심의를 받을 경우 그 심의안에 대하여 시・도지사의 의견을 듣도록 한 국토기본법 제12조 제2항이라든가, 시・도지사가 광역도시계획을 수립 또는 이를 변경하고자 하는 경우 미리 관계 시・도의 의회와 관계 시장 또는 군수의 의견을 듣도록 한 국토의 계획 및 이용에 관한 법률(일부개정 2007. 10. 17 법률 제8664호), 제15조 제1항, 서울특별시장・광역시장 또는 도지사의 의견을 들어 수도권정비계획안을 입안하도록 한 수도권정비계획법(일부개정 2004. 12. 31 법률 7308호) 제4조 등이 그러한 예들이다.

한편, 지방자치단체의 직접적인 국정참여에는 해당하지 않지만, 국가재정법 제10조 제2항에서 재정운용에 대한 의견수렴 대상에 광역지방자치단체 장을 포함시키고 있다.[6]

2. 문 제 점

무엇이 문제인가. 한마디로 현재 우리나라 지방자치단체의 국정참여가 극히 저조한 수준에 머무르고 있다는 것이 문제이다.[7]

> "국가와 지방자치단체의 관계에 있어서 우리나라에서는 국가의 지방자치단체에 대한 입법적, 행정적, 사법적인 관여가 보장되어 있으나 지방자치단체의 상향적인 국정참여에 대하여는 전혀 고려되고 있지 아니하다. 이는 국가의 지방자치단체에 대한 일방적인 영향력의 행사를 보장할

---

6) 기획예산처장관은 국가재정운용계획을 수립할 때, 매 회계연도의 예산안을 편성할 때와 기금운용계획안을 마련할 때에는 미리 재정운용에 대한 의견수렴을 위하여 각 부처의 공무원 및 민간전문가 등으로 구성된 자문기구와 광역지방자치단체의 장의 의견수렴을 거쳐야 한다.

7) 일례로 이기우・하승수, 2007: 190을 참조.

뿐이다. 이로 인하여 지방의 국가권력에 대한 견제기능은 현저히 약화되고, 지방의 상향적인 참여를 통한 실질적인 통합과 지방경험의 국가적인 활용은 무시되며 지방적인 이익을 국가적인 차원에서 실현할 수 있는 길은 봉쇄되어 있다. 이는 지방분권적인 권력구조가 갖추어야 할 쌍방적인 상호관계가 일방통행적인 권력구조로 이루어져 있음을 의미하며 지방의 이해관계와 경험이 국정에 반영될 수 있는 기회를 갖지 못하게 된다."(이기우, 2005: 20)

국회 입법과정에서의 지방자치단체의 소외 문제(안성호, 2007b: 36)는 지방자치단체의 국정참여를 위한 제도화의 수준이 매우 낮다는데 기인한다. 무엇보다도 국회 입법과정에 대한 지방자치단체나 그 협의체의 참여가 극단적으로 제한되어 있다. 지방자치단체나 그 협의체가 국회 입법과정에 직접 참여하는 길은 봉쇄되어 있으며, 단지 국회의원의 소개로 청원서를 제출하거나 국회가 개최하는 공청회·청문회 등에 간접적으로 참여할 수 있을 뿐이다.

전술한 지방자치법 제165조 제4항의 경우 실효성이 낮다는 점이 문제이다. 실제로 1999년부터 2004년까지 4년여 동안 4개 협의체는 중앙정부에 총 633건을 건의했고, 이 중에서 199건(31.4%)이 국정에 전부 또는 부분 반영되었다고 한다(지방분권전문위원회, 2004: 9; 안성호, 2007b : 28).

지방자치단체 국정참여의 대상범위가 지방 또는 지방자치단체와 직접적으로 관련된 현안에 한정되어 있다는 점도 문제점으로 지적될 수 있다(안성호, 2003). 지방자치법 제165조 제4항은 의견제출의 대상을 '지방자치에 직접적인 영향을 미치는 법령 등'으로 규정하고 있는데 이는 만약에 어떠한 국가의 법령 등이 지방자치에 영향을 미친다 하더라도 직접성이 없으면 의견제출을 할 수 없게 되거나,

또한 직접 지방자치에 영향을 미친다 하더라도 그 수단이 법령이 아닌 경우에는 의견제출을 할 수 없게 될 우려가 있다(최철호, 2005: 455).

행정절차법 제44조이하의 규정에 의한 입법예고의 경우 2007년 5월 17일의 법개정(법률 제8451호)으로 입법안과 관련이 있다고 인정되는 중앙행정기관, 그 밖의 단체 등과 함께 지방자치단체에게 통지 등의 방법으로 예고사항을 의무적으로 알리도록 하였지만, 알린 다음에 어떻게 할 것인지에 대해서는 아무런 규정을 두지 않았다. 그 결과 같은 법 제44조의 규정에 따라 일반국민과 마찬가지로 '누구든지 예고된 입법안에 대하여 그 의견을 제출할 수 있고'(제1항), '행정청은 당해 입법안에 대한 의견이 제출된 경우 특별한 사유가 없는 한 이를 존중하여 처리하고'(제3항), '의견을 제출한 자에게 그 제출된 의견의 처리결과를 통지하여야 한다'(제4항)는 일반조항의 적용을 받을 수밖에 없다는데 한계가 있다.

또 방금 살펴 본 바와 같이, 일부 개별 법령에 지방자치단체의 국정참여의 기회가 제한적으로 부여되어 있으나, 그 경우에도 지방자치단체를 능동적 참여보다는 수동적인 의견수렴의 대상으로 취급하고 있을 뿐이다.

Ⅲ 대안의 모색

1. 지방자치단체 국정참여의 필요성

지방자치단체는 국가의 관여대상으로만 머물지 아니 하고 마땅히 국정에 참여할 수 있는 지위와 이유를 가지고 있다. 이것은 빈번히 망각되고 있지만 엄연한 진실이다.[8] 그럼에도 불구하고 과연 지방자치단체에게 국정참여를 허용할 필요성이 있는지 여부가 여러 가지 각도에서 논의되어 왔다. 지금 여기서 다시 상론할 수는 없지만,[9] 그 중 몇 가지 견해만 소개해 보면 다음과 같다.

안성호(2007b, 15-17)는 일부 연구자들에 의해 제시된 논거들을 소개하고 나서 지방분권개혁의 관점에서 지방자치단체 국정참여의 필요성을 부연하면서, 지방분권개혁의 성공적 추진과 실효성 확보를 위하여, 그리고 국회의 입법과정에 대한 지방자치단체의 참여봉쇄를 극복하기 위하여 필요하다고 한다.

이기우・하승수(2007, 190)는 민주주의가 요구하는 '아래에서 위로'의 의사소통을 보장할 필요가 있고 이를 통해 지방의 혁신적 아이디어와 경험 및 지방적인 이익을 국가의 의사결정 과정에 반영할 수 있으며, 국가의 지방자치단체에 대한 영향력 행사만을 보장하고 그 반대 방향의 영향력을 인정하지 아니하는 경우에는 균형이 파괴되어 국가권력의 남용이 우려될 수밖에 없다고 한다.[10]

김기진(1998: 299-302)은 국민의 전체의사와 전체이익을 통합하는 국가의 의사결정과정에 주민의 부분의사와 부분이익을 대표하는 지방자치단체의 참여가 필요하다는 기능분담론, 지방자치단체의 국정참여를 '실체적 자치권의 절차적 보장수단'으로 간주하는 견해, 지방

8) 김기진, 1998, 297에 따르면 이 점은 독일에서는 이미 확립된 이론이다.

9) 지방자치단체 국정참여의 필요성에 관하여 상세한 것은 안성호, 2007b: 15-17을 참조.

10) 이기우(1999, 68-70)는 지방의 혁신적 아이디어와 경험, 이익을 국정에 반영하고, 법치국가적 요청에 기한 국가권력의 남용을 방지하며, 중앙과 지방의 의견교환 촉진 및 이해관계 조정을 통한 지방자치단체의 자발적 협조와 국가통합 도모, 지방에 대한 중앙의 일방적 의사결정 방지를 통한 지방자치단체의 자치권 수호를 위하여 지방자치단체의 국정참여가 필요하다고 한다.

자치단체의 계획고권을 지방자치단체 국정참여의 논거로 삼는 계획고권설, 지방자치단체 국정참여를 지역이익의 투입과정으로 보는 지역이익단체설, 국가사무와 지방사무의 중첩과 혼합이 일반화된 상황에서 지방자치단체의 기능적 국정참여가 긴요하다는 기능적 자치론, 지방자치에 대한 국가의 관여와 제한을 보상하는 차원에서 지방자치단체의 국정참여가 요구된다는 보상론 등 제 학설을 소개하고 이들 견해들을 상호보완적으로 이해하며 어느 학설의 경우나 지방자치단체 국정참여의 필요성을 인정하는 것이 보편적 추세라고 한다.

김성호(199, 19-28)에 따르면, 지방자치단체의 국정참여는 매개기능, 참여기능, 건설적 비판과 제안기능, 적정절차의 확보기능을 수행한다. 지방자치단체의 국정참여의 필요성을 중앙정부의 법령미비와 정책결함의 보완, 법령 및 정책의 실효성 확보, 비용절감, 중앙집권에 대한 견제, 지방 현실의 반영, 주민의사와의 공감대 형성, 중앙정부와 지방자치단체 간의 갈등해소 등으로 설명한다.

생각건대, 지방자치단체의 지역사단(kommunale Gebietskörperschaft)으로서의 속성, 역사적 배경, 국민 전체를 토대로 한 대의제적 민주주의에서 오는 한계 등을 이유로 지방자치단체의 국정참여를 부정적으로 보거나 제한하려는 견해도 있을 수 있고, 또한 지방자치단체의 국정참여에 따른 부작용과 폐단 — 지역적 이해대립으로 인한 갈등과 혼란의 심화 우려, 국가 전체의 관점에서 본 국정운영의 효율성 저해 등 — 을 이유로 신중론을 펴는 입장도 있을 수 있으나, 국가와 지방자치단체의 관계가 과거와 같이 중앙과 이에 종속된 지방, 전체와 부분의 관계에서 이제는 일종의 파트너십에 가까운 준대등 관계로 발전해 왔고, 그러한 발상의 전환이 자치분권형 국가발전전략의 철학적 기초이자 시대정신이 되고 있다는 점은 부인하기 어려울 것이다. 따라서 지방자치에 대한 국가의 관여가 필요한 것과 동등한 이유에서 지방자치단체가 국가 정책 · 입법에 적정한 범위 내에서 참여할 수 있어야 하며, 나아가 그러한 참여를 통해 일종의 '연장된 주민참여'와 국민주권과 지방자치와의 연계를 향한 기회의 창이 열릴 수 있을 것이다.

2. 외국의 입법례

독일, 프랑스, 영국, 스위스 등 통상 선진국으로 분류되는 주요 외국의 입법례들을 보면, 대체로 지방자치단체 또는 지방정부에게 국가의 입법과정에 참여할 수 있는 통로와 권한을 부여하는 제도적 장치를 가지고 있다는 사실을 알 수 있다.[11] 특히 주목해야 할 것은 연방제를 채택하고 있는 나라의 경우, 당연히 연방의 구성원으로서 주가 연방입법과정에 일정한 참여권을 가지게 되며, 그 경우 양원제를 전제로 한 지역대표형 상원을 통해 국정참여가 이루어지는 경우가 일반적인 반면, 지방자치단체에게 국가 정책 및 입법에 대한 직접적인 참여방식보다는 지방자치단체연합체 등에게 지방자치관련 법안에 대한 사전통지 및 의견제출 기회 보장 등 간접적인 참여방식을 채택하는 경우가 상대적으로 더 지배적인 경향이라는 점이다.

연방국가인 독일의 경우, 지방자치단체는 지방자치단체 전국연합체(Kommunale Spitzenverbände)을 통하여 직접 연방의 입법과정과 정책결정에 참여할 수 있다. 이 연합체는 지방자치단체를 구성원으로 하는 사법상의 사단법인으로서 총 313개의 모든 란트크라이스들이 속한 독일 란크

11) 우리가 참조할만한 주요 외국의 입법례에 관해서는 김성호, 2006; 안성호, 2007b: 17-28; 김기진, 1998 등에 비교적 상세하게 소개되어 있으므로, 여기서 상세한 소개와 논의는 생략하기로 한다.

크라이스연합회(Deutschen Landkreistag), 독일시연합(Deutscher Städtetag), 그리고 독일시군연합(Deutsche Städte-und Gemeindebund), 3개의 지방자치단체전국연합체(kommunale Spitzenverbände)가 있다.[12] 이들 연합체들은 연방각부의 공통업무처리규정(gemeinsame Geschäftsordnung der Bundesministerien)과 독일연방하원의 회의규칙(Geschäftsordnung des Deutschen Bundestages)에 따라 지방자치단체의 이익에 관련된 법률안에 대한 사전통지 및 의견제출제의 형태로 연방의 입법절차에 참여할 기회를 부여 받고 있다. 한편 주의 입법과정에 대한 지방자치단체의 참여 양상도 바덴-뷔르템베르크주처럼, 의견제출권의 형태로 인정하는 경우[13] 등, 란트에 따라 각기 다르다. 한편, 바이에른주의 상원(der Bayerische Senat)과 라인란트-팔츠Rheinland-Pfalz)의 지방상원(der Kommunale Rat)을 필두로 하여 란트 수준에 '지방원'(Kommunalkammer)을 설치하여 동의를 요하는 법률안(zustimmungspflichtige Gesetze)에 대한 동의권을 행사하도록 하는 방안이 논의되어 왔다.[14]

아울러 단방제하에서 비교적 잘 정착된 지방자치제도를 유지해 온 일본 같은 경우 지방자치단체의 전국적 연합조직(이른바 지방6단체)에 의한 의견제출제를 채택하고 있다는 사실도 주목할 필요가 있을 것이다.[15]

---

12) 이들 연합회의 주요 임무는 란트크라이스, 시 및 군들에게 보장된 지방자치를 촉진하고 상호 경험을 교환할 수 있도록 하며 모든 지방자치단체들의 국가 및 일반공중에 대한 이해관계를 옹호하는데 있다. 조정과 협력을 용이하게 하기 위하여 연방 수준에서 이들 지방자치단체 전국연합회들의 업무공동체(Arbeitsgemeinschaft)로 지방자치단체연합회 연방협의회(Bundesvereinigung der kommunalen Spitzenverbände)가 결성되어 있다.(http://www.kreise.de/landkreistag/auswahl -dlt.htm).

13) 상세한 내용은 이기우, 1998; 1999 등을 참조.

14) Ruth Luthi, Mitwirkung von Gemeinden im kantonalen Entscheidungsprozess :Parlamentarische Mitwirkungsrechte anstatt Kommunalkammern(http://www.sgp-ssp.net/ cont/fileadmin/pdf/bulletin_sgp-ssp/2003_08/editorial.pdf); Holtkamp, Lars: Kommunale Beteiligung an Entscheidungsprozessen der Bundesländer, in: Zeitschrift fur Parlamentsfragen, Heft 1 2001, 19ff.). 일종의 제2의 원(zweite Parlaments kammer)으로서 '지방원'(Kommunalkammer)의 설치에 대한 스위스에서의 논의에 관해서는 Reto Steiner und Andreas Ladner, 2003을 참조.

3. 지방자치단체 국정참여 제도화의 대안들

지방자치단체 국정참여의 제도화는 다양한 수준에서 이루어질 수 있다. 특히 헌법구조상의 맥락이나 참여의 형태 등이 제도화의 수준과 양상에 영향을 미친다. 먼저, 지방자치단체의 국정참여는 그 헌법적 맥락, 특히 국가형태가 연방제(federal state)인가 단방제(unitary state)인가 아니면 준연방제적 자치분권강화형 국가인가에 따라 제도화의 수준을 달리 한다.

반면, 지방자치단체의 국정참여는 그 참여의 성격과 방식에 따라, 직접적인 정책·입법 참여권 또는 정책·입법에 대한 의견 표명·제출권을 부여하는 경우처럼 국가정책 및 입법에 대한 능동적인 접근권을 부여하는 방식이나 지방자치 관련 정책·입법안에 대한 사전통지제도처럼 수동적인 청취기회를 부여하는 방식으로 나타날 수 있다. 물론 정책·입법에 대한 직접 참여나 의견의 표명·제출은 정책·입법에 대한 정보가 없이는 무의미하므로 사전통지제도와 결합되어 제도화될 수 있고 또 그렇게 하는 것이 합리적이라고 할 수 있다.

---

15) 1981, 1989년 두 차례에 걸쳐 자치성 주도하에 작성된 정부의 改正試案에는 일정의 요건을 구비한 지방자치단체의 전국적 연합조직(이른바 지방6단체)에 대해서 지방자치단체가 처리하는 사무와 관련이 있는 국가의 법령, 지방자치단체의 부담을 수반하는 법령, 그 외 지방자치에 영향을 미치는 법령의 제정개폐에 관해서 자치대신을 경유하여 내각에, 또 내각을 경유하여 국회에 의견서를 제출할 수 있는 것으로 하고, 내각은 그 의견을 존중하여 필요한 조치를 강구하도록 노력한다는 규정을 담고 있었다. 그러나 이러한 시도는 결국 다른 省廳의 강력한 반대로 인하여 입법화에 실패하였고, 그 대신 1993년에 지방자치법 제263조의 2(1999년 지방자치법 개정에 의해 제263조의 3으로 개정)에 지방자치단체의 장·의회 의장의 전국적 연합조직(이른바 지방6단체)에 의한 의견제출이라는 조항이 신설되기에 이르렀다. 이에 관하여 상세한 것은 최철호, 2005, 437-458을 참조.

3.1. 국가형태와 지방자치단체 국정참여제도

전술한 바와 같이, 국가형태, 즉 단방제인가 연방제인가 아니면 준연방제적 자치분권강화형인가에 따라 지방자치단체 국정참여의 제도적 형태가 차별화될 수 있다. 먼저, 연방제 또는 준연방제인 경우 양원제를 채택하는 경우가 지배적이므로 양원제하에서 지역대표형 상원이 지방자치단체와 주(支邦)의 국정참여가 이루어지는 주요통로가 된다. 우리나라의 경우에도 헌법개정을 통해 지역대표형 상원, 즉 국회에 지방자치단체를 대표하는 상원을 창설하자는 주장이 꾸준히 제기되어 왔다.[16]

이 견해에 따르면, 단원제 국회는 단일국가 내의 동질적 국민의 일반의사를 단원제를 통해 효과적으로 표출할 수 있다는 논리에 근거하지만, 실제로 국민은 지역에 기초한 이질적 집단들로 구성되어 있고, 따라서 이들 집단 간의 이해갈등이 단원제 국회에서 충분히 조정·타협되기 어렵다고 한다. 지역적 소수들의 이익이 다수결원리로부터 보호받을 수 있는 제도적 장치로 국회에 지역을 대표하는 상원을 설치해야 한다는 것이다. 세계적으로도 양원제를 채택하는 나라들이 늘고 있고, 근래 양원제의 확산과 함께 지역대표형 상원이 표준적 상원모형으로 자리를 잡고 있다는 사실에 주의를 환기하면서, 우리나라에서도 상원은 낯선 제도가 아니라고 한다. 제헌국회 때부터 양원제 도입논의가 있었고, 1952년 발췌개헌부터 5·16군사정부에 의한 1962년 개헌시까지 10년 이상 헌법상 양원제 국회가 채택되어 있었으며, 제2공화국 때는 잠시나마 양원제 국회를 운영한 경험도 있다고 지적한다. 제3공화국 때부터 단원제 국회로 전환되었지만, 1990년대 초 양원제 부활 논의가 다시 고개를 들어 김영삼 정부시절 대통령 자문기구 21세기위원회가 「21세기의 한국」이라는 정책보고

16) 지역대표형 상원의 논거와 설계구상에 관한 자세한 논의는 안성호, 2007a: 5-34를 참조.

서에서 남북통일 후 국민통합을 위해 지역대표성을 반영한 상원을 설치할 것을 제안한 바 있었고, 참여정부 초기에도 지방자치단체의 국정참여 확충에 대한 대선공약과 관련하여 행정부에 상원에 준하는 지역대표기구를 설치해 국회의 입법과정에 참여하는 방안이 모색되었으나,[17] 정치권과 국민의 합의가 선행되어야 하고 법안발의권을 부여하려면 개헌이 필요하다는 이유에서 결국 채택되지 않았다고 한다(안성호, 2007b: 33-34); 정부혁신지방분권위원회, 2004: 12).

이러한 입장에서는 법률안제출권, 국민투표요구권 및 표결권 등 연방제에서 각 주가 가지는 권한에 준하는 권한을 부여하는 방안을 선호하게 되지만, 헌법개정을 통해 지역대표형 상원제를 채택하지 않는 이상, 우리나라에서 이를 실천하는 데에는 어려운 문제가 있다. 지역대표형 상원제를 채택하려면 우리나라 국가형태에 대한 근본적인 재검토와 단방제적 헌법구조의 근본적 수정이 불가피하다.

물론 스위스·독일 등과 같은 연방국가(federal state)에서의 주의 국정참여에 관한 입법례를 단일국가(unitary state)인 우리나라의 경우에 참조하는 것을 아예 범주적으로 배제하는 태도에는 동의하기 어렵다. 연방국가와 단일국가는 성문헌법의 규정에 의한 권력의 지역적 분할 여부, 연방헌법 개정 시 주정부의 참여 여부, 상원 설치 여부 등에 따라 지방분권 수준에서 다소의 차이를 보일 뿐이고 연방국가와 단방국가 사이의 이런 차이조차 희석되고 있으며, 준연방제적 자치분권강화형 국가형태를 채택하는 나라들도 있다는 점, 프랑스·일본 등 양원제를 채택한 단일국가들도 적지 않다는 점 등을 고려할 때(안성호, 2007b: 17-18), 그리고 연방국가인 스위스에서도 지방자치(Gemeindeautonomie)가 주에 해당하는 칸톤의 법률에 따라 보장되는 것에 상응하여 지방자치단체가 그와 같은

17) 정부혁신지방분권위원회에 설치된 '지방의 국정참여 활성화' T/F는 행정부에 시·도별로 4명씩 선임된 위원들로 법안제출권을 갖는 가칭 '지방원(地方院)'의 설립을 제안한 바 있다.

칸톤의 법률에 중대한 이해관계를 가진다는 이유에서 지방자치대표형 '지방원'(Kommunal kammer)의 설치에 대한 논의가 전개되어 왔고(Reto Steiner und Andreas Ladner, 2003), 독일의 경우에도 란트(Land)의 연방상원(Bundesrat)을 통한 입법권과는 별도로 지방자치단체 전국연합체에게 사전통지 및 의견제출권을 부여하고 있다는 점 등을 고려할 때, 연방국가의 입법례는 단일국가에 대한 관계에서 참조할 여지가 없다는 고정관념에서 벗어날 필요가 있다.[18]

반면, 현행 헌법하에서 또는 개헌에 의한 지역대표형 상원제의 도입여부를 일단 배제할 경우, 가장 중요한 장애는 "국회의원과 정부는 법률안을 제출할 수 있다."고 규정한 헌법 제52조이다. 물론 이 조항을 개정하여 지방자치단체 또는 그 전국적 협의체나 연합체에게 법률안 제출권을 부여할 수 있다고 주장할 여지도 없지 않지만, 국민대표기관으로서 국회가 가지는 입법권의 본질에 비추어 보거나, 국민으로부터 선출되어 또 다른 민주적 정당성을 갖춘 대통령을 수반으로 하는 정부에게 법률안 제출권을 부여한 것과 달리 지역대표성에 불과한 제한된 민주적 정당성을 가진 지방자치단체에게까지 일반적 국법형식인 법률안을 발의할 권한을 부여할 수 있을 것인지는 의문스럽다. 물론 지방자치단체 장이나 지방의회의 장으로 구성된 전국적 협의체나 연합체의 경우 단위 지방자치단체의 기관보다는 강화된 대표성을 가지겠지만, 제한된 정당성의 총화가 전체 국민으로부터 유출되는 민주적 정당성과 동일시될 수 있는지에 대해서도 의문이 제기될 수 있다.

18) 한편, 중앙과 지방간의 입법권을 배분함에 있어 스페인이나 이탈리아의 경우에서 보는 것처럼 연방국가인지 여부는 별로 중요하지 않으며, 우리나라가 단일국가이기 때문에 지방정부에 입법권을 배분할 수 없다는 생각은 타당성이 없다고 한다(이기우, 1998).

3.2. 능동적 참여와 수동적 참여

(1) 능동적인 접근권 부여 방식

가. 직접적 정책·입법 참여권

헌법 수준에서 지방자치단체에게 국가입법에 대한 접근 또는 참여 기회를 보장하는 방안 중 가장 강력한 것은 직접적인 정책·입법 참여권, 즉 법률안 제출권을 부여하는 방안이다. 구체적으로는 앞서 논의한 바 있듯이 지방자치단체 또는 그 전국협의체나 연합체에게 법률안제출권, 국민투표요구권 및 표결권 등 연방제에서 각 주가 가지는 권한에 준하는 권한을 부여하는 방안도 생각해 볼 수 있을 것이지만, 대통령제 헌법으로는 이례적으로 국회의원과 정부에게 법률안 제출권을 부여한 헌법 제52조의 저촉 문제가 걸림돌로 등장하게 된다. 물론, 단일국가체제에서도 법률안 제출권을 국회의원과 정부에게만 인정하는 것이 바람직한 것인지 헌법이론뿐만 아니라 헌법정책의 견지에서 심사숙고해 볼 필요가 있을 것이다. 한편에서는 자치단체가 입법과정에 관여할 수 있는 통로를 보장한 입법례에도 불구하고 이는 우리나라 헌법구조의 근간을 건드리는 문제이므로 국회의원과 정부 외에 법률안 제안권을 부여하는데 대해서는 설사 헌법을 개정하는 경우에도 신중히 판단하여야 할 것이다. 대법원 등 사법부 역시 법률안 제출권은 부여받지 못하고 있다는 점도 고려해 넣어야 할 터이다.

헌법 제52조는 국회의원과 정부에게 법률안제출권을 부여하고 있지만, 이는 국회의원과 정부에게 일종의 재량권을 부여한 것은 아니며, 또 그 밖의 국가기관 또는 주체도 법률안을 제출할 수 있다는 것을 전제로 한 예시규정이 아니라, 법률안제출권을 국회와 정부에 한하여 부여하는 제한적 의미의 수권조항으로 해석하는 것이 옳고 또 그것이 이제까지 학계와 실무의 중론이다. 그런 의미에서 국회법이나 지방자치법 등 법률 수준에서 지방자치단체의 전국적 협의체나 연합체에게 직접 법률안제출권을 부여한다면 위헌의 시비를 피하기 어려울 것이다. 또한 헌법개정을 통해 지방자치단체의 전국적 협의체나 연합체에게 직접 아무런 조건 없이 법률안제출권을 부여한다고 할지라도 그것이 헌법이 채택하고 있는 정부형태 및 대의민주주의구조에 부합되느냐 하는 것이 문제될 수 있다.

이와 관련하여 정부의 법률안제출권이 우리 헌법상 정부형태나 대의민주주의구조의 본질에 속하는 요소인지를 검토해 볼 필요가 있다. 우선, 미국의 대통령에서 정부에게 법률안제출권을 부여하지 않고 있고 그렇기 때문에 대통령의 거부권을 인정하고 있다는 점에 비추어 볼 때, 몽테스키외 식 권력분립 구조에 있어 행정부에게 법률안 제출권을 부여하는 것은 이례적이고 또는 일종의 이물질에 가까운 요소라고 할 수도 있으나, 반면에 법률안 거부권이 인정되고 있는 점을 생각해 볼 때, 행정부를 입법작용으로부터 완전히 배제시키는 것이 대통령제적 권력구조의 본질이라고 할 수도 없다는 점을 알 수 있다. 생각건대, 대통령제 국가에서 행정부에게 법률안 제출권을 부여하는 것이 헌법정책적 견지에서 소망스러운지, 헌법이론적으로 정당화될 수 있는지 여부에 관해서는 논란의 여지가 있을 수 있다.[19] 그러나 행정부의 법률안 제출권은 대통령제의 권력구조에서는 있을 수 없는 요소라고 하기에는 헌법이론이나 헌법현실 면에서

19) 권영성(2004: 750)교수는 고도의 경험과 지식을 필요로 하는 경제입법과 사회입법 등의 수요가 증대되고 있는 오늘날에는 대통령제국가에서도 집행부에 법률안 제출권을 인정하는 것이 합목적적이라고 한다. 이에 대한 유보적 견해로는 이관희, 2004: 274를 참조.

난점이 많다. 대통령제하에서 의회와 더불어 민주적 정당성을 가지는 대통령이 행정부의 수장인 이상 행정부에게 법률안 제출권을 부여하더라도 대의민주주의 헌법구조에 반하는 것은 아니라고 볼 여지가 있기 때문이다. 오히려 우리나라 헌법은 정부에게 법률안제출권을 부여하는 것이 입법권의 국회 귀속 원칙에 반하지 않는다는 견지에 서있다고 볼 수 있다. 또한 '입법권은 국회에 속한다.'고 규정한 헌법 제40조[20]에서 전제・요구하고 있는 바, 국회에 속해야 할 '입법권'의 본질・내용이 법률안의 발의부터 공포, 발효까지 포괄하는 입법과정 전체를 말하는 것인가 아니며 법률안의 공식적・최종적 확정권을 국회가 가질 것을 요구하는 의미인가가 문제될 수 있다. 우리 헌법도 제53조 제1항 및 제3항에서 대통령의 공포권, 거부권을 인정하는데, 이는 후자의 입장을 취한 것으로 볼 수 있는 근거라 할 수 있다. 그렇다면, 헌법개정을 통해 법률안제출권을 다른 국가기관에게 부여하는 것도 법리상 전혀 불가능한 것은 아니라고 볼 수 을 것이다.

이렇게 볼 때, 지방자치와 분권을 촉진시킨다는 견지에서 이 문제에 대한 시각을 전향적으로 재검토해 보는 것은 필요하다고 본다. 가령 지방자치단체의 전국적 협의체나 그 연합체에게 법률안제출권을 부여하되, 법률안이 제출되면 이를 정부가 이어받아 관장하게 한

20) 헌법 제40조는 국회입법의 원칙을 밝힌 것이지만, 헌법상 정부의 법률안 제출권이 이에 반하는 것은 아니라는 것이 헌법학계의 일치된 입장이다. 헌법 제40조의 의미에 관해서는 이를 국회중심입법의 원칙 및 국회단독입법의 원칙을 천명한 것이라고 보는 견해(김철수, 2005: 1125-1126)와 국회단독입법의 원칙이나 국회독점입법의 원칙이라는 의미는 아니라고 보는 견해(허영, 2005: 866, 886)가 대립한다. 헌법이 부여한 정부의 법률안 제출권이나 대통령의 법률안 공포권 내지 법률안 거부권에 대하여, 김철수교수(2005: 1126)는 이를 국회단독입법의 원칙에 대한 예외라고 보는데 비하여 허영교수(2005: 866, 886) 이를 근거로 국회의 입법권은 다른 통치기관의 입법과정 참여를 배제하지 않는다고 한다.

다든지 하여 그에 대한 국회의 심의 및 의결에 개입하지 못하도록 하는 일종의 헌법절충적 대안도 검토해 볼 필요는 있지 않을까 생각한다.

나. 정책·입법과정에 대한 의견 표명·제출권

지방자치단체 또는 그 전국적 협의체나 연합체에게 정책·입법과정에 대한 의견 표명·제출권을 부여하는 것은 연방국가나 단일국가를 막론하고 지방자치단체의 국정참여에 관한 가장 표준적인 방식이라 할 수 있다. 구체적으로는 특별한 요건이나 사유없이 개방적으로 의견 표명·제출권을 부여하는 방식과 일정한 요건에 결부시키는 방식이 있다.

가령 현행 지방자치법은 제165조 제4항에서 시·도지사, 시·도의회의 의장, 시장·군수·자치구의 구청장, 시·군·자치구의회의 의장의 전국적 협의체 또는 이들이 모두 참가하는 지방자치단체 연합체에게 지방자치에 직접적인 영향을 미치는 법령 등에 관하여 행정자치부장관을 거쳐 정부에 의견을 제출할 수 있도록 하고 있는데, 이는 의견제출의 대상을 한정하고 또 행정자치부장관 경유라는 절차와 정부에게만 의견을 제출할 수 있도록 하였다는 점에서 제한된 의견 표명·제출제도에 해당한다.

이와 관련하여 최근 국회에서의 움직임이 주목된다. 2006년 4월 27일 김무성의원이 대표발의한 지방자치법개정법률안(의안번호 4313호)에 따르면, 특정 지역에만 적용되거나 지방자치단체에 재정적 부담을 주는 사항 등 지방자치단체와 관련된 사항에 관한 법령 등에 관하여 지방자치단체, 그 전국적 협의체 또는 연합체(이하 "지방자치단체등"이라 한다.)가 국회 또는 행정자치부장관을 거쳐 정부에 의견을 제출할 수 있고, 국회 또는 정부는 의견을 받은 날부터 60일 이내에 그 처리결과를 통지하여야 하며, 국회 또는 정부는 그와 같은 사항에 해당하는 법령을 제·개정할 경우 지방자치단체등의 의견을 들어야 한다고 규정하고 있다. 또한 같은 날 함께 발의된 국회법개정법률안(의안번호 4312호)은 국회의 소관 상임위원회가 특정 지역에만 적용되거나 지방자치단체에 재정적 부담을 주는 사항, 지방자치단체가 전적으로 집행하여야 하는 사항, 지방자치단체의 조직·권한·운영·경계변경 등 지방자치단체의 존립·유지에 관한 사항, 지방자치단체의 소관사무를 법률로써 달리 규정하려는 사항, 그 밖에 지방자치단체의 권리·의무의 변동을 가져오는 사항에 관한 의안을 심의하는 경우에 지방자치단체 또는 그 전국협의체로부터 의안에 대한 의견을 듣도록 하였다.

(2) 수동적인 청취권 부여 방식

지방자치단체의 국정참여를 위한 가장 최소한의 방식으로는 지방자치 관련 정책·입법안에 대한 사전통지제도를 통하여 지방자치에 영향을 미치는 국가정책의 결정이나 변경, 입법 등을 미리 알려주는 것이다. 이는 현행 지방자치법 제165조 제4항의 경우보다도 더 약한 방식이지만, 행정절차법이나 법제업무운영규정과는 달리 입법예고절차를 통하지 않고서도 지방자치단체에게 지방자치 관련 정책·입법안에 대한 사전통지를 받을 수 있는 권리를 보장한다는 점에서 가장 용이하게 실천할 수 있는 방안이라 할 수 있다.

Ⅳ 대안의 실천방안

1. 기본방향

위에서 살펴 본 대안들 가운데는 헌법 수준, 즉 헌법개정을 통한 관련조항의 신설이나 변경을 필요로 하는 것들과 법률 수준, 가령 국회법이나 지방자치법같은 일반법 수준, 각각의 개별법 수준, 법률 하위법령 수준, 또는 비입법적 정책 수준에서 관철될 수 있는 것들이 혼재하고 있다. 실현가능성이나 비용·효과의 측면에서 이들 대안 가운데 가장 큰 우선순위를 가지는 방안은 아마도 앞서 소개한 김무성의원등의 지방자치법개정법률안 및 국회법개정법률안처럼 법률개정 수준에서 관철시킬 수 있는 것들일 것으로 판단된다. 가령 제주특별자치도특별법에 의한 입법의견제출제와 같은 제도는 헌법개정 없이도 법률 수준에서 지방자치법이나 국회법 차원에서 도입할 수 있는 정책대안이라 할 수 있다.

그러나 역시 좀 더 근본적인 해결책을 생각한다면 헌법개정이라는 험로를 마냥 회피할 수만은 없을 것이다. 다만, 차기정부 임기중에 단행될 것으로 예상되는 헌법개정이 권력구조와 선거제도에 국한된 이른바 'one point' 개헌이어야 할 필연적인 이유는 없다고 본다면, 그리고 현행 헌법상 지방자치헌법조항인 제117조와 제118조는 비교법적으로는 물론 자치분권형 국가발전전략을 요구하는 시대상황에 비추어 볼 때 지나치게 낙후되어 있고 특히 과거의 중앙집권적 발상에 묶여 있다는 점을 고려하여, 지방자치헌법조항의 수정 · 보완을 개헌의 목록에 포함시키는 것이 온당하다고 생각한다. 그 철학적 기초는 지방자치를 국가법질서의 불가분의 구성부분으로서 모든 국가행정영역과 관련되는 동시에 한편으로는 국가와 병립적인 협동관계에서 국가영역으로부터 상대적인 자율성을 가진다는 데서 찾아야 할 것이다. 헌법 법리적인 측면에서도 지방자치단체의 국정참여의 물꼬를 제대로 터주기 위해서는 법률안제출권의 부여방안처럼 헌법을 개정하지 않고서는 실현불가능한 부분들이 있을 수 있기 때문이다.

2. 구체적 대안

먼저, 국회에 대한 입법의견 제출제도를 도입하는 방안을 우선적으로 강구해 보아야 할 것이다. 이와 관련하여, 1994년 7월 27일 법원조직법 개정법률(법률 제4765호)에 의해 도입된 대법원장의 입법의견제출 제도를 참조해 볼 필요가 있다. 법원조직법 제9조 제3항의 규정에 따르면, 대법원장은 법원의 조직, 인사, 운영, 재판절차, 등기, 가족관계등록 기타 법원업무에 관련된 법률의 제정 또는 개정이 필요하다고 인정하는 경우에는 국회에 서면으로 그 의견을 제출할 수 있다. 이와 유사하게 지방자치법 또는 국회법에 헌법이 보장하고 있는 지방자치의 발전을 위하여 법률의 제정 또는 개정이 절실히 필요하다고 인정하는 경우에는 지방자치단체의 전국적 협의체 또는 연합체에게 국회에 서면으로 그 의견을 제출할 수 있도록 하는 조항을 신설하는 방안도 검토해 볼 필요가 있을 것이다.

아울러 국회 상임위원회 형태로 가칭 '지방자치 특별위원회'를 설치하여 지방자치 관련 법률안, 결의안 등을 심의하도록 하고, 지방자치에 영향을 미치는 법률안의 입법에 있어 필요적 절차요건으로 법정하거나[21] 지방자치영향평가제도를 도입하여 기능상 연계하는 방안(최환용, 2006)도 구상해 볼 필요가 있다.

반면, 법원행정처장 및 차장이 사법행정에 관하여 국회 또는 국무회의에 출석하여 발언할 수 있도록 한 법원조직법 제69조의 경우처럼 지방자치단체의 전국적 협의체나 연합체 대표에게 지방자치의 현황과 관심사에 관하여 국무회의, 국회 또는 국회 해당 상임위원회에 출석하여 발언할 수 있도록 하는 방안도 생각해 볼 수 있을 것이다.

둘째, 차선책으로 지방자치법 제165조의 개정이 시급히 요구된다. 앞서 살펴 본 바와 같이 의견제출의 대상이 '지방자치에 직접적인 영향을 미치는 법령'으로 한정되어 있고, 또 행정자치부장관 경유라는 절차적 요건이 부과되어 있으며, 그 의견제출의 상대방도 정부에 한정되어 있다는 문제점을 해소할 필요가 있을 것이다. 가령, 지방자치법 제165조 제4항에서 직접성의 요건을 삭제하고, 제출할 의견의 대상 범위도 현행법상 '지방자치에 영향을 미치는 법령 또는 그 밖의 정책 또는 행정결정' 정도로 확대하는 방안을 강구해 볼 필요가 있다. 또한 의견의 제출 대상기관도 정부에 한정할 것이 아니라, 일본의 예에서 보듯이 정부와 국회(또는 관련 상임위원회)로 확대할 필요가 있다(박수헌, 2005: 190-191; 최철호, 2005: 455).

그 밖에도 또한 일본의 2000년 지방자치법 개정이나 앞서 본 김

21) 가령 예산 관련 법률안에 대한 예산결산특별위원회와의 협의를 의무화한 국회법 제83조의2 제1항의 경우처럼 지방자치에 직·간접적 영향을 미치는 법률안을 심사하는 소관위원회는 미리 지방자치특별위원회와의 협의를 거쳐야 한다고 규정하는 방안도 검토해 볼 수 있을 것이다.

무성의원등의 지방자치법개정법률안처럼 국회 또는 정부가 의견을 받은 날부터 일정기간 내에 그 처리결과를 통지하도록 하는 조항을 신설할 필요가 있다(최철호, 2005: 455).

3. 부수적 제도개선

부수적으로 지방자치단체의 국정참여를 보다 용이하게 하기 위해서는 지방자치에 관한 감독권을 가진 행정자치부의 조직과 기능을 재설계하는 방안도 함께 모색해 볼 필요가 있다. 현행 정부조직법(일부개정 2007. 5. 11 법률 제8417호) 제34조 제1항의 규정에 따르면 행정자치부장관은 지방자치제도, 지방자치단체의 사무지원·재정·세제, 지방자치단체간 분쟁조정에 관한 사무를 관장하도록 되어 있다.

그러나 지방자치단체에 대한 총괄·지원기능을 '행정각부' 조직인 행정자치부에 맡기는 것은 지방자치에 대한 헌법적 보장의 취지에서 보나 미래지향적 국가발전전략인 자치·분권화 정책에 따른 지방자치단체의 국정참여 강화라는 관점에서 보나 온당치 못하다. 이러한 견지에서 행정자치부의 소관업무중 정부조직과 정원의 관리, 정부혁신, 행정능률, 전자정부 등 총무·일반행정에 속하는 기능은 이를 가칭 '대통령부' 또는 '대통령실'로 이관하고, 지방자치 관련기능은 이를 국무총리 소속 국무조정실로 이관하거나 별도로 가칭 '자치행정처'를 만들어 관할하도록 하되, 직접 지방자치단체의 상급감독기관이나 총괄기관으로서의 지위 및 기능이 아니라 지방자치제도 일반과 지방자치단체간 조정만을 담당하도록 하는 방안을 검토해 볼 필요가 있다. 경찰, 소방 등은 국무총리 산하 외청으로 독립시키면 될 것이다. 가장 대표적인 대통령제 모델을 채택한 미국의 경우,

정부혁신이나 행정능률, 전자정부 등을 대통령 소속 관리예산처(Office of Management and Budget: OMB)의 관할로 하여 정책의 통일성과 집행의 실효성・일관성을 확보하고 있는데 이를 참조할 필요가 있다.22)

종래 지방자치사무를 빼면 행정자치부의 존속을 염려해야 한다는 우려가 없지 않았다. 그러나 행정자치부장관은 그 밖에도 국무회의의 서무, 법령 및 조약의 공포, 공무원의 복무 및 연금관리 상훈, 정부조직과 정원의 관리, 정부혁신, 행정능률, 전자정부, 정부청사의 관리, 선거, 국민투표, 민방위・재난관리 제도에 관한 사무를 관장하고, 국가의 행정사무로서 다른 중앙행정기관의 소관에 속하지 아니하는 사무를 처리하며, 치안에 관한 사무를 관장하기 위한 경찰청과 소방, 방재, 민방위 운영 및 안전관리에 관한 사무를 관장하기 위한 소방방재청의 소속 중앙행정기관으로서의 임무를 수행해야 하므로, 지방자치사무가 없이도 충분한 소관업무를 보유한다. 경우에 따라서는 지방자치에 관한 사무를 제외한 소관업무를 가진 기관으로 행정자치부를 유지하는 방안도 차선책으로 고려할 수 있을 것이다.

V 결 론

가장 잘못된 해법은 잘못 정의된 문제에 대한 해법이다. 지방자

22) 미국의 경우 OMB는 법정부서(Statutory Office)로 연방재무관리국(Office of Federal Financial Management), 연방조달국(Office of Federal Procurement Policy), 전자정부 및 IT 국(Office of E-Government & Information Technology), 연방정보・규제사무국(Office of Information & Regulatory Affairs)을 두고 있다(http://www.whitehouse.gov/omb/omb_org_chart.pdf).

치단체의 국정참여 문제는 과거 중앙집권적 타성에 젖어 당연시 해왔던 국가중심주의의 유제를 재검토하는 문제이기도 하다. 오늘날 지방자치단체 없는 국정은 더 이상 생각할 수 없다. 지방자치단체는 이미 국정의 일상 한가운데 들어와 있다. 근 7-8할에 가까운 국가사무를 수행하면서 국정에 대해서는 입을 닫고 있어야 한다는 것은 중앙집권적 억지일 뿐이다. 중앙통제가 다른 모든 요구들을 압도하는 현실 속에서는 제대로 된 지방자치를 기대할 수 없고, 나아가 자치분권형 국가발전전략이라는 한 차원 높은 기대 목표 역시 수사적(rhetoric) 수준에 그치고 만다. 그러한 관점에서 일본에서의 지방자치단체의 국정에의 참가는 지방자치단체에 있어 1차적인 임무는 주민의 의사를 수렴하는 것이고, 2차적인 임무로서는 이러한 주민의 의사를 국정에 반영하는 것이라는 뜻에서 일종의 확대된 주민참가제도라고 이해되고 있다는 사실(최철호, 2005: 455)은 시사하는 바 크다. 지방자치단체의 국정참여 문제는 실은 대표되어지는 자와 대표자간의 주인-대리인 문제에 대한 하나의 해결책이자 대의민주제의 '끊어진 고리'(missing link)를 잇는 문제이기도 하다. 실용적 관점에서도 지방자치단체의 국정참여가 가지는 긍정적인 측면, 즉 지방의 아이디어와 지혜의 상향식 반영과 국가와 지방, 지방상호간 갈등해소를 통한 사회적 비용의 회피 등을 기대할 수 있다는 점에서 대의민주주의적 헌법구조하에서 허용되는 최대한으로 참여기회를 확대하는 것이 소망스럽다.

참고문헌

[국내문헌]

권영성.(2004). 『헌법학원론』, 법문사.

김기진.(1998). “지방자치단체의 국정참여”, 「공법연구」(한국공법학회), 26(2): 297-312(http://www.dbpia.co.kr/view/ar_view.asp?arid=120869).

김남진.(1992). “지방자치단체의 국정참가”, 「자치행정」 제56호, 92면 이하.

김성호.(1997). 「지방자치단체의 국가정책결정참여방안」 (서울: 지방행정연구원).

______.(2004). “지방자치단체 전국협의체의 국정참여 결과분석”, 「한국지방자치학회보」, 16(2): 61-82.

______.(2006). “국가입법과정에 대한 지방정부의 참여제 도입방안”, 2006 전국시도지사협의회 제3회 자치발전 워크샵(2006. 5. 1~5. 2) 자료집(http://www. gaok.or.kr/kr/downfile/notice/제3차%20자치발전워크샵%20자료.hwp).

김영수.(2002. “중앙정부의 정책결정과정에 있어서 지방정부의 참여방안 연구”, 「지방자치단체연구」, 6 (1): 51-75.

김철수.(2005). 『헌법학개론』, 박영사.

노화준.(2007). 『정책학원론』, 박영사.

박수헌.(2005). “지방자치단체의 국정참여를 통한 중앙과 지방간의 협력체계 강화를 위한 법제정비 방향”, 「지방자치법연구」 제5권 제1호, 2005. 6.

안성호.(1999). “지방분권화정책의 변동과 향후 개혁과제”, 「한국지방자치학회보」, 11(4): 29-51.

______.(2003). “행정분권의 과제와 입법 방향”, 2003. 5. 19. 지방자치 발전을 위한 지방분권개혁 정책토론회 ‘지방분권 개혁과제와 입법방향’ 발제문,「분권과 혁신」(대구사회연구소) 2003년 6월(http://www.tiss.re.kr/div-

power32/divpower5.html) 중 '<의제7> 지방자치단체의 국정참여 확충'.
______.(2007a). "지역대표형 상원의 논거와 설계구상" (한국지방자치학회 2007년도 춘계학술세미나 발표논문집). 5-34.
안성호.(2007b). "지방자치단체 국정참여의 실태와 확충방안 — 김무성 의원 등의 입법발의에 즈음하여 — ", 『지방분권, 왜 안 되고 있나?』, 2007. 6. 25. 김무성 · 김정권 · 유기준 의원 주최 정책토론회 발제문, 같은 토론회자료집 14-38면 (http://ydi.or.kr/ht_bbs/download.html?file_encode=11828228610372_1.hwp&file_original=070625자료집_완성.hwp&ht_div=t_assem).
이관희.(2004).『한국민주헌법론 Ⅱ』, 박영사.
이기우.(1996).「지방자치이론」(서울: 학현사).
______.(1998). "외국 지방자치단체의 자치입법권", 『자치의정』1998년 09 ~ 10월 통권 제2호.
______.(1999). "지방의 국정참여: 독일의 사례를 중심으로", 「시민교육연구」, 29: 67-86.
______.(2005). "지방자치 기반강화를 위한 헌법개정", 한국지방자치 학회보 — 제17권 제4호 (통권52호), 5-25.
______ · 하승수(2007), 『지방자치법』, 대영문화사.
정부혁신지방분권위원회.(2004).「지방 4대 협의체 등 지방의 국정참여 활성화 지원방안」(서울: 정부혁신지방분권위원회 지방분권전문위원회).
최철호.(2005). "지방자치단체의 국정참가제도 — 일본지방자치법 제263조의 3을 소재로 해서 — ", 「토지공법연구」(한국토지공법학회) 제29집, 2005. 12, pp. 437~458. http://www.dbpia.co.kr/view/ar_view.asp?arid=689239.
최환용.(2006).「사회양극화해소정책실현을 위한 중앙정부와 지자체간 역할 및 책임배분에 관한 법제개선방안 연구」, 2006.10.31, 한국법제연구원 연구보고 2006-07.
하혜수 · 양기용.(2002). "정부간 정책결정에 있어서 지방정부의 주도적 역할과 성공요인", 「시민정신과 민주행정」(한국행정학회 춘계학술대회논문집), 395-377.
한국지방행정연구원.(1997).「지방자치단체의 국가정책결정 참여방안」, 연구보고서 96-23.
허 영.(2005). 『한국헌법론』, 박영사.

[외국문헌]

Holtkamp, Lars.(2001). Kommunale Beteiligung an Entscheidungsprozessen der Bundeslander, in: Zeitschrift fur Parlamentsfragen, Heft 1 2001, 19ff.)

Luthi, Ruth.(2003). Mitwirkung von Gemeinden im kantonalen Entscheidungsprozess: Parlamentarische Mitwirkungsrechte anstatt Kommunalkammern, August. 6. Jahrgang, Parlament, 2/2003. 3(http://www.sgp-ssp.net/cont/fileadmin/pdf/bulletin_sgp-ssp/2003_08/editorial.pdf).

Roters. Wolfgang,(1985). : Die Beteiligung der Kommunen an höherstufigen Entscheidungsprozessen, in: Günter Püttner (Hg.), Handbuch der kommunalen Wissenschaft und Praxis, Berlin: Springer, S. 288-298.

Rechlin. Sandra,(2004). Die deutschen Kommunen im Mehrebenensystem der Europäischen Union — Betroffene Objekte oder aktive Subjekte?, Discussion Paper SP IV 2004-101, Wissenschaftszentrum Berlin für Sozialforschung 2004.

Steiner, Reto, und Andreas Ladner.(2003). Die Beteiligung von Gemeindeparlamenten an kantonalen Entscheidungsprozessen gewinnt an Bedeutung, August. 6. Jahrgang, Parlament, 2/2003. (http://www.sgp-ssp.net/cont/fileadmin/pdf /bulletin_sgp-ssp/ 2003_08/steiner-ladner.pdf).

Stober, Rolf.(1996). Kommunalrecht in der Bundesrepublik Deutschland, 3.Auflage, Kohlhammer.

찾아보기

ㅊ

ㅋ

ㅌ

ㅎ

[저자약력]

서울대학교 법과대학 법학과 및 동대학원 졸업(법학석사)
서울대학교 대학원 법학과 박사과정 수료
독일 괴팅겐대 법학박사(Dr. iur.)
아주대학교 법학과 교수 역임
독일 베를린 자유대학 초빙교수 역임
한국공법학회 부회장 역임
정부혁신지방분권위원회 전자정부특별위원회 위원, 정부혁신지방분권위원회 법제정비 소위원회 위원장, 법제처·법무부 정책평가위원, 행정자치부 행정절차법심의위원회 위원, 정보통신부 정보통신정책심의위원회 위원 등 역임
현 서울대학교 행정대학원 교수·서울대학교 행정대학원 부원장

〈주요 저서〉

『분권헌법(2007)』(공저), 『공공갈등관리 과제와 해법(2007)』(편저), 『환경법(2005)』, 『지속가능 발전과 환경 거버넌스(2002)』(공저), 『행정법총론(2001)』, 『행정구제법(2001)』 외 다수

법정책의 이론과 실제

2008년 2월 20일 초판인쇄
2008년 2월 25일 초판 1쇄발행

저 자 홍 준 형
발행인 배 효 선
발행처 도서출판 法 文 社

413-756 경기도 파주시 교하읍 문발리 526-3
등 록 1957년 12월 12일/제2-76호(윤)
전 화 (031)955-6500~6 FAX (031)955-6525
E-mail (영업) bms@bobmunsa.co.kr
(편집) edit66@bobmunsa.co.kr
홈페이지 http://www.bobmunsa.co.kr

조 판 ㈜ 성 지 이 디 피

정가 30,000원 ISBN 978-89-18-02295-6